云南省社会科学院名家文丛

郭家骥民族学人类学文选

郭家骥 ◎ 著

中国社会科学出版社

图书在版编目（CIP）数据

郭家骥民族学人类学文选/郭家骥著.—北京：中国社会科学出版社，2018.12

（云南省社会科学院名家文丛）

ISBN 978-7-5203-2987-3

Ⅰ.①郭… Ⅱ.①郭… Ⅲ.①民族学—文集②人类学—文集　Ⅳ.①C95-53②Q98-53

中国版本图书馆 CIP 数据核字(2018)第184934号

出 版 人	赵剑英
责任编辑	郭晓鸿
特约编辑	温帮权
责任校对	闫　萃
责任印制	戴　宽

出　　版	中国社会科学出版社
社　　址	北京鼓楼西大街甲158号
邮　　编	100720
网　　址	http://www.csspw.cn
发 行 部	010-84083685
门 市 部	010-84029450
经　　销	新华书店及其他书店
印　　刷	北京明恒达印务有限公司
装　　订	廊坊市广阳区广增装订厂
版　　次	2018年12月第1版
印　　次	2018年12月第1次印刷
开　　本	710×1000　1/16
印　　张	42.25
字　　数	530千字
定　　价	158.00元

凡购买中国社会科学出版社图书，如有质量问题请与本社营销中心联系调换

电话：010-84083683

版权所有　侵权必究

云南省社会科学院名家文丛编委会

主　任　何祖坤

副主任　王国忠　杨正权　边明社　王文成　陈利君

委　员（按姓氏笔画排序）
　　　　　马　勇　王文成　王国忠　石高峰　边明社　任仕暄
　　　　　孙　瑞　杜　娟　李向春　李汶娟　李晓玲　杨　炼
　　　　　杨　宪　杨正权　何祖坤　陈利君　郑宝华　郑晓云
　　　　　饶　琨　洪绍伟　黄小军　萧霁虹　常　飞　董　棣
　　　　　谢青松　樊　坚

编　辑　任仕暄　马　勇　袁春生　郭　娜

前　言

时间过得真快啊，38 年前参加高考，开启我从事学术研究之门的情景还历历如昨，倏忽之间，就已到了编辑出版个人学术论文集，对自己的学术生涯进行阶段性总结的年纪了，想想真让人感慨万分！

2017 年，云南省社会科学院门户网站提出要对我进行一次详细访谈，对我的学术生涯、研究领域、研究成果、学术贡献做一个全面的介绍。访谈以访者提问、由我书面回答、再由她们按要求归类整理的形式进行，访谈结果分上下两篇，刊载于 2017 年 8 月 28 日的中国社会科学网。正是这次访谈，促使我对 30 多年的学术研究生涯做了初步的系统梳理和总结。我自 1983 年云南大学历史系毕业后分配到云南省社会科学院工作，开始从事学术研究，在民族学、人类学领域已经耕耘了 30 多年。30 多年来，我在拉祜族研究、少数民族和民族地区发展研究、民族关系研究、生态人类学研究、民族文化保护传承研究、云南藏区研究等 6 个方向或专题上做了一些研究工作，取得了一定的学术成就。本书作为云南省社会科学院名家文集中的一种，从我公开发表的 100 多篇论文中精选了 36 篇，按上述 6 个专题编排而成。同时将访谈录作为附录编入，相对比较完整地反映了我迄今为止的学术生涯。

在我开始从事学术工作的 20 世纪 80 年代初，由于出版资源非常紧缺，只有少数学术成就和知名度较高、年事也较高的专家学者，才有资格编辑出版个人学术论文集。随着国家经济的快速发展，出版资源紧缺的状况早已发生根本改观，出版个人著作早已不再是难事。但是，文章千古事，得失寸心知，作为一个以学术安身立命的学人，还是希望自己的学术论文集能够有点拿得出手的"干货"。云南省社会科学院决定编辑出版"名家文集"，我得以忝列其中，于是，花几个月时间编成了本书。本书的出版，既是对昨天的告别，更是对明天的期许，期望我在未来岁月里，能够继续保持学术活力，创作出更好的作品来。就以此自勉并与读者诸君同好和学界同人共勉吧！

目 录

拉祜族研究

澜沧县木戛区拉祜族嗜酒习俗问题研究 …………… 3
民族传统文化与民族地区的商品经济发展
　——澜沧拉祜族自治县木戛区拉祜族与汉族的比较研究 ……… 18

民族发展研究

民族传统文化与民族教育的协调发展 …………… 39
民族传统文化与现代化的双向调适 …………… 51
云南民族地区生产力跨越式发展的理论与实践 …………… 64
通古今之变，成一家之言
　——关于民族学如何解决民族地区现代化问题的思考 ………… 81
云南仍处于社会主义初级阶段的主要表现形式及其特征 …………… 87
中国民族政策的成就与挑战 …………… 94
科学发展观与云南民族地区可持续发展 …………… 105
人类学发展理论探讨 …………… 116

民族关系研究

云南民族关系的历史格局、特点及影响 …………………… 151
论中国历史上的民族关系理论 …………………………… 170
地理环境与民族关系 ……………………………………… 182
云南的民族宗教问题与和谐社会建设 …………………… 203
地区性初级统一为全国大统一奠定基础
　　——论南诏大理国的历史作用 ……………………… 226
从矛盾冲突到共同发展
　　——云南黑树林地区族群关系"百年干戈化玉帛"的启示 …… 238
云南民族关系现状与未来发展的思考 …………………… 256
云南省城市民族关系面临的问题与对策 ………………… 268
生计方式与民族关系变迁
　　——以西双版纳州山区基诺族和坝区傣族的关系为例 ………… 283
60多年云南省增进民族团结的经验总结和现实思考 …… 296
云南周边跨境民族文化交流互动与边疆繁荣稳定 ……… 313
民族文化推动民族关系亲密融洽的云南经验 …………… 328

生态人类学研究

西双版纳傣族稻作文化的传统实践与持续发展
　　——景洪市勐罕镇曼远村个案研究 ………………… 345
傣族稻作文化体系中的农耕礼俗与精神观念研究 ……… 364
生态环境与云南藏族的文化适应 ………………………… 381
云南省情认识新论 ………………………………………… 399

西双版纳傣族的水文化：传统与变迁
　　——景洪市勐罕镇曼远村案例研究 …………………… 416
云南少数民族的生态文化与可持续发展 ………………… 435

民族文化保护传承研究

各民族共同繁荣与云南民族文化的发展 ………………… 473
云南民族文化发展报告 …………………………………… 487
文化多样性与云南的多民族和谐社会建设 ……………… 514
云南的民族文化多样性：构成、特点、地位与作用 …… 526
"阿诗玛"申报世界文化遗产研究 ………………………… 543

云南藏区研究

传统的发明与迪庆州藏族的发展 ………………………… 575
云南藏区稳定发展的基本经验 …………………………… 587
云南藏区民族关系格局的历史形成 ……………………… 604

附录　驽马不舍骐骥功
　　——郭家骥访谈录 ………………… 王　俊　代　丽 632

拉祜族研究

澜沧县木戛区拉祜族嗜酒习俗问题研究

嗜酒是云南许多少数民族的一种习俗，它在某种程度上具有民族特点的形式，但同时对民族发展造成某些不良影响。本文试图通过对拉祜族较集中的澜沧拉祜族自治县木戛区嗜酒习俗的考察，对其形成原因和改良的问题进行初步探索。

木戛区位于澜沧拉祜族自治县的西北部，距县城90余千米，东北接上允区，西南接西盟县的中课区，西面距国境线最近处只有七千米；1982年人口普查统计全区共有17385人，其中拉祜族16817人，占总人口的96%。全区山岭连绵，仅区公所驻地木戛有一小平坝，近年来日益繁盛的定期集市贸易就在这里进行。凡是外地来赶集的人，都会发现集市上有个明显的特点——嗜酒，其主要表现在如下三多：卖酒的摊点多，买酒喝的人多，喝醉酒的人多。在这条能容纳1000人左右的街上，每街必有二三十个私人的卖酒摊点。赶街的拉祜族民众大都喜欢来喝两杯，儿童乃至母亲怀中的婴儿也能分享几口。兴之所至，有的人索性就蹲在酒坛边一杯接一杯地开怀畅饮，于是每街都要留下十来个醉汉（间或也有妇女），他们在街上吹芦笙、唱调子、哭笑打闹，直至精疲力竭才倒地酣睡或跌倒在回家的路边。因此，个别的人被摔得鼻青脸肿，或跌得头破血流，有的人则就此长眠不醒。仅1984年4月至1985年4月一年时间，木戛区因酒精中毒致死者达6名，其中包括一个12岁的小姑娘和一个14岁的男孩。如果深入调查还会发现，酒对拉祜族影响甚大，已渗透到社会生活的许多方面，归纳起来，主要有如下八种。

第一种，婚姻用酒。拉祜族实行一夫一妻制，恋爱自由，婚姻自主，包办婚姻很少。订婚、结婚和离婚等过程都比较简单，既没有烦琐的仪式，也不需过多的经济开支，但必须耗费相当数量的酒。青年男女多在冬春农闲季节，以走村串寨吹芦笙、唱情歌的方式谈情说爱。经互相认识了解，最终定情后，即由男方请一媒人到女方家说亲。媒人带去礼物的种类和数量的多少各地不一，但两瓶酒是绝对不能少的。如女方父母不同意，媒人带去的酒，他们一滴不沾；女方父母如开瓶喝酒，此事即可定夺，剩下的就是择吉日成婚了。因此，酒在求婚中不仅是见面礼，而且是女方父母答应男方婚事的信物。婚礼时用酒分三巡。成婚这天晚上，女方亲戚和寨中父老齐聚新娘家，男方委托的代理人在新郎未到之前先送来两瓶酒，祷告天地寨神后分敬女方亲戚和寨中父老，此为第一巡。第二巡酒由新郎亲自带来，数量颇大：中华人民共和国成立前是60碗，约30市斤，现在一般是100斤，多的到180—200斤，在座的无论男女老少人人都要敬一碗酒，然后再举行其他仪式。届时，村寨头人"卡些"要给新婚夫妇拴同心线，喝同心酒。接着，由卡些亲自敬第三巡酒，先敬女方亲戚和寨中父老，次敬外来客人，再敬铁匠，最后敬众人。大家高兴地喝完第三巡酒，婚礼即告结束。因此，整个婚礼过程都在不停地喝酒，喝得既多且猛，又全喝寡酒，所以每逢结婚，寨中必定要醉倒一些人。

离婚如双方自愿，只要各出几块钱，买上十来斤酒，请卡些和寨中老人作证，烧香、点蜡、敬酒祭拜天地寨神后，由卡些拿一根红线让两人各执一端，用火从中间烧断就完事了。如一方愿意离一方不愿意离，对提出的一方就要处以重罚。罚款数额各地不一，有的罚40元，有的罚100元，这些钱绝大部分用来买酒请全寨人喝。

第二种，节庆和歌舞用酒。拉祜族每年有四个传统节日，即过年、新米节、六月二十四和八月十五。六月二十四和八月十五最初是火把节和庆丰收的日子，属于本民族的传统节日，都要用酒祭献神灵和欢庆丰收，后因佛教传入，这两个节日逐步演变为举行大规模拜佛活动的日子，因进佛堂严禁饮酒，这两个节日的用酒习俗也就逐渐有所改变，其余几个节日则非有酒不可。

拉祜族过年与汉族一样，从正月初一开始，但前后长达九天，正月初一至初四为大年，初八至初九为中年，十三至十五为小年。腊月三十这天，家家舂米做粑粑。晚上，各家各户都用自己的小篾桌供上两杯酒、一碗肉、六对粑粑、两碗饭，由当家人主持"接祖"，召唤、迎接逝去的祖先回家过年。初一早上全寨青年人都出去抢新水以求新的一年吉祥如意，老人在家给儿孙拴线祝福，家长则忙于供酒、烤粑粑敬献天神和祖先。这一天一般不出门，各自在家饮酒作乐。初二这天要举行盛大的拜年活动，各人给自己的父母、亲戚拜年，全村人给卡些、老人、铁匠和"魔巴"（巫师）拜年。拜年者一般要带两瓶酒、一对粑粑做年礼；受拜者也要还敬一碗酒。有的地方还要由本寨卡些带领众人到别的寨子团拜，这样就必须带上几十斤甚至上百斤酒。拜年结束后，全寨人聚集在一起跳芦笙舞。跳舞之前要在场地中间置一小篾桌，供上酒、谷种、面瓜等。主持歌舞的人家至少要备下四五十斤酒，歌舞者以篾桌为圆心围成一圈，纵情欢跳，跳累了退下来喝碗酒，稍事休息后再上，直至夜幕降临才收场。初三、初四和以后的中年、小年都像初二一样，白天歌舞饮酒狂欢，晚上青年人走村串寨谈情说爱，老人则以酒助兴，通宵欢歌或畅述史事，十五的晚上，各家各户又要再次备下酒、肉、饭等祭品"送祖"。因此，一年中首推过年用酒量最大，再穷的人家也要消耗五至十斤，卡些和歌舞主持者则要耗酒四五十斤甚至一百多斤。所以，村村寨寨天天都有几人醉倒，有些人整个春节都是在醉态中度过的。

新米节是拉祜族重要的传统节日之一。传说它最早是对天神"厄莎"赐予人类谷种表示感谢，以后逐渐渗入较多的祖先崇拜因素。因此，新米节除祭献新谷外，还需杀鸡备酒，杀鸡和用酒的数量根据夫妻双方父母亡故的人数来决定，死几个就杀几只鸡，打几斤酒。

第三种，丧葬用酒。拉祜族奉行火葬，据说随着死者在烈火中化尽，他在生者头脑中的形象亦随之消失，人们就不会感到害怕，所以凡正常死亡者都行火葬，而且由魔巴替他"送魂"。只有非正常死亡者，才实行土葬，也不给他送魂。人死断气后，即鸣枪报丧，全寨停止生产一天，成年人各带一碗米赶来，用左手抓少许米撒向死者周围，其余倒进一个箩筐集中起来供死者亲属招待帮忙的人。同时请魔巴来烧香、点蜡、供酒，替死者念经送魂，其他人则唱起沉痛的挽歌。魔巴通宵念经，亲近的人也留下来通宵守灵，死者亲属则不停地给魔巴和守灵人敬酒，为其壮胆并示酬谢。第二天一早出殡，到达火葬墓地后，用抛掷鸡蛋的办法选择葬址，在鸡蛋落地的破碎点搭柴烧火，男子搭八层，妇女搭九层，尸体和殉葬品一起烧化，对骨灰不再做别的处理。参加出殡的人回来后，死者亲属要敬酒酬谢帮忙人，所以办一次丧事至少需酒三四十斤。

第四种，祭祀用酒。拉祜族信仰万物有灵，盛行祖先崇拜。他们认为，天地房屋、山水雷电乃至狩猎、劳动等各个方面，都有鬼神在冥冥之中决定着人们的吉凶祸福。逝去的祖先对后人的生与死，健康与疾病更具有超乎寻常的主宰力量。因此，在他们的观念中就幻想出许多自然的鬼神和社会的鬼神，如水鬼、雷鬼、路鬼、房子鬼、老人鬼、天神、寨神、猎神等。这些鬼神都是人的力量无法与之抗衡的，唯有对他们奉献和祈求。所以，在他们的祭祀活动中，至少有下列两项少不了酒。

一类是祭房子鬼（"叶里"）。人生病请魔巴来看卦，如卜卦上反映是房子鬼，就要回忆家中所养的猪是否同时下过两只母猪，或鸡是否下过软蛋，若有要立即将此猪鸡扔掉。若没有，就要杀一只公鸡，用一碗酒、一碗米献房子鬼。如卜卦上反映是老人鬼（"卓莫里"），那就非同小可。要用少许盐、米、茶、铅巴和两杯酒供在篾桌上祭献老人，同时请邻居来帮忙守命。魔巴则杀鸡看卦，在火塘边泼酒敬老人，鸡卦好即可完事，鸡卦不好就要继续杀下去，鸡杀光杀猪，猪杀光杀牛，而且酒要继续泼下去，病人亲属还要不停地给魔巴和帮忙守命的邻居敬酒，为其壮胆并示酬谢。这样搞一次，不仅要耗费大量的鸡、猪、牛，而且耗酒量一般需20—30斤。如卜卦中反映病人的灵魂被鬼神或祖宗勾去了，主人家要请邻居来帮忙守命，同时要杀一只鸡，加少许米、盐、茶、两杯酒，一团白线，装在篾箩里由魔巴拿到路边叫魂（"哈枯"），叫回来后把白线（系魂线）拴在病人的脖子、手肘、手腕上，以防魂再离身。这个过程一般耗酒20斤。此外，每年农历的六月二十三这天被认为是死人年节，亦要备酒、杀鸡外加糯米和瓜菜祭献祖先。

另一类是与生产有关的年初出猎和备耕仪式。每年正月初五这天，要举行出猎前的祭祀。猎手们在寨子附近选一棵大树，点蜡、烧香、供酒，祈求猎神保佑在新的一年中野味不断。然后把树劈开一半，上画各种飞禽走兽，如麂子、野猪等，猎手们在三四十米外各射一枪或一箭，如能射中，就意味着今年猎运亨通。因其目标固定，射程又不远，一般都能射中。祭祀以后，大家都满怀希望首次出猎去了。正月十五日，则要举行备耕仪式。这天歌舞结束后，卡些照例要发表讲话，督促人们及早备耕。然后各家各户到自己田野里或山地上选一棵树，烧香、点蜡、供酒，祈祷山神和各方神灵，保佑今年生产顺利、粮食丰收。

第五种，村社头人调解民事纠纷用酒。卡些是村社中世俗事务的管理者和最高裁决者，凡村社成员之间或与外族外寨发生纠纷，或村社成员触犯本民族习惯法等，当事人都要请卡些出面裁决。裁决过程中，酒是不可少的。本族本寨内部发生矛盾和纠纷，当事人自觉有理的一方首先提半斤酒去向卡些陈述事件的经过，卡些即邀集寨中父老，根据当事双方的陈述进行决断，谁无理就罚谁。罚金根据情节的轻重决定，如因争水、争地、争田而吵架，罚无理者出15斤酒，因此而打架的加倍罚30斤。处罚之后，参与调解者相聚痛饮。本族本寨与外族外寨发生矛盾和纠纷，由双方头人共同研究解决，被罚一方的金额即需酒数量由其全寨人同出。触犯本民族习惯法的，由卡些在六月二十四这天召集村社大会当众处理。已婚男女发生不正当关系的，罚一头牛外加10斤酒，全寨共同分食；偷盗行为加倍惩罚，偷一只猪，罚两只猪外加10斤酒，一只猪还给失主，另一只杀后连酒一起大家共食。酒在这里既是酬谢断事人的见面礼，又表示执行传统法规的头人的尊严和对违法者的惩罚。

第六种，待人接物用酒。酒在拉祜族社交中是不可少的，"无酒不成礼"可谓人们的信条。但对不同的人又有不同的用法。对亲朋好友，一到必先敬酒，客人如带去酒，则是对主人最高的敬重。对非亲非故的外族人，则要有一个试探过程，先敬你一碗白开水，后敬你一杯烤茶，观察你对他们的态度，是嫌脏还是嫌差，当确信你是平等待他而且是可以相交的人时，才给你敬酒。用酒的方式也有讲究，客人落座，主人即开瓶敬酒，取一只碗先倒上约半两，慢慢把酒滴在地上，意为先请祖先品尝，然后倒一碗自己饮，以示酒中无毒，自己是诚心待客的，接着才用同一只碗分敬众人，表示同心团结。人们边喝边谈，酒助谈兴，常常彻夜痛饮，每人一二斤酒就这样轻轻下肚了。酒在这里实际上成了人与人之间联系和交往的纽带。

第七种，换工、互助用酒。拉祜族在每年的收割、栽插等农忙季节，都自发地开展换工互助。互助者不计亲疏、不需报酬，也不一定还工，亦不用供饭，主人只需以酒酬谢。一般每个工需半斤酒。如谁家盖房起屋，寨中男子都会自愿帮忙，主人亦只需以酒招待。因盖房帮忙的人多，所以每盖一间新房，约需近百斤酒。

第八种，治疗疾病和生产劳动用酒。人们相信酒能治肚痛、腹胀、拉肚子等疾病，家中人出现此类病患者，首先让其饮酒做药。酒对人体也确有舒筋活血、消疲解乏的作用，辛苦劳动一天之后，人们均爱喝酒解乏，有的干脆把酒带到田间地角，中途歇息时也喝上几口，酒量大者，劳动一天下来约能装二市斤的一壶酒已空空如也。

以上所列八点，只是对拉祜族嗜酒习俗的粗略分析，即使如此，也可看出，酒在拉祜族社会生活中具有多么广泛而深远的影响。它既能以祭物的形式出现，"叩开"神灵和祖先的大门，"沟通"人与超自然、超人之神的联系，用以祈求神灵和祖先赐福禳灾，又以信物的形式出现，促使亲朋和本族人民团结友好；它既能在节庆时助人狂欢，又能在恐惧时给人壮胆；它既可充当习惯法的明证，维持传统社会的正常运转，又能作为维系原始互助习俗的一种纽带；它既能作为祛风止痛的药物，又是为劳动量过大而疲劳过度的劳动者解乏和人们即兴歌舞的伴侣，等等。因此可以说，嗜酒已成为人们的一种风俗习惯。酒的刺激性和麻醉性很容易使嗜者上瘾，从而进一步强化了嗜酒之习并使其具备了一定的客观必然性而广泛、长期流行。

通过上述分析可以看出，就拉祜族用酒的诸种类型来说，除祭神送鬼外，我们很难说有什么不合理的地方。但就各种类型的用酒量和嗜酒之风而言，就可以看出酒对其社会发展的危害了。换言之，喝酒本身无可厚非，但不分男女老少人人都喝，而且相当一部分人发展为一种嗜好，嗜之成瘾，以致酷嗜到一天无酒就感到不适的地步，其危害性就显而易见了。分析起来，其危害大体有以下三点。

危害之一，是无端地耗费了本来就非常少的经济收入，影响其生活的真正改善。木戛区群众的经济水平和用酒数量经历过三个不同的历史时期。1957年"直接过渡"以前为第一时期。此时期的特点是一方面缺粮，另一方面猛烈喝酒。据1952年对该区小帮利村的一个调查材料统计，该村当年有38户，212人，粮食总收入213亢（每亢合120斤），人均有粮仅120斤，因此，全村几乎家家缺粮，相当一部分人家缺粮达10个月以上。但是，就在这种难以温饱的严重情况下，仅当年7—12月份，该村群众用于烤酒的粮食仍高达119亢，折合稻谷13280斤，以30%的出酒率计算，至少应得酒4000多斤，人均消耗20斤。这时期的经济状况处于越穷越喝酒，越喝酒越穷的恶性循环之中。第二时期是合作化以后至1980年大包干以前。这时期经济有所发展，但仍然缺粮，特别是1959—1961年，1971—1980年这两个阶段缺粮情况甚为严重，平均每年要调入五六十万斤返销粮救急。此时酒的消费量也因国家酒类专卖政策的严格限制和严禁祭神送鬼的强制性措施而大幅度减少。以1978年为例，该区有16507人，总产值75万元，人均47元，人均实有口粮329斤，但全区仅售酒6644斤。然而，这并不表明其嗜酒习俗有根本改变。就在这时期，许多群众因在供销社买不到酒而去医院买酒精掺水喝；个别嗜酒突出者家里已经断粮断盐，揣着仅有的两元钱到公社买返销粮和盐，碰到有酒卖，竟全然不顾家中老婆孩子包括自己饥肠辘辘，两元钱拿出来全买酒喝了。第三时期是1980年大包干以后至今。这一时期一方面是党的富民政策使经济有一定增长，另一方面随着群众收入的增加和政策放宽后酒专卖禁令的实际解除，以及一度潜入地下的祭神送鬼活动逐步公开化，酒的消耗量也有了迅猛的增长。1984年全区有17600多人，总产值121.4万元，人均68元，人均实有口粮380多斤；但该年区供销社售酒量即猛增到79592斤，据当地干部和群众估计，这还仅占实际耗酒量的1/3强，其他约2/3是群众自烤自食或销售的酒，其数量至少有14万斤，因此1984年全区总计耗酒约21万斤，人均11斤。1984年人均产值比1978年增加21元，但仅酒一项就耗去11元，占增加产值的50%多。而用于购买农具、农药、化肥等生产资料的投资，1984年为55732元，仅比1978年的46392元增加9340元，人均不到一元。再以该区处于中等经济水平的大帮利村四社逐家逐户的调查统计，该社有18户95人，1984年实际收入8449元，人均88.9

元，除去社员消费口粮产值，现金收入约4000元，人均42元。但买酒就花去1960元，人均20元（本寨不烤酒），在酒上的耗费占实际总收入的23%，占现金总收入的49%。加上买盐花去约300元，买辣子花去约460元，买烟花去约350元，几项共花去3070元，占现金总收入的76%，所以，人们用于真正改善生活和发展生产、发展文化教育事业的投资就所剩无几了。总之，大包干确实给这个边远落后的民族山区带来了变化，但嗜酒习俗把富民政策下增加收入的50%用来买酒喝了，从而延缓了整个民族的脱贫致富过程。

危害之二，是对身体素质的不良影响。拉祜族喝酒有三个特点：一是只喝四五十度以上的烈性酒；二是只喝寡酒，不需任何下酒菜，吃饭时候一般不喝（近年也有以喝酒代早餐者）；三是喝猛酒，几两或半斤都喜欢一口喝完。这些特点概括为一句话，就是习惯于长期喝烈酒、寡酒、猛酒。从医学的角度看，这些习惯对身体的危害是严重的。它对胃和食道的刺激会引起胃溃疡和慢性胃炎，从而导致胃痛、食欲不振和长期营养不良；它对心脏和血管系统的危害会导致心脏病和高血压；它对神经系统的抑制和麻醉作用会导致人的记忆力减退和智力降低。而且，嗜酒还会引起精子、卵细胞酒精中毒，这种中毒的精子和卵细胞，孕为胎儿后便会生下智力低下的婴儿，从而贻害后代。从消费的角度看，在经济水平很低的条件下，大量喝酒必然限制他们对肉、禽、蛋、糖等营养性食品的消费，从而导致营养不良和贫血。省医疗队1982年对本区拉祜族的健康状况进行过普查，从中可以看出，拉祜族的身体素质是相当差的。该区成年男子患病率为51.5%，成年女子患病率为50.6%。其中，胃病患者，男性为19.2%，女性为14.8%；中度贫血，男性为5.9%，女性为11.2%；重度贫血，男性为2%，女性为2.4%；贫血性心脏病，男性为1.2%，女性为0.8%；心跳过速，男性为3.3%，女性为5.1%；高血压，男性为2%，女性为1.9%；等等。造成上述疾病的因素是多方面的，但嗜酒无疑是一个相当重要的因素。这对本民族的发展进步来说，显然是不利的。

危害之三，是对社会生产和文化教育的不良影响。对社会生产的危害，一方面是大量喝酒限制了用于生产的投资，另一方面是劳动者酒醉后不能进行生产。有的人每逢赶街天必醉，醉后一两天才能恢复，五天一街，每年就有73个街天，因而全年有100多天不能正常生产。对文化教育的不良影响，一方面是大量喝酒限制了用于文教的投资，因此大帮利村四社30个适龄儿童因家庭经济困难只入学4个，入学率仅为13%；另一方面是少数教师酒醉后不能坚持正常教学，个别突出者居然每周都有一二天因酒醉而不能上课，全年就要耽误教学六七十天。加上其他因素的影响，使本区拉祜族的教育事业举步维艰，直至1982年，本区拉祜族的文盲率仍高达90.5%。更为严重的是，有的嗜酒突出者，经常借酒发狂，吵架打架，以致触犯刑律，还有的人酒精中毒致死。

既然嗜酒有以上三大不良影响，那么，它为什么仍作为一种风俗流行呢？看来，除开酒本身具有的刺激性和麻醉性这一自然因素外，还有如下三大社会根源。

其一，嗜酒的一个重要原因，是生产劳动的艰辛繁重和日常文化生活的单调枯燥。中华人民共和国成立前，木戛地区的拉祜族为获取衣食住等生存必需的生活资料而向自然界展开的生产斗争，是极其艰巨、繁重的。以"刀耕火种"的原始山地农业为主并辅之以狩猎、采集的经济生活，使其经常跋山涉水到离居住地十多里外的山地中劳动（或到更远处狩猎），铁农具的不足又使其劳动量倍增，因此种一亩山地至少需要50个工。纺织工具的原始简陋和棉花必须从遥远的孟连县输入，使其织一套妇女衣服就需85个工。盖房所需茅草则要到西盟的中课乡才能割到，往返三天只能割回一背，盖一间房子仅草一项就要60背，总计需工180个。为了能穿衣住房而又不误农时，人们广泛地开展换工互助，在劳动过程中，无论单个劳动者还是互助劳动者都需借酒的刺激性来"兴奋"神经以增加劳动的耐力；劳动结束后则需借酒的麻醉性来解除疲劳。人们在单调、繁重的劳动之余，需要娱乐、休息以调节身心，加强互相之间的联系和交往。这种需要在没有其他文化娱乐条件的情况下只能通过婚姻、节庆和亲朋间的聚会畅谈才能得到满足，而酒则能以它的刺激性在上述场合助人欢乐，并作为人们共同喜爱的一种饮料把大家联结在一起。中华人民共和国成立后，30多年的社会主义建设使这里的社会面貌发生了翻天覆地的变化。"刀耕火种"的原始山地农业因较进步的轮歇犁耕山地农业的发展而退居次要地位。铁农具、食盐、棉花等生产生活必需品需从遥远的上允镇、双江县、孟连镇输入的历史早已结束。但是，由于山高坡陡等自然条件的限制和"左"倾错误的不良影响等多种原因，整个生产领域中劳动的艰巨性并没有根本改变，种一亩山地仍需50多个工，仍要跋山涉水远到十多里外的山地去劳动，盖房茅草仍需到西盟去割，织布手段也没有改善。文化建设虽也有所发展，但全区唯一的一间文化室实际办成了图书室，这对文盲率高达90.5%的拉祜族来说只能是"曲高和寡"。电影是群众普遍喜爱的现代文化娱乐手段，然而绝大多数村寨一年到头也不能观看一场。收录机则因娱乐效果有限和群众收入太少而不能推广。因此，单调、枯燥的文化生活条件也基本未变，人们调节身心健康的自然需求仍需通过亲朋聚会和节庆歌舞才能得到满足，因而在上述场合仍需酒的功能继续发挥作用。

第二，嗜酒在经济文化贫困落后的社会环境中，已形成一种难以抗拒的传统力量。由于经济贫困、文化落后而又嗜酒成习，致使人们至今仍把能吃上辣子盐巴拌饭，再加有酒喝，当作理想的生活境界来追求，有的甚至把别人在自己家中酒醉呕吐也当作吉兆，因为传统观念认为这弥漫的酒气预兆着今后酒将常有不断，因此人们一有钱就首先满足酒的享用，并把敬酒看作对客人的最高敬重与欢迎，从而使嗜酒之风形成一种难以抗拒的传统力量。既然社交中有酒才算敬重，那么，别人敬我，我亦需敬别人，否则"来而不往非礼也"。因此，不喝酒的人就成为无礼的人，无礼的人别人是看不起的，不仅无人愿和他交朋友，困难时也少有人愿来帮忙。因此，要在这样的社会环境中正常生活，就必须喝酒。对此，一般人难以超越，就是外来人也难以抵制。50年代初从内地调进来工作的一些汉族干部，初到时与喝酒的人讲话都会被酒气熏得头昏，但为了打开工作局面就必须和群众交朋友，而交朋友必须喝酒，于是他们只有硬着头皮学。经过几十年的"熏陶"，这些同志现在已和拉祜族一样每天少不了酒，一天喝一二斤不会醉。

第三，其重要的历史原因，是原始社会末期传统习俗的影响。中华人民共和国成立前，本区拉祜族的社会形态，虽已呈现出早期封建化趋向，但总的来说，仍处于带有异变性的原始社会末期的农村公社阶段。因此，中华人民共和国成立后它是带着浓厚的原始社会残余"直接过渡"到社会主义的，而且这些残余迄今仍在发挥影响。其中，与其嗜酒习俗有关的，主要表现为如下两点。一是原始宗教的顽强存在。根据拉祜族关于酒的起源的传说，它最早是作为一种珍贵的祭品用来祭祖的，以后发展为送鬼、送死人不能缺酒，然后才扩展到社会生活的其他方面。从前述用酒分类中也可以看出，人们出于对祖先和死人的强烈恐惧感，在祭祀活动和丧葬过程中必须大量喝酒来壮胆。因此，拉祜族嗜酒习俗与原始宗教密切相关。中华人民共和国成立后，拉祜族的原始宗教信仰虽经多次冲击但仍顽固地保存着。1985年3月，大帮利村一社的一家人，因其姑娘生病请魔巴来送鬼，杀了5只鸡、1头猪，耗酒20斤。至于原始互助和婚、丧、节日用酒习俗，也反映了原始社会末期的特点。二是原始共产主义风俗的广泛影响。这种风俗有以下三个表现。不分彼此，有酒同喝是其表现之一。本区班利乡的克朵寨，几乎天天都有人家烤酒，一次少则一二坛，多则二十多坛。但一家烤酒全寨来喝，无论烤出几十斤还是几百斤，全部当天喝完，因此这个寨子几乎天天都有几个人醉卧。生活无计划，遇酒必痛饮是其表现之二。还是这个天天烤酒喝的克朵寨，到1985年4月初，仅一社57户人家就已有18户断粮，靠亲朋接济和外出找野菜度日。大帮利村300多户人家，到4月底已有50%左右的人家缺粮，原因是1984年大春受灾减产，但秋收后他们仍把本已很少的粮食拿出相当一部分去换酒喝了。表现之三是，不分男女老少均平等相待，认为无论大小总也是个人，所以父母喝酒包括婴儿在内的孩子也能沾光。

既然嗜酒习俗的形成是拉祜族物质文化和精神文明发展到一定历史阶段的产物，它既具有民族习俗的特色又对本民族发展带来一定危害，因此，从民族学的角度，从适应社会主义现代化建设的需要出发，谨对如何改良或革新这一习俗的问题，提出以下三条建议。

第一，在大力发展经济，逐步改善劳动条件的基础上，对酒及其在拉祜族社会生活中的地位和作用进行科学宣传，在剔除酒的危害作用的同时，也可保留酒在优良习俗中的传统特点。由于酒的功能对人体确有"强力""解乏""壮胆"的作用，所以在生产劳动和丧葬过程中仍可适量用酒；革除祭祀用酒应由无神论教育相配合；对节庆歌舞、社交和婚姻用酒习俗，则可引导他们向邻近的佤族学习，逐步改烈酒为水酒。酿制水酒的原料是小红米，它可套种在旱谷地中，经济价值较低，人们也不用它当粮食，但水酒出酒率是原料数量的三倍，烈酒出酒率仅为原料数量的1/3；而且水酒度数较低，与葡萄酒相同，对身体基本无害，反而还有利尿、助消化的益处。因此，改用水酒既可减少经济消耗又对身体有利，它微量的刺激性也能助人欢乐，群众自然会乐意接受这种革新的。

第二，大力扶持"两个文明建设"同步发展的文明户。前两年着力扶持了一批经济上的重点户和专业户，如大帮利村四社一个粮食加工重点户，1984年仅碾米一项就收入240元，占其总收入的40%，但其一家五口人当年就耗酒200斤，增加收入的绝大部分用来买酒喝了。经济收入越高的耗酒量越大，已成为普遍现象。所以，应把精神文明建设包括对嗜酒危害的宣传教育和引导贯穿其劳动致富的过程中，引导他们带头冲破嗜酒环境，率先改用水酒和其他低度酒，并且做到计划用酒和严禁家中未成年儿童饮酒，这样就能使物质文明和精神文明相互影响、相互促进，把中央两个文明一起抓的方针落实到户，使专业户、重点户成为既是先进生产力代表，又是建设具有民族特色的社会主义精神文明带头人的文明户。一方面有这样的文明户在起作用，另一方面各级干部、教师、党团员、青年学生和复转军人也应以身作则，积极带头，克服嗜酒环境，实现对其嗜酒习俗的改良或革新。

第三，革除酒的危害的根本途径还在于大力发展文化教育事业。笔者曾对大帮利村十个30岁以下的青年人逐个进行访问，其中有五个嗜酒最厉害，另外五个偶尔也喝两口，但从未醉过。访问后发现他们之间有如下三个不同：一是文化程度不同。前者有三个是文盲，另两个是1978年前毕业的初中生；后者全是1983年以后毕业的初中生。二是思想观念亦即追求的理想不同。前者都以天天有酒喝为理想，后者都以能参加工作或进一步学会一两门专业技术为理想。三是精神状态不同。前者除一个文盲外，其余四人每周至少醉两次，醉后骂人打老婆，闹得乌烟瘴气；后者除一人外，其余四个仍在坚持业余学习。由此可见，在同一个地方，受过教育者与文盲之间有多大差别（正常时期与非常时期亦有不同）。而这种差别的实质在于，相对独立的学校在这个嗜酒成习的环境中为食宿在校的学生创造了一个不喝酒的环境。他们在这个环境中学到了知识，发展了智力，接受了新的生活方式，有了改造环境和追求新生活的较高的理想。因此，教育不仅是经济现代化的关键，也是人的思想观念、精神状态、生活方式现代化乃至人的素质全面现代化的关键。而这一切，都是拉祜族现代化建设所必需的。因此我们呼吁，有关部门应高度重视拉祜族的教育事业，因为拉祜族是云南少数民族中文盲率最高的，高达 82.31%。拉祜族长期处于后进状态，与此有决定性关系，所以必须下大功夫、花大本钱帮助拉祜族发展教育。如果能在 20 世纪末把大多数拉祜族的适龄青少年培养为具有初中以上文化程度的人，并在教学过程中有针对性地开设一些包括科学用酒知识在内的、引导他们建立科学健康的生活消费方式的课程，那么，仅此一点就将在建设社会主义现代化中产生巨大推动力。勘建电视差转台也是一个好办法，逐步推广、普及电视，既能吸收群众用于喝酒的资金，又能使他们在艰辛的劳动之余得到健康、文明的娱乐和休息。如果电视台再介绍一下酒的科学常识并从多方面开展宣传教育和引导，那么，拉祜族的嗜酒定将会被革新了的、健康的、具有民族特色的优良饮酒风俗所取代。

（原载《云南社会科学》1986 年第 1 期，同年人大报刊复印资料《民族问题研究》全文转载，又载入杜玉亭主编《云南多民族特色社会主义现代化问题研究》一书，云南人民出版社 1986 年版）

民族传统文化与民族地区的商品经济发展

——澜沧拉祜族自治县木戛区拉祜族与汉族的比较研究

商品经济的充分发展，是社会经济发展不可逾越的阶段。大力发展商品经济，是当代中国各民族共同面临的迫切问题。然而，商品经济的幼芽，要在一定的社会文化背景下才能破土而出、茁壮成长，不同民族各具特色的传统文化，会对商品经济的发展产生不同的影响。本文试图通过对云南省澜沧拉祜族自治县木戛区拉祜族和汉族的比较研究，探讨在相同的自然条件和政策环境下，不同民族发展差距甚大的历史根源、文化背景和社会因素，揭示后进民族传统文化中的某些消极因素对发展商品经济造成的严重阻碍和制约，并探索民族地区商品经济发展的特殊形式及改造民族传统文化的具体途径，以利各级政府采取切合实际的特殊政策和措施，帮助少数民族尽快发展起来。

一

拉祜族是云南边疆山区的后进民族之一。澜沧拉祜族自治县的木戛区，是拉祜族较为集中、较为典型的地区。该区位于澜沧县的西北部，距县城勐朗镇90余千米，西南接西盟县的中课区，东北隔安康区与临沧地区的双江县相望，西面距国境线最近处仅7千米。境内山岭连绵，群峰耸立，仅区公所驻地木戛有一块为黑河冲积而成的小平坝，山区面积占总面积的98%。1985年，全区有17828人，其中拉祜族17397人，占总人口的97.58%，汉族407人，佤族20人，其他民族4人，是一个拉祜族占绝大多数的典型的边疆民族山区。云南边疆、少数民族、山区三位一体的基本特征，可以从这里集中体现出来。全区有6个乡，42个自然村寨，88个生产合作社。1985年，全区社员人均实有口粮308斤，人均纯收入82.7元，亦属典型的温饱问题尚未解决的贫困民族地区。然而，就在这种普遍贫困的社会环境中，该区汉族却一枝独秀，不仅早已解决了温饱，有部分人家还过上了小康生活。他们跑运输、搞建筑、做生意、起房建屋、置办家具、购买中高档商品，整个经济充满了生机与活力，正沿着商品经济的轨道迅猛发展。下面我们从地处木戛区公所旁边坝子边缘的帮利乡中抽出两个社，一个是汉族聚居的街子社，另一个是拉祜族聚居的、经济水平在全区拉祜族中处于上等水平的大帮利村五社，把两个社1985年的经济收入水平和收入结构列表比较，如表1所示。

表1　　　　　1985年帮利乡经济收入水平和收入结构

单位\项目	户数	人口	社会经济总收入	人均	农业-种植业	农业-林业	农业-牧业	农业-副业	工业	建筑业	运输业	商业	饮食业
五社	49	247	26016	105	20437	174	4482	695	25	/	/	/	/
街子社	42	151	28043	186	4513	/	9130	700	2400	1850	1800	6650	1000

这是帮利乡1985年统计报表中的数字。鉴于大包干后，农民（尤其是汉族农民）因有种种顾虑而不愿填报真实的收入数，为了慎重和准确起见，笔者又根据基层报表，对这两个社经济水平处于上、中、下三个等级的典型农户1985年的收入，逐户进行了调查，结果

如表2、表3所示。

表2　　　　1985年五社典型农户经济收入情况

单位项目	代表户代号	人口	劳力	粮食收入（斤） 合计	粮食收入（斤） 人均	现金收入（元） 合计	现金收入（元） 人均
上	A_1	6	4	4190	698	396	66
中	B_2	6	4	3000	500	163	27
下	C_3	5	2	1750	350	107	21.4

表3　　　　1985年街子社典型农户经济收入情况

单位项目	代表户代号	人口	劳力	粮食收入（斤） 合计	粮食收入（斤） 人均	现金收入（元） 合计	现金收入（元） 人均
上	A_1	3	2	560	186.6	5050	1682
中	B_2	3	2	1000	333.3	1500	500
下	C_3	5	2	840	168	1450	290

如果再看家庭财产，差距就更大了。拉祜族家庭一般都只有一间三格、价值100元左右的低矮的茅草房，有的人家至今无床无被盖，仍过着席地而卧、环火塘而眠的原始生活。近几年也有部分人家开始购买中高档商品，但截至1985年水平最高的帮利村五社全部人家仍只有两只手表，3架缝纫机，4台收录机。而街子社的汉族，从1981年以来迄今已有20多户人家建造了砖瓦楼房，每栋价值都在3000元以上，室内的生活用具，以至高档的家具沙发一应俱全。到1985年为止，全社已有35架缝纫机，53只手表，20台录音机，3辆手扶拖拉机。

二

为什么在同样的自然生产条件下，相同的政策环境中，不同民族的发展竟会出现这样大的差距呢？分析下来，主要有如下三个方面的原因。

首先，两个民族的生产经营传统有别。木戛地区的拉祜族，是在100多年前从现云南省的临沧地区迁来本区定居的。迁来时主要经营旱地，从事刀耕火种的原始山地农业，采集、狩猎作为经济生活的补充仍占有重要地位。传统的副业生产如打铁、编织、纺织、喂养猪鸡等只是为了满足生产生活所必需，并不作为商品出售。1932年，在国民党地方政府和外地汉商的经营下，木戛形成了初级市场，拉祜族原来零星种植的大烟成了市场上抢手的俏货。内地汉商蜂拥而至，玉溪人驮来布，普洱人驮来盐巴，景谷人赶来成群的耕牛，保山人驮来棉线，石屏、祥云等地的人驮来猪肉、火腿，本县谦六、蛮蚌、东河、大山等地的汉族驮来粮食等，用以换取大烟。当时一两大烟可卖六七元半①，三四十两大烟可换一头壮牛，二两大烟可换一斗米，价值非常高。在如此重利的吸引下，拉祜族开始普遍种植大烟，大烟成了拉祜族除粮食以外的另一个重要经济支柱。木戛街子则成为典型的大烟交易市场，达到了迄今未有过的畸形繁荣。当时也是五天一街，每街至少有四千人、三四千头牛在此交易，街子上开了三个大饭馆仍不能满足需要。收烟时节，每街都要驮走几千斤大烟，仅居住在街子的两个汉族大户，每年收购外运的大烟就不下三万两。木戛初级市场的开

---

① 半开是近代云南、贵州、四川、广西部分地区民间对云南铸造的每枚重3钱6分库平银的小银元的称谓，以其抵通用银元的半元而得名。

辟，大烟这种特殊商品的种植与出售，不可避免地冲击了拉祜族原有的村社制度和封闭的自然经济，使其开始解体、变形，呈现出早期封建化趋向。但是，直到中华人民共和国成立初期，占耕地总面积60%以上的山地仍然是"蒿枝开花随人种"的公有土地，木戛初级市场对拉祜族的影响也还欠深入和广泛，因为拉祜族虽然种植大烟，但他们一般并不直接拿到市场出售或交换，而是由外地汉商上门来收购再转手倒卖出去。拉祜族只是在农闲时间才偶尔上街买点盐、铁农具和棉花，所以直至1956年，距市场仅半千米路的大帮利村，仍有1/4的人从未到过街子。因此，从总体上说，中华人民共和国成立前拉祜族的社会形态，仍处于带有异变性的原始社会末期的农村公社阶段。然而，鸦片商品这门重炮，毕竟在拉祜族原始村社的自然经济壁垒上轰开了一个口子，如果继续发展下去，随着口子的扩大，拉祜族的经济生活就有可能发生重大转变。

中华人民共和国成立后，在党和政府的帮助下，本区拉祜族带着浓厚的原始社会残余"直接过渡"到社会主义，生产关系和政治制度实现了"跨越"时代的变革。30多年的社会主义建设也使拉祜族的生产力发生了一定变化，刀耕火种的原始山地农业因较进步的轮歇犁耕山地农业的发展而退居次要地位，水田的比重逐步上升。但是，中华人民共和国成立后严禁种植大烟，砍掉了拉祜族的一个经济支柱，又没有采取相应的措施，帮助他们根据当地资源优势重新寻找、培植新的经济支柱，迫使他们把已经跨进商品经济的一只脚，又缩回到自然经济中来，重新回到耕织结合、农业和手工业互补的传统生产格局中。十一届三中全会后的政策放宽，曾经一度激起拉祜族的生产积极性，但传统生产的囿范使他们把这种积极性全部倾注到粮食生产上，因而使粮食生产在大规模扩大耕地面积的基础上获得了前所未有的大发展。然而，山高坡陡的自然条件并不利于粮食生产，加上耕作技术的简单粗放，扩大的耕地面积在地力减退后粮食产量便急剧下降。结果，拉祜族倾其全力从事的粮食生产，不仅没有剩余产品可作为商品出售，就连自己的温饱问题也无法解决，每年仍需向外调入大量返销粮救急。近几年发展商品经济的浪潮，也曾对拉祜族有所触动，并刺激起一批勇敢者奋起向传统挑战，率先从事运输业、商业、建材建筑业等对拉祜族来说是全新的产业，但这些人毕竟量少质弱、势单力薄，又受传统文化的囿范和自身素质的制约，经营效果都不理想，有的甚至因亏本、倾家荡产而自杀。因此，迄今为止，拉祜族并未突破传统生产的格局，自给、半自给的封闭式自然经济仍占主导地位。

街子村的汉族全都是1949年成立前从景东、景谷、普洱、镇沅等地逃荒、讨饭、逃兵或替人赶马帮做生意进来的。在学会了拉祜话并熟悉了拉祜族的情况之后，他们中的一部分人干起转手倒卖大烟的投机生意；一部分人就地在街子开起旅馆、饭馆、烟馆和赌馆，替过往商人服务；另一部分人则摆摊做买卖，转手销售外地马帮运进来的棉布、盐巴、针线和铁农具等。截止到中华人民共和国成立初期，在街子村定居下来的32家汉族，除一家经营农业外，其余人家全靠做生意过活。因此，1949年前的街子村已完全是一个商业社会，这些脱离了土地的小商贩，把木戛街子经营得已初具规模。1956年，党和政府派工作队进驻木戛区，鸦片种植被取缔，鸦片生意被禁止，做其他小生意也受到限制，街子村汉族失去了生存基础，32户人家陆续向外迁走了18户，另外14户把用于做生意的钱就地买田、置地、建房，转而经营农业。从此，离土离乡的街子村汉族被强制拉进了单一农业生产的轨道，与拉祜族一样，形成了自给自足的封闭式自然经济。然而，除50年代后期和70年代初期"左"的错误特别严重因而对劳动者经营的限制特别严厉以外，其余时期街子社的汉族仍然最大限度地发挥了自己见多识广、积极肯干的优势，新开辟了服装加工业和建筑建材业，在人民公社的名义下，以专业队的形式大搞工副业生产，并注意发展家庭饲养业。因此，在"以粮为纲"和"大锅饭"的岁月里，街子社汉族与拉祜族相比也取得了较高的经济成果，虽然这些成果在今天看来是微不足道的。下面是1978年街子社汉族与大帮利村五社拉祜族的经济情况比较（见表4）。

表4　　1978年街子社与大帮利五社经济情况比较

单位 项目	户数	人口	劳力	社会经济总收入（元）	人均（元）	农业	林业	牧业	副业	其他	粮食总产量（担）	社员人均实有口粮（斤）	超支户	超支款（元）
五社（拉祜）	51	228	141	14218	62	13389	123	73	449	184	1408	465	17	1237
街子社（汉）	37	152	72	14992	98	6027	/	2000	5606	359	708	386	1	34

与拉祜族一样，十一届三中全会后的农村经济体制改革，极大地调动了街子社汉族的生产积极性，但汉族的生产经营传统引导他们走上了另外一条与拉祜族不同的以商为主、多种经营的道路上去。截至1984年年底，街子社40户人家已有27户办照经商，占总户数的68%。其余人家或从事建筑业，出外包工盖房子；或从事运输业，整天开着手扶拖拉机往来于县城和邻近的区镇；或专门经营蔬菜，定期供给学校；等等。绝大多数人家已经完全不下田务农，自己承包的责任田雇请拉祜族农民耕种，不足的口粮到市场上购买，实际上已经成了离土不离乡的工商业经营者，基本上冲破了自给自足的自然经济，形成了较为活跃的商品经济局面，致使两个民族原已存在的差距进一步扩大了。由此可见，两个民族在历史上形成的不同的生产经营传统，是造成现实差距的历史根源。

其次，是两个民族的文化背景不同。文化背景涉及的范围很宽，但就传统文化对发展商品经济的影响这个角度而言，拉祜族与汉族相比，其传统文化中不利于商品经济发展的消极因素，突出地表现在如下四个方面。

第一，原始共产主义风俗的广泛影响。"有酒同喝、有肉同吃"是拉祜族的传统风尚，村中谁家杀猪，听见猪叫其他人便会纷纷赶来，连吃带拿，300多斤重的猪一天就消耗完毕。地里的蔬菜、辣椒成熟，别人不需经过主人的同意便可自行摘吃。一家人烤酒，全寨男女老少都来喝，直喝到酒干、人醉才收场。有的人家断粮断盐长达几个月，但其心中并不着急，仍然整天沉浸在串山打猎的娱乐活动中乐而忘返，因为肚子饿的时候他可以带上老婆儿女到任何一个拉祜族人家去吃饭，吃完还能带走一些。农忙时帮工互助，本是抢节令保证按时栽插的一种好形式，可近年来一些穷得叮当响的特困户任自己的田地荒芜不种，抢着去替别人帮工，以换取短期内的酒肉饭饱。一些带头经商的人家，贷款上千元开办起小吃店，可村中父老乡亲、外寨的亲戚朋友天天来赊吃，不到几个月便亏本数百元，只有关门改业。商品经济的价值规律，被传统的风俗人情所湮没。在这张巨大的风俗人情之网的笼罩下，勤奋生产者的积极性受到严重挫伤，另一部分人的依赖性则受到极大的助长，结果大家都在贫困的陷阱中越陷越深。

街子村的汉族则不同，杀年猪请村中亲朋来吃饭，要主人亲自上门请几次才来。办照经商的人家，即使亲朋好友甚至分了家的父母兄弟来买东西，一分一厘也要算清。向别人要东西、借东西，被认为是有伤面子的事情，轻易是不会开口的。因此，价值规律在这里通行无阻，为商品经济的发展提供了最基本的空气和土壤。

第二，宗教信仰和诸多禁忌严重束缚着人们的思想和行为。拉祜族信仰万物有灵，盛行祖先崇拜。举凡与人们的生产生活密切相关的自然和社会现象，如日月星辰、风雨雷电、河流山川及四时疾病等，都被赋予了鬼神的形式。这些鬼神在冥冥中主宰着人们的生老病死、吉凶祸福，人的力量无法与之抗衡，唯有对其顶礼膜拜，并用种种禁忌限制自己的行为，以取悦于神灵，祈求神灵赐福禳灾。人有不适，就要请巫师"魔巴"占卦，卜其触犯了何方神灵，然后小则杀鸡、大则杀猪宰牛祭献，有的人家把家中的鸡猪牛全部杀光尚不能取得鬼神的宽恕，只有再买或借来再杀，个别人家为此而倾家荡产。养鸡喂猪本是木戛区拉祜族唯一有保证能够出售而获得经济收入的商品，但其祭神送鬼的无谓耗费，加之疫病流行而兽医不足，致使一年到头很少有几家人能由此获利。在生产活动中，诸多禁忌严重束缚着人们的行为。每年第一声春雷响，或第一个下雨天，全村人忌不生产，以后每逢这天的属日，可以生产但不能挖山地，否则便会触犯山神和雷神，田地会被水冲跑，庄稼和人会遭雷击。属牛日不犁地，因为这是牛的生日。属马日不劳动，亦不准动草木，因为这是传说中天神厄莎不在了的日子，必须停产祭奠。父母死的属日忌不生产，不出借东西，不外出，否则将破财或遇难。人要出门办事，需杀鸡看卦，鸡卦好则可放心外出，鸡卦不好，则无论需办事情多么重要，均不能外出……明末清初，大乘佛教从大理鸡足山传入拉祜族地区，由于佛教并不排斥拉祜族的原始宗教，反而与之杂糅起来，利用民族形式进行传播，遂使该区拉祜族在迁来此地之前就成了佛教信仰者。佛教传入后每月又多了四个忌日，即每月的初八、十五、廿四、三十等四天，在家休息行佛事，忌不生产。拉祜族原有的种种忌日再加上佛教忌日，一个月不能生产的时间竟多达十来天，从而严重影响了拉祜族的生产发展和各种经营活动。

街子村的汉族不信佛教，虽也有种种封建迷信和对祖先神灵的敬畏和崇拜，但主要表现在丧葬活动中。人生病偶尔也有送鬼的现象，但祭鬼杀牲有限制，一般只杀一只鸡，表示已经祈求过神灵，得到心理上的安慰即可，绝大多数人则信服现代医学的力量。生产活动中，只选择自己多年经验认定的栽插吉日，其余一概不忌。因此，街子村汉族每月能用于从事各种经营活动的时间比拉祜族多，经济的发展自然就要比拉祜族快得多。

第三，拉祜族生活消费中传统的嗜酒习俗阻碍着经济的发展。嗜酒，既是拉祜族古老文化的产物，又经漫长的历史沿袭逐步固定为一种习俗，成为拉祜族传统文化的一个组成部分。在拉祜族社会中，酒在祭神送鬼、婚姻丧葬、节庆歌舞、待人接物、调解纠纷、换工互助、治疗疾病和生产劳动等社会生活的许多方面，发挥着沟通人"神"联系，促进亲朋好友、助人欢乐、替人壮胆、祛风止痛、消疲解乏等多方面作用。因此，拉祜族不分男女老少均能饮酒，而且很大一部分人发展为一种嗜好，嗜之成瘾，以致酷嗜到一天无酒就感到不适，所以拉祜族的耗酒量很大。1949年前，当地曾有民谚云"谷子黄，拉祜狂；谷子青，拉祜哭"，说的就是拉祜族因嗜酒成习又无用钱计划，收了谷子后或自烤或换购，开怀畅饮，喝得酩酊大醉后狂闹不止，结果一年的粮食半年就全部耗尽，这时既无酒饮，更无饭吃，只有望着青青的谷苗落泪。中华人民共和国成立后，特别是十一届三中全会后的政策放宽，一方面使拉祜族的生活有所改善，能用于烤酒的粮食增多，能用于买酒的经济收入增加，但另一方面也使嗜酒之风日愈盛行，严重影响了拉祜族的经济发展。①

街子村的汉族也喝酒，有的老人也嗜之成瘾，天天必喝。但是汉族喝酒与拉祜族有两点不同：其一，酒与文化的联系不多，在社会生活中发挥的作用不大，除红白喜事必用酒外，其余场合可有可无，所以汉族只是少部分成年男子才喝，耗费不大，经济收入本来就多的汉族又从节省开支中增加了收入。其二，汉族喝酒有节制，有的老人天天都喝，但都在每天三顿吃饭时喝，每次限制在一市两左右，从不喝醉，因此对身体的影响不大。拉祜族则习惯于空腹喝50度以上的烈

---

① 参见郭家骥《澜沧县木戛区拉祜族嗜酒习俗问题研究》，《云南社会科学》1986年第1期。

性酒，而且很少节制，遇酒必痛饮，常常一醉方休，不仅耗费了经济收入，还对身体健康造成不良影响。

第四，在封闭环境中形成的保守排外，因循守旧的传统观念，严重禁锢着拉祜族人民的头脑，使他们难以接受新事物、建设新生活。中华人民共和国成立前，木戛地区拉祜族的对外交往，面临着双重障碍：山高坡陡的天然屏障构成的自然因素障碍和民族压迫、民族战争、民族隔阂构成的社会因素障碍。直至1970年才修通县区公路，但因该区无货可外运，所以来往车辆极少，至今不通班车，拉祜族群众外出大多仍靠步行爬山。党的民族团结、民族平等政策的贯彻实施，使1949年前严重的民族隔阂有了极大的缓解，但千百年历史留下的鸿沟，不可能在短短的几十年内填平。况且，拉祜族与云南其他少数民族相比，1949年前是受压迫最深重的民族，在拉祜族人民的深层意识中，1949年前苦难遭遇的阴影，至今尚未全部磨灭，对外民族特别是对汉族的不信任感仍未完全消除。因此，拉祜族对外交往的双重障碍，中华人民共和国成立后虽有了重大突破并发生了性质上的转变，但至今仍在一定程度上阻碍着拉祜族与外地区、外民族的交往和联系。所以，该区除区委、区公所的主要领导干部和个别乡村干部外绝少有人会说汉话，大部分拉祜族人至今从未到过县城。外出当干部、做工人，本是其他民族强烈追求的理想出路，但拉祜族很少有人愿意外出，对本乡本土以外陌生的大世界，怀有一种不可捉摸的畏惧心理。

由于缺乏对外交往，自我封闭，使他们对外来的新鲜事物大多采取怀疑和抵触的态度，致使杂交水稻、薄膜育秧等农业新技术，在这里反复推广、反复失败。而一些阻碍商品经济发展的旧传统观念，却被人们奉为圭臬。传说历史上有个拉祜人与汉族做生意，结果被奸猾的汉商想尽种种办法把拉祜族的货骗走而不留痕迹，使这个拉祜生意人债台高筑。因此，拉祜族先人留下遗训，拉祜族不合做生意因而也不能做生意，否则一定吃亏，卖牛欠下的债，定和牛头一样大。这个故事代代相传，至今仍被普遍信奉，近几年拉祜族勇敢的生意人又相继经营失败，更增加了这个故事的可信度。

街子村的汉族虽也生活在同样的环境中，但1949年前有络绎不绝的马帮把其与外区，外县联系起来。中华人民共和国成立后这种联系虽然一度中断，但在十一届三中全会后日趋发展的商品经济纽带和他们自己掌握的手扶拖拉机，又为他们架起了联结四方的桥梁。另一方面，1949年前他们没有承受过深重的民族压迫，却早已经受过四处闯荡的磨炼，与拉祜族相比，汉族的心态是较为开放的，所以他们全都会说一口流利的拉祜话，对山外的大世界比较熟悉，亦无所畏惧。因此，只需为其提供商品经济发展的政策环境，他们就能够凭借自己的能力迅速发展起来。

最后，是两个民族在不同的历史传统和文化背景的孕育下形成的民族素质不同。主要表现在如下三个方面。

第一，是两个民族的身体素质不同。拉祜族由于长期处于贫困状态，人体所需的各种营养严重不足，加上传统文化中早恋早婚、近亲婚配、嗜酒吸毒等不良习俗的影响，导致其身体素质很差。据云南省医疗队1982年对木戛区拉祜族的健康普查统计，该区成年男子患病率为51.5%，成年女子患病率为50.6%。[①]

街子村的汉族未进行过检查，但只要身临其境一眼就可以看出，总的说来，汉族显得高大、壮实，拉祜族则显得瘦小、单薄，两个民族在身体素质上的差异是显而易见的。健康的身体是一切民族的劳动者从事一切生产活动的最起码的基础，是影响一切民族生产发展的第一要素。因此，拉祜族与汉族在身体素质上的差异，必然对两个民族的商品经济发展，产生完全不同的影响，这同样也是显而易见的。

---

① 参见郭家骥《澜沧县木戛区拉祜族嗜酒习俗问题研究》，《云南社会科学》1986年第1期。

第二，是两个民族的科学文化素质不同。拉祜族的文化教育，在云南省所有民族中处于最低水平：文盲率居全省第一，达82.31%，每万人中的小学生比例、初中生比例和大学生比例都是最少的，整个文化教育水平在全国56个民族中亦居倒数第三位。而木戛区拉祜族的文盲率则高达90.5%。中华人民共和国成立30多年来，拥有300多户人家1000多人的大帮利村拉祜族，在国家种种优惠政策的特殊照顾下，总共只培养出十来个初中生，没有一个高中生，亦无一人外出工作。而同属于帮利乡仅有几十户人家、100多人的街子村汉族，在没有任何照顾全凭自己努力的情况下，1949年以来已培养出31个初中生、5个高中生、4个师范生，先后有24人外出工作，其中15人担任了区级以上领导干部，目前全村适龄儿童入学率达100%，30岁以下的青年人已没有文盲。

事实早已证明，一个民族劳动者的文化程度，与其生产能力、生活本领和经济发展水平成正比，与来自本民族传统文化中的旧道德、旧思想、旧风俗、旧习惯的影响成反比。在一个文盲充斥的社会中，商品经济不可能获得较大发展。

第三，是两个民族的生产生活能力不同。拉祜族是从原始社会末期直接过渡到社会主义的，中华人民共和国成立前他们处于对原始村社的依附之中，中华人民共和国成立后人民公社的管理体制，又使他们处于对公社集体的依附之中，生产生活均由生产队统一指挥和调配。因此，拉祜族在历史上从未有过独立、完整的家庭经济，从而导致他们缺乏独立的生产经营能力和独立的当家理财本领。家庭联产承包责任制的建立，使他们成为独立的生产经营者，在发展商品经济的挑战面前，他们独立的经济地位与缺乏独立生产能力和当家理财本领的矛盾，马上就暴露出来了。他们不仅缺乏商品经济要求的时间、效率、成本、利润等一系列高层次的新观念和新本领，有的人竟连生存必需的生产生活能力都不具备，不会犁田犁地，不能掌握农时节令，不会细水长流地安排生活,从而使十一届三中全会后在先进民族地区行之有效的政策,在这里未能发挥出应有的效果。

街子村汉族在历史上早已具备独立、完整的家庭经济,并有从事商品经济的实际经验和本领。人民公社的管理体制,曾把其强行纳入纯粹的统一经营中,抑制了这种能力的发挥。十一届三中全会后统分结合、以分为主的家庭联产承包责任制的建立,为其提供了施展才干的政策环境,使他们如鱼得水,迅速发展起来。

三

民族传统文化是民族历史发展的产物。每一个民族的传统文化,都是在各自特殊的自然环境、社会条件和历史遭遇的基础上逐步形成的,因而各具特色。每一个民族的传统文化都各有优劣、各有精华与糟粕,我们不能以这个民族的文化为尺度,去衡量、裁判另一个民族的文化。民族性和特殊性,永远是一个民族存在和发展的基础。但是,民族性和特殊性并非一成不变,它必须随着时代的发展而变化,才能得到丰富与充实,才能获得生机与活力,才能不断取得进步;鲜明的时代特征,同样是一个民族存在和发展的基础。特别是在中国各民族都在努力建设社会主义现代化的今天,在共同面临的发展商品经济的挑战面前,我们就应该超越民族囿范,站在人类历史发展和时代要求的高度,用是否有利于生产力的发展,是否有利于社会主义商品经济的发展,是否适应社会主义现代化及其适应程度如何这个客观标准,来客观、公正地评价各民族的传统文化。应该看到,少数民族与汉族相比,特别是一些后进民族与汉族相比,因其社会发育程度低,所以来自传统文化的羁绊、因袭的历史包袱和精神负担要比汉族沉重得多，因而对发展商品经济的阻碍和制约就显得更为突出一些。汉族与少数民族相比，因其社会发育程度较高，所以在商品经济发展的起步阶段和低层次发展阶段先走了一步。但是，汉民族传统文化中的许多消极因素，如知足常乐的求稳怕乱思想，不偏不倚的中庸信条，枪打出头鸟的平均主义，封建的宗法思想和等级观念，人治代替法治的传统，既想集中精力经商致富又不愿放弃土地的矛盾心态，以及独来独往、不愿合作的精神等，都与进一步大规模发展商品经济的时代要求格格不入，从而严重制约、阻碍着整个中国的现代化进程，这已人所共知。

因此，当代中国各民族在共同面临商品经济挑战的同时，还共同面临着对各自传统文化的反思和改造。建设具有中国特色的社会主义，已经为各民族的发展和改革指明了方向，在此前提下，处于社会主义初级阶段较低层次的少数民族地区，其商品经济的发展与传统文化的改革，则应采取具有民族特色的、不同于一般汉族地区的特殊形式和具体途径，才能够顺利进行。一方面，在发展商品经济过程中应尽可能采取民族形式，照顾民族特点，制定切合民族实际的特殊政策，采取特殊的组织领导形式，建立具有民族特色的经济体制等，以减少商品经济发展与民族传统文化的摩擦、冲突和对抗，使商品经济不是以重炮轰击的形式从外部强行输入民族地区，而是在外部影响的逐渐渗透下，以重点扶持、内部培植的形式从民族地区的土地上自己生长起来。另一方面，对民族传统文化中某些特别突出的消极因素，与商品经济的客观规律必然要发生冲突的东西，则应在发展的过程中逐步创造条件，在条件成熟时采取适当的方式进行改革，把发扬民族优良传统与改造落后习俗结合起来，扬弃旧传统，建设新生活。其目的是通过商品经济发展的客观力量的渗透和影响，通过各民族自觉能动的主观力量的改革，使各民族逐步建立起既保持自己的优良传统和民族特色，又能够适应并促进商品经济发展，适应社会主义现代化建设要求的新型文化结构和文化模式，从而推动各民族走向共同繁荣和发展的道路。

为此，谨对民族地区商品经济发展的特殊形式及如何对后进民族传统文化中的消极因素进行改革的问题，提出如下两条建议。

第一，采取特殊政策和特殊的组织领导形式，为民族地区提供优惠条件和优质服务，确保少数民族能够逐步掌握商品生产的本领，驾驭商品交换的风帆，在发展商品经济的过程中脱贫致富。商品经济要讲竞争，但后进民族地区处于社会主义初级阶段的较低层次，在商品经济发展的起步阶段就要求与层次较高的先进地区同时投入竞争，这种并非在同一起点上的不公平竞争，必然导致民族地区在竞争中处于劣势，从而挫伤少数民族发展商品经济的积极性。商品经济要讲等价交换，但因民族地区缺乏加工能力，许多宝贵的资源被国家计划低价调拨给先进地区，加工后即增值数倍，产后利润却一点也不返还民族地区，这实际上是不等价交换。商品经济要讲市场需求，但民族地区大都地处偏僻、闭塞的边远地区，交通不便、流通不畅、信息不灵，对市场供求关系变化的反应自然没有先进地区灵敏，如不采取适当的保护措施，市场一发生变化，就使一些民族花几年工夫培植起来的支柱产业毁于一旦，这对少数民族的打击是十分沉重的。商品经济要冒风险，但必须考虑民族素质和民族心理的承受能力。在开发项目中，有的地方片面鼓励和扶持其一起步就投身于风险较大的产业，又不为其提供相应的组织领导和配套服务，结果导致其经营失败，有的甚至倾家荡产而自杀。

所有这些，都是在发展商品经济过程中未采取民族形式，不照顾民族特点而造成的恶果。因此，在政策方面，民族自治地方应充分利用《民族区域自治法》赋予的权力，自行制定特殊政策和灵活措施。上级国家机关则应从民族地区处于社会主义初级阶段的较低层次这个实际出发，在财政、计划、税收，价格、信贷、物资、工交、商业乃至科技、高教等经济社会的各个方面，尽快制定一整套区别于一般地区的特殊政策体系，对少数民族地区的商品经济发展予以特殊扶持。在组织领导方面，应建立以开发项目为中心的项目负责人承包责任制，由其联系项目参加者形成新型合作组织。也可考虑允许一些民族村寨以村社的形式组织起来，允许一些在民族中有较高威望的1949年前的村社头人，以及目前生产中涌现出来的能人，领衔承包自己村寨的开发项目和脱贫致富工作，等等。对于这些组织形式可能出现的弊病，可由政府用经济手段和法律手段予以防范。与此同时，上级国家机关和民族自治地方政府，则应抽调精干人员，组建各种类型的服务型、实体性、权责利相结合的经济开发组织，为民族地区的商品经济发展提供系列化的产前、产中和产后服务，确保资金、技术、人才和物资围绕着开发项目配套输入。此种适应新情况的特殊的组织领导形式，将保证党和政府对民族地区的特殊政策和特殊照顾，发挥出应有的作用，取得较大的经济成果。

第二，在后进民族地区开展"文明生活"运动，对其传统文化中阻碍商品经济发展的消极因素进行改革。文明生活运动在目前的中心内容是配合民族地区经济开发项目的实施，围绕着商品经济的发展，对后进民族的劳动者和当家人，进行生产技能和当家理财本领的培训，使他们逐步学会独立地安排生产、计划生活，改变落后的生产方式和消费方式，诱发出追求更高、更文明生活的人生理想和生活需求，以作为促进民族地区商品经济发展的内部驱动力。待文明生活运动在日常的生产生活领域取得突破后，再逐步扩展到宗教信仰、观念意识和文化心理等深层领域，最终实现发扬民族优良传统与改造落后习俗相结合，扬弃旧传统，建设新生活的伟大历史变革。如果上述文明生活运动的思想及其阶段划分能够成立的话，那么，第一阶段的工作条件目前已经具备。因为许多民族都有部分有识之士早已认识到本民族中存在的公吃公喝，不懂积累、轻商鄙利等习俗和思想对发展商品经济的危害，并从多种角度提出过改革建议，这说明改革的社会群众基础正在日趋成熟。各级政府只需在宣传上予以倡导，成立"文明生活运动指导委员会"予以发动和组织，以各民族的干部、党员、知识分子、复转军人及专业户、重点户等生产能手为中坚力量，并号召各民族中有威望、有影响的有识之士亲自挂帅、率先启动，"文明生活"运动就会由各民族自己有声有色、生机勃勃地开展起来，并日益向纵深发展。"文明生活"就会逐步从一种外部规范，转变为各民族自己内心的需求。这对后进民族地区的脱贫致富和商品经济发展乃至整个民族地区的社会主义现代化建设，都将产生难以估量的作用。

（原载《社会学研究》1988年第3期，同年人大报刊复印资料《民族问题研究》全文转载）

民族发展研究

民族传统文化与民族教育的协调发展

从广义而言，民族传统文化是一个民族在长期历史发展过程中创造的一切文明成果，亦即一个民族的物质文明、制度文明和精神文明的总和，而教育则是民族文化经验和文明成果的保存者和传递者。民族传统文化规定了民族教育的地位和内容，民族教育则通过文化传递使民族传统文化在下一代身上得以再生。所以，一般来说，民族传统文化与民族教育有着不可分割的联系，二者在相互依存、相互制约的过程中相互适应、协调发展。然而，由于特殊的历史原因，我国少数民族教育的实际情况却与此相反，民族传统文化与民族教育长期处于互相对立甚至激烈冲突的矛盾状态之中。其结果，既阻碍了民族教育的发展，又限制了民族文化的继承、丰富、创造和更新。因此，从我国民族教育的实际出发，对少数民族传统文化与民族教育的关系进行全面、深入的反思，探索其相互调适与发展的内在机制，便是一个既有理论意义又具有实际价值的重要课题。

一

我国是一个统一的多民族国家，除汉族外还有55个少数民族。由于历史的原因，少数民族大都分布在边远、封闭、自然条件相对较差的高山草原、峡谷山区和石山地区。在漫长的历史发展和千百年的生存斗争中，各民族都创造了自己丰富多彩、独具特色的传统文化，形成了自己的文化传承方式。一方面，正是这些多姿多彩的传统文化和各具特色的文化传承方式，使各民族在如此边远、封闭、相对恶劣的自然环境中艰难地获得生存并缓慢地发展起来，从而极大地丰富了中华民族的传统文化，也为世界文化宝库增添了光彩。另一方面，由于特殊的历史和自然环境等原因，少数民族的经济社会发展极不平衡，与汉族相比，大部分少数民族的社会发育程度较低，有的中华人民共和国成立前尚处于原始社会、奴隶社会和封建农奴社会等前资本主义社会诸形态。因此，从整体而言，少数民族传统文化就必然带有封闭、保守和落后于时代的特征。其文化传承也大多停留在家庭的言传身教，原始宗教巫师的师徒传承，以及同辈群体的模范学习和社会文化的熏陶、习染等比较低级的自然状态之中，尚未产生作为独立社会过程的正规的学校教育。[①] 所以，现代正规的学校教育从一开始，就是以外来文化形式输入的，不论是教育内容还是教学形式，都是外来文化的模式。这种以外来文化形式输入的现代教育，与各民族的传统文化必然发生矛盾和冲突。1949年前，在民族压迫和民族歧视政策下，旧政府为巩固其统治强行输入的外来文化教育，常常遭到少数民族自发的抵抗。在拉祜族地区，不仅拉祜族头人不愿送自己的子女读书，就连一般的拉祜族群众也不愿送子女就读，最后只有通过地方政府强行命令，在每一个村寨指定名额，由村寨头人点名指派，全村人出钱出粮供他去读。即使如此，仍有许多人读不上几天就跑回家去了。中华人民共和国成立后，各民族在党的领导下分别跨越一个或几个历史时代全都进入了社会主义，实现了政治上的平等。但在经济文化发展水平上仍然存在着明显的问题，少数民族前资本主义社会诸形态的历史遗迹迄今依然存在，民族教育以外来文化为主要内容的传播

---

① 参见［美］S. E. 佛罗斯特《西方教育的历史和哲学基础》，华夏出版社1987年版。

格局亦未发生根本改变，所谓的民族教育实际上仍然是全国统一模式的现代文化教育。因此，民族传统文化与民族教育长期存在的矛盾和冲突，中华人民共和国成立后虽有所缓解但仍然是一种不容忽视的客观存在。

二

民族传统文化与民族教育的矛盾和冲突，既表现为少数民族传统文化对现代教育发展的阻碍和制约，又表现为现代教育与少数民族传统文化的相互隔绝和拒斥，因而是双重矛盾和双向冲突。

民族传统文化对现代教育发展的阻碍和制约，主要表现在如下四个方面。

第一，少数民族传统的生产方式对现代教育的需求不足。我国少数民族由于各自居住的自然环境和1949年前所处的社会发展阶段不同，其传统的生产方式表现出不同的类型、特点、层次和水平。既有刀耕火种的原始农业，又有堪称发达的绿洲农业；既有粗放经营的草原畜牧业，又有精耕细作的现代农业。然而，尽管各民族的生产方式表现出多层次、多类型的差别，但大部分少数民族都有一个共同的本质特征，即他们祖祖辈辈从事的都是以粮以牧为主的单一农牧业。这样单一农牧生产方式导致的必然是自给自足的自然经济。而维持这种单一农牧业生产方式和自然经济需要的全部知识，就是前辈积累下来的丰富的生产经验，这些生产经验通过前辈的示范和口授，通过后代的模仿与实践，以家庭教育的形式代代相传，从而使各民族能在没有任何现代科学知识的条件下获得生存与发展。因此，以现代教育为基础的科学知识在少数民族传统生产方式中不能发挥出应有的作用，从而导致少数民族对现代教育认识不足，并无强烈需求。拉祜族农民对教育的地位和作用的看法，就集中概括在一句朴素的日常用语中："读书不得吃。"就是说，读书对吃饭没有多少帮助。许多少数民族送子女读书的目的，乃在于让子女学成之后谋求一个拿工资吃商品粮的职业。他们认为，子女读书后若不能外出工作，就会变成好吃懒做的人，其从事传统农业劳动的热情、技能和劳动的耐力，反而不如从未读过书的人。因此，单一农牧生产方式和自给自足的自然经济，使少数民族缺乏追求科学文化知识的内部驱动力，这就从根本上限制了民族教育的发展。

第二，少数民族传统的生活方式对现代教育的需求不足。在单一农牧生产方式和自然经济基础上形成的生活方式，必然是一种简单、落后的生活方式。这种生活方式的一个重要特征，就是人们的物质生活和精神生活的需求层次普遍较低，从而导致对民族教育的需求不足。一些边疆后进民族至今仍把"辣子盐巴饭够吃，天天有酒喝"当作理想的生活境界来追求。即使一些经济文化水平相对较高的少数民族，其生活理想也只停留在传统的温饱水平上。这种低层次的生活需求使他们对以现代教育为基础的科学文化知识不感兴趣，常常表现出随遇而安、自我满足的心理特征。因此，他们一方面因为贫困确实难以投资办教育，另一方面他们即使有钱也不愿意投资办教育，宁肯把仅有的一点钱拿去买酒喝，也不愿意出钱供子女读书。少数佤族家长甚至提出，要叫自己的子女读书，学校必须开工钱；一些拉祜族农民则明确表示，要他去参加扫盲学习，学校必须供他喝酒。因此，少数民族传统生活方式中低层次、低水平的经济文化需求，也从根本上限制了民族教育的发展。

第三，少数民族传统的宗教文化对民族教育的影响和制约。宗教作为一种文化现象长期存在于少数民族的社会生活中。在藏、傣等全民信教的民族中，宗教既是其传统文化的重要组成部分，又是一种强大的教育力量，宗教寺院在保存和传递民族传统文化方面发挥着重要作用。尽管在"十年动乱"中有形的宗教组织被强行取缔，但根植于少数民族心灵深处中无形的宗教意识，却是任何行政命令无法消除的。所以，一旦政策放宽，宗教回潮便以强劲的势头扑面而来，对民族教育造成猛烈冲击。一时间，大批民族学生纷纷弃学从"教"，一批民族小学被迫关门停学。后经地方教育部门多方设法，反复动员，目前情况虽有所好转，但宗教与教育的矛盾仍然十分尖锐。据四川省阿坝藏族羌族自治州有关部门统计，该州小学学校数、在校学生人数和学龄儿童入学率，连续九年呈直线下降趋势。1978年，该州有小学1735所，在校学生104148人，少数民族入学率达97.4%。1987年与1978年相比，学校数为1455所，减少280所；在校学生89536人，减少14612人；少数民族入学率降至69.7%，降低了23.7个百分点。而造成该州基础教育大滑坡的首要原因，便是宗教政策放开后有相当一批学龄儿童步入寺庙。因此，少数民族宗教文化对民族教育的阻碍是显而易见的，如何采取有效措施转化矛盾，调适冲突，变阻力为助力，仍然是一个亟待研究解决的重要问题。

第四，是少数民族传统风俗习惯中的某些不良因素，阻碍着民族教育的发展。这里仅就笔者实地考察所得，谈谈拉祜族的早恋早婚习俗对拉祜族教育的不利影响。在拉祜族社会中，青少年男女早恋早婚现象很普遍。拉祜族传统观念认为，小小年纪就能找到对象，说明此人有本事、名誉好，男女青年超过20岁尚不成婚，就会被包括自己亲友在内的全村人看不起。因此，拉祜族一般在少年时代就开始谈恋爱了。拉祜族传统的恋爱方式是对歌串婚，他们称之为"串姑娘"。从每年农历六月二十四传统的"火把节"开始，到第二年春耕播种前这段时间，是拉祜族"串姑娘"最盛行的时期，在这段时期，几乎每天晚上，拉祜族青少年都要外出串姑娘。儿童在青少年的影响下，从小耳濡目染，长大便亲身实践，如此代代相传，从而形成了早恋的风俗习惯。早恋必然导致早婚。据笔者1986年年初对云南省澜沧拉祜族自治县木戛区帮利乡大帮利五社49户人家逐家逐户的调查统计，该社已婚男性的平均初婚年龄为17.13岁，已婚女性的平均初婚年龄为15.18岁。

早恋早婚对拉祜族教育的不利影响是显而易见的。拉祜族儿童的入学年龄普遍较高，一般是八九岁才入学，十二三岁就开始谈恋爱。在未串到意中人之前，这种活动尚不足以导致其中途离学，但常常通宵达旦的对歌谈情，就已大大影响了他们投入学习的热情和精力，而一旦串到意中人，辍学就在所难免。因为拉祜族传统从确定恋爱关系到结婚相距时间很短，一般在一个冬春之内就要完婚，其结果，便导致大量学生辍学，只有极少数人能够坚持读到高小毕业。下面是1986年木戛区小学各年级在校学生人数的统计：

一年级在校生512人，占35.8%；

二年级在校生432人，占30.2%；

三年级在校生257人，占18.0%

四年级在校生156人，占10.9%；

五年级在校生38人，占2.7%；

六年级在校生34人，占2.4%；

合计1429人，100%。

上述数字说明，该区小学各年级在校学生人数，大致呈由低年级到高年级逐年明显递减的规律，从而充分证明了拉祜族早恋早婚习俗对其教育发展的危害。诚然，学生辍学并不全是早恋早婚造成的，但早恋早婚习俗无疑是导致学生流动的一个重要原因。因此，对少数民族传统文化中阻碍教育发展的某些不良因素进行改革，应是民族教育整体改革的一项重要内容。

现代教育与少数民族传统文化的隔绝和拒斥，主要表现在如下三个方面。

第一，在教学语言和教学文字上，现代教育与民族传统文化相背离，使民族教育丧失了保存、传递、发展民族传统文化的功能。民族语言、民族文字是民族文化的载体，是沟通民族感情，促进民族认同，满足民族文化心理需求的有力工具。各民族丰富多彩的传统文化，正是依靠这个载体才得以延续至今，因此，各民族对自己的语言文字都弥足珍贵，倍加爱护，有着天然的民族感情。而现代教育从输入之日起，就采用国家通用语言文字进行传播，而把民族文化的载体排斥在整个教学过程之外。这就不仅使缺乏语言环境的少数民族深感头痛，影响了教育效益的提高，而且使教育与少数民族的文化心理需求相背离，反过来也限制了民族教育自身功能的发挥。

第二，在教育内容上，现代教育与民族传统文化相隔绝，使民族教育丧失了丰富、提高、创造和更新民族文化的功能。以全国统编教材为范本的现行民族教育，在物质文化和精神文化上都与少数民族的传统文化相背离。在物质文化方面，少数民族乡土社会需要的是生产方式中各种具体的实用技术和知识，既有畜种改良、水稻杂交乃至电器修理等现代技术，又有挑花刺绣、纺织编织等古老的民族传统工艺。然而所有这些内容，都被正规的学校教育排斥在外。少数民族学生苦读数年，所学的知识不能为其发展生产、改善生活做出贡献，民族教育自然就丧失了吸引力。在精神文化方面，维系少数民族传统社会稳定发展的礼仪习惯、价值观念和行为准则，大都是通过其五彩缤纷的民间故事、民间传说、历史神话以及宗教文化等形式传承下来的。然而，所有这些内容也被民族教育排斥在外。民族学生苦读数年，不仅学不到生产生活的实际知识，也学不到自己民族的历史文化，其结果，便从客观上把民族学生推出学校，步入寺院，反过来也限制了民族教育自身功能的发挥。

第三，在教育体系上，现代学校教育与各民族的家庭教育和社会教育相割裂，造成少数民族学生的受教育过程与其社会化和文化化过程之间发生断裂，使民族教育丧失了最重要的社会化功能。① 在民族传统文化与民族教育相互适应的稳态社会中，年轻一代的受教育过程与其社会化过程是统一的。② 但在少数民族社会中与此相反。由于教学语言、教学文字、教育内容乃至教育形式均把少数民族传统文化排斥在外，学生所学的，如物质文化中的现代科学知识，精神文化中的不同的价值观、婚恋观、人生观和无神论等，虽然都是先进的、现代的，但对他们来说都是陌生的、异质的、外来的，都是其家庭教育、社会教育乃至整个传统文化中没有的东西。由于这些先进文化的输入没有采取民族形式，而社会发育程度较低的少数民族，其传统文化又不具备先进民族那种吸收、转换、同化外来文化的强大功能，其结果，便造成少数民族年轻一代的受教育过程与其社会化和文化化过程之间的巨大断裂，使大批接受过现代教育的少数民族青年，大致分化为下列三种对民族社会发挥不同作用的群体。

第一种是辍学和中小学毕业后回乡的知识青年。他们人数最多，至少占各民族学生总数的 90% 以上，但其所学知识在自己的乡土社会中基本派不上用场。为适应环境，他们必须反过来接受家庭和社会的教育熏陶和习染，学习生产生活的实际本领和本民族的历史文化，重新开始自己的社会化和文化化过程。有相当一批人始终无法跨越断裂，致使他们对本民族社会生活的适应能力，反而不如从未受过教育的人。

第二种是少数民族的精英人物，因学有成就最终摆脱乡土社会获得了拿工资吃商品粮的职业。他们人数极少，且有相当一批人已不通本民族语言，不了解本民族的风俗习惯，所以他们对本民族发展所作的贡献，也就十分有限了。

---

① 参见黄育馥《人与社会——社会化问题在美国》，辽宁人民出版社 1986 年版。
② 参见傅维利《教育与文化》，《新华文摘》1987 年第 12 期。

只有第三种人,即在校期间接受过职业技术教育的高中生和各种职业技术学校毕业的学生,因其既掌握实用技术又不脱离自己的乡土社会,才是推动少数民族经济社会向前发展的中坚和骨干。但他们人数十分有限,因而力量显得十分单薄。

三

民族传统文化与民族教育的矛盾和冲突,归根结底是文化的时代性差距和民族性差异双重因素造成的。民族性和时代性,是一切文化都必然具备的两种基本属性。① 文化的民族性,亦即一个民族区别于另一个民族的特殊性,是一个民族存在和发展的基础,是相对稳定的、多元的。文化的时代性,亦即人类社会在一定历史阶段的整体发育水平,它是衡量一切民族文化的先进与后进、发达与不发达的客观标准,是不断变动的、一元的。文化的时代性,作为一种不以人的意志和民族特性为转移的客观标准,引导着所有民族的传统文化从低级向高级、朝着现代化的目标前进。现代教育作为现代化的重要组成部分和推动力量,便是每一个民族迈向现代化进程中都必须引进、吸收和依靠的力量。所以,一个民族的现代化程度,决定了一个民族对现代教育的需求程度。文化的民族性,作为一个民族存在和发展的基础,使每一个民族的现代化,都根植于自己民族的传统文化,从而决定了现代化的民族特色。作为现代化重要组成部分和推动力量的现代教育,也必须具有民族特色,才能为各民族所接受,也才能发挥其推动民族传统文化迈向现代化的重要功能。所以,现代教育的民族化程度,便决定了现代教育各项功能的发挥程度。因此,当代中国少数民

---

① 参见庞朴《文化的民族性与时代性》,中国和平出版社1988年版。

族传统文化与民族教育长期存在的矛盾和冲突，实质上是少数民族传统文化落后于时代，而现代教育又以全国统一形式输入引发的文化的民族性和时代性的双向冲突。因此，要建构民族传统文化与民族教育相互适应、协调发展的内在机制，就必须从民族现代化和民族教育特色化两个方面双管齐下。

民族现代化是一个长期的历史过程，也是民族传统文化的全面变迁过程。党的十一届三中全会以来的改革开放国策，推动着当代中国的所有民族，都开始了由传统社会转向现代社会的深刻变迁，从而也为民族教育的发展，带来了强大的动力。主要表现在如下两个方面。

第一，物质文化的变迁，其中主要是商品经济的发展。随着农村第二步改革的逐步深入，商品经济的浪潮正日益猛烈地冲击着民族地区，一些有文化、有知识的少数民族青年通过发展商品经济而迅速脱贫致富，已经开始刺激起少数民族群众对教育的需求。商品经济的进一步发展，将从根本上改变少数民族单一农牧业生产方式和封闭贫穷的生活方式，对民族教育的发展也将产生巨大的推动力。商品经济要求劳动者必须具备竞争意识、效率观念和利润、成本、市场等一系列新观念、新知识，前辈经验对此已无能为力，只有通过教育而获得的科学知识才能发挥作用。商品经济还将促使人们的生活需求向高层次跃迁，而要实现高层次生活就必须掌握现代科学知识。这将从根本上刺激和诱发少数民族对现代教育的强烈需求，而这正是民族教育大发展的原动力。

第二，精神文化的变迁其中主要是少数民族传统观念的更新。随着商品经济的发展，现代科学技术对彻底改变少数民族地区的贫困落后面貌，正日益发挥出难以估量的巨大作用。这就必然导致现代教育在少数民族的价值观念体系中发生重大位移，从而也将推动少数民族自己采取措施，对其传统文化中阻碍现代教育发展的因素进行改革。在这方面，四川省阿坝藏族羌族自治州阿坝县的查理寺乡，已经率先迈出了可喜的步伐。查理寺与乡中心完全小学仅一墙之隔，但宗教不影响教育。寺院僧人不仅主动配合学校积极动员学生入学，还把寺院从事生产的盈利，以无息贷款的形式长期借给学校兴办牧场，每年六一儿童节都要购买一批书籍送给学校。寺院还明确规定，"十八岁以下的学龄儿童必须进校读书，十八岁以后信仰自己选择，但是必须有学校毕业证书寺庙才能按规定吸收"。由于寺庙积极支持学校办学，使该乡学龄儿童入学率在全县名列前茅。

如果说，民族现代化是一个客观的历史进程，需要经过长期艰苦奋斗才能够实现的话，那么，民族教育特色化，则可以通过充分发挥人的主观能动性促其尽快实现，这里的关键，取决于对现行民族教育体系的改革。现行民族教育体系的主要弊端，是民族教育没有民族特色。它既把各民族的家庭教育和社会教育排斥在外，是单一学校教育的封闭系统；而在学校教育中，又是单一的，以普通教育为主干，以升学为目的，脱离少数民族的实际需要而与内地基本一致的模式。因此，要实现民族教育特色化，就必须打破这个封闭的系统，改变这种统一的模式，从少数民族现代化建设的实际需要出发，建立一个家庭、学校、社会三位一体，基础教育、职业技术教育和成人教育三类教育协调发展，① 教育与经济相互促进，教育与民族传统文化相互适应的、具有民族特色的现代教育体系。要建立这样一个新型教育体系，就必须对民族教育实行以下三个整体改革。

第一，改革学校教育内容，把民族文化的载体和民族传统文化中的优良部分引入民族教育。这就必须坚定不移地推行双语教学和民族文字教学，并根据不同民族地区的实际情况，组织编写切合当地实际的乡土教材，把生产生活的实际知识和少数民族的历史文化直接纳入教材，在积极传播现代科学知识的同时，重新发挥民族教育对民族传统文化的保存、传递、丰富、创造和更新的功能。

---

① 参见贾晓波《大教育的兴起与教育的改革》，《新华文摘》1988年第5期。

第二，改革学校教育结构，以普通教育为基础，职业技术教育为重点，成人教育为突破口，尽快实现三类教育与少数民族现代化建设需要的优化配置。加强基础教育的根本措施，是逐步扩大寄宿制民族小学和民族中学的布点。发展职业技术教育的关键，是教育部门与经济部门密切配合，专业设置与地方经济开发直接挂钩，使学生真正能够学以致用。成人教育目前则应在扫盲教育的基础上，重点实施短、平、快实用技术培训。它既能使受教育者在短期内掌握一、二项劳动致富的本领，在发展生产和改善生活中立见成效，又能通过知识创造财富的实际体验，转变少数民族对教育的传统观念，反过来促进各类教育的发展，还能通过提高家长素质，改善少数民族的学前教育和家庭教育，因而应作为民族教育改革的头等重要问题首先予以突破。

第三，采取综合措施，创建学校教育与各民族的家庭教育和社会教育三位一体、有机联系的新型教育体系。学校教育通过教育内容和教育结构的改革积极参与各民族的家庭生活和社会生活；广播、电视等大众传播媒介应以民族形式直接渗入各民族的家庭教育和社会教育；政府有关部门则应与宗教界人士协商对话，积极探索学校教育与宗教教育相互调适的具体途径；民族地区的各社会部门，都应在自己的业务工作中采取民族形式，通过民族化的工作方式，有效地发挥现代文明对各民族传统文化的渗透和影响，等等。这种新型教育体系的建立，一方面，它将使少数民族学生的受教育过程与其社会化和文化化过程相统一，使他们作为被社会化的人能与自己民族的社会和文化相适应，重新发挥民族教育的社会化功能。另一方面，它使少数民族学生接受过现代文明的洗礼之后，能用自己掌握的实用技术和科学本领，对自己民族的前辈及其社会和文化进行反向社会化，从而成为推动少数民族传统文化向现代化转变的民族精英和社会栋梁。

（原载《教育研究》1989 年第 8 期）

民族传统文化与现代化的双向调适

在改革开放和现代化潮流日益猛烈的冲击下，当代中国少数民族面临着既要保持和发扬自己的民族特性，又要适应现代化要求的双重挑战。由此而引发的民族传统文化与现代化的冲突，便是既表现为文化的时代差距，又表现为文化的民族差异的双向冲突。所以，民族传统文化与各民族共同繁荣面临的迫切问题，就是既要解决民族传统文化如何适应现代化不断创造和革新的要求，又要解决现代化怎样适合民族传统文化不断丰富和发展的需要等双重问题。因此，从我国是一个统一的多民族国家的实际出发，对少数民族传统文化与现代化之间的复杂互动关系进行全面、深入的反思，探索其双向调适与发展的具体途径及其内在机制，便是一个既有理论意义又富有实际价值的重要课题。

随着改革开放和现代化建设的日益广泛深入的发展，民族地区也和全国一样，进入了又一个伟大的社会变革和急剧的社会变迁时期，民族传统文化与现代化的矛盾和冲突，已由浅入深，由此及彼，全面而深刻地爆发出来，并形成持续的文化震荡。尽管这时期矛盾的性质已经发生了根本转变，但冲突的广度、深度及其复杂程度远远超过了以往任何一个时期。民族地区虽经30多年的社会主义建设，但至今仍在全国处于落后状态，许多民族前资本主义社会诸形态的历史遗迹迄今仍然存在。所以从总体上说，民族地区尚处于"社会主义初级阶段的低层次"，民族传统文化仍然带有落后于时代的特征，这就必然构成对现代化的阻碍和制约，从而导致传统文化与现代化的冲突。

一 民族传统文化与现代化的双向冲突

（一）少数民族传统文化对现代化的阻碍和制约

少数民族传统文化对现代化的阻碍和制约主要体现在以下四个方面。

第一，少数民族传统的单一农牧生产方式阻碍着商品经济的起步与发展。我国少数民族由于各自居住的自然环境和中华人民共和国成立前所处的社会发展阶段不同，其传统的生产方式表现出不同的类型、特点、层次和水平。既有刀耕火种的原始农业，又有精耕细作的现代农业；既有粗放经营的草原畜牧业，又有原始落后的渔猎经济。然而，尽管各民族的生产方式表现出多类型、多层次的差别，但大部分少数民族都有一个共同的本质特征，即他们祖祖辈辈从事的，都是以粮、以牧为主的单一农牧业。这种单一农牧业生产方式导致的，必然是社会分工发育程度极低，自然经济占主导地位。与此相适应，便是不少后进民族至今仍处于羞于买卖，视经商为耻的落后状态中。而商品经济的充分发展，是社会经济发展不可逾越的阶段，也是一切民族现代化的重要标志。因此，少数民族传统生产方式必须做出相应的变革和调整，才能促进民族地区逐步实现生产的商品化、社会化和现代化。

第二，少数民族传统的生活方式对现代化的不利影响。在低层次、低水平的生产方式基础上形成的生活方式，必然是一种低层次、低水平的生活方式。这种生活方式的一个重要特征，就是在生活消费上既简单又浪费。"穿在银上，用在鬼上，吃在酒上"，便是对不少民族低层次生活消费方式的生动、形象的概括。在贵州苗族地区，许多苗族妇女把制作一套镶满银器、价值几千元的苗族服装，当作自己生活追求的最高目标。于是省吃俭用，多年辛劳甚至毕生积蓄的结果，便是在低矮的茅草房内、简陋的竹笆床上，用箱子收藏着一套只在节庆歌舞时才亮相的银光闪闪的民族服装。在信仰原始宗教的少数民族中，则普遍存在着杀牲祭鬼的传统习俗。例如，川滇大小凉山彝族社会中，葬礼被视为高于其他一切仪礼的头等大事，每逢死人都要通过隆重的葬礼祭祀来超度亡魂，届时便要宰杀耕牛数头以至数十头，加上大批猪、鸡羊的宰杀耗费，不少人家常常为此而倾家荡产。在另一些少数民族中，嗜酒几乎成了一种社会公害，有的民族地方一年用于喝酒的费用竟占其收入的一半左右。① 云南省怒江贡山独龙族怒族自治县，只有3万余人，1985年农村人口平均纯收入仅124元，可当年销售的酒量却高达70多万斤，人均饮酒支出达20多元，无端地耗费了大量钱财。这种畸形消费方式使不少民族陷入越穷—生活消费层次越低—浪费越严重—经济越穷的贫困恶性循环之中，对经济文化的发展造成极为不良的影响。

第二，少数民族传统的宗教文化与民族教育的尖锐冲突。宗教作为一种文化现象长期存在于少数民族的社会生活中。在藏、傣等大多数人信教的民族中，宗教既是其传统文化的重要组成部分，又是一种强大的教育力量，宗教寺院在保存和传承民族传统文化方面发挥着重要作用。尽管在"文革"中有形的宗教组织被强行取缔，但根植于少数民族心灵深处无形的宗教意识，是任何行政命令所无法消除的。所以，一旦政策放宽，宗教回潮便以强劲的势头扑面而来，猛烈冲击民族教育，一时间，大批学生纷纷弃学从"教"，一批民族小学被迫关

---

① 参见郭家骥《澜沧木戛区拉祜族嗜酒习俗问题研究》，《云南社会科学》1986年第1期。

门停学。后经地方教育部门多方设法，反复动员，目前情况虽有所好转，但矛盾仍然十分尖锐。① 因此，少数民族宗教文化对民族教育的阻碍是显而易见的。如何采取有效措施转化矛盾，调适冲突，变阻力为动力，仍然是一个亟待研究解决的重要问题。

第四，少数民族传统风俗习惯中的某些不良因素，对民族素质造成严重危害。例如拉祜族，由于长期处于贫困状态，人体所需的各种营养严重不足，加上其传统文化中早婚早育、近亲婚配、嗜酒吸毒等不良习俗的影响，导致其身体素质很差。据云南省医疗队1982年对澜沧拉祜族自治县木戛区拉祜族的健康普查统计，该区成年男子患病率为51.5%，成年女子患病率为50.6%。② 另据1985年云南省体质调查组对13个地州、8个民族学生群体的体质形态、机能素质、营养健康等项目的调查，以及最后的综合评价结果可以看出，拉祜、佤、傈僳、傣、白、哈尼、纳西等民族的情况均比汉族差。其中最差的拉祜族，体质发育各项指标均属全省最低水平，营养状况自7—14岁年龄组均为轻度营养不良，不仅是全省检测民族中最差的一个，即使从全国27个民族发育比较中亦为倒数第一位。

（二）现代化与民族传统文化的冲突

现代化与民族传统文化的冲突体现在以下四个方面。

首先，在政治方面，民族地区现行的政治体制，除在干部配备等方面考虑到民族因素外，其他许多方面实际上与全国基本一致，它不仅带有现行政治体制在全国普遍存在的重大缺陷，而且使这些缺陷在民族地区表现得更为严重和突出。其主要弊端有以下三点。

第一，权力高度集中于上级国家机关，民族自治地方缺乏自主

---

① 参见郭家骥《民族传统文化与民族教育的协调发展》，《教育研究》1989年第8期。
② 参见郭家骥《澜沧木戛区拉祜族嗜酒习俗问题研究》，《云南社会科学》1986年第1期。

权，只能被动执行上级机关的命令和指示。虽然《民族区域自治法》对自治地方的自主权已有明确规定，但许多部门规定实际上凌驾于自治法之上，致使民族自治地方的自治权有许多仍然停留在纸上。

第二，政府机构臃肿庞大。民族地区的政府机构，基本上是从上到下对口设置的。不论是只有几万人口的小县，还是拥有几十万人口的大县，都有那么多对口的机构。此外还有许多自设的机构，如"茶叶办""蔗糖办"等，机构相当庞大。有这么多干部，就得有相应的工资待遇和行政经费，于是每年财政收入和上级财政补贴的绝大部分，就作为人头经费开支出去了。例如四川甘孜藏族自治州丹巴县，全县5万多人口，就有政府机关干部2000多人。1987年财政收入170万元，加上上级财政补贴包干经费共420.8万元，仅人头工资一项，支出就达410万元，全年经费便所剩无几了。因此，在民族地区脆弱的经济基础之上，矗立着一个庞大的上层建筑，这种"机构、资金、人才"密集的上层建筑，既使脆弱的经济基础难以支撑，又使建设资金日益短缺，更使民族社会的精英力量远离经济建设的主战场。

第三，现行干部制度缺乏吸引人才的机制。民族地区地处边陲，条件艰苦，经济文化生活贫乏，客观上缺乏吸引人才的环境；而现行垂直领导体制下由上级机关指令性调配干部的人事制度，又缺乏吸引人才的活力。因而在全国开放、搞活的宏观背景下，便形成了民族地区人才向发达地区大规模流动的严重局面。而且，随着开放、搞活的进一步发展，民族地区与发达地区已经形成的人才逆向流动态势，将不可避免地继续下去。

其次，在经济方面，民族地区资源丰富，但开发较晚，历史上几乎没有近、现代工业。中华人民共和国成立后，为改变民族地区的落后面貌，也为了开发资源支援国家工业化建设，党和国家调集大批建设资金和物质技术装备，在民族地区兴建了一系列以原材料和初级产品为主的新兴工业，为民族地区的工业化奠定了一定的物质技术基础，同时以其特定的产业结构和产品结构，形成了民族地区在全国分工体系中的资源输出型格局。但是，传统的产品计划经济体制不体现价值规律，原材料价格严格背离价值，致使民族地区不仅没有通过输出资源而获得较快发展，反而在资源输出过程中丧失了较多的地区经济利益和发展机会，许多地方还背上了资源过度开发造成的生态环境全面恶化的沉重包袱。

随着经济体制改革的逐步深入，民族地区也和全国一样，从传统的计划经济向有计划的商品经济转轨变型，新旧体制进入双轨并行时期。然而，民族地区在单一旧体制下形成的不利局面，并未随着双轨制的实施而转变。一方面，民族地区生产的原材料和初级产品，被国家指令性计划用低于其产品价值的计划价格调走；另一方面，民族地区生产生活必需的工业品，因指令性计划大幅度削减，相当部分却要通过市场议价购进，从而使民族地区陷入双重不利的困境。例如四川省凉山彝族自治州，1987年四川省调入该州商品共有化肥、粮食、钢材等18种，按平价计算价值为12215.19万元，按议价计算为18093.19万元。州内调出商品共有铁矿石、木料、白糖、黄金等15种，按平价计算为12804.88万元，按议价计算为21385.69万元。调出和调入相抵后，按平价计算调出总值大于调入总值589.69万元，按议价计算则高达3292.50万元。由此可见，民族地区对国家建设是做了贡献的。但在不合理的经济体制和价格体系下，民族地区并未随着贡献的增多而获得相应的利益，这既挫伤了少数民族开发资源支援国家建设的积极性，又限制了民族地区现代化建设的发展。

再次，在教育方面，现行民族教育体系的主要弊端，是民族教育没有民族特色。它把各民族的家庭教育和社会教育排斥在外，是单一学校教育的封闭系统。在学校教育中，又是单一的、以普通教育为主干、以升学为目的、脱离少数民族实际需要而与内地基本一致的模式。表现在教育内容上，所谓民族教育实际上是全国统一模式的教育。[①] 它既把民族传统文化排斥在外，还把民族文化的载体和沟通民族感情、促使民族认同、满足民族文化心理需求的有力工具——民族语言文字也排斥在外，使少数民族学生既学不到生产生活的实际知识和本领，也学不到自己民族的语言文字和历史文化。表现在教育体系上，现代学校教育与少数民族的家庭教育和社会教育相割裂，造成少数民族学生的受教育过程与其社会化和文化化过程之间发生断裂，使民族教育丧失了最重要的社会化功能。

最后，在文化方面，虽然民族地区大都建立了县、乡两级，有的地方还建立了县乡村三级文化网，但许多乡村文化站实际上办成了图书室，这对文盲率普遍较高的少数民族来说只能是"曲高和寡"。民族地区的广播电视等大众传播工具，也大多把少数民族传统文化中最具魅力的部分，如五彩缤纷的民族歌舞、美妙神奇的民间传说、古老独特的历史神话等，排斥在正规的传播渠道之外，从内容到语言，都是全国统一的模式。这种统一模式的传播内容，固然是先进的、现代化的，但对少数民族来说是陌生的、异质的。因其没有采取民族形式，所以并不为广大民族群众所喜闻乐见。其结果，既限制了民族传统文化的继承和发展，也使现代化的观念和意识难以深入人心。

二　民族传统文化与现代化的双向调适

民族传统文化与现代化的双向冲突，归根结底是文化的时代差距和民族差异双重因素造成的。民族性和时代性，是一切文化都必然具

---

① 参见郭家骥《民族传统文化与民族教育的协调发展》，《教育研究》1989 年 8 期。

备的两种基本属性。① 文化的民族性，亦即一个民族区别于另一个民族的特殊性，它是一切民族存在和发展的基础。文化的时代性，亦即人类社会在一定历史阶段的整体发育水平，它是衡量一切民族文化是先进还是落后，发达还是不发达的客观标准，是不断变动的、一元的。所以，一个民族要使自己的传统文化不断获得生机与活力，就必须随时顺应时代潮流的发展，积极主动地对民族传统文化不断做出相应的变革和调整，以适应现代化不断创造和革新的要求。文化的民族性，作为一个民族存在和发展的基础，特别是作为与民族共存亡的超时代的核心部分，则使每一个民族的现代化都必须植根于自己民族的传统文化中，从而决定了现代化的民族特色。所以，现代化必须获得民族的认同和接受，并逐步内化为民族自己的选择和行动，才能在民族社会中得到全面深入的发展。这就既要善于利用民族传统文化的积极因素，更要善于转化民族传统文化的消极因素，变阻力为助力。为此，现代化的模式、体制和政策，也必须不断做出相应的变革和调整，以适合民族传统文化不断丰富与发展的需要。因此，当代中国少数民族传统文化与现代化长期存在的矛盾和冲突，实质上是少数民族传统文化落后于时代，而现代化又以全国统一的模式自外输入引发的文化的民族性和时代性的双向冲突。只有建立民族传统文化与现代化互相依存、相互促进的双向调适关系，才能顺利实现民族传统文化向现代化的转变。

要使少数民族在现代化进程中战胜双重挑战，实现各民族共同繁荣，就必须构建民族传统文化与现代化双向调适的主导关系及其内在机制。也就是说，必须开创一条现代化与少数民族传统文化相结合的、具有中国特色的民族地区现代化道路。根据文化的民族性与时代性多元共时和一元历时的辩证发展规律，从我国是一个统一的多民族国家的实际出发，民族传统文化与现代化双向调适的最佳选择，是在

---

① 参见庞朴《文化的民族性与时代性》，中国和平出版社1988年版，第151页。

建设具有中国特色社会主义伟大旗帜下，在中华民族多元一体格局的现实基础上，① 创建中华民族一体多元的社会主义现代化模式。中华民族一体多元的社会主义现代化模式的主要内容，是在各民族共同坚持中国共产党的领导，坚持社会主义制度，坚持人民民主专政和坚持马列主义毛泽东思想的指导等四项基本原则的基础上，在各民族共同维护祖国统一和中华民族一体化的前提下，党和国家根据我国民族众多且发展极不平衡的特殊情况，对少数民族的现代化实行多元的体制和政策，同时放手让各民族根据自己的实际情况，选择和创造具有民族特色的多元现代化模式。如果上述构想能够成立的话，那么，为使中华民族一体多元的社会主义现代化模式早日成为现实，当务之急应是从创建其内在机制入手，争取尽快在如下三个方面取得突破性进展。

（一）选择一体多元的经济发展路子

党的十三大报告指出："在社会主义初级阶段，发展社会生产力所需要解决的历史课题，是实现工业化和生产的商品化、社会化、现代化。"② 这是每一个民族现代化的基本标志，也是全国各族人民都应为之奋斗的共同目标。但在实现目标的具体途径上，各民族则应根据自己的实际情况，选择多元发展模式。例如，根据资源条件和经济社会发展状况，川、滇、黔、桂四省区的民族地区，便叫大致在宏观层次上划分为以下五种经济类型，选择五种经济发展路子。

第一种，石山地区经济类型。这类地区今后的发展，应从根本变革单一农耕生产方式入手，把开发重点从"一分土"转向"九分石头"，从单一农耕转向多种经营，从封闭的石山区转向开拓山川以外的生存空间，通过开发地上地下资源把劳动力从"一分土"中转移出

---

① 参见费孝通《中华民族的多元一体格局》，《北京大学学报》1989年第4期。
② 《中国共产党第十三次全国代表大会文件汇编》，人民出版社1987年版，第14页。

来，逐步走上工业化道路。

第二种，高山峡谷地区经济发展类型。这类地区今后的发展亦应从生产方式上改弦更张，实施"两退两上"战略。"两退"：一退耕地，下决心把北纬25°以上的禁垦坡地，把中高山区、高寒山区确实不宜粮食生产的耕地逐步退下来；二退劳力，把这些地方的劳动力从粮食生产中转移出来。与此相对应的"两上"措施是：上大农业、上工矿业，既发挥资源优势，又吸收转移出来的劳动力，同时采取山坝结合，高低山区结合、林畜林粮挂钩等多种办法，解决他们的粮食问题。

第三种，高原牧区经济类型。这类地区今后的发展，仍应坚持以牧、以林为主的传统道路。在进一步提高林牧生产力的基础上，积极兴建林纸工业，大力发展畜产品深度加工。

第四种，热带、亚热带山区经济类型。这类地区今后的发展，应从有计划地建立商品生产基地入手，从粗放经营转向五类集约经营。一是建立旱作粮食商品基地；二是建立热带、亚热带林业基地；三是建立热带作物基地；四是建立以水电为主的能源基地，五是建立以亚热带风光和民族风情为特色的旅游基地。

第五种，坝区经济类型。坝区今后的发展，应从土地适度规模经营入手，走工业化、城市化道路。坝区农业应以粮食为主，经济作物为辅，以建立商品粮生产基地的方式促进土地向种田能手集中，实现土地的规模经营和集约经营。同时把大量剩余劳动力转移出来从事第二、三产业，建立中小城镇。今后，坝区可以粮食为主要商品向山区辐射，以经济作物为加工原料向工业化过渡。

（二）在改革中建立和完善一体多元的政治体制、经济体制及其相应的政策体系

本来，随着社会主义制度在全国的确立，民族区域自治制度在民族地区的建立实施；随着《宪法》《民族区域自治法》以及民族自治

区、自治州、自治县的自治条例的逐步制定并颁布实行，我国实际上已经初步建立了一体多元的政治体制和经济体制。但是，这些制度和法律既不完善也不完备，在贯彻执行中更存在着许多尖锐的问题。而所有这些问题归结到一点，就是少数民族的自治权利并未得到全面、完善的落实。因此，民族地区政治体制改革和经济体制改革的主要任务，应是坚持、完善并全面贯彻落实民族区域自治制度，"加强民族区域自治的法制建设，大力培养少数民族干部和各种专业人才，保障民族自治地方充分行使自治权利"[①] "使各民族真正实行民族区域自治"[②]。从而在坚持社会主义政治制度和制度一体化的前提下，全面、完整地建立中华民族一体多元的政治体制和经济体制。与此同时，党和国家还应从民族地区处于社会主义初级阶段的较低层次这个实际出发，从财政、计划、价格、税收、信贷、物资、工交、商业以及教科文卫等经济社会的各个方面，尽快制定一整套区别于内地的特殊政策体系，对少数民族的现代建设予以特殊扶持。只有在一体多元的政治体制、经济体制及相应的政策体系的具体规定下，才能既从宏观上保证国家政令的集中统一，又从根本上避免对民族地区的一刀切和一般化弊端，使现代化的模式、体制和政策，真正适合民族地区的实际，从而推动少数民族传统文化尽快向现代化转变。

（三）在中华民族多元一体格局的现实基础上，创建中华民族一体多元的社会化模式

中华民族一体多元的社会主义现代化模式，客观上要求各民族年轻一代的社会化，必须同时完成双重任务。

一方面，它要求各民族年轻一代的社会化过程，首先是各自的民

[①] 江泽民：《在庆祝中华人民共和国成立四十周年大会上的讲话》，《光明日报》1989年9月30日。

[②] 邓小平：《党和国家领导制度的改革》，《邓小平文选（1975—1982）》，人民出版社1983年版，第299页。

族化过程。即通过学习和继承各自的民族文化，使各民族的每一个成员，都能够认同于、适应于自己民族的社会和文化，并能为其民族文化的丰富、发展、创造和更新，为建设具有各自民族特色的社会主义现代化发挥积极的推动作用。

另一方面，它要求各民族年轻一代的社会化过程同时是全国统一的中华民族化过程。即通过学习和继承中华民族的共同文化，使各民族的每一个成员，都能够认同于、适应于各民族共同缔造的中华民族的社会和文化，具有对中华人民共和国亲切的归属感和强烈的向心力，从而为维护祖国统一和民族团结，为中华民族共同文化的丰富、发展、创造和更新，为建设具有中国特色的社会主义现代化贡献力量。

中华民族一体多元的社会化模式面临的双重任务，要求社会化的各个主要因素做出相应的变革和调整。生活在边远地区和农村社区的家庭，其子女大多向本民族文化倾斜，致使他们对中华民族的共同文化知之甚少，常常囿于自己民族文化的狭小天地而跟不上时代步伐。而生活在内地和城市社区的家庭，其子女则大多向汉文化倾斜。有些长期生活在城市的少数民族家庭，其年轻一代已不懂本民族语言，不了解本民族文化，因而也就很难为本民族发展做出直接的贡献。因此，必须改变这种各自向两极倾斜的单一社会化模式。生活在边疆和农村社区的家庭，其家长应积极学习先进民族的文化以影响其后代；而生活在内地和城市社区的家庭，其家长则应通过自己的言传身教，使子女在潜移默化之中继承本民族的优良文化传统，以利其将来能够为本民族的繁荣发展直接贡献力量。

在教育方面，应同时向少数民族学生传授两种文化，即中华民族共同文化和各民族自己的民族文化。这就要求对现行民族教育进行三大改革：一是改革以全国统编教材一统天下的学校教育内容，编写切合民族地区实际的乡土教材，把各民族的语言文字和传统文化的优良成分纳入学校教育内容。二是改革学校教育结构，以普通教育为基础，职业技术教育为重点，成人教育为突破口，尽快实现三类教育与少数民族现代化建设需要的优化配置。三是打破单一学校教育的封闭系统，努力创建学校教育与各民族的家庭教育和社会教育三位一体，有机联系的民族教育体系。

此外，广播、电视等大众传播工具，在采用民族形式向少数民族传播外部先进文化的同时，也应积极向全社会传播少数民族的优秀文化。要在全社会宣传和普及民族科学知识，对全国人民特别是对汉族人民进行党的民族政策教育。要使中华各民族谁也离不开谁，必须坚持民族平等、民族团结、民族区域自治和各民族共同繁荣这一党的马克思主义民族政策深入人心，成为全国各民族人民的共识。

（原载中国民族学会编《民族学研究》第十辑，民族出版社1991年版）

云南民族地区生产力跨越式发展的理论与实践

当前，我国的改革开放和现代化建设进入了一个新阶段，从根本上来说，就是进入了建立社会主义市场经济体制，加快生产力发展的新阶段。面对急剧变化的世界，面对汹涌而来的市场经济大潮，面对与先进地区差距日趋扩大的态势，贫穷落后的云南民族地区究竟应当怎么办？对此，中共云南省委把邓小平同志建设有中国特色社会主义的理论与云南民族地区的实际情况结合起来，创造性地提出了新阶段民族地区的生产力应该产生一个跳跃式、跨越式发展的战略构想，在全省各族干部和群众中引起了强烈的反响。本文拟从理论与实践相结合的角度，对民族地区生产力的跨越式发展作一初步的研究和探讨。

一 跨越式发展的现实基础

云南民族地区实施跨越式发展战略，是客观形势所需，是党的群众路线在经济发展战略上的反映和体现，是社会主义制度的本质要求，具有充分的必要性和紧迫性。而当今世界公认的经济社会发展不平衡规律、科学技术和生产力加速发展规律，又为民族地区实现生产力跨越式发展提供了客观可能性。但是，必要性和可能性要转化为现实性，还必须具备相应的转化条件。应当看到，民族地区生产力水平低，经济文化落后，要实现跨越式发展面临着诸多困难和问题，任务是十分艰巨的，对此必须有冷静、清醒的认识。但是，困难多并不意味着无条件、不可能。客观地看，云南民族地区已初步具备了跨越式发展的现实基础，其主要依据有以下四点。

第一，云南的经济发展已进入工业化快速增长阶段，这必将有力地带动民族地区加速发展。

经济发展是一个长期的分阶段的动态历史过程。经济发展阶段不同，发展的模式、目标和重点便各不相同。因此，要说明云南民族地区是否具有跨越式发展的现实条件，就必须首先明确它所处的发展阶段。我国一些经济学家参考西方发展经济学不同流派的阶段划分理论并结合我国的具体实际，提出了经济发展的五阶段论，分别是传统社会阶段、工业化初始阶段、工业化数量扩张阶段、工业结构高度化阶段和技术主导与追求生活质量阶段。然后通过对全国 29 个省、自治区、直辖市 1989 年的一系列经济社会发展指标进行比较分析和综合评分后得出结论，云南以 44.25 分名列全国第 22 位，与河北、四川、新疆、内蒙古等省区同处于工业化数量扩张阶段。这个阶段的"一般特征是工业开始向多样化方向发展，制造业的比重明显增加，地区优势产业正在形成之中或已经形成，人均收入水平和资金自我积累能力有所提高，区域经济成长已步入正常轨道，呈现出发展加速的强劲势头"[1]。20 世纪 80 年代全省经济的快速发展，证明上述阶段划分是符合实际的。1980 年到 1990 年，全省国民生产总值从 84.3 亿元增加到 396.1 亿元，年平均增长 10.6%，相当于 1952—1980 年近 30 年累计增长 72.5 亿元的 3.3 倍；国民收入从 74.9 亿元增加到 351.8 亿元，年平均增长 10.3%，相当于 1980 年前 30 年累计增长 64.3 亿元的 4.4 倍；财政收入从 11.64 亿元增加到 97.43 亿元，年平均递增 20.9%，

---

[1] 参见郭万清等《中国地区比较优势分析》，中国计划出版社 1992 年版，第 136 页。

相当于前30年累计增长9.9亿元的5.7倍。[①] 在全省的带动下，面积占70.2%，人口占51.1%的民族自治地方经济也有了快速增长。1990年比1980年，工农业总产值增长1.2倍，财政收入增长6.6倍。现已初步建立起包括化工、采冶、机械、轻工、纺织、食品、能源在内的工业体系，有各类工业企业近万个。1992年工农业总产值266.76亿元，其中工业产值已超过农业产值而占工农业总产值的50.3%，说明民族地区已加入全省工业化进程，并有力地支撑着全省的经济增长。80年代的加速发展为90年代的跨越式发展奠定了一定的物质基础。

第二，在改革开放推动下，民族地区一些原来的劣势正在转变为突出的优势。

云南的基本省情特点是边疆、山区、民族三位一体。在传统体制下，云南边疆因远离国内政治经济文化中心而长期处于内地末梢。改革开放以来虽有所变化，但在东、中、西梯度推移的沿海倾斜战略下，边疆在对外开放中的末梢地位仍没有多少突破。山区资源富集，但传统计划经济既不遵循价值规律又不反映供求关系，使民族地区开发优势资源生产的原材料和初级产品，在全国分工体系中不能获取应得的利益。改革以来，由于下游产品率先放开而许多上游产品仍旧管死，反而使民族地区陷入低价输出原材料而又高价购进工业制成品的双重利益流失的困境。众多少数民族则由于社会发育程度低和生产力发展缓慢，在传统体制下几乎成了落后的代名词。然而，在大力发展社会主义市场经济和扩大对外开放的今天，民族边疆山区的上述劣势正在转变为突出的优势。在新阶段，我国的对外开放已从沿海扩大到沿边、沿江以至全国各地全方位开放，云南边疆的区位特点便从内地末梢一变而成为对外开放的前沿。随着大西南走向东南亚，东南亚伸入大西南的双向交往的不断扩大，云南边疆的区位特点还将从开放前

[①] 参见李良生《论云南经济发展道路的理论与实践》，《云南社会科学》1991年第6期。

沿进一步转化为中国西南与东南亚双向交往的汇聚与辐射中心。随着社会主义市场经济的发展,价值规律和供求关系必然在资源配置和价格形成中发挥基础性作用,山区民族对优势资源的开发利用在全国分工体系中就将逐步获得真实的利益,对某些全国性乃至世界性稀缺资源的开发利用,甚至还将获得垄断利润。社会发育程度低仍然是少数民族的劣势,但因此而存活至今的丰富多彩的民族文化,绚丽多姿的民族风情以及各民族特有的饮食、服饰、歌舞等人文资源,在对外开放和市场经济条件下便具有了无比珍贵的价值,因而也正在转变为有利于经济发展的突出优势。

第三,经济发展的制约因素正在逐步消融。

民族地区经济发展的最大制约因素就是交通闭塞,能源、通信、水利等基础设施落后。云南省委、省政府对此始终保持着清醒的认识,自80年代以来地方财力稍有好转后便连续不断地投入巨资抓紧改善。90年代,为彻底缓解经济发展的"瓶颈"制约,全省将以更大规模的投资加快基础设施建设。交通方面,将先后建成昆玉、广大、南昆和内昆铁路,"八五"期间完成昆明通往景洪、瑞丽、曲靖、水富、罗村、河口等6条干线公路改造,力争90年代内通往周边国家和邻省的干线公路全部高等级化。届时,出省物资运力将从目前的1000多万吨提高到3500万吨以上。"八五"期间完成昆明、版纳、芒市、昭通、保山、思茅机场的改造,新建大理、丽江机场,"九五"期间再建其他机场,到2000年形成国内外、省内外四通八达的航空网络。能源方面,建成150万千瓦的小湾、500万千瓦的糯扎渡,150万千瓦的景洪等大型电站和马鹿塘水电枢纽等一批中小型水电项目,兴建曲靖和昭通火电厂。通信方面,建成昆明至地州的微波、光缆和卫星二级传输干线。农田水利方面,新建50个大中型水利工程,使全省水利化程度提高到50%左右。建成2500万亩不同层次、不同要求的稳产高产农田,继续实施国家级滇西南、滇西北农业综合开发。

这些重点建设项目有一大批就布局在民族地区并带来上百亿元的投资,建成后,民族地区基础设施落后的状况将发生根本改观,必将带动大片地区产生跨越式发展。

第四,国内外经济高速发展的众多实例和邓小平同志的"南方谈话",为云南民族地区实施跨越式发展战略提供了可资借鉴的经验并产生了强大的示范和激励效应。

第二次世界大战后日本的跳跃式发展以及亚洲"四小龙"的腾飞,早已是人所共知的事实。改革开放以来我国经济也进入了一个高速发展的阶段。特别是1984—1988年经历了一个加速发展的飞跃时期,使整个国民经济提高到了一个新的水平。这种跨越、飞跃的势头在沿海地区表现得更为明显。珠江三角洲、长江三角洲、山东半岛以及厦门、泉州地区已呈国内"四龙"腾飞之势。正因为国内外都有许多跳跃式发展的成功先例,所以邓小平同志在"南方谈话"中总结国内国际经济发展的经验时,对跳跃式发展作了充分肯定。他说:"从我国自己这些年的经验来看,经济发展隔几年上一个台阶,是能够办到的。""从国际经验来看,一些国家在发展过程中,都曾经有过高速发展时期,或若干高速发展阶段。日本、韩国、东南亚一些国家和地区,就是如此。现在,我们国内条件具备,国际环境有利,再加上发挥社会主义制度能够集中力量办大事的优势,在今后的现代化建设过程中,出现若干个发展速度比较快,效益比较好的阶段,是必要的,也是能够办到的。我们就是要有这个雄心壮志!"① 国内外跳跃式发展的榜样和邓小平同志"南方谈话"所产生的示范和激励效应,极大地激发了少数民族群众发展经济的积极性、主动性和创造性,各族人民想小康、谈小康、奔小康,已成为不可阻挡的时代潮流。

---

① 《邓小平建设有中国特色的社会主义》,中共中央党校出版社1993年版,第257、261页。

二 跨越式发展的成功实践

其实，只要我们回顾一下改革开放以来云南的经济发展，就会发现，生产力跨越式发展早已不仅仅是一个纯粹的理论构想，它在许多地方都已经成为活生生的现实。经过多年的探索与实践，云南已初步形成一套符合省情的经济发展思路和模式，民族地区生产力跨越式发展之路已经现实地展现在人们面前。

第一，形成了"坚持以农业为基础，发展农业促轻工，依靠轻工搞积累，集中财力保重点建设"的经济发展道路。① 这一道路的成功典型，就是80年代烟草产业的跳跃式发展。云南具有种植优质烟叶的良好自然条件，生产机制卷烟的历史也已长达70年。但在80年代以前，云南两烟生产发展一直比较缓慢，一段时期甚至还出现销售危机。到1980年，全省两烟实现税利仅3.72亿元，出口创汇仅629万美元。1983年，省委、省政府抓住国家调整产业结构，开发优势资源的机遇，果断决策，集中力量把"两烟"（烤烟和卷烟）培育为全省的经济支柱。为此采取了三项措施：一是投巨资扶持农民种烟，把烟田作为烟厂的第一车间来抓，大大提高了烤烟的品质和等级。二是高起点引进国际上最先进的技术装备，调整品种结构，提高卷烟质量。三是实行农工商技贸一体化综合经营，使云南两烟大批量占领国内外市场而畅销不衰，到1990年，两烟实现税利70.9亿元，出口创汇1.38亿美元，分别比1980年增长18倍和20倍，两烟税利已占全省财政收入的60%多，全省80多个县的财政收入和1000多万农民的主要收入直接依靠两烟。每年还向国家上缴税利20多亿元，90年代，

---

① 参见普朝柱同志在云南省第五次党代会上的报告。

烟草产业继续跳跃发展，1993年，仅玉溪卷烟厂一个厂，实现税利就将突破70亿元。有了两烟积累的雄厚资金，才有全省"七五"和"八五"期间空前规模的交通、能源、农田水利等重点工程建设，也才使大批少数民族群众摆脱了贫困。因此，80年代烟草产业的腾飞，堪称跨越式发展的成功典范。

第二，形成"以大西南为依托，昆明为中心，边境开放城市和沿边地县为前沿，以东南亚、南亚为重点，面向世界"的对外开放思路。① 这一思路的成功典型，就是"昆交会"的召开和"德宏模式"的崛起。首届中国昆明出口商品交易会（简称"昆交会"）的成功举办，是大西南5省7方长期联合协作的硕果，也是云南对外开放思路的硕果。短短10天，总成交额就达17.57亿美元，仅云南就成交13.6亿美元，这在云南和西南发展史上都堪称奇迹。可以预计，随着每年一次昆交会的不断召开，大西南携手走向世界的步伐将不断加快，这必将有力地促进民族经济加速发展。地处开放前沿的德宏州，自1985年把全州开放为边境贸易区后，在以边贸为导向，以开放促开发的方针指引下，已经率先开始起飞。1992年边贸进出口总额达17.2亿元，占全省边贸总额的75.8%，边疆各族人民在内外双向开放中开阔了视野，商品观念、市场观念不断增强，招商引资成效显著，从而大大加快了优势资源的开发。甘蔗、橡胶、茶叶、咖啡、南药、香料等热带经济作物从30多万亩发展到80多万亩，全州农村商品率已达60%。目前，边贸正在向更高层次的工贸结合、技贸结合发展，全州以边贸为依托的乡镇企业已形成七大产业，企业2.2万多个，农业人口人均乡镇企业收入达453元，还出现了一批景颇族百万富翁。在以开放促开发的推动下，全州国民生产总值以年平均高于全省约5个百分点的速度向前发展，1992年达到13亿元，比1978年的1.46亿元增长7.9倍；农民人均纯收入达633元，超过了全省平均

---

① 参见和志强同志在云南省第八届人民代表大会上的报告。

水平。

第三，形成"国家开发资源与发展当地民族经济，提高民族文化素质密切结合，中心城市加工大企业与建设农村原材料基地密切结合"的思路。[①] 贯彻这一思路的结果，就是"鲁奎山道路"的成功。鲁奎山是新平县的一个民族贫困山区，但有丰富的矿产资源而当地群众自己无力开发。1987年昆明钢铁公司与新平县联合建设鲁奎山铁矿，由昆钢提供建设投资并派技术人员指导，矿山建成后用产品偿还投资。投产以来，矿山每年供应昆钢40多万吨矿石，向新平县上缴200多万元财政收入，为附近乡镇修公路、建学校、架电线，又带动了当地运输业、商业、饮食服务业、建筑建材业的发展。特别是矿山实行农民轮换工制度，山区少数民族农民轮换进矿工作3年后又返回农村，既增加了收入又学到了文化和技术，成为农村建设的生力军。鲁奎山铁矿的建设不仅带动当地少数民族摆脱贫困走上了小康之路，更重要的是它突破了传统的二元经济结构，闯出了一条国家开发资源与当地民族经济发展相结合的道路，在全国都具有开创性意义。

第四，形成以国内外市场为导向，县以上城镇单位与农村少数民族群众联合开发自然资源，创建规模化、专业化、农工商技贸一体化商品生产基地的思路。这一思路的成功典型，就是"牛洛河模式"的崛起。牛洛河是江城县中老边境的一个穷山村。1987年，江城国营农场与江城县联合在牛洛河地区开发万亩生态茶园。农场派出30多名干部，利用世界银行贷款，招收全县贫困山区的少数民族群众共同创办茶厂。2000多贫困农民由此而变成了离乡不离土，领工资吃饭的专业茶农。茶厂实行农工商技贸一体化综合经营。1992年产茶8000担，实现利税140万元。茶农人均纯收入从5年前的不足300元，猛增到798元，牛洛河村群众的人均纯收入也从5年前的187元，猛增到552元。现在，牛洛河村村通公路，户户有电灯，建起了一所6年制小学

[①] 普朝柱：《民族山区跨越式发展之路》，《云南日报》1993年6月3日。

和电视卫星接收站，集市贸易繁荣兴旺，一个新兴的小集镇正在这片沉睡千年的荒山野岭中迅速崛起。

这些成功实践蕴含着丰富的经验，给全省民族地区带来了三个方面的深刻启示。

启示之一：边疆民族山区要实现生产力的跳跃式发展，必须在生产经营体制上来一个根本性变革，实行城乡结合、科技与经济结合、开放与开发结合，农工商一体化综合经营的体制，即"三结合，一体化"经营体制。

第一，城乡结合。所谓"城"，就是指县以上的领导机关，科研单位和企事业单位，代表工人阶级；"乡"就是农村乡镇、村公所、合作社。领导机关、企事业单位有人才，懂技术，会管理，贷款筹资较为容易，信息灵通；农村有土地，有劳力，各族群众致富心切，但缺乏人才、不懂技术、不善管理，而且贷款筹资极为困难。城乡一结合，就能优势互补，使各种生产要素优化组合起来，能较快形成新的强大的生产力。

第二，科技与经济结合。这是民族地区发展优势产业、实现生产力跳跃式发展的关键。科研院所、科技人员通过城乡结合创办经济实体，直接参与经济开发，围绕经济开发搞课题研究、搞人才培训，创名优产品，推动农村经济向高产、优质、高效发展。

第三，开放与开发结合，以开放促开发。民族地区搞经济开发缺乏资金、技术和人才，产品缺乏稳定的销路，致使许多很有优势的资源或无力开发或开发生产出来后受市场波动的影响而大起大落。解决这个问题的成功经验就是通过对外开放引进资金、技术和人才，开拓国内外市场。

第四，"一体化"即农工商一体化综合经营。通过"三结合"创办经济实体，这个实体既包括稳定、优质的原料生产，又包括多品种、高质量的深加工和精加工，还包括对国内外市场的开拓和销售。

启示之二：边疆民族地区要实现生产力的跳跃式发展，必须以市场为导向，在生产方式上来一个根本性变革，在坚持基本农田家庭联产承包责任制长期稳定不动摇的前提下，搞社会化大生产，走规模化、专业化、科技现代化道路，参加国内外市场的大流通。

启示之三：要有一套统筹兼顾、各得其所、有利于调动各方面积极性的好政策。其具体内容是：其一，处理好县同基地企业的利益关系；其二，处理好领办单位、乡村基层、基地企业的利益关系；其三，处理好加工环节同原料生产者的利益关系；其四，县以上党政机构改革，转变政府职能，必须以经济建设为中心，以解放和发展生产力为目的。要从政策上鼓励和支持县以上机关、企事业单位，积极主动与乡村结合，联办开发性经济实体。由单位选派有事业心，有技术和管理能力，想干一番事业的优秀干部去带头办各种开发性产业。

三　跨越式发展的理论思考

（一）在市场经济条件下实现生产要素的优化组合和资源的高效配置，是民族地区生产力跨越式发展的理论依据

马克思主义的唯物史观认为，生产力是人们通过改造自然、影响自然而创造物质财富的能力。这种能力是诸多生产要素在相互联系、互相作用中形成的综合力。[①] 现代系统论也认为，生产力是一个由若干要素系统组合而成的总系统。它包括物质要素系统（含劳动力、劳动工具和劳动对象）；运作要素系统（含经济体制、运行机制和管理模式）；附着要素系统，即科技、教育对经济发展的作用；内源要素

---

① 参见《马克思恩格斯选集》第1卷，人民出版社1972年版，第256页。

系统，即传统文化对经济发展的影响等。从理论上讲，生产力作为一个要素系统，它的形成与发展包括以下三个方面的内容。

第一，生产要素配置齐全。这是从事任何生产的前提和基础。如果基本生产要素残缺不全，再丰富的自然资源、再丰富的劳动力资源，都仅仅是潜在的生产力，而不可能形成现实的生产力。

第二，活化（激化）生产力诸要素，提高生产力系统组成要素的素质。例如，采用科学技术创造出效用更高、效率更强的生产设备和工具，开发出更具市场竞争力的产品；运用技术培训提高劳动者的劳动熟练程度；通过合理的利益分配机制调动劳动者的积极性等，都能通过生产力要素素质的提高使生产力的整体水平得到提高。

第三，改善和优化生产力诸要素（子系统）的组合结构、组合规模和组合布局，提高管理水平和运作效率，使生产力整体的系统功能处于最佳状态，从而使现有生产物质财富的能力得到充分发挥。

民族地区生产力的跨越式发展，实质上必须通过生产要素的优化组合和资源的高效配置才能够实现。而以往民族地区经济长期发展缓慢的一个根本原因，就是不能解决生产要素的优化组合和资源的高效配置问题。据有关专家对全国 29 个省市自治区经济发展比较优势的定量分析和综合评价，云南在自然资源丰度及其组合协调程度上都位居全国前列（分别占第 2 位和第 4 位），具有十分突出的优势。在劳动力资源上，云南也具有劳动力成本低廉的优势。但在劳动力素质、资金要素赋存、科学技术综合水平以及整体经济发展水平上，却又远远落后于全国大部分省区。[①] 造成这种状况的原因是多方面的，但主要原因有以下三点。

第一，传统计划经济的束缚，在高度集中的计划经济下，资金、技术、人才等经济资源实行纵向计划配置，这种配置是在一个事先人为规定的规模额度内进行的，计划指标是其边界，不能突破。以资金

---

① 郭万清等：《中国地区比较优势分析》，中国计划出版社1992年版，第190、327 页。

配置为例,"六五"计划以来由于国家采取东、中、西梯度推移的沿海倾斜发展战略,云南固定资产投资在全国的比重日益下降,已降到低于国民生产总值在全国的比重。例如 1991 年,云南国民生产总值占全国的 2%,而固定资产投资只占全国的 1.8%。又如 1990 年,全国国有固定资产投资人均 148.95 元,而云南只有 75.05 元,云南民族自治地方只有 31.08 元。国家计划投资是如此之少,为了加快发展,云南各族人民只有勒紧裤腰带自筹资金搞建设,即使如此也受到投资指标的严格限制,有的自治州一年可自筹几千万资金搞建设,但基建指标只有几百万元,这是一方面。另一方面,在条块分割、部门所有的体制下,这些通过纵向计划配置的资源一经配置到位,便为地区、部门和企业所有,很难相互流动。这就使民族地区既存在着大量的资源闲置和浪费现象,如自然资源在空间上的闲置,劳动力资源在时间上的闲置,以及条块分割、部门所有造成的经济资源闲置和浪费等;同时存在着严重的资源不足,如资金、技术、人才严重短缺,信息不灵等。生产要素残缺不全使民族地区丰富的自然资源和劳动力资源不能形成现实的生产力,从而大大延缓了生产力的发展。

第二,二元经济结构的阻碍。在传统体制下,民族地区存在着典型的城乡分离的二元经济结构。在同一县域内,一方面是国家调集大批人、财、物建立起来的现代工矿企业、党政机关和事业单位,以及由此而自然形成的新兴发达的城镇社区;另一方面则是世代从事传统农业的封闭贫穷的农村社区。在二元结构中,严格的户籍制度使城乡人口很难相互流动,城镇工商企业和科研单位与农村原料产地和经济发展相脱节,条块分割、部门所有的体制又筑起了城乡生产力要素相互流动的壁垒,致使金融、人才、技术、信息等经济资源大部分集中在县以上城镇企事业单位中,广大农村却极为缺乏。这就使农村既难以为新开发项目配齐生产要素,又难以利用先进的科学技术和合理的利益分配机制来提高现有生产力要素的素质,生产出来的产品也往往由于信息不灵而反复遭受市场风浪的冲击。二元结构双方自成一统，长期隔离发展的结果，必然是城乡差距日益扩大，农村生产力发展严重受阻。

第三，封闭的自然经济小生产的限制。传统体制下，商品经济、市场经济是被排斥的，社会发育程度较低的少数民族群众，也习惯于在封闭的自然经济中蹒跚而行。这种以满足生存需要为目的的自然经济小生产，既不需要也不可能改善和优化生产力诸要素的组合结构、规模和布局，因而也就不可能把民族地区丰富的资源优势转变为经济优势。

改革开放以来民族地区生产力跨越式发展实践经验的成功之处，恰恰就是在市场取向改革进程中成功地解决了生产要素的优化组合和资源的高效配置问题。这些经验的基本特点有以下三个。

第一个，它是以国内外市场为导向和立足点的商品生产经营体制，资源的配置在很大程度上突破了计划指标的束缚，由经济活动参与者在经济利益诱导下自动按价值规律、供求规律、平均利润率规律实现生产要素的自由流动和优化组合。在此条件下，民族地区就能充分利用自己的自然资源优势外引内联、招商引资，换取自己短缺的经济资源来为新开发项目配齐生产要素，迅速形成新的强大的生产力。

第二个，它通过城乡结合、科技与经济结合，开放与开发结合，打破城乡、区域、行业和所有制界限，突破了传统的二元结构，把民族地区农村丰富的自然资源和劳动力资源，与县以上党政机关、城镇企事业单位以至省外、国外的资金、技术、人才、信息、市场等经济资源结合起来，实现了生产要素的优化组合和高效配置，大大加快了生产力的发展。

第三个，它通过农工商一体化综合经营，通过合理的利益分配机制，通过专业化、规模化、科技现代化的社会化大生产，既有效地激活并提高了生产力诸要素的素质，又有效地改善和优化了生产力要素的组合结构、组合规模和组合布局，实现了对优势资源开发的区域化布局，专业化、规模化生产，一体化经营和社会化服务。既坚持了基本农田家庭联产承包责任制的长期稳定和粮食生产的稳步发展，又在优势资源开发中注入了较多的科技含量并取得了规模效益，逐步形成了一批主导产业和拳头产品，从而使生产力产生了跨越式发展。

因此，"三结合，一体化"经营体制及其相应的生产方式和政策机制，是民族地区在市场经济条件下实现生产要素优化组合和资源高效配置的成功机制，因而也是促进民族地区生产力实现跨越式发展的成功机制。

（二）改革开放是民族地区生产力跨越式发展的动力

改革是一场革命，是一场解放生产力的革命。开放也是改革，而且是更广泛意义上的改革。改革是社会主义发展的动力，也是民族地区实现生产力跨越式发展的动力。这是由社会主义的基本矛盾和主要矛盾决定的。按照马克思主义唯物史观，人类社会历史的发展，是生产力和生产关系，经济基础和上层建筑矛盾运动的结果。这是人类社会的基本矛盾，社会主义社会也不例外。社会主义历史发展的实践也证明，社会主义的生产关系和上层建筑仍然存在着束缚生产力发展的因素和环节，这就决定了社会主义社会仍然存在着解放生产力的任务，需要通过改革从根本上改变束缚生产力发展的经济体制，建立充满生机与活力的经济体制来解放生产力，发展生产力。没有生产力的解放，就不可能有生产力的大发展；而没有生产力的大发展，没有社会物质财富的极大丰富，就不可能解决人民日益增长的物质文化需要同落后的社会生产这一社会主义社会的主要矛盾，人民群众合理的物质利益需求得不到满足，社会主义也就失去了发展的动力。马克思曾经深刻地指出："人们奋斗所争取的一切，都同他们的利益有关。"[①]

---

① 《马克思恩格斯全集》第1卷，人民出版社1972年版，第82页。

因此，社会主义的根本任务就是发展生产力，不断增加物质财富，不断满足人民群众日益增长的物质文化需要；为此，就要首先通过生产关系和上层建筑改革来解放生产力，为生产力的发展扫清障碍。所以说改革是一场革命，是一场解放生产力的革命，改革也因此成为民族地区生产力跨越式发展的动力。民族地区生产力跨越式发展全部成功的实践经验归结到一点，实质上就是通过市场取向改革和全方位对外开放，形成一套能够实现生产要素优化组合和资源高效配置的经济体制和政策机制，为生产力的发展找到了一种切合民族地区实际的生产关系形式，从而推动了民族地区生产力产生了跨越式发展。

（三）跨越式发展的含义和目标

在明确了跨越式发展的理论依据和动力机制之后，有必要进一步明确跨越式发展的含义和目标。生产力作为生产要素系统综合作用的结果，它在三个方面的发展最终都要通过经济活动的形式、结构、阶段以及经济发展的规模、速度和效益而表现出来。因此，衡量一个地区生产力发展状况的最简便的办法，就是通过纵横比较看其质的变化和量的增长。经济形式的演进、经济结构的升级和经济发展阶段的上升，是质的跨越；经济规模的扩大，经济发展速度的加快和经济效益的提高，是量的跨越。质和量又是相互影响不可分割的。没有达到一定的总量，就不可能进入一定的形式、结构和阶段；而没进入一定的形式、结构和阶段，就不可能达到一定的总量。一个地区经济发展的质和量与过去一个时期相比有了明显的变化和大幅度的提高，或在一个时期内达到了正常情况下不可能达到的目标，便可视为纵比的跨越；与全国或全省其他地区相比在经济发展的位次上有了前移，或比重上有了明显的增加，便可视为横比的跨越。根据上述分析，我们就可以这样来定义生产力跨越式发展这个概念：所谓生产力的跨越式发展，就是在现实生产力的起点和基础上，通过人们能动的改革与实践，实现生产要素的优化组合和资源的高效配置，使一定时期内经济活动的形式、结构和阶段在向高级方向演进的过程中产生显著的变化，使经济规模、速度和效益实现超常规扩大与增长，从而大幅度提高人们创造物质财富的能力和人们的生活水平。根据这个概念，民族地区现实生产力状况与全国人民正在为之奋斗的小康和中等发达国家水平之间的巨大差距，客观上就决定了民族地区在未来发展中必然经历一个长期的跨越过程，或若干个跨越阶段。因此，民族地区生产力跨越式发展绝不是权宜之计，而是具有长远指导意义的长期发展战略。它的近期目标是经过一个跨越式发展阶段后到20世纪末基本实现小康；中期目标是经过若干个跨越发展阶段后逐步缩小与发达地区的差距，赶上全国平均水平；最终目标是经过半个多世纪的长期跨越式发展，到下世纪中叶与全国人民一道共同进入中等发达国家水平的行列。

（四）跨越式发展是后进民族逐步实现社会主义本质的必由之路和唯一途径

邓小平同志指出："社会主义的本质，是解放生产力，发展生产力，消灭剥削，消除两极分化，最终达到共同富裕。"① 中华人民共和国成立前后，中国共产党领导各族人民进行的第一次伟大革命推翻了"三座大山"，消灭了剥削制度，使云南25个少数民族分别从原始社会、奴隶制、封建领主制和封建地主经济社会跨越一个或几个历史时代全都进入了社会主义社会，在生产关系和政治制度上成功地实现了各民族从不同历史起点向社会主义的跨时代飞跃。现在正在进行的第二次革命的主要任务，就是要通过解放和发展生产力，促使全国人民逐步达到共同富裕。实现共同富裕的路子和途径在观念上可以有这样的四种选择：一是全国各地平行发展，同步富裕，实践证明这是不可

---

① 《邓小平建设有中国特色的社会主义》，中共中央党校出版社1993年版，第261页。

能的。二是发达地区富裕以后放慢步伐或干脆停下来等待后进地区，这是违背经济规律的，因而更不可能。三是双方差距日趋扩大的现实情况下，民族地区仍然走按部就班的路子实现常规发展，这样民族地区或许总有一天也能达到富裕，但是与发达地区的差距就将超过极限而永远也不可能缩小，由此而引发的问题将是不堪设想的，因而在实践中也是行不通的。既然上述三种选择在实践中行不通，那就唯有最后一种选择和最后一条途径了，那就是在发达地区加快发展的同时，民族地区抓住机遇、深化改革、扩大开放，在发达地区的带动和国家的支持下，通过自己的努力实现跨越式发展，经过若干个跨越式发展阶段后逐步缩小与发达地区的差距。而国内外经济发展的实践经验都已证明，这条道路是切实可行的。因此，跨越式发展是后进民族实现与全国人民共同富裕这一社会主义本质的必由之路和唯一途径。只有到下个世纪中叶时云南后进民族也和全国人民一道共同进入中等发达国家水平行列，中国共产党领导前资本主义社会诸形态后进民族向社会主义现代化的跨时代飞跃才算最终获得了成功。而在短短100年期间做到了这一点，在世界民族发展史上也就堪称奇迹了。

（原载《云南社会科学》1993年第6期，其基本观点受到时任中共云南省委书记普朝柱同志的高度评价，被中共云南省委1993年1号文件所采纳。获中宣部1994年全国精神文明建设"五个一工程奖"）

通古今之变，成一家之言
——关于民族学如何解决民族地区现代化问题的思考

21世纪是中国加速迈向现代化的世纪，同时也是对外实现中华民族的伟大复兴，对内实现各民族共同繁荣的世纪。中国民族学作为一门在解决中国民族问题的具体实践中逐步成长起来的学科，自然也要在解决民族地区现代化问题的过程中不断发展壮大，这是毋庸置疑的。但是，民族学作为一门研究民族共同体发生、发展和消亡规律的科学，民族学家作为一个理论工作者，他研究现代化问题的角度和方法就应该有自己的独到之处。这就是：立足于民族学的学科特点，运用民族学的理论和方法，对事关中华民族复兴和各民族共同繁荣的问题，做出民族学自己的理论回答。而要做到这一点，在研究工作中就应始终坚持"通古今之变"的方法，力求达到"成一家之言"的目标。

通古今之变只是一种简便的提法，其内容既包括纵向通研究对象的历史演变，又包括横向通研究对象各个方面的内部联系，还包括通基础与应用，通理论与实践等，关键在于"通"。这是民族学的传统方法，也是民族学研究现代化问题的方法论特色。大家知道，可以从学科角度把民族学研究划分为以下三种类型。

第一类是族体研究，即以一个民族为对象，纵向研究其历史与现状，横向研究其政治、经济、文化等所有领域，其目的是弄通这个民族的历史演变，各个文化因子的内部联系，探索这个民族的发展规律。反映在学科上，就形成藏学、彝学、傣学等族体学科。

第二类是专题研究，即以多民族的某一文化领域为对象，纵向研究其古今变迁，横向研究其在不同民族文化中的具体表现及异同并通过跨文化比较探索其发展、演变的规律。反映在学科上，就形成生态民族学、宗教民族学、饮食民族学、象征民族学等专门分支学科。

第三类是综合研究，即以古今中外的所有民族共同体为对象，研究民族共同体发生、发展、消亡的一般规律。反映在学科上，就形成涵盖众多族体学科和分支学科的民族学这一综合性大学科。

民族学对现代化问题的研究也无非上述三类：第一类从族体学科出发探索某一民族的发展路子；第二类从分支学科出发探讨本学科研究对象对各民族现代化的影响；第三类从综合性大学科出发探讨民族发展理论和民族学的现代化学说。不论是哪一种类型的课题研究，若要想取得真正高质量的有生命力的学术成果，一般来说都会自觉或不自觉地运用"通古今之变"的方法。其所以如此的道理也很简单：你要为某一民族探求发展路子和发展模式，没有对这个民族历史与现状的深切了解，没有对构成这个民族的文化因子之间相互关系的融会贯通，是不可能做到的。你要探讨某一文化现象对现代化的影响，你就得先深入了解这一文化现象的历史与现状，它在不同民族中的异同及其演变规律，然后才有可能提出解决问题的正确对策。同样，你要从总体上探讨民族发展理论和现代化学说，没有对多民族一般发展规律的把握也是不可想象的。因此，采用这种方法进行的任何一项现代化问题研究，都既沟通了历史与现状，又沟通了理论与实践，实现了基础研究与应用研究的结合。从这个意义上讲，采用这种方法进行的应用研究，其实首先是基础理论研究；而凡是有助于说明情况，从不同侧面揭示某一族体和某一文化现象的发展演变规律的基础理论研究，归根结底也是为现代化服务的应用研究。这种研究方法与中国共产党倡导的解决实际问题的方法也是相通的。凡是从事过现代化问题研究的同志都会有这样的体会，对实际问题提出几条解决对策并不难，难的是对研究对象从历史到现状有深切把握基础上提出来的真正有价值的对策。

成一家之言是民族学研究现代化问题的学科要求和理论目标。民族学家研究现代化自然要涉及许多经济学、社会学问题以及实际问题，因此要广泛涉猎社会科学以至自然科学诸多学科的知识，要深入实际调查研究向政策研究部门和实际工作者学习，这是完全必要的。但是，民族学家必须始终明确自己是从民族学角度研究现代化，是民族学家的现代化研究，而不是从经济学、社会学角度，更不是从党政机关的政策研究部门和实际工作者的角度来研究现代化。学科意识和学科建设要求民族学的现代化研究必须具备两个特色：一个是民族学特色，另一个是理论特色。而这正是民族学为现代化服务的优势和特长，是其他学科和任何人所无法取代的。因此，笔者认为，具有通古今之变的学术传统而又面向 21 世纪的民族学的现代化研究，应该扬长避短，发挥优势，以创建和形成民族学自己的发展理论和现代化学说为理论目标，以民族共同体和民族文化为主要研究对象，通过对中华民族现代化问题"成一家之言"的重大学术理论贡献而推动民族学成为 21 世纪中国的显学。为达到这一目标，民族学的现代化研究应尽快实现以下三大转变。

第一，立足于民族学的综合性学科特点，从见子打子、就事论事的对策性研究转移到系统综合的理论研究上来，逐步创立民族学自己的发展理论和现代化学说。发展和现代化问题以往一直被当作一个纯粹经济学的问题来加以研究，"二战"后不少发展中国家独立后崛起与衰落的正反两方面的事实，使人们认识到这是一个多层面、全方位的问题，从而吸引了社会科学的诸多学科投入研究。迄今为止，经济学、社会学、政治学、法学甚至历史学都已基本上形成了本学科的发展与现代化理论，而以研究小型社会和后进民族为主的民族学（特别是国内民族学），在这方面的建树还不多。致使许多本应由民族学家提出来的理论，变成了其他学科的发明创造。例如，联合国教科文组织于80年代提出了一套较为系统的不发达国家的发展理论和现代化学说，其基本内容是以下五点。

第一点，内源发展道路。每一个国家和民族的发展与现代化都必须根植于自身的传统文化，从内部产生而不是从外部移植。因此，有多少种民族文化便有多少种发展路子和发展模式。

第二点，发展的资源和动力来自内部。对各民族的传统知识、文化价值体系的尊重与开发，不仅能创造物质财富，而且能动员和团结人民献身发展，为现代化提供持久不衰的动力。因此，发展与现代化必须以保护和发展多民族的文化个性为前提。

第三点，文化是发展与现代化的决定性因素。市场经济和科学技术作为发展与现代化的两根支柱，已成为人类社会的共同财富。但是，只有当它们与各民族的文化相结合并转化为文化因素后，才能真正发挥作用。

第四点，以人为中心。内源发展以尊重人、发挥人的能力和创造性为中心，以满足人的需求为目的。因此，任何一个民族的发展与现代化都必须动员其全体人民参与其中。

第五点，开放性。内源发展反对闭关自守，主张学习和吸收人类的一切文明遗产和适应时代进步的一切文明成果，但必须以本国和本民族文化为主体，有选择地引进和吸收。

从上述内容中我们可以看出，支撑其内源发展理论的最核心的东西——民族文化因素，恰恰是我们民族学和人类学的研究专长。遗憾的是提出这一理论的却大都是经济学家、社会学家以至历史学家。对此，中国研究现代化问题的民族学家在汗颜之后当调整方向，奋力直追，争取早日创建中国民族学自己的发展理论与现代化学说。

第二，立足于民族学对国内每一个民族都有专门研究并形成众多族体学科的特点，从千篇一律、空话、套话连篇的发展战略、发展规划研究，转移到为各民族探求内源发展道路的具体研究上来。近年来，不少民族学家因急于为现代化服务，参加了许多地区和民族的发展战略、发展规划研究。此类研究大多受命于实际工作部门，现实工作的迫切需要不允许作长期深入的实地调查和理论研究，大多是走马观花跑一圈之后的急就章，因而极易形成千篇一律，从结构到语言都大致雷同的所谓"战略规划"，其对现实工作的指导作用也就可想而知了。因此，民族学的现代化研究应从此类课题中转移出来，回到传统的族体研究中去，应用民族学传统的参与观察和通古今之变的方法，从一个民族的一个村子入手，进行长期系统的跟踪调查，在弄清这个民族的历史与现状，把握这个民族政治、经济、文化、风俗习惯、精神信仰和心理意识等文化因素的内部联系的基础上，探求这个民族的内源发展道路。这样的成果必定是既有应用价值又富理论价值的高水平的学术成果。

第三，立足于民族学对主要的文化现象都有专门研究并形成众多分支学科的特点，从急功近利、力不从心的纯经济研究、政策性研究转移到民族学的优长——文化研究上来，探求经济文化发展的一体化趋势以及文化力对生产力的具体影响。民族学家由于所受教育的限制，一般来说对经济学知识并不十分精通，由于分工的不同他们对民族地区经济情况的掌握也远不及实际工作者，因而要求他们进行纯经济问题的研究和实际政策的研究，实际上是叫他们"扬短避长"。因此，民族学的现代化研究应从力不从心的尴尬境地中转移出来，重新回到自己的优长——文化研究中去，这才是民族学为现代化服务大有用武之地的地方。当今世界，经济文化发展一体化趋势十分明显，传统文化作为一种有形无形的力量对生产力和经济发展的巨大影响，正在引起全社会的广泛关注。为民族文化所涵盖或与之相互交叉的企业文化、商业文化、旅游文化、人口文化、烟文化、酒文化、茶文化等诸多研究文化与经济互动关系的新学科应运而生并日趋活跃；特别是民族文化与民族关系、民族凝聚力的研究，更把民族文化对现代化的影响，提到事关国家统一和中华民族在21世纪国际竞争中的地位这样的高度来认识，从而为民族学的现代化研究提出了主攻方向并展示出光辉的前景。

综上所述，笔者认为，只要坚持"通古今之变"的方法并达到"成一家之言"的目标，民族学的现代化研究就必将以自己高水平的学术成果使党和国家和社会各界刮目相看，由此就必将推动民族学成为21世纪中国的显学。

（原载《满族研究》1995年第3期）

云南仍处于社会主义初级阶段的主要表现形式及其特征

江泽民同志在党的十五大报告中,概括了我国仍处于社会主义初级阶段的九大特征。这些特征在云南表现得更鲜明、更突出、更典型。根据课题组最近在玉溪、大理、思茅三地州的调查,云南社会主义初级阶段具有"五低四高"的特点,即社会发育程度低,生产力发展水平低,物质技术基础低,劳动者科学文化素质低,人民生活总体水平低;自然经济比重高,贫困人口比重高,文盲、半文盲比重高、地区发展不平衡程度高。其主要表现形式为以下九个方面。下面分别论述。

(一) 社会发育程度低

云南各民族是分别从原始公社、奴隶制、封建领主制、封建地主制和少数地区初步发展的资本主义工商业社会,经过民主改革,脱胎进入社会主义的。社会发育程度的低起点,使云南在社会主义初级阶段的现实发展水平上,远远落后于东部沿海发达地区和中部次发达地区。

(二) 生产力发展水平低

这主要表现在产业结构、就业结构和城乡结构的低演变方面。1996年,云南的第一产业占全省国内生产总值的24.40%,第三产业只占30.50%。这一年全国的第一产业占20.20%，第三产业占30.80%。发达国家的第一产业大体占其国内生产总值的5%以下，第三产业则占70%，中等发达国家的第一产业占15%左右，第三产业则占50%。1996年，云南从事农业生产的劳动者占83.60%，全国占71.20%。发达国家大体上占3%，中等发达国家占20%。1995年，云南的城镇人口仅为总人口的18.7%，而全国为29.1%，发达国家为80%，中等发达国家为65%。

（三）物质技术基础低

充足的能源、便捷的交通和灵敏的通信，是一个国家和地区经济发展迈向现代化的物质技术基础条件。1995年全省人均电力装机容量为0.139千瓦，人均占有发电量570千瓦时，仅为全国平均水平的60%，电力调峰能力差，枯水期仍然缺电。铁路运输矛盾突出，出省运力满足率不到50%。公路通车里程虽已名列全国第2位，但公路密度每平方千米仍只有0.17千米，低于四川、贵州等省，公路完好率只居全国第20位。全省通信网络在规模、容量和技术上同全国相比还有较大差距，每百人仅有电话2.23部，不到全国平均水平的一半。物质技术基础落后导致云南省人流、物流、信息流在全国位居后列。1995年，云南省旅客周转量只居全国第22位，货物周转量只居全国第25位，邮电业务总量只居全国第21位。

（四）劳动者科学文化素质低

1995年，云南省有大专以上学历的人才为368921人，占全部人才的38.7%；中专学历的有461644人，占全部人才的48.47%；高中及以下文化的有121828人，占12.79%。全省人才总量偏少。素质偏低，人才仅占总人口的2.39%，远远低于全国3.69%的水平。1996年，全国每万人拥有科技人员22人，云南仅有12人。这使科技推广困难，科技对经济增长的贡献率较低。1995 年，云南省科技对工业、农业的贡献率分别是 37% 和 32%，对经济增长的贡献率为 29%，而全国平均为 35% 左右，一些后进民族缺乏独立的生产经营能力和当家理财本领，难以适应发展市场经济的需要。

（五）人民生活总体水平低

国际上通常用恩格尔系数指标来衡量人民生活的贫富程度。所谓恩格尔系数，即一个人一年的生活消费支出中用于食品消费所占的比重，恩格尔系数在 60% 以上为贫困，50%—60% 为温饱，40%—50% 为小康，30% 以下为富裕。虽然 1996 年云南农民人均纯收入已达 1229.30 元（比全国人均 1926.10 元低 696.8 元），按收入指标已普遍进入温饱阶段，但当年农村居民的恩格尔系数仍高达 61.14%，而全国仅为 56.32%，因此，若用恩格尔系数来衡量，全省农民还普遍处于温饱线以下。

（六）自然经济比重高

1996 年，全省的农副产品商品率虽已达 53.80%，但边疆民族山区仍只有 10%—20%，远远低于浙江省 65.40% 和广东省 73.40% 的水平。能向市场提供批量商品的地区，主要是生产条件好的坝区和城镇周围比较发达的农村，一般农村和山区、边疆地区的少数民族，只有零星、少量的商品交换，一些民族至今仍处于以物易物、买卖害羞的状态，不少地方迄今仍未形成商品交易的初级市场，完全停滞在自给、半自给的自然经济状态中。由于商品率低，农民群众购买力有限，因而 1996 年全省农民人均生活消费支出中的商品性消费只占 62.5%，大理州仅为 45.36%。全省人均社会消费品零售额为 1058元，低于全国人均 2035 元的水平，更低于浙江省人均 3647 元的水平。

（七）贫困人口比重高

1996年，全国有贫困人口6000万，云南有540万，大体占全国的1/10。云南许多贫困地区，至今仍处于食不果腹、衣不蔽体、房不避风雨的深度贫困状态。

（八）文盲半文盲比重高

1995年，全国文盲率为12.01%，云南省高达21.03%；人均受教育年限全国为5.8年，云南只有4.6年。边疆民族地区更为落后。据1990年人口普查统计，全省民族自治地方文盲率为36.6%，全省少数民族文盲率为45.50%，其中苗、瑶、哈尼、傈僳、德昂等5个民族高达60%以上，拉祜族更高达72.06%。少数民族妇女的文盲率更高，全省平均是60.32%，而拉祜、普米、哈尼、德昂、傈僳、布朗、苗、瑶等8个民族高达70%以上，最高的瑶族达85.50%。人均受教育年限，佤族只有1.7年，拉祜族只有1.3年。文盲人口众多给全省的经济文化建设带来了严重的不利影响。

（九）地区发展不平衡程度高

云南省地区经济发展存在着不平衡的三元结构：一是以昆明、玉溪、曲靖、楚雄等城市为中心的相对发达地带，这一地带工业化、城市化、农村市场化的发展水平较高；二是与此邻近的昭通、大理、东川等地、州、市为代表的非边疆地区不发达地带，这一地带以自给、半自给的农业经济为经济支柱和特征；三是迪庆、丽江、怒江、德宏、西双版纳等地州及临沧、思茅、红河等地州的边境县、市为代表的边疆原始落后地带。这一地带基本上还保留着原始农牧业的经济生产形式。上述三类地区的发展差距需要几代人甚至十几代人、几十代人的努力才能消除。

根据上述九个方面的表现形式,我们认为,云南的社会主义初级阶段,是各民族从前资本主义社会诸形态跨入社会主义,在社会主义条件下逐步摆脱原始落后和不发达状态,基本实现社会主义现代化的历史阶段;是由农业和农村人口占绝对比重,生产力发展水平低,主要依靠手工劳动的农业省,逐步转变为非农业人口占多数、包含现代农业和现代服务业、生产力发展水平较高的工业化省的历史阶段;是由自然经济、半自然经济占主导地位,逐步转变为经济市场化程度较高的历史阶段;是由能源、交通、通信等物质技术基础设施极端落后,逐步转变为能源充裕、交通便捷、信息灵敏,人流、物流、信息流活跃的历史阶段;是由文盲半文盲人口占绝对比重,科技教育文化落后,逐步转变为科技教育文化比较发达的历史阶段;是由贫困人口比重大、贫困程度深,人民生活总体水平低,逐步转变为全体人民比较富裕的历史阶段;是由省内地区之间、山坝之间、民族之间经济文化极不平衡,通过有先有后的发展,逐步缩小差距的历史阶段;是通过改革和探索,建立和完善具有云南民族自治地方特点的比较成熟、充满活力的社会主义市场经济体制,社会主义民主政治体制和其他方面体制的历史阶段;是全省各族人民牢固树立建设有中国特色社会主义共同理想,努力建设民族优秀文化与现代文明相结合、具有鲜明地方民族特点的社会主义精神文明的历史阶段;是逐步缩小同国内发达省区和先进民族的差距,实现中华各民族共同繁荣的历史阶段。

为此、从云南初级阶段的实际出发,我们提出加快云南发展的如下五个思路和对策。

第一,正确理解和认识社会主义初级阶段的理论和云南的实际。全省各级干部要敢于正视现实,实事求是地承认云南仍处于初级阶段的基本特征,高举马列主义、毛泽东思想和邓小平理论的旗帜,艰苦奋斗、深化改革、扩大开放、脚踏实地地谋发展、促发展。要防止和克服等待观望、安于现状、无所作为、妄自菲薄的思想,树立加快发展的信心和决心。

第二，把解放思想、更新观念放在各项工作的首位，在全省迅速掀起第三次思想解放的高潮。解放思想应在重大理论问题上取得突破。要从云南社会主义初级阶段的特征出发，彻底摆脱姓"社"姓"资"和姓"公"姓"私"的束缚，按照"三个有利于"的标准，采取一切可能的办法、措施、手段和路子，加快云南发展。

第三，加大所有制结构调整力度，大力发展个体私营经济。具体来说有五个方面：一是认识上到位。要明确认识个体私营经济是社会主义市场经济的重要组成部分，是云南最有希望、最有前途的新的经济增长点，因而必须放心、放胆、放手、放开大力发展；不限速度、不限比例、不限规模、不限范围、不限方式，力争在短期内取得重大突破。二是两条腿发展，除个体私营经济自身加快发展外，结合国有企业"抓大放小""壮大活小"的改革，将大批经营状况不好的国有和集体中小企业，通过改制转为个体私营经济。三是在贷款、税收、土地审批等方面，制定具体的扶持政策。四是提供社会化服务。云南民族地区生产力发展水平低、劳动者的科学文化素质低，普遍缺乏经商办企业的知识和本领，因而迫切需要各级政府为其提供人员培训、生产加工和经营销售等各方面的社会化服务。五是引导社会舆论对个体私营主做出公正评价。在大理州调查时，一位白族私营企业主对我们讲过一段发人深思的话。他说："这十多年来，我是经历了无数的艰难困苦，冒着极大的风险走过来的，我们堪称90年代的董存瑞和黄继光，是改革开放的探路英雄，却还常常遭人非议和指责。"这满含悲怆的话语，道出了个体私营主内心的苦衷。因此，建议省委、省政府在适当的时候，大张旗鼓地表彰一批经营业绩突出、人品又好的个体私营企业家，让全社会了解他们的为人，了解他们对社会的贡献。

第四，逐步对国有企业实行股份制的改革，这种改革实际上是一种公有制形式——公众所有制代替另一种公有制形式——共同所有制。通过这种改革，使国有企业能够在社会公平与市场效率的结合上，发挥应有的甚至是特有的功能。通过这种改革，大力发展股份制企业，要充分认识公众持股是公有制的一种重要的实现形式，大胆进行股份制的改革。

第五，扩大对外开放，以大开放求大发展。据调查，云南80%的边贸进出口额和70%以上的外资企业，都是云南籍的海外华侨华人和台港澳同胞直接开展或参与促成的。所以可采取以下三个措施：首先，应充分发挥云南的侨乡优势，采取多种措施调动云南籍的海外华侨华人和台港澳同胞关心、参与家乡建设的积极性，热忱欢迎他们回乡观光旅游和开展经贸合作。这方面尚有巨大的潜力可挖。其次是分层次有重点地完善云南的对外开放格局。以发达国家和地区为重点引进资金和技术；以东南亚周边国家为重点发展资源加工和边境贸易；以国内沿海发达省区为重点吸引其第二产业向我省转移；以昆明的区位优势吸引大西南五省区七方，到昆明来举办按股分贷、按股分劳、按股分税、按股分利的股份制大集团。最后，采取"低门槛、高回报"的对外招商政策，敢于以存量换增量、以资源换资金，以市场换技术，以高报酬吸引人才。

（与何耀华合作，原载《云南社会科学》1998年第1期。文中提出的云南处于社会主义初级阶段"五低四高"的特征，被中共云南省委六届六次全会采纳，改为"四低四高"特征，成为主导全省的云南省情认识论。参见中共云南省委原书记令狐安《坚持实事求是的思想路线走有云南特色的发展路子》，《云南社会科学》1998年第6期）

中国民族政策的成就与挑战

一 中国的民族政策及其成就

1949年中华人民共和国成立以来，面对中国56个民族长期共存且发展极不平衡，少数民族的经济社会发展比汉族相对滞后的实际情况，中国政府逐步制定了一整套解决中国民族问题的政策体系，其主要内容有如下四点。

1. 民族平等政策

从中华人民共和国建立的第一天起，《中国人民政治协商会议共同纲领》中就明确规定："中华人民共和国境内各民族一律平等""禁止民族间的歧视、压迫和分裂各民族团结的行为。"1954年中华人民共和国的第一部《宪法》规定了相同的内容。现在实施的1982年制定的《宪法》第四条规定："中华人民共和国各民族一律平等""禁止对任何民族的歧视压迫"。为保证各民族一律平等落到实处，有关法律和政策又具体规定每个民族不分大小，都以平等的地位参加国家大事和各级地方事务的管理；全体公民不分民族、种族和宗教信仰，都同样地享有选举权和被选举权；各民族的公民在法律面前一律平等；各民族享有同等的就业权利，都有言论、出版、集会、结社、游行、示威的自由等。

2. 民族团结政策

1951年5月，中央人民政府政务院颁布专门法令，废止历史遗留下来的种种带有歧视和侮辱少数民族性质的称谓、地名、碑碣和匾联等。其后颁布的《宪法》规定："国家维护和发展各民族的平等、团结、互助关系""禁止破坏民族团结和制造民族分裂的行为"。1984年颁布的《民族区域自治法》，也有类似论述。

3. 民族区域自治政策

所谓民族区域自治政策，就是在国家的统一领导下，在各少数民族聚居的地方实行区域自治，设立自治机关，行使自治权，国家充分尊重和保障各民族管理本民族内部事务权利的政治制度。早在1947年，中国共产党就建立了省级的内蒙古自治区。1952年，中央人民政府颁布施行《民族区域自治实施纲要》，1954年和1982年的《中华人民共和国宪法》进一步完善了民族区域自治制度，1984年颁布实施并于2001年修订的《民族区域自治法》，为民族区域自治制度化、法律化奠定了基础。由于这一制度既充分保证了国家在大政方针上的集中统一，又充分保证了各民族当家做主的权利，因而是解决中国民族问题的最佳政治制度。

4. 各民族共同发展，共同繁荣的政策

中国政府解决民族问题的系列政策中，民族之间的平等团结是解决民族问题的根本原则，各民族共同发展、共同繁荣是解决民族问题的目标，而民族区域自治则是实现上述原则和目标的基本制度保障。各民族共同发展、共同繁荣的人政策又包含以下四个具体政策。

第一，帮助少数民族和民族地区经济文化发展的政策。鉴于民族地区经济社会发展相对滞后的实际情况，《宪法》规定："国家根据各少数民族的特点和需要，帮助各少数民族地区加速经济和文化的发展。"《民族区域自治法》和《民族乡工作条例》，也对此作了政策和法律上的相关规定。

第二，尊重和发展少数民族语言文字的政策。《宪法》和《民族区域自治法》规定："各民族都有使用和发展自己的语言文字的自由""民族自治地方的自治机关保障本地方各民族都有使用和发展自己的语言文字的自由"。为此，全国和有关少数民族地区建立了少数民族语言文字的工作机构和研究机构，在民族地区推行民族语文教学、民族语文出版和民族语言广播，并用民族语执行公务等。

第三，尊重少数民族风俗习惯的政策。《宪法》规定："各民族都有保持或者改革自己的风俗习惯的自由。"《民族区域自治法》也有类似规定。为了保证这些法律的贯彻落实，《刑法》还规定，对侵犯少数民族风俗习惯情节严重的，要追究刑事责任。

第四，宗教信仰自由的政策。《宪法》规定"中华人民共和国公民有宗教信仰自由"，任何侵犯他人合法宗教信仰自由的行为都将受到严厉制裁。

为推动各民族尽快走上共同发展、共同繁荣的道路，国家还在财政、税收、金融、贸易、资源开发、文化、教育、医疗卫生以及民族干部的培养等方面，采取了一系列具体的特殊优惠政策帮助少数民族加快发展。例如云南省，从中华人民共和国成立到1997年，中央和省级人民政府制定的帮助少数民族发展的特殊优惠政策就达144项，其中，仅财政优惠政策和民族贸易优惠政策就有下列多项（参见表1和表2）。

表1　　　　　　　　少数民族地区财政优惠政策

序号	政策	起止时间
1.	国家对云南专设直接过渡经费	1956—1964年
2.	国家设置少数民族地区补助费	1955年起
3.	国家规定民族自治地方的预备费高于一般地区	1964年起
4.	国家规定民族自治地方另加5%的机动金	1964年起
5.	国家规定对边疆干部生活实行补贴	中华人民共和国初期

续　表

序号	政策	起止时间
6.	国家规定民族自治地方财政超收分成收入留用	1964—1985 年
7.	国家对云南给予自治区财政体制照顾	1964—1994 年
8.	国家对边疆民族地区设置补助专款	1972—1975 年
9.	中央对民族自治区的补助数额每年递增 10%	1980—1988 年
10.	云南省对民族地区实行一次性财政补贴	1986 年起
11.	国家设立边境建设事业补助费	1977 年起
12.	国家设立支援不发达地区发展资金	1980 年起
13.	国家对贫困地区棉布提价实行补贴	1983—1985 年
14.	云南省地方经济发展基金对民族地区投放借款优先	1986 年起

表 2　　　　　少数民族地区贸易优惠政策

序号	政策	起止时间
1.	国家对民族贸易企业实行价格补贴	1950—1970 年
2.	国家允许民族贸易企业利润留成	1951—1983 年
3.	国家对民族贸易企业实行资金拨补	1952—1983 年
4.	国家对民族用品生产定点企业减免税	1991—1994 年
5.	国家对民族贸易茶叶生产加工定点企业信贷贴息	1991 年起
6.	国家对边境小额贸易实行"自找货源、自找销路、自行谈判、自行平衡、自负盈亏"的优惠政策	1984—1995 年

续 表

序号	政策	起止时间
7.	国家对边境贸易实行税收优惠政策	1991—1995 年
8.	国家对少数民族地区实行外汇补助	1991—1995 年
9.	国家对 12 大类、162 个品种的边贸进口商品免税及减税	1992—1995 年
10.	国家对云南中缅边境小额贸易货物的税收给予优惠	1994 年起

资料来源：根据《民族工作》1997 年第 6—8 期刊载的《云南民族地区特殊政策演变情况综述》一文提供的资料整理列表而成。

在这一整套民族政策体系的作用下，中国政府走出了一条具有中国特色的解决民族问题的成功道路，推动少数民族和民族地区的政治、经济、文化发展并取得了巨大成就。仍以云南为例，介绍在以下四个方面取得的成就。

第一，在政治方面，云南自新中国成立后已先后建立了 8 个自治州、29 个民族自治县和 197 个民族乡，民族自治地方面积占全省国土总面积的 70%。民族自治地方的州长、县长均由实行自治的民族的公民担任；民族乡的乡长亦由建立民族乡的民族的公民担任。1999 年年底，全省少数民族干部已有 26.7 万人，占全省干部总数的 25.6%。

第二，在经济方面，一是基础设施建设迅速发展；二是经济实力显著增强。1999 年，云南民族自治地方国内生产总值达 561.71 亿元，发展速度高于全省平均水平；三是人民生活不断改善，1999 年农民人均纯收入 1249 元。

第三，在社会方面，民族自治地方的教育、科技事业有了较大发展。民族地区教育已基本建立寄宿半寄宿制学校、民族中小学、民族中等专业学校、民族干部学校、民族学院等相互衔接的完备的教育体系。1999 年全省少数民族适龄儿童入学率达 98%，少数民族在校生达232.15万人,占全省在校生总数的34.35%。8个自治州和29个自治县都建立了专门的科研机构和科学技术协会,少数民族各类专业技术人员有近14万人,各种实用科技得到了有效推广。

第四,在民族文化方面,各民族的优秀传统文化得到继承和发展。全省有22个少数民族使用26种语言,14个少数民族使用22种文字,有1000多所学校进行民汉双语文教学。各民族的宗教信仰自由和风俗习惯受到尊重与保护,到1996年5月,全省佛教、道教、伊斯兰教、基督教和天主教等五大宗教活动场所共有4789所（处）,基本满足了信教群众正常的宗教生活的需要。民族医药、民族艺术和民族传统体育活动也得到了正常的发展。

总之,中国政府根据中国国情制定的一整套民族政策以及这套政策的贯彻落实,确保了中国各少数民族的发展和民族地区50多年的稳定。

二　中国的民族政策面临的挑战与对策

中华人民共和国成立后实行的是中央高度集权的计划经济体制。在这种体制下,民族地区的发展在区域分工、固定资产投资、资源配置和生产要素组合、经济发展的速度和效益等方面,受到计划的束缚和制约,民族地区的发展受到一定阻碍;但是国家又依靠中央权威,动用政府行政和计划手段,制定了一系列帮助少数民族发展的优惠政策,从另一个方面促进了民族地区的发展。1978年改革开放后,经过20多年的努力,市场经济体制的基本框架已经建立。中国加入WTO后,意味着中国的市场经济体制将与世界全面接轨,这就解除了对民族地区加速发展的体制束缚;但是市场经济体制改革和中国加入

WTO，也给以往靠中央权威，动用政府行政和计划手段建立起来的一整套民族优惠政策的落实带来了挑战和困难，从另外一个方面制约了民族地区的发展。从长远看，这种挑战主要集中表现在以下两个方面。

（一）许多民族优惠政策特别是经济优惠政策自行中止或功能减弱

据统计分析，中华人民共和国成立以来中央和云南省政府制定的144项民族特殊优惠政策，到1995年，能继续执行的只有50%左右，另外50%的优惠政策已经停止或难以执行，而在继续执行的政策的功能也大大减弱了。① 特别是其中的经济政策，自行中止执行的更多。如前文表1、表2所列的24项优惠政策，至今仍在继续执行的只有9项。造成这种状况的一个重要原因，就是这些用行政和计划手段建立起来的优惠政策，在某种程度上是不符合市场经济要求的。以著名的"民族贸易三照顾"政策为例，所谓"民贸三照顾"政策就是国家按照促进民族地区发展的指导思想，"在贸易上实行等价交换，但是有时还要有意识地准备赔钱"② 的原则，允许经营民族贸易（简称"民贸"）的国营企业经营"赔钱"的买卖，而国家对这类企业则在自有资金、利润留成和价格补贴等三个方面予以照顾，即民贸企业自有资金的80%由国家划拨，其余20%向银行贷款；民贸企业经营获得的利润，全部留用或比一般企业留用比例高；民贸企业对收购边疆民族地区的农副土特产品可实行最低保护价，对供应边疆民族地区的外来工业品实行最高限价，由此而形成的亏损由国家补贴。这一政策对边疆民族地区的稳定与发展带来了极大的功效，保证了最边远、最偏僻的山区民族都能出售土特产品，也能吃上盐巴、茶叶，点上煤油灯。

---

① 《云南民族地区特殊政策演变情况综述》，《民族工作》1997年第8期。
② 《邓小平文选》第1卷，人民出版社1994年版。

但这一政策与市场经济规律是冲突的。其原因主要有自有资金和利润留成照顾实际上是把民族地区贸易系统中的民贸企业与专业公司，以及民贸企业中享受照顾的国营企业与其他合作企业、个体商贩置于不平等的竞争位置上，因而不符合市场经济公平竞争的原则；价格补贴中对工业品的最高限价和对农副产品的最低保护价，则不符合市场经济根据供求关系自由定价的原则，等等。由于这些优惠政策不符合市场经济的要求，所以在市场取向改革不断深化的过程中，尽管中央三令五申要继续贯彻落实，如在1985年5月24日，经国务院办公厅转发的商业部《关于进一步发展少数民族地区商业若干问题的报告》规定：对民贸三照顾的县（旗）的商业（含供销社）企业，继续实行减税、免税；对少数主要工业品和农牧土特产品继续实行价格补贴；对自有流动资金不足的尽可能给予照顾；对民族贸易企业继续给予低息贷款[①]，等等。然而事实上自1983年以后，这一政策便因难以贯彻而自行中止。

（二）保护与发展民族优秀传统文化的政策难以落实

中国是一个由56个民族组成的大花园，云南则是全球仅存的民族文化多样性最为富集的少数几个地区之一。为了将各民族优秀的传统文化传承下去，早在中华人民共和国成立初期，邓小平在其著名的《关于西南少数民族问题》的讲话中，就提出了消除民族隔阂、真正形成中华民族美好大家庭需要做好的三件工作：要使少数民族相信，"在政治上，中国境内各民族是真正平等的；在经济上，他们的生活会得到改善；在文化上也会得到提高。所谓文化，主要是指他们本民族的文化。"这里，邓小平把保护、发展和提高民族文化放到了与民族平等、经济发展同等重要的位置。其后中国的《宪法》《民族区域自治法》《文物保护法》都对保护与发展民族文化作了专门规定，云

---

① 参见郭大烈、董建中主编《中华民族知识通览》，云南教育出版社2000年版。

南省还于 2000 年颁布实施了《云南省民族民间文化保护条例》。

然而，随着现代化进程和社会转型速度的加快，云南各少数民族的传统文化正面临着前所未有的冲击。以经济建设为中心的现代化进程和以建立市场经济体制为核心的社会转型，驱动着各民族为获取更多的物质利益而奋斗。由于经济社会发展长期滞后，一些民族特别是弱小民族逐渐对自己的文化丧失了信心，出现了盲目模仿其他民族生活方式的倾向，致使民族服饰、语言、传统民居、歌舞艺术、礼仪习俗以及生态文化等，都出现了流失加剧的危机。在奔向现代化的急切心情驱使下，传统的价值观和生活方式对青年一代失去了吸引力。在对外文化和本民族传统文化的双重认同矛盾之间，很多人选择了前者，从而形成了民族文化自我认同的危机。两个危机交织在一起，就有可能使少数民族经数千年历史发展积淀下来的珍贵民族文化遗产，在二三十年或更长一段时期内大部消失。面对这两个危机，中国的民族文化保护与发展政策因过于笼统，实际上很难有效发挥遏制民族文化流失的实际作用。

应该说，中国政府制定的民族平等、民族团结、民族区域自治和各民族共同发展、共同繁荣的民族政策，从总体上讲无论是在计划经济条件下还是在市场经济条件下都是正确的，只是其中的许多具体政策，在市场经济条件下其可行性大大降低了。而一些与市场经济规律有冲突的具体政策，则应明令取消而代之以新的政策。针对市场经济体制框架基本建立和中国加入 WTO 后民族政策落实和民族自身发展面临的挑战，中国政府既不能重走老路完全动用行政手段来解决，也不能放任不管，"如果我们放任各民族在不同的起点上自由竞争，结果是可以预见的，那就是水平较低的民族走上淘汰灭亡的道路"[①]。可行的办法是把计划和市场两种调节手段有机地结合起来，把政府的宏观调控、政策倡导与企业和农户家庭的独立自主运作有机地结合起

---

① 费孝通：《中华民族的多元一体格局》，《北京大学学报》1989 年第 4 期。

来，构建与市场经济体制和 WTO 规则相适应，又有利于帮助少数民族发展的新的具体政策体系。这是一项浩大的工程和艰巨的工作，需要进行多学科、多部门的联合攻关才能完成。针对前文分析的民族经济发展和民族文化的保护与发展问题，这里提出两点初步的政策建议。

1. 民族经济发展政策建议

就区域政策而言，总的要求是在市场经济体制框架下实现计划与市场优势互补，国家既要放手让民族地区充分利用市场机制来解放生产力，又要适当利用计划手段来继续帮助和扶持民族地区发展生产力。就产业政策而言，计划与市场相结合的范围、程度和形式应根据不同产业的特点而有所差异。初步设想可大体划分为三种形式：一是对能源、交通、水利、通信等基础产业的发展和重大工业项目的布局，仍应坚持计划调节和国家扶持为主，为民族地区创造参与市场竞争的条件；二是对民族地区生产的原材料、初级产品和农副土特产品，应以市场调节为主，计划调节为辅。计划手段主要起宏观指导作用，如信息和市场指导等，但对某些关系重大的产品应建立储备制度并制定最低保护价；三是对轻工业和第三产业则完全放开让市场自由调节。

2. 民族文化保护与发展政策建议

与民族经济政策的具体和详尽相比，中国政府关于民族文化保护与发展的政策就显得过于笼统和简单了。因此，如果说民族经济政策难以落实的主要原因，是体制转轨后诸多具体政策自行中止和失效的话，那么民族传统文化保护与发展政策难以落实的主要原因，则是缺乏具有强制规定性的具体政策。所以，关于民族文化保护与发展政策的第一个建议，就是国家要像制定民族经济政策一样，制定一系列具有强制规定性的具体的民族文化保护与发展政策。在这方面，云南省已经开了一个好头，在全国率先专门为民族传统文化保护立了法，全国人大常委会也应抓紧制定一个《中华人民共和国民族民间文化保护法》，这样，就能把民族文化保护与发展提升到国家意志的层面加以强制执行。关于民族文化保护与发展政策的第二个建议，就是政府应发挥主导作用。如果说经济发展在市场经济条件和 WTO 规则下政府对经济发展更多的只是发挥市场调控作用的话，那在同样的背景下，在民族传统文化加速流失的危机面前，政府恰恰应该发挥主导作用。只有在政府强有力的倡导、支持和保护下，才能唤醒全社会保护与发展民族传统文化的意识，才能扭转民族传统文化面临的颓势，也才能最终实现各民族的共同繁荣。

（原载《云南社会科学》2002 年第 5 期，人大报刊复印资料《民族问题研究》2003 年第 1 期全文转载）

科学发展观与云南民族地区可持续发展

科学发展观是指导发展的世界观和方法论。有什么样的发展观，就有什么样的发展理念、发展思路、发展战略、发展目标、发展模式和发展措施。自20世纪90年代以来，可持续发展已成为世界潮流，科学发展观的提出，正是中国共产党领导中华民族和中华人民共和国立足中国国情、顺应世界潮流采取的重大举措。本文在回顾可持续发展理论的基础上，对如何应用科学发展观推动云南可持续发展的问题，作一初步的探讨。

一 可持续发展理论概述

（一）马克思、恩格斯的生态思想及其对可持续发展的意义

马克思、恩格斯所生活的时代，正处于资本主义工业化的初、中期阶段，工业化发展对生态环境的破坏只是初见端倪，因此，他们不可能提出可持续发展的思想。但是，在马克思、恩格斯博大精深的思想体系中，仍然纳入了对人与自然关系的思考，形成了对当代可持续发展具有启示意义的生态思想。马克思指出："人直接地是自然存在物"，是"有生命的自然存在物"。"人是自然

界的一部分。"① 面对资本主义社会中人与人的阶级对抗,人类和他生存的自然环境的敌对关系,马克思提出了"使自然界真正复活","使人和自然之间的矛盾真正解决"的历史使命。与此相似,恩格斯在《政治经济学批判大纲》中,也提出了克服私有制社会中人与自然冲突和人与人冲突的任务,以便为"我们这个世界面临的两大变革,即人同自然的和解以及人同本身的和解开辟道路"。② 在《劳动在从猿到人的转变过程中的作用》一文中,恩格斯深刻地总结了人类起源和发展过程中改造自然的经验教训。他说:

> 我们不要过分陶醉于我们人类对自然界的胜利。对于每一次这样的胜利,自然界都对我们进行报复。每一次胜利,在第一线都确实取得了我们预期的结果,但是在第二线和第三线却有了完全不同的、出乎预料的影响,它常常把第一个结果重新消除。美索不达米亚、希腊、小亚细亚以及别的地方的居民,为了得到耕地,毁灭了森林,他们梦想不到,这些地方今天竟因此成为荒芜不毛之地,因为他们在这些地方剥夺了森林,也就剥夺了水分的积聚中心和贮存器。阿尔卑斯山的意大利人,当他们在山南坡把那些在北坡得到精心培育的枞树林滥用个精光时,没有预料到,这样一来,他们把他们区域里的山区牲畜业的根基挖掉;他们更没有预料到,他们这样做,竟使山泉在一年中的大部分时间内枯竭了,同时在雨季又使更加凶猛的洪水倾泻到平原上来。在欧洲传播栽种马铃薯的人不知道和这含粉的块茎一起他们也把瘰疬症传播过来了。因此我们必须在每一步都记住:我们统治自然界,绝不像征服者统治异民族那样,决不同于站在自然界以外的某一个人,相反,我们连同肉、血和脑都是属于自然界并存在于其中

---

① 《马克思恩格斯全集》第42卷,人民出版社1972年版,第95页。
② 《马克思恩格斯全集》第1卷,人民出版社1972年版,第603页。

的；我们对自然界的全部支配力量就是我们比其他一切生物强，能够认识和正确运用自然规律。而且，在事实上，我们一天一天地学会了更加正确地去理解自然界的规律，学会了去认识在自然界的惯常运程中我们的干涉的较近或较远的后果。①

从以上论述中可以看出，早在19世纪，资本主义工业化对环境的破坏刚刚初见端倪的时候，马克思、恩格斯就尖锐地指出了人类征服自然所造成的恶果，提出了人是自然的一部分，人与自然要实现和解的生态思想，并富于远见卓识地阐明了人类只有认识和正确地运用自然规律，才能实现与自然的和解。这一思想，对于解决今天面临的全球性生态危机，实现可持续发展，具有重要的现实意义。

（二）联合国提出的可持续发展理论

"可持续发展"一词，最早出现在20世纪80年代中期一些发达国家的文章和文件中，从那时起，随着全球环境和发展问题讨论的深化与扩大，这一思想日益受到世界各国的关注。1987年，联合国世界环境与发展委员会发表了题为"我们共同的未来"的长篇报告。报告对可持续发展给出了一个明确的定义："可持续发展是既满足当代人的需要，又不对后代人满足其需要的能力构成危害的发展。"② 报告强调指出，可持续发展包括两个重要的概念："需要"的概念，尤其是世界上贫困人民的基本需要，应将此放在特别优先的地位来考虑；"限制"的概念，技术状况和社会组织对环境满足眼前和将来需要的能力施加的限制。报告认为，"一个充满贫困和不平等的世界将易发生生态和其他的危机，可持续的发展要求满足全体人民的基本需要和

---

① 恩格斯：《自然辩证法》，人民出版社1984年版，第304—305页。
② 世界环境与发展委员会：《我们共同的未来》，王之佳、柯金良等译，吉林人民出版社1997年版，第52页。

给全体人民机会以满足他们要求较好生活的愿望"。① 经过科学界定的可持续发展概念一提出,便迅速被国际社会广泛认同,成为世界许多国家普遍奉行的经济社会总体战略。为顺应世界发展潮流,1995年9月,江泽民同志在中共十四届五中全会报告中指出:"在现代化建设中,必须把实行可持续发展作为一个重大战略。要把控制人口、节约资源、保护环境放在重要位置,使人口增长与社会生产力的发展相适应,使经济建设与资源、环境相协调,实行良性循环。"② 这是中国共产党的重大纲领性文献中,第一次对可持续发展作了明确表述,并将其确定为国家发展的重大战略。

二 "三个代表"重要思想与可持续发展

中国共产党要始终代表中国先进生产力的发展要求,始终代表中国先进文化的前进方向,始终代表中国最广大人民的根本利益,这是江泽民同志集中全党智慧提出来的"三个代表"的重要思想。这是中国共产党的"立党之本、执政之基、力量之源",得到了全党和全国人民的认同和拥护,并在党的第十六次全国代表大会上被正式确立为全党必须长期坚持的指导思想。建设生态文明、促进可持续发展,是"三个代表"思想中的重要内容。

(一)促进人和自然的协调与和谐、开创文明发展道路是先进生产力发展的迫切需要

江泽民指出:"要增强广大干部群众的环保意识和生态意识。要

---

① 世界环境与发展委员会:《我们共同的未来》,王之佳、柯金良等译,吉林人民出版社1997年版,第53页。
② 《江泽民论有中国特色社会主义》(专题摘编),中央文献出版社2002年版,第279页。

使广大干部群众在思想上真正明确，破坏资源环境就是破坏生产力，保护资源环境就是保护生产力，改善资源环境就是发展生产力。"① 保护环境的实质就是保护生产力，在较高的物质技术基础上的可持续发展，是生产力发展水平的重要标志。因为，人和自然的协调与和谐能为人创造更大的发展空间。人是生产力中最具有决定性的力量，保护和改善环境，使人们在优美的生态环境中工作和生活，大家身体健康、心情舒畅，人民群众的积极性和创造力能够得到更好的发挥，对于推动生产力的发展将产生积极影响。自然环境是人类发展生产的物质基础，人与自然和谐了，生态系统保持在良性循环水平，生产的发展才能获得永续的空间。生产力是人类改造自然的实际能力，将社会生产力与自然生产力相协调，将经济再生产与自然再生产相协调，实现在生态环境良性循环和自然持续供应前提下的生产力持续发展才能称得上是生产力的高度发达。

（二）以环境保护为核心的生态文明观代表着先进文化的前进方向

先进文化是人类文明进步的结晶，是推动人类社会进步的重要力量。江泽民指出："环境意识和环境质量如何，是衡量一个国家和民族的文明程度的一个重要标志。"② 生态文明观是人类社会经过几千年的农业文明和工业文明之后，在深刻认识人与自然关系的基础上形成的崭新的科学的文明观，是可持续发展的伦理道德基础，代表着先进文化的前进方向，生态文明倡导社会实施可持续发展，走资源节约型和循环经济的发展道路，实行绿色消费，努力实现人和自然的协调与和谐。把生态文明观有机地融入精神文明之中，有利于加强社会主义思想道德建设和先进文化的建设。

---

① 《江泽民论有中国特色社会主义》（专题摘编），中央文献出版社2002年版，第282页。
② 同上书，第292页。

（三）使人们在优美的生态环境中工作和生活符合最广大人民的根本利益

环境保护是一项功在当代、利在千秋的崇高事业，是强国富民安天下的大事，直接体现了广大人民群众的切身利益。因此，加强环境保护、促进可持续发展，使人们在优美的生态环境中工作和生活，是代表和维护最广大人民群众根本利益的重要措施。①

三　科学发展观与可持续发展

2003年，在中国共产党十六届三中全会上，以胡锦涛为总书记的党中央在"三个代表"重要思想基础上，进一步提出了"以人为本，树立全面、协调、可持续的发展观，促进经济社会和人的全面发展"的科学发展观，并提出"按照统筹城乡发展、统筹区域发展、统筹经济社会发展、统筹人与自然和谐发展、统筹国内发展和对外开放的要求"，完善社会主义市场经济体制的目标和任务。②温家宝指出："这样完整地提出科学发展观，是我们党对社会主义现代化建设指导思想的新发展，牢固树立和全面落实科学发展观，对于全面建设小康社会进而实现现代化的宏伟目标，具有重大而深远的意义。"这是因为，"发展观是关于发展的本质、目的、内涵和要求的总体看法和根本观点。有什么样的发展观，就会有什么样的发展道路、发展模式和发展战略，就会对发展的实践产生根本性、全局性的影响"。③科学发展观

---

① 参见解振华《努力开创人与自然相协调的文明发展之路》，《求是》2001年第20期。
② 《中共中央关于完善社会主义市场经济体制若干问题的决定》，人民出版社2003年版，第12—13页。
③ 温家宝：《提高认识　统一思想　牢固树立和认真落实科学发展观》，《人民日报》2004年3月1日。

与可持续发展思想在本质上是完全一致的，这是党的可持续发展理论的最新发展，必将对全国的可持续发展实践产生重大的推动作用。

科学发展观强调以人为本，人是发展的目的和归宿。这是可持续发展的题中之意。可持续发展特别强调满足人的需要，不仅要满足当代人的需要，还要满足子子孙孙、世世代代人的需要，堪称彻底的以人为本的发展观。

科学发展观强调全面、协调、可持续，这与可持续发展的思想是完全一致的。人类社会与自然生态都是内含着诸多组成部分或子系统的复杂巨系统，这个巨系统的持续运转有赖于各个子系统的协同配合，其中任何一个子系统力量的消长及其内部结构的变化，都会对巨系统的运转造成影响。因此，可持续发展本身，就要求人类社会与自然生态这一巨系统下面的各个组成部分或子系统全面地发展、协调地发展，才能促成复杂巨系统的可持续发展。换言之，要实现可持续发展的目标，就要求首先实现经济、政治、社会、文化、生态的全面、协调发展。

科学发展观强调统筹人与自然和谐发展，这是可持续发展的核心内容。前已述及，可持续发展思想是从环境问题发端的，是对传统工业化以牺牲良好的生态环境为代价的发展模式的反思和创新，其批判的矛头直指人类活动对生态环境的破坏。因此，科学发展观与可持续发展理念都主张人类要尊重自然、爱护自然、保护环境，实现人与自然的和谐发展。

科学发展观强调要促进人的全面发展，这与可持续发展的要求也是完全一致的。人的利益和人的需要是多种多样的，既有经济利益、政治利益、社会利益、文化利益，也有生态利益。人类既追求丰裕、富足的经济生活，民主、稳定的政治生活，公平、正义的社会生活，繁荣、多样的文化生活，也追求在优美的生态环境中工作和生活。优美的生态环境直接关系着人的身心健康，从而就直接促进着人的全面发展。

综上所述,"三个代表"重要思想和科学发展观,将我国的生态环境保护和可持续发展,提高到了前所未有的重要位置,为云南的可持续发展指明了方向。

四 科学发展观与云南民族地区的可持续发展

20世纪90年代以来,随着全球可持续发展的呼声和浪潮日益高涨,为顺应人类整体文明进程和我国发展的需要,党和国家正式将可持续发展确定为国家发展战略,云南省亦将可持续发展确定为全省的发展战略,这就标志着云南将摆脱传统的非持续发展模式,重新开辟更高水平的可持续发展道路。

然而,当代云南的可持续发展,面临着既要加快发展又要可持续的两难困境和双重挑战。一方面,云南要满足700多万少数民族贫困人口脱贫致富和全省4000多万各族人民全面建设小康社会的要求,就必须加快发展,因此,"以经济建设为中心""发展是硬道理""发展是党执政兴国的第一要务"的思想,是云南必须长期坚持并坚决贯彻的指导思想。可持续发展观的提出是对传统工业化以牺牲环境为代价的发展模式的否定与创新,西方国家已进入后工业社会,而云南民族地区的工业化才刚刚有所发展,许多地方甚至才刚刚起步,就不得不放弃老路而另闯新路,这就必然会影响经济发展的速度,从而影响云南民族地区全面小康社会建设的进程和各民族群众生活从贫困向富裕的跨越。从这个意义上讲,可持续发展特别"不符合"云南省情。另一方面,云南要在十分脆弱的生态环境中支撑起众多人口过上富裕生活的要求,还要继续保持生态环境多样性、生物多样性和民族文化多样性"三多一体"的基本格局，又必须坚定不移地走可持续发展道路。从这个意义上讲，可持续发展又特别"符合"云南省情。因此，云南既必须跟上可持续发展的世界潮流和世界整体文明进程，又必须在这个过程中不断地"补课"、"赶超"和"跨越"，以加快经济的发展和全面建设小康社会的进程。这种两难困境和双重挑战，就给云南民族地区的可持续发展，带来了极大的复杂性和不确定性。为此，正确地选择和确定云南民族地区可持续发展的指导思想、发展的战略、目标、模式、途径和方法，就成为必须研究解决的关键问题。针对这些问题，本文提出以下六点认识和思考。

第一，在发展的指导思想上，必须以科学发展观统领经济社会发展全局，把"以经济建设为中心""发展是硬道理""发展是党执政兴国的第一要务"等改革开放以来所遵循的重要思想，统一到"全面、协调、可持续"的科学发展观中，努力探索和实践既能够加快发展，又能够可持续的发展路子和发展模式。

第二，在发展战略上，要在科学发展观指导下，确立跨越式发展与可持续发展的动态平衡协调战略。根据这一战略，云南民族地区一方面必须在特色产业、优势产业和优势区域实现跨越式发展，以加快全面建设小康社会的进程；另一方面又必须确保"三多一体"良性循环省情特点和经济社会的可持续发展。

第三，云南民族地区可持续发展的目标，是在全面建设小康社会进程中，全面、彻底消除贫困，全面恢复重建生态环境多样性、生物多样性、民族文化多样性"三多一体"良性互动、高度融合的格局，推动整个社会走上经济发展、生活富裕、生态良好、文化繁荣的文明发展道路。

第四，云南民族地区应选择"在保护中发展、在发展中保护"的可持续发展模式。具体可分为三种类型：一是在全省"三多一体"良性互动格局保持较好的大部分地区，实行保护与发展同时并重的模式。二是在云南的大部分城镇，因其地势平坦，环境、资源和人口承载力较强，民族文化特色在城市化过程中早已淡化，可实行发展优先、兼顾保护的模式。三是在一些生物多样性和民族文化多样性特别富集且十分脆弱的地区，或是生态环境和民族文化已遭到严重破坏的地区，应坚定不移地实行保护第一、发展第二的模式。

第五，云南民族地区应将工业化与可持续发展紧密结合起来，走有云南特色的新型工业化道路，大力发展生物资源创新产业、民族文化产业、生态环保产业、有特色的农副产品加工业和农业产业化经营。

第六，在云南民族地区实施可持续发展战略中，应充分发挥各民族传统生态知识和传统生态文化的作用。将各民族传统生态文化中的古老智慧和行为方式，与现代化的科学技术、组织形式和全球化的市场体系紧密结合起来，创建一种传统与现代相结合的新型生态文化，推动云南民族地区全面恢复重建"三多一体"良性互动格局，使全社会走上生产发展、生活富裕、生态良好、文化繁荣的文明发展道路。

云南是一个生态环境多样性、生物多样性和民族文化多样性"三多一体"的省份，这既是云南基本的省情特点，又是云南发展的三大优势，是云南在全球化、现代化和可持续发展进程中最具比较优势的宝贵财富，是云南能在全国乃至全世界独树一帜的三大名牌，是云南在西部大开发和全面建设小康社会中实现可持续的跨越式发展的重要资源，是云南实现全面、协调、可持续发展并最终能在西部地区乃至全国后来居上的坚实基础，具有无比珍贵的价值。实事求是地说，云南要在GDP增长和单纯的经济实力上与沿海省区相比，不仅过去和现在是落后的，就是在今后相当长的时期也是困难的；但云南"三多一体"的省情特点，却使云南具有率先走上可持续发展道路和率先建成环境友好型社会的条件和优势，而这样的条件和优势恰恰又是沿海省区所不具备的。"中国共产党人的执政能力体现在先进性上，而

'先进性'三个字体现在'可持续'这三个字上。凡可持续发展的生产力就是先进生产力,凡可持续发展的文化就是先进文化,凡可持续发展的国家战略最代表广大人民的根本利益。扩而言之,凡可持续强盛的民族就是先进民族,凡可持续执政的政党就是先进政党,凡可持续领先的理论就是先进理论,凡可持续发展的生活方式就是先进的生活方式,凡可持续和谐的社会就是先进社会。环境友好型社会的基本要求正是可持续发展,环境友好型社会当然就是先进社会。"[1] 按照这个标准来衡量,云南只要立足省情特点,发挥比较优势,率先走上可持续发展道路和率先建成环境友好型社会,就标志着云南的整体社会发展实现了后来居上,成为一个与全国任何省区相比也毫不逊色的先进社会。

(原载《云南民族大学学报》2007 年第 5 期)

---

[1] 潘岳:《和谐社会与环境友好型社会》,《新华文摘》2006 年第 18 期。

人类学发展理论探讨

人类学是一门研究人及其文化的学问。根据约定俗成的学科分类，人类学分为体质人类学、考古人类学、语言人类学和社会文化人类学（民族学）四大部分。由于本文是研究民族发展问题的，其内容不涉及前三个部分，因而使用的人类学概念，指的就是社会文化人类学（民族学）。

"现代人类学是欧洲在工业革命之后到全世界去开拓殖民地时，与非西方文化尤其是原始文化接触之后所发展出来的一门新学问。"① 在这一过程中，由于殖民统治和处理殖民者与土著之间矛盾冲突的需要，人类学的应用研究与实践也相应开展起来，人类学者开始应用学科的理论与方法，为殖民当局实施有效统治和为土著民族争取利益和发展服务。人类学发展史上的许多学科巨匠，都曾做过人类学的应用和土著民族的发展工作。例如，摩尔根曾为塞纳卡印第安人的利益，向白人地产公司提起诉讼，使塞纳卡人的利益得到保障。② 泰勒认为人类学本质上是一门革新者的科学，它能够援助进步，清除障碍，为治理殖民地和改善人类生活服务。③ 拉德克利夫－布朗于1916—1918年在南太平洋东加群岛，试验土著的教育改造工作。1920年，他在南非好望角镇大学任教时，曾为殖民地官员和传教士开设人类学补习

---

① 张光直：《考古人类学随笔》，生活·读书·新知三联书店1999年版，第66—67页。
② 参见庄孔韶主编《人类学通论》，山西教育出版社1981年版，第606页。
③ ［英］爱德华·泰勒：《原始文化》，连树声译，广西师范大学出版社2005年版，第756页。

班。1926—1931年，他在澳洲悉尼大学任教期间，也在那里创办"人类学学校"和一些培训班，为澳大利亚和新几内亚委任统治区的官员开比较社会学和殖民地行政等课程，使他们了解当地的文化和习惯法，以便减少因文化矛盾而造成的冲突。① 第二次世界大战期间，美国著名人类学家本尼迪克特受美国政府委托，专门研究日本的民族性格，提出促使日本政府投降和战后治理日本的策略，被美国政府采纳付诸实施后，整个事态的发展进程与其提出的建议和预测基本一致，极大地提高了人类学应用与发展研究的声誉。② "二战"后，随着资本主义殖民体系的瓦解和新独立的发展中国家的加快发展，人类学的应用与发展研究扩大到了人类社会发展的几乎每一个方面，随之不仅形成了应用人类学、发展人类学等专门的人类学分支学科，一些人类学家还直接参与指导发展实践，形成了著名的维柯斯计划和福克斯计划。③

人类学在中国的发展进程也如此。自1926年蔡元培先生发表《说民族学》一文，将民族学介绍到中国来以后，④ 以凌纯声、杨成志、陶云奎、吴文藻、吴泽霖及其后的费孝通、林耀华为代表的老一辈民族学、人类学家，便开始应用自己的专业知识，通过田野调查和社区研究来认识中国的历史与文化，为改变旧中国的面貌服务。中华人民共和国成立后，大批民族学、人类学家投身于政府组织的民族社会历史大调查，为中国的民族识别、民族地区的民主改革和民族区域自治的实施，做出了卓越贡献。改革开放以来，大批民族学、人类学学者又投身于民族地区的发展与现代化进程中，应用自己的专业知识和深入实地的田野调查研究成果，为民族地区发展政策的制定和扶贫

---

① 参见《吴文藻人类学社会学研究文集》，民族出版社1990年版，第173页。
② [美]鲁思·本尼迪克特：《菊与刀》，吕万和等译，商务印书馆1990年版，第1页。
③ 石奕龙：《应用人类学的途径》，庄孔韶主编《人类学通论》，山西教育出版社2003年版，第617—621页。
④ 《蔡元培选集》，中华书局1959年版，第225页。

工作、环境保护、妇女权益、移民利益、文化保护以至毒品、艾滋病防治等诸多方面的实际工作,做出了重要贡献。

鉴于人类学在发展与现代化研究中做出的重要贡献,一些西方学者认为,人类学在发展与现代化问题研究中,具有其他学科不具备的优势。这些优势至少有下列三点。

1. 人类学家研究了各式各样的社会,从原始社会、农业社会、最初的城市社会直至今天的工业社会,所以他们对正在搞现代化的国家面临的问题看得透,想得远。

2. 人类学家承认种族优越感的局限性,并谨小慎微地加以避免,所以他们对文化的比较分析有助于我们理解社会发展问题。

3. 一般来说,人类学家看问题是从全局着眼的,所以正在搞现代化的社会共同关心的问题,即整个社会一体化的特征,是人类学家社会调查的目标……①

其实,只要认真分析一下当今流行的发展经济学、发展社会学、现代化、全球化、可持续发展等主流发展理论就会发现,没有任何一种主流发展理论没有受到过人类学的影响,我们甚至也可以说,凡是受人类学影响越多的主流发展理论,其发展理念就越科学、越正确、越全面、也越有生命力。

然而,我们也不能不承认,尽管人类学对主流发展理论有过重要影响,但也仅仅是影响而已。一个明摆着的事实是,人类学虽然在100多年前的学科建立之初就参与了发展的研究和发展的实践,但迄今为止却仍未能向人类社会贡献出一套系统的人类学发展理论,这是导致人类社会"发展的概念仍处在严重的不发达阶段"②的一个重要

---

① [美]贝迪阿·纳思·瓦尔马:《现代化问题探索》,周忠德、严炬新编译,世界知识出版社1983年版,第60页。
② [法]埃德加·莫林、安娜·布里吉特·凯恩:《地球祖国》,马胜利译,生活·读书·新知三联书店1997年版,第78页。

原因，也与人类学拥有众多"不发达"因而迫切需要发展的研究对象、独创的田野调查研究方法、独特的理论视角和众多学术大师的地位极不相称。而经济学、社会学、政治学、法学甚至历史学都已形成了自己的发展与现代化理论。所以，人类学与这些学科相比，就一直处于边缘地位。有学者评论说：

> 人类学这门学科与其他社会科学学科之间，存在着一个重要的区别：其他社会科学学科，更关心怎样建设现代性，怎样实现现代性的历史转型，而人类学则纠缠于"传统"之中，对于"现代"这个历史时段中生存的那些"非主流"的"落后民族"、"落后文化"十分关注。似乎人类学家是一群"好发好古之心"的人……于是，人类学家的形象，通常有些古怪。①

之所以形成这样的局面，原因很多，但其中有两个原因十分重要。一是人类学传统的研究对象，都是相对封闭的小型社区和"落后民族"，从中发展出来的理论与方法，要用来研究大规模的现代工业社会，需要有一个转型、调适和发展的过程。但更为重要的另一个原因，就是人类学的理念要求人类学家对自己研究的弱势群体和少数民族具有深切的人文关怀，特别关注文化多样性尤其是少数民族文化的延续与发展，因而对来自西方的、对"落后民族"传统文化造成毁灭性破坏的发展与现代化潮流，从一开始就持质疑、反思和批判的态度。"社会学家到了三十年前才开始系统地反思现代性，而现代人类学开始就带有这样的关怀。"② 这既是人类学在现代社会的独特价值之所在，也是人类学对发展与现代化问题的正面建设性话语缺失从而日趋边缘化的重要原因。

---

① 王铭铭：《人类学是什么》，北京大学出版社2002年版，第55页。
② 同上。

人类学对发展的态度非常矛盾。近年来，人类学家几乎一致认为发展这个概念有问题且带有侵略性。"做学问的搞实践的都这么认为……一部分人站在穷人的立场上，主张积极参与发展，企图从发展内部改变发展；另一部分人激烈地批评发展，主张远离发展。"① 故一些西方主流发展理论家批评人类学："人类学家在世界银行和美国国际开发署之类的发展机构已经工作了二十多年。但是几乎在所有的场合中，他们所作的努力都是力争让有关的决策者了解，什么样的文化现实应反映在政策与规划的设计和执行之中。几乎不曾有人费心去设法倡导文化的改变。实际上，倡导文化的改变整个概念成了一个禁忌。"②

这几乎就等于说，人类学家虽然参与发展，但其作用仅仅是向决策者敲敲边鼓而已。这样的批评虽然难听，但也确乎道出了人类学在发展与现代化问题上的尴尬处境。

这种尴尬处境，在很大程度上已影响到人类学学科在现代社会的生存与发展。③ 著名人类学家乔健说，他在曾经做过田野调查的台湾原住民地区和美国的 Navajo 印第安保留区，都遇到了被研究者的质疑："你的研究对你有好处，对我们却没有好处。"美国人类学界流传着一个笑话：一个 Navajo 的家族包括母亲、父亲、子女和人类学家。可见研究 Navajo 的人类学家之多，到 1965 年时，已有 7000 多种已发表的论文和书籍，但 Navajo 人的生活一点也没有改善。接着，乔健向自己其实也是向整个人类学界，提出了一连串值得认真思考的问题：

---

① ［美］阿图罗·埃斯科瓦尔：《人类学与发展》，中国社会科学杂志社编《人类学的趋势》，社会科学文献出版社 2000 年版，第 74 页。

② ［美］劳伦斯·哈里森：《文化为什么重要》，［美］塞缪尔·亨廷顿、劳伦斯·哈里森主编《文化的重要作用——价值观如何影响人类进步》，程克雄译，新华出版社 2002 年版，第 19 页。

③ 麻国庆认为，应用研究缺乏规模和力度，是人类学研究的盲点，是关系人类学这一学科生死的重要问题。参见麻国庆《人类学：理解与应用》，纳日碧力戈等《人类学理论的新格局》，社会科学文献出版社 2001 年版，第 87—88 页。

我们的研究究竟对被研究者能有什么好处？我们真能为他们做些什么？我们的立场是纯粹只顾自己，顾到政府，还是也顾到被研究者？如果三者有冲突时，我们的立场又是什么？① 看来人类学确实已经到了需要自我反思的时候了。

我认为，面对滚滚而来的全球化发展与现代化浪潮，作为深切理解少数民族文化的民族学、人类学学者，回避和抗拒都是不足取的；仅仅对其采取质疑、反思和批判的态度也是不够的。一个民族学、人类学学者的使命，就是要积极地投身和参与进去，站在被研究对象即少数民族、弱势群体的立场上，应用本学科的理论和知识，在质疑、反思和批判主流发展理论所存在的缺陷的同时，积极探索适合少数民族发展的路子，以期在发展中指导和完善发展，同时做出相应的理论建树，提出一整套能够深刻影响主流发展理论的人类学发展理论，并使其逐步完善而跻身为主流发展理论。基于这一立场，笔者谨就人类学的发展理论，作一番尝试性的探讨。经初步研究，笔者认为，这一理论可由以下六个核心观点构成。

一 发展是以文化为终极目的的人类全面发展

发展是以文化为终极目的的人类全面发展，这是人类学发展理论的第一个核心观点。它反对主流发展理论仅仅把文化视为经济发展的有利或阻碍因素，亦即把文化视为发展手段的工具主义文化观，认为文化既是发展的手段，更是发展的目的，发展是以文化为终极目的的包括政治、经济、社会和生态的人类全面发展。这一核心观点建立在

---

① 乔健：《人类学家与原住民研究——一些个人的经历与反思》，王筑生主编《人类学与西南民族》，云南大学出版社1998年版，第117页。

以下两个人类学基础理论之上。

(一) 广义文化论

任何一门学科都有自己的核心概念，这个核心概念规定了这门学科的研究对象、研究领域、研究目标和研究任务，同时内在地规定了这门学科与其他学科的根本区别和这门学科存在的根据。"文化"（Culture），就是人类学这门学科从创始以来就一直坚持的核心概念。因此，人类学的发展理论也必须从文化这一核心概念出发。

据美国人类学家克鲁伯和克拉克洪的统计，到1952年关于文化的定义就已多达164种，[1] 每一个人类学家都可以基于自己独特的视角根据研究问题的性质和特点提出自己的文化定义，因此至今也没有一个公认的权威定义。但是，从最早在人类学研究中采用文化一词并加以较科学定义的英国人类学家泰勒，[2] 苏联民族学家、苏联科学院院士B.勃罗姆列依，[3] 中国老一辈民族学家吴文藻，[4] 台湾地区人类学家李亦园，[5] 到西方学者提出的被认为是目前许多人类学家愿意接受的文化概念[6]等代表性定义中可以看出，虽然民族学、人类学界对文化的定义至今仍众说纷纭，但大多数民族学、人类学家还是倾向于从广义角度来定义文化。笔者也持广义文化论的观点：文化是一个民族对所处的自然环境和社会环境的适应性体系及其世代相传的生活方式，是一个民族在长期的历史发展中创造出来的所有文化成果的总

---

[1] 和少英：《社会——文化人类学初探》，云南民族出版社1997年版，第6页。
[2] ［英］爱德华·泰勒：《原始文化》，连树声译，广西师范大学出版社2005年版，第1页。
[3] ［苏］B.勃罗姆列依：《民族与民族学》，李振锡等译，内蒙古人民出版社1985年版，第10、51—52页。
[4] 参见吴文藻为费孝通、王同惠《花篮瑶社会组织》一书所写导言，商务印书馆1936年版。
[5] 李亦园：《人类的视野》，上海文艺出版社1996年版，第102—103页。
[6] Raymond Scupin, *Cultural Anthropology: A Globalperspective*, Englewood Cliffs, New Jersey, Prentice-Hall, 1992, p.46. 转引自庄孔韶主编《人类学通论》，山西教育出版社2003年版，第21页。

和。本文的所有分析，都是基于广义文化论的观点立论的。

（二）文化整体观

所谓文化整体观，指的是构成一个民族文化的各个要素、各个方面、各个组成部分及其内部的层次和结构，都是相互联系、相互依存、互相作用和互相影响的有机整体，任何一个局部和文化单元的变化，都会影响到整体的变化。因此不能孤立、片面地看待任何一种文化事项，而必须从相互联系的整体观点来观察和理解民族文化。拉德克利夫－布朗指出："文化是一个整合的系统。在一个特定共同体的生活中，文化的每一个因素都扮演一个特定的角色，具有一定的功能""只有当文化被看成是一个各部分相互联系的整体时，才能确定任何文化元素的意义""文化整体性的观点是新人类学最重要的特点之一……新人类学把任何存续的文化都看成是一个整合的统一体或系统，在这个统一体或系统中，每个元素都有与整体相联系的确定功能"[1]。从文化整体观出发，就可以自然得出结论：任何一个民族和社会的良性发展，都必然是文化的全面和整体的发展。虽然我们在分析发展问题时可以将一个民族文化的发展分为物质文化、制度文化、精神文化等层面；也可以将一个社会的发展分为经济、政治、社会、文化、生态等维度，但在谋划和思考任何一个层面和维度的发展时，都必须同时谋划和思考其他层面和维度的发展和整体的全面发展。

基于以上两个观点，著名人类学家萨林斯提出了以文化为发展终极目的和人类社会整体全面发展的人类学的发展理念。他指出：

> 如果我们不把文化概念的人文含义与人类学含义（特别是把

---

[1] ［英］A. R. 拉德克利夫－布朗：《社会人类学方法》，夏建中译，山东人民出版社1988年版，第32、56、60页。

文化看作人类生活方式的总和的观点）区分清楚，无论在学术层面还是政治领域，都会引起很多困惑。从后一种观点看来，谈论"文化与经济的关系"是毫无意义，因为经济本身就是人类文化的一部分……事实上，这种语义上的模糊给世界文化与发展委员会提出了一个严肃的问题："文化"究竟是"发展"的一个方面一种手段，抑或"文化"是"发展"的终极目的？第一个发展指的是纯粹的物质进步，而后者的发展指的是人类社会作为一个整体在各方面的繁荣。[1]

格尔兹则从与人类本能相比较的角度指出人类文化的极端重要性。他说："没有文化的人类将是几乎没有什么有用本能的无可救药的怪物……的确，没有人类，就没有文化；但同样，而且更重要的是，没有文化，就没有人类。"[2]

人类学的这些观点，得到了联合国及其教科文组织的高度赞同。由联合国及其教科文组织共同成立的、由联合国秘书长亲自担任主席的"世界文化与发展委员会"发表的研究报告明确指出：

> 在强调经济增长的发展观看来，文化并不起基础性的作用，它只是一种工具，能够促进或阻碍经济增长……我们既要明白文化对于促进发展的工具性作用，同时又要认清文化的作用远不限于此。文化赋予人类存在以意义，它本身就是人类发展的目的……正是文化，使人们得以相互沟通、联系，也正是文化，使每个个体的发展成为可能。同样，文化规定了人如何与自然、与

---

[1] Marshall Sallins，"A Brief Cultural History of 'Culture'"，paper prepared for the World Commissionon Culture and Development，August1994. 转引自联合国教科文组织、世界文化与发展委员会编《文化多样性与人类全面发展——世界文化与发展委员会报告》，张玉国译，广东人民出版社2006年版，第1页。
[2] [美] 克利福德·格尔兹：《文化的解释》，纳日碧力戈等译，上海人民出版社1999年版，第56—57页。

周遭的物质环境发生联系,文化决定了人如何看待人与地球、人与宇宙之间的关系,文化决定了人对其他生命形式(无论是动物还是植物)的态度。正是在这种意义上,包括人的发展在内的所有形式的发展,归根结底都取决于文化因素。从这个观点来看,谈论所谓"文化与发展的关系"是没有意义的,这好像是说文化与发展是两个截然不同的概念,其实经济与发展都是人类文化的一个组成部分,或者说是一个方面。所以,文化不是促进物质进步的一种手段,如果我们把人的发展看作是人类生存的整体繁荣,那么,文化恰恰就是这种"发展"的最终目标和归宿。①

综上所述,在人类学广义文化论和文化整体观的基础上,人类学建立起了自己的发展理论的第一个核心观点:发展是以文化为终极目的的人类全面发展。在这里,文化的各个组成部分或单元,如物质文化、制度文化、精神文化或经济、政治、社会、生态等,在分解的情况下均可视为发展的手段,即每一个部分或单元的改善和优化都可以促进发展;而在整合的情况下又都是目的,亦即文化的各个要素、各个方面、各个组成部分及其内部的层次和结构的改善和优化,都是为文化这一发展的最终目的服务的。

二 发展是由文化主体自由选择和自主决定的过程

发展是由文化主体自由选择和自主决定的过程,这是人类学发

---

① 联合国教科文组织、世界文化与发展委员会编:《文化多样性与人类全面发展——世界文化与发展委员会报告》,张玉国译,广东人民出版社2006年版,第3—4页。

理论的第二个核心观点。这个观点建立在人类学的如下两个重要基础理论之上。

（一）人类普同论

人类普同论是人类学从诞生之日起，就在吸收启蒙哲学和自然科学研究成果的基础上形成的重要理论。这一理论认为，现代智人种自形成以来就是一个统一的物种。不论是白种人还是黑种人、欧洲人还是亚洲人、因纽特人还是美国人，他们全都是人。人这个物种中的所有成员，在用双足直立行走，具有发达的大脑，能够创造各种文化事物，且能通过性繁殖生育出健康的子代等最基本的特点上是完全一致的。[1] 人类主要靠文化而不是躯体来适应环境，所以遍及全球多达60亿的人类没有生殖隔离，说明人类掌握和运用文化的能力是普同的。[2] 运用这一理论，人类学与形形色色的"种族主义"展开了长期、持续的斗争，为人类抛弃"种族偏见"、"种族歧视"和"种族隔离"等反人类的理论和政策做出了重大贡献。

（二）文化相对论

文化相对论的最早倡导者是美国人类学家博厄斯（Franz Boas）。从泰勒时代开始，人类学家凡谈论"文化"（Culture）一词时所用的往往是单数，而自博厄斯为代表的文化历史学派兴起后，复数的文化（Cultures）概念开始逐渐占据上风。[3] 博厄斯认为，没有一种单一的价值量表可用来衡量所有的社会，每个民族都有自己的尊严和价值

---

[1] 参见林耀华主编《民族学通论》（修订本），中央民族大学出版社1997年版，第54页。

[2] 参见国际人类学和民族学联合会"关于种族的声明"，《都市人类学通讯》1995年第9期。

[3] 参见和少英《社会——文化人类学初探》，云南民族出版社1997年版，第46页；[英] 奈杰尔·拉波特、乔安娜·奥弗林《社会文化人类学的关键概念》，鲍雯妍、张亚辉译，华夏出版社2005年版，第77页。

观，民族文化没有高低之分，一切道德评价标准都是相对的，各族文化珍品是无法比较的。① 简而言之，文化相对论认为，每一个民族都有自己独特的文化，每一种文化也都有自己独特的价值，没有高低优劣之分，世界上从来就不存在一种超然的可以衡量民族文化优劣的价值标准。因此，必须平等地看待每一个民族的文化，对之采取尊重、宽容乃至欣赏的态度。

人类学的这两个重要理论观点，确立了人类统一与文化多样的世界观，对反对种族主义和民族中心主义发挥了重要作用，也是人类学发展理论的重要基石。张光直先生说：

> 这个新学科的特点，是把个别文化放在从时间上、空间上所见的多种文化形态当中来研究，同时这种研究是要基于在个别文化中长期而深入的田野调查来进行的。用这种做法所获得的有关社会人文的新知识，一方面能够深入个性，一方面又照顾了世界性；一方面尊重文化的相对性，一方面确认文化的一般性。这种做法，这样的知识，是别的学科所不及的，因而造成人类学在若干社会科学领域内的优越性。②

然而，文化相对论在反对民族中心主义斗争中取得节节胜利的同时，也受到了来自以下四个方面的猛烈抨击。王铭铭说：

> 在近代以来的世界中，什么是最严重的民族中心主义？对于我们这个时代来说，最严重的民族中心主义，不幸与我们希望想达到的"发达目标"构成了难以切割的关系，这种新式的民族中心主义，就是被逐步衍生出来的"现代中心主义"（modern-centrism），它是我们今天生活的世界的最大问题之一。我们知

---

① 参见博厄斯《人类学和现代生活》，杨成志译述，商务印书馆1985年版，第148页。
② 张光直：《考古人类学随笔》，生活·读书·新知三联书店1999年版，第67页。

道,"现代性"这个概念,原来也是起源于西方民族中心主义的,它表达了欧洲近代以来逐步形成的对自己的近代文化的推崇,它的根基与进化的文化观一致。①

第一,正是由于人类学对民族中心主义衍生出来的现代中心主义的批判立场,文化相对论首先受到了信奉现代中心主义的主流发展理论的猛烈抨击。1999年4月,美国哈佛国际与地区学会召开了一次题为"文化价值观与人类进步"的研讨会,出席会议的都是著名的政治学家、经济学家、社会学家、历史学家、发展咨询专家,也有美国和发展中国家的人类学家。会议主持者、美国前国际开发署官员、哈佛大学国际与地区问题学会高级研究员劳伦斯·哈里森,就直截了当地批评人类学家。他说:

> 许多人类学家——以及受他们影响的另一些社会科学家——的首要问题,是近百年来主导人类学这一学科的文化相对主义传统,这一传统拒绝评估另一社会的价值观和习俗……"进步"的概念在那些坚持文化相对主义的人看来是可疑的,因为他们认为每种文化都有自己明确的目标和伦理,不能以另一种文化的目标和伦理为尺度加以评价。有些人类学家认为西方企图把进步的概念强加于别人的文化。极端的文化相对主义者和文化多元论者甚至会争辩说,西方人无权批评别人的毁伤妇女生殖器、殉夫自焚直至奴隶制等等制度。但是,经过半个世纪以来的传播革命以后,西方所理解的进步已几乎成为普遍的愿望。②

第二,文化相对论也受到追求"进步"、对现代化充满预期的第

---

① 王铭铭:《人类学是什么》,北京大学出版社2002年版,第53—54页。
② [美]塞缪尔·亨廷顿、劳伦斯·哈里森主编:《文化的重要作用——价值观如何影响人类进步》,程克雄译,新华出版社2002年版,第13页。

三世界国家和少数民族精英人物的抨击。他们以第三世界国家民众和少数民族群体代言人的身份，强烈地表达了对"现代中心主义"的认同和追求。就在哈佛学会召开的同一个研讨会上，一位来自非洲的学者指出，非洲国家普遍存在的垂直社会结构、群体主宰个人、崇拜权力、崇尚传统、安于现状、耽于欢乐而回避冲突、乐于消费而不储蓄，以及魔术和巫术盛行等非理性的文化，是导致非洲贫穷落后的内部原因。① 另一位来自拉美的学者说：人类学家需要让他们研究的社会保持相对稳定和可以预测，就像昆虫学家研究蜜蜂和蚂蚁一样。但我们就来自这样的社会，我们热爱它，我们希望它前进到新的水平，让人们的生活接近于发达世界的水平。如今有成百万的拉美人"用自己的脚投票"而迁徙到发达国家，事实雄辩地证明，我们的观点是和广大民众共有的。我们希望拉美各国得到民主的稳定、正义、进步的机会和繁荣，如同我们在先进国家中见到的一样。②

第三，文化相对论还受到了迫切要求摆脱贫困、改善生活的第三世界国家中部分民众的批评。在"现代中心主义"和"发展主义"通过国家主流意识形态的强行灌输而深入人心的今天，人类学、民族学学者到任何一个"不发达"地区或群体中去做田野工作，都会碰到如乔健先生亲身体验的来自被研究者的质疑："你的研究对你有好处，对我们却没有好处。"这在当代中国特别是云南民族地区尤其明显。一心一意追求发展的这个"潘多拉魔盒"旦被打开，发财致富的急切愿望很快就会演变成一种不顾一切疯狂"发展"的推动器。在这种横扫一切、无坚不摧的欲望面前，一个人类学、民族学学者要想凭借学术良心，站在文化相对论的立场，对某些所谓的"大发展"但其结果极有可能带来大破坏的疯狂举动，哪怕是提出一点批评意见，也会

---

① ［美］塞缪尔·亨廷顿、劳伦斯·哈里森主编：《文化的重要作用——价值观如何影响人类进步》，程克雄译，新华出版社2002年版，第106—122页。

② 同上书，第257页。

担心受到急切追求发展的少数民族群众的反对。

第四，文化相对论还受到了某些人类学家的质疑。例如，美国人类学家马尔库斯和费彻尔就批评说："学者们总惯于把相对主义描述成一种教条，而没有把它看成一种方法以及对解释过程本身的认识论反思。这就使得这种观念特别地易于遭受批评家们的批评。批评家们指责说，相对主义所声称所有的文化价值系统都具有平等的有效性，因而导致我们无法进行道德评判；而且它主张对所有人类社会文化差异性给予基本尊重，使得我们无法进行任何科学进步所不可缺少的理论纲领的建构。"①

面对社会各界对文化相对论的抨击，一些人类学大师进行了反击。

早在半个多世纪前，人类学大师列维-斯特劳斯就从承认文化多样性出发，将进步观念与文化相对主义结合起来，撰写发表了著名的《种族与历史》一书。在书中，他明确指出："人类有史以来的进步是如此地明显和巨大，任何对它的论证都属于修辞学的练习。"但是，对进步问题我们应当谨慎把握。"首先，'进步'不是必然的，也非连续的；其次，它是跳跃性地进行的，或正如生物学家所言，以突变方式进行。这些突变和跳跃并非总是在同一方向上跳得更远，它还伴随着方向上的变化，有点像国际象棋中的马，总是可以跳几步，但永远不在同一方向上。演进中的人类不大像人上楼梯，一步一个台阶，直至到顶，而是令人不由得想到弈者，他的运气靠扔几次骰子，每次掷下去，都有一个数，人们在一个上赢得的，在另一个上失去，而历史只是偶尔才累积起来的，换言之，利益的相加形成有益的组合。"②

面对土著民族生活贫困，宣扬文化相对论就是希望保持贫困的指

---

① 乔治·E.马尔库斯、米开尔·M.J.费彻尔：《作为批评的人类学》，王铭铭、蓝达居译，生活·读书·新知三联书店1998年版，第55页。
② [法]克洛德·列维-斯特劳斯：《种族与历史 种族与文化》，于秀英译，中国人民大学出版社2006年版，第25、27页。

责,另一人类学大师萨林斯直面矛盾,振聋发聩地指出,正是现代文明的发展,才造成了人类的贫穷。他说:"在'进步'这个形而上学理想的牵制之下,西方社会思潮,自来即设定文化之演化主要存在于一种累积的'经济发展'之中。在这样的背景下,旧石器时代的狩猎采集社会遂命定被打扮为一种低条件的角色:一种以绝对贫困为印记的'糊口经济',缺乏用以'建立文化'的闲暇,无穷尽的生产活动仅足以维持生存等等。"但是,从世界范围和各地的现代狩猎民族中得到的证据却表明,狩猎采集民族的食物品种之多、其摄取的蛋白质之丰富、获取食物之容易因而享受生活、发展文化的闲暇时间之多,是令今日的许多农耕民族所望尘莫及的,因此,完全可以将其称之为"原初的丰裕社会"。他总结说:

> 我们今天的世界又怎样?全人类的一半或三分之一以上的人每晚以饥腹入眠。在旧石器时代,这比例必定小得多。我们现在才是空前的饥饿时代,今日,在这个伟大的技术能力的时代饥饿成了一种建制……世界上最原始的人们拥有很少的物件,但他们并不穷。贫穷不是少数量的财货,也不只是手段与目标间的关系;最根本的,贫穷是人与人间的一种关系。贫穷是一种社会地位。是故,它是文化的再造物,它与文明同生共长;同时,它是阶级之间一种为人怨愤的区分。而更重要的,是一种朝贡式的关系——这关系可以使得农作的乡民比起任何爱斯基摩人的冬季宿营,更易于受到自然灾厄的威胁。[1]

应该说,人类学大师们的反击是有力的,但是,主流发展理论和社会各界对文化相对论的抨击和质疑确实也不无道理。因此,要想使人类学的文化相对论在与"现代中心主义"的斗争中重新焕发生机与

---

[1] 塞林斯:《原初的丰裕社会》,丘延亮译,许宝强、汪晖选编《发展的幻象》,中央编译出版社2001年版,第56—77页。

活力，就必须避免陷入绝对的、极端的相对主义的误区，而采取相对的、有限的相对主义立场。这就要求回到人类普同和文化相对的理论原点上来，回到张光直先生精辟阐述过的兼顾文化相对和文化一般的正确道路上来。如果做到了这一点，文化相对主义就可以成为人类学发展理论的核心观点之一。

根据人类普同、文化相对的理论和兼顾文化一般与文化相对的要求，笔者认为，人类确实具有追求发展与进步的普同性，这种普同性追求就是：所有的人都希望生活得比过去更好。至于什么才算是比过去生活得更好，就既不能来自外部强加，也不能来自西方主导，更不能来自自上而下灌输，而必须是也只能是由文化主体自由选择和自主决定。这样，我们就能明确地提出人类学发展理论的第二个核心观点，这就是：发展是由文化主体自由选择和自主决定自己珍爱的生活方式的过程。这里的自由，指的是具有文化自觉意识的民族集体的自由，这种集体自由既是保证个人自由的基本条件，又强调个人在享受自由权利和做出自由选择时，要履行集体义务并接受集体自由的制约，以区别于阿马蒂亚·森的不具备文化自觉意识的个体的自由。[①]根据这一观点，一个民族群体追求比过去生活得更好，就一定是在继承和改进自己珍爱的生活方式和文化基础上的、以文化为终极目的的全面发展；而世界上多种多样的民族文化自由选择的发展目标和自主决定的发展模式，就一定是多样化的。这样一来，长期困惑人们的发展进步的人类一元性追求与文化多元的人类多样性追求，就在人类普同和文化相对的理论基础上，在人类学发展理论中得以统一起来。在这种统一的发展理论指导下，世界上众多的民族文化主体，就一定能够自由地开拓出丰富多样的发展道路和进步模式来。

---

① 参见阿马蒂亚·森《以自由看待发展》，任赜、于真译，中国人民大学出版社2002年版，第24页。

三 发展是文化与环境持续调适的过程

发展是文化与环境持续调适的过程,这是人类学发展理论的第三个核心观点。这个核心观点建立在以下两个人类学基础理论之上。

(一) 文化适应论

文化适应论认为,不断适应变化着的文化生存的自然和社会环境,是文化的基本特性和重要功能。因此,文化适应又可分为自然环境适应和社会环境适应两个方面。

从达尔文开始,进化论一直强调生物界"适者生存"的观念。但是人类对生态环境的适应与其他的生物有机体有一个最大的不同点,就是其他生物有机体对周围环境只有靠遗传或变异的生理机能和生理机制来适应,而人类除了遗传和生理适应外,还有更为复杂、发挥更大作用的文化适应机能和文化适应机制。而且,环境固然会影响文化,文化也会反作用于环境。人类学家斯图尔德指出:"(各种文化的)创造过程都是文化适应其环境的需要和形式……人类和生物圈中的其他有机体究竟不同,因为其他有机体只是凭着它们的自然特征与别的有机体发生联系,而人类除了与生俱来的体质特征外,还将文化这种超有机因素带进了生物圈。文化固然受到生物圈的影响,可它同时也对生物圈具有反作用……人作用于生物圈的时候,与其把他视作一种生物类属,不如把他看作一种文化动物。"[①]

---

① [美]朱利安·H. 斯图尔德:《文化生态学的概念与方法》,贾仲益译,张海洋主编《民族研究文集·学科建设与应用研究卷》,中央民族大学出版社 2006 年版,第 620、621、625 页。

文化适应的另外一个重要内容是对社会环境的适应。任何一个民族都不可能是一个完全封闭和孤立的社会，每一个民族的生存与发展都必然与周围的其他民族乃至更大范围的国家发生联系。因此，每一个民族的文化在适应所处自然环境的同时，还必须适应周围的社会环境。文化对社会环境的适应比文化对自然环境的适应要复杂得多，两种适应也会互相影响。由于人们"容易把自幼习得的行为当作全人类都自然的、在各处都应有的"，[1] 因而每一种民族文化都天然地倾向于"本民族文化中心主义"，都会把自己的文化认为是最好的、最优秀的，从而驱动着文化主体超越自己的民族文化边界向更大的范围扩展。于是就必然产生不同民族文化之间的竞争。在竞争中获得优势地位进而掌握了国家权力的民族，便会利用国家权力将自己的文化向全国范围内扩展。而弱小的民族文化为着自己的生存与发展，只有被迫放弃自己的与所处环境高度适应的文化而采用优势民族的文化，从而造成自然生态环境和社会文化关系的严重破坏，优势民族文化的所谓"优势"随之也就自然衰落，代之而起的便是新一轮的文化调整与适应。

（二）地方性知识

由于任何民族文化都有自己生存的特定空间范围，因而任何民族文化对所处生态环境和社会环境的适应体系，就必然打上地方和民族的烙印而成为"地方性知识"。著名人类学家格尔兹说：

> 理论框架是文化人类学的精华所在。文化人类学的基本宗旨是发现人们行为的初衷……甚至在其最有影响力的理论学派——如进化论者、传播论者、功能论者以及最近的结构主义者及社会生物论者，它们都有一个共识，即对事物的观察是否正确取决于观察人的角度和观察的方式。对文化人类学者而言，从一些陌生

---

[1] 博厄斯语，转引自王铭铭《人类学是什么》，北京大学出版社2002年版，第1页。

的不同的观念中理清其结构,去塑造自己的知识,总是不可避免地要地方化。①

为此,格尔兹开创了阐释人类学。他说:

> 我与马克斯·韦伯一样,认为人是悬挂在由他们自己编织的意义之网上的动物,我把文化看作这些网,因而认为文化的分析不是一种探索规律的实验科学,而是一种探索意义的阐释性科学。我追求的是阐释,阐释表面上神秘莫测的社会表达方式。②

阐释人类学的核心理念是,通过"深度描写"来认识地方性知识,从文化持有者的内部眼界和本地人的观点出发来解释本地人的文化。"阐释人类学的基本使命不是回答我们最深切的问题,而是让我们了解在其他山谷放牧其他羊群的其他人所给予的回答,从而把这些答案收入可供咨询的有关人类言说的记录当中。"③ 而正是这些其他人的回答,提供了丰富多彩的地方性知识,在无意之中却为回答我们最深切的问题——可持续发展问题,提供了有价值的咨询。

基于文化适应论和地方性知识的理论,人类学形成了关于发展的第三个核心观点:发展是文化与环境持续调适的过程。这个观点认为,"文化通过适应而变异成多种文化使得人类可能利用地球上的各种资源"④。地球环境资源的多样性通过文化适应和文化与自然的互动,形成了民族文化多样性和多样化的生存与发展模式;民族文化多样性和多样化的生存与发展模式在社会环境适应中会因为竞争而走向

---

① [美]克利福德·格尔兹:《地方性知识——阐释人类学论文集》,王海龙、张家瑄译,中央编译出版社2000年版,第3页。
② [美]克利福德·格尔兹:《文化的解释》,纳日碧力戈等译,上海人民出版社1999年版,第5页。
③ 同上书,第34页。
④ [美]托马斯·哈定等:《文化与进化》,韩建军、商戈令译,浙江人民出版社1987年版,第41页。

趋同，但趋同造成的恶果又会启动新一轮的文化调整与适应，重新走向多样化。每一个文化对生态环境和社会环境的适应体系都是一种极其宝贵的生态智慧和社会智慧，即使最弱小的民族，他们也"保持着一种与自然环境亲密和谐的传统生活方式。他们的生存本身一直取决于他们对生态的意识和适应性……这些社区是使人类同他的远古祖先相联系的传统知识和经验的丰富宝库。他们的消亡对更广大的社会是一种损失，否则，社会可以从他们那里学到大量的对十分复杂的生态系统进行可持续管理的传统技能"[1]。即使最强大的民族，他们对自然环境和社会环境的文化适应体系，也只是一种地方性知识，尽管它导致了这个民族的强大及其在竞争中的优势地位，但并不具备向全世界推广的普同性。因此，发展必须是也只能是每一个民族文化与所处环境持续调适的过程。

四 发展是文化主体自愿选择变迁模式的过程

文化变迁是人类学的基本理论之一。文化变迁论认为，就像世间万事万物都在不断变化一样，民族文化也处在永恒的变化过程之中。文化是一条流动的长河，所有历史积淀的传统都将经过今天的变化形成新的传统并成为明天变化的基础。因此，人类学又将现代化看作"全球性的文化和社会经济变迁过程，借此过程，发展中社会努力想获得工业发达的西方社会的很多特质。这一过程包含四个亚过程：技术发展、农业发展、工业化和城市化。在政治组织、教育、宗教和社会组织等领域内也随之发生变化"。然而，在发展和现代化潮流的推

---

[1] 世界环境与发展委员会：《我们共同的未来》，王之佳、柯金良等译，吉林人民出版社1997年版，第143页。

动下,"不发达地区和民族"的文化变迁,其规模之大、程度之深、范围之广、速度之迅猛、引起的冲突之激烈,都远远超过了历史上的任何一个时期,其结果,"就全世界范围而言,我们可以相当恰当地说:现代化导致人民生活质量的恶化而非改善"①。为什么会这样呢?只有通过对人类学文化变迁模式的理解才能够回答。

在人类学理论中,文化变迁可以分为以下三种基本模式。

第一种,创新变迁。

创新很好理解。一种新的动植物品种和农作物品种的发现,一种适应环境的新技术的发明,一种切合实际的新思想、新观念、新的组织形式的诞生等,都是创新,都能推动文化变迁朝着改善的方向发展。

第二种,传播变迁。

一个社会成员向另一个社会借用文化元素的过程叫作传播。文化借用是如此之广泛,以致人类学家林顿认为,任何一种文化90%的内容都可以是借用的但仍然能保持这种文化的独特性。② 因为文化借用是经过文化主体自主选择和改进吸收的,他们借用的文化元素都是与自己的文化兼容的,或直接兼容,或经过改进创造后兼容。因而文化借用和传播变迁是人类学支持的正常的变迁。

第三种,涵化变迁。

涵化是指由于两个社会之间发生密集而直接的接触,人们被迫做出重大文化改变的过程。③ 如果这一过程发生在一个弱小民族与一个经济文化强大的民族之间,那么,被迫做出重大文化改变的一方肯定是弱小民族,于是,文化涵化就变成了文化同化。涵化与传播虽有相同之处,都是一方借用另一方的文化,但其性质却截然不同。传播是自愿地、有选择地对某些文化要素的吸收,而涵化则是在外来的压力

---

① [美]威廉·A. 哈维兰:《文化人类学》,瞿铁鹏等译,上海社会科学院出版社2006年版,第488页。
② 同上书,第461页。
③ 同上书,第464页。

下进行的、对异质文化的大量输入。① 所谓外来的压力，形式是多种多样的，既可以是强迫性的压力也可以是诱导性的压力，既可能是直接的压力也可能是间接的压力。其极端的例子就是征服。上面提到的现代化导致人民生活质量的恶化而非改善，就是许多弱小民族和不发达国家，在全球现代化浪潮冲击下被迫做出涵化变迁而造成的。

从上述三种模式的文化变迁中可以看出，一个民族、一个社会，要实现以文化为终极目的、由文化主体自由选择和自主决定、文化与环境持续调适的发展，就必须大力鼓励创新变迁，积极支持传播变迁，坚决反对和有效规避涵化变迁。一句话，就是要由文化主体自愿选择文化变迁的模式。因此，发展是一个文化主体自愿选择文化变迁模式的过程；而由文化主体自愿选择文化变迁模式，就成为人类学发展理论的第四个核心观点。

五　发展是一个文化自觉的过程

20 世纪 90 年代以来，针对全球现代化进程中文化发展出现的新情况，两位人类学大师先后提出了"文化自觉"的理论。

（一）萨林斯的文化自觉理论

在发表于 1993 年的一篇文章中，萨林斯指出：

> 帝国主义原受害者中如今觉醒的文化自觉意识是 20 世纪末叶世界历史中的一个更瞩目的显著现象……无论西藏人还是夏威夷人、奥吉布韦人、基瓦玖多人还是爱斯基摩人、哈萨克人还是

---

① 参见童恩正《文化人类学》，上海人民出版社 1989 年版，第 281 页。

蒙古人、还是澳洲土著、巴厘人、克什米尔人或纽西兰的毛利人，都发现他们自己原来有一个"文化"。千百年来，他们竟然没有觉察到。如今，正如一个新几内亚人对人类学家所说："要不是我们有风俗我们不就跟白人一样了？"……二十年前对氏族成丁礼规避唯恐不及的警察、教员和其他城里人，在1979年纷纷返回故里修订成丁礼俗的缺陷，其中一人公开向所有部落男性成员和等待成丁的少年们宣称，该礼俗必须坚持不断，以便从中吸取力量，抵制城市生活方式及其伴随的失业和匮乏。人民必须学会自卫。当着我的面，他慷慨高呼："我们应该从自己的风俗中找到动力。"①

上述的文化复兴，正是典型的"传统的发明"。② 现代文明在对土著民族带来冲击的同时，也被土著民族将其收编进自己的文化体系，并通过传统的发明而展现出来。因此，萨林斯认为，"'文化自觉'的真实含义就是，不同的民族要求在世界文化秩序中得到自己的空间。这不是一种对世界体系的商品与关系的排斥，而……是对这些商品与关系的本土化的渴求。它所代表的方案，就是现代性的本土化"③。

(二) 费孝通的文化自觉理论

1997年1月，费孝通在北京大学重点学科汇报会上首次提出了"文化自觉"的概念。他指出：

> 文化自觉只是指生活在一定文化中的人对其文化的"自知之

---

① [美] 马歇尔·萨林斯：《别了，忧郁的譬喻：现代历史中的民族志学》，李怡文译，王筑生主编《人类学与西南民族》，云南大学出版社1998年版。
② [英] E. 霍布斯鲍姆、T. 兰格：《传统的发明》，顾杭、庞冠群译，译林出版社2004年版，第1—5页。
③ [美] 马歇尔·萨林斯：《什么是人类学的启蒙？——20世纪的一些教训》，赵旭东译，马戎、周星主编《21世纪：文化自觉与跨文化对话》（一），北京大学出版社2001年版。

明",明白它的来历,形成过程,在生活各方面所起的作用,也就是它的意义和所受其他文化的影响及发展的方向,不带任何"文化回归"的意思,不是要"复旧"但同时也不主张"西化"或"全面他化"。自知之明是为了加强对文化发展的自主能力,取得决定适应新环境时文化选择的自主地位。

文化自觉是一个艰巨的过程:首先要认识自己的文化,根据其对新环境的适应力决定取舍。其次是理解所接触的文化,取其精华,去其糟粕,加以吸收。各种文化都自觉之后,这个文化多元的世界才能在相互融合中出现一个具有共同认可的基本秩序和形成一套各种文化和平共处、各舒所长、联手发展的共同守则……我瞻望人类学的前途时所说的"各美其美,美人之美,美美与共,天下大同"这一句话,其实就是我今天提出的文化自觉历程的概括。[1]

接着,他在北京大学社会学人类学研究所举办的第二届社会文化人类学高级研讨班和第五届"中国文化与现代化研讨会"的发言中作了补充。他说:

"各美其美"就是不同文化中的不同人群对自己传统的欣赏。这是处于分散、孤立状态中的人群所必然具有的心理状态。"美人之美"就是要求我们了解别人文化的优势和美感。这是不同人群接触中要求合和共存时必须具备的对不同文化的相互态度。"美美与共"就是在"天下大同"的世界里,不同人群在人文价值上取得共识以促使不同的人文类型和平共处……如果大家能够同意现代化是当代世界中人际关系的新发展,那么也当可以认为

---

[1] 费孝通:《开创学术新风气》,《费孝通论文化与文化自觉》,群言出版社 2007 年版,第 176—177 页。

现代化应当是一个"文化自觉"的过程。①

其后，他又在多篇文章和报告中，对文化自觉理论提出的背景和应用范围，作了进一步阐释。关于文化自觉理论提出的背景，他说：

> 我在提出"文化自觉"时，并非从东西文化的比较中，看到了中国文化有什么危机，而是在对少数民族的实地研究中首先接触到了这个问题。20世纪80年代末我去内蒙古鄂伦春聚居地区考察，这个民族是个长期在森林中生存的民族，世世代代传下一套适合于林区环境的文化，以从事狩猎和饲鹿为生。近百年来由于森林的日益衰败，威胁到了这个现在只有几千人的小民族的生存。90年代末我在黑龙江又考察了另一个只有几千人、以渔猎为生的赫哲族，他们也存在同样的问题。中国10万人口以下的"人口较少民族"就有22个，在社会的大变动中他们如何长期生存下去？特别是跨入信息社会后，文化变得那么快，他们就发生了自身文化如何保存下去的问题。我认为他们只有从文化转型上求生路，要善于发挥原有文化的特长，求得民族的生存与发展。可以说文化转型是当前人类共同的问题。所以我说，"文化自觉"这个概念可以从小见大，从人口较少的民族看到中华民族以至全人类的共同问题。②

关于文化自觉理论的应用范围，他指出：

> 西方人用现代的科学技术制造了一个统一的、人工化的物质环境，同时在这样的基础上出现了一个统一的、大的、新的文化

---

① 费孝通：《人文价值再思考》，《费孝通论文化与文化自觉》，群言出版社2007年版，第201—202、206页。

② 费孝通：《关于"文化自觉"的一些自白》，《费孝通论文化与文化自觉》，群言出版社2007年版，第389—390页。

环境。作为非西方国家的人怎样去适应这样的一个环境，如何走向世界一体化，解决这个问题是非常困难的，因为各自的文化基础不一样，各自文化发展的初始条件也不一样……不仅如此，就是西方国家本身也还没有适应自己造出来的这样一个新的、人工的物质环境……这里有两个问题：一个问题是，一些落后的非西方国家有自己本身的文化传统，但这些文化传统已不适应现代社会的发展了，它们面临的问题是如何去适应现代社会的发展；第二个问题是，西方社会也要面临如何与这些发展中国家的文化发展相互协调，避免造成各种文化的对立化，从而保证整个世界能和平相处下去。其结果是，各民族都要面临一个文化自觉的问题，也就是如何去认识每个民族自身的文化的问题。①

从上述两位人类学大师的"文化自觉"理论可以看出，文化自觉意识是在全球发展和现代化浪潮冲击下土著民族和少数民族文化面临生存危机的情势下觉醒的，因此，文化自觉首先表现为不发达国家和民族要求在全球化世界体系中获得自己的地位和空间，从而成为推动本土化发展或现代性本土化的强大动力。然而，由西方国家在现代化过程中创造的人工化的物质环境和新的人文世界，造成了人与自然、国家与国家、民族与民族、文化与文化之间的对立，就连其创造者——西方国家也不能适应了，文化转型成为全人类面临的共同问题。因此，文化自觉同时还表现为世界上所有的国家、所有的民族，都必须对自己的文化有"自知之明"，对别人的文化有"知人之明"，在"各美其美，美人之美"的基础上，方能实现"美美与共，天下大同"，开创出一个世界性和全球化的人与自然和谐，不同民族、不同国家、不同文化和平共处，各舒所长，联手发展的新格局，从而成为

---

① 费孝通：《关于"多元化的西部文化"和"文化生态失衡问题"的谈话》，《费孝通论文化与文化自觉》，群言出版社 2007 年版，第 333—334 页。

推动世界和谐发展的强大动力。因此，发展和现代化必然是一个文化自觉的过程；而文化自觉论也就自然成为人类学发展理论的第五个核心观点。

六 发展是国家权力正确领导和帮助的过程

发展是国家权力正确领导和帮助的过程，这是根据中国少数民族发展经验总结出来的一个中国化的但具有普遍意义的人类学发展理论观点。

什么是国家？不同的学科有不同的认识。在社会人类学界，代表性的认识主要有下列三种。

马克斯·韦伯认为："国家恰如历史上在它之前的政治团体一样，是一种依仗合法的（也就是说：被视为合法的）暴力手段的人对人的统治关系。因此为了使国家存在，被统治的人就必须服从进行统治的人所要求的权威。"什么是政治呢？"'政治'就是：争取分享权力或者争取对权力分配施加影响，不管是国家之间的权力分配也好，也不管是国家所包括的人的群体之间的权力分配也好。"[1]

安东尼·吉登斯认为："日常用语中的'国家'具有双重含义……'国家'有时指政府机构或权力机器，有时却又指归这种政府或权力所支配的整个社会体系。"[2]

安东尼·史密斯认为："国家的概念可以被定义为一套与其他制度不同的自治制度，拥有在给予的疆界内对强制性和家世（extrac-

---

[1] ［德］马克斯·韦伯：《经济与社会》（下卷），林荣远译，商务印书馆1997年版，第732、731页。
[2] ［英］安东尼·吉登斯：《民族—国家与暴力》，胡宗泽、赵力涛译，王铭铭校，生活·读书·新知三联书店1998年版，第18页。

tion）的合法垄断。"①

总结上述几种有代表性的认识，可以认为，国家就是一种在特定疆界内行使合法的强制性权力的政治团体和政府组织，国家权力也就是政府权力。政府权力肩负着维护国家统一和社会秩序，推动社会经济发展和促进社会公平等重要职责。

在中国，由于少数民族在人口上居于少数地位，经济社会发展水平与汉族相比存在着较大差距，因此，为了促进各民族共同繁荣发展，从中华人民共和国成立之日起，执政的中国共产党和中华人民共和国中央人民政府，就确定了用国家权力帮助少数民族发展的大政方针。在中华人民共和国成立之初起临时宪法作用的《中国人民政治协商会议共同纲领》第六章第五十三条明确规定："人民政府应帮助各少数民族的人民大众发展其政治、经济、文化、教育的建设事业。"②其后，《中华人民共和国宪法》规定："中华人民共和国是全国各族人民共同缔造的统一的多民族国家""中华人民共和国各民族一律平等。国家保障各少数民族的合法的权利和利益，维护和发展各民族的平等、团结、互助关系""国家根据各少数民族的特点和需要，帮助各少数民族地区加速经济和文化的发展"③。在党和国家上述大政方针指引下，中华人民共和国成立以来，各级政府就运用国家权力，采取一系列特殊优惠政策、投入大量资源帮助少数民族和民族地区加快发展。

在改革开放实行市场经济体制后，面对市场经济的自由竞争规律，中国的人类学家如费孝通先生就清醒地认识到："如果我们放任各民族在不同的起点上自由竞争，结果是可以预见的，那就是水平较

---

① ［英］安东尼·史密斯：《民族主义：理论、意识形态、历史》，叶江译，上海世纪出版集团2006年版，第12页。
② 中共中央统战部：《民族问题文献汇编》，中共中央党校出版社1991年版，第1290页。
③ 《中华人民共和国宪法》（1982），人民出版社1982年版，第7、9、10页。

低的民族走上淘汰、灭亡的道路。"因而明确反对走这条道路,并建议政府按照"先进帮后进"的原则办事,"先进的民族从经济、文化各方面支持各后进的民族的发展。国家对少数民族地区不仅给优惠政策,而且要给切实的帮助"[①]。

正是基于这样清醒的认识,党和国家在民族地区加快改革开放步伐建立社会主义市场经济体制的同时,仍然运用国家权力,动用计划手段,采取一系列特殊优惠政策和宏观调控措施,投入大量资源帮助少数民族和民族地区加快发展,取得了举世瞩目的发展成就。

然而,国家权力是一把双刃剑,国家权力正确的领导和帮助已经给民族地区的发展带来了巨大成就;但是毋庸讳言,国家权力错误的领导和"帮助",也给民族地区的发展造成过巨大损失。中国自20世纪50年代后期开始直到"文化大革命"十年内乱,由于中国共产党在国家发展的指导思想上出现了严重错误,给包括民族地区在内的整个国家的发展都造成了巨大破坏甚至是严重的灾难。

有时候,国家权力的用心是良好的,国家确实想帮助少数民族加快发展,但由于缺乏全面的民族学、人类学知识,对民族地区的实际情况了解不够,在指导思想上片面遵循某种并非放之四海而皆准的理论,也给少数民族的发展带来了始料不及的后果。例如,中华人民共和国成立后,各级政府在单线进化论思想指导下,在云南的若干少数民族中建构起了"原始社会"的概念,并通过帮助其大力发展经济文化,领导他们跨越单线进化论规定的奴隶社会、封建社会和资本主义社会等几个社会发展阶段,直接向社会主义过渡。应该承认,引导若干社会发育程度低的民族向社会主义直接过渡的方针政策,在当时的情况下确实有利于这些民族的稳定发展,使其有效规避了当时激烈的阶级斗争的冲击和反复折腾,其在社会实践中取得的积极成果是应当充分肯定的。然而始料不及的是,"原始社会"的概念也给这些民族

---

① 费孝通:《中华民族的多元一体格局》,《北京大学学报》1989年第4期。

的文化和心理带来了一定的负面影响。云南老一辈民族工作领导人王连芳同志回忆录中所记载的一个真实的故事，就生动地说明了这种负面影响。1957年，被政府认定为是原始社会末期民族的独龙族的领袖人物、时任贡山县县长的孔志清，参加民族参观团来到昆明，王连芳与他进行了以下一番对话：

  我问孔志清："民委调查组的同志回来讲，你们生活很苦，有许多原始社会的风俗习惯，你给我讲一讲。"他一听"原始"二字就有点不太高兴："我们民族苦是真苦，可什么叫原始社会？你先讲吧！"我说："你看昆明有很多很高的楼房，独龙兄弟住的是低矮简陋的房子。外面的人这么多，独龙兄弟人很少。"他颇不以为然："昆明汉人房子高，比我们的山崖高吗？他们人多，比我们的大树多吗？我们森林中有飞禽走兽，野牛、岩羊、马鹿、雪豹、狗熊……多得很。想吃野鸡，随时出去就可以打一只回来，昆明行吗？"我笑着说："有人讲我们独龙兄弟至今还不太会做买卖。"他一脸鄙夷的样子："会做买卖有什么好？他们心眼多，狡猾得很，赚我们的黑钱。"随即很神秘地凑近我耳朵边悄声说道："他们的人还会偷人家的东西呢，多怪！"其神态令人难以忘怀。

  谈到独龙族的内部团结和良好的社会风尚，孔志清的神气立即充满了自豪："我们独龙人只打洋人、土司，自己内部各个家族和和气气，从来不打架，有困难还相互帮忙。外出打猎或到贡山买盐巴，沿途在岩洞和树上挂放粮食，绝对没有人去偷。即使别人饿了吃掉一些，也老老实实插上根草棍作为记号，以示谢意。到独龙人家，即使主人不在家，客人不论与主人相识与否，都可以进屋找吃的，等主人回家向他说一声就行了。"我又说独龙族要向先进民族学习的问题。他表示："好的就学，不好的就不学。"……孔志清的一席话，显露了独龙族兄弟独特的民族心理。我深感每个民族都有自己的自豪感，从那以后，我再不用"民族落后"这个词，改用"先进"和"后进"。在这一点上，孔志清同志是我的第一位老师。①

王连芳同志是令人尊敬的民族工作领导人，他能够向少数民族学习而改变自己的观点。但是，作为国家的主流意识形态，要改变起来就不容易了。这种意识形态导致的一个始料不及的消极后果，就是使这些所谓原始社会末期的民族，对自己民族的文化与发展信心不足。经过50多年的扶持发展，直到2003年，有关学者在同样被认定为属于原始社会末期民族的基诺族山区调查时，基诺族群众普遍反映说，基诺族穷，政府应该多给点钱，帮助基诺族和全国55个民族一起进步。但当问及怎样想办法去挣钱、去进步时，他们就认为基诺族从原始社会一步跨入社会主义社会已经不容易了，下一步应该怎么办，就要靠政府了。②

分析下来，要保证国家权力对民族地区发展的领导和帮助的正确，国家就必须尊重少数民族主体地位，倾听少数民族群众的声音，发展政治民主，实施参与式发展，一句话，国家权力必须和前述五个方面的人类学发展理论紧密结合起来，才能确保实现民族地区的良性健康发展。因此，国家权力对发展的正确领导和帮助，便成为人类学发展理论的第六个核心观点。由于当今世界90%以上的国家是多民族国家，这些国家普遍是以某个强势民族为核心裹带若干弱势民族或曰少数民族形成的多民族国家，③故根据中国经验得出的这个人类学发展理论的核心观点，同时具有普遍意义。

综上所述，人类学发展理论可以概括为这样六句话：发展是以文

---

① 王连芳：《王连芳云南民族工作回忆录》，云南人民出版社1999年版，第46—47页。
② 参见格桑顿珠、纳麒主编《云南民族地区发展报告（2003—2004）》，云南大学出版社2004年版，第451页。
③ 参见朱伦《论民族共治的理论基础与基本原理》，《民族研究》2002年第2期。

化为终极目的的人类全面发展；发展是由文化主体自由选择和自主决定自己珍爱的生活方式的过程；发展是文化与环境持续调适的过程；发展是文化主体自愿选择变迁模式的过程；发展是一个文化自觉的过程；发展是国家权力正确领导和帮助的过程。再进一步将其总结为一句话就是：发展是在国家权力正确的领导和帮助下，文化主体自由、自愿、自主、自觉选择和决定的以文化为终极目的的人类全面发展。

（原载拙著《发展的反思——澜沧江流域少数民族变迁的人类学研究》，云南人民出版社2008年版）

民族关系研究

云南民族关系的
历史格局、特点及影响

云南各民族都有悠久的历史。世居云南境内、人口在 5000 人以上的 26 个民族，是由许许多多或土著或外来的民族集团和民族群体经过长期的接触、交往、迁徙、汇聚、分化、融合而逐步形成的。在长期的历史发展过程中，云南各民族创造了丰富多彩的民族文化，形成了既与全国民族关系主流相一致，又具有云南特点的民族关系格局。这一格局的形成与发展，对云南的民族团结与边疆稳定产生了重大而深远的影响。云南是祖国多民族大家庭的一个缩影，也是祖国边疆多民族地区的一个缩影，云南的民族问题在全国具有典型性和代表性。因此，研究历史上云南民族关系格局的基本特点及其影响，总结历史的经验教训以为今天全国全省的民族团结与边疆稳定事业提供借鉴与参考，无疑具有重要的现实意义和学术理论价值。

一 历史上云南民族关系格局的基本特点

经过漫长的历史发展，云南的民族关系格局逐步形成了以下八个基本特点。

第一，形成了在全国各省区中民族成分最多，26 个民族杂居共处的多民族格局。

第二，形成了大杂居、小聚居，各民族交错杂居的民族分布格局。

第三，形成了同源异流、异源合流而又源流交错，各民族不断分化融合因而你中有我、我中有你而又各具个性的源远流长的血缘和亲缘关系。

第四，形成以汉族为主体又与众多少数民族长期共存的民族人口结构和基层社会结构。

第五，形成了云南各民族与祖国内地由浅入深、由松散到紧密的不可分割的历史联系。

第六，形成了云南山坝之间，边疆与内地之间以及各民族之间优长互补、相互依存的经济文化联系，以及坝区民族统治山区民族和大民族统治弱小民族的政治关系。

第七，在以上特点的基础上，形成了云南各民族占主导地位的相互吸收、相互依存、友好合作、共同发展与不占主导地位的相互矛盾、相互排斥、隔阂冲突以至武力争斗长期共存、交替出现的民族关系格局。

第八，以上七大特点归结为一个最根本的特点，就是经过漫长的历史发展，云南各民族逐渐成为中华民族多元一体格局中不可分割的一部分。这一根本特点在近代各民族共同抵御外侮的斗争中得到进一步升华，最终形成了云南各民族的中华民族意识。因此，从这个意义上可以说，一部云南民族关系史、实际上就是一部云南各民族逐渐成为中华民族多元一体格局一部分的发展史。

中华民族的多元一体格局，是费孝通先生对我国民族众多而又长期统一，各兄弟民族对中华民族具有总体认同这一客观实际情况所作的科学概括。他指出：中华民族是指今天中国疆域内具有民族认同的11亿人民，它所包括的56个民族单位是多元，中华民族是一体，它们虽然都称民族，但层次是不同的。中华民族是由许许多多分散孤立存在的民族单位，经过接触、混杂、联结和融合，同时也有分裂和消亡，形成一个你来我去，我来你去，我中有你，你中有我，而又各具个性的多元统一体。

中华民族多元一体格局是漫长的历史发展过程中逐步形成的。早在8000年前，中华大地上就已存在着分别聚居在不同地区的许多集团，分别创造了他们各具特色的文化，这是中华民族格局中多元的起点。与此同时，中华民族的先人在相互接触和交流中也出现了竞争机制，相互吸收比自己优秀的文化而不失其原有的个性。中华文化在新石器时代便已大体形成既是多元区域性不平衡发展，又呈现多元区域性文化向中原汇聚及中原文化向四周辐射的特点，就在多元之上增加了一体的格局。夏、商、周三代，中原地区的多种民族集团逐渐融合形成华夏民族集团；经过春秋战国500多年的民族人口流动和文化交流，华夏民族集团进一步扩大而逐渐形成汉族。汉族形成之后便以其较高的文化优势向周围各族辐射，或把他们吸收成汉族的一部分，从而使汉族成为中华民族多元一体格局中的凝聚核心。但汉族在向四周渗透与扩展的过程中也有许多融合入其他民族。与此同时，中原以外的其他民族地区也先后形成了地区性的初级统一体，如秦汉时匈奴统一北方，唐宋时吐蕃统一西藏，南诏、大理国统一云南等，这些地区性的多元统一都为整个中华民族最终形成一个统一的民族实体奠定了基础。以后，又经过长期的民族流动，混杂，分合的过程，汉族像滚雪球般越滚越大，形成了特大的核心。汉族一方面仍然主要聚居在平原、盆地等适宜农业发展的地区，并以其高水平的精耕细作的农业经济影响周围各族；另一方面又通过屯垦移民和经商，逐步渗透到其他民族聚居区，在各非汉民族地区形成一个点线结合的网络，把中国大地上的各民族串联在一起，形成了中华民族自在的民族实体，并取得了大一统的格局。这个自在的民族实体在近代共同抵抗西方列强的压力下，形成了一个休戚与共具有总体民族认同的自觉的民族实体。但这个实体至今仍然是包含着 56 个民族的多元统一体，这就是中华民族的多元一体格局。①

二 云南民族关系格局基本特点的形成原因

云南民族关系格局的基本特点既然是在云南这块土地上经过长期历史发展逐渐形成的，那么，它的形成原因自然就要从云南特殊的地理环境和特殊的历史发展过程中去寻找。遵循这一思路，我们分析得出了以下五个方面的原因。

（一）地理环境的影响

列宁指出："地理环境的特性决定着生产力的发展，而生产力的发展又决定着经济关系的以及跟随在经济关系后面的所有其他社会关系的发展。"② 民族关系也是一种社会关系，它受地理环境的影响是显而易见的。因为任何民族的生息繁衍都有其特定的自然环境和生存空间，"民族格局似乎总是反映着地理的生态结构"③，而民族关系便是在特定的自然环境和民族分布格局基础上，不同民族在物质生产过程中相互之间进行经济文化交流而形成的。因此，我们对云南民族关系格局的历史考察，自然便要从云南各民族赖以生存和发展的地理基础出发。

古代中华民族生存空间的广袤与宏大堪称世界第一。中华大地东

---

① 费孝通：《中华民族的多元一体格局》，《北京大学学报》1989 年第 4 期。
② 《列宁全集》第 38 卷，人民出版社 1972 年版，第 459 页。
③ 费孝通：《中华民族的多元一体格局》，《北京大学学报》1989 年第 4 期。

西跨60多个经度，南北跨30多个纬度，雨量依距海远近从东南至西北逐渐递减，温度据纬度高低从南向北逐渐递降，自然形成了东西两大块和南北三带的地理分界和经济类型区别。云南地处中国大陆的东西过渡地带上，这条分界线大体上北起大兴安岭，沿阴山河套，南下陇山山脉、邛崃山脉，再南至云南腾冲。这一过渡带具有比其他地区更为复杂多样的地理条件，为古人类的生存繁衍提供了更为广阔的可选择空间，因而使云南成为中国迄今所知较早的古人类发源地。继元谋人之后，云南还发现了可能属于早期智人（古人）的昭通人，属晚期智人（新人）的西畴人、丽江人等。进入新石器时代，人类活动的遗迹已遍布云南全境，迄今所发现的300多处新石器时代遗址和地点，几乎遍及全省所有县市。这些土著居民在如此复杂多样的自然环境中生存，就必然发展出各自适应当地环境的生产方式和生活方式，从而形成多元、多类型、多区域异彩纷呈的文化，这就为多民族格局的形成奠定了基础。与此同时，云南的六大江河体系及其自然形成的河谷通道，又把云南各土著民族与祖国内地和东南亚国家联系起来，构成若干条民族迁徙、流动的走廊。氐羌族群自甘青高原沿澜沧江、怒江和金沙江河谷南下，百越族群自东南沿海顺珠江水系西进，百濮族群自东南亚溯澜沧江北上，使云南在拥有众多土著民族的基础上又增加了大量的外来民族。故早在新石器时代，云南就已是一个多民族聚居地区；而多民族格局的存在本身便自然产生纵横交错、纷繁复杂的民族关系。因此，云南复杂多样的地理环境及其天然形成的河谷通道，为云南成为祖国大家庭中民族成分最多的一个省，为云南各民族先民早在远古时期便与祖国内地展开的经济文化交流，为云南与祖国内地由浅入深、由松散到紧密不可分割的政治关系的发展，为云南各民族逐步成为中华民族多元一体格局的一部分，发挥了基础作用。

地理环境对云南各民族间优长互补、相互依存，"谁也离不开谁"的民族关系格局的形成与发展发挥的基础性作用则表现得更为明显。

· 155 ·

限于篇幅，这里仅举一个典型的实例予以说明。居住在红河沿岸哀牢山区呈立体分布的傣族和哈尼族，在长期的农业生产活动中结成了相互依存的"牛马亲家"。这种"牛马姻缘"一般以居住在河谷热带地区的傣族为一方、居住在山区的哈尼族为一方，双方为适应立体地形、立体气候带来的农时节令的差异并有利于牲畜的繁殖，经相互协商而结成。这种关系一旦确定下来，山坝不同民族的两家人便像亲戚一样频繁交往。初春，河坝地区气候温和宜人，青草嫩绿。正是傣族兄弟撒种栽插之季，于是耕牛驮马由傣族兄弟喂养并使用。四五月间，傣族农闲，而山区哈尼族正是犁田栽秧的时候。耕牛驮马上山归哈尼族喂养和使用。六七月份，哈尼族稻秧栽完，河坝傣族又要栽插晚稻了，耕牛驮马又下山归傣家使用和管理。晚稻栽完，河坝炎热无比，而山区气候温和、草木青青，耕牛驮马上山来避暑养肥。十月以后，山区气候转冷，草木干枯，而河坝仍然气候温和，耕牛驮马又下山来由傣族管理饲养过冬。母畜生产的牛崽和马驹属双方共有财产，出卖或宰杀均相互平分。这种"牛马亲家"，既有利于生产发展和牲畜繁殖，更把不同民族的两家人联结成长年互助、相互依存的"一家人"。坝区傣族种双季稻，粮食比较富裕，可烧柴就非常困难。山区哈尼族粮食紧缺，找烧柴却很容易。于是，傣族"亲家"常常送米上山，哈尼"亲家"常常送柴下山。山上山下，互通有无，亲如一家。而这种亲密关系的基础，无疑就是不同的地理生态环境自然形成的山坝民族生计方式的互补性。

（二）民族迁徙流动及汉族的凝聚核心作用

云南复杂多样的地理环境和天然形成的河谷通道，使云南既成为远古人类的发祥地，又成为远古时期的区域性多种族群和多元文化交流融会的中心。自远古讫于清代，云南境内的民族迁徙流动几乎从未停止过，在云南原始土著居民的基础上，氐羌族群和苗瑶族群南下，百越族群西进，百濮族群北上，再加上大批汉族移民和回族、蒙古族、满族的迁入，就使云南成为世所罕见的多种民族和多元文化汇聚地。多种民族和多元文化的交流融会自然使同处于云南这一共同地域内的多元民族文化逐渐趋同，从而在多元之上增加了一体的格局。"民族迁徙—打破民族地域界限—民族错杂居住—民族经济文化的交往—语言融合—生产生活方式的趋同化，这是各民族历史发展中比较清晰的一种规律性现象。"① 云南民族关系发展史也证实了这一规律。

同样，中国民族关系发展史中与这一规律密切相关的另一个规律，即汉族在中华民族多元一体格局中的凝聚核心作用，在云南民族关系格局中也表现得十分明显。在2000多年漫长的历史岁月中，内地汉族人民通过军民屯田、征战、经商、宦游、逃难和被流放等多种途径，绵延不断地进入云南。不过，自汉武帝以来直至明以前进入云南的汉民数量虽然累计达数十万之多，但在众多土著民族的汪洋大海中这一数量远远不足以构成云南主体民族，故明以前迁入云南的汉族移民大都融合到土著民族中去了，因而明以前的云南汉族尚未能成为云南民族关系格局的凝聚核心。然而尽管如此，明以前不断大批进入云南的汉族人民毕竟带来了内地的先进生产技术、科学文化知识和汉文化传统，这就一方面有力地促进了云南经济社会文化的发展，与云南土著民族共同创造了灿烂的云南古代文明；另一方面又通过文化传播使汉文化有力地影响了他们融合于其中的土著民族，使云南的地方民族文化打上了深刻的汉文化烙印，故南诏王异牟寻宣称，唐代的云南已是"人知礼乐、本唐风化"②，元代郭松年考察云南民情后，也认为"其俗本于汉"③。正是在汉文化的影响下，再加上历代中央王朝对云南的经营开拓，使明以前的云南与祖国内地之间的关系尽管没

---

① 陈育宁主编：《中华民族凝聚力的历史探索》，云南人民出版社1994年版，第12页。
② （宋）欧阳修、宋祁：《新唐书·南蛮传》，中华书局1975年版，第6273页。
③ （元）郭松年：《大理行记》，载方国瑜主编，徐文德、木芹纂录校订《云南史料丛刊》第3卷，云南大学出版社1998年版，第136页。

有形成凝聚核心，但仍然保持着绵延不绝的政治、经济和文化联系。自明代大规模汉族移民进入云南成为主体民族后，情况便发生了根本的变化。明代通过军屯、民屯、商屯三种形式大批进入云南的汉族移民，首先在云南靠内地区形成星罗棋布的屯田据点，沿途交通线和主要城镇又将这些分散的据点串联起来，其影响便自然向四周传播开去。以后，随着清康、雍、乾、嘉时期改土归流后汉族移民从屯田据点和交通沿线向东南部、南部、西南部边疆的推移和扩展，汉族人口分布便逐渐遍及全省，最终完成了汉族移民在云南由点到线，由线到面的扩展过程与分布格局，把云南从一个民族众多但没有一个主体民族的地区改变为一个以汉族为主体的多民族聚居区。汉族移民在云南的定居与扩展，尽管因其占据了肥沃、富庶的坝区而造成"汉到夷走"，把"兄弟民族被挤到边远寒苦地区"[①]的负面影响，但其作为云南民族关系凝聚核心的正面影响，就使云南各民族从此稳固地成为中华民族多元一体格局中不可分割的一部分。对于云南汉族在云南民族关系发展史中所起的重要作用，王连芳同志的精辟论述为我们提供了科学而正确的答案。他说：

> 云南汉族有着强烈的"大一统"传统观念；加上地处边疆民族地区，在新中国成立前民族压迫和民族纷争非常严重的历史时期，许多方面必须更多依靠中央政权支持，对中央政权有着比内地汉族更为强烈的向心力。所以，自明代中叶汉族成为云南主体民族之后，云南可以出现军阀的地方割据，但各族军阀绝对搞不成分裂独立；民众有勇于抵御外侮的高涨热情，但没有问鼎中原的思想意向；在近代云南各民族联合反帝爱国斗争中，云南汉族常常直接参加战斗，并总是充当边疆少数民族反帝斗争的坚强后盾，支持和巩固着云南少数民族爱祖国、爱家乡的热情，是云南很

---

① 《周恩来选集》下卷，人民出版社1984年版，第251页。

难滋生分裂主义土壤的一大重要因素。①

正是基于以上认识，所以他进一步指出："在云南，汉族和少数民族的关系，左右着各民族之间的相互关系，搞好民族团结的一个关键，就在于解决好作为主体民族的汉族如何正确对待少数民族的问题。汉族不仅占全省总人口的2/3，遍布全省城乡各地，与少数民族关系密切，而且既有一般汉族普遍的基本共同点，又有自己突出的地区特点。云南汉族的特点，以及汉族与各少数民族相互关系中的特殊地位和作用，是云南民族工作，特别是民族团结工作必须研究的重要问题。"② 应该说，这些论述都是总结历史经验的正确认识，值得今天的民族工作者借鉴与深思。

（三）地区性初级统一为更高层次的全国大统一奠定基础

研究云南民族关系格局的历史形成及其特点，就不能回避唐宋时期南诏大理国与中央王朝长达5个多世纪的分立割据历史。怎样认识这一段历史？如何评价南诏大理国对云南民族关系格局的形成所产生的影响？这是研究云南民族关系史必须给予明确回答的重大问题。我们的认识和评价是：南诏大理国统一云南是一种历史的必然和历史的进步，正是这一段长达5个多世纪的地区性初级统一的历史，为元代更高层次的全国大统一奠定了基础，为云南各民族巩固地成为中华民族多元一体格局的一部分做出了历史贡献。南诏大理国时期云南民族关系格局具有两大特点：一是云南内部的统一；二是云南与中央王朝的分立割据。分立割据并不是南诏大理国统治者的本意和初衷，而是唐宋王朝中央执行错误民族政策的后果。其过不在云南地方统治者而在封建王朝中央，这已是明白无误的历史事实故无须再作讨论。因此

---

① 王连芳：《云南民族工作的实践与理论探讨》，云南人民出版社1995年版，第9—10页。

② 同上书，第10页。

我们这里仅着重论述南诏大理国统一云南的历史作用问题。

虽然云南从汉武帝时期便已正式并入中国版图，但历经两汉魏晋南北朝直至隋末唐初中央王朝对云南的经略开拓与设置经营仍未能实现云南的统一，云南的大部分地方仍然是"部落支离""首领星碎""各擅山川，不相役属"的分裂局面。这种部落林立、互不统属的状况，既不利于全国的统一也不利于云南地方的稳定更不符合云南各族人民的利益，因而8世纪中叶唐朝为抵御吐蕃而扶持南诏统一云南，应该说是一种顺应时代和人民要求的必然措施。从南诏统一云南到元代实现更高层次的全国大统一这一历史进程中，我们可以清晰地理出一条在云南这样部落林立、民族众多的分裂局面下与全国实现统一的发展线索和发展步骤。这就是：其一，乌蛮诸部从无君长的分散状态经过兼并争战逐步形成"六诏"，即六个实行王权世袭的酋邦；其二，南诏崛起，六诏归一，实现洱海地区的小区域统一；其三，乌蛮王族与白蛮贵族联合起来推动人口较多的乌蛮与白蛮两大民族集团结成联盟，然后东平诸爨，北挫吐蕃，西开寻传，南置银生节度，最终实现云南全境的统一；其四，经过南诏大理国长达5个世纪的地区性统一，促进了区域内经济文化的长足发展和各民族的交往融合，最终以一个统一的地方性实体融入元代中国大一统的版图之中。因此，南诏大理国时期实现的云南区域性统一为元代更高层次的全国大统一奠定了基础。费孝通先生在其论述中华民族多元一体格局的著名论文中曾探讨过中华民族成为一体的过程。他指出："中华民族成为一体的过程是逐步完成的。看来先是各地区分别有它凝聚中心；而各自形成了初级的统一体。比如新石器时期在黄河中下游都有不同的文化区，这些文化区逐步融合出现汉族的前身华夏的初级统一体，当时长城外牧区还是一个以匈奴为主的统一体和华夏及后来的汉族相对峙。经过多次北方民族进入中原地区及中原地区的汉族向四方扩散，才逐步汇合了长城内外的农牧两大统一体。"而"南北两个统一体的汇合才是中华民族作为一个民族实体进一步的完成"。① 马曜先生在探讨南诏大理国统一云南的历史作用时则结合云南多民族实际作了以下精辟论述：

> 中国是一个统一的多民族国家。由地域性的内部统一走向全国性的大统一，是中华民族形成的一般规律和必然趋势；地域性的内部统一有两种情况，一种是单一民族地区内部的统一，如松赞干布统一西藏，成吉思汗统一蒙古，努尔哈赤统一满洲，这三人都是本民族和中华民族的英雄人物。这些地方政权最后都或迟或早地走向全国性的大统一。另一种情况是，像在云南这样有两个以上人口较多的民族聚居和许多人口较少的民族杂居的地区，实现地域性统一的条件较差，难度较大，因而必须有至少两个人口较多的民族的首先联合，并正确处理好各自民族内部反对统一势力的干扰，带动其他人口少的小民族，才能实现本地域的内部统一。这就要求这些人口较多的民族中出现开明的统治人物，从各民族共同利益的大局出发，审时度势，正确处理好本地域内部和外部的关系，以促进各民族的联合和共同发展，最后走向全国性的大统一。唐代洱海地区"乌蛮"蒙氏王族与"白蛮"贵族联合建立南诏政权的历史，为我们提供了一个不同民族联合实现地域性的统一，然后经过曲折的道路走向全国性大统一的范例。②

（四）历史上民族政策的作用和影响

民族政策就是掌握国家机器的统治阶级处理民族问题、调节民族关系的观点、态度、意图、方法、策略，措施和对策的总和及集中体现，是民族关系的调节器。在古代中国缺乏法制传统的情况下，民族政策几乎就是调节民族关系的唯一手段。因此，云南民族关系格局的

---

① 费孝通：《中华民族多元一体格局》，《北京大学学报》1989年第4期。
② 参见马曜《民族团结的颂歌》，《云南民族学院学报》1996年第1期。

历史形成，与历史上的民族政策密切相关；历代统治阶级的民族政策，对云南民族关系格局及其特点的形成与发展具有至关重要的作用和影响。

毫无疑问，历代封建统治者由其剥削阶级的本质决定。其制定和执行的民族政策就必然具有政治上压迫、经济上剥削、军事上镇压和文化上歧视的性质。这种民族政策曾经极大地伤害过云南少数民族，在汉族与少数民族以及少数民族之间造成严重的隔阂和对立，给历史上的云南民族关系罩上浓厚的阴影并留下严重的创伤，由此形成了云南民族关系格局中不占主导地位的相互矛盾、相互排斥、隔阂冲突乃至武力争斗的一面。然而，云南从一块"蛮荒之地"和部落林立、土官遍野、各擅山川、互不统属的分裂状态逐步形成相互吸收，相互依存、友好合作、共同发展的民族关系主流并进而成为中华民族多元一体格局的一部分，除了封建王朝的军事征服本身具有的强制作用外，历代统治阶级民族政策中的另一面，即政治上的怀柔羁縻、经济上的宽徭薄赋和文化上的用夏变夷等政策，则在"攻心"和"德化"等民族心理和民族文化的深层领域，发挥了决定性作用。因此，我们这里着重谈谈后一方面的民族政策对云南民族关系格局及其特点的形成与发展产生的作用和影响。

羁縻政策是中国古代历代封建统治者治理民族地区的一贯政策。这一政策行之于云南，始于汉代，但思想渊源当更早。就云南情况而言，西汉时期分封的土著王、侯、邑长，东汉和三国两晋时期重用的土著夷帅，隋唐时期的羁縻州县，南诏、大理国时期中央王朝对南诏王和大理国王的册封，元明清时期的土司制度等，都是羁縻政策在不同朝代、不同时期的具体表现形式。《汉官仪》解释羁縻政策的含义是"制四夷如牛马之受羁縻"，即用牵牛绳和拴马索的办法，来管理中央王朝无力进行直接统治的民族地区。这一政策的核心要义是："因俗而治""以夷制夷"。即保留各民族原有的政治经济结构和社会组织不变，任用其民族首领管理其内部事务，中央王朝只负责各民族、各部落之间外部纠纷的协调管理，并通过纳贡等形式向其收取少于内地的赋税。这种政策从表面看均为怀柔措施，但实际上有效的推行通常都以中央王朝强大的军事实力为后盾，恩威并用，剿抚兼施。故古人所谓"自古御戎无上法，服则羁縻，叛则征伐"，便是对这一政策的精辟总结。尽管如此，这一政策的合理和进步方面仍是主要的。其一，它给了当地少数民族一定的自主权。羁縻政策正视了民族地区与内地大不相同的实际，采取"修其教而不易其政，齐其俗而不易其宜"的做法，既拉拢了民族的上层，又照顾了少数民族不信任外族统治者的心态，从民族地区的特点出发，有效建立和巩固了中央王朝的统治。其二，它给民族地区带来了相对安定的社会环境。中央王朝负责处理部族、部落间的外部纠纷。具有强大的威慑力量，改善了民族地区原来部落林立，彼此征战不休的混乱局面，使当地社会相对安定，受到各族人民的欢迎，因而具有进步意义。[①]

对云南少数民族实行"轻徭薄赋"的安抚照顾政策，虽然史书所载事例不少，但从历史长河来看，它并非历代统治阶级的一贯政策，而只是统治阶级中少数明智而富有远见的统治者基于较高的个人素质而实行的短期政策。然而尽管如此，这类与明智的封建统治者个人政治生命相始终的短期的安抚照顾政策，仍然对云南民族关系格局的形成发挥了积极的促进作用和重大而深远的影响。汉武帝"割齐民（内地汉民）以附夷狄"，对云南"毋赋税"的政策，就曾赢得边民"举踵思慕，若枯旱之望雨"[②] 的诵声，因而巩固了在云南设置不久的郡县制度。东汉首任永昌郡太守郑纯对少数民族只收象征性赋税，不仅使"夷俗安之"[③]，而且赢得了几十万哀牢夷的内属。其他如东汉时

---

① 王连芳：《云南民族工作的实践与理论探讨》，云南人民出版社1995年版，第95页。
② （汉）司马迁：《史记·司马相如列传》，中华书局1959年版，第3051页。
③ （南朝宋）范晔：《后汉书·西南夷列传》，中华书局1965年版，第2851页。

王阜治下益州郡地区的"政教清静、百姓安业"①；张翕治下越嶲郡地区的"政化清平，得夷人和"②；景毅治下益州郡地区从"米斗千钱"降至"米斗八钱"③；萧梁王朝时期出任宁州刺史的徐文盛采取"推心抚慰，示以威德"④的政策等，都收到了改善民族关系的良好效果。而元代赛典赤治滇，不仅以"宽仁"做法，使"西南诸夷翕然款附"⑤，而且以主动减轻赋税的办法，使得"夷大悦"⑥，又在此基础上发展生产，使山区少数民族"慕之，相率来降"⑦。为什么这种短期的安抚照顾政策竟能对改善民族关系产生如此良好的效果呢？原因就在于这种政策符合云南民族地区的实际，照顾到云南民族地区与内地汉族地区发展的不平衡性，有利于云南少数民族经济的发展和生活的改善，因而受到少数民族的欢迎，从而也就自然增强了云南少数民族对祖国内地的向心力。因此，这种轻徭薄赋的安抚照顾政策对云南各民族逐步成为中华民族多元一体格局的有机组成部分发挥了积极的促进作用。

用夏变夷和怀柔羁縻一样，是历代封建统治者治理民族地区的一贯政策。中国古代民族观的一大特点，是以文化而不以血缘来区别汉族与少数民族。《春秋·公羊传》所谓"诸夏而夷狄也，则夷狄之；夷狄而诸夏也，则诸夏之"，说的就是这个道理。所以，中国古代民族政策既有"内诸夏而外夷狄"，排斥少数民族的一面；又有"远人不服，则修文德以来之"，即"用夏变夷"的一面。费孝通先生将这种民族政策的两重性归结为汉族对待少数民族的两种策略：一是包进

---

① 《东观汉纪》卷18《王阜传》，方国瑜主编，徐文德、木芹纂录校订：《云南史料丛刊》第1卷，云南大学出版社1998年版，第73页。
② （宋）范晔：《后汉书·西南夷列传》，中华书局1965年版，第2853页。
③ （晋）常璩撰，刘琳校注：《华阳国志校注》，巴蜀书社1984年版，第349页。
④ （唐）姚思廉：《梁书·徐文盛传》，中华书局1973年版，第640页。
⑤ （明）宋濂：《元史·赛典赤·赡思丁传》，中华书局1976年版，第3066页。
⑥ （明）张洪：《南夷书》，载方国瑜主编，徐文德、木芹纂录校订《云南史料丛刊》第4卷，云南大学出版社1998年版，第571页。
⑦ （明）宋濂：《元史·张立道传》，中华书局1976年版，第3916页。

来,"用夏变夷";二是逐出去,赶到更远的地方。匈奴分南北两部,北匈奴走了,南匈奴汉化了,是具体的例子。① 北匈奴沿着直通中亚和东欧的大草原走出了后来中华民族的范围,其他民族能够走出这个范围的不多,因而"用夏变夷"是适用范围更广,使用频率更高的政策。所谓"用夏变夷",就是用比较先进的华夏文化去影响周围的落后地区和后进民族,使之接受华夏文化而改变落后面貌,加入诸夏行列。这一政策的核心要义是:不求汉族与少数民族在血缘上的一致,但求文化上的一统,从"同文"上解决汉族与少数民族的关系和国家的统一问题。云南自秦汉时期便被中原王朝作为包进来"用夏变夷"的地区,故历代封建王朝为治理云南而采取的一系列政策措施,如政治上的怀柔羁縻、经济上的安抚照顾、移民屯田以及文化上不遗余力地推行儒学和汉文化等,最终都是为了实现"用夏变夷"这一根本目的。所谓"用夏变夷",就是要用先进的华夏文化去融合汉族与少数民族及其人民间文化上的冲突。这种政策一方面造成了摧残少数民族传统文化的消极影响,另一方面也确实促进了少数民族与华夏文化的接近与融合,故南诏反唐后又重新弃蕃归唐,除了吐蕃"赋税重数"而唐朝赋税较轻等原因外,最根本的原因还在于南诏与吐蕃当时在文化上存在巨大差异而更接近唐文化②。因此,"用夏变夷"政策尽管有摧残民族文化的消极影响,但其通过文化交融促成内地与云南的双向认同,对云南各民族成为中华民族多元一体格局的有机组成部分所发挥的积极作用则应予以充分肯定。

(五)近代云南各民族在共同进行反帝爱国斗争过程中中华民族意识的形成与升华

早在古代,云南各民族便在共同开发、建设和保卫祖国西南边疆

---

① 参见费孝通《中华民族的多元一体格局》,《北京大学学报》1989年第4期。
② 参见马曜《民族团结的颂歌》,《云南民族学院学报》1996年第1期。

的长期历史发展中形成了共同的命运和共同的利益，由此也就形成了各民族联合团结对共同敌人进行共同斗争的优良传统。纵观云南几千年的历史发展，各民族为反抗封建王朝的民族压迫和阶级剥削而举行了多次武装起义，其中规模较大、影响较大、对封建势力打击较大的起义，无一不是团结联合了众多民族参加的。例如，1264年（元世祖至元元年）的舍利畏大起义，就联合了彝、白等族先民30多万。1856年（咸丰六年）同时爆发的杜文秀起义和李文学起义，更提出了明确的民族团结政策和纲领，从而联合回、汉、彝、白、傣、哈尼、傈僳、拉祜、景颇等众多民族参加，使起义斗争坚持了18年之久，沉重打击了清王朝的封建统治势力。到了近代，在抗击帝国主义侵略的反帝爱国斗争中，云南各族人民更是团结一心，共同对敌，以自己的鲜血和生命奋起进行了长期的反侵略斗争。云南各民族团结联合进行共同斗争的优良传统也在长期的反侵略斗争中再次经受了锤炼，得到了巩固，并进一步升华为明确而自觉的中华民族意识。这种升华的一个显著标志，就是1936年中英第二次会勘中缅南段边界时，以班洪王为首的阿佤山17部部落首领（17王）致函勘界委员会主席伊斯林，郑重宣告："卡瓦山为中国土地，卡瓦山民为中华民族之一部分""卡瓦山地与中国为一体，不能分割"。[①] 云南少数民族自觉意识到自己是中华民族的一部分，就标志着云南各民族也和全国其他民族一样，在民族意识上完成了对中华民族这一长期历史发展过程中形成的自在的民族实体向自觉的民族实体的转变，从而使中华民族多元一体格局的历史发展，进入了一个新的更高的阶段。

---

① 方国瑜：《滇西边区考察记》，云南人民出版社2008版，第68页。

三 云南民族关系格局与国家治乱安危的相互影响

云南各民族既然是中华民族多元一体格局中不可分割的有机组成部分，那么，整体与部分之间的紧密联系就使云南的民族关系格局与整个国家和中华民族整体的治乱安危、兴衰成败发生了密切的交互作用和相互影响，主要表现在以下两个方面。

一方面，云南僻处中国西南一隅，其历史发展进程主要受内地的影响并在很大程度上为中央王朝所左右。整个国家的治乱安危，国力的盛衰强弱，统治阶级民族政策的适宜与否以及中央王朝派驻云南的地方官吏素质的高低，都直接影响着云南的民族关系与边疆安宁。历史证明，国家统一，国力强盛，民族政策适宜得当和地方官员明智清廉，则云南必然出现各民族和睦相处，边疆稳定安宁和经济文化长足发展的良好局面；反之，国家分裂，国力衰弱，民族政策错误失当和地方官员贪狠昏庸，则云南必然出现民族矛盾激化，边疆动荡混乱和经济文化发展停滞不前甚至破坏、衰败、倒退的严重局面。因此，历史的经验证明，中央王朝对云南民族关系的好坏及边疆的安宁与否发挥着决定性作用。

另一方面，整体与部分之间的紧密联系则使云南的民族问题本身就是全国民族问题整体的一部分，也使云南发生的重大民族问题，常常反过来对全国治乱安危的大局产生重要影响。汉武帝在西南设置郡县，"以其故俗治，毋赋税"，官吏士卒的俸食及用具，都由邻近内地郡县供应，不在云南征取，后又通过移民屯垦来供给，曾得到边民拥护。云南的安定，客观上支持了汉武帝开疆拓土，安定全国的文治武功。三国时期，吴蜀两国争夺南中，蜀相诸葛亮南征云南时对少数民族采取和抚政策,七战七胜孟获而不杀,多任用当地少数民族上层人士,使南中获得安定,解除了诸葛亮出师北伐的后顾之忧。元初曾一度对云南实行军事统治,蒙古贵族的压迫奴役激发了云南30万各族人民大起义。忽必烈为稳定云南局势特派赛典赤以"谨厚"方针治理云南。赛典赤到云南后撤销军事组织而建立行省,并任命土著民族的上层分子充当土官,从而使云南局势得以迅速稳定下来,并以此奠定了后世云南行省的基础。所有这些,都是中央王朝或直接统治云南的内地政权采取适宜的措施治理云南,而对其政权的巩固和对全国的稳定与统一产生有利影响的典型事例。然而,公元9—22年王莽统治时期,在云南"赋敛繁数",引起"三边蛮夷愁扰尽反"。僰人首领栋蚕、若豆、孟迁起兵,杀郡守,王莽派兵和转徙者20万人征伐益州,"出入三年,疾疫死者什七"①。王莽政权的实力受损,终于在内地绿林、赤眉农民起义和边疆各族人民的夹击下,宣告覆灭。751—754年的天宝战争,20万唐兵全军覆没于大理,而这20万人"皆中国利兵"。在经济上,由于劳民伤财,唐朝"数年间因渐减耗"。战争结束后的第二年,发生了安禄山叛乱,从此唐王朝由盛转衰。明王朝为维护国家统一,对麓川土司(瑞丽江两岸及今陇川、遮放一带)发动的"三征麓川"之役,本是一次完全必要的军事行动。但是,"官军行处,村镇为墟",官吏们借战争横征暴敛和数十万大军给养物资的征调,使得"粮饷半天下,死者十七八",并于战争结束后引起贵州汉、苗、彝各族人民参加的大起义,波及湖广、江西、福建等省,强烈地冲击着明王朝的腐朽统治。所有这些,又都是中央王朝对云南执行错误或失当的民族政策,而对其政权的巩固和全国的稳定与统一产生不利影响的典型事例。因此,如把云南历史上发生的重大民族问题放在全国历史发展总体中加以考察,便会发现它总会不同程度地影响到中

---

① (汉)班固:《汉书·西南夷列传》,中华书局1962年版,第3846页。

央王朝的兴衰成败，关系到国家的治乱安危。①

中华人民共和国成立后，党和国家实行民族平等、民族团结和各民族共同繁荣的马克思主义民族政策，并根据中国具体国情实行民族区域自治制度，从而使云南各民族顺利实现了民主改革和社会主义改造，同时帮助各民族在社会主义建设中取得了巨大成就。这不仅使云南各民族的社会面貌发生了翻天覆地的变化，云南各民族的发展进步反过来也对社会主义祖国的稳定发展和中华民族的大团结、大统一做出了重大贡献。然而，20世纪50年代末期和"文化大革命"中，由于"左"倾错误对党的民族政策的冲击以至否定，也使云南发生了大量边民外流和令人震惊的"沙甸事件"，对全国的稳定和中华民族的大团结造成了严重的不利影响。因此，即使到了今天作为中华人民共和国不可分割的一部分的云南民族问题，仍然直接或间接地不同程度地影响着国家的治乱安危和中华民族的前途命运。

综上所述，云南各民族作为中华民族多元一体格局的有机组成部分而使云南民族关系格局与国家的治乱安危发生了密切的交互作用和相互影响。这种交互作用和相互影响所造成的正反两方面的结果，以及其中蕴含着的深刻的历史经验和教训，为今天全国和云南的民族团结与边疆稳定事业，为今天的治国者与治滇者，留下了可资借鉴与参考的宝贵的历史财富，值得今天的各级干部深思。

（原载《云南社会科学》1997年第4期，同年人大报刊复印资料《民族问题研究》全文转载）

---

① 参见《当代中国的云南》（下），当代中国出版社1991年版，第223页。

论中国历史上的民族关系理论

在中国漫长的历史发展过程中,如何协调和处理好民族关系,从来都是关系国家统一及其稳定与发展的重大问题。因此,历朝历代的政治家、思想家、军事家和学者,都从各自不同的立场,提出了处理民族关系的观点和见解,形成了内容丰富的民族关系理论。

一 汉语"民族"一词的本土起源及中国特色

关于汉语"民族"一词的来源,一些学者曾尽力在古代文献中检索。由于中国古代典籍浩如烟海,从中搜寻"民族"一词的名词形式无异于大海捞针,其艰难可想而知。因此,民族学界长期认为,这一术语不见于中国古代文献,是近代由日本创造并传入中国的外来词。例如,林耀华先生认为,"在我国,'民族'这个名词近代以来已经普遍流传,无论是指国内外的民族、古代和现代民族、汉族和少数民族,都笼统用'民族'这一概念,也都具有历史上形成的人们共同体的一般意义"。"汉语'民族'一词可能首先从日文转借过来,时间大约在辛亥革命前夕……在清末时日本有'民族'一词的习惯已传来我国。"[①] 特别是韩锦春、李毅夫编写的《汉文"民族"一词考源资

---

① 林耀华:《关于"民族"一词的使用和译名的问题》,《历史研究》1963年第2期。

料》一文,梳理了古籍文献中与民族相关的词语,如"族""族类""族种""氏族""国族""邦族""宗族""部族""种族"等,列举了中国近代书刊文献使用"民族"一词的情况,提出"民族"一词在中国古代典籍中未曾出现,近代以前"民""族"是分开使用的等判断,对中国民族学界形成上述共识产生了重要影响。① 在权威的《中国大百科全书》(民族卷)中,由牙含章先生综合当时的研究成果撰写的"民族"词条,是这样解说的:

> 汉语中"民族"一词出现的年代较晚。在中国古籍里,经常使用"族"这个字,也常使用民、人、种、部、类,以及民人、民种、民群、种人、部人、族类等字。但是,"民"和"族"组合为一个名词则是后来的事。1903年中国近代资产阶级学者梁启超把瑞士—德国的政治理论家、法学家J.K.布伦奇利的民族概念介绍到中国来以后,民族一词便在中国普遍使用起来……②

然而,随着有关学者在中国古代文献中搜检"民族"一词工作的不断进行,这一努力在最近几年取得了以下三个重大突破。

第一,茹莹在唐人李筌所著兵书《太白阴经》序言中发现了汉文"民族"一词。其文曰:

> 夫心术者,尊三皇、成五帝。贤人得之以霸四海,王九州;智人得之以守封疆,挫强敌;愚人得之以倾宗社,灭民族。固君子得之固穷,小人得之倾命。是以兵家之所密而不可妄传,否则殃及九族。臣今所著《太白阴经》,其奇谋诡道,论心术则流于残忍,以为不如此则兵不能振。故藏诸名山石室间。承帝命欲备

---

① 参见韩锦春、李毅夫编《汉文"民族"一词考源资料》,中国社会科学院民族研究所民族理论研究室1985年版。
② 《中国大百科全书》(民族卷),中国大百科全书出版社1986年版,第302页。

清览,敢昧死以进。①

茹莹认为,此处"宗社"与"民族"相对应,同为并列结构,应理解为"社稷"与"民众",原意可解释为"灭国亡族"。这里的"民族"一词虽不具现代民族的含义,但是汉语"民族"一词绝非近代的"舶来品"。汉语"民族"一词是为中国本土的词汇。②

第二,邸永君在《南齐书》卷五十四《高逸传·顾欢传》中,发现了与今天含义基本相同的"民族"一词。其云:

舟以济川,车以征陆。佛起于戎,岂非戎俗素恶邪(耶)?道出于华,岂非华风本善邪(耶)?今华风既变,恶同戎俗,佛来破之,民有以矣。佛道实贵,故戎业可遵;戎俗实贱,故言貌可弃。今诸华士女,民族弗革,而露首偏踞,滥用夷礼,云于翦落之徒,全是胡人,国有旧风,法不可变。③

这里的"诸华"即"诸夏",对之以"戎""夷""胡";"士女"即成年男女;"民族弗革",指的是中原汉族族属未变,却因信仰佛教、落发为僧而"露首偏踞,滥用夷礼"。邸永君认为,《南齐书》的作者萧子显,其生卒年限大致在公元489—537年;而唐人李筌主要活动于唐玄宗至肃宗(713—761)之时,因此,《南齐书》中"民族"一词的出现比《太白阴经》大致要早200年,且含义与现在更为接近。而且,"考虑到《南齐书》作为正史的学术地位,而日本所用汉字、典籍又皆学自中国,因此甚至可以推测日本所用该词直接取自汉典。此亦并非不可能也"。④

---

① (唐)李筌:《神机制敌太白阴经》序,清咸丰四年(1854)长恩书室丛书本。转引自茹莹《汉语"民族"一词在我国的最早出现》,《世界民族》2001年第6期。
② 参见茹莹《汉语"民族"一词在我国的最早出现》,《世界民族》2001年第6期。
③ (南齐)萧子显:《南齐书》,中华书局1972年点校版,第934页。
④ 邸永君:《"民族"一词见于〈南齐书〉》,《民族研究》2004年第3期。

第三，郝时远在以上两位学者的基础上，进一步搜检十三经、二十五史、《四库全书》《四部丛刊》等古代文献，在剔除一些语焉不详、尚需进一步考究的例证后，钩稽出 10 个足以证明"民族"一词是中国古代汉语名词的例证，时间从目前所知使用"民族"一词最早的《南齐书》到清朝咸丰年间的《皇朝经世文续编》（493—1851），长达 1300 余年见诸历史文献的实证不乏其例，证明"民族"作为一个名词确属中国古代汉语中的词语。而且，郝时远经过多方考证后指出："就'民族'一词在中国古代文献到近代书刊的使用情况看，该词由中国传入日本的概率更大，而且很可能是一些传教士办的中文刊物中使用'民族'一词产生的影响。"因此他认为："无论是古汉语'民族'一词，还是近代对译西文的'民族'现代用法，在 19 世纪 70 年代或之前传入日本的可能性很大。近代日本人大量译介西方著作时，吸收中译西书的用词或用中文词语对应欧美新概念是普遍现象。"当然，他同时认为，中国在对应英文（nation）意义上的现代民族观念受到了日译西书的影响，"中国人主要从日译西书中接受了西方有关现代民族—国家时代的'国民''民族'含义"。①

上述诸位学者的考证表明，汉文"民族"一词是中国的本土词汇，其含义既指宗族之属，又指夷夏之别；而在用于区分夷夏之别的含义中，剔除其中的歧视含义后，便成为沿用至近代、不具有国家和政治因素的含义、主要基于文化差异来区分"我族"与"他族"的、具有中国特色的"民族"概念。这一概念对中国历史上占主导地位的"文化主义"民族关系理论的形成和发展，产生了重要影响。

---

① 参见郝时远《中文"民族"一词源流考辨》，《民族研究》2004 年第 6 期。

二 中国历史上两种主要的民族关系理论

经过漫长的旧石器时代和新石器时代的发展，中国历史进入夏、商、周时期，中华民族及其文化从"满天星斗"①似的多元起源逐步演变为"东夷、南蛮、西戎、北狄、中国"等"五方之民"的分布格局。《礼记》中区分"五方之民"的一段话便说明了这一点。其云：

> 中国戎夷，五方之民，皆有性也，不可推移。东方曰夷，被发文身，有不火食者矣；南方曰蛮，雕题交趾，有不火食者矣；西方曰戎，被发衣皮，有不粒食者矣；北方曰狄，衣羽毛穴居，有不粒食者矣；中国、夷、蛮、戎、狄，皆有安居、和味、宜服、利用、备器；五方之民，言语不通，嗜欲不同……②

这段话既没有使用"族"字，也没有"民族"的概念，但的确是"中国最早具有民族志意义的记录"，③也可以说是具有中国特色民族概念的初步阐述。

在这个分布格局中，地处中原地区的"夏""华夏"民族因处于五方之中而被称为"中国"，又因其天赋环境的优越而经济文化相对先进；居于中原之外东、南、西、北的夷、蛮、戎、狄因地处边远、

---

① 我国著名考古学家苏秉琦先生在论述中国文明多元起源时形容说："中国文明的起源，不似一支蜡烛而像满天星斗。"转引自陈育宁主编《中华民族凝聚力的历史探索》，云南人民出版社1994年版，第53页。

② （元）陈澔注：《礼记集说》卷3《王制》，《四书五经》中册，天津古籍书店1988年影印本，第74页。

③ 郝时远：《先秦文献中的"族"与"族类"观》，《民族研究》2004年第2期。

农耕环境条件较差而经济文化相对落后。因此，在如何处理五方之民的相互关系时，就自然形成了"夷夏之辨"，即如何处理华夏民族和以后的汉民族与周边少数民族的关系为核心的民族关系理论。其中，在中国几千年历史上一直占据重要地位的主要有以下两种理论认识。

（一）有教无类、华夷一家

针对"夷夏之辨"，孔子提出了"有教无类"①的思想。有教无类的"教"字，既可以作动词解，表示教授、教化之意；但从"族类"观角度分析，又可以作名词解，表示以"礼"为核心的一套典章制度及其所规范的纲常伦理。②孔子认为，"夷夏之辨"的标准，不是血统和体质，而是文化和文明。以周礼为核心的一套典章制度及其所规范的纲常伦理，是最优秀的文化和文明，"周监于二代，郁郁乎文哉！吾从周"③。因此，尊崇此制度和规范亦即尊崇此"教"者便是夏，且"夷可变夏"；而悖逆此制度和规范亦即悖逆此"教"者，便是夷，且"夏可变夷"。故韩愈说："孔子作《春秋》也，诸侯用夷礼则夷之，进于中国者则中国之。"④正所谓"有教无类"，族，类也。在"夷夏之辨"中，"有教"则无"族类"之分。

针对五方之民中与"中国""华夏"不同文化不同"俗"的蛮夷戎狄，孔子提出了"远人不服，则修文德以来之，既来之，则安之"⑤的"用夏变夷"的教化策略，而且提出"修其教不易其俗，齐其政不易其宜"⑥的既对少数民族施行教化又尊重其风俗和传统文化

---

① 《论语·卫灵公》，杨伯峻译注：《论语译注》，中华书局1980年版，第170页。
② 参见郝时远《先秦文献中的"族"与"族类"观》，《民族研究》2004年第2期。
③ 《论语·八佾》，杨伯峻译注：《论语译注》，中华书局1980年版，第28页。
④ （唐）韩愈：《原道》，童第德选注：《韩愈文选》，人民文学出版社1980年版，第218页。
⑤ 《论语·季氏》，杨伯峻译注：《论语译注》，中华书局1980年版，第172页。
⑥ （元）陈澔注：《礼记集说》卷3《王制》，《四书五经》中册，天津古籍书店1988年影印本，第74页。

的原则，以达到"四海之内皆兄弟"①的目的。

孔子"有教无类"的民族关系理论对后世产生了重大影响，中国历史上不少有识的政治家、思想家、军事家和学者，无不继承和发扬光大这一理论。

唐太宗说："夷狄亦人耳，其情与中夏不殊。人主患德泽不加，不必猜忌异类。盖德泽洽，则四夷可使如一家，猜忌多，则骨肉不免为仇敌""自古皆贵中华，贱夷、狄，朕独爱之如一"。②

明太祖说："蛮夷之人，性习虽殊，然其好生恶死之心，未尝不同，若抚之以安静，待之以诚意，谕之以道理，彼岂有不从化者哉？"③

明成祖说："华夷本一家，朕奉命为天子，天之所覆，地之所载，皆朕赤子，岂有彼此？"④

对于中国历史上这种以文化区分民族和通过"教化"来实现"以夏变夷"目的的民族关系理论，冯友兰从近代世界乡村城镇化发展趋势的角度，作过一段有趣的评论和总结。他说：

> 中国自周秦以来，对于四周别底民族，向来是处于城里人的地位。自周秦以来，中国向来是城里，四周别底地方向来是乡下。虽然有几次乡下人冲进城里来，占据了衙门，抓住了政权，但是这些乡下人，终究是乡下人。他们不能把城里人降为乡下人，他们至多能把他们自己升为城里人。他们所见底城里人，即是中国人。所以他们于变成城里人之时，不知不觉地在许多别底方面亦变为与中国人相同。此即所谓同化。有许多人说，中国人对于异族之同化力特别强。凡异族入中国者，无论其为统治者或

---

① 《论语·颜渊》，杨伯峻译注：《论语译注》，中华书局1980年版，第125页。
② 《资治通鉴》卷197、198，中华书局1956年版，第6215—6216、6247页。
③ 《明太祖实录》卷34，"中央研究院历史语言研究所"校印本，第613页。
④ 《明太宗实录》卷264，杨伯峻译注：《论语译注》，中华书局1980年版，第2407页。

被统治者，历时稍久，即不知不觉地为中国人所同化。此是事实。不过中国人之所以能同化异族，并不是因为中国人是中国人，而是因为对于所同化之异族，中国人是城里人。所谓夷夏之别，有殊与共两个方面。就殊的方面来说，夷夏之别，即是中国人与别底民族之别。就共的方面说，夷夏之别，即是城里人与乡下人之别。①

钱穆亦有同感，他说：

在古代观念上，四夷与诸夏实在另有一个分别的标准，这个标准，不是"血缘"而是"文化"。所谓"诸侯用夷礼则夷之，夷狄进于中国则中国之"，此即是以文化为"华""夷"分别之明证。这里所谓"文化"，具体言之，则只是一种"生活习惯与政治方式"。诸夏是以农耕生活为基础的城市国家之通称，凡非农耕社会，又非城市国家，则不为诸夏而为夷狄。②

费正清也认为：

毫无疑问，这种认为孔孟之道放之四海而皆准的思想，意味着中国的文化（生活方式）是比民族主义更为基本的东西……一个人只要他熟习经书并能照此办理，他的肤色和语言是无关紧要的。因此，近代中国初期还保留着非民族主义的传统，即只要统治者统治有方，谁来统治都没有关系。③

（二）非我族类，其心必异

与"有教无类，华夷一家"并存的还有另一种民族观，这就是作

---

① 冯友兰：《贞元六书》（上卷），华东师范大学出版社1996年版，第247页。
② 钱穆：《中国文化史导论》（修订本），商务印书馆1994年版，第41页。
③ 费正清：《美国与中国》，张理京译，世界知识出版社2006年版，第92、93页。

为古代儒家五经之一的《春秋左氏传》引用《史佚之志》中的话提出的"非我族类，其心必异"①的观点，代表了一种对五方之民中"华夏""诸夏"之外的"蛮夷戎狄"的歧视、猜忌、排斥以至仇视的民族观。这种民族观同样影响深远。

管仲提出："戎狄豺狼，不可厌也，诸夏亲昵，不可弃也。"②

晋朝江统"深惟四夷乱华，宜杜其萌，乃作《徙戎论》"。在《徙戎论》中，他说：戎狄"非我族类，其心必异，戎狄志态，不与华同……以贪悍之性，挟愤怒之情，候隙乘便，辄为横逆。而居封域之内，无障塞之隔，掩不备之人，收散野之积，故能为祸滋扰，暴害不测"。③

唐代诗人白居易上书朝廷说："戎狄者，一气所生，不可剪而灭之；五方异族，不可臣而畜之……今国家柔中怀外，近悦远来，北虏响风，南蛮底贡；所未化者，其余几何？伏愿陛下：畜之如犬羊，视之如蜂虿，不以士马强而才力盛，恃之而务战争；不以亭障静而烟尘销，轻之而去守备。"④

宋初名相赵普说："唯彼蕃戎，岂为敌对？迁徙鸟举，自古难得制之。前代圣帝明主，无不置之化外，任其追逐水草，皆以禽兽畜之。"⑤

宋代包拯说："其贪而好利，忍而好杀，强则骄傲，弱则卑顺，率戎狄之天性也。故自古圣王以禽兽畜之，来则驱而御之，去则备而守之，此制御之常道。"⑥

对于这样两种截然不同甚至完全对立的民族观同时并存于中国历史上的现象，美国印度裔学者杜赞奇提出一种"复线的历史观"来加

---

① 杨伯峻：《春秋左传注》，中华书局1958年版，第818页。
② 《左传·闵公元年》，杨伯峻译注：《春秋左传注》，中华书局1958年版，第256页。
③ （唐）房玄龄：《晋书》卷56，《江统传》，中华书局1974年版，第1531—1532页。
④ 《白居易集》，中华书局1979年版，第1344—1345页。
⑤ 《全宋文》卷42，巴蜀书社1988年版，第694—695页。
⑥ 《包拯集》，中华书局1963年版，第118页。

以解释。所谓"复线的历史观"是针对历史学界长期存在的"线性的历史观"而提出的。在"复线的历史"中，过去并非仅仅沿着一条直线向前延伸，而是扩散于时间和空间之中，具体到中国，就是认为在中国社会复杂的历史进程中，存在着"文化主义"和"民族主义"两种意识形态，亦即我们指出的"有教无类，华夷一家"和"非我族类，其心必异"这两种民族观，这两种意识形态在不同的时间和空间交替出现在中国历史上的观念与思潮（叙述结构）中。

他承认："把'文化主义'（或天下主义）视为'中国文化主义'，就不是把它看作一种文化意识本身，而是把文化——帝国独特的文化和儒家正统——看作一种界定群体的标准。群体中的成员身份取决于是否接受象征着效忠于中国观念和价值的礼制""就文化主义而言，中国人的观念是优越的，但并不排他。通过教育和模仿，夷狄可以成为群体中的一部分，拥有共同的价值观念，并与其他缺少这些观念的夷狄区分开来"。[①]

他指出："列文森是'文化主义'观念最系统的阐释者……文化主义指的是一种自然而然的对于文化自身优越性的信仰，而无须在文化之外寻求合法性或辩护词。列文森认为，只有当19世纪晚期面对'他者'的挑战，文化价值不得不寻求合法性时，我们才开始看到'文化主义的衰弱'并迅速向民族主义发展——或向国家保护的文化转化（即文化政治化）。"[②]

杜赞奇认为，实际上，"他者"的挑战和威胁在历史上好几种场合都出现过，而中国士大夫和民众都做出了相应的反应：

> 在12世纪金人入侵时，部分士大夫完全放弃了天下帝国的发散型的观念，而代之以界限分明的汉族与国家的观念，夷狄在

[①] [美]杜赞奇：《从民族国家拯救历史：民族主义话语与中国现代史研究》，王宪明译，社会科学文献出版社2003年版，第46—47、48页。

[②] 同上书，第44—45页。

其中已无任何地位可言……宋代对（汉族）族群国家的表述最为强烈，但1644年满族征服（中原）后，此种表述似乎重新出现，鼓吹最有力者当推帝制晚期的王夫之。王氏把满族与汉族之间的差别比作玉石与白雪之间的差异，二者虽然都是白色，但性质却完全不同，说得更难听一点，两者之间的差异就像同样颜色的人与马之间的差异，根本不能相提并论……清朝统治初期王夫之、黄宗羲、顾炎武等所写的反满的论著，再加上描写清朝实行屠杀的故事集《明季野史》，在19世纪中期以后重新出现……汉族的排外主义在19世纪末似乎达到高潮。①

因此，他总结说：

晚期中国社会对政治群体的表述，至少可以分出两种：一种是建立在先天性原则基础之上的排他性的以汉族为中心的表述；第二种是中国精英阶层的文化价值观念与学说基础之上的表述……在历史上，两种表述既相联系又相分离。在任何时候，为实现此或彼所做的努力，效果可能相差极大，实际上是生死攸关的差异，涉及谁将被接纳加入群体，谁将被拒于群体之外。②

对于杜赞奇的"复线历史观"，马戎评论说：

我们在强调中华传统具有一个以"天下"为视野、以"文化"为核心、以"教化"为发展的族群观的同时，也不能忽视同时还存在着一个以"种族"为特征、以"汉人"为边界、排斥与仇视"异族"的民族主义的族群观。当中华强大时，汉人会表现得宽容和开放；而当夷狄强大并威胁到汉人群体的生存时，汉人当中就会

---

① ［美］杜赞奇：《从民族国家拯救历史：民族主义话语与中国现代史研究》，王宪明译，社会科学文献出版社2003年版，第47—48页。
② 同上书，第49页。

出现狭隘、偏激和排外的民族主义。这样一种"复线"的历史发展观，确实有助于我们认识中国族群发展的复杂历史。①

其实，"文化主义"和"民族主义"这两种不同的民族观，不仅同时存在于中国历史上不同的时间和空间，而且还同时并存于同一个人身上，这在唐太宗和明太祖身上表现得最为明显。如前所述，自称对中华、夷狄爱之如一的唐太宗，在另一个场合却又说："夷狄人面兽心，一旦微不得意，必反噬为害。"② 一方面说"四夷可使如一家"，另一方面却又说："中国，根本也；四夷，枝叶也；割根本以奉枝叶，木安得滋荣！"③ 而自称"蛮夷之人，未尝不同"的明太祖，在其讨元檄文中却宣称："自古帝王临御天下，中国居内以制夷狄，夷狄居外以奉中国，未闻以夷狄居中国治天下者也"，并提出"驱逐胡虏，恢复中华"④ 的口号。

由此可见，"文化主义"和"民族主义"这两种不同甚至对立的民族观，在中国历史上实际是被作为两种不同的工具在交替使用的。在不同的时间和空间，在同一个政治家面对不同的情势时都可以交替使用这两种工具。一般说来，当中国统一和中华文化强大时，文化主义的民族观就会占据主导地位；而当国家分裂、衰弱和中华文化面临危机时，民族主义的文化观就会占据主导地位。但是，由于中国本土的"民族"概念本身就是一个"文化"概念，历史上中国统一的时间长于分裂的时间且统一日趋巩固，中华传统文化中大一统的观念根深蒂固等原因，因此，从总体历史来讲，仍然是文化主义的民族观占据主导地位。

（原载《云南社会科学》2007 年第 5 期）

---

① 马戎编著：《民族社会学——社会学的族群关系研究》，北京大学出版社 2004 年版，第 158—159 页。
② 《资治通鉴》卷 197，中华书局 1956 年版，第 6201 页。
③ 《资治通鉴》卷 195，中华书局 1956 年版，第 6149 页。
④ 《明太祖实录》卷 26，"中央研究院历史语言研究所"校印本，第 401—402 页。

地理环境与民族关系

中国古人在议论天下大势时,常常把"天时"(时势与机遇)、"地利"(自然环境与地理位置)、"人和"(群体团结、人心向背和人的主观努力)并列为争夺天下、巩固天下的三大要素,并认为"天时不如地利、地利不如人和"。从中我们可以看出地理环境在历史发展进程中的重要性。如果更进一步分析,天时固然不如地利,地利固然不如人和,但天时、地利、人和三大要素并不是相互孤立可以任意分割的,在很大程度上它们是相互联系、互相转化的。换句话说,"人和"这一成就大事的最优要素在很大程度上是建立在"天时"和"地利"的基础之上的。在这里,地理环境在历史发展中的重要性就显得更加突出了。实际上,在人类历史的早期,地理环境对历史发展的决定性影响是显而易见的。马克思、恩格斯指出:"自然界起初是作为一种完全异己的、有无限威力的和不可制服的力量与人们对立的,人们同它的关系完全像动物同它的关系一样,人们就像牲畜一样服从它的权力。"[①] 随着人类社会生产力的发展,人类认识自然、改造自然能力的提高,地理环境对人类历史发展的影响和作用正在日趋减弱。然而,即使到了科学技术高度发达的今天,地理环境对经济社会发展的制约和影响仍然随处可见,因为一个十分浅显但颠扑不破的事实和真理摆在人类面前:生产力发展水平再高,科学技术再发达,人类也不可能离开自己生存的地理环境而任意创造历史。

---

① 《马克思恩格斯选集》第 1 卷,人民出版社 1972 年版,第 35 页。

那么，地理环境怎样影响历史发展进程呢？列宁指出："地理环境的特性决定着生产力的发展，而生产力的发展又决定着经济关系的以及随在经济关系后面的所有其他社会关系的发展。"① 这就是说，地理环境是通过物质生产这一中介来影响人类历史及其社会关系发展的。民族关系也是一种社会关系，它受地理环境的影响是显而易见的，因为任何民族的生息繁衍都有其特定的自然环境和生存空间，"民族格局似乎总是反映着地理的生态结构"，② 而民族关系便是在特定的自然环境和民族分布格局基础上，不同民族在物质生产过程中相互之间进行经济文化交流而形成的。本文以中华民族关系和云南民族关系为对象，着重谈谈地理环境对民族关系的影响。

一　中国地理环境的基本特点及其对中华民族关系的影响

中华民族是指现在中国疆域内具有民族认同的全体人民。它包括的 56 个民族单位是多元，中华民族是一体。本文所说的中华民族关系，指的是中华民族内部各民族之间的关系。"中华民族作为一个自觉的民族实体，是近百年来中国和西方列强对抗中出现的，但作为一个自在的民族实体则是几千年的历史过程所形成的。"③ 中华民族关系的格局是在中华大地上形成的。中国地理环境的特点可以从多角度、多侧面进行归纳和概括。但从地理环境影响民族关系的角度而言，以下三大特点值得特别注意。

---

① 《列宁全集》第 38 卷，人民出版社 1959 年版，第 456 页。
② 费孝通：《中华民族多元一体格局》，中央民族学院出版社 1989 年版，第 2 页。
③ 同上书，第 1 页。

（一）辽阔的疆域和复杂多样的地理条件

中华民族的家园就其辽阔和广大而言，从古至今在世界上屈指可数。在这片辽阔的土地上，有宽广的平原，巍峨的群山，巨大的盆地，壮美的高原，冈峦起伏的丘陵，星罗棋布的岛屿和众多的江河湖泊。气候自南而北，随着太阳的辐射和气温的变化，依次出现赤道带、热带、亚热带、暖温带、温带、寒温带等六个温度带，降水量则从东南沿海向西北内陆逐渐递减。这种南北跨温、热两大气候带，东西分属干湿两大地区的总体气候特征又因地形的不同而千变万化，从而形成丰富多彩的自然景观和多种多样的人类生存条件。正是在此基础上，中华大地成为人类起源的中心之一；也正是在此基础上，中华民族的先人早在旧石器时代就已在这块土地上繁衍生息，中华民族及其文化的多元起源便已初见端倪。进入新石器时代，中华民族文化多元起源的格局，便随着新石器时代文化遗址在全国各省区的大量发现而日趋明朗。因此我们可以推定，早在8000年前，中华大地上已存在着分别聚居在不同地区的许多集团，分别创造了他们各具特色的文化。费孝通先生指出："很难想象在这种原始时代，分居在四面八方的人是出于同一来源，而且可以肯定的是，这些长期分隔在各地的人群必须各自发展他们的文化以适应如此不同的自然环境。"[1] 我国著名考古学家苏秉琦教授亦指出："中国文明的起源，不似一支蜡烛而像满天星斗。"[2] 这些分别聚居在不同地区为适应不同的地理环境而分别创造和发展着各自文化的人们集团，经过氏族部落社会的长期发展而形成不同的民族，许许多多的民族为着生存和发展，一方面要在自己居住的地理环境下从事物质生产，自然环境和劳动对象的不同便导致

---

[1] 费孝通：《中华民族多元一体格局》，中央民族学院出版社1989年版，第2、3页。
[2] 转引自陈育宁主编《中华民族凝聚力的历史探索》，云南人民出版社1994年版，第53页。

各民族生产方式、生活方式以及民族文化的不同，民族差异和多民族文化共存的格局便由此形成并长期发展。另一方面，各民族在从事物质生产过程中也互相接触、互相交往、互相学习和互相竞争，民族关系便由此产生并长期发展，不同的民族分布和民族交往格局亦同时决定着不同的民族关系格局。因此，由中华大地辽阔的疆域和复杂多样的地理条件决定的民族文化的多元起源和多民族长期共存的格局，是中华民族关系形成和发展的前提和基础，是中国的地理环境影响中华民族关系的第一个基本方面。

（二）地理环境的区域多样性和整体统一性相互联系、共同作用

中华大地辽阔的疆域和复杂多样的地理环境，为中华民族及其文化的多元起源和多区域、多中心发展提供了条件。早在1981年，苏秉琦教授就从文化渊源、特征、发展道路的异同等方面，把我国的考古学文化划分为六大文化区：

1. 以长城地带为中心的北方（包括东北、华北、西北）地区；
2. 以晋、陕、豫三省接邻地区为中心的中原地区；
3. 以山东及其邻境地区为中心的黄河下游地区；
4. 以湖北及其邻境地区为中心的长江中游地区；
5. 以苏（江苏）、浙（江）邻境地区为中心的长江下游地区；
6. 以鄱阳湖—珠江三角洲一线为主轴的南方（包括东南沿海、岭南、西南几省）地区。

苏先生同时指出："这六个大区，如果以秦岭为界，南、北各有

三块；也可以看出，它们有三块是面向亚洲腹地，有三块则面向海洋。"①

在 1999 年出版的《中国文明起源新探》一书中，苏秉琦先生进一步丰富和完善了自己的考古学文化区、系理论，将这六大文化区的表述调整为：

1. 以燕山南北长城地带为重心的北方；
2. 以山东为中心的东方；
3. 以关中、晋南、豫西为中心的中原；
4. 以环太湖为中心的东南沿海；
5. 以环洞庭湖与四川盆地为中心的西南部；
6. 以鄱阳湖—珠江三角洲为中轴的南方。②

有的学者又在苏先生区系类型划分的基础上增加了甘青文化区，并把云南和西藏从南方文化区中划出来，专设"西南文化区"，③ 从而大体上勾画出了我国新石器时代文化多区域、多中心发展的格局。

上述诸多文化区内都有许多自然条件较好、物产十分丰富的地区，在古代环境闭塞、交通不便的情况下有可能形成区域内经济生活的相对自给自足，从而造就若干个相对独立的经济、政治、文化中心，这就是我国历史上分裂割据局面反复出现，地方民族政权竞相崛起的地理基础。④

然而，我国的地理环境又具有以下三个整体统一性。

首先，由于中华大地四周都有天然阻隔，内部自成体系完整的地

---

① 《苏秉琦考古学论述选集》，文物出版社 1984 年版，第 302 页。
② 苏秉琦：《中国文明起源新探》，生活·读书·新知三联书店 1999 年版，第 34—99 页。
③ 参见《中华文明史》第 1 卷，河北教育出版社 1989 年版，第 29—90 页。
④ 参见白寿彝主编《中国通史》第 1 卷，上海人民出版社 1989 年版，第 142 页。

理单元,① 因而使我国各民族内向发展比外向发展更为容易。我国位于亚洲东部,茫茫无定、浩浩无际和渺渺无垠的大海从东面和东南面,广漠无边的草原与沙漠和人烟极稀的严寒苔原从北面,冰峰高耸的帕米尔高原从西北面,世界最高峰喜马拉雅山脉从西南面,横断山脉江河峡谷和热带丛林瘴疠从南面,把中华大地环抱起来,构成我国各民族外向交往与发展的天然屏障。历史上虽有南北丝绸之路和海上丝绸之路宛如三条玉带,把我国各民族和西亚、南亚、东南亚、欧洲乃至北非诸国联系起来,但在古代交通不便的条件下,这些通道所起的作用毕竟有限。因此,在古代中华民族发展史上,外向发展从未成为主流,外部影响也从未占据主导地位。各民族的内向交往虽然也同样面临着山水阻隔和交通不便的困难,但内向交往的地理屏障与外向交往相比就显得微不足道了。所以早在远古时期,我国各民族的先民就利用山脉走向、江河冲刷切割形成的天然通道,闯出了多条由东至西,由北而南的民族迁徙"走廊"和经济文化交流路线,著名的有中南走廊、南岭走廊、藏彝走廊、河西走廊、内蒙古走廊等。自秦始皇统一中国后,历代中央政府又动员全国力量修建了许多官道、驿道、栈道等,大大方便了国内各地区、各民族之间的联系与交往。

其次,我国天然形成的自西向东落差显著的三级阶梯地形为周边多元、多区域、多中心文化向中原汇聚提供了便利条件。西部青藏高原平均海拔4000米以上,是地势最高的一级。由青藏高原向北跨过昆仑山、祁连山,向东跨过横断山,地势急剧下降到海拔1000—2000米的浩瀚高原和盆地,是为第二级阶梯。云贵高原、黄土高原、内蒙古高原、四川盆地、塔里木盆地、准噶尔盆地在此相间分布。北起大兴安岭,中经太行山、巫山,南至云贵高原东缘一线以东,是海拔1000米以下的丘陵和200米以下的平原,东北平原、华北平原和长江

---

① 参见陈连开《中华文化的起源与中华民族的形成》,《中国古代文化史》第1册,北京大学出版社1989年版。

中下游平原自北而南依次分布，是为第三级阶梯。这种地形从单纯的地理角度来讲，就像一把巨大无比的躺椅，西北背靠亚欧大陆，东南面向太平洋。而从人地关系的角度来讲，则更像一只巨大的破了一个口子的碗，碗心就是中原地区，碗边则是周边多元文化地区；正像碗边的水总是要流向碗心一样，周边多元文化也因外向的阻隔和内向的三级阶梯地形而自然向中原地区汇聚。①

最后，受我国自然地理环境东西、南北交结和多元文化汇聚的影响，中原地区在中华文化多中心不平衡发展过程中率先崛起，成为远古中国最先进、最发达的核心地区。随着这一先进核心文化向四周的辐射与扩散，中华民族及其文化的整体统一性便日趋增强和巩固。如前所述，在南北气温逐渐递降，东西雨量逐渐递减这两大气候规律的作用下，我国气候的总体特征表现为南北跨温热两大气候带，东西分属干湿两大地区，这就自然形成我国东西、南北两条地理过渡带：一是东部季风区与西北干旱区和西南青藏干寒高原区之间的东西过渡地带；一是南方温湿环境区和北方半干旱干冷环境区之间的南北过渡地带。这两条过渡带恰恰就在传统认为的中华民族最重要的发祥地中原地区，即今日的西安—洛阳—开封一带相交结，在空间上形成一个巨大的"十"字形结构。② 我国发现的迄今为止最早的古人类遗址就集中分布在这个十字结构的纵轴上，南端是170万年前的元谋人，中间是80万—75万年前的蓝田人，北端是70万—50万年前的北京人。而中华新石器文化中内涵最丰富、影响最大的新石器文化则集中分布在这个十字结构的横轴上，西边是黄河中游文化，其序列是前仰韶文化（前6000—前5400年）—仰韶文化（前5000—前3000年）—河南龙山文化（前2900—前2000年）。继河南龙山文化的可能是夏文

---

① 参见吴松弟《无所不在的伟力——地理环境与中国政治》，吉林教育出版社1989年版，第9页。

② 参见《中华文明史》第1卷，河北教育出版社1989年版，第10、11、14页。

化。东边是黄河下游文化，其序列是青莲岗文化（前5400—前4000年）—大汶口文化（前4300—前2500年）—山东龙山文化（前2500—前2000年）—岳石文化（前1900—前1500年），继岳石文化的可能是商文化。① 为什么位于十字结构交结点上的中原地区能在中华文化多中心不平衡发展过程中率先崛起呢？究其原因有三：一是东西、南北地理过渡地带具有比其他地区更为复杂多样的地理条件，为古人类的生存繁衍提供了更为广阔的可选择空间。二是位于交结点的中原地区地势平坦、土壤条件较好、降水适中，有利于旱作农业的发展。三是受碗边水向碗心流效应的影响，位于最低一级阶梯的中原地区自然成为周边多元文化的内向汇聚地。文化发展的规律表明，完全独立或很少与相邻文化区交往的文化中心，其水平一般都低于那些具有广泛交往和相互影响的文化中心。② 中原地区正是在周边多元文化汇聚、交融的过程中脱颖而出，逐步成为中华文化核心地区的。而这个核心一旦形成，便以其较高的经济文化优势向周边辐射与扩散，特别是中华民族的凝聚核心汉族形成之后，中原地区先进的经济文化便随着汉族的四处迁徙而深入中华大地的四面八方，在多元的基础上形成了一体的格局，增强了中华民族及其文化的整体统一性。所以，苏秉琦教授说：

  在历史上，黄河流域确曾起到重要的作用，特别是在文明时期，它常常居于主导地位。但是，在同一时期内，其他地区的古代文化也以各自的特点和途径在发展着。各地发现的考古材料越来越多地证明了这一点。同时，影响也是相互的，中原给各地以影响，各地也给中原以影响。③

---

① 参见费孝通《中华民族多元一体格局》，中央民族学院出版社1989年版，第4页。
② 参见《中华文明史》第1卷，河北教育出版社1989年版，第10—11页。
③ 《苏秉琦考古学论述选集》，文物出版社1984年版，第225页。

他还指出：

> 把黄河中游以汾、渭、伊、洛流域为中心的地域称作中华民族的摇篮并不确切，如果把它称作在中华民族形成过程中起到最重要的凝聚作用的一个熔炉，可能更符合历史的真实。①

我国地理环境的区域多样性和整体统一性相互联系、共同作用的结果，使得中华民族及其文化既表现为多元、多区域、多中心不平衡发展，又呈现出多元、多区域、多中心文化向中原文化内向汇聚和中原文化向四周辐射的特点，② 从而对我国民族关系史上统一与分裂交替出现，统一长于分裂并日益巩固这一历史大趋势的形成和发展，产生了重大深刻而又久远的影响。

（三）东西两大块、南北三带的地理特点的作用

中华大地东西跨 60 多个经度，南北跨 30 多个纬度，雨量依距海远近从东南至西北逐渐递减，温度据纬度高低从南向北逐渐递降，自然形成了东西两大块和南北三带的地理分界和经济文化类型区别。早在 1935 年，胡焕庸先生在其所著《中国人口之分布》一文中就曾指出：中国东西两半部之间存在一条明显的人口分界线，从这条分界线可以看出我国汉族与少数民族生存环境的差别。这条线大体上北起大兴安岭，沿阴山河套，南下陇山山脉、邛崃山脉，再南至云南腾冲。东部为面向海洋的季风湿润区和主要是汉族聚居的农耕文化区，地域占全国总面积的 42.9%，人口却一直占全国的绝大多数，近千年来一直保持占有全国人口的 90% 以上。西部为背靠欧亚大陆的干旱区和主要是少数民族聚居的游牧文化区，其间也穿插分布着若干河谷与绿洲

---

① 《苏秉琦考古学论述选集》，文物出版社 1984 年版，第 302 页。
② 参见陈连开《中华民族的起源与中华民族的形成》，《中国古代文化史》第 1 册，北京大学出版社 1989 年版。

农业区，这里地广人稀，地域占全国总面积的57.1%，包括内蒙古、宁夏、甘肃、青海、新疆、西藏等省区和四川省的甘孜州、阿坝州及云南省的一部分，近千年来人口通常只占全国总人口的10%以下。[1]这一格局至今仍未改变，根据1990年人口普查统计计算，这一分界线以西人口只占全国的6%。[2] 陈连开教授将我国划分为南北三条发展带，大致是：秦岭淮河以南，是以稻作农业为代表的水田农业和南方以种植水稻为代表的农业民族分布之区；秦岭淮河以北至秦长城以东以南为以粟、黍为代表的旱地农业区，也就是华夏—汉民族首先发展的地区；秦长城以西以北是草原游牧区和渔猎区，是北方游牧民族和狩猎民族分布与发展的区域。[3] 这种东西两大块、南北三带的地理分界、民族分界和经济文化类型区别，既分野清楚而又天然地互相依存和互相补充。因为无论是农业民族、游牧民族还是狩猎民族，仅靠单一的生产方式要维持完全自给自足的生活一般来说是不可能的，这样，相互之间就必然产生互通有无的需要。农区耕种和运输需要大量的畜力，军队需要马匹，农民需要牛羊肉食和皮毛原料；牧区和渔猎区则需要粮食、纺织品、金属工具和茶、酒等生活必需品。这种相互需要及其随之而来的经济性的贸易和交流就像一根纽带，把农区汉族、少数民族和牧区、渔猎区的少数民族紧密联系在一起，形成中国历史上占主导地位的各民族优长互补、相互依存的民族关系。因此，东西两大块、南北三带的地理特点，使汉族的农耕文化和众多少数民族的游牧文化形成分野清楚而又天然地互相依赖、互相补充的关系。[4]

---

[1] 参见胡焕庸《中国人口的分布、区划和展望》，《地理学报》1990年第2期。
[2] 参见郭大烈主编《论当代中国民族问题》，民族出版社1994年版，第178页。
[3] 参见陈连开《中华文化的起源与中华民族的形成》，《中华古代文化史》第1册，北京大学出版社1989年版。
[4] 同上书。

二 云南地理环境的基本特点及其对云南民族关系的影响

云南从远古时期就是中国不可分割的一个组成部分，整体与部分的紧密联系使得云南民族关系的形成与发展无不时时受到全国民族关系格局的影响。这种影响当然也包括地理环境的影响。同时，云南的民族关系格局也是在云南独特的地理环境基础上形成的。

云南是中国的一个多民族边疆地区。全省有 5000 人以上的世居民族 26 个，是全国民族成分最多的一个省。云南地处祖国西南边陲，与缅甸、老挝、越南三国接壤，国境线长 4061 千米。全省山区面积占 94%，河谷平地和坝区占 6%。在长期的历史发展过程中，云南各民族创造了丰富多彩的民族文化，形成了既与全国民族关系主流相一致，又具有云南特点的民族关系格局。对这一格局的形成和发展，云南各民族依托的独特的地理区位和复杂多样的自然环境无疑发挥了重要的影响，主要表现在以下四个方面。

（一）复杂多样的地理条件的影响

云南省位于东经 97°31′至 106°12′，北纬 21°8′至 29°15′之间。东西横跨 864.9 千米，南北纵跨 990 千米，总面积 39.4 万平方千米。全省地势北高南低，由西北向东南倾斜，大体分为三个阶梯逐层递降。德钦、香格里拉一带为最高一级阶梯。德钦县境内的梅里雪山主峰卡瓦格博峰海拔 6740 米，是云南的最高点。滇中高原为第二级阶梯，海拔一般在 2000 米左右。西南部、南部为第三级阶梯，从北到南，平均每千米降低 6 米。省境西部为横断山脉余脉，几条大江大河顺着山势地形，呈扇形向东（金沙江）、向东南（红河）、向南（澜沧江、怒江）流去，高山南北纵列，大江成帚状展开，高山峡谷相间。高黎贡山是恩梅开江与怒江的分水岭，怒山是怒江与澜沧江的分水岭，云岭是澜沧江与金沙江的分水岭。各江强烈下切，形成气势磅礴的三大峡谷。省境东部是云贵高原的主体，亦称滇东高原，地势波涛状起伏，大面积的土地高低参差，而在一定范围内又有平缓的高原面。例如，从宣威起经曲靖、昆明、楚雄至大理，海拔2000—2200米，顶端平坦圆浑，形成一系列山间断层盆地，云南俗称为"坝子"，有的成群成带，按一定方向排列，有的则孤立地镶嵌在山峦之中。省境南部及西南部和东南部为中、低山宽谷盆地，冲击坝子较多。全省共有大小坝子1400个，总面积2.4万平方千米，2/3集中在滇东高原，面积在100平方千米以上的大坝子共有25个。

全省有大小河流600余条，分属于六大水系：一是伊洛瓦底江水系，其上游在云南境内。二是怒江水系，发源于青藏高原唐古拉山南麓，自西藏流入云南，经怒江州、保山市、德宏州，从潞西进入缅甸为萨尔温江。三是澜沧江水系，发源于唐古拉山南麓，自西藏流入云南，经迪庆、大理、保山、临沧、思茅、西双版纳等州市，由勐腊县流入老挝为湄公河。四是金沙江水系，发源于青海西南部，自四川、西藏交界处流入云南，经滇西北、滇中、滇东北，从水富县流出云南后与岷江汇合成为长江主流。五是红河水系，有元江和李仙江两大支流。元江分别发源于祥云、巍山两县，经大理、楚雄、玉溪、红河等州市，从河口县进入越南。李仙江发源于南涧县，经景东、镇沅、墨江、宁洱等县，从江城县进入越南。六是珠江水系，上游是云南境内的南盘江和贵州境内的北盘江。南盘江发源于曲靖市，经曲靖、玉溪市和红河、文山州，在罗平县流入广西，与北盘江汇合后称红水河。此外，云南还有大、小淡水湖泊40多个，是我国西南省区湖泊最多的省份。

由于云南北依广袤的亚洲大陆，南临辽阔的印度洋及太平洋，正好处在印度洋和太平洋季风的控制之下，加之纬度较低，高山深谷海拔悬殊的影响，形成全省复杂多样的气候类型。其基本特点有三：一是年温差小、日温差大。由于地处低纬高原，空气干燥而较稀薄，各地得到的太阳光热的多少随太阳高度角的变化而增减。同时，因海拔较高，气温随地势升高而下降。夏季，阴雨天多，太阳光被云层遮蔽，温度不高，最热天平均温度在19℃—22℃。冬季，由北方来的冷空气受山脉和高原阻挡，势力微弱，与由青藏高原南侧来的西南暖气流在昆明和贵阳之间相遇，形成"昆明静止锋"。位于静止锋以西的云南，处于暖空气一侧，晴天较多，日照充足，温度较高。最冷月均温度在6℃—8℃，年温差一般只有10℃—12℃，日温差在冬春两季可达12℃—20℃。二是干湿季节界限分明。雨量充沛而分布不均，降雨量因季节不同而差别很大。夏秋季节，东南季风和西南季风携带太平洋和印度洋的水汽，沿着南低北高的地势爬坡而上，降水丰富，全省大部分地区年降水1000毫米以上，但85%的雨量在5℃—10月降落，其中又以6—8三个月降水量最多，约占全年降水量的60%，故称"雨季"。11月至次年4月的冬春季节，季风改变，降水量仅占全年雨量的15%，故称"干季"。降水量在地域分布上也很不均匀，往往在山脉的迎风坡降水多，背风坡降水少。三是气候垂直变化显著。由于水平方向纬度的增加与垂直方向上海拔的增高相吻合，造成全省8个纬度间的温度差别，等于全国水平方向上1400—2500千米的气温变化，相当于从海南岛到长春跨越的纬度，呈现出寒、温、热三带气候。同时，在高山峡谷中，从谷底到山顶，由于海拔上升而产生"一山分四季、十里不同天"的气候差异。在西北部的三大峡谷中，谷底是亚热带干燥气候，酷热如蒸笼；山腰则清爽宜人；山顶终年冰雪覆盖。在梅里雪山下横跨澜沧江的西当铁索桥，从桥面至卡瓦格博峰顶，高差4700米，两者之间直线距离仅12千米，但其自然风貌从亚热带干热河谷到冰山雪野，竟相当于从广东到黑龙江所跨过的纬度，为全国所仅见。而在海拔1500—2000米的高原和盆地,则表现为"四季如春,一雨成冬"的气候特点。①

复杂多样的自然地理环境孕育形成云南极为丰富的动植物资源,使其成为世界闻名的"植物王国""动物王国"和"生物物种基因库"。云南只占全国国土面积的4%,却拥有高等植物426科、2592属、17000多种,科、属、种分别占全国的88.4%、68.7%和62.9%,珍稀物种资源占了全国的67.5%,居全国第一位。野生动物种类之多,亦堪称全国之冠,仅脊椎动物即达1638种,占全国总数的一半多,形成寒、温、热带动物均有,动物种类南北东西交会的奇特现象。②更重要的是,许多植物和动物为云南所独有,因为西部横断山区自中生代以来,地质运动相对稳定,基本上无大面积冰川覆盖,成为许多动植物的"避难所",使一些古老的原始种类和子遗种类得以保存下来,成为不可多得的"生物物种基因库"。

上述材料都是当代的记录,与有人类活动的上百万年前的洪荒年代相比,无疑发生了很大的变化。但是如前所述,云南因处于我国大陆的东西过渡地带具有比其他地区更为复杂多样的地理条件,为古人类的生存繁衍提供了更为广阔的可选择空间,因而使云南成为我国迄今所知最早的古人类发源地之一。从距今170万年前元谋人牙齿化石所在地层中还出土了14种哺乳动物化石,分别是云南马、爪蹄兽、猪、水牛、牛类、纤细原始狗、剑齿象、豪猪、竹鼠、鬣狗、斯氏水鹿、云南水鹿、山西轴鹿、最后枝角鹿等,其中以食草类动物为主。在这一层孢粉组合里,松属占33.3%,桤木属占13%,而草本所占比例最大,达到40%,其中有禾本科、藜科和艾属等草甸植物,证明

---

① 参见《当代中国的云南》上卷,当代中国出版社1991年版;马曜主编《云南民族工作40年》上卷,云南民族出版社1994年版。
② 参见高正文等主编《云南生态情势报告》(2004—2005),云南大学出版社2005年版,第78页。

元谋人生存时期的自然环境是一个比较凉爽的森林—草原景观。① 据科学家研究，当时元谋的气候温和湿润，比现在昆明的气候还要凉爽，年平均气温在12—14℃，降水量为850—1000毫米。当时的元谋西南是一片冲积平原，东面是低山和起伏的丘陵，山上生长着茂密的森林，林间夹杂众多的落叶阔叶树；山下的河中有终年不断的潺潺流水，山麓分布着一些小型洪积扇，而河流和洪积扇间则错落着湖沼，元谋人就生活在山麓和草原之间，过着流动的生活，开始制造简陋的石器和骨器，并已学会了用火。② 这种环境有利于人类的生存和繁衍，所以云南还发现了晚更新世时期的晚期智人（俗称"新人"）、化石丽江人、西畴人和昆明人等。这些遗址同时出土了多种共生的草食类哺乳动物如鹿、牛、马、猕猴等的化石，说明早更新世时期的元谋人和晚更新世时期的丽江人、西畴人、昆明人虽然相距100多万年，但其生存的自然生态环境的特点和规律并未发生根本的改变。

进入新石器时代以后，人类活动的足迹已遍布云南全境，迄今发现的300多处新石器时代遗址和地点，几乎遍及全省所有县市。这些土著居民在如此复杂多样的自然环境中生存，就必然发展出适应各自所处环境的生产方式和生活方式，从而形成多元、多类型、多区域异彩纷呈的文化，这就为多民族格局的形成奠定了基础。与此同时，云南的六大江河体系及其自然形成的河谷通道，又把云南各土著民族与祖国内地和东南亚国家联系起来，构成若干条民族迁徙、流动的走廊。氐羌系统的民族集团自甘青高原沿澜沧江、怒江和金沙江河谷南下，百越系统的民族集团自东南沿海顺珠江水系西进，百濮系统的民族集团自东南亚溯澜沧江北上，使云南在拥有众多土著民族的基础上又增加了大量的外来民族。因此，早在新石器时代，云南就已是一个

---

① 张兴永、周国兴：《元谋人及其文化》，云南省博物馆编《云南人类起源与史前文化》，云南人民出版社1991年版，第136页。
② 参见钱方、周国兴等《元谋第四纪地质与古人类》，科学出版社1991年版，第162—163页。

多民族聚居地区。新石器时代以后，在数千年漫长的历史发展过程中，祖国内地不断有一些新的民族群体迁入云南，最终使云南这块39.4万平方千米的土地上聚居了 26 个民族，成为全国民族成分最多的地区。多民族格局的存在本身便自然产生纵横交错、纷繁复杂的民族关系，这就是云南的地理环境影响云南民族关系的第一个基本方面。

(二) 独特的地理区位特点的影响

云南地处中国西南边陲，与中南半岛山水相连，境内几条大江大河如伊洛瓦底江、怒江、澜沧江、红河等以高屋建瓴的形势流经中南半岛诸国后又分别注入印度洋和太平洋。这一独特的地理区位和地理形势自然使云南成为中华民族与东南亚、南亚国家人民联系和交往的链环。因此，早在远古时期，云南各民族的先民便顺应相互交往的需要，开辟了数条以滇池地区为枢纽的国内外通道。第一条是通往南亚的"蜀身毒道"。此道以滇池为中心，北通邛都（西昌）、笮都（雅安）至蜀（成都），以抵于秦；东通夜郎（安顺）、牂柯（贵阳）至巴（重庆），以联于楚；西通叶榆（大理）、嶲唐（保山）、滇越（腾冲），经缅甸以至于身毒（印度）。① 这条通道还有另外一条道路是经大理、博南（永平）过缅甸南部出印度洋，通大秦（罗马）。第二条古称"马援故道"，从滇池地区向南经蒙自、屏边、河口进入越南到交趾（今越南河内），再从越南出海到东南亚、南亚各国。第三条是牂柯江—番禺海道，即由滇池地区出发，沿牂柯江（北盘江、南盘江、红水河、珠江）经两广到达番禺（广州）入海，可航行到东南亚各地。此外，考古还发现由云县沿澜沧江（湄公河）到达今泰国及柬埔寨等地的路线。② 这些通道既沟通了古代中国与东南亚、南亚国家

---

① 参见方国瑜《滇史论丛》，上海人民出版社 1982 年版，第 21 页。
② 参见马曜主编《云南民族工作 40 年》上卷，云南民族出版社 1994 年版，第 105 页。

的联系，又加强了云南各民族与祖国内地的经济文化交流，密切了云南各民族之间的相互关系，为云南各民族与国内外其他民族友好交往为主流的民族关系格局的形成与发展，做出了积极的贡献。这就是地理环境影响云南民族关系的第二个基本方面。

（三）全国地理环境大势的影响

在全国地理环境和经济文化类型划分为东西两大块和南北三带的宏观格局中，从南北关系讲，云南属于南部稻作文化区；从东西关系讲，东西分界线正好从云南西北部斜穿而过，把云南的大部分地区划归东部农耕文化区，把云南西部和西北部的怒江州、迪庆州、大理州和丽江市的一部分划归西部畜牧文化区。如果说，随着云南各民族经济文化的发展，这种划分对于今天的云南来说只是大体上正确而在某些具体地方已不十分准确的话，那么，这种划分对于历史上的云南来说则是完全正确的。

就南北关系而言，作为南方稻作文化区，云南各民族与地处中间地带的汉族之间的关系，虽然不像汉族与北方游牧民族之间的关系那样互补性和依存性很强，但是双方仍具有一定的互补性和依存性，这从双方历史上从未中断过的贸易交往中可以得到证实。然而，双方交往中更带根本性质的，还是云南坝区适宜农耕的自然环境对以农为本的汉族移民的吸引，以及农耕技术水平较低的云南各民族对汉族先进的农耕技术的渴求。因此，历史上自汉武帝在云南设置益州郡并移民屯垦以后，汉族移民便络绎不绝地进入云南定居；云南各民族则通过正常时期的友好交往和非常时期的战争掠夺等手段，不断从汉族地区学到或获得先进的农耕技术，从而大大加强了相互之间的联系、交往以至吸收、融合。

就东西关系而言，云南作为横跨东西两大文化区而又以东部经济文化为主的地区，省内及跨省区东西各民族之间的相互依存和优长互补的关系就表现得非常突出了。云南被划归西部经济文化区的滇西北一隅今天居住着藏、纳西、独龙、怒、傈僳、彝、普米等民族，再往西北，就是西藏自治区。在古代，这些民族都属于氐羌民族集团，以游牧为生；今天，纳西、独龙、怒、傈僳等民族均早已完成游牧向农耕的转变，藏族、彝族、普米族则发展为半农半牧的生产方式。牧民以肉、乳为主食，要靠饮茶去油腻、净膻腥、助消化，并补充身体因缺少蔬菜而所需的各种养分。藏区不产茶，与藏区临近的西北几省也不产茶，藏族人民对茶叶的需求便只能依靠盛产茶叶的川、滇两省，特别是云南。故早在古代，就有商贾不畏山高路险将滇茶和川茶贩运至藏区，以后便逐渐形成从云南普洱经磨黑、南涧、大理、丽江、中甸、德钦，翻越梅里雪山到西藏察隅、左贡、拉萨、亚东、日喀则，再分别到缅甸、尼泊尔、印度及红海沿岸各国的"茶马古道"。由这一古道承载的东西部农耕文化与游牧文化之间的商贸交往直到民国年间仍然盛行不衰。据谭方之的《滇茶藏销》统计，民国年间，滇茶入藏一年至少有一万担。他描述这一交易盛况云："滇茶为藏所好，以积沿成习，故每年于春冬两季，藏族古宗商人，跋涉河山，露宿旷野，为滇茶不远万里而来……概藏人之对于茶也，非如内地之为一种嗜品或为逸兴物，而为日常生活上所必需，大有'一日无茶则滞……三日无茶则病'之概。自拉萨而阿墩子（今德钦县升平镇），以至滇西北丽江转思茅，越重山，过万水，历数月络绎不断于途中者，即此故也。"[①] 在这里，他已经将茶马古道对于加强民族联系的意义阐述得很清楚了。

因此，受全国地理环境大势的影响，云南各民族在各自特定的自然条件下形成的多种不同的经济文化类型，也在客观上有利于各民族之间互相依存、优长互补的民族关系的形成和发展。这就是地理环境

---

① 转引自木霁弘等《滇川藏大三角文化探秘》，云南大学出版社1992年版，第22—23页。

影响云南民族关系的第三个基本方面。

(四)"边内结构"与"山坝结构"的影响

所谓"边内结构",指的是地理区位上边疆与内地的差别及其相互影响。就全国范围来说,云南全省都属于边疆地区,但就云南省内而言,又可以进一步划分为直接与外国接壤的边疆区和不与外国接壤的内地区。因此,这里所说的"边内结构",包含有以下两层意思。

第一层,作为边疆地区的云南与祖国内地的差异及其相互影响。如前所述,早在新石器时代,人类活动的足迹就像满天星斗一样遍布中华大地,与此同时,中原地区由于天赋环境的优越,率先在中华大地多元、多区域、多中心文化相互交流竞争和不平衡发展中脱颖而出,成为远古中国最先进、最发达的核心地区。随着这一先进核心文化向四周的辐射与扩散,包括云南在内的全国边疆地区都形成了多元、多区域、多中心文化向中原汇聚的发展态势。秦汉以后,随着凝聚核心汉族向周边多民族地区的深入与扩展,包括云南在内的全国边疆地区便逐渐成为大一统中华帝国中不可分割的组成部分,边疆各民族也逐渐成为中华民族这个统一的、自在的民族实体中不可分割的成员。这就是全国范围内"边内结构"对云南民族关系的影响。

第二层,云南省内的"边内结构"及其相互关系。早在新石器时代,属于内地的滇中地区特别是其中的滇池和洱海区域,由于自然条件较好,地处多条国内外和省内外交通古道枢纽等原因,其经济文化发展便已从全省各地新石器文化中脱颖而出,跃居全省前列。云南各民族经济社会不平衡发展从此肇始。以后,随着庄蹻开滇和历代汉族移民的进入并落籍于滇中地区,云南内地与边疆发展的不平衡日趋加剧,由此便对云南民族关系造成正负两方面的深刻影响:其正面影响是,比较先进的滇中地区和农耕文化比较发达的汉族,成为全省各地和各民族的凝聚核心,这一核心以其较高的经济文化优势向边疆各族辐射，将边疆地区牢牢地凝结在中国的版图之内，将边疆各民族紧紧地凝聚在中华民族之中。其负面影响是，内地汉族移民在落籍滇中并向全省扩展的过程中，将少数民族挤到边远寒苦地区，造成了较深的民族隔阂并进一步加剧了各民族发展的不平衡，这种影响至今尚未完全消除。

所谓"山坝结构"，指的是自然环境中山区与坝区的差别及其相互影响。如前所述，云南的地形地貌特征是山多平地少。如果从空中俯瞰云南大地，呈现在眼前的是一幅茫茫群山中镶嵌着无数个平坝的画面；如果在云南旅行，从一个坝子到另一个坝子就得翻越无数高山与河流。因此，一块平坝及其辐射的四周山区便往往构成一个相对独立的地理单元、一个小自然生态系统和一个相对自给自足的小型社区。在古代交通不便的条件下，社区与社区之间的经济文化交流常常受阻于高山大河形成的天然屏障，因而使云南众多分散的小社区小民族文化特点得以长期保存下来。因此，历史上云南的任何一个民族都无法完成对云南的民族统一，任何一个少数民族都没有发展壮大到足以成为云南的主体民族，从而使云南长期保持了多民族和多元文化共同发展的特点。也正因为如此，云南的任何一个民族都没有某些北方民族那样集中连片的大片民族聚居区，而是分散居住在众多的小型社区中，因而同一民族由于分布区域的不同而呈现出不同的经济文化特点。而在每一个特定的小型社区中，又由于山坝之间地形、海拔、气候的不同而呈现出立体地形、立体气候、立体农业生产和立体民族分布的特点。主要居住于坝区的有汉、回、满、白、纳西、蒙古、壮、傣、阿昌、布依、水等11个民族，坝区由于地势平坦、土壤肥沃、气候温和，常有河流蜿蜒其中，因而是稻作农业和古代城镇以至近现代工商业发达的地区。山区又可分为半山区和高山区。居住在半山区的主要有哈尼、瑶、拉祜、佤、景颇、布朗、德昂、基诺等8个民族和部分彝族，半山区由于气候凉爽、坡度较缓，农业生产以玉米和旱稻为主，并饲养黄牛和山羊，其经济发展居于中间水平。居住在高山区的主要有苗、傈僳、藏、普米、怒、独龙等6个民族和部分彝族，高山区由于海拔较高、气候冷凉、坡度较陡，农业生产以玉米、马铃薯、青稞、荞麦为主，并兼营畜牧业，盛产山货药材，其经济发展水平比前两类地区都更低。这种立体的多民族分布状况和立体多样的生产方式，对云南民族关系格局的形成和发展带来了四点深刻影响：一是在客观上形成了云南各民族大杂居、小聚居的分布特点，即在一个坝子辐射周围山区而形成的山坝结构社区内，杂居着多种民族，而每一个民族又大多以村寨为单位聚族而居。这样既有利于各民族的交往与互助，又使每一个民族都能保持自己的民族文化而不易被其他民族所同化。二是在不同生产方式的民族之间自然形成了优长互补、相互依存的民族关系。三是由于山坝经济文化发展水平的差距，自然形成了中华人民共和国成立前坝区民族在政治上对山区民族的统治和压迫。四是由于山河阻隔造成的封闭状态和生产方式上的优长互补，往往使一个个山坝结构的社区形成一个个相对自给自足的封闭系统，从而使云南在历史上长期处于部落林立、土司遍野、互不统属、极端分散的"小国寡民"状态之中。

于是，"山坝结构"和"边内结构"相结合，就使云南各民族在逐渐成为中华民族统一体的过程中仍然保持着鲜明的多民族特点；使云南各民族的相互关系，既表现为占主导地位的相互吸收、相互依存、友好合作和共同发展，又表现为不占主导地位的相互矛盾、相互排斥、隔阂冲突以至武力争斗。这就是地理环境影响云南民族关系的第四个基本方面。

（原载《贵州民族研究》2008年第2期，人大报刊复印资料《民族问题研究》2008年第7期全文转载）

云南的民族宗教问题与和谐社会建设

云南是一个多民族、多宗教并存的边疆山区。全省有5000人以上的世居民族26个，其中15个民族为云南所特有；2001年少数民族人口1415.3万人，占全省总人口的33.41%；有8个自治州、29个自治县，还有197个民族乡；25个世居少数民族中，已有18个民族实行了区域自治，全省民族自治地方共78个县（市、区），民族自治地方国土面积占全省总面积的70.2%；云南地处祖国西南边陲，国境线长4061千米，有16个民族跨境而居。是全国世居民族最多、特有民族最多、跨境民族最多、自治民族最多、民族自治地方最多、少数民族人口居全国第二的省份，是祖国统一的多民族大家庭的一个缩影。与此相联系，云南还是一个多种宗教并存的省份。佛教、道教、伊斯兰教、基督教、天主教等世界五大宗教，不同程度地分布在全省129个县（市、区），其中，佛教的三大派系即汉传佛教、藏传佛教、南传上座部佛教俱全，为全国所独有；全省信仰五大宗教的信众400多万，约占全省总人口的10%；除回族普遍信仰伊斯兰教外，每一种宗教又为多个不同的民族所共同信仰。此外，还有众多的少数民族信仰自己的民族民间传统宗教，如纳西族的东巴教、彝族的土主崇拜、白族的本主崇拜等。因此，云南是一个多民族、多宗教并存的边疆山区省份，这是云南的基本省情。云南的民族宗教问题在全国具有典型性和代表性，云南民族地区的发展稳定直接影响着全省乃至全国发展稳定的大局。

马克思主义认为，民族与宗教都是一个历史的范畴，有其产生、发展和消亡的规律。民族问题与宗教问题都是一种社会现象。民族问题与民族的存在相伴生，只要有民族和民族差别存在，就有民族问题存在；宗教问题与多种宗教的存在相伴生，只要有宗教信仰的自然和社会土壤存在，就有宗教和宗教问题存在。社会主义时期是各民族共同繁荣发展的时期，也是宗教长期存在的时期。民族问题和宗教问题都具有群众性、民族性、长期性、复杂性、国际性和重要性等特点。胡锦涛同志指出："在现实生活中，我国的民族问题往往表现为经济问题与政治问题交织在一起，现实问题与历史问题交织在一起，民族问题与宗教问题交织在一起，国内问题与国际问题交织在一起。"[①] 因此，正确处理民族宗教问题，涉及我国经济建设、政治建设、文化建设与和谐社会建设的各个方面。云南要建设社会主义和谐社会，就必须将民族宗教问题始终置于全局和战略的位置予以高度重视，从各个方面采取有力措施正确处理好民族宗教问题。

一　云南正确处理民族宗教问题的成就和经验

中华人民共和国成立以后，特别是党的十一届三中全会以来，云南各级党委、政府和民族宗教工作部门，从云南多民族、多宗教并存的边疆山区省情实际出发，以马克思主义民族宗教理论、邓小平理论和"三个代表"重要思想为指导，认真贯彻执行党和国家关于正确处理民族宗教问题的各项方针政策，突出各民族"共同团结奋斗、共同繁荣发展"这一新时期民族工作的主题和积极引导宗教与社会主义相

[①] 胡锦涛：《在中央民族工作会议暨国务院第四次全国民族团结进步表彰大会上的讲话》，《今日民族》2005 年第 6 期。

适应的方针，开展扎实的工作。使全省呈现出经济发展、社会进步、各民族人民生活水平不断提高，平等、团结、互助、和谐的社会主义民族关系不断巩固，多种宗教和睦共存和信教与不信教群众和谐相处的良好局面，在正确处理云南的民族宗教问题、促进社会主义和谐社会建设方面取得了显著成就并积累了丰富的经验。这些经验可以初步总结如下六点。

（一）各级党委、政府高度重视民族宗教问题，切实加强对民族宗教工作的领导

云南民族众多，少数民族人口占全省1/3且遍布全省所有地区。多种宗教并存于全省广大区域这一基本省情和客观实际，就使民族宗教问题在云南不是某一地区或某一部门的问题，而是涉及全省所有地区、所有部门的全局性大问题。民族宗教问题在云南除具备自身固有的长期性、复杂性等特点外，还具有全局性特点。这一特点就使民族宗教问题对云南的政治、经济、文化和社会等各方面发生全面影响，并自然成为关系全省稳定与发展的重大问题。因此，历届省委、省政府高度重视民族宗教问题和民族宗教工作，提出了"在云南工作，不重视民族工作，不研究民族问题，就是不称职的领导干部"等一系列重要观点。全省各级党委、政府把民族宗教工作置于全局工作的突出位置，列入重要议事日程，构建了党委抓政策、人大抓法制、政府抓落实、政协抓监督的民族宗教工作机制。省委成立了民族工作和宗教工作领导小组，协调民族宗教工作中的重大问题；省、地（州、市）、县各级政府的民族宗教工作机构不断得到加强，充分发挥了民族宗教工作机构的职能作用；在乡镇或村委会还设立了民族工作专门干部和信息联络员。从省到县形成了党政一把手亲自抓、分管副职协助抓、职能部门具体抓、各方面齐抓共管的民族宗教工作社会化局面，为民族地区的发展稳定提供了根本保证。

（二）因地制宜、因族举措，实事求是地进行分类指导

根据云南民族地区的自然地理环境、社会发育程度、产业特点和民族特点，云南省委、省政府在多年探索研究总结的基础上，将全省民族地区科学地划分为民族自治地方、民族贫困地区、边境民族地区、散居民族地区和城市民族地区等5种类型，2002年又将7个人口较少的特有民族作为一类，共分6种类型进行工作指导。正确处理好共性和个性、普遍性和特殊性的关系，探索总结"一族一策""一山一策""一族多策"的成功经验，在不同类型地区选择典型，因地制宜、因族制宜地探索发展路子并积累经验，有目标、有步骤地扎扎实实推进民族团结进步事业。

（三）采取切实措施加快少数民族和民族地区的经济社会发展

从根本上说，我国社会主义初级阶段的民族问题，集中地表现在少数民族和民族地区迫切要求加快经济文化的发展上，云南民族地区存在的诸多问题，归根结底也是经济社会发展严重滞后造成的。因此，云南省委、省政府和民族地区的各级党委政府，始终坚持"发展是硬道理""发展是党执政兴国的第一要务"的指导思想不动摇，坚决贯彻落实党和国家的民族宗教政策和民族区域自治制度，并紧密结合云南实际制定特殊优惠措施，千方百计加快少数民族和民族地区的经济社会发展，为云南的民族团结进步事业打下了坚实的基础。

（四）大力培养选拔少数民族干部

政治路线确定之后，干部就是决定的因素。大力培养选拔少数民族干部，是党和国家一项重要的民族政策，培养、造就一支宏大的、德才兼备的少数民族干部队伍是做好21世纪民族工作和解决民族问题的关键，直接关系到少数民族和民族地区的发展及民族团结、边疆

稳定的巩固。因此，云南各级党委、政府高度重视民族干部的培养选拔工作，采取了一系列特殊政策和措施大力培养选拔少数民族干部，使全省少数民族干部队伍不断壮大、整体素质不断提高、年龄结构逐步改善。一大批忠诚于党和人民事业的少数民族队伍，在各地区、各部门成为建设云南、繁荣云南、稳定边疆，带领各族人民脱贫致富奔小康的骨干力量。

（五）创造性地实行民族团结目标管理责任制，有力地保障了云南的民族团结和边疆稳定

云南省民委系统在全国首创的"民族团结目标管理责任制"，将民族团结、边疆稳定这项涉及各级、各地、各部门、各方面的纷繁复杂、千头万绪的工作，以责任制的形式分解落实到各级、各地、各部门、各方面的党政组织之中，形成了纵向到底、横向到边的全省上下左右、方方面面协同配合、齐抓共管的系统化、网络化工作格局，确保了各类影响民族团结、边疆稳定的矛盾纠纷在萌芽和隐患时期就能得到及时、有效地排查调处，有力地保障了云南的民族团结和边疆稳定，为全省改革开放和全面建设小康社会营造了良好的社会环境。

（六）认真贯彻落实党的宗教信仰自由政策，积极引导宗教与社会主义社会相适应

省委、省政府认真贯彻落实党的宗教信仰自由政策。恢复、成立了各级爱国宗教团体组织，复查、纠正了宗教界人士的冤假错案，基本落实了宗教界的房产政策，恢复开放了大批合法的宗教活动场所，基本满足了信教群众正常的宗教生活。先后成立了昆明伊斯兰教神学院、云南基督教神学院、云南省佛学院及西双版纳、迪庆、德宏分院和鸡足山尼众分院，培养了一批爱国、爱教的宗教界人士，安排了879名爱国宗教界人士担任各级人大代表和政协委员，使宗教界人士在建设社会主义民主政治的进程中发挥了积极作用。与此同时，各级党委、政府还采取多种措施积极引导宗教与社会主义社会相适应，各级爱国宗教团体也主动适应社会主义社会的要求，在物质文明建设中引导广大信教群众勤劳致富，不断改善生产生活条件；在精神文明建设中积极创建模范寺院；在政治建设中引导宗教界人士遵守国家的法律、法规和方针政策；同时发挥宗教界爱国、爱教的优良传统，在扶贫济困和社会公益事业建设中积极贡献力量。

二 民族宗教问题对构建和谐云南的现实影响

在充分肯定云南通过正确处理民族宗教问题，推动云南各民族平等、团结、互助、和谐的社会主义民族关系不断巩固，构建社会主义和谐社会取得显著成就和宝贵经验的同时，我们也要冷静、清醒地看到，云南在民族宗教领域，仍然存在着诸多影响和谐社会建设的问题和不稳定因素。归纳起来，这些问题和因素主要表现在以下五个方面。

（一）在经济方面，民族地区总体发展水平低而不平衡，民族之间、区域之间的发展差距不断扩大

云南民族地区由于自然、历史、发展机遇等多方面的原因，经济社会发展长期处于滞后状态。尽管民族地区的经济增长速度已持续多年快于和高于全省平均水平，但与全国和全省的差距仍然很大。2003年云南民族自治地方人均国内生产总值仅为全省的75.65%，全国的49.81%；农民人均纯收入仅为全省平均数的87.57%，全国的56.91%；全省73个国家扶贫重点县中有51个在民族自治地方。边境地区、高寒山区、石山区和7个人口较少的特有民族地区，少数民族群众的生产、生活条件还十分困难。以边境地区为例，据统计，云

南25个边境县（市）2002年人均GDP才390美元，比全省、全国平均水平分别低236美元和577美元；人均财政收入188元，比全省、全国平均水平分别低292元和1100元；农民人均纯收入1212元，比全省、全国分别低397元和1264元。2002年边境289个乡的2115个村委会尚有225个不通水，283个不通电，130个不通公路，249个不通电话。

在总体发展水平低的条件下，少数民族贫困地区的贫困问题依然十分严重。全省有73个国家扶贫开发重点县，属于民族自治地方的有55个县，占75%，因此可以说，全省扶贫工作的重点就在民族地区。到2002年，全省农民年人均纯收入在865元以下的贫困人口还有764万。"他们当中，有286万人生活在绝对贫困线下；他们当中，有80多万人生活的环境已基本丧失了生存条件；他们当中，有40多万户200多万人居住在四面通风、摇摇欲坠的茅草房、权权房、木楞房甚至岩洞之中，夏不避雨、冬不御寒；他们当中，有相当一部分人食不果腹、贫病交加；他们当中，有相当一部分人饮水困难、饥渴交困；他们当中，还有许多孩子，因家庭经济贫困，身居校外，不能入学就读。"[①] 由省扶贫办、省民委等12家单位联合发布的《云南向绝对贫困宣战行动倡议书》中的以上描述，真实地反映了全省贫困人口面临的恶劣处境，其中，绝大多数都是少数民族群众。据不完全统计，云南独有的15个民族中，就有绝对贫困人口200多万，特别是独龙、德昂、基诺、阿昌、布朗、普米、怒等7个民族近23万人中，有一半以上的人口处于绝对贫困状态。基础设施脆弱、发展的不平衡和严重的贫困状态且发展差距不断扩大的现实，与少数民族群众脱贫致富和全国同步全面建设小康社会的强烈愿望不相适应，导致民族地区干部群众心理失衡，成为影响民族团结、边疆稳定与和谐社会建设的重要隐患。

---

① 《云南向绝对贫困宣战行动倡议书》，《今日民族》2003年第11期。

（二）在政治方面，《民族区域自治法》和党的宗教政策尚未得到全面贯彻落实

民族区域自治制度是我国与人民代表大会制度、多党合作政治协商制度并列的三大基本政治制度之一，与此相适应，民族区域自治法是仅次于宪法的国家基本法，具有很高的法律地位。然而，正是由于民族区域自治法的基本法地位，使其法律条文不可能规定得很具体，其内容具有综合性、原则性，其执法主体又具有多元化的特点，因而使民族区域自治法的贯彻落实面临着三大问题：一是自治机关大胆行使自治权的环境有待进一步改善。自治机关是行使双重职能的地方国家机关。它一方面要行使一般国家机关的职能，另一方面还要行使自治权。随着依法治国方略的实施和《民族区域自治法》不断得到贯彻落实，自治机关依法行使自治权的环境已比过去大为改观。但是，由于历史和现实的多方面原因，依法行政的法制环境和体制条件还未真正形成，因而自治权用得不够、用得不活的情况是存在的。二是民族自治地方经济社会发展滞后，严重阻碍了自治权的行使。邓小平同志曾经指出："实行民族区域自治，不把经济搞好，那个自治就是空的。"① 云南的大多数民族自治地方经济发展滞后，尤其是财政收入普遍入不敷出，有的地方连保工资、保运转都困难，干部的出差费、医疗费都报不了。这就使自治地方一方面缺少行使自治权的必要财力，另一方面要依赖上级国家机关的帮助才能生存和发展，在许多事务上难以行使自主权。三是一些已有明确规定的法律条款仍然未能落实等。

在宗教领域有四个问题：一是，一些地区和部门的领导干部对党的宗教政策和宗教工作认识不到位，往往自觉或不自觉地把有神论和无神论的区别等同于政治上的对立，导致其对待宗教界人士和信教群众的困难和问题不敢理直气壮地帮助解决；对于新时期出现的宗教发

---

① 《邓小平文选》第1卷，人民出版社1994年版，第167页。

展快等问题,简单地采取不接受、不承认甚至视为异己的粗暴态度,伤害了信教群众的感情。二是,各级党政分管宗教工作的领导干部变动频繁,导致其对马克思主义宗教理论和党的宗教政策的认识和理解水平不高,宗教学识有限,使其分不清正常宗教与邪教的区别,对宗教问题不会管、不敢管因而也就不想管,遇到问题则采取推脱与回避态度,往往贻误了解决问题的最佳时机。三是一些宗教教职人员紧缺,如德宏州南传上座部佛教有寺无僧的情况十分严重,在595所寺庙中有僧尼的寺院仅占8%,而且这些僧尼的70%来自境外。四是云南少数民族中大量存在的民族民间传统宗教的合法性尚未得到承认,也未纳入依法管理的范围,因而在一定程度上存在着混乱现象。

(三)在文化方面,民族文化流失严重,民族文化传承后继乏人

20世纪80年代以来,在经济全球化、现代化和市场经济的猛烈冲击下,云南各民族的传统文化正面临着前所未有的全面冲击。以经济建设为中心的现代化进程和以建立市场经济体制为核心的社会转型,驱动着各民族为获取更多的物质利益而奋斗。由于经济社会发展长期滞后,一些民族特别是弱小民族逐渐对自己的文化丧失了信心,出现了盲目模仿内地生活方式的倾向,致使民族服饰、民族语言、传统民居、歌舞艺术、礼仪习俗、生态文化乃至民族传统文化中的多民族同根意识与和谐文化等,都出现了自然流失加速的危机。在奔现代化的急切心情驱使下,传统的价值观和生活方式对年轻一代失去了吸引力,在对外来文化和本民族文化的双重认同矛盾之间,很多人选择了前者,从而形成了民族文化自我认同的危机。两个危机交织在一起,就有可能使云南少数民族经数千年历史发展积淀下来的珍贵民族文化遗产,在21世纪的头二三十年或更长一些的时间内大部分消失。与民族文化加速流失的趋势相一致,民族文化传承亦面临着后继乏人的危机。据省民族工作部门统计,云南无文字民族的优秀民间艺人现仅存500多人,再过10年,他们当中的绝大部分将过世,而他们的

传承人至今尚无着落。若不采取有效措施抓紧时间将其身怀的绝技传承下来，那么，10年之后，这些民族珍贵的文化瑰宝便将面临人亡艺绝的窘境，这并非危言耸听，因为当年翻译整理东巴文化典籍的10多位东巴大师，如今已全部撒手人寰了。因此，民族文化流失和民族文化传承后继乏人的问题，必须引起省委、省政府和全社会的高度重视。

（四）边境民族地区社会问题严重在社会方面，民族地区教育、科技、文化、卫生等社会事业发展滞后

截至2002年，全省尚未普及9年义务教育的县有35个，其中民族自治地方就有23个；全省尚未基本扫除青壮年文盲的县有19个，其中民族自治地方就有12个，边境25个县15岁以上人口中文盲、半文盲率为38.7%，比全省、全国分别高13.7个和24.69个百分点。可以说，云南普及9年义务教育的任务大头在民族自治地方，基本扫除青壮年文盲的主要任务也在民族自治地方。而这些地方都是边远落后、社会经济发展滞后的地区，贫困家庭多、因贫困导致失学、辍学的现象比较普遍；学校简陋、教学条件差、师资水平低的情况随处可见，造成教育质量十分低劣。加之县财政入不敷出，很难加大教育投资，使"两基"攻坚的任务十分艰巨。教育落后必然带来科技普及和科技推广的滞后，使许多少数民族地区至今仍沿用传统生产方式。教育科技的落后状态，严重制约着民族地区的发展。文化事业发展的基础设施建设严重滞后。以迪庆藏族自治州为例，截至2002年，全州33个文化（群艺）馆、站中，有23个有站无址，仅有的10个站址多数也属陈旧性土木结构危房。就连因民族文化保护与发展工作做得较好而名震全省、全国的丽江市，其文化（群艺）馆、站达级达标率也只有28%左右。① 与此同时，民族地区的医疗卫生事业也远远落后于全省平均水平，少数民族群众就医难、看病贵的问题十分突出，因病

---

① 笔者于2003年10月赴迪庆和丽江调查访谈资料。

致贫、因病返贫的现象也十分突出。

云南边境民族地区与越南、老挝、缅甸接壤，毗邻境外"金三角"毒源地区，处于全国、全省禁毒斗争的前沿，也是深受毒品危害的重灾区，禁毒形势十分严峻。特别是德宏傣族景颇族自治州现有吸毒人员14095人，占全州总人口的1.36%，因吸毒和其他途径感染和传播艾滋病病毒感染者已达3188例，发病652例，严重危害着各族人民的生命健康和家庭安全，不少吸毒者因此而家破人亡。受毒品危害的多为少数民族，以陇川县为例，全县有登记在册的吸毒人员8396人，经戒毒后仍在吸食的有5571人，占全县人口的3.3%，其中少数民族吸毒人员占总吸毒人数的72.4%；尤其是景颇族吸毒人员已达2453人，占吸毒人员总数的44.4%，自然村吸食毒品覆盖率已达82.9%，已成为事关一个民族生死存亡的严重问题。此外，边境民族地区的跨国妇女拐卖和妇女外流问题也十分严重。仅孟连县，到2003年5月底，就有735位妇女被拐卖和外流出境，这些妇女大都在境外的宾馆、酒店、赌场从事"三陪"工作，给我省边境地区带来了诸多社会负面影响。

（五）在国际问题方面，来自国外的多种影响不断增大

云南民族地区处于全国、全省对外开放和对外交往的前沿，同时也处于接受外来影响和反分裂、反渗透的前沿。随着全省对外交往的扩大，来自国外的以下四个方面影响也在不断增大。

第一，周边国家优惠政策的影响。近年来，云南周边的越南、缅甸等国家比较重视其边疆民族地区发展，采取了一些特殊措施。例如，越南实行革新开放，扶持边疆经济发展，对其边境地区免收农业税、屠宰税、农特税，国家无偿划拨煤油、盐巴、猪油等物资给边民，对边民所需的籽种、化肥等生产资料国家给予补助，并对边境少数民族地区实行免费教育、免费医疗等。由于周边国家对其边境民族

地区采取的优惠政策较多，而我方对边境民族地区的许多优惠政策已经失效，致使我方边民在一定程度上产生了心理上的不平衡。

第二，外来宗教渗透和邪教传播的影响。由于跨境双方边民具有共同的族源、共同的民族文化和共同的宗教信仰，因此在双方开展文化交流的同时，宗教交流自然也就蕴含在其中了。宗教交流并非全是坏事，正常的宗教交流也有利于双方睦邻友好关系的发展。但是，由于中外双方意识形态和社会制度不同，不平衡的宗教交流不利于我方边境民族地区的稳定。例如，在中越边境上，近年来越方大兴土木修建教堂和庙宇，开辟宗教活动场所，其中在沙巴修复天主教堂一座，每周一、三、五、七做礼拜；老街修复尚庙及天主教堂各一座，由于我方河口县至今尚没有公开的宗教活动场所，因而吸引了许多河口边民及省内外到河口旅游和经商的人群闻风而动出境到越南去参加宗教活动。在中老边境和中缅边境地区，由于我方宗教职业人员的宗教学识不高，宗教领袖人物后继乏人，宗教自养能力有限，因而双方的宗教交流是出去的少而进来的多，外来影响占据优势。一些境外敌对势力打着宗教交流甚至是帮助我方边民发展经济、开展扶贫工作的幌子，进行渗透活动，由此而对我边境民族地区带来的不利影响就更大了。此外，在一些边境地区，还有"门徒会""王主"等邪教组织，虽经多次打击至今仍在活动。

第三，外来民族分裂势力的渗透影响。例如"王宝集团"，缅甸"全世界文蚌同盟会"（又称"泛克钦组织"）等组织的分裂分子经常入境进行分裂活动，鼓动我边民外迁，同时利用民族语广播、音像制品、印刷品等加大对我边境地区的民族分裂活动。

第四，外来"黄、赌"的影响。据我们调查，境外的许多地方，都开设了专门吸引中国公民外出赌博的赌场，也专门制作了一些针对中国公民的黄色淫秽书刊和电子音像制品，已形成了一个专门针对中国人的"黄、赌"包围圈，其负面影响不可小视。

三 从民族宗教领域对构建和谐云南的若干对策建议

据美国著名政治学家亨廷顿的研究,发展中国家从传统社会向现代化转型过程中陷入长期动乱是世界上的一种普遍现象。他指出:高度传统的社会和高度现代化的社会都是十分安定的,恰恰是那种处在现代化过程中的社会最容易发生动乱。"现代性意味着稳定,而现代化意味着不稳定。"① 我国正处在高速现代化的过程中,未来二三十年将会是我国社会结构变动最为激烈、社会矛盾最为尖锐复杂的时期,同时也是民族宗教问题最为多发的一个时期;民族宗教问题具有国际性,我国正处在世界范围民族主义高涨和民族矛盾、宗教冲突加剧的国际局势中,云南边疆民族地区又处于对外开放和反渗透、反分裂的前沿,世界民族宗教问题的发展态势将会深刻影响国内民族关系和宗教问题。所有这些问题如果处置失当,就会陷入亨廷顿指出的发展中国家的陷阱。苏联解体、东欧剧变、诸多拉美国家发生的政治动乱和社会倒退就是前车之鉴。

为了有效应对新世纪、新阶段我国面临的新形势和新问题,中共十六届四中全会做出了加强党的执政能力建设的决定。胡锦涛同志在主持中央政治局第十六次集体学习时,又向全党提出了"不断提高驾驭和解决民族问题的能力"的要求。他指出:"各级党委和政府一定要站在全局和战略的高度,坚持以邓小平理论和'三个代表'重要思想为指导,全面把握新形势下的民族问题,认真做好新形势下的民族工作,不断开创民族工作新局面。"他强调指出:"全党同志特别是各

---

① [美] 塞缪尔·亨廷顿:《变革社会中的政治秩序》,李盛平、杨玉生等译,华夏出版社1988年版,第43页。

级领导干部都要坚持学习和实践马克思主义民族理论,深入学习党的民族政策,学习民族学、人类学、社会学和宗教学等有关民族问题的知识,不断丰富自己为做好民族工作所需要的各方面知识。要坚持理论联系实际,加强调查研究,深入研究新情况、解决新问题,进一步认识和把握新的历史条件下民族问题发展变化的特点和规律,创新民族工作的思路和方法,不断提高驾驭和解决民族问题的能力。特别是要加强对那些前瞻性、战略性重大问题的研究,牢牢掌握工作主动权。"①

民族宗教问题是一个涉及经济、政治、文化、社会和国际事务与国际关系等多个领域、包含多方面内容的非常复杂的问题,驾驭和解决民族宗教问题的能力也就自然包括上述诸领域、诸方面的内容。因此,云南面临的民族宗教问题不能仅仅从民族事务和宗教工作上做文章,而必须从经济、政治、文化、社会和国际事务与国际关系等五方面多管齐下,进行全方位努力。

（一）经济方面

要提高驾驭社会主义市场经济的能力,千方百计加快少数民族和民族地区的经济发展。

市场经济是竞争经济,要竞争就必然有赢者和输家。但在民族问题领域,"如果我们放任各民族在不同的起点上自由竞争,结果是可以预见的,那就是水平较低的民族走上淘汰灭亡的道路。"② 中国共产党领导的社会主义中国的民族政策是各民族共同发展和共同繁荣,绝不能让任何一个兄弟民族掉队,绝不能容许有任何一个兄弟民族在发展市场经济中成为失败者。这是硬道理和大政策,要管许多的软道理和小政策。胡锦涛同志指出:"本世纪头 20 年,是我国改革发展的重

---

① 胡锦涛在中共中央政治局集体学习时的讲话《做好新形势下的民族工作 促进各民族共同繁荣进步》,《光明日报》2004 年 10 月 23 日。
② 费孝通:《中华民族的多元一体格局》,《北京大学学报》1989 年第 4 期。

要战略机遇期,也是促进我国各民族共同繁荣进步的关键时期。必须围绕全面建设小康社会的宏伟目标,牢牢把握各民族共同团结奋斗、共同繁荣发展的主题,努力把民族工作提高到一个新的水平。要抓住国家实施西部大开发的历史机遇,牢固树立和落实科学发展观,加快少数民族和民族地区经济社会发展的步伐,不断改善少数民族群众的生活。"① 因此,面对市场经济发展过程中民族之间、区域之间差距的日趋扩大,就必须提高全党驾驭社会主义市场经济的能力,按照科学发展观和"五统筹"的要求,通过党和国家的宏观调控和生产力的合理布局,"重点帮助民族地区建设一批对带动当地经济社会发展起重大作用的基础设施项目,优先安排同各族群众生产生活密切相关的中小型公益性项目。根据国民经济和社会发展规划以及西部大开发战略,优先在民族地区安排资源开发和深加工项目。"② 大力帮助少数民族和民族地区发展经济,逐步缩小民族发展和区域发展差距,以消除民族团结、边疆稳定与和谐社会建设的最大隐患。

(二) 政治方面

要提高发展社会主义民主政治的能力,从以下七个方面入手全面贯彻落实《民族区域自治法》和党的民族宗教政策。

第一,建议国务院和国家有关部门,尽快制定出台贯彻实施《民族区域自治法》的行政法规、规章、具体措施和办法,为全面落实《民族区域自治法》创造良好的行政法制环境,使民族自治地方的自治机关,尤其是自治地方的人民政府在行使自治权时有具体明确的行政法依据,真正敢于依法行政,维护民族自治地方的合法权益。

第二,建议国务院和国家有关部门,在制定贯彻实施《民族区域

---

① 胡锦涛在中共中央政治局集体学习时的讲话《做好新形势下的民族工作 促进各民族共同繁荣进步》,《光明日报》2004年10月23日。
② 胡锦涛:《在中央民族工作会议暨国务院第四次全国民族团结进步表彰大会上的讲话》,《今日民族》2005年第6期。

自治法》的行政法规、规章、具体措施和办法时，应当体现加大对民族自治地方的资金投入和政策扶持的精神，给民族自治地方多一些实惠。资金投入上要加大财政转移支付的力度，加大基础设施项目投入的力度；政策扶持上要对民族自治地方采取更加灵活的特殊政策和措施，实事求是、分类指导。

第三，建议国务院和国家有关部门，在制定贯彻实施《民族区域自治法》的行政法规、规章、具体措施和办法时，将党和国家在认识上和一些实际工作中把云南视为与自治区同等对待的思想和措施法制化，明确规定云南省享受国家对自治区的政治、经济和社会等各方面的政策待遇。

第四，建议国务院和国家有关部门，在制定贯彻实施《民族区域自治法》的行政法规中，还应当明确上级国家机关履行其对民族自治地方职责的保障机制。对于上级国家机关履行不到位或不履行其职责和义务的，应当有相应的处罚措施，把对上级国家机关的软约束变为硬约束。

第五，建议云南省省级各有关部门，应围绕经济建设这一中心和西部大开发战略的实施，在已经出台的《云南省实施〈中华人民共和国民族区域自治法〉办法》的基础上，抓紧制定与《实施办法》相配套的措施和办法，进一步增强可操作性。同时应加快民族立法步伐，自治州、自治县人民代表大会要认真履行宪法和民族区域自治法赋予的职权，认真总结经验，有计划、有步骤地对过去制定的自治条例和单行条例进行相应的修改和完善，以充分发挥其加快民族自治地方经济社会发展和协调民族关系的作用。

第六，大力培养、选拔和使用少数民族干部。把少数民族干部队伍建设作为"管根本、管长远的大事，制定周密规划，明确目标任务，完善政策机制，认真组织实施，持之以恒地抓下去"[①]。为此，云

---

① 胡锦涛：《在中央民族工作会议暨国务院第四次全国民族团结进步表彰大会上的讲话》，《今日民族》2005 年第 6 期。

南要加强基础教育,扩大民族干部来源;对干部数量与人口比例差距较大的少数民族,要采取定向招收、重点培养,先提拔使用再培训提高的特殊政策;在干部人事制度改革过程中,要把引入竞争机制与贯彻执行党的民族干部政策紧密结合起来,坚决贯彻执行同等条件下优先选拔少数民族干部的政策。

第七,全面贯彻党的宗教信仰自由政策,切实加强宗教工作中的党政领导干部,统战、宗教工作干部和宗教界人士等3支队伍建设,进一步解决宗教房产的遗留问题,将少数民族的民族民间传统宗教尽快纳入依法管理,支持宗教团体开展正常的对外交往活动,积极引导宗教与社会主义社会相适应。

总之,邓小平同志早在50多年前就做出的"少数民族是想在区域自治里面得到些好处,一系列的经济问题不解决,就会出乱子"[①]的讲话,至今仍然具有十分强烈的现实针对性。如果不通过贯彻实施民族区域自治法为少数民族和民族地区带来实实在在的利益,作为我国基本政治制度的民族区域自治制度就很难取信于少数民族群众,就会严重影响云南的民族团结、边疆稳定、和谐社会建设与国家的长治久安。因此,胡锦涛同志在2004年10月21日中共中央政治局第十六次集体学习时指出:"要全面贯彻落实民族区域自治法,用法律法规来保障少数民族和民族地区经济社会发展,用发展的成就不断充实实行民族区域自治制度的物质基础。"[②]

(三)文化方面

保护与弘扬民族传统文化,大力发展社会主义先进文化。

从民族学、人类学和宗教学视野来看和谐社会建设,就会发现,

[①] 《邓小平文选》第1卷,人民出版社1994年版,第167页。
[②] 胡锦涛在中共中央政治局集体学习时的讲话《做好新形势下的民族工作 促进各民族共同繁荣进步》,《光明日报》2004年10月23日。

民族传统文化在和谐社会建设中占有重要地位并将发挥十分重要的作用。

一方面，少数民族地区是我国文化多样性资源的宝库。多民族、多语言、多宗教和多种生产生活方式蕴含了丰富的传统知识和智慧。按照多样性促进创造性和多样性促进稳定性的自然与社会发展规律，对这些传统知识和智慧亦即民族文化多样性资源的保护与开发，既是和谐社会创造力的源泉，又是和谐社会稳定发展的基石。因此，江泽民指出："多样性是世界存在的本质特征。"[1] 联合国教科文组织指出："各种复杂系统从其多样性中汲取力量；一个物种从基因的多样性中汲取力量；生态系统从生物的多样性中汲取力量；人类社会从文化的多样性中汲取力量。"[2] 而"充满活力"和"安定有序"，恰恰就是党中央提出的构建社会主义和谐社会的重要内容与和谐社会运行的重要标志。[3]

另一方面，中华民族和云南少数民族传统文化中，同时还蕴含着积淀深厚、丰富多彩的和谐文化。在中华民族的大传统中，就有人们所熟知的"和为贵"的仁政思想，"政通人和"的治国之道，"天时不如地利、地利不如人和"的和谐社会追求。据华语世界著名人类学家李亦园先生的研究，早在古代，中国传统文化就形成了"致中和"的宇宙观或价值观。

这一"三层面和谐均衡模型"反映出的中华民族核心的宇宙观或价值观，无疑是今天中国构建社会主义和谐社会可资利用的重要思想文化资源。

与此同时，在云南少数民族的小传统中，也具有各民族和谐相处

---

[1] 中共中央文献研究室编：《江泽民论有中国特色社会主义（专题摘编）》，中央文献出版社2002年版，第526页。

[2] 联合国教科文组织编：《世界文化报告——文化、创新与市场》"序言"，北京大学出版社2000年版。

[3] 参见胡锦涛《在省部级主要领导干部提高构建社会主义和谐社会能力专题研讨班上的讲话》，《云南日报》2005年6月27日。

的传统文化。古老的纳西族东巴经《崇搬图》(《创世纪》)讲,人祖崇忍利恩与天女衬红褒白生了3个儿子,大了都不会说话。后来派蝙蝠到天上,探知天神子劳阿普秘方即用黄栗树2枝、柏树1枝,诚心祭天。果然祭仪还未毕,马来吃蔓菁,儿子心一急,一齐喊出声。长子说的是藏话,变成藏族;次子说的是纳西话,变成了纳西族;幼子说的是白话,变成了白族。① 云南昭通彝族洪水神话讲:洪水泛滥,淹没了大地,只有幼子觉穆斯活了下来,他与仙女结婚,生下了三个儿子。大的说汉话,是汉族的祖先;次的说藏话,是藏族的祖先;幼的说彝话,是彝族的祖先。傈僳族的洪水神话中讲:人类始族列喜列刹和妹妹沙喜沙刹成亲后,生下5个孩子。老大是汉族,老二是傈僳族,老三是诺苏(彝族),老四是俅扒(独龙族),老五是怒族。德昂族的《天王地母》神话说人种为葫芦所生,"一天雷鸣闪电,劈开葫芦,里面有103人,就是汉、傣、回、傈僳、景颇、阿昌、白等民族"。哈尼族洪水神话说:兄妹成亲后,妹妹莫佐佐梭,生了许多孩子。大哥哈尼族是从腹部生出来的,常住森林边;二哥彝族是从腰部出生的,常住半山腰;三哥汉族是从手指上生出来的,常住平地;四哥傣族是从脚板上生出来的,常住河坝;五哥瑶族是从耳背后生出来的,因此常住在森林里。② 类似的神话传说和民间故事,在云南的几乎每一个少数民族中都可以听到。它既反映了云南各民族同源异流、异源合流而又源流交错,各民族你中有我、我中有你而又各具个性,逐渐成为中华民族多元一体格局重要组成部分的民族关系历史;又反映了云南各民族经过漫长的历史发展在中华人民共和国成立后逐渐形成平等、团结、互助、和谐的社会主义民族关系现状,因而自然成为今天构建和谐云南可资利用的宝贵文化资源。

---

① 参见郭大烈《纳西族心理素质初探》,《云南省历史研究所研究集刊》1982年第1期。

② 参见高发元主编《中国西南少数民族道德研究》,云南民族出版社1990年版,第79—80页。

此外，在云南各民族的宗教信仰中，也有很多有利于和谐社会建设、与社会主义社会相适应的文化资源。诸如佛教"庄严国土、利乐有群"和"人间佛教"的思想；道教"济世利人、护国爱民"的思想；伊斯兰教"爱国是伊玛尼（信仰）的一部分"和"两世吉庆"的思想；天主教"爱国爱教都是天主的诫命"和"爱主荣人"的思想；基督教强调的"一个好教徒应该是一个好公民，爱自己的祖国是一个基督徒的本分"和"作盐作光、荣神益人"的思想，以及各种宗教戒律中普遍存在的引导信徒弃恶扬善和各民族传统宗教中普遍存在的人与自然和谐相处的思想等，无疑都是构建和谐云南可资开发利用的宝贵文化资源。

在保护与弘扬民族传统文化的同时，要大力发展社会主义先进文化。为此，要进一步解放思想，提高对文化发展重要性的认识，正确区别对待文化产品的意识形态属性和商品属性，正确认识保护发展民族文化多样性与建设先进文化的关系，发展民族的、科学的、大众的社会主义文化，树立与社会主义市场经济相适应的文化发展观念。深化文化体制改革，创新体制、转换机制，制定和落实文化产业发展的优惠政策，大力发展文化产业。加大投入，确保公益性文化事业繁荣发展；实施外向战略，扩大文化的对外开放；实施人才战略，加快引进和培养文化人才；实施文化渗透和带动战略，扩大文化市场空间。实施民族文化繁荣发展战略，大力发展民族文化产业，加快推进民族文化大省建设。

（四）社会方面

要加快少数民族和民族地区教育、科技、文化、卫生、广播电视等社会事业的发展，提高构建社会主义和谐社会的能力。

与经济发展相比，云南民族地区社会事业发展更为滞后。为此，要按照以人为本、经济社会协调发展的科学发展观，更加注重民族地区社会事业的发展。具体说来要采取以下六个措施。

第一,加大民族教育投入,优先帮助少数民族和民族地区以实现"两基"目标为重点,加快发展高中阶段教育、职业教育和高等教育。认真落实好加快民族贫困地区教育事业发展的有关规定和政策措施,切实解决民族地区教育中的特殊困难和突出问题,使贫困家庭的孩子都能完成义务教育。

第二,加大对民族地区的科技投入,建立健全科技推广体系,普及自然科学和社会科学知识,推广应用"电脑农业"等先进适用技术,把民族地区的发展尽快转移到依靠科技进步和提高劳动者素质的轨道上来。

第三,加大对民族地区文化事业发展的投入,力争经过5年的努力,使民族自治地方的所有县、乡、村三级文化馆(站、室)的建设普及率达到90%以上,其中一半以上的县(市)文化体育设施达到国家标准。各级财政要加大对少数民族古籍、文物、出版、语言文字、报刊等公益性文化事业的投入,同时打造一批具有云南特色的文化精品,培育和扶持一批少数民族群众直接参与的社区和基层民族文化产业和企业。

第四,加强民族地区公共卫生设施建设,加大医务人员培训力度,建立健全民族地区农村医疗卫生服务体系,建立和实施民族地区农村贫困家庭医疗救助制度,切实解决少数民族群众看病难、看病贵而导致的因病致贫、因病返贫的问题。

第五,实施广播电视村村通、户户通工程建设,扩大覆盖率和发射功率,制作和播出少数民族群众喜闻乐见的各类作品和节目,提高收视率。

第六,加大禁毒和防治艾滋病工作的投入,建立健全工作机构,构建上下左右、纵横协调的工作网络和工作机制,下最大的决心、花最大的力气,坚决打赢禁毒和防治艾滋病的人民战争。

在加快社会事业发展的同时,要提高构建社会主义和谐社会的能力。充分调动和发挥各民族群众的积极性和创造力,妥善协调各民族的利益关系。创新社会管理体制,充分发挥社团、行业组织、社会中介组织等非政府组织提供服务、反映诉求、规范行为的作用,形成社会管理和社会服务的合力。建立健全民族关系和民族问题的信息沟通机制和协调稳定机制,鼓励干部群众和社会各界人士大胆地、实事求是地反映影响民族团结和边疆稳定的隐患和潜在矛盾,使少数民族和民族地区的热点和难点问题,能够及时得到党和政府的重视和解决。继续坚持和完善民族团结目标管理责任制,充分发挥其维护社会稳定、协调民族关系的积极作用。

(五) 国际问题方面

要提高应对国际民族宗教问题影响的能力。

民族宗教问题具有国际性,世界民族宗教问题的发展态势将会深刻影响国内民族关系。云南边疆民族地区处于对外开放、对外交往和反分裂、反渗透的前沿。因此,必须大力提高国际交往的本领,按照国家与邻为善、与邻为伴的周边外交政策,以一个大国的雍容气度,以更加积极主动的姿态,在经济、政治、文化、社会乃至民族宗教领域都主动地走出去,扩大对外开放和对外交往,在积极主动对外交往的过程中有效防范和抵御国际敌对势力的渗透和影响。针对云南边疆民族地区受外来影响不断加大的现状及问题,谨提出以下三点对策和建议。

第一,认真贯彻党和国家关于少数民族和民族地区发展的各项特殊优惠政策。前述越南对其边疆民族地区实施的特殊优惠政策,都是中国在计划经济时期对边疆民族地区实行的政策,曾是中国民族政策的组成部分。正是在这一整套马克思主义民族政策的指引下,才使中国的边疆民族地区保持了长期的稳定与发展。然而,随着中国从计划经济向市场经济的转轨变型,许多民族经济优惠政策逐渐自行淡化和消失,反而被越南吸收过去作为对我方进行宣传的有力武器,其中的道理和问题值得我们深思。为此，建议省委、省政府按照市场调节与计划调节相结合的原则，在坚持以市场调节为基础的同时，对边疆民族地区恢复执行在计划经济时代一系列行之有效的特殊优惠政策，以促进边疆民族地区加快发展。

第二，大力开展"兴边富民行动"，全面贯彻落实省委、省政府已经制定的"兴边富民三年行动计划"。加快边境民族地区的交通、能源、水利、通信、口岸城市等基础设施建设；积极发展边境贸易和特色经济；加大投入，大力扶持边境民族地区的教育、科技、文化、卫生、广播电视等社会事业发展。力争在"十一五"期间，使边境民族地区的基础设施建设有一个较大的改观，经济社会发展跃上一个新台阶，人民生活水平有较大的改善，为民族团结、边疆稳定与和谐社会建设打下坚实的物质基础。

第三，认真贯彻执行党和国家的宗教政策，创新工作思路和工作方法，有效防范外来宗教渗透和邪教组织的活动。在有群众性宗教活动的地方，地方党委政府和宗教工作部门，应坚决贯彻执行党和国家的宗教信仰自由政策，尽快批准建立公开、开放、规范的宗教活动场所，以满足信教群众的正当要求并抵制外来的宗教渗透。建立宗教教职人员的定期培训制度，提高其宗教学识，定期组织他们主动到境外开展正常的宗教交流活动；鼓励宗教寺院参与旅游业发展，以增强其自养能力。在边境宗教相互影响的过程中，我们只有变被动为主动，才能有效抵制外来宗教渗透。在对邪教组织及其首恶进行严厉打击的同时，对不明真相的群众做耐心细致的思想工作，并扶持其发展经济，帮助其解决生产生活中的实际问题，最终使其自己起来抵制邪教的影响。

（原载《贵州民族研究》2005年第6期）

地区性初级统一为
全国大统一奠定基础
——论南诏大理国的历史作用

研究云南民族关系史，就不能回避唐宋时期南诏大理国与中央王朝长达 5 个世纪的分立割据历史。怎样认识这一段历史？如何评价南诏大理国的历史作用及其对云南民族关系格局的形成产生的影响？这是研究云南民族关系史必须给予明确回答的重大问题。笔者的认识和评价是，南诏大理国统一云南是历史的必然和历史的进步，正是这一段长达 5 个世纪的地区性初级统一的历史，为元代更高层次的全国大统一奠定了基础，为云南各民族稳固地成为中华民族多元一体格局的一部分做出了历史性贡献。下面结合具体史实论证之。

一 唐朝与南诏国的关系

7 世纪中叶前期，大约在唐贞观七年（633），松赞干布统一西藏诸部，建立起强大的吐蕃王朝。唐蕃双方初期关系极为和好，公元 650 年，松赞干布逝世后，吐蕃开始在北方与唐朝争夺吐谷浑、安西四镇和河陇之地，在南方先后占领了云南的洱海地区和今四川盐源一带，势力直逼成都，对唐朝的西南边境构成严重威胁。与此同时，洱海地区一些部落首领也利用唐蕃矛盾,"彼不得所即叛来,此不得所即背去""或叛或附,恍惚无常",① 导致局势复杂多变,动荡不宁。为此,唐王朝每年从西川调兵五百人在姚州都督府戍守,出兵击败亲吐蕃的蒙俭、和舍等部落首领,加强控制滇西地区。703 年,吐蕃赞普亲征洱海地区,并于次年死于战事;707 年,唐将唐九征击败吐蕃军队,摧毁吐蕃城堡,拆除漾濞江铁索桥,切断了吐蕃与洱海地区的交通。但是,唐朝随后派来筑城置县的监察御史李知古,在当地民族已归附唐朝的情况下仍然"欲诛其豪杰,没子女以为奴婢"。引起"蛮众恐惧,乃杀知古,相率反叛",各部又重新依附吐蕃。唯有南诏因地处洱海诸部之南,受吐蕃势力威胁不大,因而依然奉唐朝正朔,"子弟朝不绝书,进献府无余月"。②

当时云南的民族分布情况大体是:今昭通地区、曲靖地区北部至贵州西部一带,分布着东爨乌蛮;今滇池地区、曲靖地区、楚雄州东部、红河州、文山州等地,分布着西爨白蛮。洱海地区诸部也分为"乌蛮"和"白蛮"。白蛮分布在坝区,包括青蛉蛮、西洱河蛮、松外蛮、姚州蛮等;乌蛮已形成蒙嶲诏、邓赕诏、浪穹诏、施浪诏、越析诏、蒙舍诏等"六诏",其中"蒙舍诏"地处最南,故称"南诏"。乌蛮六诏是在汉晋时期的昆明、哀牢、么些等乌蛮诸部的基础上发展起来的,从随畜迁徙发展到相对定居,从无君长发展到组成酋邦形成大酋长并实行王权世袭,这是历史的进步,是洱海地区走向统一的第一步。而此时唐蕃对洱海地区的激烈争夺,就推动洱海地区迅速迈出走向统一的第二步:六诏归一。

早在唐贞观年间(627—649),南诏就在唐王朝的支持下兼并了由白蛮建立的白子国,以后又兼并了同在一川的蒙嶲诏,实力逐渐强

---

① (唐)张九龄:《敕吐蕃赞普书》,方国瑜主编《云南史料丛刊》(第 2 卷),云南大学出版社 1998 年版,第 127 页。
② 《南诏德化碑》,汪宁生:《云南考古》(增订本),云南人民出版社 1992 年版,第 157 页。

大起来。唐朝面对咄咄逼人的吐蕃势力在洱海地区的发展，也迫切需要扶植一个统一强大的地方政权作为其西南屏障来抗御吐蕃的进攻，用唐玄宗李隆基的话来说就是"蛮夷相攻，中国大利"。[①] 因此，唐朝采取"以夷攻夷"的策略扶植南诏，封南诏王皮罗阁为台登郡王，后又封"云南王"；任命其子阁罗凤为阳瓜州（蒙巂诏故地）刺史；又派御史严正海与南诏共同策划统一洱海地区。在唐朝的大力支持下，南诏在不长的时间内便消灭五诏，全部占领"西洱河蛮"旧地，统一了洱海区域。739年，皮罗阁迁都太和城，建立起以洱海地区为基地，以乌蛮王族和白蛮大姓为主的南诏联合政权。南诏在一定程度上，也确实成为唐朝抗御吐蕃的西南屏障。唐朝为进一步加强对云南的统治，决定开筑从安宁至越南的步头路，从而对继续称霸滇池地区的爨氏势力构成威胁。爨氏不甘退出历史舞台，便利用修城筑路给当地百姓带来的沉重负担，鼓动民众联合起来追随诸爨首领起而反抗，杀了筑城使，占了安宁城。南诏奉唐朝命令平息了这次动乱，并乘势将其势力由滇西发展到滇中和滇东。此时的南诏已变得"日以骄大"，引起了唐朝的警惕，唐朝便转而扶持和保存诸爨势力，借以抵制南诏，力图将南诏势力限制在一定范围内。但是，受唐王朝扶持的两爨大鬼主爨崇道，在姚州都督李宓的挑拨下残杀其他爨氏首领，受害者亲属向南诏求援。南诏正想占据滇池富庶之区，于是出兵东进，捕杀了爨崇道，尽俘其家族，至此，爨氏在滇东的统治彻底崩溃。

南诏占领爨地后，唐朝与南诏之间出现了矛盾。唐朝一面准备军事进攻，唐云南太守张虔陀则采取"倍税军粮，征求无度"的手法力图削弱南诏，在南诏王皮罗阁去世后，又图谋用阁罗凤的异母兄弟取代阁罗凤继承王位遭到失败，后来竟发展到侮辱阁罗凤的妻子，派人辱骂阁罗凤本人，终于激怒阁罗凤起兵反唐，成为引发天宝战争的导火线。

---

① 《敕剑南节度王昱书》，方国瑜主编《云南史料丛刊》（第2卷），云南大学出版社1998年版，第126页。

749年（唐天宝八年）唐剑南节度使鲜于仲通率军八万兵分三路进军云南。750年，阁罗凤在唐军未至之际先发制人，出兵攻下姚州（今云南姚安），杀张虔陀。次年，鲜于仲通率大军进抵曲靖，阁罗凤遣使谢罪求和，表示愿意遣返俘虏，赔偿损失。使者陈诉说："往因张卿（虔陀）谗构，遂令蕃、汉生猜。赞普今见观衅浪穹，或以众相威，或以利相导，倘若蚌鹬交守，恐为渔父所擒，伏乞居存见亡，在得思失。二城复置，幸容自新。"① 并告："今吐蕃大兵压境，若不许我，我将归命吐蕃，云南非唐有也。"② 鲜于仲通自恃兵众，断然拒绝南诏的再三求和，率军进逼洱海，另派大军绕道点苍山，以图腹背夹击南诏。南诏被迫投向吐蕃，双方联手攻唐，8万唐兵全军覆没。752年，吐蕃册封阁罗凤为"赞普钟（小赞普）南国大诏"，并"赐为兄弟之国"。南诏割据局面自此形成。唐朝宰相杨国忠既想掩盖败绩又"耻云南无功"，遂于754年（天宝十三年）再调集十余万大军，加上转输粮饷的辎重近20万人由李宓率领进攻南诏，唐兵孤军深入直逼南诏都城，结果又在南诏与吐蕃合力夹击下再次全军覆没。唐玄宗"蛮夷相攻"的民族歧视政策和"唯言屠戮"的武力镇压政策，遭到了彻底失败。③

然而，南诏与唐朝关系恶化到如此地步，也非南诏本意。南诏纵然在势力壮大后"日以骄大"暴露出据地自雄的政治图谋，但深知离开了唐朝的支持是难以抵御吐蕃威胁的。因此，阁罗凤虽然在天宝战争中取得了重大胜利，但仍然为以后归唐预留了后路。他收拾唐朝阵亡将士尸体"祭而葬之"，又特地在王都太和城（位于今大理古城附近）立德化碑，勒石表明其叛唐乃属不得已，决心"世世事唐"之

---

① 《南诏德化碑》，汪宁生《云南考古》（增订本），云南人民出版社1992年版，第159页。

② （宋）司马光：《资治通鉴》，中华书局1956年版，第6907页。

③ 王连芳主编：《云南民族工作的实践和理论探讨》，云南人民出版社1995年版，第70页。

意，并说："我上世世奉中国，累封赏，后嗣容归之。若唐使者至，可指碑澡袚吾罪也。"①

尽管如此，南诏反唐后，出于其割据称雄的政治意图，仍然多次与吐蕃联合进攻唐朝西川（今四川），曾经掠得"子女玉帛，百里塞途，牛羊积储，一月馆谷"，②给汉族民众带来深重灾难。779年，阁罗凤卒，其孙异牟寻立，再度与吐蕃联合出动20万大军进攻西川，遭到唐军有力反击，损兵十万溃退，南诏与吐蕃的实力均受到重创。吐蕃将失败责任归咎于南诏，遂改南诏的"东帝"为"日东王"，将其从兄弟之国降为臣属，并向其征收繁重的赋税和劳役，从而加深了双方的矛盾，导致南诏产生了弃蕃归唐之意。受南诏王宠信的清平官（宰相）郑回向异牟寻进言曰："'中国尚礼义，以惠养为务，无所取求。今弃蕃归唐，无远戍之劳，重税之困，利莫大焉。'牟寻善其言，谋内附者十余年矣。"③南诏的这一动向引起了唐朝的重视。唐朝为集中力量对付吐蕃已调整对南诏政策，制定了"北和回纥，南通云南，西结大食、天竺"的全局战略，这一战略构想的提出者李泌对招抚云南的可能性作了具体分析："云南自汉以来臣属中国，杨国忠无故扰之使叛，臣于吐蕃，苦于吐蕃赋役重，未尝一日不思复为唐臣也。"而招抚云南一旦成功，则可"断吐蕃之右臂也"。④在此全局战略指导下，南诏与吐蕃之间又出现裂隙，唐西川节度使韦皋便一方面连年致书异牟寻以示劝谕和招抚，另一方面又离间南诏与吐蕃关系使其矛盾激化，同时又派大军多次破袭吐蕃。韦皋三管齐下的策略促使异牟寻最后下决心派三路使团入长安，向唐朝廷表示"愿竭诚日新，归款天子"。⑤794年（贞元十年），唐节度巡官崔佐率领唐朝使团到达南

---

① （宋）欧阳修、宋祁：《新唐书·南蛮传》，中华书局1975年版，第6721页。
② 《南诏德化碑》，汪宁生《云南考古》（增订本），云南人民出版社1992年版，第160页。
③ （后晋）刘昫：《旧唐书·南诏蛮》，中华书局1975年版，第5281页。
④ （宋）司马光：《资治通鉴》，中华书局1956年版，第7505页。
⑤ 《新唐书·南蛮传》，中华书局1975年版，第6273页。

诏都城，与异牟寻会盟于点苍山。

点苍山会盟结束了南诏和唐朝40多年的对峙局面，南诏弃蕃归唐，使唐朝西南边疆的局势发生了根本改变。南诏归唐后又反过来派数万大军突袭吐蕃于神川（今香格里拉县塔城），摧毁金沙江上游之铁索桥，收复吐蕃在云南的城堡16座，擒其五王，降十余万众。吐蕃势力遭此重创后逐渐衰落，唐朝争取云南、环攻吐蕃的战略获得成功。唐朝为进一步巩固点苍山会盟的成果，于794元（贞元十年）应南诏要求派出以尚书祠部郎中兼御史中丞袁滋为首的官方高级使团赴云南，向南诏颁发"贞元册南诏印"，册封异牟寻为"云南王"，[①] 异牟寻表示"子子孙孙永为唐臣"。[②] 南诏归唐使云南与内地的经济文化联系更加频繁，南诏为表示绝对附唐的诚心而将其贵族子弟送往唐朝做人质，而韦皋则一改传统的"质子"制度，在成都办了一所专门培养南诏子弟的学校向其传授汉文化，前后50年培养数千人，学成后全部返回云南，成为向云南民族地区传播汉文化的中坚力量，这对加强云南与祖国的联系以及云南文化的发展都起到了积极的促进作用。

808年，异牟寻卒。其后南诏在权臣左右下几位幼君相迭，改变了异牟寻与唐修好、保境自立的政策，转而奉行向外扩张的方针。829年，南诏进犯成都，掠走子女百工数万人及无数财物，致使成都以南、越嶲（今四川越西）以北八百里之间人畜皆空。自860年至874年，南诏不断发大兵击唐，曾"两陷安南、邕管，入黔中，四犯西川，征兵运粮，天下疲弊，逾十五年，租赋太半不入京师，三使、内库由兹空竭，战士死于瘴疠，百姓困为盗贼……皆蛮故也"[③]。战争不仅使唐朝为之虚耗，天下骚动，也使南诏疲敝和国内矛盾加深，双方在战争中两败俱伤，迅速走向衰落。

---

① 木芹：《云南志补注》，云南人民出版社1995年版，第45页。
② （宋）欧阳修、宋祁：《新唐书·南蛮传》，中华书局1975年版，第6375页。
③ （宋）司马光：《资治通鉴》，中华书局1956年版，第8227页。

二 宋朝与大理国的关系

宋朝的起讫时间（960—1279）与云南历史上的大理国时期（937—1253）基本吻合。在中国历史上，宋朝是政治经济较为衰弱的一个王朝。它始终未能统一汉唐王朝开创的中国传统疆域，北方和西北被辽和西夏占据，后来女真族建立的金朝取代辽朝，给宋朝造成更大威胁。在北方威胁始终存在的强大压力下，北宋前期编写的《新唐书》对唐朝覆亡的历史经验进行总结后得出的结论是："唐亡于黄巢，而祸基于桂林。"① 即认为唐朝是黄巢起义推翻的，但祸根却在于调徐州兵至桂林防守南诏，因六年未得换防而激起士兵哗变起义，导致黄巢、王仙芝等继之而起，最后推翻了唐朝的统治。因此，宋朝统治者认为，"大理即唐之南诏"，必须谨防。然而，由于长期历史发展云南与祖国内地已形成不可分割的内在联系，大理国王不断遣使朝贡要求加封；加之宋朝北方抗金需要的战马和内地人民生活需要的许多物品有相当部分又必须取自云南，因而又不得不与云南发展关系。为此，宋王朝对大理国采取了以下两套政策。

第一，在政治上采取"务使羁縻勿绝，边疆安静"，使其"欲寇不能，欲臣不得"的所谓"御戎上策"②。据《宋史·宇文常传》记载："自孟氏入朝（指四川后蜀孟氏政权降宋），艺祖（宋太祖）取蜀舆地图观之，划大渡河为境，历百五十年，无西南边患。"宋太祖是否真如《宋史》所说在客观上曾划大渡河为界来隔绝大理国与宋朝的交往尚待研究，但宋朝廷对大理国的多次进贡加封请求采取敷衍态

---

① （宋）欧阳修、宋祁：《新唐书·南蛮传》，中华书局1975年版，第6295页。
② 尤中：《云南民族史》，云南大学出版社1994年版，第256页。

度是事实。早在 965 年宋统一蜀川后,大理国便立即由建昌城派官吏送牒入宋表示祝贺。968 年,大理国又派使臣赍牒赴宋要求通好。以后,985 年(宋太宗雍熙二年)、989 年(宋太宗端拱二年)、991 年(宋太宗淳化二年)、997 年(宋太宗至道三年)、999 年(宋真宗咸平二年)、1005 年(宋真宗景德二年)、1008 年(宋真宗大中祥符元年)、1038 年(宋仁宗景祐五年),大理国都曾先后派其所属之邛部、两林川(今四川凉山州境内)首领,由西川向宋朝进贡。① 宋朝廷也曾先后封大理国边境的首领白王为"云南八国郡王",敕封另一大理国边境首领为"云南大理国主,统辖大渡河地姚嶲州界山前山后百蛮三十六鬼主兼怀化大将军、忠顺王"。在给大理王的诏书中,也曾特授其"检校太保,归德大将军"。但对大理国王的正式册封,却一直阙如。对此,宋朝廷在 989 年对大理国王要求加封的批答文书中表示了歉意。文中说:"卿觐王岁久,望阙情深,特推北拱之心,远有东封之请",但因内忧外患困扰,只能希望大理国王"善育人民,谨奉正朔,登封之请,以俟治平"。② 但是,大理王为使自己的统治名正言顺仍然不断遣使朝贡要求正式册封。直到 1115 年(宋徽宗政和五年)大理国王又一次遣使团带着"贡马三百八十匹及麝香、牛黄、细毡、碧玕山诸物"③ 专程诣阙进献,并向宋徽宗呈报大埋土段和誉的奏文后,宋朝才最后同意大理的请求,于 1117 年正式册封段和誉为"金紫光禄大夫、检校司空、云南节度使、上柱国、大理国王"。大理国与宋王朝的藩属关系至此得以正式建立。但宋王朝对大理国仍然存有偏见和戒心,至南宋偏安江南后,这种偏见和戒心更加与日俱增,以致 1136 年大理国向南宋贡象及马五百匹时,"诏偿其马直,却象勿受,而赐书劳遣之"④。即用钱买下贡品中的马匹,而拒绝了表示臣服

---

① 尤中:《云南民族史》,云南大学出版社 1994 年版,第 153 页。
② 同上书,第 254 页。
③ (元)脱脱:《宋史·大理传》,中华书局 1977 年版,第 14073 页。
④ (元)脱脱:《宋史·食货志》,中华书局 1977 年版,第 4565 页。

的驯象。也就是不愿再继续北宋王朝与大理国正式建立的藩属关系。南宋高宗这种对大理国的摒弃政策,还受到了当政大臣的颂扬,他们上书说:"太祖皇帝鉴于唐之祸,乃弃越嶲诸郡,以大渡河为界,[使其]欲寇不能,欲臣不得,最是御戎上策。"①

  第二,在经济上采取政府严密控制下的双边贸易政策。北宋国力稍强,因而对与大理国的贸易没有多少顾虑。故早在982年,宋太宗便诏令黎州(今四川汉源)官吏"造大船于大渡河上,以济西南蛮之朝贡者"。②此后,黎州边境和峨眉县西十里的铜山寨,便成为彝、白族与内地汉族进行商业贸易的市场,一些彝族因贩马入西川而"仰此为衣食"。③南宋时,双边贸易的地点被移至广西邕州横山寨(今广西田东县),南宋朝廷在此专门设置"买马提举司",负责向大理国购买战马。因此时南宋北抗强敌所需之战马在北方和西北两路受阻的情况下只能直接仰赖于大理国,故双边交易比之北宋规模更大、更为频繁。如1136年5月,大理国派人到邕州卖马一千余匹,随行的有六千余人,还带去大批土特产品如麝香、胡羊、长鸣鸡、披毡、云南刀及各种药材,出售以后购回锦缯、豹皮、文书及诸奇巧之物。由于贸易规模较大,仅邕州横山寨一个地方已难以满足需要,故大理国商人曾几次要求宋开放其他互市点,均被南宋官吏出于戒备和防范而加以拒绝。④

  从以上两点可以看出,宋朝对大理国的政策受唐朝与南诏关系的影响很大,宋朝统治者虽然正确总结了"唐亡于黄巢,而祸基于桂林"的历史经验,但将正确的经验作了错误的应用和发挥,转而对大理国的主动归附和贸易往来采取时时戒备、处处设防甚至主观隔绝和摒弃政策,结果反而自己孤立了自己。宋王朝没有想到把大理国建成

---

  ① 尤中:《云南民族史》,云南大学出版社1994年版,第256页。
  ② 方铁:《边疆民族史探究》,中国文史出版社2005年版,第51页。
  ③ 尤中:《云南民族史》,云南大学出版社1994年版,第252—253页。
  ④ 同上书,第259页。

防止蒙古南下的巩固边防，反而使其成为蒙古进攻南宋的根据地，因此可以说，是南宋政权自己的错误政策葬送了自己。① 清代倪蜕《滇云历年传》就南宋统治者对大理国采取的错误政策作了以下正确的评价："段氏……向慕中国，志不少衰，而南宋君臣视之如蔑如者，终鉴于唐季之祸也。夫士不通今博古，固不足以宏济艰难。然而，执经泥古者，岂可以弥纶宇宙乎？以天下大势而论，宋之视滇，犹唐之视蜀也。若使滇不慕宋，犹当招徕之。奈何持迂儒之陋见，而必阻其向化之心乎？且横山市马，张栻既戒严而塞其道也，今请黎、雅入贡，孟珙又不许而使之道于邕广。是栻绝于南，珙阻于北，则滇将不得不并于元。而宋亦归于无可复之，惟有终之于蹈海而已，亦势所必至也。"②

三 南诏大理国的历史作用

从前面的历史叙述中我们已经知道，南诏大理国时期云南民族关系格局具有两大特点：一是云南内部的统一；二是云南与中央王朝的分立割据。分立割据并不是南诏大理国统治者的本意和初衷，而是唐宋王朝中央执行错误民族政策的结果，其过不在云南地方统治者而在封建王朝中央，这已是明白无误的历史事实故无须再作讨论。因此，这里仅就南诏大理国统一云南的历史作用问题略加讨论。

虽然云南从汉武帝时期便已正式纳入中国版图，但历经两汉魏晋南北朝直至隋末唐初，中央王朝对云南的经略开拓与设置经营仍未能

---

① 王连芳主编：《云南民族工作的实践和理论探讨》，云南人民出版社1995年版，第78页。

② （清）倪蜕辑：《滇云历年传》，李埏校点，云南大学出版社1992年版，第184页。

实现云南的统一，云南的大部分地方仍然是"部落支离""首领星碎""各擅山川、不相役属"的分裂局面。这种部落林立，互不统属的状况，既不利于全国的统一也不利于云南地方的稳定更不符合云南各族人民的利益，因而8世纪中叶唐朝为抵御吐蕃扶持南诏统一云南，应该说是一种顺应时代和人民要求的必然措施。从南诏统一云南到元代实现更高层次的全国大统一这一历史进程中，我们可以清晰地理出一条在云南这样部落林立、民族众多的分裂局面下与全国实现统一的发展线索和发展步骤。这就是：

第一，乌蛮诸部从无君长的分散状态经过兼并争战逐步形成"六诏"，即六个实行王权世袭的酋邦；

第二，南诏崛起，六诏归一，实现洱海地区的小区域统一；

第三，乌蛮王族与白蛮贵族联合起来推动人口较多的乌蛮与白蛮两大民族集团结成联盟，[①] 然后东平诸爨，北挫吐蕃，西开寻传，南置银生节度，最终实现云南全境的统一；

第四，经过南诏大理国长达5个世纪的地区性统一促进区域内经济文化的长足发展和各民族的交往融合，最终以一个统一的地方性实体融入元代中国大一统的版图之中。

费孝通先生在其论述中华民族多元一体格局的著名论文中曾探讨过中华民族成为一体的过程，他指出：

> 中华民族成为一体的过程是逐步完成的。看来先是各地区分别有它凝聚中心，而各自形成了初级的统一体。比如在新石器时期在黄河中下游都有不同的文化区，这些文化区逐步融合出现汉族的前身华夏的初级统一体，当时长城外牧区还是一个以匈奴为主的统一体和华夏及后来的汉族相对峙。经过多次北方民族进入中原地区及中原地区的汉族向四方扩散，才逐渐汇合了长城内外

---

① 马曜：《民族团结的颂歌》，《云南民族学院学报》1996年第1期。

的农牧两大统一体。而南北两个统一体的汇合才是中华民族作为一个民族实体进一步的完成。①

根据云南的历史事实，我们可以对费先生的理论作一个补充：只有当南诏大理国作为一个统一的地方性实体融入元代中国大一统的版图之中，才标志着中华民族作为一个民族实体的更进一步的完成。南诏从一个小部落起家，却能够逐步并六诏，平诸爨，在山河阻隔，交通不便，民族众多，经济社会发展极不平衡的条件下，最终统一云南，建立起我国西南地区历史上第一个多民族联合政权，并在北方的唐朝和西北方的吐蕃两大势力的威慑下与之灵活周旋，据地自雄近200年，同时还保持了内部的稳定，促进了云南各民族经济文化的发展。继之而起的大理国，又在倾心内向、积极学习汉文化，促进自身经济文化发展的同时，据地自雄300多年。经过南诏大理国长达5个世纪的地区性统一促进区域内经济文化的长足发展和各民族的交往融合，最终以一个统一的地方性实体融入元代中国大一统的版图之中，这种历史进步在当时条件下是难能可贵的。因此，南诏大理国统一云南为促成元代更高层次的全国大统一发挥了奠定基础的历史作用。

（原载《云南社会科学》2009年第4期）

---

① 费孝通：《中华民族多元一体格局》，《北京大学学报》1989年第4期。

从矛盾冲突到共同发展
——云南黑树林地区族群关系"百年干戈化玉帛"的启示

从生态人类学视角认识民族关系就会发现，生活于同一区域内的各民族，对赖以生存的自然资源是竞争还是共享，成为判断这一区域民族关系好坏的重要依据。本文通过对云南黑树林地区族群关系[①]"百年干戈化玉帛"历程的回顾和深入的田野调查，探讨云南成功化解黑树林地区族群矛盾的经验及其理论启示。

一 黑树林地区概况

"黑树林"这一名称，很容易使人产生一种地老天荒、神秘莫测的感觉，再将其与民族问题"热点"联系起来，秘境的感觉更是有增无减。其实，黑树林并不神秘，它位于距云南省城昆明400多千米的滇南群山深处，是一片以哈尼族为主的民族聚居区的统称。历史上，这里曾是一块美好的家园，到处是田园牧歌的风光。据哈尼族史诗记载，这里"天宽地阔、水清土肥，棕子叶有三指宽，黑土蜂群能隔断流淌的江水，母蜂有鸽子大，蜂儿像飞翔的绿豆雀。他们喜欢这里，

---

① 本文所讲的"族群"（ethnicgroup），指的是中国56个民族中从属于某一民族的次级群体，即通常所说的"民族支系"。

就住了下来"。这里曾是一片茫茫的原始森林，后来随着人类繁衍人口增多，森林被砍得越来越少，生存空间也越来越小。一代代哈尼人为了给祖先神灵留一片"安神"之所，也为了获得"山神""树神"对后人、庄稼和牲畜的保护，主动保留下每个村寨的"神林"。既然是神林，自然是很神圣的地方，围绕神林产生了许许多多保护神林的禁忌和习惯法。祖祖辈辈、子子孙孙守护着承诺，"神山"上森林茂密、环境清幽，哈尼人称为"阿拉偿哈"，译为汉语就是"黑树林"。[①] 这片神山的东南边缘和西南边缘，坐落着两个小山村，均以山名称之为"黑树林村"，相距不远，鸡犬相闻，却分属于两州市、两县、两乡和两个不同的行政村所管辖。[②]

后来，随着黑树林问题的发展，黑树林区域的范围，从两个小山村扩大到今红河县和墨江县的 4 个乡。将其落实到具体的行政区划上，它位于云南省思茅、红河、玉溪三市州的墨江、红河、绿春、元江四县结合部，包括墨江县的那哈乡、龙坝乡和红河县的垤玛乡、三村乡。四乡下辖 26 个村民委员会、371 个村民小组，2004 年总人口 67131 人，其中哈尼族人口占总人口的 95% 以上，而且绝大多数属于哈尼族中的白宏（原称布孔）支系，是一个以哈尼族人口为主体，含有少量汉族、彝族人口的少数民族聚居区。这一地区位于李仙江上游的哀牢山纵谷地带，海拔 800—2580 米之间，年平均气温 20℃，年降雨量约 1628 毫米，属热带亚热带气候，适宜农、林、牧、茶、渔、果等产业的发展。四乡国土面积 841 平方千米，森林覆盖率约为 15%，现有耕地 10.16 万亩，人均耕地面积 1.5 亩。从土地、气候和降雨情况来看，这里的资源环境条件并不差，然而，老天爷却为这里留下了一个致命的缺陷——缺水！每年雨季的降雨沿着被砍光了树木

---

① 参见石高峰《黑树林地区发展报告》，格桑顿珠、纳麒主编《云南民族地区发展报告（2003—2004）》，云南大学出版社 2004 年版，第 87—88 页。

② 参见王阿章《透视黑树林》，胡忠文主编《和谐的使者：云南省民委民族工作队化解"热点""难点"问题纪实》，云南民族出版社 2008 年版（内部发行），第 145 页。

的山坡流走之后，生活在山区的人们的生产生活用水普遍要到几千米以至几十千米以外的山箐水源地接引，在普遍缺水的情况下，水源地与用水地又属于不同的行政管辖区域，相互之间为争夺"水"这一最重要的生存资源，便自然会产生矛盾和冲突。于是，共同生活在黑树林地区但又分属于不同行政区域管辖下的同一民族以至同一支系（族群）的人们，便首先围绕着水资源以后又发展到土地资源、森林资源的权属，展开了长期的争斗，逐步把一个原本很普通、很平常的黑树林地区，演变成一个民族问题热点地区。

二　黑树林民族问题的由来

　　现有的研究黑树林地区民族问题的相关文献，都把黑树林地区的民族矛盾和民族冲突追溯到清乾隆十六年（1751）。因为在今红河县三村乡境内发现了一块"打洞水沟石碑"（现存于三村乡黑树林村），石碑立于民国三年（1914），记录的却是乾隆十六年（1751）的一份卖契和嘉庆七年（1802）的一份执照。[①]

　　1991年出版的《红河县志》在记录了碑文后，又作了如下解释：

　　　　红河县三村区（今三村乡）打洞水沟发源于墨江县龙宾乡境（今竜宾村）。清乾隆十六年（1751），今红河县三村区打洞村人罗相文承头从周围村寨共筹得银子400两，向该乡猛里村伙头周者得买下水源及水沟开凿、土地开垦权，以便灌溉三村地区的土地。恐后无凭，双方立约共同遵守。为杜后人纷争，于嘉庆七年

---

① 1991年版的红河县志编纂委员会编：《红河县志》，云南人民出版社1991年版，第204页。

（1802）禀报元江直隶州署，获准颁发执照一份。买主忧于年久日深执照遗失无据可考，特于民国三年（1914）雇请石匠勒石，将此执照全文刻于石碑之上。此执照原立于三村下打洞水沟边，后移至三村乡政府内，今仍尚存。

同时又说：

三村区（今三村乡）达东水沟（又名黑树林大沟，曾用名打洞水沟），其水源的右箐属墨江地，左箐属红河地，沟头始于两箐汇合处，流入红河县三村区境，沟长20余千米。据碑文记载，清乾隆十六年（1751），三村地区9个自然村的群众用400两银子向墨江县猛里地区娘浦村伙头周者得买断了水源、开凿达东大沟及开垦土地的所有权。同治和光绪年间，曾多次发生水利纠纷，作过调解。①

碑文中的卖契和执照，告诉我们一个事实，今红河县三村乡民越界向今墨江县龙坝乡民购买了在娘埔水源地开沟引水的权利。但却没有说明双方发生争执的具体年代，至少在嘉庆七年（1802）元江直隶州署发给其执照时，双方并未发生争执。也就是说，乾隆十六年（1751）发生的引水权交易，虽然是黑树林地区民族纷争的导火索，但在其后的50多年里，这根导火索却并没有点燃。那么，这根导火索是什么时候点燃的呢？《红河县志》的回答是在清同治年间（1862—1874），另外的文献虽然没有明确说明年代，但对纷争的起始原因作了具体分析：清乾隆年间，黑树林地区争议的双方均属清王朝设置的元江府管辖。今墨江县龙坝乡一带由元江军民府属下的他郎通判（亦称"他郎郡"）治理，直到乾隆三十五年（1770），元江府改为直隶州，原元江府管辖的他郎通判划归普洱府管辖；而今天的红河

---

① 红河县志编纂委员会编：《红河县志》，云南人民出版社1991年版，第203—204页。

县三村乡一带，虽属"移住因远"的元江府知事的地盘，但尚未开发。当时全国正处于"康乾盛世"，新兴的地主经济在这里萌芽和发展，原在今元江因远的哈尼族段氏家族从因远迁居到今三村一带并落脚于今天的螺蛳寨，从事农业开发活动。土地不成问题，这里有大片的荒山可供开垦，这也是官府鼓励的。迎头碰上的就是水的难题，勘察下来，只用跨过元江府因远地界，到普洱府他郎郡属地娘埔村左右箐，才有充足的水源，不仅相距很远而且要过境引水。于是，段氏家族向元江府呈报了关于开挖达洞大沟解决螺蛳寨等村民人畜饮水及浇田灌地之水的请求报告，并得到批准。而当时娘埔村村民经过地主经济的洗礼其资源占有意识已经十分强烈，对螺蛳寨等地的移民开发活动表现出了相当的敏感，他们绝不同意把水从自己的眼皮底下引到山那边去浇灌他人的田园。开始是阻止、协商；其次是告状；官司打不通，最后用原始的办法，双方都企图用武力压制对方，纠纷和械斗从此开始。[1] 由于纠纷和械斗多次发生，致使双方逐步形成了不断叠加和累积的历史积怨。

不过，历史上的冲突与博弈，也曾促使沿水沟村寨达成过具体的分水协议。现存于红河县三村乡黑树林村的"打洞大沟水分分配情况碑"，就详细记录了当时的分水情况。分水以"尺"为单位，对沿水沟的29个用水村寨或单位，都规定了具体的分水指标。[2] 但是，不断增加的用水需求，还是将这一协议变成了一纸空文。

中华人民共和国成立以后，党和政府按照分类指导的方针，对黑树林地区分别采取了与内地同步、缓冲、和平协商等三种不同的政策，完成了当地的土地改革，但延续多年的水利纠纷一直没有得到解决。《红河县志》记载：

---

[1] 参见石高峰《黑树林地区发展报告》，格桑顿珠、纳麒主编《云南民族地区发展报告（2003—2004）》，云南大学出版社2004年版，第90页。

[2] 笔者于2008年4月赴黑树林地区调查时抄录，据当地老人讲，"尺"指的是水流的粗细，即在主水沟向各寨分水沟分水时，有水流大小的限制。

建国后的 1953 年，纠纷又起，经元江和墨江县委协商解决（当时三村属元江县），仍有纷争。1959 年 4 月 27 日，经红河、墨江两县领导协商，纠纷仍无休止。1969 年军管时期，在人民解放军 14 军"支左"办公室领导主持下，召集两县领导再次调解。但大部分水源仍被墨江龙宾乡人从上游切断，以至红河县三村乡的土地无水灌溉。红河县三村区三村乡黑树林与墨江县龙坝区（今龙坝乡）龙宾乡存在的水利纠纷，迭经省、州、县进行调解或裁决，始终仍有争端。尤其是春耕栽插用水时节，纠纷更加突出，甚至发展为械斗。①

而据省民委民族工作队的调查，1968 年，三村乡与龙坝乡因争灌溉用水相继发生两次大规模的持枪械斗事件，同年，三村乡与那哈乡因开挖沟渠产生争执，发生了上千人参加的持枪械斗恶性事件。"文化大革命"时期，在"以阶级斗争为纲"的政治高压和"吃大锅饭"的人民公社体制下，人们的发展热情被压抑下来，黑树林地区的人们在极度贫困中度过了一段平静的时光。

三 黑树林民族问题"热点"的形成、发展和治理

改革开放以来，随着党和国家以经济建设为中心的基本路线的确立和农村家庭联产承包责任制的贯彻落实，人们的发展热情被空前激发出来。发展需要资源，在黑树林地区，最重要的发展资源就是水、土地和山林，于是，人们为追求发展而展开的资源争夺便不可避免地

---

① 红河县志编纂委员会编：《红河县志》，云南人民出版社 1991 年版，第 203 页。

进入一个高发时期乃至白热化时期。生活在黑树林但又分属于不同的州（市）、县、乡、村的人们，在历史积怨和现实利益的驱动下，对发展资源的争夺便从最初的水资源扩大到土地和山林资源，从最初的单点争斗扩大到沿双方边界线的多点争斗，发生了多次大规模的群体性械斗事件。据统计，从中华人民共和国成立初期的1952年到1992年，黑树林地区的墨江、红河两县约53千米交界处的18个地段上共发生械斗36起，1980年至1992年是高发期，共发生群体性械斗18起，纷争涉及两县3万多亩土地内的水源、森林和土地，参加人数少则几百人，多则数千人。① 械斗频率之高、涉及面之广、规模之大、破坏之严重，为全国、全省所罕见。例如，云南省民族事务委员会1989年4月报送省委、省政府的《关于红河县坝木村与墨江县格牙村发生械斗的情况报告》中，就有这样惊心动魄的记述：

> 1989年4月6日至9日，红河县三村乡坝木行政村与墨江县那哈乡格牙行政村的部分干部群众发生持续4天的武装械斗，械斗线长达40千米，卷入械斗的有18个村寨，约2000余人，出现了持枪伤人、放火、决水、爆炸等严重危害公共安全和妨害社会治安管理秩序等触犯刑律的行为。据不完全统计，械斗中双方共打伤18人，其中重伤3人，毁坏茶叶苗圃地3亩，破坏水沟水渠19条共22处，田埂154条共205处，烧毁森林近万亩，炸毁瓦窑1座，各种房屋13间。此外双方还劫走耕牛52头、猪3头，粮食、衣物若干。②

严重的是，类似大规模破坏性的武装械斗并非个别现象，从1982—1992年就发生过多起。其他地方都在集中力量搞建设、一心一

---

① 参见李甫保《百年干戈化玉帛百姓心里有杆秤》，打印稿。
② 转引自王阿章《透视黑树林》，胡忠文主编《和谐的使者：云南省民委民族工作队化解"热点""难点"问题纪实》，云南民族出版社2008年版（内部发行），第150页。

意谋发展，这里却在集中精力搞械斗、一心一意压倒对方。在械斗中，摧毁房屋、爆破土地、毁损田园、焚烧森林、破坏水利设施，其结果，使这片曾经美丽的家园变得满目疮痍，所有人的生活都越来越贫困，食不果腹、衣不蔽体的人们成群结队外出逃荒，反过来又进一步加深了相互之间的对立和仇恨，人们处于一种极度绝望和悲凉的境地，一些青年人甚至绝望地发出了"饿死打死都一样""饿死不如打死"的哀叹。① 一些群众为讨生活和躲避纷争而盲目外流，也给周边和省内其他地区的社会稳定造成隐患，成为全省闻名的"热点地区"。② 黑树林民族问题"热点"由此形成和发展。

如此尖锐的矛盾和冲突及其由此而给广大少数民族群众带来的灾难和痛苦，当然是代表最广大人民根本利益的党和国家不能容忍的。因此，随着黑树林民族问题"热点"的形成与发展，云南的各级党委、政府也不断加大工作力度，采取多种措施予以治理。先后采取过重新堪定行政边界；将黑树林四乡从墨江和红河划出来，成立黑树林特区等措施，都遭遇了失败。后来，在省民委民族工作队长期深入实地进行大规模调查研究的基础上，才促使省委、省政府认识到，黑树林问题的实质，是分布在不同行政区域的同一民族、同一族群（支系）的人们，为争夺生存资源和生存空间而产生的矛盾和冲突。在这一正确认识的指导下，省委、省政府制定了解决黑树林问题的"团结、稳定、建设、发展"8字方针，从解决水资源共享这一核心问题入手，采取特殊措施扶持黑树林地区加快发展。自1988—2000年，在省委、省政府的领导和协调下，各级各部门对黑树林地区的经济社会发展给予了倾斜投入，仅省级民族专项经费和省级各类扶贫资金就

---

① 参见王阿章《透视黑树林》，胡忠文主编《和谐的使者：云南省民委民族工作队化解"热点""难点"问题纪实》，云南民族出版社2008年版（内部发行），第154页。
② 参见原中共云南省委副书记王学仁《在黑树林地区民族工作总结表彰会上的讲话》，胡忠文主编《和谐的使者：云南省民委民族工作队化解"热点""难点"问题纪实》，云南民族出版社2008年版（内部发行），第12页。

投入达 8815.03 万元。主要建设项目如下：

——投资水利建设 1590 万元，先后新建小型水库 6 座，修复大小水沟 576 条，新建水坝塘 23 个，完成人畜饮水工程 194 件，扩大了灌溉面积，改善了农业生产条件。

——投资能源和通信设施建设 1052.28 万元，先后建成两个 35 千伏的变电站，架设高压输电线路 184 千米，开通了 4 个乡 24 个村委会的程控电话。

——投资交通建设 1268.40 万元，新修、改造公路 424.1 千米，加强了对外的联系与交往。

——投资集贸市场建设 1361 万元，极大地促进了商品流通。

——投资教育、科技、卫生事业发展 3543.35 万元，先后新建中学 2 所，小学 15 所，新建和翻新教学大楼、教职工宿舍、学生宿舍 58 幢。举办农业科技培训 90 多期，培训 21000 多人（次）。新建三村、垤玛、那哈 3 家乡级卫生院门诊楼，并更新、添置了一批医疗卫生设备。

其中，特别重要的是新建了娘埔水库，彻底解决了红河县三村乡黑树林村和墨江县龙坝乡竜宾村的水资源短缺和水资源竞争问题，实现了双方对水资源的共享，消除了最早引发黑树林地区族群矛盾的导火线。2008 年 4 月，笔者到黑树林地区调查时专门到娘埔水库进行实地考察。走在娘埔水库大坝上，果然见一池清水，碧波荡漾，大坝下面，两条水泥三面光的大水沟分别将水引向墨江县龙坝乡的勐里、竜宾和红河县三村乡。笔者对水库管理员进行了访谈。他说：

娘埔水库于 1987 年由黑树林特区工委筹建，1988 年 4 月 15 日初测，工委撤销后并未停工，继续建设到 1993 年建成投入使用。我从建水库开始就在这里工作，当时要求我们将大坝建成政治坝、经济坝、坚质坝，我们当然不敢怠慢。但由于墨江与红河方的矛盾太久，积怨太深，附近墨江勐里村的群众反对在这里建水库，工人的工棚被人放火烧掉，工人用的碗、筷、铺盖行李都被人抢走了，我就是勐里村人，我看工人们可怜，从家中烧点热水送过去，也被村里的人埋怨。但是，在政府民族工作队的强有力领导下，水库如期建成，竜宾、勐里、三村的3000多亩水田从此有了丰沛的灌溉用水，就不再闹了。水库修好至今，都是我一个人在这儿管理，我和红河、元江、墨江的人关系都很好。每年，红河人需要用水时，就打电话或者派人来提出申请，我又将申请打电话告知墨江县水务局，他们同意后我就开闸放水。现在的水非常充足，根本用不完，因此也就没有必要再闹了。

在建立资源共享机制的同时，省民委民族工作还在黑树林地区深入开展党和国家民族政策、法律法规的培训和教育；协调关系、化解矛盾，积极妥善处理突发事件；维护法律尊严，坚决依法办事；加强基层组织建设和民族干部队伍建设等一系列工作，使黑树林地区频发的矛盾冲突得以逐步平息，自1993年后基本没有发生过成规模的群体性纠纷，"百年干戈化玉帛"，逐渐实现了省委、省政府对黑树林地区工作要求的"团结、稳定、建设、发展"的良好局面。2001年3月，在黑树林地区团结稳定局面持续近10年的基础上，省委、省政府召开黑树林地区民族工作总结表彰会，郑重宣布摘除其民族问题"热点"的帽子。

四 四点启示

黑树林问题的实质，是分布在不同行政区域的同一个民族、同一个支系（族群）的人们，为争夺生存资源和生存空间而产生的矛盾和冲突。围绕着黑树林民族问题"热点"的形成和解决，可以得出以下四点启示。

(一) 在特殊情况下，民族内部矛盾也可视为民族问题和民族关系问题

在中国民族理论界，有相当多的学者认为，民族问题和民族关系指的都是不同民族和不同族群之间的问题和关系，而不包括同一民族同一族群内部的问题和关系。当然，也有一些学者持反对意见，认为民族问题也包括民族自身的发展。后一种观点，反映了中央对民族问题的认识。江泽民指出：

> 只要有民族存在，就有民族问题存在。民族问题既包括民族自身的发展，又包括民族之间，民族与阶级、国家之间等方面的关系。①

中共中央、国务院于 2005 年发布的《关于进一步加强民族工作加快少数民族和民族地区经济社会发展的决定》中也指出：

> 民族问题既包括民族自身的发展，也包括民族之间、民族与阶级、国家等方面的关系。②

至于民族关系是否包括民族和族群内部关系，中央没有明确的说法，绝大多数学者认为不包括，只有少数学者认为应该包括。我认为，民族关系说到底就是不同民族、不同族群之间的交往和联系，因而在一般情况下和一般意义上，民族关系并不包括民族和族群的内部关系，以免将民族或族群内部的一般社会矛盾和社会冲突也当作民族关系问题来处理。但是，在特殊情况下和特殊意义上，亦即必须采取

---

① 江泽民：《论民族工作》，《江泽民文选》第 1 卷，人民出版社 2006 年版，第 181 页。
② 转引自郝时远、王希恩主编《中国民族发展报告（2001—2006）》，社会科学文献出版社 2006 年版，第 246 页。

比处理一般社会矛盾更为特殊的政策和措施才能有效化解民族内部矛盾的情况下，这样的民族内部矛盾也可视为是民族关系问题。苏联的一位民族学家指出：

> 在我们这个多民族国家，民族关系方面是极其复杂的。对它的认识深入下去，我们就总能找到新的领域。不管你面对社会生活的哪一个方面——经济、政治、社会范围、法律、生态、人口、文化、语言、体育运动，你都可以确信，它们都与民族问题有关。而且这种关系，既表现在整个社会上，也表现在各个地区、劳动集体和个人层次上……人们是分属于不同的民族共同体的，由此产生了每个单个的人都会把自身的社会政治和文化体验当作对民族关系状况的评价。民族问题存在的这种个人性的社会心理和精神道德层次是无论如何不可忽视的。[①]

他这里说的是苏联的情况，但就其揭示的民族问题的普遍性和民族关系复杂性而言，对于我们深入认识多民族中国和多民族云南极其复杂的民族关系也是富有启迪意义的。黑树林问题的案例和黑树林地区历时已久、积怨甚深、错综复杂的"热点"问题最终得以顺利化解的成功实践表明，中共云南省委将其定性为民族问题和民族关系热点地区是正确的，提出"团结、稳定、建设、发展"的治理方针和组建民族工作队进驻黑树林地区的治理措施，也是正确和适宜的。如果把黑树林问题定性为单纯的社会治安问题，采取坚决打击的措施，就会严重伤害民族感情，造成不可弥补的损失；如果将黑树林问题定性为一般的人民内部矛盾，采取一般的调解措施，就会贻误解决问题的时机，使问题越积越多、矛盾越来越大，最终造成更大的损失。而只有将其定性为民族问题和民族关系问题，不

---

① [苏] B. 米哈伊洛夫：《民族关系：改革的迫切问题》，贺国安译，《民族译丛》1989年第2期。

失时机地采取特殊的政策措施，才使黑树林问题最终得以顺利化解。因此我认为，黑树林问题就是民族问题和民族关系问题；在特殊情况下和特殊意义上，民族和族群的内部问题和内部关系，应纳入民族问题和民族关系的范畴。

（二）在特殊情况下地域认同会高于民族认同

在黑树林地区调查，一直有一个问题在我脑海中萦回，百思不得其解：为什么双方都是同一个民族而且是同一个民族的同一个支系（族群），却会持续数百年发生如此大规模的群体冲突呢？在世界各地，民族和族群认同往往是高于其他群体认同的，有的地方甚至高于国家认同。所以，一些西方民族主义理论家对民族这一特殊的社会群体给予了高度关注。例如，著名的现代主义民族理论家安德森指出：

> 民族被想象为一个共同体，因为尽管在每个民族内部可能存在着普遍的不平等与剥削，民族总是被设想为一种深刻的、平等的同志爱。最终，正是这种友爱关系在过去两个多世纪中，驱使数以百万计的人们甘愿为民族——这个有限的想象——去屠杀或从容赴死。①

另一位著名的族群——象征主义民族理论家史密斯也指出：

> 民族认同感往往威力无比，能够激发许多公民，即使不是大多数公民，产生一种为了国家的利益而自我牺牲的精神。在民族危机与战争时期，尤其如此。在这里人们可以看到，为了"保卫民族"，大多数公民准备忍受艰难困苦，做出个人牺牲，甚至甘愿献出生命。就像在两次世界大战中几个参战国中出现的那种情

---

① ［美］本尼迪克特·安德森：《想象的共同体——民族主义的起源与散布》，吴叡人译，上海人民出版社2003年版，第7页。

况,大批的人都表现出这种英雄气概。也许除了少数的宗教团体外,这种规模的自我牺牲对于我们这个时代的任何其他类型的集体文化认同以及共同体而言都是不可想象的事情。正是这种激发大众做出牺牲的非凡民族力量,往往使其成为无耻的煽动家们的目标。由于同样的原因,民族成为战争的主要工具,民族认同成为加入流血征战的主要理由。[1]

而在黑树林地区,民族和族群认同隐退了,地域认同冲到了前台,地域取代民族成为斗争的主要工具。在黑树林地区调查,听到最多的是我们墨江怎么怎么,我们红河怎么怎么,却很少听到我们哈尼族怎么样,我们白宏支系怎么样,说明这里的地域认同远远超过了民族和族群认同。为什么会这样呢?只有回顾哈尼族的历史才能够回答。由于我不是专门研究哈尼族历史的专家,这个问题只有暂时存疑,留待以后或让专门研究哈尼族历史的专家来回答了。不过,黑树林的案例也表明,民族认同和族群认同并非像西方民族理论家所说的那样是铁板一块,一定高于其他群体认同,在特定的地区和特定的情况下,地域认同会高于民族和族群认同成为最重要的目标和工具。

(三) 从人类学视角认识民族工作队的地位和作用

黑树林民族问题热点的成功化解,是在省民委民族工作队的协调、帮助下取得的。在田野调查中,回顾黑树林地区从乱到治的历程,许多干部和群众都异口同声地称赞民族工作队的重要作用,一致肯定民族工作队功不可没。其实,早在中华人民共和国成立初期,党和国家就派出大批民族工作队深入少数民族的村村寨寨进行调查研究,开展"做好事、交朋友"活动,为稳定人心、稳定云南边疆局势

---

[1] [英] 安东尼·D. 史密斯:《全球化时代的民族与民族主义》,龚维斌、良警宇译,中央编译出版社2002年版,第188页。

做出了重要贡献；随后，党和国家又派出大批民族工作队深入民族地区进行实地调查，为制定民族地区分类指导的特殊政策，顺利完成民主改革和社会主义改造，建立平等、团结、互助、和谐的社会主义民族关系做出了重要贡献。改革开放以来，黑树林热点问题的顺利解决又再次证明，民族工作队从来都是中国共产党做好民族工作，解决民族问题，协调民族关系的一个重要法宝。为什么民族工作队总是能在解决一些重大难点和热点问题上发挥重要作用呢？从人类学视角来看，我认为，关键在于民族工作队通过大规模的、与少数民族群众同吃、同住、共同生活的参与式田野调查，为各级党委政府正确和科学的决策，提供了大量的第一手材料和事实依据。从民主改革时期"直接过渡""和平协商""缓冲土改"等分类指导方针的制定和实施，到黑树林"团结、稳定、建设、发展"八字方针的提出和贯彻落实，再到全省协调民族关系的"团结、教育、疏导、化解"八字方针的制定和实施，都无不凝结着民族工作队的心血。一句话，民族工作队为解决重大民族问题，协调处理尖锐复杂的民族关系，发挥了重要作用。而这种重要作用，是通过大规模的调查研究发挥出来的。毛泽东说，"没有调查，没有发言权"；[①] 江泽民说，"没有调查就没有决策权"。[②] 江泽民进一步指出：

> 回顾建党七十多年的历史，什么时候全党从上到下重视调查研究，工作指导方针符合客观实际，党的事业就顺利发展；什么时候忽视调查研究，就会导致主观与客观相脱离，造成工作中的失误、使党和人民的事业遭受损失甚至挫折。因此，加强调查研究不仅是一个工作方法问题，而且是一个关系党和人民的事业得

[①] 毛泽东：《反对本本主义》，《毛泽东选集》第1卷，人民出版社1991年版，第109页。

[②] 江泽民：《没有调查就没有决策权》，《江泽民文选》第1卷，人民出版社2006年版，第304页。

失成败的大问题。①

大规模深入实地的田野调查对中国共产党事业成功发挥的重要作用，就连一些西方学者也看到了。美籍华人学者、著名历史学家黄宗智指出：

> 1927年大革命的失败迫使中国革命运动的重心从城市转移到农村，它的社会基础也从工人转移到农民。但当时的知识分子对农村的认识大多十分有限（来自农村的当然除外），甚至是一无所知……形成了中国革命运动对其知识分子的特殊要求：深入农村学习，了解实际，从那里找出行之有效的措施和政策……正是因为在革命过程之中中国共产党别无选择地要依赖农民的支持来与国内外敌人作斗争，才迫使共产党必须准确地掌握农村的实际状况，从而寻找出一条行之有效的动员农民的行动路线。也正是在这种必要之下形成了世界上最最重视社区田野调查的社会科学传统。在国外，只有人类学才用这样的认识方法，而它主要用于对其他民族的研究，一般不会使用于本国的社会。但是在中国，深入现场调查研究则被认为是理所当然的研究方法，不仅在人类学—社会学领域，就是在历史学、经济学、法律学和政治学也常常如此。时至今日，国内各个社会科学领域的不少同人仍旧会带领学生去做田野调查。这是唯有在中国的社会科学领域才能看到的现象。即使是改革和面向西方的今天，中国的社会科学家们仍然在有意无意中体现出现代中国革命所遗留下来的认识传统。
>
> 这种认识方法和西方现代人类学方法的不约而同产生于两者的一个基本的共同点。现代人类学之所以要用"参与者的观察"的认识方法，是因为它知道要了解一个和自己社会完全不同的社

---

① 江泽民：《没有调查就没有决策权》，《江泽民文选》第1卷，人民出版社2006年版，第306页。

会，我们不可以只依赖宏观分析和数据，否则就会在不知不觉之中运用那些自以为是无须检验的"真理"和"前提"，从而完全曲解了我们要了解的另一个社会。我们需要首先深入那个社会，了解它的不同的组织逻辑和社会成员的心态，也就是先在"感性认识"方面下功夫，然后才有可能把认识提高到分析概念层面。中国以农村包围城市的革命经历的认识基础可以说是历史上最大的一次参与式调查。我们甚至可以说，唯有中国的现代史才能看到西方人类学的认识方法被成功地当作革命战略而运用于全社会。[1]

民族工作队进驻黑树林地区工作的方法，也正好与人类学的田野调查方法不约而同。民族工作队的每一个成员，或许并不知道什么是人类学的参与观察方法，但是，他们按照中国共产党的调查研究传统进村入户与群众同吃、同住和共同生活，恰好就是人类学的参与观察方法；每一个民族工作队员的调查，或许没有专业人类学者调查得深入、科学和规范，但是，民族工作队大规模、大范围的调查，也确实弥补了专业人类学者单枪匹马调查的某些不足。总之，黑树林民族问题热点得以成功化解，实现由乱到治的实践表明，人类学的田野调查和参与观察方法，是正确、深入地认识不同的社会和文化，正确处理民族问题、协调民族关系的行之有效的方法，也是民族工作队取得成功的关键，应该长期坚持下去。

（四）国家权力在协调民族关系中发挥着关键作用

黑树林地区族群关系"百年干戈化玉帛"的历程告诉我们，从生态人类学视角来看民族关系，看到的是不同民族、不同族群或同一族

---

[1] ［美］黄宗智：《认识中国——走向从实践出发的社会科学》，《中国社会科学》2005年第1期。

群分布在不同行政区域的人们，为求得自己的生存与发展，对赖以生存的自然资源展开的竞争与合作关系。竞争必然导致矛盾和冲突，合作必然导致共享与和谐。资源共享是建构和谐民族关系的前提条件，资源竞争则必然引发民族矛盾和民族冲突。凡是民族关系和谐的地区，必定是形成了资源合作共享机制的地区；凡是资源竞争激烈的地区，必定是民族矛盾和民族冲突激烈的地区，这可以作为判断一个区域民族关系好坏的重要依据。而要建立资源合作共享机制与和谐的民族关系，国家权力发挥着关键作用。从黑树林案例可以看出，导致其民族内部爆发百年干戈的最初起因，就是人们对"水"这一人类生存须臾不可或缺的重要资源的争夺；而云南省委、省政府经过多年治理之所以能够将黑树林地区的百年干戈划为玉帛的最重要原因，就在于运用国家力量和政府权力，投巨资兴修水利工程首先解决了水资源短缺的问题，使人们从对水资源的争夺和冲突转变为对水资源的合作管理和共享。由此便消除了引发黑树林民族矛盾和冲突的最直接、最重要的根源，实现了黑树林地区的初步稳定。

因此，无论是历史的经验和现实的要求都告诉我们，国家权力在协调民族关系中发挥着关键的决定性作用。运用国家力量来帮助少数民族发展并协调各民族之间的关系，不断增强中华民族多元一体的创造力和凝聚力，是中国民族政策和民族关系体制的特点和优点，应该长期坚持下去。

（原载《思想战线》2009 年第 5 期）

云南民族关系现状与未来发展的思考

一 云南民族关系现状评价

（一）云南民族关系现实格局的基本特点

经过中华人民共和国成立后60多年的发展，云南民族关系格局的基本特点在延续和继承历史传统的同时有了新的变化和发展，云南民族关系现实格局的基本特点可初步概括和归纳为如下十点。

第一，经过民族识别，基本摸清了中国统一多民族国家的民族构成和云南的民族构成，云南有26个世居民族、15个独有民族和16个跨境民族，继续保持着在全国各省自治区市中民族成分最多、特有民族最多、跨境民族最多、少数民族人口居全国第二位的多民族格局。

第二，继续保持并发展了各民族大杂居、小聚居、交错杂居的民族分布格局。

第三，继续保持并加深了各民族同源异流、异源合流而又源流交错，不断分化融合因而你中有我、我中有你而又各具个性的源远流长的血缘和亲缘关系。

第四，继续保持并加强了汉族为主体又与众多少数民族长期共存、共生互利的民族人口结构和基层社会结构。

第五，经过中华人民共和国成立后 60 多年国家与云南地方交互作用的深入发展，云南与祖国内地已经结成紧密不可分割的政治、经济、文化、社会和生态实体。如果说，早在清代以后云南便不复有分裂割据的社会基础的话，那么，到了今天，任何想把云南从祖国分裂出去的图谋已经没有丝毫的可能。

第六，继续保持并加强了山区与坝区之间、边疆与内地之间、跨境民族之间以及各民族之间优长互补、相互依存的经济文化联系；历史上坝区民族统治山区民族、大民族统治弱小民族的政治关系已经不复存在。

第七，继续保持并加强了历史上占主导地位的云南各民族相互吸收、相互依存、友好合作、共同发展的关系；历史上不占主导地位的各民族相互矛盾、相互排斥、隔阂冲突以至武力斗争的关系，仍然在局部地区和一定程度上存在，但都得到了有效的疏导、化解、控制和管理。

第八，近代云南各民族在共同抵御外侮的斗争中形成的中华民族认同意识得到了进一步巩固，云南各民族作为中华民族多元一体格局中不可分割的一部分的事实和自觉意识也得到了进一步巩固。尽管云南的边境民族地区和藏区，也面临着民族分裂主义势力的威胁，但任何想把云南的某一个民族或族群从中国分裂出去的图谋，都会因没有群众基础而以失败告终。

第九，随着民族区域自治制度的实施，云南共建立了 8 个自治州、29 个自治县，成为全国自治民族最多、民族自治地方最多的一个省。民族区域自治制度保障了少数民族在政治、经济、文化、社会和生态各项事务中的平等权利，为和谐民族关系的建设奠定了政治基础，提供了制度保障。

第十，以上九大特点归结为一个最根本的特点，就是在党和国家民族平等、民族团结、民族区域自治和各民族共同团结奋斗、共同繁荣发展的民族政策指引下，经过中华人民共和国成立后 60 多年的发展，云南各民族在延续和继承传统的和谐因素，抑制或消除传统的不和谐因素的过程中，已经稳固地建立了平等、团结、互助、和谐的社会主义民族关系。

（二）云南民族关系进入了历史上最好的时期

中华人民共和国成立以来特别是改革开放以来，在上述十大特点的作用和影响下，云南民族地区各方面的发展都取得了显著成就。限于篇幅，这里着重强调一下与和谐民族关系建设联系最为紧密的下面三大成就。

第一，民族自治地方经济持续快速发展。2007 年，云南民族自治地方生产总值达 1820.20 亿元，是 1978 年的 57 倍；人均 GDP 达到 8136 元，是 1978 年的 41.7 倍；农民人均纯收入达 2194 元，是 1978 年 73.95 元的 30 倍；全社会固定资产投资达 1045.2 亿元，是 1978 年 2.71 亿元的 385 倍；地方财政收入达 135.55 亿元，是 1978 年 3.08 亿元的 44 倍。民族地区基础设施得到全面改善，基础产业不断发展壮大，自我发展能力明显增强，各民族群众的生活水平和生活质量明显提高，呈现出良好的发展态势。

第二，民族地区社会事业长足进步。小学有免费教育、中学有寄宿制、大中专有民族院校的民族教育体系不断发展完善，建成了 1 所综合性云南民族大学、41 所省定民族中小学、5500 所半寄宿制民族小学、34 所贫困县第一中学民族部。2007 年，全省各级各类学校少数民族在校生达 257.17 万人，占全省在校生总数的 33%，比 1978 年增加 115.46 万人。少数民族地区医疗卫生事业得到进一步发展，新型农村合作医疗、农村贫困居民最低生活保障等制度全面推进。少数民族语言文字、古籍、文物等民族传统文化的抢救保护和开发利用全面加强，培育打造了一大批民族文化知名品牌，初步形成了民族工艺、民族歌舞、民族节日、民族服饰、民族饮食、民族建筑、民族医药、民族旅游等民族文化产业。民族地区各族群众综合素质明显提高。

第三，少数民族人才和干部队伍不断发展壮大。2007年，少数民族人才总量达到29.3万人，占全省人才总数的28.4%，比1978年增加5.48万人；全省有16个州市党委班子、14个州市政府班子和115个县级党委班子、113个县级政府班子配备了少数民族干部。实现了云南5000人以上的25个世居少数民族都有1名以上干部在省直部门担任厅级领导干部的目标，特别是独龙、德昂、阿昌、布朗等人口较少民族，自中华人民共和国成立以来第一次有本民族干部担任省直部门厅级领导。[①]

上述一系列成就的取得，反过来又进一步巩固和加强了云南民族关系现实格局的10大特点，使云南全省呈现出民族团结、边疆稳定、经济发展、社会进步、各民族人民生活不断改善的良好局面。最近10多年来，云南没有发生一起因民族问题引发的重大群体性事件，即使在2008年3月14日西藏拉萨发生由境内外"藏独"势力策动的打砸抢烧暴力事件，影响波及四川、青海、甘肃等省藏区的严峻形势下，作为全国5个有藏族聚居的省（区）之一的云南省和全国10个藏族自治州之一的云南迪庆藏族自治州，仍然顶住了动乱风潮，没有发生任何有损安定团结的事情，继续保持了社会祥和稳定、各民族和谐相处、人民安居乐业的良好局面。所有这些都证明，云南民族关系进入了历史上最好的时期。

（三）云南民族关系进入了矛盾和问题多发时期

在充分肯定云南民族关系和谐发展取得显著成就和经验的同时，

---

① 参见云南省人大民族委员会主任格桑顿珠《改革开放30年云南民族团结进步事业的成就和启示》，《今日民族》2008年第12期。

我们要冷静、清醒地看到，云南民族关系面临的矛盾和问题很多。诸如，少数民族和汉族之间、民族地区与全省一般地区之间的发展差距越拉越大，导致民族地区干部群众心理失衡，产生严重的不平等感；边境民族地区毒品、艾滋病危害严重；外来宗教渗透、民族分裂的隐患长期存在；资源开发、经济发展和城市化进程中少数民族失地农民数量增多、非自愿移民群体利益受损、生态环境破坏严重、生态补偿机制尚未建立；民族区域自治法尚未得到全面贯彻落实；现代化进程中民族传统文化加速流失；等等。

这些矛盾和问题，有些是公开的、外显的，便会引起重视，及时采取措施予以化解和消除。很多则是隐蔽的隐忧和隐患，就很容易被忽视而日积月累下来，一有条件便会集中爆发出来。因此，尽管最近10多年来，云南确实没有发生一起因民族问题引发的重大群体性事件，但绝不能由此而掉以轻心。

据美国著名政治学家亨廷顿的研究，发展中国家从传统社会向现代化转型过程中陷入长期动乱是世界上的一种普遍现象。他指出：高度传统的社会和高度现代化的社会都是十分稳定的，恰恰是那种处于现代化过程中的社会最容易发生动乱。"稳定性高的国家处于两极，处于这之间的国家则动荡不安""现代性孕育着稳定，而现代化过程却滋生着动乱""现代性带来稳定，现代化引起动乱"。他借用一位学者的话对现代化引起动乱的动荡国家的大体轮廓作了以下描述：

  在现代性面前感到眼花缭乱；社会的传统生活方式四分五裂；整个国家面临着经济、社会、政治各方面的要求改弦更张的压力；制造经济产品和提供劳务的新的"更好的"方法连珠炮般地杀来；现代化进程中的变革一般来说已使大家牢骚满腹，而政府未能满足群众日益提高的期待，尤其使百姓怨声载道。

因此，他总结说：

政治秩序混乱的原因,不在于缺乏现代性,而在于为实现现代性所进行的努力。如果贫穷的国家出现动乱,那并非因为他们贫穷,而是因为他们想致富。一般说来,纯正的传统社会虽然愚昧、贫穷,但却是稳定的。但是,到了20世纪中叶,所有传统社会都变成了过渡性社会或处于现代化之中的社会。正是这种遍及世界的现代化进程,促使暴力在全球范围内蔓延。①

中国是共产党领导的社会主义国家,亨廷顿的理论当然不会完全适合中国的实际。但是,种种迹象表明,社会转型期是矛盾多发期的规律对于中国也不例外。据2005年的《社会蓝皮书》披露,从1993年到2003年,中国群体性事件数量已由1万起增加到6万起,参与人数也由约73万人增加到307万人。根据公安部发布的数据,2005年发生的突发性群体事件数量达到7万起,2007年群体性事件数量已经超过8万起。②云南也不例外。据统计,仅2002年以来,云南省各级民族工作部门累计排查和调处涉及民族关系方面的矛盾纠纷和隐患就达6000多起,③标志着云南民族关系已经进入矛盾和问题的多发时期。

我国正处在高速现代化过程中,未来二三十年将会是我国社会结构变动最为激烈、社会矛盾最为尖锐复杂的时期,同时是民族问题最为多发的一个时期;民族问题具有国际性,我国正处在世界范围民族主义高涨和民族矛盾、民族冲突加剧的国际局势中,云南边疆民族地区又处于对外开放和反渗透、反分裂的前沿,世界民族问题的发展态势将会深刻影响国内民族关系。胡锦涛同志在2005年召开的中央民

---

① [美]塞缪尔·P.亨廷顿:《变化社会的政治秩序》,王冠华、刘为等译,沈宗美校,上海世纪出版集团、上海人民出版社2008年版,第31—37页。
② 参见中国社会科学院社会学研究所研究员邵道生《正确处理"突发性群体事件"》,《社会科学报》2009年2月26日。
③ 参见云南省人大民族委员会主任格桑顿珠《改革开放30年云南民族团结进步事业的成就和启示》,《今日民族》2008年第12期。

族工作会议上指出："随着改革开放不断深入和社会主义市场经济不断发展，我国经济社会结构发生深刻变化，各种利益关系更为复杂，各种思想文化相互激荡，这一切必然会对我国民族关系产生深刻影响。随着冷战结束后国际形势的变化，民族因素和宗教因素在国际政治中的影响明显上升，各种民族主义思潮和活动趋于活跃，引发了一些国家和地区的冲突和内乱。民族分裂势力、宗教极端势力、暴力恐怖势力在我国周边一些地区仍然相当活跃，它们通过各种手段对我国进行渗透、破坏活动。"[①] 所有这些问题如果处置失当，就会陷入亨廷顿指出的发展中国家的陷阱。苏联解体、东欧剧变、诸多拉美国家发生的政治动乱和社会倒退就是前车之鉴。

二 国家权力在协调民族关系中发挥着关键作用

面对云南民族关系进入矛盾和问题多发时期的形势，如何才能使云南和谐的民族关系现状持续发展下去，使云南民族关系最好的历史时期长期延续下去呢？

云南各民族是中华民族多元一体格局中不可分割的有机组成部分，整体与部分之间的紧密联系就使云南的民族关系格局与整个国家和中华民族整体的治乱安危、兴衰成败发生了密切的交互作用和相互影响。历史的经验证明，中央王朝对云南民族关系的好坏及边疆的稳定与否发挥着决定性作用。中华人民共和国成立60多年来云南民族关系发展演变的历程则表明，历史的经验不仅没有过时，反而随着整体与部分关系的高度密切和一体化程度的提高而更加鲜明地凸显出

---

① 胡锦涛：《在中央民族工作会议暨国务院第四次全国民族团结进步表彰大会上的讲话》，《今日民族》2005年第6期。

来，因此，国家权力对于未来云南民族关系的持续和谐发展，发挥着关键作用。

什么是国家？不同的学科有不同的认识。在社会人类学界，代表性的认识主要有下列四种。

第一种，马克斯·韦伯认为："国家恰如历史上在它之前的政治团体一样，是一种依仗合法的（也就是说：被视为合法的）暴力手段的人对人的统治关系。因此为了使国家存在，被统治的人就必须服从进行统治的人所要求的权威。"什么是政治呢？"'政治'就是：争取分享权力或者争取对权力分配施加影响，不管是国家之间的权力分配也好，也不管是国家所包括的人的群体之间的权力分配也好。"①

第二种，安东尼·吉登斯认为："日常用语中的'国家'具有双重含义……'国家'有时指政府机构或权力机器，有时却又指归这种政府或权力所支配的整个社会体系。"②

第三种，安东尼·史密斯认为："国家的概念可以被定义为一套与其他制度不同的自治制度，拥有在给予的疆界内对强制性和家世（extraction）的合法垄断。"③

第四种，国家也通常被认为"是一种管理机构，具有统一的宪法，合法的防暴机构和税收制度，以及全民共享的教育体系和商品市场"④。

总结上述几种有代表性的认识，可以认为，国家就是一种在特定疆界内行使合法的强制性权力的政治团体和政府组织，国家权力也就

---

① ［德］马克斯·韦伯：《经济与社会》（下卷），林荣远译，商务印书馆1997年版，第732—731页。

② ［英］安东尼·吉登斯：《民族——国家与暴力》，胡宗泽、赵力涛译，王铭铭校，生活·读书·新知三联书店1998年版，第18页。

③ ［英］安东尼·史密斯：《民族主义理论，意识形态，历史》，叶江译，上海世纪出版集团2006年版，第12页。

④ Eriksen Thomas Hylland, *Ethnicity and Nationalism：Anthropological Perspectives*, Londonand Chicago：Phuto Press, 1993. 转引自李永祥《国家权力与民族地区可持续发展——云南哀牢山区环境、发展与政策的人类学考察》，中国书籍出版社2008年版，第25页。

是政府权力。政府权力肩负着维护国家统一和社会秩序,推动社会经济发展和促进社会公平等重要职责。

在中国,由于少数民族在人口上居于少数地位,经济社会发展水平与汉族相比存在着较大差距,历史上的民族压迫制度又造成了各民族之间较深的民族隔阂。因此,从中华人民共和国成立之日起,代表着各民族根本利益的中国共产党和中华人民共和国中央人民政府,就制定了民族平等、民族团结、民族区域自治和各民族共同团结奋斗、共同繁荣发展的民族政策,同时确定了运用国家权力帮助少数民族发展的大政方针,以确保实现"真正的民族平等"、"真正实行民族区域自治"和"中华民族大团结"的目标。在上述大政方针指引下,各级人民政府运用国家权力,采取一系列特殊优惠政策、投入大量资源帮助少数民族和民族地区加快发展,在发展过程中逐步建立了各民族平等、团结、互助的社会主义民族关系。

在改革开放实行市场经济体制后,面对市场经济的自由竞争规律,中国的人类学家如费孝通先生就清醒地认识到:"如果我们放任各民族在不同的起点上自由竞争,结果是可以预见的,那就是水平较低的民族走上淘汰、灭亡的道路。"因而明确反对走这条道路,并建议政府按照"先进帮后进"的原则办事,"先进的民族从经济、文化各方面支持各后进的民族的发展。国家对少数民族地区不仅给优惠政策,而且要给切实的帮助"[①]。

邓小平同志则明确提出了运用中央权威,通过"两个大局"实现各民族共同富裕的思想。他说:"沿海地区要加快对外开放,使这个拥有两亿人口的广大地带较快地先发展起来,从而带动内地更好地发展,这是一个事关大局的问题。内地要顾全这个大局。反过来,发展到一定的时候,又要求沿海拿出更多力量来帮助内地发展,这也是个大局。那时沿海也要服从这个大局。这一切,如果没有中央的权威,

---

① 费孝通:《中华民族的多元一体格局》,《北京大学学报》1989 年第 4 期。

就办不到。各顾各，相互打架，相互拆台，统一不起来。谁能统一？中央！中央就是党中央、国务院""共同致富，我们从改革开放一开始就讲，将来总有一天要成为中心课题。社会主义不是少数人富起来，大多数人穷，不是那个样子。社会主义最大的优越性就是共同富裕，这是体现社会主义本质的一个东西。如果搞两极分化，情况就不同了，民族矛盾、区域间矛盾、阶级矛盾都会发展，相应地中央和地方的矛盾也会发展，就可能出乱子。"[1] 根据邓小平共同富裕和"两个大局"的战略思想，1999年，江泽民代表党中央提出了加快少数民族和民族地区发展的"西部大开发"战略，国务院据此制定并实施了一系列扶持西部发展的特殊优惠政策，[2] 为实现各民族共同繁荣和全国人民共同富裕迈出了坚实的步伐，同时也为平等、团结、互助、和谐的民族关系发展奠定了基础。

综上所述，无论是历史的经验和现实的要求都告诉我们，国家权力在协调民族关系中发挥着关键作用，台湾地区学者王明珂指出：

> 在近代中国国族之建构中，华夏与传统华夏边缘合一而成为"中华民族"，可说是此地区漫长历程中人类资源竞争历史中的一种新尝试——将广大东亚大陆生态体系中相互依存的区域人群，结合在一资源共享之国家与国族内。以此而言，晚清部分革命党精英欲建立一纯汉国族国家之蓝图，以及当代鼓吹中国少数民族独立的言论，并不是好的选择。同样地，欧亚大陆之东、西两半部有如下差别——西方为沿大西洋岸之少数富强而讲求人权、自由的国家，内陆则为常卷入宗教、种族与经济资源战争及内部性别、阶级与族群迫害频传的各国、各族；东岸则为一"多元一体"的中国，以经济补助来减缓内陆地区之贫困与匮乏，并以国

---

[1] 《邓小平文选》第3卷，人民出版社1993年版，第277—278、364页。
[2] 江泽民：《不失时机地实施西部大开发战略》，《江泽民文选》第2卷，人民出版社2006年版，第340—347页。

家力量来维持族群间的秩序。我们也很难说，欧亚大陆西半部的体制，优于东半部中国国族下的体制。①

我们则可以说，运用国家力量来帮助少数民族发展并协调各民族之间的关系，不断增强中华民族多元一体的创造力和凝聚力，是中国民族政策和民族关系体制的特点和优点，应该长期坚持下去。

三　运用国家力量推动云南民族关系持续和谐发展

既然国家权力在协调民族关系中发挥着关键作用，那么，为了有效应对云南民族关系进入矛盾和问题多发时期的挑战，实现未来云南民族关系的持续和谐发展，就要求党中央、国务院和云南省委、省政府，继续运用国家力量，帮助和扶持云南民族地区逐步解决影响民族关系和谐发展的重要问题。民族问题是一个涉及经济、政治、文化、社会、生态和国际影响等多个领域、包含多方面内容的非常复杂的问题，解决云南面临的影响民族关系和谐发展的问题也不能仅仅从民族事务和民族工作上做文章，而必须从经济、政治、文化、社会、生态和国际影响等六方面多管齐下，进行全方位努力。

第一，用科学发展观统领全局，推动云南民族地区加快经济发展。一方面放手让民族地区充分利用市场机制来解放生产力，另一方面又利用中央权威、政府权力和计划手段继续帮助和扶持民族地区发展生产力，确保全国人民共同富裕和各民族共同繁荣这一社会主义本质的逐步实现。

---

① 王明珂：《羌在汉藏之间——川西羌族的历史人类学研究》，中华书局 2008 年版，第 324 页。

第二，坚持和完善民族区域自治制度。建议国务院和国家有关部门，尽快制定出台贯彻实施民族区域自治法的行政法规、规章、具体措施和办法，明确上级国家机关履行其对民族自治地方职责的保障机制，变软约束为硬约束，为全面落实民族区域自治法创造良好的行政法制环境。

第三，构建中华民族多元一体的文化认同。中国各民族在社会主义核心价值体系引领下，"尊重差异、包容多样"，保护与发展民族文化多样性，形成各民族文化的多元发展与中华民族文化一体化共同繁荣发展的文化格局，实现差异的和谐和多样的统一。

第四，加快社会事业发展，提高社会管理能力。一是运用国家力量长期支持云南边疆的"禁毒防艾"工作；二是运用国家力量保障水电建设移民群体和失地农民的合法权益；三是提高社会管理能力，发挥非政府组织的积极作用，建立健全民族关系的信息沟通机制和协调稳定机制。

第五，建立生态建设和资源开发补偿机制。运用中央权威和国家权力，按照"开发者付费、受益者补偿、破坏者赔偿、受损者获偿"的原则，对因保护野生动植物、建设自然保护区和执行环境保护政策而造成的地方财政减收、增支以及影响到群众生产生活的民族地区，由国家财政和相关企业给予合理的补偿；对事关全国生态安全的环境保护和生态建设项目，由国家财政给了重点投入。

第六，提高应对国际民族宗教问题影响的能力。按照国家与邻为伴、与邻为善的周边外交政策，以一个大国的雍容气度，以更加积极主动的姿态，在经济、政治、文化、社会、生态乃至民族宗教领域，都积极主动地走出去，扩大对外开放和国际合作，在积极主动对外交往的过程中有效防范和抵御国际敌对势力的渗透和影响。

（原载《云南社会科学》2010年第5期）

云南省城市民族关系
面临的问题与对策

改革开放以来特别是近年来,随着我国工业化、城镇化的快速推进,大批少数民族群众从农村迁居城市,使我国传统的民族分布格局和民族交往格局发生重大变化,城市民族构成更加多元,民族关系趋于复杂。云南也不例外。云南作为一个边疆山区不发达省份,其城镇化水平虽然远远低于全国,但纵向比,城镇化仍然有了快速的发展。按照省委、省政府的最新规划,未来十年,云南的城镇化将进入一个加速推进期,以平均每年新增 100 万人口的速度发展,到 2020 年,将新增 1000 万城市人口。如此之快速的城镇化进程,不可避免地将带来一系列问题,民族关系就是其中一个非常重要的、必须引起高度重视的问题。

一 云南省城市少数民族的来源构成及特点

城市民族关系就是生活在城市中的各民族之间的关系。历史上云南省的城镇人口以汉族为主体,少数民族人口较少。改革开放以来,城镇少数民族人口呈迅速增长的态势,这些迅速增长的人口又分属于众多的民族群体,逐渐形成了今天城镇多元的民族群体和错综复杂的民族关系,因此有必要对全省城市少数民族的来源构成及特点作一简要分析。

截至2011年,全省按照国家行政建制设立了32个市,其中地级市8个,县级市(区)24个,其中自治州内的县级市有9个。按理说城镇人口应包括在上述所有市(区)生活的人口。但根据云南的实际情况,上述市(区)仍然包含有大量的农村,其大多数人口仍然是农民。因此,要真正搞清楚云南的城市人口,还要实事求是地将视野进一步深入城市的最基本单元——社区中。根据省民委的调查,截至2010年,全省共有1455个社区,分布在16个州(市)、129个县(市、区)、300个乡(镇、街道)。社区最多的是昆明市,有538个社区,其次是曲靖市有229个社区,红河州121个社区,昭通市107个社区,社区数量最少的是迪庆州和怒江州,分别为11个和13个。按此口径,2010年全省城市少数民族总计约237万人,占全省少数民族人口的15%,占城市居民总人口1168万人的20%。社区常住人口914.44万人,其中少数民族常住人口174万人,占城市社区常住人口的19%;社区少数民族流动人口近63万人,占社区流动人口25%。全省城市社区中,常住少数民族人口占社区人口数30%以上的有377个,占20%以上的有505个,占10%以上的有918个。城市社区人口较多的少数民族有彝族、哈尼族、白族、傣族、壮族、回族等。[①]

城市少数民族人口的来源和构成主要有以下五个方面:一是历史上就已生活在城市中的世居少数民族居民人口的自然增长。二是通过招工、招干、考录、分配、调动、婚嫁等渠道和方式进入城市工作和生活的少数民族工人、干部、各类专业技术人员和群众。其中省民委统计掌握的2606名少数民族代表人士有1/3属城镇人口。三是城镇化快速推进城市面积扩大将周边农村纳入城市范围,使许多农村少数民族群众转为城市居民。例如,昆明市呈贡新区开发建设,征用土地

---

① 参见云南省民委《云南省城市民族工作调研报告》,未刊打印稿,2011年。

10万多亩，使10万农民转变为城镇居民。昆明市近年来大力推行全域城镇化，将主城区所辖的民族乡全部改为街道办事处，很多村社一夜之间就转变为城市社区，但居民们赖以生存的主要生计仍然是农业。四是重大工程建设移民安置形成新的城市居民。例如，漫湾和小湾水电站建设形成的漫湾镇和小湾镇居民，楚雄市鹿城镇栗子园社区居民主要由库区移民搬迁而形成，等等。五是少数民族群众进城务工经商，城市少数民族流动人口快速增长。例如，会泽县就有20万各族群众在昆明务工经商，其中仅回族就有1万多人；在昆明以拾荒为主要生计的来自贵州和云南的布依族就有几万人等。

经过调研分析，云南省城市少数民族有以下五个特点。

第一，民族成分多，民族关系错综复杂。像云南省会城市昆明市这样的特大型中心城市，全国56个民族都有人在这里工作和生活；像曲靖、玉溪、大理、楚雄这样的二级中心城市，全国绝大多数少数民族也都有人在这里工作和生活；而在瑞丽、芒市这样的边境城市，除了全国几十个民族在这里工作和生活外，还有大量的来自东南亚和南亚国家的多种跨境民族在这里工作和生活。各民族共同居住在一座城市中，相互之间就必然发生错综复杂的民族关系。

第二，继续保持着本民族的风俗习惯和宗教信仰。迁居城市的少数民族，一方面必须适应城市生活而被迫放弃了许多原来在农村的生活习惯，另一方面又极力彰显为城市生活容纳的民族特点，因此，各民族的传统节日和宗教信仰都得到了保持，也得到了其他民族和政府的尊重。

第三，民族意识较强。生活在城市中的少数民族，无论是常住人口还是流动人口，无论是位居社会中上层的各民族干部、企业家、专业技术人员还是位居社会底层的打工者，都是本民族中有开拓精神的人员，他们一般素质较高，对本民族的地位和权益比较关心和敏感，民族意识较强。

第四,城市少数民族族缘纽带较强。生活在城市中的少数民族,有许多是依靠族缘纽带迁入的,因此,同一民族的亲戚、朋友、老乡往往抱团联系,形成关系紧密的生活圈子,并以此扩大本民族的影响力。

第五,城市民族关系问题具有聚集和裂变效应。由于城市交通便利、通信便捷,民族意识较强的各民族人员又大多通过族缘纽带而联系紧密。因此,城市民族之间一旦发生带有民族因素的个体或小群体的矛盾和冲突,如果引导和处置不当,或被别有用心的人所利用,便很容易运用现代交通和通信手段通过族缘纽带而聚集起大规模的群体力量;而大规模的群体性冲突一旦爆发,又会通过现代传媒迅速扩散出去,形成"核裂变效应",成为影响一个地区乃至国家稳定和发展的重大事件。

二 云南省城市民族关系面临的问题

在城市化快速推进,大批少数民族群众从农民变为市民的过程中,城市民族关系不可避免地出现许多新问题。经过调研分析,这些问题主要有以下五个。

(一)对城市民族问题的重要性认识不足

长期以来,我们的各级领导干部甚至民族工作部门和从事民族问题研究的专家学者,对城市民族问题的重要性都有忽视和淡化的倾向。其原因来自两个方面。一方面,由于工业化、城市化是一个国家、一个地区发展和现代化的重要标志,因此,一心一意谋发展、全力追求现代化的各级党委、政府、社会主流舆论乃至全社会,理所当然地都从正面和积极的方面去认识工业化和城市化对民族关系带来的影响。认为大批少数民族迁居城市，是民族发展进步的体现，它必将带来各民族交往、交流、交融的加深，增进民族间的了解和感情，有利于巩固和发展平等、团结、互助、和谐的社会主义民族关系。而对其同时有可能带来民族间的竞争、摩擦、隔阂、矛盾和冲突等消极的一面，由于问题表现和暴露得还不充分，就被忽视和淡化了。另一方面，在过往的历史上，中国是一个农业大国，云南是一个农业大省，农民占全国、全省总人口的大多数，少数民族人口更是绝大多数居住在农村，因此，全国、全省民族问题和民族工作的重点都集中在农村。直到20世纪90年代中期，由云南民族工作德高望重的老领导王连芳同志，组织一批有丰富实践经验的民族工作领导和专家学者编写的一部重要著作中，对云南的民族问题得出了以下极有针对性的认识：

> 我们在实践中深深体会到，云南的民族问题，主要的仍然是有着民族特点的农民问题，绝大部分又是带有民族特点的贫困和后进的农民问题。党的主要任务，应当是如何带领各民族农民实现社会主义现代化。在社会主义市场经济条件下，民族关系的实际内容，既是带有民族形式的农民与农民的关系问题，又是带有民族形式的工农关系和城乡关系问题。因此，民族工作的主要精力，必须面向农村，面向山区，面向边疆。①

由于云南城市化水平远远滞后于全国，直到2010年全省的城镇化率也才达到35%，因此上述认识直到今天也仍然是正确的。但是，正确的认识绝不能固定和僵化，否则就难以对正在扑面而来日益增强的民族问题城市化趋势做出具有前瞻性的认识，更遑论未雨绸缪提前

---

① 王连芳主编：《云南民族工作的实践和理论探讨》，云南人民出版社1995年版，第13页。

做好应对准备了。然而，在实地调研中，我们恰恰就发现了固守传统正确认识的严重的僵化倾向。说到城市民族问题和民族工作，许多领导干部甚至是民族工作部门的领导干部都十分陌生，个别领导老老实实地讲："第一次听说还有城市民族工作。"由此带来的影响，就是对如何处置城市民族关系问题普遍面临能力不足和本领恐慌，遇到问题毫无思想准备，束手无策，要么是不敢管、不会管、不愿管，采取回避和推诿的态度；要么就是采取简单、粗暴的办法进行一般化处理，导致小事情酿成大问题。

（二）城市少数民族失地人群的民生保障问题

据省民委调查，2010 年，全省有 129 个县（市、区）、256 个乡（镇、街道办事处）、768 个社区涉及失地问题，社区失地人员 1564141 人，其中少数民族 286305 人，占失地人员的 18.30%。[1] 这些失地人群原来大都居住在城乡接合部，靠种植蔬菜、水果和养殖猪、鸡为城市提供鲜活农产品而换取收入，生活水平一般都较高。然而，由于城市扩大土地被征用，或因国家重大工程建设土地被征用而移民城市，他们的生活从原来富裕的城郊农民迅速下降为城市贫民，一些人陷入了"种田无地、就业无岗、低保无份"的尴尬境地。在我们实地调查的红河州个旧市宝华社区，一些社区居民失地较早，补偿较低，就业无门，社区以为这些居民争取落实低保政策为中心来开展工作，但直到 2011 年，这个有 420 个少数民族的社区，真正落实了每月 196 元低保政策的只有 30 户 45 人。在我们实地调查的德宏州芒市勐焕街道丙午社区，原来的丙午村民小组 232 亩土地全部被征用后，68 户 295 名傣族从农民变成了市民，同时就成了社会的边缘群体。目前，丙午村居民的生活来源：一靠集体利用 2.5 亩预留地建盖的 1 个综合农贸市场租赁摊位、商铺，每年获得 30 万元的集体经济

---

[1] 参见云南省民委《云南省城市民族工作调研报告》，未刊打印稿，2011 年。

收入，每个居民每年平均可分红 1000 元；二靠个人出租房和商铺收入，虽然多数家庭都有房屋出租，但大多数家庭获得的租金难以维持基本生活，而没有房屋出租的少数家庭就靠打短工度日，生活极其困难，全村有 81 人需要纳入低保，但真正落实的只有 4 户 12 人。城市少数民族失地人群的民生问题，与汉族失地人群面临的问题是相同的，但因为少数民族群众一般文化素质较低、在城市中的社会关系较少加上语言障碍，使其在城市中讨生活面临着比汉族群众更大的困难，因而也就成为影响城市民族关系的重要问题。

（三）少数民族流动人口的权益保障和社会管理问题

少数民族流动人口由于流动性强，飘忽不定，往来无序，很难纳入流入地社区管理，因为也就很难得到就业、就学、就医、住房保障、最低生活保障等城市的基本公共服务及相关市民待遇。他们特殊的风俗习惯和宗教信仰需求也很难得到满足。加之少数民族流动人口法律意识淡薄，不懂城市的管理规章和制度，生存压力较大，其经济收入和社会地位较低而多处在城市社会生活的边缘，对城市和政府的满意度偏低，面对巨大的城乡差别很容易产生心理失衡，成为引发矛盾和冲突的导火线。近年来全国出现的涉及民族因素的突发事件，80% 以上发生在散居地区特别是城市，民族问题城市化的特点日趋突出。据我们在红河州个旧市的调查，随着流动人口的增多，个旧市"两抢一盗"案件呈多发态势，2009 年发生刑事案件 1768 起，破案 1233 件，涉案人员 487 人中，外地流动人员 235 人；2010 年发生刑事案件 4731 起，破案 1349 件，涉案人员 567 人中，外地流动人员 288 人，流动人口参与作案高达 50%，其中大多是少数民族。

（四）城市民族工作机制不适应形势发展的要求

民族工作是协调民族关系的重要工作。城市化进程带来的少数民族人口大量迁居城镇、民族问题城市化的趋势,使协调城市民族关系的任务日益繁重,使城市民族工作的地位和作用日益凸显,但与之相匹配的工作力量严重不足。其主要表现有四:一是除昆明市外全省各级民族工作部门还没有设立专门负责城市民族工作的机构。二是许多民族工作部门面对繁重的工作任务仍然在缩编减人。三是城市民族工作缺乏经费保障。四是城市民族工作缺乏综合协调机制,存在部门职能交叉、责任不明的弊端。

(五) 城市社区建设滞后,服务和管理体系不完善

当我国经济体制从传统计划经济转向社会主义市场经济后,社会管理体制也发生了相应变化,人们从计划经济时代的单位人变成了市场经济时代的社会人。对城市居民的服务和管理也从单位转变为社区,社区取代单位成为城市的基本单元。但是,由于社会转型落后于经济转型,大批城市居民已从单位人转变为社会人,而城市社区从基础设施建设、机构和人员配置、服务和管理功能都远远不能适应高速城市化的需要。社区民族工作更是面临诸多困难,如难以为社区少数民族群众开展就业指导和技能培训;难以维护少数民族的合法权益和特殊要求;难以及时化解涉及民族因素的矛盾纠纷;难以有效开展民族团结教育和民族团结进步创建活动;等等。此外,社区建设滞后的另外一个重要表现,就是社区群众的自治组织即各类民间团体发育缓慢,除政府和企业之外的第三种力量即非政府组织的力量尚未得到有效发挥。

三 解决问题的对策建议

针对上述问题,我们在调查研究的基础上,提出如下五条解决问题的对策建议。

（一）提高对城市民族问题重要性的认识

民族问题是社会发展总问题的重要组成部分，将随着社会发展总问题的变化而变化。这是马克思主义民族理论的基本观点。用这一基本观点来观察当代中国和云南的民族问题就会发现，随着工业化、城市化、现代化进程的快速推进，民族问题的中心和民族工作的重点都将逐步从农村转向城市。长期以来，由于我国和我省少数民族人口主要聚居在农村，经济社会发展滞后，贫困人口众多，民族问题主要表现为少数民族农民迫切要求加快发展以脱贫致富的问题，为此，党和国家及云南省委、省政府一直将民族工作的重点放在农村，这在过去是完全正确的。但是，进入 21 世纪以来，随着全国、全省工业化、城市化的快速发展，大批少数民族农村人口流动到城市中来经商和打工，城市面积扩大使大批少数民族农民一夜之间成为市民，少数民族人口的城乡分布发生了重大变化。与此同时，随着社会转型速度的加快，我国已进入社会矛盾和民族问题多发时期，这些多发的社会矛盾和民族问题大多集中在城市，民族问题城市化的特点日趋突出，城市日趋成为民族关系协调的重点和难点地区。拉萨"3·14"事件和乌鲁木齐"7·5"事件就证明了这一点。因此，随着民族问题的中心从农村向城市的转移，民族工作的重点及其力量配置也应随之而向城市转移，才能适应形势发展变化对民族工作提出的新要求。但是，现实情况是，一些领导干部甚至民族工作干部，还完全没有城市民族工作的意识；一些基层干部甚至从未听说过"城市民族工作"的概念；几乎所有的领导干部都还缺乏对城市民族工作重要性和紧迫性的认识，这种状况，已使城市民族工作远远滞后于解决城市民族问题的需要。因此，当务之急，是要通过大规模的宣传教育，提高各级领导干部和全社会对新形势下城市民族问题和城市民族工作重要性的认识。要充分认识到，城市化是所有国家现代化发展的必然趋势，城市化比重是一个国家发达程度的重要指标，当今世界，美国、欧洲、日本等发达国家和地区人口的80%以上居住在城市，中国和云南在21世纪随着城镇化、现代化步伐的推进也将逐步达到这个比重。这就是说，中国和云南绝大多数的少数民族人口都将逐步移居到城市中来，城市民族问题将会越来越多，城市民族关系将会越来越复杂，城市将日趋成为民族关系协调的重点和难点地区，相应地城市民族工作的任务也将会越来越繁重。越早预见到这一点，就越有利于各级党委、政府未雨绸缪，及早制定政策措施，主动做好工作。

（二）切实解决城市少数民族失地人群的民生问题

城市少数民族失地人群的民生问题，既是一般社会问题，又是影响民族关系好坏的民族问题，必须下决心从根本上解决。在实地调研中，我们发现许多地方已经探索积累了一些好的经验，现结合这些经验提出如下六条具体对策建议。

第一，坚决贯彻落实省委、省政府建设山地城镇的最新战略决策，将城镇建设引向坝区边缘的低山丘陵和缓坡山地，尽可能不再征用坝区良田好地，最大限度减少失地人群。

第二，今后在全省范围内征用土地时，一律按总征地面积的20%预留土地用于解决失地人群的后续发展问题。在以往的征地过程中，蒙自市按10%，玉龙县按15%，瑞丽市按20%的比例预留了土地，预留地属集体所有，由村集体进行招商引资开发建设，全部用于长线项目，失地人群每年有定期分红，使其基本生计和可持续发展有了保障。实践证明，按总面积20%预留土地是保障各方利益大体均衡的一个合适比例，应在全省推广。

第三，在政府的土地收益中划出专项资金设立失地人群动态补偿基金，专门用于解决过去征地补偿过低的问题。在这方面，腾冲县已经开了一个好头。腾冲县从 1999 年开始扩大县城征地,但当时付给老百姓的征地补偿偏低,群众意见很大。从 2010 年开始,县政府决定由县财政实施动态补偿措施,且连续补偿 5 年。这是解决过去遗留问题的一个好办法,应在全省推广。

第四,将失地人群纳入市民管理体系,使其在就业、就医、就学、住房、养老、低保、失业保险诸方面都能与城市市民一样,享受城市的基本公共服务及相关市民待遇。

第五,充分发挥失地农民的传统技能、组织其异地创业就业。例如,昆明市呈贡新区针对呈贡失地农民具有多年种菜、种花的技能,扶持失地农民外出租地种菜、种花,建设失地农民创业绿色产业基地,为失地农民打造创业和就业平台。

第六,由民族工作部门负责组织对少数民族失地人群进行有针对性的就业指导和就业培训,组织劳务输出,帮助联系就业单位。

(三) 加强对少数民族流动人口的服务和管理

以往对流动人口多讲管理而少讲服务,这其实还是将流动人口视为城市麻烦制造者的传统思维惯性使然,必须彻底改变。要将服务放在首位,将管理寓于服务之中。

在实地调研中我们发现,许多地方已经探索形成了一些很好的服务管理办法和经验。例如,会泽县全县外出务工人群数量庞大,共有 26 万多人,占全县总人口的 1/4 还多。其中有 20 万人流入昆明市,少数民族有 1.6 万人,仅回族就有 1 万多人。2010 年会泽在昆务工人员每人年均纯收入为 1.17 万元,20 万人一年就在昆明淘金达 20.34 亿人民币,劳务经济已成为会泽各民族群众增收致富的一条重要渠道。在整个昆明,由会泽的回族同胞经营的肉牛屠宰、牛奶行业的生产及销售份额占了昆明市的 90%;在大米市场,由会泽人经营的份额占 75%;在旅店业、玻璃加工、面条加工、绿化、餐饮、畜牧养殖等行业都分布有大量的会泽人。然而，大批会泽人到昆明务工经商的初期，许多人素质偏低，诚信经营不够，遵章守纪较差，聚众闹事、偷抢等一系列违法乱纪的事件时有发生，在昆明人心目中造成了恶劣影响，致使昆明人只要是面对会泽人，找工作，不要；做生意，不合作；租房子，不租。针对这种情况，2004年4月，会泽县委、县政府决定，在原会泽县政府驻昆明办事处的基础上，成立会泽县委驻昆明工作委员会，简称"党工委"，党工委与驻昆办实行两块牌子一套人马。以"塑会泽形象、建温馨家园、创更好业绩"为主题，以履行"教育管理、协调服务、引导发展、构建和谐"为职能，以加强民族团结和全面提高20万劳务大军整体素质为目标，在党建、劳务输出、农民工维权及会泽籍在昆流动人口的服务和管理工作中开创了新局面。其具体做法有以下五点。

第一，抓流动党员管理，将流动人口中的1618名党员打造成维护民族团结和社会稳定的"六大员"，即遵纪守法的示范员，民族政策的宣传员，民族事务的情报员，民族纠纷的调解员，民族政策落实的督导员，带领群众致富的示范员。

第二，设立劳务输出站和就业咨询服务中心，为到昆务工人员提供就业咨询服务，有针对性地开展就业技能培训等。

第三，设立维权办公室，聘请专门的律师事务所为长期法律顾问，为在昆务工人员提供法律咨询、委托代理、司法救助、调解劳务纠纷等服务。

第四，设立便民服务室、流动人口计划生育服务室、驻昆警务室，驻昆团工委等机构，为流动人口提供就医、就学、计生、维权等服务。

第五，成立了会泽商会，为会泽在昆经商办企业人员打造了抱团发展的重要商业平台。

通过以上多方面的工作，使会泽在昆务工经商人员逐步树立了遵纪守法、诚实守信、文明有礼、精明能干的良好形象，使少数民族群众流动到昆明后"留得住、能致富"。创造了流动人口服务管理的"会泽经验"，值得在全省推广。会泽经验的核心，就是流出地政府不是将流动人口一推了之，而是以对人民群众高度负责的精神，将服务和管理工作延伸到流入地来进行；同时加强与流入地政府的沟通协调，流出地党委、政府与流入地党委、政府初步建立了协同共管机制。因此，会泽经验启示我们，加强对少数民族流动人口服务和管理的关键，就是要建立和完善流出地与流入地的协同共管机制。流出地党委、政府的相关职能部门，要主动深入进行劳动力市场调研，主动与可能的流入地政府相关职能部门加强沟通联系，为外出人员提供就业指导、实用技能培训、遵纪守法和民族团结教育，力争变无序流动为有序流动；流入地政府相关部门则应积极提供良好服务，如向流出地通报就业信息，介绍经济社会发展规划，建立双方定期的联谊机制、信息沟通机制、矛盾纠纷协同调处机制等。

（四）建立和完善城市民族工作和民族关系协调机制

为适应民族问题城市化和民族关系协调重点难点城市化的趋势，必须未雨绸缪，探索建立和完善城市民族工作和民族关系协调机制。具体建议有以下五点。

第一，加强城市民族工作机构和队伍建设。在省、州（市）、县（区、市）设立城市民族工作机构，配备专门人员开展城市民族工作，在街道、社区也配备城市民族工作的专兼职干部，组建民族政策监督员和民族关系信息员队伍，建立健全省、市、县（区）、街道、社区五级民族工作网络。

第二，各级政府将城市民族工作和民族关系协调费用纳入本级财政预算，设立专项经费用于有效开展城市民族工作和协调城市民族关系。

第三，探索建立民族工作社会化的长效机制。城市民族工作和民族关系，涉及社会生活的方方面面，政策性和政治性强，是一项复杂的社会系统工程，需要从党政主导、部门协作、社会参与、民间配合四个层面入手建立协调配合的社会化长效机制。

第四，研究制定具有前瞻性和可行性的城市民族政策和城市民族工作法律法规。建议省委、省政府专门召开一次城市民族工作会议，出台一个开展城市民族工作、协调城市民族关系的政策文件。建议省人大根据新的形势要求尽快修订《云南省城市民族工作条例》，同时新制定一批以保障城市少数民族合法权益为中心的法规，如《云南省散居民族权益保障条例》《云南省清真食品管理条例》等。

第五，加快社区建设，完善社区服务和管理体系。加强社区基础设施建设；设立社区民族工作专门干部；建立社区各民族基本情况的动态管理系统；大量开展民族团结进步创建活动。

（五）充分发挥民间组织在协调城市民族关系中的重要作用

长期以来，为做好云南的民族工作，维护云南的民族团结、宗教和顺和社会稳定，全省各地的民间有识之士，在各级政府的支持下，成立了一些民办非政府的社会组织，如云南省民族学会及其下辖的25个民族学分会，云南宗教学会及其各级各类宗教协会，各地的民族经济研究会、民族文化研究会等。这些民间社会组织汇聚了大批各民族的精英人物和各种宗教的代表人士，他们忠诚于党和政府，在本民族中及其信教群众中具有一定的影响力和号召力。近年来，这些组织在沟通民意、反映群众诉求、配合各级党委、政府做好城市民族工作、化解矛盾纠纷和协调民族关系中发挥了重要作用。还有一些完全由基层群众自发成立的草根组织，如大理白族自治州大理市大理镇五华社区，由社区民众自发成立了青年、消防、科普、文艺、治安巡逻、卫生协管、关心下一代工作老年志愿者等7支志愿者队伍。这些志愿自己组织在各自的专业领域开展活动，既参与社区管理又为社区群众服务，为各民族群众搭建了沟通、交流、联谊的平台，为创建民族团结示范社区发挥了积极的促进作用。党的十七大将"基层群众自治"确定为我国的四大基本政治制度之一，基层群众自治需要发育和成长起一大批各个领域、各个方面的基层群众自治组织，才能建立起充满活力的基层群众自治机制。因此，应该大力扶持民族类民间社会组织的发育成长，发挥其在协调民族关系中的积极作用。

（原载《云南民族大学学报》2012年第5期）

生计方式与民族关系变迁
——以西双版纳州山区基诺族和坝区傣族的关系为例

山多平地少，是云南地形地貌的基本特征，也是云南的基本省情之一。云南地处青藏高原的南延部分，在39.4万平方千米的国土面积中，山区占94%。在山区中，海拔1000米以下的低山区约占10%；海拔1000—3500米的中山区约占77%；海拔3500米以上的高山区约占13%。① 在广阔的高原上形成了多种大小不一、形态各异的山间盆地和高原台地，云南俗称"坝子""坝区"，全省1平方千米以上的坝子共有1440多个，面积为2.4万平方千米，仅占全省总面积的6%。由这一基本特点决定，在云南的25个少数民族中，彝、哈尼、拉祜、瑶、佤、景颇、布朗、德昂、基诺、苗、傈僳、藏、普米、怒、独龙15个民族主要分布在山区，傣、壮、白、回、纳西、满、蒙古、阿昌、布依、水10个民族和汉族主要分布在坝区。山区民族种类占云南少数民族种类的60%；山区民族人口占云南少数民族总人口的70%以上。在古代交通不便的条件下，由一块平坝及其辐射的周围山区，往往自然形成一个相对独立的地理单元、一个小自然生态系统和一个相对自给自足的小社会。因此，山区民族与坝区民族之间的关系，就自然成为云南民族关系的一个重要方面。

坝区由于地势平坦，土壤肥沃，气候温和，常有河流蜿蜒其间，

---

① 参见王连芳主编《云南民族工作的实践和理论探讨》，云南人民出版社1995年版，第23页。

交通便利，因而是古代农业、古代城镇和近现代工商业发达的地区；山区山高谷深、交通不便，虽然有丰富的生物资源、矿产资源和水利资源，但在传统的以粮食生产为主的农耕社会中，其经济社会发展总是滞后于坝区。故早在历史上，云南就已形成坝区民族经济文化较为发达，在政治上居于统治地位；山区民族经济文化水平较低，在政治上居于被统治地位的格局。在这样的格局下，云南的山坝民族关系既表现为山区与坝区由于地形、地貌、海拔、气候和资源、物产的不同而自然形成的山区民族与坝区民族之间互利互惠、优长互补的经济文化联系，又表现为坝区民族在政治上统治山区民族的关系。中华人民共和国成立后，随着中国共产党民族平等、民族团结、民族区域自治和各民族共同发展、共同繁荣的民族政策的贯彻实施，坝区民族统治山区民族的政治关系已经不复存在，但由于自然、历史、社会等多方面原因形成的山区民族和坝区民族在政治、经济、文化和社会发展方面的差距仍然存在，其相互关系在全球化、现代化发展过程中有了新的变化。本文以西双版纳州景洪市基诺乡和勐罕镇（橄榄坝）为例，在深入田野调查的基础上，对山区基诺族和坝区傣族由于在现代化过程中生计方式变迁导致的民族关系变化作一初步研究，为正确认识云南民族关系的现状和发展趋势提供一个典型案例。

一 传统生计方式和民族关系格局

西双版纳州全境属于横断山脉纵谷地区的最南端。东部为无量山，西部为怒山，两山以澜沧江相隔，自北向南倾斜并渐向东西两翼扩散，呈帚状纵贯全境。境内分布有大小2769条河流，纵横交错、蔓延成网，均属澜沧江水系。全州以山地为主，面积达2725万亩，占总面积的95%，世代居住着基诺、哈尼、布朗、瑶、拉祜等山地民族。在广阔的山地中镶嵌着许多大小不一、形状各异的盆地（坝区），面积为143万亩，占总面积的5%，世代居住着傣族。山区民族和坝区民族在适应各自不同的生态环境，开发利用不同的资源以获得生存与发展的过程中，自然就形成了各具特点的生计方式、产业结构和经济发展模式。

西双版纳山区是热带雨林和季雨林的天下，其中孕育了全球最为丰富多样的动物、植物和微生物，是全球公认、世界少有的生物多样性宝库。生活在其中的基诺等山地民族，因地制宜地选择和发展了"刀耕火种、有序轮作"的亚热带山地农耕生计方式，还开发利用多种多样的生物资源以求得生存和发展。据调查，基诺族除以"刀耕火种"栽培陆稻为主要生计来源外，还栽培玉米、高粱、粟等粮食作物，红薯、马铃薯、黄豆、芋头、南瓜、冬瓜、黄瓜、香瓜、茄子、辣子、饭豆、四季豆、青菜、白菜、茴香、大蒜、姜、香茅草等杂粮和蔬菜作物，花生、苏子、芝麻等油料作物，[①] 棉花、茶叶等经济作物。除了人工栽培的作物外，还有采集和狩猎，作为生计来源的重要补充。基诺族的采集食物，可大体分为块根、野菜、野果、竹笋、蘑菇、虫子6类，每一类又有多种。块根类有青山药、绿山药、蓑衣包、芭蕉根、魔芋、藤萝卜等多种；野菜类有象耳朵菜、野荞菜、水芹菜、细苦菜、苦凉菜、白花、炮仗花、野邑蕉、树头菜等多种；竹笋有甜竹笋、苦竹笋、金竹笋、毛竹笋、斑竹笋、麻金竹笋等多种；蘑菇有蚂蚁骨堆菌、大红菌、牛舌头菌、酸菌、筛子菌等多种；野果有毛荔枝、三瓣果、歪屁股果、羊屎果、鸡嗦果、山多依、乌鸦果等多种；虫子有油虫、蜘蛛、蚂蚱、飞蚂蚁、蚂蚁蛋、牛屎螳螂、竹

---

① 参见尹绍亭《云南刀耕火种志》，云南人民出版社1994年版，第114页。

虫、酸蜂等多种。① 基诺族的狩猎对象，计有鸟、鼠、兽3大类。鸟类有雀、斑鸠、黑头公、团鸡、雉鸡、白鹇、双角犀鸟、孔雀等多种；鼠类有竹鼠、松鼠、地老鼠、青鼠、花脸老鼠、红肚皮老鼠、尖嘴老鼠，在人们的观念中，鼠类还包括穿山甲、刺猪、黄鼠狼、大䶄鼠、破脸狗、猴子等；兽类有麂子、山羊、岩羊、羚羊、豺狗、狼、马鹿、熊、野猪、虎、豹、野牛；等等。②

坝区地势平坦、土壤肥沃、气候炎热、降雨充沛，具有种植水稻的优越的土壤、气候和水利条件。居住在坝区的傣族人民，在千百年来与自然的互动调适中，选择和发展了以种植水稻为主的生计方式，同时开发利用多样化的生物资源以获得生存与发展。根据笔者的调查和观察，傣族除以种植水稻为主要生计来源外，还有多种多样的辅助生业。例如，在少量的山地中种植陆稻、玉米等粮食作物和花生、芝麻、黄豆、甘蔗、茶叶、菠萝等经济作物，在村寨周围大量种植黑心树以作薪柴。在房前屋后，每一个傣族家庭都有自己的园圃地，里面一般栽培有白菜、青菜、四季豆、蚕豆、豌豆、辣椒、茄子、南瓜、黄瓜、西红柿、韭菜、苦瓜、萝卜、莴笋、芋头、马铃薯、姜、葱等蔬菜，所产蔬菜除自食外，还作为小商品到市场出售。傣族住宅宽敞，几乎每一个傣族家庭都有一个庭院，庭院中通常种植香蕉、柚子、杧果、椰子、槟榔、菠萝蜜、木瓜、西番莲等水果，还有药材、香料、染料、竹子等植物，种类多达数十种。庭院产品除自食自用外，相当一部分也作为商品到市场出售。傣族濒水而居，种植水稻为生，自然有渔业之利，稻田养鱼，池塘养鱼，江河湖泊中捕鱼，水田、水沟、山箐中捉螃蟹、摸泥鳅、抓黄鳝就成为傣族重要的生计来源，就像基诺族等山区民族酷爱和擅长狩猎一样，傣族则酷爱和擅长

---

① 参见尹绍亭《人与森林——生态人类学视野中的刀耕火种》，云南教育出版社2000年版，第313—319页。
② 参见杜玉亭《基诺族文学简史》，云南民族出版社1996年版，第4页。

捕鱼。此外，傣族以饲养水牛、黄牛、猪、鸡、鸭为主的家庭养殖业，也是重要的辅助生业。

山区基诺族和坝区傣族这种传统的以一业为主、多业辅助的多样化生计方式，在确保各民族千百年来生存与发展的同时，也建构了山区与坝区之间优长互补、相互依存的民族关系。尽管坝区傣族与山区基诺族存在着经济文化上的差距，中华人民共和国成立前还存在着政治上的不平等，但这并不影响两个民族的经济文化交流及其以此为基础的友好合作关系的发展。山区民族与坝区民族生计方式不同产生的互补性，恰恰为相互之间开展经济文化交流提供了客观需要。坝区傣族因稻作农业发达故有充裕的粮食，因地势平坦交通方便故有就近换购食盐之便利，但是纺纱织布缺少棉花，建房起屋没有山茅草，编制箩筐、篾笆、篾箩等竹器所需之竹料也不能完全自给。而山区基诺族有棉花，有漫山遍野的竹林和山茅草，有多种多样的山货药材，但以往最缺的就是粮食和盐巴。这种由于自然环境和生计方式不同产生的互补性，就促使双方自然而然地开展互通有无的经济交流。在田野调查中，笔者访谈的多位基诺族和傣族老人都告诉我，过去橄榄坝靠近基诺山的傣族人家建房起屋都要到基诺山去砍木料、割茅草、打草排，去时就要挑着大米和盐巴以作交换。基诺族缺粮缺盐时，则会带上自种的棉花和自己编织的箩筐等竹器到傣族村子中来换取粮食和盐巴。这样你来我往时间一长双方便交上朋友，打起了"老庚"，① 一些基诺族还长期到傣族村寨帮工挣钱。经济的交流促成文化的传播。基诺族大都学会了傣族语言，双方的节日和宗教活动双方的朋友"老庚"都会不请自来。在这种多样化的生计方式和相互依存的民族关系的共同作用下，即使在20世纪50年代末至60年代初全国三年困难时

---

① "老庚"是和自己年龄相同或相近（上下3岁以内）的同性朋友，好的老庚相当于自己和自己的关系，比兄弟关系还铁。西双版纳各民族中普遍流行"打老庚"，即交同龄朋友。

期,被认为是处于原始社会末期、贫穷落后是其典型特征的基诺族,也从未发生饿死人的情况;而在基诺族和傣族群众各自民间记忆中最困难的岁月,又都是山坝之间优长互补的民族关系帮助他们克服困难而平安渡过的。

二 传统生计方式与民族关系的变迁

然而,西双版纳山区基诺族和坝区傣族这种传统的生计方式和民族关系格局,却随着一种经济作物的引进种植成功而发生了根本的变化,这种经济作物就是橡胶。中华人民共和国成立初期,国家工业化建设所急需的战略物资——橡胶,由于受到外国帝国主义的封锁而不能进口,只能立足国内自己解决,于是,西双版纳和海南岛这两个国内有可能适宜橡胶种植的地方,就成了国家重点关注的地方。为此,国家动用政权力量,调集大量的人力、物力和财力投入西双版纳,开展了大规模的橡胶引种试验和发展。橄榄坝本来就是西双版纳最早引种橡胶获得成功的地方,早在1948年,泰国华侨钱仿周便从泰国引进胶苗在橄榄坝定植了2万余株,组建了"暹华胶园",由于当时正处于新旧政权交替之际,边疆社会秩序混乱,定植的胶苗因无人管理而被牛马糟蹋,1953年人民政府接管时只剩下97株。以后在此基础上成立了橄榄坝国营橡胶农场,而橄榄坝国营橡胶农场只是西双版纳众多国营橡胶农场中的一个。但是,在改革开放以前,橡胶因其是"战略物资"的重要性而一直被严格地限定在国营农场中才准种植,以致"嵌入型"的国营橡胶农场与周围的傣族社区形成了明显的二元经济和社会结构,国营橡胶农场现代化的经济社会生活与傣族群众传统落后的经济社会生活形成了鲜明的对比和反差,这种场群矛盾成为引发民族矛盾和中央与地方矛盾的一个导火索，受到西双版纳地方政府、傣族群众和研究民族问题的专家学者的强烈反对。为了缓解矛盾，1964年以后，国营橡胶农场才根据国务院的指示，帮助周围的傣族社区发展了少量的集体性质的民营橡胶农场。

改革开放以后，党和国家将"富民"作为国家政策的基本取向，鼓励全国各地放手让人民群众开发资源以致富，在此背景下，西双版纳州政府制定了鼓励民营橡胶大发展的政策，每种一亩民营橡胶，由政府扶持50元。然而，这一政策实施的初期，西双版纳各族群众对于种植橡胶的意义并没有明确的认识，因而对种植橡胶的积极性并不高。据西双版纳州农业局的橡胶科技人员回忆，20世纪80年代初他们深入傣族村寨去发动群众种胶的时候，曾经普遍受到冷遇。但在第一批种植的民营橡胶获得高额收入后，傣族和山区民族种植橡胶的积极性就被充分调动起来了。尽管西双版纳州政府停止了每种一亩橡胶扶持50元的政策，改为由银行提供无息贷款扶持，后来又改为低息贷款扶持，最后完全停止了一切扶持措施，但是，在脱贫致富的强烈愿望和橡胶种植业高额收入的驱使下，西双版纳各民族都自觉自愿地投入大力发展橡胶产业的洪流之中，短短30多年的时间，使民营橡胶的种植面积和生产规模远远超过了国营橡胶。

在这个过程中，橡胶种植业的科技进步不断取得突破，特别是西双版纳热带作物研究所研制成功的"772""774"等高产、高抗病虫害、高抗寒品种的大力推广，使橡胶种植不断突破海拔限制，一直种到了海拔1200米的山区；《西双版纳州天然橡胶管理条例》中关于澜沧江沿岸500米以内不准种植橡胶的禁令也被突破，景洪市境内的澜沧江流域两岸已被全部种上了橡胶。截至2007年，西双版纳州对外公布的橡胶种植面积是312万亩，其中民营橡胶171万亩。但根据航空测量数据，西双版纳州橡胶种植的实际面积已达到500多万亩。[①]

---

① 笔者2008年1月在西双版纳州人大常委会调查访谈笔录。

而且，由于冬季航测时橡胶树幼苗还长满绿叶会影响航测的准确性，因此航测数字还是一个保守的数字，实际的橡胶种植面积还会更多。

西双版纳民营橡胶的大规模发展，使橡胶种植业成了坝区傣族和山区基诺族最重要的支柱产业。随着村寨周围的全部山地和部分坝区水田都种上了橡胶，基诺族和傣族传统多样化的辅助生业几乎全部丧失，橡胶种植业一业独大，日益成为单一的支柱产业。与此相适应，基诺族和傣族也从相对自给自足和优长互补的传统生计经济，被逐步卷入工业化、现代化、全球化的市场体系之中，橡胶种植在给傣族和基诺族群众带来丰厚经济收益的同时，也对两个民族的发展及其相互关系，带来了以下四个影响和变化。

第一，导致民族发展的风险性增大。橡胶种植业的大规模发展，逐步使山区基诺族和坝区傣族传统多样化的生计方式丧失了生存空间，这块土地上原来生存的多种多样的植物、动物及其多样化的生计来源，逐步被单一的橡胶树及其带来的"山青水不留、绿林鸟不飞"的"绿色沙漠"所取代。使两个民族的未来发展，都高度依赖于国际市场的橡胶价格，亦即将两个民族未来的前途和命运，都交给了变动不居、反复无常、难以掌控的国际市场，全球化国际市场橡胶价格稍有变动，就会给两个民族带来致命性的冲击，从而使两个民族未来发展的风险不可避免地增大了。相比较而言，今天的基诺族还多少保留了水田中的粮食种植和山地上的茶叶种植，在生计方式单一化进程中还保持着一定程度的多样化，在难以掌控的粮食与经济作物的市场供求变化中还多少保留了一点主动权；而坝区傣族除了将包括黑心树在内的山地都全部砍伐种上橡胶树以外，还把最好的高产农田和商品粮基地也租给外地老板种上了香蕉，就意味着把自己的身家性命全都交给了国际市场，在新一轮粮食与经济作物的市场供求变化中完全丧失了主动权，因而其所面临的风险比基诺族更大。从单纯经济发展的眼光来看，一个民族卷入国际市场的程度越深，就意味着这个民族在发展进步的道路上走得越远,因而应该给予充分肯定和鼓励支持;而从追求以文化为终极目的的人类全面发展的人类学视角来看,一个民族卷入国际市场的程度越深,就意味着这个民族掌控自己文化变迁的主动权越小,距离文化良性变迁的道路越远,其发展面临的风险越大,因而应该引起高度的警觉。

第二,民族关系的互补性减小。从文献资料和田野调查访谈资料中我们知道,坝区傣族和山区基诺族历史上和现实中友好关系的建立和长期延续,山区与坝区自然生态环境不同、资源物产不同及由此而来的互补性和相互依存是一个重要原因。随着橡胶种植业的大规模发展,山区与坝区的生计方式、产业结构和经济发展模式逐渐趋同、资源物产乃至自然生态环境亦逐渐趋同,因而两个民族的互补性及相互依存度都急剧缩小,致使以往联系紧密的民族关系逐渐淡化乃至疏远。当然,这种小区域、近距离范围的民族关系淡化和疏远,是与两个民族在市场经济规律作用下与更大区域、更远距离的其他民族特别是汉族发生紧密联系相伴随的。由于这种新型关系模式区域范围更大、距离更为遥远,因而其中的变数和不确定因素也就会更多,民族关系的风险也就相应增大了。

第三,橡胶地使用权单向流转过程中基诺族处于不利地位。进入21世纪以来,国际市场橡胶价格持续走高,从以往的吨胶1万元左右持续上升到2007年的吨胶2万元左右,拉动西双版纳的橡胶产业开发进入新一轮高热期。如果说,20世纪八九十年代的橡胶产业开发还主要是当地各民族在自己的土地上勉力为之的话,那么,随着国家允许土地使用权自由流转政策的实施,新一轮开发热潮的一个主要特点,就是大批外来资本投入其中。由于西双版纳坝区除了国家保护的良田以外的宜胶土地早已被傣族开发完毕,因此,这些外来资本就集中投向山区,从而引发了山区橡胶地流转、炒作的热潮。橡胶地使用权流转炒作得最高的时期,在山地上每挖一个种植坑可以卖80元,种下一年的胶苗每棵可以卖150元，开割的胶树每棵卖到四五百元，甚至就连已经老化需要更新的胶树每棵也卖到四五百元。[①] 许多外地老板到基诺山购买了几十亩、几百亩的橡胶地，在一定程度上和一定范围内成了基诺山橡胶产业的主人，而基诺族群众在出售了部分橡胶地使用权后，又转而到海拔更高、坡度更陡的山地去开发新的橡胶地，从而造成了更大的生态破坏并承担了更多的风险。鉴于橡胶地使用权流转炒作带来了严重的负面影响，2006年西双版纳州政府下达了停止橡胶地使用权流转的命令，暂时遏制了这种负面影响的扩大，但是，恶果已经开始显现出来。在我调查的3个基诺族村寨中，已有大量的橡胶地使用权流转的案例，都是外地和当地汉族、傣族向基诺族购买使用权的单向流转，其中当然有许多是基于双方亲密的老庚关系的民族互助行为，无可厚非；但其中也确有许多是由于基诺族对未来发展前景不了解而出现的非理性短期行为，或为解燃眉之急而被迫出售，一些基诺族在卖出之后就已后悔莫及，产生了吃亏和上当受骗的感觉。因此，橡胶地使用权单向流转使历史上就弱势的基诺族越加处于不利地位，为未来的山坝民族关系埋下了隐患。

第四，影响了少数民族与国家（政府）的关系。橡胶种植面积的不断扩大和向高海拔地区扩展，给西双版纳的生态环境造成了严重破坏，也给在高海拔地区种植橡胶的山区民族带来了很大风险。根据科学研究，在海拔1000米以上的地方种植橡胶，很难抵御5年一遇、10年一遇、50年一遇的寒冷霜冻灾害，一旦出现寒害，就将使在较高海拔地区种植橡胶的山区民族血本无归。因此，近年来，西双版纳州政府在贯彻落实科学发展观和实施可持续发展战略的过程中，不得不对一些严重的违法种植行为采取了坚决制止的措施，仅2007年勐腊县就铲除了违法种植的胶苗1万多亩。这一强硬措施引起了各民族群众的强烈反感，州民委的一位少数民族干部对我讲，以前老百姓不

---

① 笔者2008年1月在西双版纳州农业局调查访谈笔录。

愿种胶的时候，政府千方百计动员老百姓种，现在老百姓积极性起来了，政府又不让种了，政府的目标与老百姓的目标发生了尖锐的冲突，国家要绿水青山，老百姓要金山银山，矛盾在所难免。

三　发展趋势与结论

综上得出以下三个发展趋势与结论。

（一）山坝民族之间经济上的差距逐步缩小

由于橡胶种植业成为西双版纳最大的支柱产业，因而哪个民族占有的宜胶土地多，拥有的橡胶树多，哪个民族的收入就多、经济实力就强。从实地调查的傣族和基诺族家庭经济情况来看，傣族由于种植橡胶的时间早、橡胶开割面积多，因而现在傣族家庭的经济收入仍然普遍高于基诺族；但基诺族由于土地面积宽，人均和户均拥有的橡胶面积远远超过傣族，因此傣族和基诺族都共同认为，基诺族与傣族在经济上的差距将逐步缩小，在不远的将来，基诺族将在经济上超过傣族。景洪市统计局发布的权威统计数据，也有力地支持这一预期。2006年，傣族聚居的勐罕镇总人口26835人，有橡胶面积82386亩、2468429株，人均有胶园3.07亩，人均有橡胶91.98株；基诺族聚居的基诺乡总人口11693人，有橡胶面积77982亩、2313885株，人均有胶园6.66亩，人均有橡胶197.88株，[①] 基诺族人均拥有的胶园和橡胶树都是傣族的1倍多。因此，只要国际市场橡胶价格不发生大的波动，基诺族在经济收入上超过傣族，确乎是可以预期的事了。

---

① 根据景洪市统计局编：《景洪市统计年鉴》（2006）的相关统计资料整理计算得出。

（二）山坝民族之间文化上的共同点逐步增多

由于以橡胶种植业为代表的工业化、现代化、全球化的强力影响，由于以汉语文教学为主导的国民教育的强力推进，由于广播电视等现代媒介深入家家户户等多方面的原因，山区基诺族和坝区傣族自身的文化特点在逐步淡化，傣族在历史上长期保持的在西双版纳区域内的文化强势地位也在逐步弱化，双方的共同点在逐步增多。从田野调查访谈中笔者发现，由于傣族历史上经济文化发展水平较高，在区域内处于强势地位，因而傣族对基诺族的影响很大，傣语是西双版纳区域内各民族的通用语，故今天50岁以上的基诺族，大都会说一口流利的傣语；而50岁以下的基诺人，会说傣语的人的数量以及会说的程度，便逐渐递减，到30岁以下的年轻人，就很少有人会说傣语了，但人人都会说一口流利的汉语。傣族历史上很少有人会说山区民族的语言，也很少有人会说汉语，与山区民族交往都用傣语；近半个世纪以来，在汉文化的强力影响下，50岁以下的傣族大都学会了汉语，因此，今天双方的交往大都用汉语。也就是说，傣语这一历史上的区域性共同语的地位在逐渐弱化，取而代之的是全国通用的汉语。在民居建筑上也如此。20世纪90年代以前，傣族宽敞的干栏式瓦房曾经是基诺族羡慕的对象，因此巴秀村基诺族在实施旧房改造时几乎全部改建成了傣式房屋；进入21世纪以来，通过种植橡胶富裕起来的基诺族，在对住房进行新一轮的改造时，又几乎全部改建成了汉族地区流行的砖混结构平顶楼房。这一新的住房改建流行趋势在传统文化深厚的傣族社区也已初见端倪，如2007年曼远村傣族就有一户人家撤除传统傣式房屋建起了汉族地区流行的砖混结构平顶楼房，如果政府不加以适当的引导，这一趋势将会很快蔓延开来。

（三）保护与发展的矛盾成为影响西双版纳民族关系的主要矛盾

山区基诺族与坝区傣族经济发展差距的缩小，是以橡胶种植业大规模发展对生态环境的巨大破坏为代价的；山坝民族文化共同点的增多，也是在外来文化强势影响下以基诺族和傣族自身文化特点的淡化与流失为代价的。这就是说，西双版纳这种橡胶种植业一业独大，支柱产业单一的经济发展模式是不可持续的，因而也是不符合科学发展要求的。按照多样性促进稳定性、多样性激发创造性的自然和社会发展规律，生态环境多样性、生物多样性和民族文化多样性的共生并存和高度融合，既是西双版纳数千年来持续稳定发展并且长盛不衰的重要支撑，又是西双版纳未来实现以人为本，全面、协调、可持续发展的根本保证。因此，遵循自然和社会发展规律，大力加强生态和文化的保护，严格将橡胶种植业控制在适当的范围和规模之内，并探索用其他的绿色产业逐步将超越环境承载力的橡胶种植业替代下来，就成为西双版纳未来发展的必然选择。而这就必然与现在已经建构起来的单一橡胶支柱产业和以 GDP 增长论英雄的经济发展模式产生激烈冲突，由此也就必然会与山坝各民族通过种植橡胶而增收致富的利益追求和发财梦想产生激烈冲突，从而成为影响民族关系的主要矛盾。因此，未来西双版纳民族关系的好坏，将取决于其是否能在科学发展观指导下，真正走出一条生态环境和民族文化保护与经济发展相互促进、互利共赢的路子。

（原载《云南社会科学》2012 年第 5 期，人大报刊复印资料《民族问题研究》2012 年第 12 期全文转载）

60多年云南省增进民族团结的经验总结和现实思考

云南是一个多民族的边疆山区省份。全省有5000人以上的世居民族26个，其中15个为云南所特有，16个民族与境外同一民族毗邻而居，2010年少数民族人口1534万，占全省总人口的33.4%。全省有8个自治州、29个自治县、197个民族乡（现存148个），是全国民族成分最多、特有民族最多、跨境民族最多、民族自治地方最多和实行区域自治少数民族最多的省份。云南的民族问题和民族关系，在全国具有典型性和代表性，总结60多年来云南在边疆民族地区治理中如何增进民族团结的经验，对其创建全国民族团结进步、边疆繁荣稳定示范区做出前瞻性思考，具有很强的现实意义。

中华人民共和国成立60多年来云南边疆民族地区的治理及其民族关系大体可以划分为四个时期：1950—1956年，是社会主义民族关系初步建立和形成时期；1957—1965年，是社会主义民族关系曲折发展时期；1966—1978年，是社会主义民族关系遭到严重破坏时期；1979年至今，是社会主义民族关系巩固发展时期。其中，前一个时期，云南为建立社会主义民族关系进行了艰辛的但却是成功的探索；后一个时期，是云南民族团结进步事业的黄金时期。因此，对60多年来云南边疆民族地区治理的经验总结，主要就讲这两个时期。

一 中华人民共和国成立初期实现民族团结的有益探索

中华人民共和国成立初期实现民族团结的有益探索在云南有以下七点。

（一）中央访问团深入民族地区慰问少数民族群众

为了宣传党的民族政策，加强民族团结，中共中央和政务院于1950年7月向云南派来了由40多人组成的中央访问团第二分团，带着毛主席、周总理的题词和药品、绸缎、布匹、盐巴、茶、糖、针线等少数民族的生活必需品，作为礼物赠送给少数民族。中央访问团来到云南后，云南省委又抽调了一批干部扩大访问团组织，补充了大批物资，先后访问了宜良、楚雄、大理、丽江、保山、武定、普洱、蒙自、文山等九个专区，怒江、中甸、宁蒗、澜沧等42个县（含设治局），往返行程2万多千米。访问团每到一地，都向各族人民传达党中央和中央人民政府的亲切关怀，宣传党的民族政策，深入少数民族山寨调查研究，倾听各族人民的呼声，并协助普洱、蒙自两个专区和元阳县成立了民族民主联合政府，协助西双版纳地区成立了实行民族区域自治的筹备委员会，因而受到了少数民族群众的热烈欢迎。历时10个月的访问活动，对于疏通民族关系，促进民族团结起了重要的作用。

（二）做好事，交朋友

由于历史遗留下来的民族隔阂和敌特的挑拨离间，少数民族普遍存在着"石头不能当枕头，汉人不能交朋友"的历史偏见。为了用事实消除少数民族的疑虑和偏见，1952—1953年，全省先后组织了3000多人的民族工作队到各族村寨开展"做好事、交朋友"活动。

省委要求工作队员从挑水、扫地、带孩子、缝补衣服和栽秧、割谷等最简单的小事入手,帮助群众做几件看得见、摸得着的好事,以广交朋友,逐步消除历史偏见。实践证明,在千里边疆开展的做好事、交朋友活动,确实起到了消除隔阂,增进了解,疏通民族关系的作用。

(三) 扶持发展生产,改善人民生活

做好事、交朋友打开了工作局面,但要实现民族团结还得帮助少数民族发展生产,以打下民族团结的经济基础。为此,党和政府对民族地区执行了"一少(要得少)、二多(给得多)、三公道(价格公道)"的经济政策。拨出大笔资金对生活极端困难的少数民族群众进行无偿救济;运去大批农具、盐巴、粮食、布匹等生产生活必需品以满足群众的迫切需要;以合理价格收购当地的土特产品来增加群众收入和购买力;无偿发放耕牛、农具帮助群众开田开地发展生产,帮助独龙族人民学会了种植水稻,帮助在深山老林中生活的苦聪人出林定居。此外,党和政府还积极在全省民族地区进行交通和邮电通信设施的建设,帮助一些民族发展其传统手工业生产。还向边疆民族地区派去了医疗队、防疫队,教育工作也得到恢复和发展。所有这些措施,都受到少数民族群众的热烈欢迎。

(四) 争取团结民族上层人士

中华人民共和国建立初期,全省共有少数民族上层(含宗教上层)13000多人,其中12800人分布在边疆民族地区。除村寨头人约1万人外,按其当时政治统治和社会影响范围,相当于乡级的1800多人,相当于区级的900多人,相当于县级以上的115人。[1] 由于民族上层在少数民族群众中具有深厚的传统影响,他们的向背往往可以左

---

[1] 参见王连芳主编《云南民族工作的实践和理论探讨》,云南人民出版社1995年版,第187—188页。

右本民族群众的向背,故做好争取团结民族上层的工作,便成为当时解决民族问题的关键。为此,进驻边疆地区的人民解放军、地方干部和民族工作队,每到一地都首先争取团结民族上层,取得上层同意后再去开展群众工作,培养民族内部的新生力量,进而推动上层进步。"通过上层,联系群众",然后"依靠群众,团结上层",成为20世纪50年代初云南边疆民族工作发展的一条特殊规律。[1]

(五) 开展民族识别工作和废除带有歧视或侮辱少数民族性质的称谓和地名

中华人民共和国成立初期,全国自报登记的400多个民族名称中,仅云南省就有260个,初步归并后仍有132个,经过1954年的民族识别工作,确定云南共有少数民族24个。[2] 1979年又确认"基诺人"为单一民族。随着人口的增长,使今天云南人口在5000人以上的世居少数民族达到25种。根据中央人民政府政务院1951年5月16日发布的《关于处理带有歧视或侮辱少数民族性质的称谓、地名、碑碣、匾联的指示》,云南省委、省政府依照本民族意愿,按本民族自称分别确定了傣族、拉祜族、景颇族、独龙族的族称,废除了带有歧视和侮辱性质的"摆夷""山头"等他称和许多带"犭"旁的称谓,并将自称繁多的彝族各支系统称为"彝族"。与此同时,又将含有歧视、侮辱少数民族之意的县名作了更改:改缅宁为临沧,改蒙化为巍山,改顺宁为凤庆,改镇南为南华,改平彝为富源,改镇越为勐腊等,1987年5月,又将"卡佤山"改名为阿佤山。这一举措,收到了很好的效果,少数民族群众普遍反映说:"这才是民族平等,民族团结。"[3]

---

[1] 参见王连芳主编《云南民族工作的实践和理论探讨》,云南人民出版社1995年版,第193页。
[2] 参见黄光学、施联朱主编《中国的民族识别——56个民族的来历》,民族出版社2005年版,第106页。
[3] 参见王连芳主编《云南民族工作的实践和理论探讨》,云南人民出版社1995年版,第204页。

(六）调解民族之间和民族内部的历史纠纷

由于历代统治阶级实行民族压迫政策，蓄意挑拨民族关系，造成了一些民族之间和民族内部的历史纠纷。为了疏通民族关系，加强民族团结，云南省各级党委、政府本着"民族平等，合理解决，互相协商，双方让步，大家满意"的原则，作了大量调解工作。例如，中华人民共和国成立初期德宏州较大的民族纠纷有数百起，有的已发展成为械斗。盈江县铜壁关区景颇族内部的一场械斗已延续了9年，死亡200余人，荒芜田园达4000多亩，严重妨碍了民族内部的团结，影响着社会安定和群众的生产生活。后经政府派出的工作队耐心调解，对双方因械斗造成的损失由政府予以补助，终于使双方达成了互谅互让的协议，停止械斗，还订立了《团结爱国公约》。又如，宁蒗县小凉山彝族地区，历史上冤家械斗极为频繁。其中瓦渣和朴约两个家支之间，从清道光年间（1821—1850）开始发生冤家械斗，一直延续到20世纪50年代初，长达百余年。械斗中有600多人丧生、200多人伤残。民族工作队深入彝族村寨，奔走于两个家支之间，说服了双方头人，举行了"钻牛皮"的盟誓仪式，终于停止了冤家械斗。再如，经过召开民族代表会议，调解民族纠纷，原普洱区即今思茅、临沧、西双版纳等地的各族土司、头人和少数民族代表，于1951年1月1日按照佤族传统习俗在今宁洱县举行隆重的剽牛、喝咒水仪式，共同立下了这样一段山盟海誓：

"我们26种民族的代表，代表普洱区各族同胞，慎重地于此举行了剽牛、喝了咒水，从此我们一心一德，团结到底，在中国共产党的领导下，誓为建设平等自由幸福的大家庭而奋斗！此誓。"[①]

有40多名各族代表在誓词后面郑重签名并勒石成碑，今天，这

[①] 云南省民族事务委员会编：《云南民族工作大事记》（1949—2007），云南民族出版社2008年版，第9页。

一民族团结誓词碑仍然高高地耸立在普洱市,誓词充分表达了普洱区各族人民团结一致的心愿,是中国共产党民族团结政策结出的硕果。

(七)分类指导,顺利完成民主改革和社会主义改造

根据云南各民族分别处于原始社会末期、奴隶制、封建领主制、封建地主制和资本主义工商业初步发展阶段的实际,分别创造性地采取了"直接过渡""和平协商""缓冲""适当放宽"等多种特殊政策和特殊方式,顺利完成了云南民族地区的民主改革和社会主义改造。马克思、恩格斯在《共产党宣言》中指出:"人对人的剥削一消灭,民族对民族的剥削就会随之消灭。""民族内部的阶级对立一消失,民族之间的敌对关系就会随之消失。"[1] 这就是说,随着民主改革、社会主义改造的基本胜利完成和各民族内部剥削阶级的消灭及剥削制度的废除,云南就基本建立和形成了各民族劳动人民之间平等、团结、互助、和谐的社会主义民族关系。因此,邓小平指出:"我国各兄弟民族经过民主改革和社会主义改造,早已陆续走上社会主义道路,结成了社会主义的团结友爱、互助合作的新型民族关系。"[2]

二 改革开放以来增进民族团结的成功实践和经验

1978年12月,中国共产党召开十一届三中全会,认真清算了"文化大革命"中及其以前的"左"倾错误,做出把全党全国工作重点转移到社会主义现代化建设的战略决策,由此开始了具有深远意义的伟大历史转折。在这一历史转折过程中,云南省委、省政府结合云

---

[1]《马克思恩格斯选集》第1卷,人民出版社1972年版,第270页。
[2]《邓小平文选》第2卷,人民出版社1983年版,第186页。

南实际创造性地贯彻落实党的民族政策，开创了云南各民族共同团结奋斗、共同繁荣发展的新局面，使云南的民族关系进入历史上最好的时期。具体体现在以下十个方面。

（一）结合云南实际创造性地贯彻落实党的民族政策

党的民族政策是民族团结的生命线。代表中华民族及其各民族根本利益的中国共产党和中央人民政府，把马克思主义民族理论与中国民族问题的具体实际相结合，制定并实施了民族平等、民族团结、民族区域自治和各民族共同繁荣的民族政策，走出了一条解决中国民族问题的成功道路。结合云南实际，创造性地贯彻落实党和国家的民族政策，是云南民族关系长期和谐发展的前提条件和根本原因。

（二）各级党委政府高度重视民族问题，切实加强对民族工作的领导

云南民族众多、少数民族人口占全省1/3且遍布全省所有地区这一基本省情和客观实际，就使民族问题在云南不是某一地区或某一部门的问题，而是涉及全省所有地区、所有部门的全局性大问题。民族问题在云南除具备自身固有的长期性、复杂性等特点外，还具有全局性特点。这一特点就使民族问题对云南的政治、经济、文化、社会和生态各方面发生全面影响，并自然成为关系全省稳定与发展的重大问题。因此，历届省委、省政府高度重视民族问题和民族工作，提出了"在云南工作，不重视民族工作，不研究民族问题，就是不称职的领导干部"，"在云南，不谋民族工作，就不足以谋全局"等一系列重要观点。全省各级党委、政府把民族工作置于全局工作的突出位置，列入重要议事日程，构建了党委抓政策、人大抓法制、政府抓落实、政协抓监督的民族工作机制。省委成立了民族工作领导小组，协调民族工作中的重大问题；省、州（市）、县各级政府的民族工作机构不断得到加强，充分发挥了民族工作机构的职能作用；在乡镇或村委会还

设立了民族工作专门干部和信息联络员。从省到县形成了党政一把手亲自抓、分管副职协助抓、职能部门具体抓、各方面齐抓共管的民族工作社会化局面，为民族地区的发展稳定提供了根本保证。

（三）因地制宜、因族举措，实事求是地进行分类指导

因地制宜、分类指导，是云南在民主改革和社会主义改造中创造的成功经验，在改革开放进程中，这一经验又增加了"因族举措"这一新鲜内容。改革开放以来，根据云南民族地区的自然地理环境、社会发育程度、产业特点和民族特点，云南省委、省政府在多年探索研究总结的基础上，将全省民族地区划分为民族自治地方、民族贫困地区、边境民族地区、散居民族地区和城市民族工作4种类型，2002年又细化出"人口较少民族地区"，2008年又细化出傈僳、拉祜、佤、景颇4个民族作为"特困少数民族"，共分6种类型进行工作指导。在民族自治地方，以贯彻落实民族区域自治法为核心，制定各种优惠政策，促进经济社会全面发展；在民族贫困地区，加大扶贫攻坚力度，在基础设施建设、小额信贷、安居工程、温饱工程、易地开发、科技扶贫、教育扶贫等方面给予更多的扶持和帮助，加快脱贫致富步伐；在25个边境县，大力推进"兴边富民行动"，实施温饱扶贫、教育扶贫、科技扶贫、文化扶贫4项工程，努力实现富民、兴边、强国、睦邻的目标；在散居民族地区和城市民族工作中，贯彻实施《云南省民族乡工作条例》和《云南省城市民族工作条例》，加大对民族政策和法律法规的检查执行力度，切实维护少数民族群众的合法权益，还专门设立了散居民族工作专项经费，解决少数民族群众的特殊困难和问题；在人口较少民族地区，实施以"四通五有三达到"为目标的扶持规划，协调上海对口帮扶资金集中投入，以尽快解决7个人口较少民族的温饱问题；对4个特困少数民族，正在调查研究制定更加特殊的发展规划和扶持政策。在各类民族地区开展工作，都正确处

理好共性和个性、普遍性和特殊性的关系，探索总结"一族一策""一山一策""一族多策"的成功经验，在不同类型地区选择典型，因地制宜、因族举措地探索发展路子并积累经验，有目标、有步骤地扎扎实实推进民族团结进步事业。

（四）坚持各民族共享改革开放成果，推进共同繁荣发展

从根本上说，我国社会主义初级阶段的民族问题，集中地表现在少数民族和民族地区迫切要求加快经济文化的发展上，云南民族地区存在的诸多问题，归根结底也是经济社会发展严重滞后造成的。因此，云南省委、省政府和民族地区的各级党委、政府，始终坚持"发展是硬道理""发展是党执政兴国的第一要务"的指导思想不动摇，坚决贯彻落实党和国家的民族政策和民族区域自治制度，并紧密结合云南实际制定特殊优惠措施，千方百计加快少数民族和民族地区的经济社会发展。向全省人民做出"现代化进程中绝不让一个兄弟民族掉队"的庄严承诺，举全省之力扶持人口较少民族、特困民族和苦聪人、芒人、山苏人、坳瑶等特困族群加快发展，大力实施"兴边富民工程"，边境地区群众行路难、看病难、上学难等问题得到有效缓解。这些措施，有力地增强了各民族的凝聚力，为云南的民族团结进步事业打下了坚实的社会基础。

（五）保护与发展民族文化，建设民族文化强省

1996年12月，基于在改革开放和社会主义市场经济条件下，云南民族文化一方面受到猛烈冲击，另一方面又显示出无比珍贵的价值，中共云南省委六届四次全会首次提出了建设富有特色的"民族文化大省"的目标。其后，经过反复的调查和研讨，省委、省政府出台了一系列推进民族文化大省建设的政策措施，省人大在全国率先制定了《云南省民族民间传统文化保护条例》，各州（市）、县也纷纷制

定了各自的民族文化发展规划。在这些措施的推动下，云南少数民族的古籍、文物、语言文字的抢救保护和民族图书出版、民族体育、民族广播电影电视等民族文化事业得到全面发展；培养了一批从事民族文化艺术研究和表演的专业人才，认定了一批民族民间文化传人；深入实施"千里边疆文化长廊工程"，以少数民族文化为题材的各类优秀作品在全国频获大奖，成功打造了一批民族文化精品和民族文化知名品牌，初步形成了民族工艺、歌舞、节日、服饰、饮食、建筑、医药、旅游等民族文化产业，推动民族文化大省向民族文化强省迈进。《云南印象》《丽水金沙》《印象丽江》《勐巴拉娜西》等成为展示云南民族文化的精品剧目。五彩缤纷的民族文化与多姿多彩的自然生态环境紧密结合，推动了云南民族地区旅游业的跨越式发展，香格里拉、丽江、大理、西双版纳等民族地区，成为国内外游客向往的世界著名的旅游目的地。民族文化的繁荣发展增强了少数民族群众的自信心和自豪感，也培育了各民族"各美其美"的文化自觉、文化自信和文化自强意识，"美人之美"的文化尊重、文化开放、文化包容和文化欣赏意识，"美美与共、和而不同"的文化和谐共存意识，树立起各民族文化"多元一体、和而不同"的理念，为云南的民族团结进步事业打下了坚实的心态基础。

（六）大力培养选拔少数民族干部

政治路线确定之后，干部就是决定的因素。培养、造就一支宏大的、德才兼备的少数民族干部队伍是做好21世纪民族工作和解决民族问题的关键，直接关系到少数民族和民族地区的发展及民族团结、边疆稳定的巩固。因此，云南各级党委、政府高度重视民族干部的培养选拔工作，始终将其作为管根本、管长远的大事来抓，在坚持干部队伍"四化"方针和德才兼备原则的前提下，在同等条件下优先录用少数民族干部，尤其是对人口较少特有民族和干部成长较为缓慢的少数民族，采取"先进后出""小步快跑""破格提拔"等特殊措施，实现了全省人口在5000人以上的少数民族在省直机关至少有一名厅级干部的目标，独龙、德昂、阿昌、布朗等民族，自中华人民共和国成立以来在省直机关中第一次有了本民族的厅级领导干部，成为各民族共同管理国家事务的重要标志。全省16个州、市的党政主要负责人中，有16位少数民族同志，县级党委书记中，少数民族占33%。一大批忠诚于党和人民事业的少数民族干部，在各地区、各部门成为建设云南、繁荣云南、稳定边疆、协调民族关系、带领各族群众脱贫致富奔小康的骨干力量，在推动民族团结进步事业中发挥着不可替代的作用。

（七）开展多种形式的民族团结创建活动

开展的民族团结创建活动主要有以下五种。一是加强党的民族理论、民族政策、民族法律法规和民族基本知识教育，把民族知识教育纳入全省中小学校德育教学内容，确定命名了一批民族团结教育基地和434所中小学为"全省民族团结教育学校"；用12种少数民族文字翻译出版党和国家的重要文献、充分发挥广播、电视、报刊等宣传媒体的优势，把党的各项方针政策及时传达到各族干部群众。二是在全省各地广泛开展"民族团结月""民族团结周""民族团结日"活动，利用各种媒体和各民族的传统节日、传统体育活动，大力宣传党和国家的民族政策，使"汉族离不开少数民族，少数民族离不开汉族，各少数民族也相互离不开"的思想深入人心。三是开展民族团结和兴边富民示范村创建活动。仅2003—2007年，全省民委系统就投入8000多万元，创建了308个民族团结示范村。近年来又创建了一批民族团结进步示范社区。四是建立健全维护民族团结稳定的长效机制，在实践中不断总结推广民族团结目标管理责任制。截至2007年，民族团结目标管理责任制已延伸到全省1330个乡镇、8671个村（居）委会及社区、1510个宗教活动场所、698个企业和农场。仅2002—2007

年，全省民族工作部门累计排查和调处涉及民族关系的矛盾纠纷和隐患 5116 起，[①] 有力地维护了民族团结与边疆稳定。五是大力表彰民族团结进步模范。改革开放以来，省委、省政府先后召开了 6 次大规模的全省民族团结进步表彰大会，大张旗鼓地表彰了一大批民族团结进步模范集体和模范个人，各州（市）也相继表彰了一大批模范集体和模范人物，在全社会树立了维护民族团结光荣的良好氛围。

（八）不断完善民族法律法规体系，强化法制保障

率先在全国颁布实施《云南省实施〈中华人民共和国民族区域自治法〉办法》、《云南省民族民间文化保护条例》、《云南省促进民族自治地方科学技术进步条例》和《云南省迪庆藏族自治州民族团结进步条例》等法规。改革开放以来，全省制定和修订的自治条例、单行条例和变通规定共计 149 件，民族工作全面步入有法可依、依法办事的轨道。特别是一些自治州、自治县制定的针对性、操作性很强的单行条例，对维护自治地方合法权益，推动自治地方经济社会发展起到了重要作用。坚持不定期开展民族法律法规和民族政策落实情况监督检查。除人大、政协以及有关部门组织的经常性检查外，省委、省政府先后多次组织开展全省范围内民族政策大检查，有力推动了有关法律法规和政策的贯彻落实。[②]

（九）按照"团结、教育、疏导、化解"的方针，妥善处理民族关系

民族关系对于任何一个多民族国家和地区都是至关重要的政治和社会关系，多民族的中国和云南自然不会例外。改革开放以来，云南

---

① 参见格桑顿珠《五年来的云南民族工作报告》，郭家骥主编《云南民族地区发展报告（2007—2008）》，云南大学出版社 2008 年版，第 8 页。
② 参见国家民委、中央统战部、《求是》杂志联合调研组《团结共谱同心曲和谐花彩云南——云南促进各民族共同团结奋斗、共同繁荣发展的经验与启示》，《求是》2011 年第 17 期。

省委、省政府和民族工作部门，深刻认识做好民族团结稳定工作的核心是从法律和政策上保障各族人民的平等权益，因而在日常工作中，着力促进自治地方与非自治地方、边境与内地、山区与坝区、城市与乡村协调发展；处理好人口较少民族与人口较多民族、自治地方自治民族与非自治民族、散居民族与聚居民族、城市居民与进城务工少数民族之间的关系，促进各民族和睦相处、和衷共济、和谐发展。同时正确区分两类不同性质的矛盾。对于人民内部矛盾，在实践中逐步总结提炼出"团结、教育、疏导、化解"的方针，切实解决群众的特殊困难和问题，最大限度地增加和谐因素，减少不和谐因素。严格防止不同民族个体成员之间的摩擦纠纷发展成为群体性事件；防止不同民族群众经济交往中的一般问题演变为伤害民族感情的严重问题；防止非对抗性矛盾转化为对抗性矛盾；防止敌对势力利用民族问题进行渗透破坏。坚决维护法律尊严、人民利益、民族团结和祖国统一。[①]

（十）实行民族团结目标管理责任制，保障了云南的民族团结和边疆稳定

云南省民委系统在全国首创的民族团结目标管理责任制，将民族团结、边疆稳定这项涉及各级、各地、各部门、各方面的纷繁复杂、千头万绪的工作，以责任制的形式分解落实到各级、各地、各部门、各方面的党政组织之中。形成了纵向到底、横向到边的全省上下左右、方方面面协同配合、齐抓共管的系统化、网络化工作格局。确保了各类影响民族团结、边疆稳定的矛盾纠纷在萌芽和隐患时期就能得到及时、有效地排查调处，使"小事不出村、不出厂矿，大事不出乡镇"，把矛盾处理在基层，解决在萌芽状态。有力地保障了云南的民族团结和边疆稳定，为全省改革开放和全面建设小康社会营造了良好的社会环境。

---

① 参见格桑顿珠《五年来的云南民族工作报告》，郭家骥主编《云南民族地区发展报告（2007—2008）》，云南大学出版社 2008 年版，第 11 页。

三 云南创建我国民族团结进步边疆繁荣稳定示范区的思考

《国务院关于支持云南省加快建设面向西南开放重要桥头堡的意见》（国发〔2011〕11号）中，明确提出要通过桥头堡建设，把云南建设成为我国民族团结进步、边疆繁荣稳定示范区。这既是党和国家对过去云南民族团结进步事业和民族工作的充分肯定，又是国家对未来云南的殷切期望，是国家在全国发展的战略格局中给云南的战略定位，是国家对云南的战略需求。云南必须在如何解决民族问题这一世界性难题上给全国做出示范，才算尽到了云南对国家的责任，完成了国家赋予云南的使命。因此，云南应在中国面向西南开放的桥头堡建设中，在国家的大力支持和帮助下，在民族问题领域"守正创新"，即一方面理直气壮地坚持为实践证明完全正确的解决民族问题的理论、道路、制度、政策、法律和工作经验，另一方面又以改革创新的精神，不断探索新形势下解决民族问题的新思路和新方法，积极推进"示范区"建设。中共云南省委书记秦光荣同志已从民族经济发展、民生改善保障、民族文化繁荣、民族教育振兴、生态文明建设、干部人才培养、民族法制建设、民族理论研究、民族工作创新和民族关系和谐十个方面对"示范区"建设提出了要求，我们下面则从云南最有希望尽快取得突破的五个方面，作一点探索与思考。

（一）在民族工作创新上做出示范

改革开放以来，云南民族工作部门在省委、省政府和社会各界的大力支持下，在民族工作上实现了9个率先：率先实行民族团结目标管理责任制,率先制定落实民族区域自治法的地方性法规,率先在边境地区实行免费义务教育,率先制定实施扶持人口较少民族发展政策,率先提出并实现 25 个以云南为聚居区的少数民族在省直机关至少有一名厅级领导干部的目标,迪庆州率先制定民族团结进步条例,率先制定民族民间文化保护条例,率先在中小学开设具有地方民族特色的民族团结教育课程,率先制定实施少数民族和民族地区经济社会发展专项规划。① 率先是什么？率先就是敢为人先,开拓进取,善于创新,敢于和善于做别人和前人没有做过的事情。9 个率先标志着云南已经在民族工作上为全国做出了创新示范,今后在这方面做出创新示范的空间还很大。比如,城市化进程中的民族关系协调机制如何建立,怎样保障散居少数民族群众的合法权益,如何依托桥头堡建设加快跨境民族的经济社会发展等,都是全国民族工作面临的共同问题,云南的民族工作完全有可能做出创新示范。

(二) 在保护和繁荣发展民族文化上做出示范

早在 1996 年,云南就在全国率先提出了建设民族文化大省的构想,2000 年又率先制定了民族民间文化保护条例。在建设民族文化大省、民族文化强省战略的指导下,云南在保护和繁荣发展民族文化的工作中走在了全国的前列,为全国做出了示范。但是,云南的民族文化也面临着在现代化城市化进程中自然流失加速、民族文化传承人后继乏人、对外文化交流合作严重滞后、在民族宗教文化领域的对外交往中处于严重的被动地位、重文化产业开发轻文化事业发展甚至为开发而不惜破坏文化遗产等亟待解决的问题,急需云南先行一步,为探索解决这些问题积累经验,做出示范。

---

① 参见国家民委、中央统战部、《求是》杂志联合调研组《团结共谱同心曲和谐花开彩云南——云南促进各民族共同团结奋斗、共同繁荣发展的经验与启示》,《求是》2011 年第 17 期。

（三）在生态文明建设上做出示范

云南是世所罕见的生态环境多样性和生物多样性富集的区域，地处澜沧江、怒江、金沙江—长江三江上游，是祖国内地和周边国家重要的生态安全屏障，具有重要的生态地位。因此，国务院文件赋予云南的战略定位中就明确指出，要通过桥头堡建设，把云南建成"我国重要的生物多样性宝库和西南生态安全屏障"。云南生态环境多样性和生物多样性富集的区域也是民族文化多样性富集的区域，早在历史上就形成了"三多一体"的良性互动，但在以GDP增长论英雄的传统发展模式影响下，云南民族地区的生态环境也遭到很大破坏。今天，在科学发展观指导下，云南民族地区完全可以尽快恢复"三多一体"良性互动，在生态文明建设上为全国做出示范。

（四）在民族干部和人才培养上做出示范

当今时代，人才资源已成为经济社会发展的第一资源。云南民族团结进步边疆繁荣稳定示范区，归根结底要靠各民族的干部和各方面人才来创建和支撑。过去云南已经在民族教育和民族干部培养上走在了全国前列，今后也必须继续走在前列。为此，应该进一步在少数民族人才培养和干部队伍建设中积极探索寻求突破。比如，在今天公务员和事业单位"逢进必考"的规范面前，怎样将其与贯彻落实党的民族干部政策结合起来，真正将掌握少数民族语言文字、熟悉少数民族文化、有培养潜质的人吸收进党政机关和事业单位中，将其培养成各民族的领导干部和各项事业的人才。又如，在农村基础教育收缩校点、集中办学的背景下，在高等教育的高额费用面前，怎样确保每一个农村少数民族儿童都能读书，每一个考上大学的农村少数民族青年都能读完大学。如此等等，都需要研究制定一些政策来取得突破，为全国民族地区做出示范。

（五）在民族理论研究上做出示范

中华人民共和国成立 60 多年来，云南的民族理论研究为云南民族地区的稳定发展和民族关系的长期和谐，做出了积极的贡献，功不可没。早在民主改革时期，云南的民族学学者就提出了云南是一部"活的社会发展史"的省情认识论，原始社会末期民族直接向社会主义过渡的"直接过渡"理论，得到省委和中央的采纳付诸实施，顺利完成了民族地区的民主改革和社会主义改造。改革开放以来，云南的民族学人类学学者先后提出了云南民族地区生产力跨越式发展的理论，云南处于社会主义初级阶段低层次的"四低四高"省情认识论，云南建设民族文化大省的理论，云南建设民族文化保护村（区）和民族文化生态村的理论，以及生态环境多样性、生物多样性和民族文化多样性"三多一体"良性互动的最新省情认识论等，对云南的经济社会发展、民族文化繁荣和社会和谐稳定做出了积极的贡献。面向未来，云南建设民族团结进步边疆繁荣稳定示范区的任务和实践，向云南的民族理论研究提出了更高的要求。云南的各级党委、政府应该加大投入，组织和支持科研院所和大专院校从事民族学人类学研究的专家学者，紧紧围绕"民族团结进步边疆繁荣稳定示范区"建设的各种理论和实践问题，开展深入的调查研究，为"示范区"建设提供理论指导和智力支持。同时不断总结和提炼云南"示范区"建设的经验和理论，为国家解决民族问题这一世界性难题做出理论贡献。

（原载宋敏主编《边疆发展中国论坛文集》，中央民族大学出版社 2014 年版）

云南周边跨境民族文化交流互动与边疆繁荣稳定

云南周边跨境民族居住的地区，大体包括云南 8 个州市的 25 个县，缅甸的掸邦和克钦邦，老挝北部的 8 个省和越南西北部的 7 个省，总面积 50 多万平方千米，总人口 2500 多万，有 16 个民族跨境而居。这一基本情况，决定了跨境民族的文化交流互动，是影响云南民族团结进步边疆繁荣稳定示范区建设的重要因素。

一 跨境民族文化交流互动及影响

在近现代民族国家建构导致的国家边界清晰化之前，跨境民族的文化交流互动基本处于自发状态。中华人民共和国成立后，随着国家政权对边疆经营的日益深入和与周边国家边界的清晰划定，云南与周边国家跨境民族的文化交流互动就脱离了原先的自发状态，越来越多地受到双方国家的政治经济环境特别是其边疆政策的影响。现阶段，在国家全方位开放政策和面向南亚、东南亚辐射中心战略推动下，云南与周边国家跨境民族文化交流互动的内容和规模日益扩大，交往日趋频繁和活跃。具体有下面十种情况。

(一) 跨境民族婚姻交流

婚姻是不同的个人、家庭、群体、民族之间最深层次的文化交流与互动。云南周边跨境民族都是同一民族或亲缘民族，双方缔结婚姻关系古已有之绵延至今从未中断过。近十多年来，由于云南经济社会较快发展使边民生活有了较大改善，由于云南边境地区的妇女较多地嫁到中国内地使边境地区的青年男女性别比失衡而对境外妇女形成了较大需求，当然也由于双方历史上就存在密切的文化交流互动等原因，使云南边境地区对周边跨境民族边民产生了强大的吸引力，在其推动下，云南边民与周边跨境民族的婚姻关系形成了外国妇女大量嫁入云南的一边倒趋势。据省民委调查，截至 2012 年年底，云南省 25 个边境县共有跨国婚姻 37360 对，绝大多数是境外妇女嫁过来。其中，缅甸人入境通婚 25314 人，占 69.8%；越南人入境通婚 5937 人，占 16.3%；老挝人入境通婚 1123 人，占 3.1%，其他占 10.8%。[1] 且通婚地域从沿边境县向内地县（市）延伸，早期通婚边民的子女已延续到第二代、第三代。[2]

(二) 跨境民族劳务交流

跨境民族相互之间到对方的国家打工赚钱，表面上看起来是市场经济规律的自发作用，实际上也是和双方的族缘文化纽带紧密联系在一起的。据调查，在德宏、临沧的大部分德昂族村寨，都能看到过来打工的缅甸德昂族（缅甸称"崩龙族"）劳工。中缅德昂族人一向对本族人有特别的亲近感，加之生活习性相近，语言相通，在一起生活

---

[1] 参见云南省民委调研组《云南跨界民族跨界婚姻现状、问题及对策调研》，未刊打印稿。

[2] 李向春、袁春生：《加强云南边境地区跨国婚姻管理的对策建议》，云南省社会科学院、云南省哲学社会科学规划办公室编：《云南省情民情调研及建言献策文集》第一集（内部资料）。

劳作方便，因此无论是找雇主，还是招雇工，首选的都是本族人。在瑞丽等一些富裕地方的德昂族村寨，来自境外的德昂族民工越来越多，他们不仅承担了寨子中的多数重体力活，有的甚至把日常农活都包干了。[①] 女性的劳务交流则有出有进、以从事服务业为主。据孟连县民宗局的调查，截至 2010 年 12 月，全县出境务工的有 1249 人，其中男性 102 人，女性 1147 人。女性出境，有的做生意，有的嫁给了外国的老板，但大多是在餐厅、歌舞厅做服务人员。[②] 外国入境务工的妇女也一样，从事的多是服务行业工作。

（三）跨境民族语言文字交流

居住在不同国家的同一民族，其语言文字的发育和使用情况有差异，自然就产生了跨境民族语言文字交流的需要。德昂族等一些人口主体在外的民族，积极学习境外创制的民族文字，并为自己的民族有了统一的民族文字而兴奋和自豪。苗族等一些民族，则积极学习用境外民族文字出版的各种书籍读物。境外的许多民族也在学习和欣赏中国出版的书籍读物。

（四）跨境民族节日文化交流

泼水节、目瑙纵歌节、花山节、"中缅胞波狂欢节"、盘王节、阔时节、龙阳节等民族节日，已成为跨境民族文化交流互动乃至经贸交往、政治联系的重要平台。节日期间，中缅、中老、中越双方跨境民族欢聚一堂，拜佛朝庙，探亲访友，跳舞唱歌，共度佳节，同时经商做买卖，聚会叙友情、谋发展，成为跨境民族广交朋友、睦邻友好和展示美好形象的载体。

---

① 黄光成：《从德昂族个案看跨境民族的外来影响及其应对》，云南省社会科学院《学术研究报告》总第 15 期。
② 孟连县民宗局：《孟连县沿边跨境少数民族传统文化及现状的调研报告》，云南省民族事务委员会编：《云南民族工作调研报告集》（2011），内部资料。

（五）跨境民族宗教文化交流

宗教本身就是文化，是一个民族文化的重要组成部分甚至核心组成部分，因此，跨境民族文化交流自然就免不了宗教文化交流。云南与周边跨境民族地区正处于"中华文化圈"与"南传上座部佛教文化圈"的边缘和交会地带，是多种宗教信仰共存的地区，使得这一地区各民族之间的宗教文化交流历史上就非常密切。现实的宗教文化交流虽然有了国家的屏障，但民间交流仍然是活跃的：虽然在信仰南传上座部佛教各民族中出现了因"有寺无僧"而不得不引"缅僧入境"的问题，但作为一种民间策略，在一定的历史时期内是必然的和正常的。总体来说，跨境民族正常的宗教文化交流是有利于边疆稳定的，应给予支持。

（六）跨境民族教育交流

教育也是跨境民族文化交流的重要内容。云南边境民族地区的教育曾经长期走在周边国家的前列。但在 20 世纪 90 年代，云南边境民族地区的经济社会发展与中国沿海发达地区出现了较大的差距，边境乡镇贫困面大、贫困程度深，广大群众难以承担孩子读书的高昂费用，致使边境民族地区出现了入学率低、辍学率高、学生到境外读书，甚至教师到境外教书的现象，对中国的国际形象和国际声誉产生了负面影响。为此，云南在边境民族地区率先实行"三免费"教育，继而与全国一起实施"两免一补"教育，在 21 世纪初彻底扭转了境内外学生的流向。现在，周边国家特别是缅甸，每年都有大批学生到我方边境学校就读，极大地增强了中国的吸引力。[1] 我们在瑞丽市姐告小学调查时，其校长告诉我们，姐告小学 500 多个学生中真正属于

---

[1] 何跃、高红：《论云南跨境民族教育的软实力》，《云南民族大学学报》2012 年第 6 期。

姐告人的学生只有八十几个，其余学生都是来自全国各地打工者的子女和缅甸人过来跨境就读的，他们在一起共同学习，用的都是全国统一的教材，中华文化的影响、云南和谐民族关系的影响、云南边疆繁荣稳定的影响自然就会传播开来。

（七）跨境民族学术文化交流

近年来，云南与周边国家的一些文化学术机构、智库、学会和学者个人之间，通过召开学术研讨会、合作开展科研项目、学术考察和学者互访等形式，开展了多种民间学术交流，对增进跨境民族之间的友谊，通过民间友好交往推动官方合作交流发挥着日益重要的作用。

（八）跨境民族新闻媒体交流

云南的广播、电视、报刊、网络等新闻传播媒体积极走出去，传播中华文化。云南人民广播电台的对外广播节目有效覆盖了周边国家的边境地区，越方也用越语、汉语、苗语等语种向我边境地区发射节目。缅甸除了播送其国家台的节目外，还转播英国BBC等外台节目。云南电视台的卫星频道节目已进入越南河内、胡志明市和老挝万象，外宣刊物《吉祥》（缅文）、《占芭》（老挝文）、《湄公河》（泰文）直接进入了缅甸、老挝、泰国的主流社会。

（九）跨境民族地区政府联谊文化交流

云南边境民族地区各县市，还由政府主导，举办了一系列具有双边联谊性质的活动，如文化节、艺术节、经贸洽谈会、运动会、团拜会、文艺团体互访等。在地处中缅边境地区的瑞丽市，采取"请进来"和"走出去"相结合的方式，邀请缅甸地方官员和边民代表到瑞丽参观访问或应邀到缅甸参观访问，参加各种民族节日和民族民间文化交流。每年，瑞丽市委、市政府都要邀请缅甸木姐、南坎、九谷、腊戍、八莫、曼德勒甚至仰光的大批官员和边民到瑞丽参加泼水节、目瑙纵歌节活动；同时，瑞丽市委、市政府每年也要派出由政府官员组成的代表团或艺术团，到缅甸的首都或大中城市及边境城市曼德勒、密支那、八莫、腊戍、木姐、南坎等地参加缅甸的民族节日"独立日""联邦节""民族节""抗日节"和传统节日"泼水节""点灯节""糯糊节"等。

（十）跨境民族演艺文化交流

2010年，由云南文化产业投资控股集团、云南省歌舞剧院共同打造的大型驻点演出节目《吴哥的微笑》，在柬埔寨吴哥演出后，反响强烈，这是我国国有文艺院团首个在国外驻场演出的节目。截至2014年上半年，《吴哥的微笑》累计演出1400多场，观众达1100万人次，实现销售收入1460多万美元，[①] 已逐渐成长为文化走出去的典范之作。

以上10个方面，只是我们结合实地调查和文献资料分析，初步梳理出的跨境民族文化交流互动的若干基本形式和内容，实际存在的应该更为丰富和多样。即使如此也足以看出，跨境民族的文化交流互动是不以人的意志为转移的客观存在，是基于族缘和亲缘纽带基础上的必然现象，总体上也是有利于民族团结和边疆繁荣稳定的。

二 跨境民族文化交流存在的问题

跨境民族的文化交流互动虽然总体上有利于边疆繁荣稳定，但同时存在着一些不利于或者说是影响边疆繁荣稳定的问题或隐忧。这些

[①] 参见《从"站得住"到"能生根"——文化产业走出去"云南样本"的启示》，《云南日报》2014年9月25日。

问题有的是文化交流直接带来的,有的则是伴随着文化交流或者是隐藏在文化交流背后而来的,初步分析,这些问题主要有以下四个。

(一) 跨境民族婚姻交流带来的问题

现阶段以境外妇女嫁入我方为主的跨境民族婚姻交流,在缓解我方男性边民择偶困难,促进边境地区和谐稳定的同时,也带来了以下列三个问题。

第一,非法的"事实婚姻"大量存在。据省民委调查,截至2012年底,入境通婚的36312人中,已进行婚姻登记的仅有14030人,未登记的22282人,占61.4%。①

第二,非法事实婚姻带来了大量的社会问题。由于我国经济社会管理中的许多政策,都是与户口和身份挂钩的,没有户口簿和身份证,这些人的田地分配、计划生育、子女入学、劳动就业、社会保障、医疗保险等,一般来讲就很难落实。虽然地方政府为维护边疆稳定已经从实际出发尽可能采取了一些柔性管理措施,② 但由非法事实婚姻导致的家庭贫困、就业困难、入学困难、无证生育、早婚早育、超生和逃生等仍然普遍存在。

第三,入境通婚妇女身体健康状况堪忧,疾病监测防控难。据边境县市卫生部门疾控中心对边民跨国婚姻人群进行疾病监测发现,从缅甸、越南、老挝等国输入我国境内的传染病有疟疾、登革热、伤寒、肝炎、肺结核、淋病、HIV 等疾病。2010 年对德宏州全州婚检人群的 HIV 感染统计,缅籍人士的感染率远远高于本地人和中国公民。③

---

① 参见云南省民委调研组《云南跨界民族跨界婚姻现状、问题及对策调研》,未刊打印稿。
② 参见侯兴华等《保山边民涉外婚姻与边境社会稳定研究》,保山市社科联主编《保山发展课题研究报告》,云南人民出版社 2012 年版,第 306 页。
③ 参见《云南省德宏州 2010 年婚检人群的 HIV 感染率及其影响因素》,《中国艾滋病性病》2012 年第 3 期。

（二）跨境民族语言文字交流带来的问题

如前所述，缅甸德昂族创制文字后，对中国德昂族产生了巨大影响。中国的德昂族无论是民族精英还是一般群众，都以学习和掌握这一本民族的文字为荣，一些用德昂族语言编写的书籍读物、CD 或 VCD 歌曲带子、影碟等亦随之大量流入国内。这一方面丰富了国内德昂族群众的文化生活，但由于这些书籍读物、影碟、歌曲等内容繁杂，难免良莠不齐、鱼龙混杂，对国内德昂族群众的思想产生不良影响。国内苗族对国外苗文的学习也如此，在学习苗文的同时就接受了国外特别是西方国家苗族宣扬的西方思想；一些西方传教士和西方苗族利用中国苗族学习国外苗文的机会传播基督教思想，使一些本来并不信仰基督教的边境苗族也在学习文字的过程中，自然成了基督教信徒。

（三）跨境民族宗教文化交流面临的问题

跨境民族宗教文化交流面临的问题主要有以下两个。

第一，境外宗教文化影响大于境内。例如，在中越边境地区，近年来，越方大兴土木修建教堂和庙宇，开辟宗教活动场所。其中沙巴修复天主教堂一座，每周一、三、五及周日做礼拜；老街修复尚庙和天主教堂各一所。宗教活动场所恢复后，越方以政府行为举行庙会活动吸引了许多我方边民及省内外到边境旅游和经商的人群闻风而动，出境到越南去参加宗教活动。反观我方，信教群众却常常因缺乏宗教活动场所而被境外所吸引。在中缅、中老边境信仰南传上座部佛教的地区，则由于我方缺乏宗教职业人员，或我方宗教职业人员宗教学识不高、宗教领袖后继乏人，使得"境外佛爷"占据了我方的大部分寺院，一些重要的宗教活动群众只有到境外去参与。

第二，境外宗教渗透有增无减，手段多样。或是以投资我方村寨修建寺庙为名进行渗透。仅孟连县,据不完全统计,境外一些老板分别在勐马镇芒海村的芒沙、广伞、芒海、丙所、勐阿村的回江、芒允、芒丙、安马等12个小组资助建盖了佛寺11所、金塔2个,投资250多万元,境外的传教活动也就随之而来。[①] 或是以具有宗教背景的非政府组织开展扶贫工作、资助我方边民发展经济等,从中进行宗教渗透;或采取包食宿、包学费、包往返路费、包零用钱的方式,吸引我方宗教人士出境学习,培植渗透骨干;或利用民族语广播、向我边民发放音像制品、印刷品等手段,进行宗教渗透和民族分裂的宣传;等等。

(四) 边境发展政策不同导致的文化心理失衡问题

边境发展政策不同导致的文化心理失衡问题主要表现为越南随着经济实力的增强,对其边境民族地区的稳定发展实施了全方位的优惠政策,造成我方边民的心理失衡或失落,直接影响到边民的守土固边爱国热情,同时容易导致我方部分边民被境外敌对势力所利用,给分裂势力和邪教组织可乘之机。

三 以跨境民族文化交流互动促进边疆繁荣稳定的对策建议

从以上分析中可以看出,云南周边跨境民族之间的文化交流互动总体上是有利于边疆繁荣稳定的,但有些方面的文化交流互动是一把双刃剑,会带来正负双重影响。这就要求云南要树立正确的对外文化

[①] 孟连县民宗局:《孟连县沿边跨境少数民族传统文化及现状的调研报告》,云南省民族事务委员会编《云南民族工作调研报告集》(2011),内部资料。

交流思想，在积极扩大对外文化交往的同时努力规避、防范和消除有可能产生的负面影响，或将负面影响降至最低。为此，我们谨就如何利用跨境民族文化交流互动促进边疆繁荣稳定的问题，提出以下五点对策建议。

（一）确立文化兴边、文化睦邻的边疆文化发展战略

2013年10月，中央召开了周边外交工作座谈会，习近平总书记在会上发表重要讲话指出："我国周边外交的基本方针，就是坚持以邻为善、以邻为伴，坚持睦邻、安邻、富邻，突出体现亲、诚、惠、容的理念。"① 总书记直接讲的是周边外交，但背后的潜台词和支撑点是博大精深、厚德包容的中华文化，是用中华各民族传统文化中的亲善、仁爱、诚信、互惠、包容理念去处理与周边国家和周边民族关系的宣言书。云南一定要认真贯彻讲话精神，牢固确立文化兴边、文化睦邻的边疆文化发展战略，赋予跨境民族文化交流互动新的更重要使命通过文化交流互动为我国发展争取更多境外民族同胞的民意支持，同时也使我方边境地区文化大发展、大繁荣的成果更多惠及境外民族同胞，以促进千里边疆的长期繁荣稳定。

（二）用经济社会发展的硬实力来支撑文化软实力的繁荣发展

文化具有亲善仁爱、睦邻安邻的作用。但文化软实力的充分发挥，还得靠经济社会发展硬实力的支撑。据有关学者对中、老、泰、缅、越5个国家20多个哈尼-阿卡人村寨的田野调查中发现，在这5个国家边境地区不断流动的哈尼-阿卡族群，要选择"逃离"一个国家还是"进入"一个国家，与这个国家如何对待其国民，尤其是如何看待非主体的少数族群有着至关重要的关系。缅甸那多新寨的阿卡人

---

① 习近平:《在周边外交工作座谈会上发表重要讲话》,《人民政协报》2013年10月26日。

不断地进入中国寻找打工机会，不断去学习中国哈尼－阿卡人种植橡胶、咖啡、魔芋，去安装微型水利发电机，甚至还尝试着在村寨中自办一所小学。老挝坝枯村民最羡慕中国哈尼－阿卡人的地方，就是他们在发展橡胶过程中得到了当地政府的大力扶持。他们知道同源的中国哈尼－阿卡人之所以比他们富裕就是比他们更早地发展了橡胶经济。坝枯村的一部分村民不仅会来参加中国勐腊县由政府组织的"嘎汤帕"节，甚至羡慕中国边境村寨的妇女可以过"三八妇女节"。①我们对边境民族地区的多次全面考察和定点田野调查也证明，在中国民族平等、民族团结、民族区域自治和各民族共同繁荣发展的民族政策指引下，经过改革开放30多年特别是兴边富民行动10多年的发展，云南与周边国家4060千米的边境线上，我方一侧的总体发展情况是良好的，正面影响正在与日俱增。

但是如前所述，进入21世纪之后，越南由于革新开放后经济实力的增强，对其边境地区制定实施了一整套优惠发展政策，对我方边民产生了较大吸引力。认真分析越方的政策后就会发现，其中的许多优惠政策，其实是中华人民共和国成立后在计划经济条件下就实施的扶持中国边疆民族地区发展的政策，曾是中国民族政策的组成部分。正是在这一整套马克思主义民族政策的指引下，中国的边疆民族地区保持了长期的稳定与发展。然而，随着中国从计划经济向市场经济的转型，许多民族发展优惠政策在市场机制作用下逐渐自行淡化和消失，反而被越南吸收过去成为稳定其边疆民族地区的有力武器，成为其国家吸引力亦即文化软实力的重要组成部分，其中的道理和问题值得我们深思。有鉴于此，我们建议，按照党的十八届三中全会关于使市场在资源配置中起决定性作用，同时更好发挥政府作用的精神，对关系国家安全核心利益但市场机制却很容易失效或失灵的边境民族地

---

① 参见马翀伟、张雨龙《国家在场对于文化多样性的意义——中、老、泰、缅、越哈－阿卡人的节日考察》，《世界民族》2013年第5期。

区的发展问题，继续动用国家权力和政府权威，制定实施一揽子扶持政策来予以解决。具体来说，就是坚持、完善和加强兴边富民行动，用经济社会发展的硬实力来支持文化软实力的繁荣发展，用边疆跨境民族与全国同步全面建成小康社会的物质成果，来矫正曾经一度失衡被境外所吸引的文化心理，增强中国的吸引力和文化软实力，巩固边疆繁荣稳定。

（三）将"文化兴边"确立为"兴边富民"行动的重要内容

云南整合各方面资金先后投资数百亿元已经实施了10多年的兴边富民行动。如果说，过去由于边境民族地区太贫穷太落后了，故以往的投资多放在基础设施、产业发展等"硬件"领域上，以解决基本的生产生活问题，那么，到了21世纪的第二个10年，兴边富民行动已经取得显著成效，千里边疆逐步旧貌换新颜的情况下，我们已经具备了逐步将投资重点转向"文化兴边"等"软件"领域的条件。为此，我们建议在兴边富民行动计划中专设"文化兴边行动计划"，重点投资开展以下六项工作。

第一，加强边境地区文化基础设施建设，除了加快完成国家文化部规定的图书馆、文化馆、群众艺术馆、基层文化站等公共文化建设外，为25个边境县每县建设一个民族文化广场以利于开展跨境民族节日文化交流活动，每县建设一座民族博物馆以利于展示跨境民族文化遗产，每县建设一座民族影剧院以利于展演跨境民族文化。

第二，加强边境地区文化遗产保护。将县以上文物保护单位和县以上非物质文化遗产保护项目及其传承人，全部纳入"文化兴边行动计划"的资助范围，支持其开展正常的文化保护和传承活动，以增强各民族干部群众的文化自觉、文化自信和文化自强意识。

第三，支持25个边境县在对外贸易口岸、对外通道乡镇，建设和发展国门小学和中学，为境内外跨境民族学生提供同等的学习环境和学习条件；支持在 8 个边境州市建设专门招收境内外跨境民族学生的综合性专业技术学校；支持在昆明的云南大学、云南师范大学、云南民族大学、云南艺术学院等高等院校，继续扩大对境外跨境民族的招生规模，巩固和扩大各层次的跨境民族教育文化交流。

第四，设立专项资金，大力扶持使用跨境民族语言文字制作的内容健康的电影、电视、光碟、书籍、报刊的出版发行，扶持使用跨境民族语言文字制作的内容健康的网站和网络作品的传播，逐步扭转这一领域长期存在的外强我弱的局面。

第五，扶持每一个跨境民族每年举办一次大规模的境内外民族群众积极参与的节日文化活动，以此作为文化兴边、文化睦邻的重要载体和交流平台。

第六，设立专项资金，大力支持省内科研院所、大专院校组织专家学者到周边跨境民族地区开展长期深入的田野调查和学术研究，支持召开多国学者参与的各种跨境学术会议、开展跨境学术文化交流活动。

（四）积极开展民族宗教文化交流促进文化兴边、文化睦邻

宗教信仰自由是宪法赋予每一个公民的合法权利，云南 400 多万信教群众同样是党和国家可以信赖和依靠的基本群众，边疆少数民族信教群众同样是维护边疆繁荣稳定的重要力量。无论从历史还是现实的情势来看，跨境民族之间正常的宗教文化交流，是我国各族人民与东南亚、南亚各国各民族人民交往与合作的重要组成部分，是增进相互理解和加深友谊，建立良好国际关系的重要渠道，也是国家法律和民族宗教政策所鼓励和支持的。因此，为促进边境民族地区的长期繁荣稳定，在宗教文化领域应做好下列三项工作。

第一，全面贯彻落实宗教信仰自由政策，依法加强对宗教事务的管理，保障信教群众开展宗教活动和外国人在中国境内参加正常宗教

活动的权利，坚持独立自主自办原则，引导宗教与社会主义社会相适应。

第二，满足信教群众合理要求，合理布局开放宗教活动场所，多层次培养选拔有宗教学识的教职人员，使所有正常的重要宗教活动都能在我方边境举办，使我方边境少数民族信教群众在境内就能过上正常、完整的宗教生活。同时按照国家以邻为善、以邻为伴的周边外交政策和文化兴边、文化睦邻的边境文化发展战略，以一个大国的雍容气度，以更加积极主动的姿态，大力支持民族宗教领域正常的对外交往，定期组织民族宗教界的代表人士和专家学者，主动到境外开展正常的民族宗教文化交流活动，努力扭转长期以来在民族宗教文化对外交往中不平衡的被动局面。

第三，正确处理正常的民族宗教交往与抵御民族宗教渗透的关系。按照具体问题具体分析、具体处理的原则，对于正常的民族宗教交往，给予坚决支持；而对于混杂在其中的宗教渗透和民族分裂活动，则要坚决防范和抵御。这就要求我们的各级领导要加强学习和实践，提高驾驭和解决民族宗教问题的能力。

（五）妥善处置跨境民族婚姻交流带来的问题

云南边境民族地区出现的一边倒的境外妇女大量嫁入我方的情况，是现阶段不以人的意志为转移的客观存在，与此同时，跨境民族婚姻交流也确实给我方边境地区的管理和发展带来了一系列问题。面对这一有利有弊、利弊共存的客观事实，我们既不能放任不管，更不能严禁取缔，只能是兴利除弊，妥善处置。为此，建议做好下列四项工作。

第一，通过外交努力争取尽快建立中、缅、老、越诸国政府间磋商协调机制，与缅甸还要建立与民族地方武装的磋商机制，实现国家间相关法律法规的对接，允许边民合法通婚，从源头上杜绝非法事实婚姻的发生。

第二，对现存的非法事实婚姻，在一定年限内（如三至五年）持续居住在中国、婚姻关系稳定且无犯罪记录的，允许其通过办理相关手续而合法化，允许当事人入籍落户享受国民待遇。

第三，在劳动就业、农村低保、文化教育、医疗卫生、计划生育、禁毒防艾等基本的社会公共服务领域，实行边民全覆盖和无缝管理，将嫁入妇女视为边境新移民，与全体边民一视同仁。

第四，定期组织对嫁入妇女的培训。开展扫盲教育、中国的法律法规教育、中华民族文化和社会主义核心价值体系教育，使其逐渐融入中国，完成国家认同。①

（原载《云南社会科学》2015 年第 6 期）

---

① 李向春、袁春生：《加强云南边境地区跨国婚姻管理的对策建议》，云南省社会科学院、云南省哲学社会科学规划办公室编《云南省情民情调研及建言献策文集》第一集（内部资料）。

民族文化推动民族关系亲密融洽的云南经验

2015年1月,习近平总书记考察云南时强调指出:"云南民族关系亲密融洽,云南民族工作成绩突出,这是云南最可宝贵的财富。"本文旨在从民族文化这一角度,深入挖掘"云南最可宝贵的财富",为促进全国民族关系和谐发展提供借鉴。

历史形成、世所罕见的民族文化多样性是云南最重要的基本省情。在云南的民族团结进步事业中,民族文化多样性发挥着重要作用。回顾中华人民共和国成立60多年云南的历史就会发现,民族文化与民族团结边疆稳定之间有着难舍难分的关系。凡是党和国家尊重、支持、倡导、弘扬和发展各民族文化多样性的时期,同时也是云南民族团结边疆稳定日益巩固的时期;凡是党和国家的政策出现失误,对民族文化多样性采取轻视、漠视、否定的态度,压抑、限制、甚至禁止各民族开展自己的民族文化活动的时期,同时也是云南民族关系出现严重问题、边疆动荡不宁的时期。具体而言,中华人民共和国成立60多年来云南民族文化与民族关系发展的曲折互动历程,大体可以划分为三个时期:1950—1957年,是云南少数民族文化从旧社会获得新生,受到党和国家尊重、扶持的转折发展时期,也是云南民族关系从旧中国的隔阂、矛盾、冲突深刻转变为新中国团结和谐的时期;1958—1978年,是云南少数民族文化在"左"倾错误思想指导下先是被轻视、被限制继而遭到严重摧残的时期,也是云南民族关系先是曲折发展继而遭到严重破坏的时期；1979年至今，先是拨乱反正恢复落实党的民族政策促使民族文化和民族关系恢复发展，继而是在省委、省政府建设民族文化大省和民族文化强省战略决策指导下，云南少数民族文化大发展大繁荣时期，也是云南的民族团结边疆稳定日趋巩固可以向全国提供示范的时期。现将云南应用民族文化推动民族团结进步的七个基本经验初步总结如下。

一　深刻认识民族文化多样性的珍贵价值

早在1938年，毛泽东就提出了尊重和发展少数民族文化的思想。[①] 1949年9月，起临时宪法作用的《中国人民政治协商会议共同纲领》，对尊重、保护和发展少数民族文化做出了具体规定。[②] 因此，中华人民共和国成立初期主政西南的邓小平，1950年就发表了一篇关于西南民族问题的著名讲话，将保护和发展各民族自己的文化，与各民族政治平等、经济发展并列为消除民族隔阂、形成中华民族美好大家庭的三大重要条件之一。[③]

正是在这些正确认识指导下，云南省委、省政府采取一系列具体措施保护和发展少数民族文化。开展少数民族社会历史大调查，编纂出版少数民族简史简志等5套丛书；以民族文化为主要标志开展民族识别工作；先后帮助哈尼、傈僳等10个民族创制了15种文字，帮助改进了拉祜文、景颇文等4种文字，在学校中推行民汉双语文教学；废除并修改带有歧视和侮辱少数民族性质的称谓、地名、碑碣、匾联

[①] 中共中央统战部：《民族问题文献汇编》，中共中央党校出版社1991年版，第595页。

[②] 同上书，第1290页。

[③] 参见《邓小平文选》第1卷，人民出版社1994年版，第162页。

等；尊重少数民族风俗习惯，用民族文化调解民族之间和民族内部的矛盾纠纷，举行"钻牛皮""剽牛""喝咒水"仪式宣示民族团结；尊重少数民族宗教信仰等，在推动新中国成立初期云南民族关系从充满隔阂逐步走向团结和谐的过程中，发挥了民族文化的积极作用。

尽管有了这些良好的开端，但在单线进化的社会发展阶段论指导下，云南少数民族丰富多彩的文化多样性被当作前资本主义社会诸形态的遗存来对待，被认为是导致云南贫穷落后的根源和发展的包袱，因而自20世纪50年代后期，便对其采取轻视、限制的政策，加上日益严重的"左"倾错误的影响和随之而来的"文化大革命"风暴，在对民族文化造成严重摧残的同时对民族关系造成了严重破坏。

改革开放以来，党和国家的民族政策得到恢复发展，中华民族多元一体，各民族文化和谐共存、共同发展、共同繁荣的指导思想得以确立，云南省委、省政府提出并实施了建设民族文化大省和民族文化强省的战略，使得民族文化多样性是财富而不是包袱的认知逐渐成为全社会共识。云南的民族文化多样性在促进民族团结进步边疆繁荣稳定事业中发挥的积极作用日益显现，其珍贵价值日益成为云南发展的最大优势。而正是在这一时期，由于各民族的传统文化受到前所未有的尊重、保护、传承与开发，各民族群众心情舒畅地开展自己的文化活动，同时也以多元包容的心态欣赏和参与其他民族的文化活动，使云南的民族关系也进入了自20世纪50年初期以后的第二个黄金时期，创造了各民族和睦相处、和衷共济、和谐发展的"云南现象"和"云南经验"，被习近平总书记赋予了"建设我国民族团结进步示范区"的光荣使命和重大任务。

二　用民族文化推动经济社会发展

随着民族文化多样性是财富而不是包袱的认识逐步形成和确立，民族文化可以推动经济社会发展的文化观也逐渐形成。从最初的"文化搭台、经济唱戏"到从本民族的历史文化中"发明传统"，再到民族文化再生产和文化产业的发展繁荣，使文化从经济社会发展的"铺路石""助推器"逐步转变为生力军和领跑者，文化推动和引领发展的巨大作用得以初步展示，由此对民族团结和边疆稳定发挥的促进作用也日益显示出来。

例如，迪庆藏族自治州在建设云南民族文化大省战略指导下，通过发明传统，将以藏族文化为主体包容 11 个世居民族多样而和谐的文化，发明、阐释、打造、运作成为名扬四海的"香格里拉文化"；香格里拉文化带来了旅游业跨越式发展并带动了第二、三产业高速发展和人民生活的极大改善，有力地增进了民族团结和社会稳定，走出了一条发展与稳定良性互动的成功之路，正在为建设全国藏区跨越发展和长治久安示范区的国家目标而奋斗。

又如，云南历史上就是一个产茶大省，茶叶的大面积种植加工在全国茶产业中占有重要地位，虽然维系了上千万各族茶农的生存但其蕴含的巨大价值一直难以彰显。近年来茶文化的研究与传播，带动了茶叶种植基地的扩大和茶叶精加工的升级，同时带动了茶道、茶艺展演、茶医药、茶养生、茶旅游产业和饮茶之风的兴起，创造了巨大的经济效益，普洱茶的风靡全国和著名的大理白族"三道茶"的热销，就是一个典型的例子。由此而对民族团结和边疆稳定产生了巨大的润泽作用。

再如，著名的罗平"油菜花节"，本是一个在大规模油菜种植基础上，为吸引和留住游客欣赏"油菜花"而"发明"的文化活动，反过来带动了油菜种植的大面积扩大、菜油加工的大规模扩大和旅游业的跨越式发展，既增加了农民和地方财政的收入，缓解了三农问题，又扩大了油菜花节文化活动的影响，可谓一石数鸟、牵一发而动全身。形成按一（油菜种植）、二（菜油加工）、三（旅游业）产业由低到高依次递进和提升，又按三、二、一产业由高到低反向带动和引领的良性循环，文化建设对经济社会发展的引领和带动作用由此可见一斑。

三　用民族文化促进生态环境保护

如果将云南放到全国乃至全球的视野中来审视和考量，就会发现，生态环境多样性、生物多样性和民族文化多样性，是云南在全国和全球最具比较优势的三大特点，而这三大优势之所以能够延续数千年至今仍然生机勃勃，关键在于云南各民族早就在水土养人与人适应、利用和养护水土这一人与自然的复杂互动过程中，形成了人与自然和谐相处的生态知识、生态智慧和生态文化，建构了以民族文化多样性为核心的"三多一体"良性互动、高度融合的格局，不仅有力地保证了各民族数千年的持续发展，而且有力地保障了多民族共生并存、共同发展格局的长期延续。

自然生态环境是人类社会生存繁衍的基础，因此，人与自然和谐是人与人、人与社会（民族与民族）和谐的基础。早在遥远的古代，对良好生态环境和自然资源的争夺，就是引发民族矛盾的重要动因。当今世界，在工业化现代化进程推动下对自然资源的破坏性开发造成的生态环境危机,更是成为引发国家之间、民族之间、地区之间乃至不同人群之间矛盾冲突的重要原因。而云南少数民族人与自然和谐的生态文化,既维持了云南良好生态环境的长期延续,也维系了各民族数千年的持续和谐发展;即使在工业化现代化迅猛推进的今天,云南民族地区仍然保持了生态环境的总体良好,一些地区虽然也不可避免地出现了一些环境问题,但在各民族生态文化的作用下,这些环境问题仍处于基本可控的状态,尚未演变为足以引发大规模族际矛盾和冲突的严重问题。从这个意义上可以说,民族生态文化对云南的民族团结边疆稳定发挥了积极的促进作用。

四 用民族文化增进民族团结

用民族文化增进民族团结主要体现在以下四点。

第一,用民族文化增进各民族的交往、交流、交融。云南著名的民族节日如傣族的泼水节、白族的三月街、彝族等多个民族的火把节、傈僳族的阔时节、景颇族的目瑙纵歌节、苗族的花山节、佤族的"摸你黑"狂欢节等,都是各民族交往、交流、交融的大平台。节日期间,周边的民族兄弟都会不请自来,一些跨境民族的节日还会吸引大批境外民族同胞的积极参与,届时,即使最偏僻的山村都会成为多国、多民族同胞尽情狂欢、畅叙友情、增进相互了解与合作的大好舞台。云南各民族的歌舞文化也是增进各民族交往、交流、交融的有效形式和载体。每当夜幕降临,在香格里拉市坛城文化广场和独克宗古城月光广场上,在楚雄州、文山州、红河州包括昆明市的许多公园和广场上,都可以看到不同民族的群众和外来游客、外国游客手拉着手,在本地民族音乐的伴奏下翩翩起舞,放声高歌。这一方面展示了各民族群众对现实生活、现实民族关系有滋有味的享受和认同，另一方面也加强了不同民族、不同国家人民的相互了解和包容，许多外地和外国的游客就是在这一过程中学会了唱民族歌、跳民族舞，培育起了对"他者"文化的尊重、包容和欣赏意识，在其内心播下了民族团结的种子。

第二，用民族文化宣示并信守建立良好民族关系的承诺。守诚信、重然诺是云南各民族的文化共性，瑶族"万物中金子最贵，为人在世，信用最贵"① 的谚语，代表了云南少数民族共同的价值取向。由此而衍生形成一种"盟誓文化"，一旦承诺某事，就通过"歃血饮酒""钻牛皮""剽牛""喝咒水"等民族文化仪式，"对天盟誓""对神盟誓"，其实也就是"对人盟誓"，向社会公开其承诺事项并表明一诺千金、绝不改变。早在20世纪50年代，在中华人民共和国成立初期云南民族隔阂比较严重的情况下，中央民族访问团和省委民族工作队，在疏通民族关系中就非常重视利用盟誓文化来固定工作成果。例如，经过中央民族访问团的努力工作，原普洱区即今普洱、临沧、西双版纳等地的各族土司、头人和少数民族代表48人，按照佤族传统习俗在今宁洱县举行隆重的剽牛、喝咒水仪式，勒石立下了一块民族团结誓词碑，表明各民族团结一心永远跟共产党走的决心。②这些具名代表终其一生，即使面对国民党残部的死亡威胁竟无一人背叛。③ 正是在这种视诚信为生命的民族传统文化的作用下，云南各民族的诚信文化绵延不绝地传承下来。今天，这一民族团结誓词碑仍然高高地耸立在普洱市，成为云南民族关系亲密融洽的象征。

第三，用民族文化化解民族之间和民族内部的矛盾冲突。地处今

---

① 参见高发元主编《中国西南少数民族道德研究》，云南民族出版社1990年版，第93页。

② 云南省民族事务委员会编：《云南民族工作大事记》（1949—2007），云南民族出版社2008年版，第9页。

③ 参见黄尧《世纪木鼓》，云南人民出版社1998年版，第238—247页。

普洱市墨江县和红河州红河县交界地带的"黑树林地区",历史上曾长期发生双方哈尼族群众为争夺资源而引发的民族内部冲突。省委民族工作队调查发现,缺水争水固然是引发冲突的根本原因,但冲突之所以规模越来越大,则是冲突双方村寨为压倒对方,都制定了鼓励冲突的村规民约。其中规定,如果双方发生争执,凡村寨居民不分民族、不分男女都必须积极参与,男人冲锋陷阵,妇女送饭送水,否则必受处罚,轻则罚款,重则赶出村寨。村规民约是民族文化的重要组成部分,在一些边远偏僻的民族村寨至今仍然发挥着重要的社会调控作用。[1] 有鉴于此,民族工作队化解矛盾的一个重要措施,就是通过召开村社干部座谈会、村社长老座谈会等形式,进行面对面的法制宣传和法制教育,在取得共识的基础上,组织群众认真讨论修改传统的村规民约。在充分尊重民族风俗习惯,保存传统优秀的道德文化的前提下,剔除传统村规民约中不利于团结稳定、不利于区域共同发展的内容,增加维护团结稳定,共同发展的内容,使哈尼族传统的村规民约,成为治理黑树林地区无序与失范局面的法律武器。经过各级党委、政府和民族工作队的长期综合治理,终于使这一地区延续260多年的民族内部冲突得以彻底化解,形成了稳定发展的良好局面。

第四,用民族文化平息突发事端。少数民族传统的土司、村寨头人、宗教领袖等民族上层人士,因其历史作用和历史地位,在少数民族群众心目中具有崇高的威望和较大的影响,这种作用、地位、威望和影响,久而久之就自然成为一种文化现象。正是基于对这种文化的明确认识和充分尊重,党的民族政策中就包含有团结少数民族上层人士的政策。邓小平也就在其关于西南民族问题的著名讲话中,提出在民族地区开展一切工作都要取得上层分子赞成的政策原则。[2] 由于新

---

[1] 参见郭家骥《云南民族关系调查研究》,中国社会科学出版社2010年版,第350—405页。

[2] 参见《邓小平文选》第1卷,人民出版社1994年版,第168—169页。

中国成立初期云南的民族工作正确贯彻了这一政策,遵循"通过上层、联系群众",然后"依靠群众、团结上层"的特殊规律,[①]使隔阂深重的云南民族关系得以逐步改善,各项工作得以顺利推进。除了正常工作以外,民族上层人士的特殊重要地位,还在于发生突发事件的关键时候能够发挥其不可替代的独特作用。[②]党和政府尊重这种地位、发挥这种作用,就能有效地平息突发事端。

五 结合民族文化加强基层党建工作

云南是一个多民族的省份,任何工作都离不开民族文化多样性这一基本省情,基层党建工作也不例外。近年来,云南各地组织部门就结合民族文化开展基层党建工作进行了积极探索,使党建工作的路子越走越宽,对增进云南民族团结进步边疆繁荣稳定发挥了积极作用。总结基层创造的具体形式,至少有以下 5 种。

第一,用民族语言文字宣传党的方针政策。据粗略估计,全省 1500 多万少数民族人口中,大约有一半的人口不通汉语,不懂汉文的

[①] 参见王连芳主编《云南民族工作的实践和理论探讨》,云南人民出版社 1995 年版,第 193 页。

[②] 云南德高望重的老一辈民族工作领导人王连芳同志的回忆录中,就记载了一个典型案例。这个故事说的是澜沧拉祜族自治县的老县长李光华,他当县长 30 多年,在当地发挥的作用是别人无法代替的。"70 年代后期,澜沧富邦闹'老佛祖',大批信徒聚众在佛房烧香,个别人别有用心地传言,老佛祖回来了,生产不用搞了,谷子会有鸡蛋那么大,拉祜可以闲着享福了;汉人来了不好,要赶汉人过澜沧江。干部多次去做工作,不起作用。李光华坐吉普车到富邦附近,自己只身进村,召集信徒讲:'我是三佛祖的后人,老佛祖的规矩,只有我才有资格解释给你们听,什么不生产、赶汉人都是胡说八道。'他越说越激动,连骂带斥一通,叫群众不要再参加。说来也怪,李光华这一顿训斥,还真有效果,这场来势猛、蔓延快的闹'老佛祖'活动很快就平息了。李光华用这种特殊身份、特殊方式平息了类似纠纷、事态的例子,可以举出不少。"王连芳《云南民族工作回忆》,民族出版社 2012 年版,第 153 页。

就更多，其中有许多是共产党员甚至党的基层干部。对这些不通汉语言文字的党员干部和群众宣传党的方针政策，就必须以民族语言文字为载体，才能收到实效。为此，很多地方开通了"民汉"双语电视和广播节目，把党的方针政策的宣传教育从单语种发展为多语种。丽江市用汉文、东巴文、彝文等12种世居民族的文字编印《科学发展观简明读本》，增强了学习效果。

第二，用民族民间文学艺术传播党的方针政策。云南少数民族会讲话就会唱歌，会走路就会跳舞，用树叶和竹子可以吹奏动听的乐曲，用火炭可以描绘优美的画卷，所有的老人都是讲故事的高手……各种民间艺人比比皆是。组织民间艺人将党的方针政策通俗化、大众化为少数民族喜闻乐见的歌舞乐画和故事，就能收到寓教于乐的良好传播效果。

第三，用民族文化推动党的方针政策的贯彻落实。例如，运用各民族共同起源的神话传说和同根意识，推动和谐民族关系的构建；运用各民族传统生态文化推动生态文明建设；运用少数民族传统的社区民主机制和村规民约，推动建立基层群众自治制度；运用少数民族的村民互助传统，推进扶贫帮困工作；运用少数民族的诚实守信传统，推动构建社会诚信制度等。

第四，充分发挥民族干部在化解具有民族因素的社会矛盾中的独特作用。多年来，许多优秀的民族干部奋斗在维稳工作第一线，利用自己与本民族群众的天然联系和精通民族语言、熟悉民族文化的特殊优势，按照"团结、教育、疏导、化解"的方针，开展了大量艰苦卓绝的工作，将全省每年上千起的带有民族因素的社会矛盾成功地化解在基层，消除在萌芽状态，为云南的民族团结和边疆稳定做出了重要贡献。

第五，推动党的方针政策进教堂、进寺院。云南的基层党组织和党员领导干部，认真贯彻落实党的宗教信仰自由政策，努力学习宗教知识，通过真心诚意与宗教界人士交朋友，帮助他们解决涉及民生的实际问题，取得了信教群众的信任，促使他们在教堂、寺院中举行宗教活动时，自觉自愿地宣讲党的方针政策和科技知识，使计划生育、禁毒防艾、扶贫帮困等难度较大的工作得以在宗教信徒中顺利开展，密切了党和政府与信教群众的联系，赢得了信教群众对党和国家的真心拥护。

六　用民族文化开展民族团结教育

云南自1999年被教育部和国家民委批准为开展民族团结教育的试点省份以来，在省委、省政府和教育、民族工作部门的高度重视和支持下，到2012年，已经批准了1221所小学、中学、中等专业学校为民族团结教育示范学校，民族团结教育取得了很大成绩，走在了全国前列。学校正规的民族团结教育，使用的是国家统编的《中华大家庭》《民族常识》《民族政策常识》《民族理论常识》4本教材。除此以外，一些有条件的学校，也开发了一些紧密结合当地民族实际的校本课程。例如，文山州文山市平远镇田心民族学校，把课堂作为开展民族团结教育的主阵地，通过主题班会、校园文化、技能展示、手拉手活动、家长学习教育等形式，把民族团结教育从学校延伸到家庭、进入社会。主动开展"交一个少数民族朋友、上一堂民族知识课，讲一个少数民族故事、帮助一名少数民族贫困学生、邀请一个少数民族朋友到家里过节、会跳一个少数民族舞蹈"的"六个一"活动，力求将各民族平等、团结、互助、和谐的思想观念深扎进孩子们的心中。田心清真寺还在全省首创了在清真寺中设立"民族团结教育培训中心"，截至2013年6月已举办培训班18期，培训群众3000多人次，还接待了来自青海、甘肃、湖北、玉溪、大理等省内外 15 批 1200 多人次的民族工作考察交流团队。①

从民族文化的视角看，开展民族团结教育是对各民族学生进行多元民族文化和中华民族共同文化的教育，同时也是进行党和国家民族理论和民族政策的教育，目的是提高学生的跨文化能力和对中华民族文化的自觉认同。通过教育，使学生了解和认识自己民族的文化，也了解和认识其他民族的文化，进而了解和认同中华民族的共同文化，使各民族学生从娃娃开始，就树立起各民族文化和中华民族共同文化"多元一体、和谐繁荣"的理念，为民族团结边疆稳定打下了坚实的文化基础。

七 用跨境民族文化交流互动促进边疆繁荣稳定

由地处祖国西南边陲这一基本省情所决定，云南与周边国家跨境民族的文化交流互动，自然成为影响云南民族团结进步边疆繁荣稳定的重要因素。现阶段，在国家"一带一路"倡议推动下，云南与周边国家跨境民族文化交流互动主要形成了跨境民族婚姻交流、跨境民族劳务交流、跨境民族语言文字交流、跨境民族节日文化交流、跨境民族宗教文化交流、跨境民族教育交流、跨境民族学术文化交流、跨境民族生态环境保护与生态文化合作交流、跨境民族地区新闻媒体交流、跨境民族地区政府联谊文化交流、跨境民族文化遗产保护与开发交流合作、跨境民族演艺文化交流等多种形式和类型。②

---

① 笔者 2014 年赴文山州平远镇调查访谈资料。
② 参见郭家骥《云南周边跨境民族文化交流互动与边疆繁荣稳定》，《云南社会科学》2015 年第 6 期。

例如，傣族孔雀舞入选国家级非物质文化遗产后，瑞丽市大等喊村的两个国家级传承人得到国家大力支持，在村子中大规模收徒传艺，对跨境而居的缅甸同一民族产生了强烈的吸引力，每年都有来自缅甸的几百个徒弟跨境过来学习。缅甸官方还多次邀请两位舞蹈艺术大师到缅方去表演传艺，产生了较大影响，成为跨境民族文化交流互动的一个重要支点。又如，由云南文化产业投资控股集团、云南省歌舞剧院共同打造的大型驻点演出节目《吴哥的微笑》，在柬埔寨吴哥演出后，反响强烈，逐渐成长为文化走出去的典范之作。再如，云南与周边跨境民族地区山水相连，具有共同的民族生态文化和生态利益。云南一些地处边境的自然保护区和森林公园，与其紧密相连的境外部分具有同样的自然风貌和人文风情，双方携手合作，将使自然环境保护和生态旅游发展提升到一个更高水平。2016 年，地处澜沧江—湄公河下游的老挝、越南等国遭遇严重旱灾，云南克服自身困难开启澜沧江上的水库闸门向湄公河下游补水，极大地缓解了下游各国的旱情，受到各国人民的好评，增进了友谊。跨境民族文化交流互动当然也存在一些亟待解决的负面影响问题，但总体有利于民族团结和边疆稳定的巨大正面影响却是不可否认的。

综上所述，任何一个地区、一个国家的发展，都要依靠两股力量的推动：一是多元、多样、多类型相互竞争带来的创造性及其社会活力；二是多元、多样、多类型相互尊重包容一体化带来的稳定性及其社会合力。多元和一体，创造性和稳定性，社会活力和社会合力，都是推动社会发展稳定的动力，都是需要相辅相成、共同发展的。云南应用民族文化推动民族团结进步的成功实践和宝贵经验证明，在对伟大祖国、中华民族、中华文化、中国特色社会主义道路和中国共产党"五个认同"统领下，尊重、包容、欣赏、鼓励、支持、帮助民族文化多样性繁荣发展，是推动民族关系亲密融洽的重要动力。中华民族既是一个由 56 个民族共同组成的统一的民族实体，又是在社会主义核心价值体系和"五个认同"凝聚、统领下，56个民族文化争奇斗艳、竞相开放的大花园。中国56个民族文化的"多元"和中华民族文化"一体"的共同发展、共同繁荣，才是中华民族伟大复兴中国梦的真谛。

（原载《云南社会科学》2016年第6期）

生态人类学研究

西双版纳傣族稻作文化的传统实践与持续发展

——景洪市勐罕镇曼远村个案研究

西双版纳傣族具有种植水稻的悠久历史和丰富经验。在长期的生产实践中,傣族人民通过与其所处自然环境的相互影响及主动调适,创造了一套自成体系、举世闻名的稻作文化。本文以西双版纳州景洪市勐罕镇曼远村这个典型的傣族村寨为例,在实地调查的基础上,对其稻作文化的传统实践、现代变迁及可持续发展等问题作一探讨。

一 曼远村概况及选点依据

曼远村位于勐罕镇北部的基诺山下,系橄榄坝的北部边缘,属勐罕镇曼累讷办事处管辖。北与基诺山乡的回鲁、回振两村接壤,东、西、南三面均为勐罕镇所辖之坝区傣族村寨。1994年,全村有76户377人,全是傣族。有耕地804亩,人均2.13亩,其中,保水田455亩,二水田155亩,雷响田124亩,固定旱地70亩。在水田中种植的农作物主要有水稻和西瓜,在旱地中种植的农作物主要有玉米、黄豆、花生、芝麻、甘蔗、烟叶等。村子坐北朝南,南面是平坦肥沃的橄榄坝,全村大部分水田就分布在坝子中。在坝子边缘的丘陵地带,村落房屋呈一字形横向排开并逐层递进,经过三四层房屋后便进入村子的山林地带。全村有山地面积 1250 多亩，其中，橡胶地 549 亩，茶叶地 42 亩，香蕉、菠萝、杧果、柚子等水果地 160 亩，各家各户自己种植的薪炭林（铁刀木，俗称"黑心树"）约 250 亩，其余 250 多亩系村后曼团水库周围的水源林和防护林。笔者之所以选择曼远村作为本项研究的田野调查点，主要是基于以下四方面的考虑。

第一，勐罕镇及其所辖之曼远村，位于西双版纳的中心地带和全州第三大坝子——橄榄坝之中：是傣族传统稻作文化表现得最有特色、最为典型的地区之一。

第二，早在 1955 年，即有学者对该村的土地占有及其负担情况进行过调查，有关资料可以对比和参考[①]

第三，曼远村是一个亦山亦坝的村寨，既与坝区傣族为邻，又与山区基诺族为邻，有利于全面认识傣族稻作文化发展的各种资源及其以此为纽带的山区与坝区民族关系。

第四，曼远村是"傣勐"寨。"傣勐"意为"土著"或"建寨最早的人"，在傣族传统社会等级阶梯中占有十分重要的地位，传统的农村公社组织形式在傣勐等级中表现得最为典型。

1995 年 6—7 月，笔者到曼远村与群众同吃同住，获得了丰富的第一手资料，并作了初步的研究。

二 稻作文化体系中的农耕技术

西双版纳地处云南省南部边疆，与老挝和缅甸接壤。全州总面积 1.8 万平方千米，山区占 95%，世代居住着基诺、布朗、哈尼、拉祜

[①] 云南省民族研究所的朱德普先生参与了此次调查，并撰写成《勐罕曼远寨调查》一文，刊载于《傣族社会历史调查》（西双版纳之八），云南民族出版社 1985 年版。

等山地民族，坝区世代居住着傣族。这里气候温和，土壤肥沃，雨量充沛，分布着大小河流2762条，山区覆盖着茂密的森林并蕴藏着丰富的动植物资源，是我国热带生物资源最富集的地区。所有这些，都为傣族稻作文化的繁荣提供了优越的自然条件，故早在两千多年前，这里便有种植水稻的灌溉农业出现。[1] 降至隋唐，文献记载西双版纳傣族已广泛采用象牛踏耕，以后又为金属犁耕所取代。至迟到明代以后，傣族稻作农耕技术已发展形成一套比较完备的系统。[2] 在曼远村，这套系统一直延续到20世纪50年代。

（一）传统农耕技术的主要内容及其特点

传统农耕技术的主要内容及其特点分别介绍如下。

第一，实行一年种一季，其余时间休闲肥田的耕作制度。傣族传统种田不施肥，但长达半年的休闲期使田地中长满杂草，加上收割时留下的谷茬和放牧留下的牛粪，使每亩稻田获得1000—2000公斤有机肥。

第二，品种多样性与病虫害防治。西双版纳有稻谷品种1600多个，其中景洪市有419个，[3] 曼远村常种的有18个糯稻和4个黏稻品种。不同的品种对田块高低、水旱程度和土壤肥力有不同的需求，傣族稻农将其种植在与其品性相适应的不同田块中，既有效发挥了土地生产能力，满足人民生活对品种多样性的需求，也抑制了病虫害的产生、扩大和蔓延。

第三，水利灌溉与改土肥田。曼远村农民修建了3条人工沟渠，将从基诺山流下的3条小河和无数山泉小溪之水引入其中，大雨冲刷

---

[1] 方国瑜主编，徐文德、木芹、郑志惠纂录校订：《云南史料丛刊》第5卷，云南大学出版社1998年版，第490页。

[2] 参见（唐）樊绰撰，向达原校，木芹补注《云南志补注》，云南人民出版社1995年版，第64、111页；（明）朱孟震《西南夷风土记》。

[3] 参见《西双版纳州农业志》和《景洪县农业志》，打印稿。

将林中腐殖物和村寨周围的人畜粪便及泥土带入田中淤积下来，收到了水利灌溉和改土肥田双重功效。

第四，耕作技术与耕作程序。传统技术种一亩水稻需经 27 道工序并投入 31 个人工。① 其最有特色的是傣族人民独创的"寄秧"技术和"告纳"生产方式。② 寄秧是将已到移栽期的秧苗寄栽到少数保水保肥的大田中，既保证了抢节令抗旱栽插，又将牛毛秧培育成抗倒伏、抗病虫害的壮秧。告纳生产方式系将大田中不断生长出来的杂草通过犁、捂、堆、耙、平等技术手段彻底沤腐成肥，使田平泥化无杂草，促使秧苗尽快返青和尽早分蘖。

第五，辅助生业和历法与农事。傣族传统稻作文化除以水稻生产为基础外，还种植多种经济作物并从事采集和渔猎，既满足了生活的多样性需求，也为稻作文化的发展起到了补充作用。傣族有自己的历法，其农事活动都在科学的历法知识指导下进行。③ 土地利用是合理的。

第六，生产技术的男女性别分工和村社成员的互助协作。男子犁田、耙田、管水、围篱笆、撒秧、拢秧、挑秧、堆谷、打谷；女子栽秧、薅草、割谷、挑谷并承担主要家务。农忙时，村社成员按分工习俗开展广泛的互助协作。

（二）传统技术的变迁

中华人民共和国成立后，随着外来人口的急剧增加和现代科学技术的大力推广，傣族传统稻作农耕技术发生了以下六点显著变化。

第一，耕作制度从一熟制向多熟制转变。现已形成稻后休闲、早

---

① 此数据为笔者实地调查、访谈和统计所得。
② 傣语称犁大田为"胎纳"，堆捂杂草为"告纳"，翻堆杂草为"粉纳"，耙平田地为"些纳"，整田为"德纳"。因反复将亚热带地区滋生繁茂的杂草堆捂成肥，是傣族传统稻作农耕技术的一大特色，故这里统称为"告纳"生产方式。
③ 参见《傣族简史》，云南人民出版社 1985 年版，第 219 页。

晚稻连作、稻瓜轮作等 3 种固定制度，稻后休闲仍占主导地位，说明傣族稻作农业仍有较大发展潜力。

第二，品种、肥料和病虫害防治技术的变化。在品种方面：一是从种植糯稻为主转变为种植黏稻为主；二是从多样化的低产品种演变为单一的高产品种，杂交稻占据主要地位。在土壤肥料方面，人工化学肥料正在取代天然肥料。在防治病虫害方面，多种化学农药取代了传统的生态防治方法。其结果，使平均亩产从以往的 150 公斤[①]提高到今天的 470 公斤，但同时对生态环境带来了不利影响并增加了稻农的投入。

第三，生产工具的进步。从犁耙到打谷、碾米基本上已由机械代替人工，但拔秧、栽秧、割谷仍然是人工操作。

第四，水利设施的发展与完善。由国家投资修建的水库和沟渠大大提高了曼远村的水利化程度，使全村 734 亩水田中的 600 多亩变成旱涝保收的高产稳产农田。

第五，耕作技术与耕作程序的变化。今天种一亩水稻只需要 16 道工序投入 17 个人工，传统的"寄秧"技术和"告纳"生产方式正在自然衰退。

第六，辅助生业的扩大和今天的农事。20 世纪六七十年代单一的粮食种植曾一度取代传统多样化的辅助生产。80 年代以来，在传统产业全面恢复的同时，新开辟的橡胶、香料等种植，特别是橡胶种植业的发展，已逐渐超出"辅助"范围而渐居"主导"地位。与此相适应，其土地利用状况和农事活动也发生了显著变化。

---

① 江应樑：《傣族史》，四川民族出版社 1983 年版，第 477 页。

三 稻作文化体系中的资源管理制度

在地理环境和气候条件适宜稻作农耕的前提下，土地资源和水资源便成为稻作农业赖以发展的两块基石。当化学农业出现之前和水利灌溉技术不发达时，稻作农业的持续发展就得靠森林为其提供天然肥料和灌溉用水。这样，土地、森林和水这三大自然资源，便三位一体地有机结合在傣族稻作农业持续发展的长期实践之中，傣族对这三大资源也早已形成了独特的管理制度。

（一）传统资源管理制度

傣族传统政权体系有一套自上而下的五级垂直行政系统，即召片领、召勐、陇、火西、村社。还有一套特殊的行政监督控制系统，即由召片领和召勐任命议事庭官员为"波朗"，派往各勐、陇、火西和村社进行监督控制。与此相适应，社会中形成了一套严密的等级制度，从上到下依次是：孟（召片领及其直系亲属）、翁（召片领之旁系亲属）、召庄（孟、翁等级的远亲后裔，自由民，约占农户总数的5.7%）、傣勐（村社农民，约占总农户的55%）、滚很召（官家的奴仆，约占总农户的39%）。[①] 上述政权体系和等级制度的基础，是傣族社会中原生、古老的村社组织。村社集体占有生产资料，并有自己的行政管理系统。傣族传统资源管理制度与其政权体系、等级制度和

---

① 孟、翁两个等级所占比重，有关资料均未说明。若按此百分比推算，召庄、傣勐、滚很召三个等级相加为 99.7%，则孟、翁两个等级当占 0.3%。但西双版纳领主贵族集团除孟、翁两个等级外，还包括一部分自由民，据估算，民主改革前大、中领主约占总户数的 2%。参见曹成章《傣族社会研究》，云南人民出版社 1988 年版，第 3 页；马曜、缪鸾和《西双版纳份地制与西周井田制比较研究》，云南人民出版社 1989 年版，第 190 页。

村社组织有着密切的关系。下面分四个方面予以介绍。

第一，土地资源管理。全部山林土地都归最高统治者召片领所有，召片领除直辖几片肥沃的土地外，将大部分土地以采邑的形式分封给各勐召勐。召片领和召勐又将辖区内的土地连同村社农民分封给自己的家臣属官，并按照等级的高低来决定领有土地的多寡。各级领主则以承担种种封建负担为条件将大部分土地分到村社。基层村社实行"集体所有，私人占有"，"平分田地，平分负担"的土地制度，即将领主分封的田地作为寨公田，按人口平均分给每一个成年人耕种，同时将村社承担的封建负担分摊到每一户人家。许多村寨由于土地较少，每隔三四十年又将土地打乱重新平分一次，而属于傣勐等级的曼远村由于土地较多，故历史上从未"打乱平分"过土地。1948年，曼远村共有耕地1424亩，其中寨公田1224亩，占85.96%，当年全村共有24户170多人。承担的各项负担折谷平分到户，每年每户要向各级领主上缴负担19.2挑谷子，合480公斤。由于地多人少，村社集体便将多余的876亩土地租给邻近的8个傣族村寨耕种，即使如此，全村仍户均拥有22.8亩，人均拥有3.2亩。[①] 因此，村社土地制度与当时地广人稀的客观条件相结合，就使每一个傣族农民都能占有一份大体均衡的土地，从而有力地保证了傣族稻作农业的长期稳定与发展。

第二，水利资源管理。是有一套完备的垂直管理系统。由召片领任命他的内务大臣"召龙帕萨"为最高水利总管，每条水沟设"板闷龙"和"板闷囡"（正副水利监）各1人，每个村寨又设"板闷曼"即水利员1人。二是有组织地定期维修水利设施。每年雨季来临之前，都要由召片领直辖之议事庭庭长下达一道维修水利的命令，由

---

① 朱德普：《勐罕曼远寨调查》，《傣族社会历史调查》（西双版纳之八），云南民族出版社1985年版。

各级水利官员和村社头人组织全体农民修沟补渠。① 三是公平合理地分水用水。由勐罕召勐派官员会同村社头人，根据各家水田的多少、位置高低和距主水沟距离的远近确定每块田的用水量，然后根据不同的用水量在一块块特制的分水木板上砍开大小不同的口子，将其横置在沟与田或高田与低田的交接处，水便经木槽口适量、均衡地流入各家稻田。

第三，森林资源管理。一是通过广植薪炭林和竹林来解决全部燃料用材和部分建房用材，从客观上减少对森林的砍伐。傣族家家户户都种植几亩铁刀木来当烧柴。这种树萌生能力极强，越砍越发，一棵树砍掉主干留下树桩，一年后便会萌发出数十根枝丫，三年后这些枝丫便可长到5厘米粗，这时又可砍伐了。二是通过对建房用材的有效管理限制了对森林的乱砍滥伐。村社成员的建房用材需报经村社头人"帕雅"批准才能限额砍伐。三是通过原始宗教信仰保护了大片最好的原始森林免遭砍伐。曼远村寨神祭坛"竜山"中的森林严禁任何人砍伐，否则将受到传统习惯法的严厉制裁，故至今仍为茂密的森林所覆盖。

第四，传统法规对资源管理和稻作农业的维护。一部用傣文记录的封建法规做出了具体规定：破坏水坝，牛马践踏他人庄稼，偷放他人田水要罚银；牛吃了已栽的秧，除罚银之外还罚牛主祭谷魂；牛吃了已抽穗的苗，除罚祭谷魂外，还要赔偿稻谷损失；等等。②

（二）当代资源管理制度

1949年中华人民共和国成立后，于1953年成立西双版纳傣族自治区，1955年将自治区改为自治州，1956年通过和平协商土地改革

---

① 详见张公瑾《傣族文化研究》，云南民族出版社1988年版，第10—11页。
② 参见高立士《西双版纳傣族的历史与文化》，云南民族出版社1992年版，第220页；秦家华《傣族古代稻作文化》，王懿之、杨世光编《贝叶文化论》，云南人民出版社1990年版，第619页。

废除了封建领主制度，使傣族的社会制度发生了根本变化，其传统的资源管理制度也发了深刻的变迁。主要体现在以下四个方面。

第一，土地资源管理。土地改革废除了封建领主土地所有制，实行农民土地所有制，并废除了各项封建负担。曼远村由于人少地多，便将租与别村耕种的876亩土地大部分划给租种的寨子并废除了租佃关系。农民土地所有制存在时间不到一年，即通过互助合作运动改变为合作社集体所有制。直到1982年，又通过改革建立起家庭联产承包责任制。这一管理体制的基本内涵是：土地所有权与土地经营权相分离，即在坚持土地归合作社集体所有的前提下，将土地按人口或劳力平均分配承包给每一个农民家庭，由其自主经营。农民没有土地所有权，只有使用经营权，因此不能出租、买卖、转为他用和荒芜弃耕等，如有违反，合作社有权收回。这种新型土地管理体制，既与传统的村社土地制度相通相融，又适应市场经济发展对经营主体多元化的要求，因而具有强大的生命力，并受到傣族人民的热烈拥护，促进了稻作农业的发展。

第二，水利资源管理。一是逐级建立管理机构。州、县成立水电局，乡（镇）成立水管站，村公所（办事处）设专职水利员。二是变水资源无偿使用为有偿使用，一亩水田种一季由水管站收取12公斤谷子作为水费，这有助于提高农民的资源意识，是在市场经济条件下对水资源进行有效管埋的一种好办法。三是由水管站统一调度水资源，农民自己管水。四是全盘继承了每年由村社组织农民定期维修水沟水渠的传统。

第三，森林资源管理。民主改革时将召片领所有的大片山林收归国有，将村社集体管理的小块山林划归农民所有。合作化运动时土地和山林一起入社，变为合作社集体所有。合作社对森林资源仍然采取传统村社组织的管理方法，因而尽管在1958年的大炼钢铁、1964年的"反四旧"运动和以后的"文化大革命"中，曼远村的森林资源虽遭到一定程度的破坏，但毕竟还是基本保留下来了。1982年实行"两山一地"（自留山、责任山、轮歇地）政策，其主要内容是：将全部山林按一定比例划分为国有林、集体林和自留山，国有林由国家林业部门统一管理，任何人不得砍伐；集体林除留下少部分由集体管理外，大部分作为"责任山"与社员的自留山和轮歇地一道承包给农户管理。于是，曼远村1250亩山林中，除250亩水源林划为国有林外，其余全部作为自留山和责任山承包到户。农民有了山林经营权后，又恰逢政府号召大力发展民营橡胶和经济作物来增加收入，曼远村民众便在脱贫致富的强烈愿望驱使下掀起了毁林种胶高潮，很快就把除国有水源林、村寨竜山和祖辈传承下来的薪炭林之外的森林全部砍伐一空，种上了橡胶和菠萝。此次毁林高潮过去之后，地方政府加强了管理。一是健全林业管理机构，州、县设林业局，乡（镇）设林业工作站，村公所（办事处）设护林员，形成四级垂直管理系统。二是组织全民义务植树，曼远村傣族亦恢复了年年种植薪炭林的传统。三是在恢复宗教信仰自由政策的同时恢复了对傣族"竜山"的尊重与保护，使此类山地中的大片森林和多样化的植物资源得以保存下来。四是制定了保护森林资源的地方法规，并在州、县组建了林业公安局和林业派出所，对违法者予以严厉制裁。

第四，地方法律和傣族村规民约对资源管理和稻作农业的维护。西双版纳傣族自治州人民代表大会运用国家赋予自治州的地方立法权，先后制定并颁布实施了《自治条例》《澜沧江保护条例》《自然保护区管理条例》《天然橡胶管理条例》《森林资源保护条例》等一系列自然资源管理和保护的地方性法规。曼远村也制定了自己的村规民约，对土地、森林和水资源的管理和保护，都规定了明确的奖惩措施，起到了应有的作用。

四 稻作文化体系中的生活方式与经济发展

生境决定生产,生产决定生活。但在生境和生产决定下形成的生活方式一旦固定为风俗,成为习惯,便会反作用于生产并影响生境,从而决定经济发展的内容和方向。因此,傣族传统稻作文化体系中的自然环境、生产方式、生活方式和经济发展是紧密联系、互为保障的。

(一) 稻米生活方式

稻米生活方式主要内容是:其一,稻米是傣族日常生活中不可缺少的主食;其二,在节庆、婚、丧活动中,一系列米制食品成为具有象征意义的礼仪食品;其三,在宗教活动中,一系列米制食品又成为沟通人神联系的物质媒介;[①] 其四,糯米和泡米水还是傣族的滋补品和民间医生"摩雅"的治病良药。

(二) 以稻谷生产为中心的经济发展及其变化

20世纪50年代以前,曼远村傣族生产的主要是稻谷,消费的主要是稻谷,自己不能生产而生产生活必需的铁农具和食盐,也主要依靠稻谷米交换。八七十年代,"以粮为纲"的生产指导方针进一步强化了以稻谷生产为中心的单一粮食种植业。80年代以来,市场取向改革和对外开放推动了产业结构调整,以橡胶种植业为代表的多种新兴产业迅速崛起,形成"种粮为吃饱肚子,种胶为挣回票子"的新型经济结构,给曼远村农民带来了丰厚的经济收入,同时对生态环境造成破坏并削弱了稻作农业的地位。

---

① 参见王文光《西双版纳傣族糯米文化及其变迁》,杜玉亭主编《传统与发展》,中国社会科学出版社1990年版。

五　稻作文化体系中的农耕礼俗与观念意识

稻作文化也反映在傣族的农耕礼俗与观念意识中，其主要内容可划分为三类：第一类是反映人与超自然神灵之间相互关系的农耕礼俗，主要表现在原始宗教和小乘佛教活动中；第二类反映稻作农耕过程中傣族人民对人与自然相互关系的认识与思考，主要体现在其传统生态文化观之中；第三类反映稻作农耕过程中傣族人民对人与人之间相互关系的处理以及稻农的人生追求，主要体现在其传统的伦理道德观和人生价值观之中。

（一）原始宗教活动中的农耕礼俗

傣族从"万物有灵"的世界观及其以此为核心的原始宗教信仰出发，认为稻作农业与超自然的神灵有一定关系。因此，在稻谷生产过程中，他们除进行辛勤的劳作外，还要举行种种仪式祭祀各方神灵，遵守种种禁忌以取悦于各方神灵，祈求其保佑风调雨顺、稻谷丰收。这样，就形成与生产环节紧密相扣的一系列农耕礼俗和农业祭祀。主要有择吉日生产、祭谷魂、祭水神、祭寨心、祭寨神等五项活动。

（二）小乘佛教活动中的农耕礼俗

小乘佛教传入西双版纳时曾与傣族传统文化发生过激烈冲突。[①] 后来，受傣族发达的稻作文化影响，小乘佛教自身进行的民族化调适有三。一是通过佛爷与和尚直接参与原始宗教的某些农业祭祀活动

---

① 参见傣文古籍《谈寨神勐神的由来》，《论傣歌诗歌》，中国民间文学出版社 1981 年版，第 95 页。

（祭寨心），使自身认同于傣族传统文化。二是将"谷魂奶奶"与佛主斗法，最后以佛主失败"谷魂奶奶"胜利而告终的故事载入佛经并保存在佛寺的藏经室中，① 实际上承认了傣族稻作文化及其信仰高于佛教信仰的地位。三是小乘佛教自身也形成一系列农耕礼俗和农业祭祀活动，从而使小乘佛教信仰融入傣族稻作文化体系之中而站稳脚跟，并发展成傣族的全民信仰。曼远村小乘佛教活动中的农耕礼俗主要有赕新年、赕"谈木兰"、赕"豪迈"、洗塔求雨等四项活动。

（三）人与自然和谐共处的生态文化观

人与自然和谐共处的生态文化观主要内容是：其一，认为人是自然的产物，"森林是父亲，大地是母亲，天地间谷子至高无上"；② 其二，认为人与自然是和谐共处的关系，其排列顺序是：林、水、田、粮、人，"有了森林才会有水，有了水才会有田地，有了田地才会有粮食，有了粮食才会有人的生命"；③ 其三，基于以上认识，人类应该保护森林、水源和动物。④

（四）道德观念中的稻作文化因素

是否有利于稻作农业的发展，是傣族人民衡量是非善恶的一条重要标准。主要体现在四点：其一，种田能手是青年男女择偶的首要条件，粮食满仓是家庭和睦的重要保证；其二，赞美勤劳、谴责懒惰；其三，鼓励生产劳动中的互助行为。其四，爱护庄稼，珍惜粮食；其五，农忙时应集中精力从事农业生产；其六，尊老敬老，因为生产技术主要依靠家庭世代传承。⑤

---

① 参见傣文古籍《谈寨神勐神的由来》，《论傣歌诗歌》，中国民间文学出版社1981年版，第126页。
② 同上书，第113页。
③ 刀国栋：《傣族历史文化漫谈》，民族出版社1992年版，第5页。
④ 同上书，第41页。
⑤ 参见高立士编译《傣族谚语》，四川民族出版社1990年版，第76页。

（五）人生价值观中的稻作文化因素

"盘田种好粮，积蓄盖新房，老有人送终，死后升天堂。"① 这四句话分别阐明了傣族人一生在青年、中年、老年和死后四个阶段不同的人生追求，其中，"盘田种好粮"起着决定性作用。

六 稻作文化体系中的民族认同与民族关系

傣族的稻作生产和生活方式，反映在民族意识上成为民族认同的标志，在民族关系上成为连接山区与坝区民族的纽带。

（一）民族认同和内聚传统

相对于山区民族而言，发达的稻作文化给傣族带来这样三大优势：一是支撑着傣族在经济上成为这一地区的先进民族；二是支撑着傣族20世纪50年代前在政治上成为当地的统治民族；三是支撑着傣族灿烂的民族文化长盛不衰并向山区民族广泛传播。上述优势集中起来，就使傣族人民产生了强烈的民族自豪感和民族认同感。因此，傣族群众至今不愿与山区民族通婚，他们说："不准我们吃糯米饭，就是不承认我们傣族。"② 傣族人民自己把"吃糯米饭"这一传统稻作文化体系中的核心内容，当成了民族认同与民族分界的标志。

（二）优长互补的山区与坝区民族关系

山坝民族的差距并不影响相互之间的经济交流及友好合作关系的

---

① 参见谭乐山《西双版纳傣族社会的变迁与当前面临的问题》，《云南多民族特色的社会主义现代化问题研究》，云南人民出版社1986年版。
② 参见杜玉亭主编《传统与发展》，中国社会科学出版社1990年版，第391页。

发展，山坝自然环境和生计方式不同产生的互补性，为相互之间的交流合作提供了客观需求。20世纪50年代以前，曼远村傣族通常以稻谷和盐巴交换基诺族的棉花、山茅草和山区特产。稻作文化实际发挥着连接山坝民族关系的桥梁和纽带作用。今天，由于耕地面积的扩大和科学技术的推广，山区基诺族已基本实现粮食自给；坝区傣族由于双季稻种植面积的扩大和产业门路的多样化，使其在每年的水稻栽插和收割时节出现了季节性劳力短缺，于是他们便大量雇请产业门路不宽、农时节令稍晚的山区基诺族下坝来帮助栽秧、割谷。由此可见，稻作文化在山坝民族关系中的纽带作用虽有松弛和削弱，但至今仍然存在。

七 基本结论

以上诸节，我们系统描述和全面分析了傣族稻作文化的传统实践与当代变迁情况，从中可以得出以下两点基本结论。

结论一，生态环境多样性与民族文化多样性密切相关。任何一个民族的传统文化，都是在对生存于其中的自然生态环境的适应和改造过程中创造和形成的，因而各民族由于生存空间的特点不同、生计方式不同，其对自然资源的管理利用和文化传统便各具特色。傣族也不例外。在西双版纳适宜稻作农耕的特定自然环境下，傣族人民选择了与自然环境相适应的水稻种植以维持生计并获得发展。而在水稻种植的长期实践中，傣族人民又随着时代的进步，通过不断与自然环境的相互影响和主动调适，创造形成了一套自然资源持续利用与管理相互促进、生产方式与生活方式互为保障、物质生产与精神观念相互协调、山区坝区民族优长互补的稻作文化体系。这一文化体系的结构和功能表现为：以适宜稻作农耕的自然生态环境为基础，以稻作生计方式为核心，以相应的资源管理制度、农耕礼俗、观念意识和优长互补的山坝民族关系为调适器，以傣族人民的智慧和创造性为动力，保证了西双版纳傣族地区数千年来自然生态与人文生态的平衡和谐，社会经济的持续发展和民族文化的长盛不衰。直到今天，这一文化体系仍然是傣族社会的根基和支柱。因此，傣族传统稻作文化体系无疑是傣族现代化应该积极继承并合理利用的优秀文化成果。

结论二，中华人民共和国成立后，随着社会制度的变革，特别是随着中国实行改革开放政策后，工业化、现代化的逐步实现和市场经济的发展，傣族传统稻作文化体系在外部力量的推动下，发生了急剧而深刻的变迁。这种文化变迁给傣族的未来发展带来了正、负双重影响。

（一）正面影响

稻作文化的变迁给傣族带来的正面影响有以下四点。

第一，随着生产工具的进步，水利化程度的提高，耕作制度的改变，化肥、农药和高产品种、科学耕种方法的推广应用，傣族种植水稻的土地利用率和土地产出率大为提高，耕作程序日趋简化。

第二，随着产业结构的调整和以橡胶为代表的多种经济作物的种植与加工业的迅速崛起，为傣族农民带来了丰厚的经济收入，其物质生活与精神生活均由此而得到大幅度的改善和提高。

第三，随着土地和山林经营权承包到户，傣族农民以往十分淡漠的资源权属意识得以强化。随着地方政府制定的一系列管理和保护资源的法律法规和傣族村规民约的贯彻实施，傣族农民依法管理和保护资源的意识和观念得到加强。

第四，随着社会制度的变革、山区民族粮食自给水平的提高和多种经济作物的发展，傣族以往依靠发达的稻作农业支撑起来的政治上的统治地位已经不复存在，经济、文化上的先进地位已经动摇，民族平等不仅在政治上和人们的观念中得到巩固，在经济上和文化上也在逐渐成为现实。

（二）负面影响

稻作文化的变迁给傣族带来的负面影响有以下四点。

第一，随着化学农业影响的日益深入，造成农田土壤板结，有机质含量下降，水稻病虫害频繁，特别是由于人口急剧增长，山区轮歇地面积扩大、轮歇周期缩短和毁林种胶等原因，造成水土流失加剧，气候发生不利变化，致使稻作文化体系的基础——自然生态环境遭到严重破坏。

第二，橡胶种植业带来的丰厚收入使稻作农业的传统地位下降，毁林种胶依然存在。目前种一亩水稻纯收入280元，而种一亩橡胶纯收入500元并可连续受益几十年。因此，在橡胶种植业高额利润的驱动下，曼远村个别农民已开始把祖辈传承下来的薪炭林（黑心树）也砍了种植橡胶，这不仅会破坏曼远村优美的环境，继续扩展下去还会造成全村燃料短缺而危及生存。

第三，人们对超自然神灵的敬畏依然存在，但人与自然和谐共处的生态文化观在年轻人心目中明显淡化，稻作农业在青年人人生价值观和伦理道德观中的地位下降，传统文化中爱护环境、保护环境的内部规范日趋松弛。

第四，山区民族粮食自给率的提高，在很大程度上是靠扩大轮歇地实现的。这就既破坏了生态环境，影响了传统优长互补的山坝关系，也使山区和坝区各自的优势难以充分发挥出来。

上述正负双重影响归结为一句话，就是自20世纪50年代开始至80年代以来迅速发生的经济、社会和文化变迁，在促成西双版纳傣族地区经济快速增长的同时，也使其脱离了原生的持续发展轨道，走上了经济增长与环境破坏同步的发展道路。而究其原因，最根本的一条就是在现代化进程中忽略乃至排斥了傣族传统文化中的优秀成果，在推广和应用知识、技术、管理制度时，不是从适应当地生态环境的传统文化中吸收和提取，并将其与外来先进文化相整合而创新，而是照搬全国统一的模式，这就不可避免地跟全国一样走上以牺牲环境为代价的发展道路。

结论三，展望未来，在联合国环境与发展大会通过的《21世纪议程》指导下，中国已把可持续发展确定为迈向21世纪的基本国策和基本发展战略，因此西双版纳傣族的稻作农业也必将转向可持续发展道路。然而，由于时代的进步和人口的增长，西双版纳傣族已不可能再回到原生的持续发展模式中去了，这种传统发展模式虽然是可持续的，但毕竟是低水平的，因而不能满足人口增长和社会进步要求。而要开创一条符合时代要求的，既有经济快速增长，又能使经济、社会、资源、环境相协调，既能使当代人脱贫致富，又能为子孙后代造福的现代化的可持续发展道路，就必须构建传统文化与现代化相互调适、内在整合的新型稻作文化体系。这一新型稻作文化体系的主要内容是以下五点。

第一，在耕作技术上，应将现代生物技术培育出来的高产品种、适量的化肥农药投入和科学的耕作方法等现代技术，与傣族稻农在千百年生产实践中摸索、总结出来的品种多样化，培育壮秧，适当的休闲肥田、轮作肥田、灌溉肥田以及反复犁、捂、堆、耙、平来增加天然绿肥等传统农业技术的精华结合起来，形成一个能够实现高产、优质、高效、低耗、可持续发展目标的新型技术系统。

第二，在资源管理制度中，应将现代的管理制度、管理法规与傣族传统的管理机制、习惯法结合起来，形成一个为傣族传统所认同的高效、完备的管理系统。土地资源管理中的家庭联产承包责任制，就是傣族传统村社土地制度与当代合作社集体所有制相结合的一个成功范例。在水利资源和森林资源的管理中，亦可充分发挥传统村社制度和竜山管理习惯法的作用。

第三，在生活方式和经济发展方面，傣族传统以稻米为主并佐以鱼虾和新鲜蔬菜的膳食结构及其社会功能，既有利于傣族人民的身体健康和社会交往，也符合世界饮食发展潮流，因而完全可以为现代化所继承。而传统单一种粮的产业结构，亦因橡胶种植业和其他多种经济作物的发展得到了调整和改善。今后应在稳定橡胶种植面积的基础上大力发展稻作农业，通过坝区向山区供应部分粮食来促使山区轮歇地退耕还林，重建优长互补的山坝关系。同时努力发展优质稻，生产无污染的绿色食品打入国际市场，以高效益和高收入来重振稻作农业的传统地位。

第四，在精神信仰和观念意识领域，应将传统文化与现代科学知识紧密结合起来。一方面，要通过学校教育、家庭教育和社会教育向傣族群众长期不懈地传授和普及现代科学知识；另一方面，则应充分尊重和保护其原始宗教、小乘佛教、传统生态文化观、伦理道德观和人生价值观中有利于资源管理和稻作农业发展的积极因素，组织专家学者将其系统地调查、发掘和整理出来，作为乡土教材向青年一代进行教育和传播，使傣族青年稻农成为既掌握现代科学知识，又继承民族传统文化精华的新型稻作文化体系的承载者、实践者和开拓者，这样，他们就必将开拓出稻作文化持续发展的光明前景。

第五，在民族认同与民族关系方面，随着稻作农业比较效益的提高，稻作文化传统地位的恢复和优长互补，山坝关系的重建，稻作文化必将作为傣族认同的一个重要标志和山坝民族关系的一条重要纽带而长期延续下去，反过来又必将促进稻作文化的持续发展。

（本文是联合国教科文组织资助的东南亚次区域"自然资源管理的传统实践与文化背景"研究项目中一个子课题成果的摘要，原载《民族研究》1997年第6期）

傣族稻作文化体系中的农耕礼俗与精神观念研究

西双版纳傣族具有种植水稻的悠久历史和丰富经验。在长期的生产实践中，傣族人民通过与其所处自然环境的相互影响及主动调适，创造了一套自成体系、举世闻名的稻作文化。这一文化体系以适宜稻作农耕的自然生态环境为基础，以稻作生计方式为核心，以相应的资源管理制度、农耕礼俗、精神信仰和优长互补的山坝民族关系为调适器，以傣族人民的智慧和创造性为动力，保证了西双版纳傣族地区数千年来自然生态与人文生态的平衡和谐，社会经济的持续发展和民族文化的长盛不衰。直到今天，这一文化体系仍然是傣族社会的根基和支柱。本文以笔者在景洪市勐罕镇曼远村的田野调查为依据。对其稻作文化体系中的农耕礼俗、精神观念及其调适功能，作一初步研究。这种反映稻作生计方式的精神文化包含着多方面的内容，但概括起来可以划分为三类：第一类是反映人与超自然神灵之间相互关系的农耕礼俗，主要表现在原始宗教和南传上座部佛教活动中；第二类是反映在稻作农耕过程中傣族人民对人与自然相互关系的认识和思考，主要体现在傣族传统的生态文化观之中；第三类是反映在稻作农耕过程中傣族社会对人与人之间相互关系的规范和约束以及傣族稻农的人生追求，主要体现在傣族传统的伦理道德观和人生价值观之中。下面分别予以阐述和论析。

一　原始宗教活动中的农耕礼俗

傣族从"万物有灵"的世界观及其以此为核心的原始宗教信仰出发，认为稻作农业不仅是人与自然相互作用的物质生产，而且是人与超自然神灵相互关系的产物。因此，在稻谷生产过程中他们除进行辛勤的劳动外，还要举行种种仪式祭祀各方神灵，遵守种种禁忌以取悦于各方神灵，祈求其保佑风调雨顺，稻谷丰收。这样，就形成与生产环节紧密相扣的一系列农耕礼俗和农业祭祀。下面分五部分介绍。

1. 择吉日生产

傣族历法亦以 7 天为一周即一个"完梢"。第一天叫"完低"，第二天叫"完将"，第三天叫"完敢"，第四天叫"完不"，第五天叫"完帕"，第六天叫"完苏"，第七天叫"完梢"。按照曼远村农民的传统经验，撒秧必须选"完不"这一天，栽秧必须从"完梢"这一天开始，拔秧的属日不能与撒秧的属日相同，而谷子收打后，归仓则必须选"完不"这一天。他们认为，如果上述几项生产活动能够遵循传统选择这几个吉日而忌其他日子，就能保证秧苗生长健壮，稻谷籽粒饱满，不受病虫害的侵袭。稻谷归仓后亦能保持谷常在，仓常满。

2. 祭谷魂

由于稻谷栽培在傣族人民生活中具有无比重要的意义，信奉"万物有灵"的傣族人民便很自然地将谷子神圣化，赋予其超自然神灵的身份和法力，形成对"雅奂毫"（谷魂奶奶）的崇拜礼俗和祭祀活动。傣族民间传说认为最早的谷种是天神赐给的，最早教会人们种植稻谷的是其远古领袖"叭桑木底"。傣族古歌谣赞颂谷魂说："你是主，你是王，生命靠着你。人类靠着你。"①傣族另一史籍亦记载说，由叭桑木底创立的"寨神勐神"信仰告诫人们："森林是父亲，大地是母亲，天地间谷子至高无上。"②因此，当佛教传入傣族地区时，"帕召"（佛主）和叭桑木底便发生了"毫兵召还是召兵召"即谷子是王还是佛主是王之争；而当佛教逐渐站稳脚跟，势力壮大之后，"帕召"便与"雅奂毫"直接产生了冲突，最后以佛主失败谷魂奶奶胜利而告终。③

这一民间故事经千百年流传早已深深融入傣族人民的文化心理意识之中，因此，傣族人民虽然笃信上座部佛教，但同时虔诚地崇拜原始宗教中的神灵——雅奂毫。在曼远村，对雅奂毫的祭祀活动主要在栽秧和收割这两个关键时刻进行。傣族认为每个家庭的水田中都有一小块田是全家水田的心脏，称为"头田"，傣语叫"好叔牙"，这块田便是雅奂毫的居住地。因此，每年栽秧之前，要由家中老人编制一个小篾箩，内装一个打开一个口的鸡蛋、一包糯米饭和各色山花，带到头田中供奉，并点燃一对蜂蜡先行祭祀。然后由老人率先栽下第一排秧苗，边栽边祈祷说："今天是栽秧的好日子，现在是吉利的好时间。祈求谷魂保佑秧苗穗多粒饱快长快大，不要有病虫害，不要被动物糟蹋，颗颗谷子都像鸡蛋那么大。"老人在头田中栽完头排秧后，才由年轻人接着栽。谷子成熟开镰收割之前，要举行叫谷魂仪式。即由老人站在头田中点燃蜂蜡祈祷后，率先剪下由其栽下的头排谷穗，放入小篾箩中，在返家的路上边走边叫："雅奂毫回来了，别在野外淋风雨；雅奂毫回来了，保佑我家明年丰收吧！"由于担心谷魂受到惊吓，因此老人在叫魂回家的路上不能停顿，不能与别人讲话。谷魂请回家后，将其置于粮仓头

---

① 《傣族古歌谣》，中国民间文学出版社 1981 年版，第 16 页。
② 《谈寨神勐神的由来》，《论傣族诗歌》，中国民间文学出版社 1981 年版，第 113 页。
③ 同上书，第 126—127 页。

上，保存到第二年。

3. 祭祀水神

祭水神是傣族稻作农耕过程中的一项重要内容，在一年一度放水犁田栽秧时，都要举行放水仪式，祭祀水神，祈求风调雨顺，稻谷丰收。祭祀时要制备丰盛的祭品，诵读祭文，然后从每条大水沟的水头寨放下一个挂黄布的竹筏，漂到沟尾后，再把黄布拿到放水处祭祀。除了由各条水沟和各村社分别祭祀外，还要由水利总管"召龙帕萨"亲自主持举行对各条水沟与渠道的总祭祀。[①]

4. 祭寨心

寨心傣语叫"宰曼"，"宰"意即"心"，寨心就等于一个村寨的灵魂，它以村子中央一棵大树、一根木桩或几块圆卵石为标志，曼远村寨心的标志是几块石头，埋于土下，平时看不出来。祭寨心一年一次，具体时间由"波章"根据村寨中人畜健康状况和水田中稻谷的长势来确定。如果一段时期内村寨中人畜经常生病，或稻谷长势不好，经推测，认为可能系鬼怪作祟所致，便要举行祭寨心仪式。祭祀当天村社集体要杀一头牛或一头猪，各家各户凑一点谷子和米，全寨人集中起来用泥巴赶制猪、牛、狗、马、鸡、鸭等动物若干，将其置于一块长宽约两米的正方形篾笆上，同时供上肉、米、谷子等祭品，最后做一个大大的泥巴人，戴着草帽，置于篾笆中央。准备停当后，由波章率全寨人共同祈祷，祷词大意是："我们已献上丰厚的祭品，各方鬼怪快快来吃，吃了以后就不要再来捣乱了，保佑我们村子人畜平安，粮食丰收！"波章念完后再由大佛爷带着小和尚念，祈祷完毕，全寨人围拢在寨心周围，由几个身强力壮的中年人挑起竹篾笆，绕着全寨人转三圈后抬到寨外丢掉（意为将各方鬼怪送走了），在丢的地方要用大竹片将篾笆围栅起来，以免鬼怪再出来作祟。每隔三五年还

---

① 参阅张公瑾《傣族文化》，吉林教育出版社1986年版，第131—132页。

要用竹篾将全村围栅一次，以将各种鬼怪彻底阻挡在村外。祭寨心虽说不是纯粹的农业祭祀，但包含有重要的农业祭祀内容，因而应将其纳入农耕礼俗之中。作为农耕礼俗的又一个证据，宰曼还有户籍管理实际是土地管理的功能。村社成员迁出和外村成员迁入，包括外来和外出结婚的男女成员，均要首先祭祀寨心，取得宰曼的同意。因为每一次人口的迁出和迁入，都伴随着村社内土地和负担的调整。

5. 祭寨神

寨神，傣语称"蛇曼"，在西双版纳，由于佛教传播的影响，通用巴利语译音，称"丢拉曼"。曼远村寨神平常由专职巫师"召舍"供养在家中，用一个小篾箩放着红布、白布、蜂蜡和四时鲜花，每月的8日、15日两天，由召舍供奉两次，村内农户买进猪、牛等大牲畜，或有人口迁出、迁入，都要带一对蜂蜡，一枝山花、一瓶酒去请"召舍"（专门供奉寨神的巫师）祭祀寨神。家家户户新房盖好要举行贺新房仪式之前，也要用一个小篾箩装着糯米饭两包、糯米少许、两块肉、五对蜂蜡、半斤酒和几支山花，请召舍祭祀寨神后带回家立家神"丢拉很"，家神立起来，才能贺新房。平时村中谁家人畜生病、稻谷发生病虫害等，一般都由户主先祭家神，家神控制不了，再带上祭品请召舍祭寨神，祈求寨神来控制。

全寨性的祭寨神活动一年举行两次。第一次是傣历八月八日，此时正是备耕期间。祭祀前一天，便要封锁四方寨门，本寨人不能出村，外寨人不能进村，如果外人不知道闯进村来，便要将其留下并罚款参与本村祭祀。祭祀当天清晨，各家各户要杀一只鸡，用芭蕉叶包好，带一对蜂蜡和几两米，集中到寨神祭坛——村寨"竜山"中。大家把祭品放在大树前面的一张小篾桌上。这一天村社集体要凑钱买一头20斤左右的黑色公猪和4只鸡，猪由召舍在大树前用棍子敲死，鸡用刀杀死，然后用血祭树，并将血泼洒在小竹篓中。召舍敬酒献肉后，率领全村男人磕头祷告，祷词大意是："寨神请下来，我们准备了丰厚的祭品,请您下来吃。吃好后请您好好地照管我们曼远,管好人、牛、猪、鸡,不要得病,不要死;管好田中的谷子,不要得病,不要遭灾,不要被虫吃,粮食大丰收,家家有饭吃。所有危害人、畜和稻谷的灾害,都请您撵走。"

祷告毕,召舍转身面对众人进行米卜。即由召舍从祭品中选出一碗好米,双手举过头顶,用右手大拇指和食指随意拈起几粒米,若连续三次拈出的米都为4、6、8、10等双数,就表明祭祀已达到预期目的,已请来了寨神;反之,则表明寨神尚未请到,还得再次祷告,再次米卜,直至请到为止。最后,由召舍重申竜山规定:

其一,不准砍树动草;

其二,不准在此大小便;

第三,除召舍外其他任何人不准到代表寨神住所的小草房那里去。

如有违犯,就要罚当事人两只鸡、一斤酒、五对蜂蜡、一包糯米饭,请召舍到竜山为其祭祀讨福,还要请召舍和村社头人到家中吃饭,并为其拴线祝福。至此,祭祀仪式结束。祭品除留下少许继续供奉在小草房中外,其余全部煮熟后由全寨男子共餐。

第二次在傣历一月八日举行,此时稻谷已收打归仓,再次举行祭祀的目的在于感谢寨神的保佑使今年粮食获得了丰收,祈求寨神明年继续保佑粮食获得更大的丰收。第二次祭祀与第一次祭祀内容大体相同,不同的是第二次祭品只需用鸡而不用猪,全村人也不再聚餐,只是男性老人们集中在召舍家吃一顿饭。

从上述内容中可以看出,寨神作为全村的神灵,"管辖"的事务较多,但保佑稻谷丰收是其最重要的"职责"之一。

二 南传上座部佛教活动中的农耕礼俗

南传上座部佛教在6—8世纪从印度通过东南亚传入我国傣族地区时,[①] 曾与傣族传统的思想文化发生过激烈的冲突。由于西双版纳原始宗教势力强大,佛教徒在村中还无立足之地,因此多居住在山林,这样的佛教徒傣语称之为"帕滇"或"帕厅",意为"山和尚"。据傣族古籍记载,当时双方冲突的焦点集中在究竟是谷子为王还是佛主为王及其相应的礼仪问题上,由此可见傣族繁荣的稻作文化构成上座部佛教传播的最大障碍和最强有力的对手。以后,经过长期的冲突、摩擦和调适,上座部佛教逐步在傣族社会中站稳了脚跟,并发展成傣族全民信仰的宗教。然而,这并不表明稻作文化的失败和上座部佛教的胜利,恰恰相反,这是在傣族繁荣的稻作文化温床中,上座部佛教自身进行民族化调适的结果,这一结果就把上座部佛教融入傣族传统的稻作文化体系之中。这一点,可以从下列两方面得到证明。

一方面,傣族繁荣的稻作农业为上座部佛教在傣族社会中的广泛传播提供了物质基础。上座部佛教教义认为人空、色空、我空,人的生老病死都是苦,因此主张积德行善,谋求自我解脱。而积德行善的一个重要表现就是对佛与僧进行奉献和布施,即赕佛。信徒要通过赕佛才能得福,多赕多得福,少赕少得福。赕佛不仅是为今生"赎罪",为来世"储蓄",也是为子孙后代"储蓄",凡是诚心赕佛的人不仅今生过得好,来世得幸福,而且子孙后代也能过上幸福美满的生活;

[①] 对上座部佛教于何时传入我国傣族地区,学术界尚有不同认识,有的认为早在公元前,有的则认为迟至15—16世纪,笔者认为张公瑾先生提出的6—8世纪传入之说较有说服力,兹从其说。参见张公瑾《傣族文化研究》,云南民族出版社1988年版。

倘若现世不行善，不布施，来世便将受到打入地狱、转世为饿鬼和牲畜的三恶惩罚。因此，广大信徒为求得今生、来世和子孙后代的幸福，无不以赕佛斋僧为乐事，一户人家一年投入佛事活动中的布施通常都有成百上千斤谷子和若干现金，要做到这一点，一个社会中没有比较充分的剩余产品是不可能的。而傣族繁荣的稻作农业和比较宽裕的经济生活，便为开展赕佛活动提供了经济来源，从而为上座部佛教的广泛传播准备了物质基础。

另一方面，面对傣族强大的稻作文化和原始宗教中的农业祭祀传统，上座部佛教自身也进行了民族化调适。一是通过大佛爷和小和尚直接参与原始宗教的农业祭祀活动（如祭寨心），使自身认同于傣族的传统文化；二是将谷魂奶奶与佛主斗法，最后以佛主失败谷魂奶奶胜利而告终的故事，载入佛经并保存在佛寺的藏经室中，这就在实际上承认了傣族稻作文化及其信仰高于佛教信仰的地位；三是上座部佛教自身也形成了一系列农耕礼俗和农业祭祀活动，从而使上座部佛教信仰也融入傣族稻作文化体系之中。曼远村上座部佛教活动中的农耕礼俗和农业祭祀计有下列四项。

1. 赕新年

每年傣历的六月中旬（公历4月中旬），傣族人民都要欢度"京比迈"即傣历新年。在曼远村，傣历新年这天，家家户户都要在一张小篾桌上放上两碗肉、两包用芭蕉叶包着的剁生、半斤糯米饭、当年的少许谷种，以及一些瓜果蔬菜、花生玉米等，送到佛寺中赕佛。同时，家家户户都要背一些河沙，在佛寺旁边垒起一个沙堆，沙堆上插一根树桩，用一根长长的棉线一头拴在树桩上，一头拴到佛寺中，并在沙堆前平一块沙台，供上竹笋、肉、饭等祭品。全寨人集中到佛寺祭拜后，又围坐在沙堆周围听佛爷念经，祈求丰收。赕佛仪式结束，家家户户都争着去抢下一截棉线，人们认为，新年这天用谷种赕佛就将获得神灵对今年稻谷丰收的保佑；而抢下的这一截棉线用来拴在果树上，各种果子就不会有病虫害，就会大丰收。接下去便是用清水浴佛，人们彼此泼水祝福，节日气氛由此进入高潮。

根据傣族民间传说，傣历新年最早就起源于农耕，节日期间人们相互泼水祝福的习俗亦与农时节令有关。上座部佛教传入之后才加进了浴佛和赕佛仪式，但其祈求丰年的农耕礼俗这一内涵并没有改变。①

2. 赕"谈木兰"

通常在每年栽插结束，关门节过后 15—20 天，由"波章"和大佛爷会商确定一个好日子，然后通知各家各户赕"谈木兰"。届时，每家都要编制一个笋筐，笋筐口用竹篾搭起一个三脚架，上插高高的山茅青草，再插上红、白、黄各色鲜花。笋筐里装一点米、一包饭、一碗肉和蔬菜瓜果以及从几角到几元不等的人民币，送到佛寺中去请大佛爷和小和尚诵经祷告，祈求"雅奂毫"保佑栽下的稻谷就像这山茅青草和各色鲜花一样快长快大、繁茂昌盛。念经结束后祭品就留给帮助念经的小和尚，但家家都把笋筐上的青草和山花带回一半插到自家的稻田中。

3. 赕"毫迈"

赕"毫迈"即赕新谷、新米。每年稻谷收打归仓后，由各家各户自择吉日"赕毫迈"。这一天，要用一张小篾桌供上肉、菜、糯米饭和蜂蜡，然后一个人抬着桌子，一个人挑着新谷和新米各一笋，到佛寺赕佛。篾桌供在佛像前面，新谷和新米则倒入寺庙预先准备的笋筐中，自带的新谷新米要注满这两个笋筐才吉利，说明你家今年粮食吃不完，如果装不满，就说明你家今年要饿饭，因此，家家都尽可能多带一些。带去的祭品和新谷新米由小和尚念经祝福后便留给佛寺，各人回家煮新米饭吃。这一天的饭一日三餐必须一次煮好，数量要多到

---

① 参见岩峰《傣族新年与农耕神话》，《民族文学研究集刊》第 3 辑，云南省社科院民族文学研究所编。

三餐吃饱后还有剩余。

4. 洗塔求雨

曼远村祭师"波章"老人对笔者讲,根据佛经记载,很久很久以前,连续几年天上都不下雨,于是,地上的人、蚂蚁、蜜蜂等万事万物各自的主便联合起来,上天去跟天神"帕雅天"谈判。最后达成协议,天神要在每年的雨季下雨,而且要夜里下,白天不能下,否则人们无法干活。因此,在曼远村,如果已到稻谷栽插时节天上仍不降雨,人们便认为这一定是天神疏忽所致,于是便要举行洗塔求雨仪式。届时,家家都要预先准备好遮雨的草帽和雨伞,然后每家挑一挑水到村子后山的佛塔上去洗塔,佛塔便会将人们求雨这一信息转达天神,天上很快就会降雨。据说本村佛塔已有一千多年的历史("文化大革命"中被砸毁,1990年重建),求雨非常灵验,人们挑水洗塔后天上通常便会降雨下来。

三 人与自然和谐共处的生态文化观

据有关资料记载,早在古代,傣族人民在开发自然资源以获取生存的长期实践中,就通过总结正反两方面的经验教训形成了自己的生态文化观。这种观念的主要内容是以下三点。

第一,认为人是自然的产物,"森林是父亲,大地是母亲,天地间谷子至高无上"。

第二,认为人与自然是和谐共处的关系,其排列顺序是:林、水、田、粮、人。"有了森林才会有水,有了水才会有田地,有了田地才会有粮食,有了粮食才会有人的生命。"

第三,基于以上认识,人类应该保护森林、水源和动物,选择寨址时要考虑三个条件；一是有山林；二是有河水；三是有可以开垦良田的平坝。①

这说明傣族人民对人与自然关系的认识包含有许多科学合理的因素。曼远村的调查进一步证实了这一点。在曼远村，通晓本民族历史文化而又充当着沟通人神联系中介角色的"波章"老人对笔者讲了以下两个观点。

第一，傣族最尊重的有五样东西：一是佛（即菩萨）；二是经书；三是佛爷；四是塔；五是大青树。大青树在所有傣族地区都是神树，没有人敢砍，人一旦触犯了大青树，非死即病。

第二，人与自然相互关系的排列顺序是林、田、山、水、人，这不仅是人与自然和谐共处关系的反映，也是人与鬼、人与神和谐共处关系的反映。在傣族人民的观念中，与人的生存关系最密切的上述四种自然物都有各自的神灵，其中，树神"绿哈丢瓦达"最大，土地神"埔麻丢瓦达"次之，再次是山神"芭爸丢瓦达"，最小的是水神"蛇达"。人必须保证与这些神灵和谐共处，才能在神灵的保佑下获得生存。如果对自然物施加破坏，就将触犯神灵，不仅会受到自然的报复，还会受到神灵的惩罚。

在这里，曼远村傣族对人与自然关系的合理、科学的认识，因披上鬼神观念的外衣而显得更加庄重，更为严肃，更有威慑力。

四 道德观念中的稻作文化因素

是否有利于稻作农业的发展，是傣族人民衡量是非善恶的一个重要标准。这个标准主要体现在以下六点。

---

① 参见刀国栋《傣族历史文化漫谈》，民族出版社1992年版，第5、41页。

第一，在青年男女择偶过程中，身体健壮，劳动力好，种田技术高，是男女双方相互选择的首要条件；而夫妻双方协力种田使粮食满仓，则是家庭和睦的重要保证。傣谚云："夫妻俩同心协力，绝不会缺吃少穿。""仓不缺粮装，夫妻好如故""有粮装仓里，夫妻日子甜"。①

第二，赞美勤劳，谴责懒惰。大量的傣族民间谚语反映了这一内容，诸如："勤种田地有饭吃，勤下鱼笼得鱼吃"；不要与"披捧"②同住一寨，不要与懒汉同为一家③；等等。这是农业生产需要勤劳苦干才能获得丰收的客观要求在道德观念上的反映。

第三，鼓励生产劳动中的互助行为。例如，"互助能使荒山变良田，团结能使草坪变村寨。要吃饭，同出主意，想丰收，互相帮助""种田地，约村人相助，沟塌方，要共同抢修"④ 等。这是农业生产需要全体村社成员的协调、配合才能有效进行的客观要求在道德观念上的反映。

第四，爱护庄稼、珍惜粮食。这在傣族《祖传家训》、民间谚语以及传统习惯法中都有反映，在上座部佛教信仰中也有反映。有一则解释"关门节"来历的传说，曾说到佛主每年傣历九月到西天讲经，要三个月才能回来。有一次，当佛主西行讲经时，佛徒数千人到乡下传教，践踏了群众的庄稼，耽误了群众的生产，群众怨声载道，对佛徒不满。佛主回来得知此事，深感不安。此后，每逢佛主到西天讲经时，就把所有佛徒都集中起来，规定在他外出讲经的三个月内不许到任何地方去，只能忏悔，以赎前罪⑤。

第五，农忙时应集中精力从事农业生产。每年傣历的九月十五日—十二月十五日（公历7—10月）是傣族的关门节时期，这期间年

---

① 高立士编译：《傣族谚语》，四川民族出版社1990年版，第35页。
② 同上书，第199页。据说"披捧"是人变的鬼，专门在晚上出来吃脏物。
③ 高立士编译：《傣族谚语》，四川民族出版社1990年版，第79页。
④ 同上。
⑤ 参见江应樑《傣族史》，四川民族出版社1983年版，第539页。

轻人不能恋爱结婚，老年人不能外出走亲访友，寺院中的僧侣也不能外出或返家。从宗教信仰的角度来解释，这一时期是傣族群众虔诚礼佛的时期，在曼远村，除关门和开门两次全寨性大赕外，还有各家各户进行的"赕撒拉帅"等四种中赕，还有每七天一次的小赕，佛事活动确乎频繁。然而，如果从农事安排的角度来解释，这一时期也可看作全村人集中精力从事农业生产的时期。① 因为这一时期刚好是栽插结束直至收割前夕水稻生长和管理的关键时期，用佛事活动作为一种外部规范来禁止人们外出，与傣族群众遵循搞好农业生产的传统道德这种内部规范来约束自己不外出，收到的都是同样的效果，即人们在虔心礼佛的同时集中精力搞好农事管理。因此，傣族社会一年中之所以有一个关门节，在某种程度上也可视为农业生产的客观需求在宗教信仰和道德观念等精神领域中的反映。

第六，尊老敬老。在没有现代科学知识的条件下，傣族传统稻作农业的发展主要依靠丰富的实践经验来指导，农业生产技术的学习和掌握也主要依靠家庭中的代际传承。老人通常是实践经验的富有者和生产技术的传授者，在农业生产中发挥着重要作用，因而普遍受到人们的敬重，傣谚云"挡水堵坝靠红土，治理地方靠老人""田中土丘是谷魂，村上老人是寨宝"② 等，就充分体现了傣族尊老敬老的道德风尚。

五　人生价值观中的稻作文化因素

西双版纳傣族地区优越的自然条件，优美的田园风光，繁荣的稻作文化以及由此而来的相对优裕的经济生活，对每一个傣族青年都有

---

① 参阅秦家华《傣族古代稻作文化》，王懿之、杨世光编《贝叶文化论》，云南人民出版社1990年版。
② 高立士编译：《傣族谚语》，四川民族出版社1990年版，第76、202页。

强烈的吸引力。因此，曼远村30多岁的村长对笔者说，我们傣族由于生活不错，因而一般不愿意外出当兵、当工人，也不想出去读书，不愿出去做生意，甚至也不愿外出当干部，唯愿在家好好种田，当农民。在这种思想指导下，曼远村从20世纪50年代至今还未出过一个高中生，只有一个人因外出当兵而被留在县上工作。其他民族视为人生重大转机因而趋之若鹜的一年一度的招工、征兵和招生等机会，在这里却很少有人应招。因此，有关学者曾将傣族传统的人生价值观概括为四句话："盘田种好粮，积蓄盖新房，老有人送终，死后升天堂。"[①] 我认为这是符合傣族实际的。在这里，四句话分别阐明了一个傣族人一生在青年、中年、老年和死后四个阶段的人生追求。能否实现，又全都取决于第一个阶段即"盘田种好粮"能否实现。其中的道理也很简单，只有盘田种好粮，才能有积蓄盖新房；只有盘田种好粮，才能成家立业，生儿育女，保证老有人送终；只有盘田种好粮，才能有足够的剩余产品来赕佛，以保证多赕多得福、死后升天堂。一句话，只有实现了"盘田种好粮"这个人生第一也是最重要的追求和目标，才能实现其他的人生追求和目标。故傣谚云"缺粮样样缺，饭饱样样饱"，说的也是同样的道理，因此，在这个意义上我们可以说，稻作文化的繁荣发达是傣族传统人生价值观的核心追求。

六 传统农耕礼俗与精神观念的变迁

20世纪50年代以来，傣族人民的宗教信仰几经波折。按照傣族传统，男子必须有入寺为僧的经历，长大以后才能得到受人尊重的社

[①] 参见谭乐山《西双版纳傣族社会的变迁与当前面临的问题》，《云南多民族特色的社会主义现代化问题研究》，云南人民出版社1986年版。

会地位。因此50年代以前曼远村90%以上的男子都当过几年小和尚，直到50年代初，本村佛寺中还有一个大佛爷和20多个小和尚。自1958年"大跃进"开始，傣族的宗教信仰便受到冲击，原始宗教活动受到限制，佛教僧侣开始逐渐还俗。"文化大革命"时期，曼远村的佛寺和佛塔均被拆除，原始宗教中的农耕礼俗亦被严禁。但是深藏于傣族人民心灵深处的宗教信仰和观念意识并未因此而改变，蓄积越久反而越加强烈。因此，"文化大革命"结束，中国共产党的宗教信仰自由政策重新恢复后，曼远村佛寺于1984年重新建立，原始宗教和上座部佛教中的农耕礼俗全面恢复。现在，本村寺院由曼远、曼应贷、曼应讷三个寨子供奉，有一个大佛爷、22个小和尚，所有的宗教活动均已恢复正常，不同的是男子入寺为僧的人已从以前的90%下降到今天的50%左右，其余男孩都到学校读书去了。通常的安排是：如果一个家庭有两个小男孩，那么送一个当小和尚，送一个去读书；如果只有一个男孩那么就先读书后当小和尚或入寺为僧与上学读书同时进行。

与宗教信仰先受冲击后又全面恢复的情况不同，从20世纪50年代到70年代，傣族传统的生态文化观、伦理道德观、人生价值观受到的冲击很小，在以粮为纲生产方针指导下单一粮食种植业的发展反而强化了其中的某些观念。这些观念发生明显变化是随着森林被毁、橡胶种植业大发展而产生的。据笔者观察，这些变化的基本特点是：传统的人与自然和谐共处的生态文化观淡化和松弛；稻作文化在伦理道德观和人生价值观中的地位下降。为了能够比较准确地把握曼远村傣族目前的宗教意识和精神观念的状况，笔者在对该村十户人家进行抽样调查的过程中同时设计了6个相关问题对10户人家的户主进行了直接访谈式问卷调查。这10位户主虽然都是男性，但其平均年龄为37.3岁，其中年龄最大的48岁，最小的27岁，他们既是一家之主，其年龄层又处于傣族社会的中坚，他们的思想观念具有广泛的代表性。现将调查结果报告如下：

1. 您和您的家人是否经常参加原始宗教中的农业祭祀活动？

    A. 经常参加　B. 偶尔参加　C. 不参加

答：十位户主全部选择了答案 A，占 100%。

2. 您认为农业祭祀对您家稻谷的丰收会产生什么样的作用？

    A. 没有任何作用　　B. 心理安慰作用

    C. 重要的保障作用　D. 不知道

答：有九位户主选择了答案 C，一位选择了答案 B。

3. 您和您的家人是否经常参加上座部佛教的活动？

    A. 不参加　B. 偶尔参加　C. 经常参加

答：有九位户主选择了答案 C，一位选择了答案 B。

4. 您认为信佛、赕佛活动能对您家稻谷的丰收发挥什么样的作用？

    A. 重要的保障作用　　B. 心理安慰作用

    C. 没有什么作用　　　D. 不知道

答：有九位户主选择了答案 A，一位选择了答案 D，他说他之所以礼佛做赕并不考虑什么好处，而是随大流，寨里的人去他就跟着去。

5. 您最希望您的子女从事下列职业中的哪一种？

    A. 村干部　　　　　　B. 佛爷

    C. 教师　　　　　　　D. 农民

    E. 外出做工或经商　　F. 随便干什么都行

答：有七位户主选择答案 D，一位选择答案 A，两位选择答案 F。

6. 您最希望您的子女选择什么职业的人作为终身伴侣？

    A. 干部　B. 农民　C. 工人　D. 教师

    E. 随便什么职业的都行

答：有九位户主选择了答案 B，一位选择了答案 E，他说，他的儿子找对象一定要找农民，才能留在家里帮他搞生产并为其养老送终，女儿则可以嫁出去，不一定在农村。

从这个问卷调查材料中我们可以得出两点结论：其一，答案1—4表明，傣族的原始宗教和上座部佛教信仰及其农耕礼俗与农业祭祀活动，虽经50年代以来的多次长期冲击但至今仍然盛行不衰，并根深蒂固地存在于傣族人民的心灵深处。这些活动虽然是虚幻观念的产物，但在生产中发挥着统一村民意志，维护稻作农业的传统地位，组织协同劳动、传承生产经验，协调人与自然的关系等实际功能，因而对稻作农业的协调运行发挥着重要的影响和作用。其二，答案5—6表明，尽管改革开放以来傣族地区的产业结构和就业门路已经空前拓宽，但绝大多数人仍然愿意自己的子女当农民并以此为择偶对象。这说明稻作文化在傣族社会中的根基仍未动摇，其传统的伦理道德观和人生价值观仍在发挥重要作用。上述两点，是未来傣族稻作农业持续发展的思想基础和精神资源。

（原载中国民族学学会编《民族学研究》第十二辑，民族出版社1998年版）

生态环境与云南藏族的文化适应

文化是一个民族对周围的自然环境和社会环境的适应性体系。生态环境与云南藏族的文化适应这一命题揭示的，是云南藏族为适应其所处的自然环境而进行的文化调适，这一文化与自然的互动关系可称之为藏族的生态文化。生态文化是一个民族对生活于其中的自然环境的适应性体系，它包括藏族文化体系中所有与自然环境发生互动关系的内容，主要是这个民族的宇宙观、生产方式、生活方式、社会组织、宗教信仰、风俗习惯等。①

云南藏族主要聚居在迪庆藏族自治州。1999 年年底，该州有藏族人口 11.25 万，占云南藏族人口总数的 89.35%。② 迪庆州地处青藏高原至云贵高原的过渡地带，位于喜马拉雅山东坡的横断山脉纵谷区。三山（怒山、云岭、贡嘎山）夹两江（金沙江、澜沧江）的高原地形地貌，使雪山草原和高山峡谷成为这里的主要生态景观，许多地方海拔在 3000 米以上，高寒缺氧更增加了自然环境的严酷性。为在这样的环境中生存与发展，藏族人民早在历史上就经过文化调适，创造

---

① 笔者给"文化"和"生态文化"这两个概念所下的定义，曾受到吴文藻先生相关论述的启发。他指出："文化最简单的定义可说是某一社区内居民所形成的生活方式；所谓方式系指居民在其生活各方面活动的结果。文化也可以说是一个民族应付环境——物质的、概念的、社会的和精神的环境——的总成绩"（参见费孝通、王同惠《花蓝瑶社会组织·导言》，商务印书馆1936年版）。受其启示，笔者认为，可将环境简明地划分为自然环境和社会环境，因此，文化是一个民族对所处的自然环境和社会环境的适应性体系，生态文化就是一个民族对生活于其中的自然环境的适应性体系。

② 参见云南年鉴编辑委员会编《云南年鉴》，云南年鉴杂志社2000年版，第373、506页。

了一整套适应当地自然环境的生态文化体系。

本文是在三次田野调查的基础上撰写而成的。1999年以来,我和我的同事们先后主持或参与了多项关于生态环境与文化保护和可持续发展的研究项目。为完成这些研究,我们跑遍了全省大部分民族地区,仅迪庆州,就分别于1999年9月底至11月中旬,2000年6月初至7月初,2001年7月下旬至8月上旬,先后三次对其进行了总计达3个多月的田野调查。调查期间,我们与村民同吃同住。我们在调查中采用的主要方法包括:资料收集、座谈、参与观察、参与式农村评估(Participatory Rural Appraisal)、家长会议、结构访谈、半结构深度访谈以及开放式访谈。

一 生产方式

藏族渊源于古代氐羌系统,远古时期是以游牧为主的族群。[1] 历史上不断游牧南迁的羌人进入滇西北后,与当地土著相融合,成为藏族先民的一支。他们在继续保留游牧传统的同时,为适应当地高山草原与河谷台地相间的自然环境,逐步开始从事农业生产。7世纪,吐蕃南下与唐朝争夺云南洱海地区,导致大批吐蕃人迁入滇西北,与当地人群逐步融合形成今天的云南藏族。[2] 藏族形成后为适应当地的自然环境,采用的是以游牧为主兼事农耕的生产方式。与此同时,由于汉藏"茶马互市"的开辟和滇、藏、印茶马古道的开通,大批藏民投身于商贸活动中,滇西北藏族经济结构中的商业要素得到加强。[3] 在

---

[1] 参见尤中《中国西南民族史》,云南人民出版社1985年版,第9页。
[2] 同上书,第275页。
[3] 参见木霁弘等《滇藏川大三角文化探秘》,云南大学出版社1992年版,第243页。

明代，丽江木氏土司将其势力扩展至迪庆藏区，后大规模扩大农耕。清初实行改土归流，清末又引入粮食新品种，耕地面积继续扩大，[①]随着茶马古道贸易的不断扩大和日趋活跃，最终形成了迪庆藏族农、牧、商三业并举的生产方式和经济结构。[②] 由于这种三足鼎立的生产方式和经济结构是以山地、草原和茶马古道为依托的，完全适应当地的自然环境和生产条件，因而一经形成就不断巩固和发展。其间，虽有20世纪50年代以后牧业经济的不断萎缩和茶马古道商业贸易的逐渐衰落，但演变至今，草原畜牧业已基本稳定，商业贸易则借助现代交通工具和市场体系得到了复兴。因此，云南藏族为适应自然生态环境早在历史上就创造形成的农、牧、商三业并举的生产方式，至今仍在持续发展，其具体表现是以下三个方面。

在农业方面，迪庆高原的主要农作物有玉米、青稞、小麦、马铃薯、大麦、荞子（荞麦）、蔓菁等，在澜沧江、金沙江河谷地区也能种植水稻。藏族人民总结多年的实践经验，形成了一套适应当地气候和土壤情况的轮作制度。例如，在江边河谷区水田中，实行稻谷—蚕豆—小麦（油菜）—稻谷—小麦三年六熟制，或稻谷—小麦—玉米—蚕豆（油菜）两年四熟制；在旱地实行玉米—绿肥（小麦）—玉米—豌豆（春马铃薯）—玉米三年五熟制。高寒地区熟地实行马铃薯（荞子、蔓菁）—青稞（马铃薯）—青稞（春小麦）—荞子（蔓菁）三年轮作制；瘦地（低湿地）实行春小麦—蔓菁—青稞—荞子五年轮作制；二荒地实行荞子—马铃薯—青稞—青稞四年轮作制；半山区实

[①] "明成化十九年（1483）至清康熙六年（1667），木氏土司进占中甸，移民开垦屯殖，实行荒地税二斗，耕地税一斗的耕地税政策，鼓励农民开垦荒地，修建农田。清雍正二年（1724），改土归流，江边'招佃开垦'，'开山地、辟农田、修道路、兴水利、建村舍'。清末引入苞谷（玉米）、洋芋（马铃薯）品种，耕地面积扩大。"载中甸县地方志编纂委员会编《中甸县志》，云南民族出版社1997年版，第455页。

[②] （清）余庆远《维西见闻纪》说："古宗（明清时期汉文史籍对云南藏族的称呼）……垦山地，种青稞、麦、黍，畜牛、羊取酥……"又说："古宗……习勤苦，善治生，甚灵慧。耕耘之暇，则行货为商……"载方国瑜主编《云南史料丛刊》第12卷，云南大学出版社2001年版，第63页。

行小麦（豌豆）—玉米—青稞两年三熟制，或小麦—玉米—豌豆—青稞（马铃薯）两年四熟制。这种轮作制度既保证了农业品种和粮食作物的多样化，又有效地保持了地力，使农业在不盲目扩大耕地的条件下实现了可持续发展。

在畜牧业方面，藏族人民饲养的牲畜主要有牦牛、犏牛、黄牛、马、山羊、绵羊、骡子等。根据迪庆高原天然草场因海拔高低不同而分为寒、温、热三带的实际情况，藏族人民创造了独具特色的立体畜牧业，牲畜随季节变化而在海拔不同的牧场间迁徙。每年4—5月，位于海拔3500—3800米中温层的亚高山草甸草场因气温升高、降雨较多，春草萌发，牧民们便将牲畜赶到此类草场就食，这是"过渡性牧场"，藏民称其为"西巩"，意为"春秋牧场"。6月份以后，位于海拔3800—4600米的高寒层草甸牧草返青，气候转暖，牧民们便将牲畜迁往此类草场就食。此类草场青草萌发迟、枯萎早，但牧草品质高，适口性好，生活力强，耐牧，藏民称其为"日巩"，意为"热季牧场"。9月底以后，热季牧场青草枯萎，牧民们又将牲畜迁下来到春秋牧场进行"过渡性放牧"。10月底以后，春秋牧场青草枯萎，牧民又将牲畜迁往海拔3500米以下的冷季牧场过冬，藏语称之为"格巩"，牧期为11月至翌年3月。一些分布在海拔3000米以上的藏族村寨，就将牲畜迁回村寨周围的零星牧场和收割完毕的农田中就食。这种牲畜春季由低至高过渡，秋季由高至低过渡的轮牧制，既有效地利用了不同海拔、不同类型的各种草场，又有效地避免了大量牲畜集中于同一牧场而必然造成的过牧和滥牧现象，保证了畜牧业的可持续发展。

在商业贸易方面，藏族善于经商做生意的传统有更大的发展。在我们实地调查的中甸（今香格里拉市）建塘镇红坡村以及德钦县云岭乡明永村、奔子栏镇习木贡村、升平镇巨水村等地，藏族几乎家家户户都有专人从事商业贸易活动。他们采集松茸菌、羊肚菌、各类药材,制作多种木制工艺品到市场出售后买回生产生活必需品。不少藏族家庭都拥有手扶拖拉机、东风牌大卡车等现代交通工具,除了运送农副土特产品和生产生活必需品外,还到西藏、四川藏区以及丽江、大理、昆明等地跑运输、做生意,许多人家仅经商做生意一项年收入就超过万元。以松茸菌、羊肚菌为代表的森林小产品,还与全球市场接轨,销售到日本等发达国家。因此,除少数极偏僻的乡村仍在使用马帮运输外,历史上沟通滇、川、藏各区域和藏、汉民族关系的茶马古道,已基本为今天的汽车大道和空中运输所取代,而藏族善于经商做生意的传统,则借助现代交通工具和市场体系得到了更大的发展。

二 生活方式

生境决定生产,生产决定生活,由生境和生产决定的生活方式一经形成,并固定为传统和习俗,便会反作用于生产并影响生境,这是民族文化体系中生态环境、生产方式与生活方式之间相互关系的一般规律。应当说,云南藏族也不例外。

高原山地适宜生产耐寒耐旱之农作物——青稞,草原牧业又提供了肉、奶、奶渣和酥油。吃牛羊肉和奶制品一方面提高了藏民在高寒缺氧地区身体的耐受力和生存能力,另一方面又需要茶叶去油腻、净膻腥、助消化,并补充身体因缺少蔬菜所需的各种养分,茶马古道上的商业贸易则为其提供了茶叶。这样,就使藏族拥有了在高原缺氧地区生存的四种必需品——青稞、肉、奶和茶,也使藏族形成了喝青稞酒、喝酥油茶、吃酥油糌粑的饮食习惯。将砖茶熬为浓液,加酥油、食盐,在特制的木桶中搅拌成水乳交融状,即成酥油茶;将青稞烫洗后用火焙熟磨为细面，即是糌粑。全家人围坐在火塘边，喝着酥油茶、青稞酒，吃着糌粑，并以奶渣、红糖、肉类佐餐，便成为高原藏民普通家庭的日常饮食习惯。

民居建筑也是受自然环境和生产方式影响的产物。属高原地区的中甸县建塘镇，大、小中甸和格咱等乡镇，由于地处中甸断裂带上，是地震多发区，加之平地较宽、降雨量较多，因而民居建筑多为土木结构的二层人字屋顶楼房。房屋多为二层三榀，仓房、佛堂、客厅和卧室分设于楼上，楼下为畜厩。房屋三面筑土墙，染白色，与主房相连形成院落。而在德钦县的大部分地方和中甸县的东旺、尼西等地，则因地处干热河谷，山多平地少，降雨稀少，加之有一种特殊的黏土，黏性极高，能用其夯筑成很高的墙体而没有倒塌的危险，因而民居建筑多为高层平顶碉楼。这种碉房用土夯筑而成，一般高3层，有的高达4—5层；一般底层作畜厩，二楼作伙房、卧室、仓库，三楼作经堂、客厅，楼顶为土掌平台、可供晒粮、脱粒和休闲之用。

民族服饰也是受自然环境和生产方式影响的产物。云南藏族居住在高寒山区从事农牧业生产，其服饰多用皮毛和棉、麻为质料，形制多为长袍、长裙、长靴以御寒。明代云南藏族的服饰还比较简单[①]，以后随着经济文化的发展和民族文化的交融，服饰日趋丰富多彩，既吸收了与之相邻的纳西、白、苗、彝、傈僳等民族服饰的风格，又保持了传统服饰的特点，其服饰质料和形制基本未变。男子服饰大同小异，基本特点是肥腰、长袖、大襟。一般内着数件右襟齐腰短衫，外套圆领右襟宽袖长袍，腰系长带，佩挂精美的藏刀和其他饰品，头戴狐皮帽或金边毡帽，脚穿藏靴或长筒皮靴，平常喜欢袒露右臂。女子服饰则因居住地不同，形式差异显著。德钦藏族妇女内穿长袖彩绸

[①] （明）刘文征撰天启《滇志·羁縻志》说："古宗……披长毡裘，以牦牛或羊尾织之。"载方国瑜主编《云南史料丛刊》第7卷，云南大学出版社2001年版，第80页。

衫，外着无袖大襟长袍，腰系七彩条纹带，围一片彩色条花围腰，佩带金银或珊瑚等装饰品。中甸高原藏族妇女身穿毛呢或绸缎大襟长衣，外罩呢子或绸缎坎肩，下穿长裤，束紧身腰带。[1] 居住在金沙江河谷地区如奔子栏、拖顶等地的藏族妇女，因气候炎热而不穿长袍，上衣为藏绸长袖衫和大襟锦缎坎肩，下身穿类似纳西族、彝族的宽而长曳的百褶裙，外系色绸腰带。

三　自然资源管理机制

早在远古时期，藏族先民在适应高寒缺氧的严酷生存环境的过程中，形成了万物有灵的传统宗教——苯教，其中就包含有神山圣湖崇拜和人与自然混融一体的朦胧意识及宇宙观。佛教传入后，佛教的行善、惜生、因果轮回等观念，与藏族的传统宗教信仰相结合，就形成了以神山圣湖崇拜为核心的比较系统的生态文化观。在这种观念指导下，迪庆州的大部分高原湖泊，中甸和德钦两县约80%的山脉，[2] 便成了藏族人民家家户户、村村寨寨都崇拜的神山和圣湖。每一个藏族人，都被神灵赋予了保护它们的义务和责任；神山上的一草一木，一鸟一兽，均不能砍伐和猎取；圣湖中的水要保持洁净，水生动物亦无人愿意捕食，否则便会受到神灵的惩罚。每年正月初一至十五，所有的藏族人都要种树，因为老人告诫晚辈说，种一棵树，可以延长5年寿命；反之，损一棵树，就要折寿5年。生孩子时请喇嘛取名，人生病时请喇嘛祛病，喇嘛都会叫你去种树，并且规定必须种多少棵树。

---

[1] 参见中甸县地方志编纂委员会编《中甸县志》，云南民族出版社1997年版，第154页；德钦县志编纂委员会编《德钦县志》，云南民族出版社1997年版，第330页。

[2] 此为中甸、德钦两县民族宗教局、林业局有关专家和领导提供的估计数。

在藏族人中，甚至很少有人愿意当木匠，因为人们相信万物有灵且灵魂会互相转化，人会变成树，树会变成人，当木匠注定要砍很多树，但砍倒的这些树中就难免有人变成的树，因此木匠死后就会有人用锯子来锯他的脖子，等等。在这种生态文化观指导下，几乎所有的藏族村寨都形成了一套相对完备的自然资源管理机制。这里，我们以实地调查的卡瓦格博峰下的明永和雨崩两个村寨为例，对其传统的自然资源管理机制及其现代变迁，作一简要概述。

（一）传统资源管理机制

明永和雨崩两村均属德钦县云岭乡管辖，该乡位于德钦县的中南部，卡瓦格博的主要山体均在其范围内。两村都位于澜沧江以西的卡瓦格博峰脚下，全为藏族聚居。其传统资源管理机制主要包括下列三点内容。

1. 神山崇拜意识

与两个村子朝夕相伴的卡瓦格博峰，是滇、川、甘、青、藏等省区以及国外藏民公认的神山，是藏区八大神山之一。明永村民称其为"世界级神山"。而与卡瓦格博峰相连的其余12峰，又被神话传说分别认定为卡瓦格博神的妻子、儿女及其卫士，由此也变成了神山。因此可以说，整个雪山的主要山峰，都是藏民心目中的神山，而明永和雨崩两个村子，便成了神山环抱的村庄。按照神山崇拜的观念，神山上的所有野兽，都是卡瓦格博神的家畜；神山上的所有树木，都是卡瓦格博神的宝伞，既不能猎取，也不能砍伐。然而，人的生存需要利用资源，为了解决既保护神山又满足人的生存需要的矛盾，藏族人民早在历史上就形成了一条"日卦"（意为封山）线，即由寺庙喇嘛和行政官员共同依海拔高低、距村庄远近等标准，为每一个村子的山林划出一条线,① 这条线以上为封山区,禁猎禁伐;这条线以下为资源利用区,既可狩猎亦可伐木,但必须适度,不可乱砍滥猎,否则罚款。在我们调查的两个村子中,明永村和雨崩村的"日卦线"大体在海拔 3000—3400 米以上。这条线一经划定,因其带有超自然神灵的意志和权威,通常都能得到较好的遵守和执行。明永村藏民男子每年农历正月初五,都要到太子庙烧香念经向神山拜年;明永村四月初十至十七日、七月初五至十二日,雨崩村六月十五和七月十五日,全体村民都要上山烧香念经,对牲畜吃草、人砍树木等行为,向神山表示歉意。

2. 村规民约管理

两个村在历史上都制定了管理资源的村规民约。如明永村规定,水沟两边的树木(包括树枝)都不能砍,土不能动,否则罚粮食 4—5 筒。雨崩村规定,凡外村人到本村牛场上放牛,要缴粮食和银币作补偿费;外村人到本村山上打猎,猎狗、猎具均要没收,还要罚打;在本村"日卦线"之上,禁止任何人打猎、砍树、采药材,如有违反,第一次罚款,第二次罚打……

3. 社区管理

20 世纪 50 年代之前,两个村在行政上都由阿东土司管理,在宗教事务上都由德钦寺管辖。阿东土司派人与德钦寺喇嘛共同划定"日卦"线之后,具体交由两个村的"伙头"来管。伙头相当于今天的村长,雨崩村称其为"木西",明永村称其为"尼西",伙头由"桑蕊

---

① 东竹林寺的巴卡活佛介绍设立"日卦"的方法为:"先由活佛应当地民众的请求,前来察看神山的风水,何处风景好、森林好,何处容易发生滑坡和泥石流,再认定设边界的方位。沿日卦线,每隔一定距离便建一个嘛呢堆,或埋一个地藏宝瓶,宝瓶里放 25 种药、5 种绸缎、5 种金银宝石、5 种粮食。埋好以后,念 7—21 天经。从此后,日卦线以上的草木就不准乱动,不能砍树、不能挖石头。每年还要请活佛来念经加持"[参见郭净、郭家骥、章忠云、张志明《卡瓦格博拟建保护区对当地社区的影响》,美国大自然保护协会(TNC)委托项目,未刊稿]。

会"选举，藏语所称的"桑蕊会"，意为懂事的人参加的会，由全村每户出一人参加，男女均可。凡村中大事，诸如村规民约的制定和实施，对违反规定者的处罚，举行宗教活动等，都由"桑蕊会"议定后交由伙头组织实施。阿东土司和德钦寺喇嘛每年都要到村中巡视一次，一旦发现有违反规定者，就将受到重罚。因此，传统的社区管理是严格而有效的。

（二）现代资源管理机制

20世纪50年代以后，两村传统资源管理机制的各个方面，均受到历次政治运动的冲击而被破坏、废止。但是，自20世纪80年代以来，这套机制又重新恢复并与国家的政策、法律相结合，以适应今天的情况。其现代资源管理机制主要由以下三方面的内容构成。

1. 神山崇拜意识与国家林业政策相结合

随着国家宗教信仰自由政策的贯彻落实，藏族人民的神山崇拜意识得到了尊重。在1983年进行的"林业三定"工作中，政府尊重藏民传统的封山线，基本以这条线为国有林和社有林划分的标准，即这条线以上为"国有林"，禁止任何人砍伐；这条线以下为"社有林"，允许适当利用。由于政府法规与藏族传统相符合，因此国有林的保护得到了这两个村村民的衷心拥护和较好的贯彻执行。

2. 新的村规民约管理

林业"三定"之后，两村都重新制定了各自的村规民约。明永村规定，在水沟周围50公尺范围内不准砍伐任何大小树木，违者砍一棵罚款10元；在牧场上不准放扣子狩猎，违者罚羊子一只。为了控制砍伐薪柴量，明永村于1999年规定：在11月份全村每户可上山砍柴5天，其余时间只准在社有林捡干枝、枯树。

雨崩村规定，雨崩的山林、牧场、水源都归雨崩村所有，任何人不得擅自领外地人进村狩猎，违者罚款100元；无论是外地人和本村人，都不得在本村森林封山区打猎、下扣子、放狗，违者没收全部东西并给予罚款300元；任何人在任何地方均不准猎杀马鹿，违者打死一头马鹿罚款3000元，没有现金就用家中的牲畜相抵。该村还禁止外人采集标本，违反者没收标本，还处以100元以上的罚款。

直接管辖明永村的斯农行政村，还专门制定了管理山林的山规民约，明确规定：在封山林、水源林、防护林、风景林中不准砍柴烧；在责任山、封山林、牧场中不准开荒种地；在责任山、牧场中不准放扣子狩猎等，违者都将受到处罚。

3. 社区管理的变化

为使村规民约和藏民的神山崇拜、神山保护意识落实在行动上和实践中，两个村都形成了一套具体的社区管理操作机制。这套机制分为合作社、自然村、行政村三级管理。明永和雨崩都是自然村，每个村都下辖两个农业生产合作社。每个社均由社员选举一名"森林委员"，其职责是，定期巡山检查村社之间的越界采伐情况，对越界采伐者处以罚款和没收；监督社内每一户人家对建房木材和烧柴的砍伐情况，建房木材有限额指标，烧柴只允许砍杂木，违者处以罚款；随时注意森林防火情况，发现火灾隐患及时向村长汇报。森林委员没有固定报酬，每次巡山均按投工计算，每投工一天由社里发给误工补贴5元。

在由几个合作社组成的自然村一级，由村长和家长会管理。村长由村民大会选举，是全村的领导者和管理者；家长会由村长召集，每户人家出一个家长（男女均可）参加，是全村的决策机构，举凡村中的各种大事，都由家长会议决定后由村长具体组织实施。在资源管理方面，家长会的主要职能是审批各户建房所需的木材砍伐限额指标。村中所有农户建房，均需由本家家长在全村家长会上提出申请，由家长会根据这家人所建房屋的大小讨论决定所需木材的数量，然后开具证明，由户主自己到行政村办理采伐许可证。户主持有采伐许可证便可上山采伐，但所砍数目需由森林委员根据家长会审批数额进行检查，多砍一棵罚款 5 元。

在由几个自然村组成的行政村一级，主要由村公所和护林员进行管理。村公所是乡政府的派出机构，具有基层政府的职权。护林员由村公所任命，其主要职责是：检查处理社有林中乱砍滥伐、毁林开荒、山林火灾的现象；组织扑灭山林火灾；验收砍伐手续；每次检查山林后，向村公所和家长会汇报一次情况。

由于藏族传统与国家资源管理的法律、法规密切结合，因而从总体上讲，明永和雨崩两村现行的社区资源管理机制是严格而有效的。[①]

四 适应其自然环境和生产方式的婚姻家庭模式

云南藏族的婚姻形式基本上是一夫一妻制，但在德钦县的升平镇、云岭乡和中甸县尼西乡的部分村寨中，还存在着"一妻多夫"这种特殊的婚俗。一妻多夫婚姻在藏族社会中已有悠久的历史，恩格斯在其名著《家庭、私有制和国家的起源》一书中，就曾饶有兴趣地关注过这种婚俗。他认为，这种婚俗是人类婚姻发展史上的一种例外，是历史的奢侈品，关于它是否起源于群婚的问题，还需要作进一步研究。[②] 我们这里无意探讨它的起源问题，只是想就其在迪庆藏区长期

[①] 我们在雨崩村调查时，村民给我们讲了一个故事。雨崩村有一大片生长了数百年的香柏树林，几年前被一家木材公司看上，愿意出上千元一方的价格向其购买几千方。乡政府领导考虑到村民脱贫致富的需要，主动为其办好采伐许可证及相关手续。然而，雨崩村家长会经过三天三夜的激烈讨论，最后决定，雨崩村民即使暂时受穷，也不能出售这片影响本村风水的香柏树林。而这件事又发生在国家天然林保护政策出台之前。这证明，其社区资源管理机制是严格而有效的。

[②] 参见恩格斯《家庭、私有制和国家的起源》，《马克思恩格斯选集》第 4 卷，人民出版社 1975 年版，第 56 页。

存在的条件略加讨论。

由特定的自然环境、地理位置和历史发展路径决定，迪庆藏族早在唐代以后就逐渐形成了农、牧、商三业并举的生产方式。为适应这种生产方式对家庭内部分工和聚集财产的需要，在西藏牧区一妻多夫传统的影响下，迪庆藏族的部分人家，逐渐形成了一妻多夫婚俗。这种婚俗的基本特点和功能是：二至三个亲兄弟共娶一个妻子，组成一妻多夫家庭。妻子作为家庭的中心始终居住在村子中料理家务并从事农业生产，作为丈夫的几兄弟则分工负责农业、畜牧业和经商做生意。这样，既保证了家庭内部农、牧、商三业都得到发展，又避免了兄弟各自娶妻而必然出现的分家导致的家庭财产分散与削弱，保证了家庭财产的聚集与增强。由于这种特殊的婚姻家庭制度具有上述特点和功能，故直到20世纪50年代初期，迪庆藏区实行这种婚俗组成的家庭一般占家庭总数的20%—30%。[①]

中华人民共和国成立特别是1959年民主改革以后，这一特殊的婚姻制度在迪庆藏区基本上消失了。促使其消失的原因主要有两条：一是《中华人民共和国宪法》和《婚姻法》明确规定国家实行一夫一妻制，这对藏族的一妻多夫婚俗造成了直接的政治压力；二是农村以生产队为基础的集体经济组织取消了藏族传统的家庭经济功能，以往由家庭独立承担的农牧商诸业，变成由生产队集体承担了，家庭内部的劳动分工变成了生产队集体的劳动分工，一妻多夫婚姻导致家庭财产聚集与增强的功能丧失了，因而一妻多夫婚姻也就失去了存在的基础和条件。于是，在20世纪50年代末，实行一妻多夫婚姻的家庭纷纷解体，新的家庭全部成了清一色的一夫一妻制家庭，藏族传统的一妻多夫婚姻便销声匿迹了。然而，改革开放以来，国家实行一夫一妻制的法律和政策没有改变，但尊重少数民族风俗习惯的政策得到了较好的贯彻落实，因而对一妻多夫婚姻的政治压力减轻了。更重要的

---

① 此为德钦县民族宗教局和旅游局所提供的估计数。

是，农村经济体制改革后建立的家庭联产承包责任制又重新恢复了家庭的经济功能，在迪庆藏区农、牧、商三业并举的传统生产方式继续存在与发展的条件下，一妻多夫婚姻这种特殊的婚姻家庭制度，又重新显示出其在家庭经济发展中聚集和增加财产的功能与作用，于是，一妻多夫婚姻又重新在一些藏族家庭中复活并发展起来。我们在实地调查中，对3户实行一妻多夫婚姻的家庭进行了深入访谈，现将其中一户典型家庭的情况报告如下：

这户人家居住在云岭乡斯农村公所明永自然村，该村位于著名的明永冰川之下。男主人今年38岁，读过小学四年级；他的妻子今年39岁，读过初中三年级。男主人在兄弟姐妹中排行老四，其大哥早已单独成婚，其二哥身带残疾（腿跛）找不到妻子，因此当男主人18岁结婚时，就和二哥一起与妻子组成了两兄弟共一妻的家庭。妻子是从邻近的西单村嫁过来的，她也同意组成一妻多夫家庭。在两兄弟结婚四年后，三哥为了不使家庭财产因分家而受到削弱，经协调也加入一妻多夫婚姻中，组成了三兄弟共一妻的家庭。这家人是改革开放实行家庭联产承包责任制后，在明永村首先复活一妻多夫婚姻的家庭，他们的决定得到了男方父母的支持。因男方父母是从西藏迁来的，目睹过西藏和明永村历史上实行一妻多夫婚姻家庭的优点，就给几兄弟讲这种家庭的优点和传统。因此，藏族传统和家庭联产承包责任制重新赋予家庭的经济功能，共同促成了一妻多夫婚姻家庭在明永村的复活。经过近20年的发展，这个家庭现在成了全村最富裕的人家之一，受到全村人的羡慕，吸引一些人家起而仿效，致使全村的一妻多夫婚姻家庭逐步发展到了五六家。

全家现有8口人，分别是二哥，三哥，四哥，妻子，还有男方的老母亲和三个孩子。三个孩子为两男一女，大儿子19岁，二儿子17岁，女儿14岁，均未成婚。

家庭经济。在农业方面，2000年家中有水浇地8亩，旱地3.1

亩，开荒地7亩。在水浇地中，大春种玉米，收成1000多公斤；小春种4亩小麦，4亩青稞。小麦亩产350公斤，共收1400公斤；青稞亩产300公斤，共收1200公斤。旱地全部种蔓菁，全家人粮食自给有余。在畜牧业方面，全家有黄奶牛2头，用于挤奶打酥油；犏牛3头，用于犁地和挤奶；骡子3匹、马1匹，用于驮运货物和送游客上山游冰川；山羊91只，绵羊2只，主要用于积肥和出售，1999年出售2只，收入570元。此外，还有11头猪，每年都要杀吃4头猪。在商业方面，平均每年要牵马拉游客上山游冰川70—90天，收入8000多元；捡松茸、挖药材（如雪上一枝蒿）出售，收入2000多元，在村中收购松茸、药材拉到外地出售，又收入4000多元。

家庭分工。二哥负责畜牧业，因家中牲畜少且没有牦牛，故不需上高山牧场，只需在村寨周围放牧即可；三哥负责农业；四哥负责做生意。故二哥和三哥长年在家，四哥外出时间较长，每年均在3个月左右。

家庭关系。在兄弟几人中，四哥（我们所说的男主人）是村子中出类拔萃的男人，喜欢他的女人不少，但他考虑到二哥残疾，决心找一个既爱他又爱二哥的女人，最后就从西单村找了一个。这个女人很听四哥的话，可以说是四哥拴住了这个家。但是女人对三兄弟也不特别偏爱谁，她说三兄弟就好比是一部机器的不同部件，缺一不可。在家庭权力方面，四哥外出闯荡多，见过世面，因而四哥的意见分量较重；但四哥花钱手很散，经常造成浪费，因而家庭经济由三哥掌握；但家庭中的大事还是大家商量着办。几兄弟小吵小闹随时有，但并没有伤和气。

夫妻关系。几兄弟和妻子都各有自己的房间，与谁同床由妻子决定；她想和谁就到谁的房间去睡，想休息了就睡到自己的房间。

在调查中，我们曾问及他们对自己子女今后婚姻模式的期望，他们回答说，当然希望自己的儿子也组织一妻多夫家庭，小儿子也已表示,如果哥哥找到的妻子好,他也愿意加入进去,但实际情况如何还要看今后的发展。

从上述情况中可以看出,一妻多夫婚姻作为一种特殊的婚俗能在迪庆藏区延续至今,在一定程度上是与其特定的自然环境与生产方式联系在一起的。然而,自1998年以来,随着迪庆藏区被认定为"香格里拉"后带来的旅游热潮的兴起,使旅游业迅速发展成为除传统农、牧、商三业之外的又一个新兴产业。在明永村,为游客牵马游览冰川已成为藏民的重要收入来源。为使家家户户都能公平地分享旅游业带来的好处,明永村实行了以户为单位轮流为游客牵马的统一管理制度,这就使一妻多夫家庭处于不利地位。在实地调查中,实行一妻多夫的家庭就向我们抱怨说,一夫一妻的家庭人口少,有一次机会;我们几兄弟共一个妻子的家庭人口多,也只有一次机会,这太不公平了。因此,随着旅游业的进一步发展和旅游业收入的大幅提高,实行一妻多夫婚姻的家庭或许又会向一夫一妻制婚姻家庭演变,或者发生其他变化。

当然,一妻多夫婚姻在藏族地区的产生和延续有其历史传统和社会、经济、文化条件,[①] 从适应自然环境和生产方式的角度来解释,本文只是提供了一种生态人类学的认识视角,更为全面的认识还有待于从多种视角对其进行全面深入的调查研究。

五 初步的认识和结论

通过对云南藏族以及云南其他少数民族生态文化的调查研究,我们可以得出如下两点初步的认识和结论。

---

① 参见马戎《试论藏族的"一妻多夫"婚姻》,《民族研究》2000年第6期。

第一，文化是一个随环境变化和时代发展而不断变迁的适应性体系。文化是人类创造的。人类要生存与发展，就必须首先进行物质生产。马克思、恩格斯指出："我们首先应当确定一切人类生存的第一个前提也就是一切历史的第一个前提，这个前提就是：人们为了能够'创造历史'，必须能够生活。但是为了生活，首先就需要衣、食、住以及其他东西。因此第一个历史活动就是生产满足这些需要的资料，即生产物质生活本身。"① 而进行物质生产是离不开一定的自然环境的，于是，分布在不同自然环境中的人类群体，便在从事物质生产的过程中创造出适应其环境的不同的民族文化，并随着环境的变化和时代的发展不断进行文化调适。为适应迪庆高原特殊的生态环境，云南藏族早在历史上就通过文化调适，形成了一整套与自然环境良性互动的生态文化体系。而且，这套文化体系并非一成不变，而是随着自然环境和社会环境的变化而变迁，以不断寻求和保持文化与自然的良性互动关系。正是在这套文化体系的作用下，才使云南藏族在迪庆高原生存与发展了上千年，至今仍然保持着民族文化与自然环境和谐发展的基本格局。尽管在外来文化的影响和经济利益的驱动下，云南藏族的生态文化也在日趋淡化和流失，但是面向未来，在可持续发展成为全球共识、成为国家发展的基本国策和西部大开发指导思想的大背景下，云南藏族生态文化中符合时代要求的内容必将复兴，其中的古老智慧必将与现代化的科学技术和全球化市场体系相结合，成为推动迪庆高原走上可持续发展道路的关键。而要做到这一点，就必须唤醒全社会保护民族文化的意识，采取保护与发展民族文化的行动。

第二，少数民族传统的生态文化，是西部大开发和可持续发展的宝贵财富和重要资源。由云南藏族的案例扩展开来，我们发现，生活在云南这块土地上的很多少数民族，在长期的历史发展过程中，基于与自然环境的相互依存、相互作用的亲身实践，都创造了各具特色、

---

① 《马克思恩格斯选集》第1卷，人民出版社1972年版，第32页。

丰富多彩的生态文化，形成人与自然共生互利、和谐相处的良性互动关系。①之所以如此的道理，其实也很简单，毕竟实践出真知，只有直接依赖自然资源生存的人，亦即数千年生于斯长于斯的各民族群众，才是自然环境的真正保护者和守护神。国际公认的研究可持续发展问题的经典名著《我们共同的未来》一书指出："一些社区的所谓土著或部落人民……他们保持着一种与自然环境亲密和谐的传统生活方式。他们的生存本身一直取决于他们对生态的意识和适应性……这些社区是使人类同它的远古祖先相联系的传统知识和经验的丰富宝库。它们的消亡对更广大的社会是一种损失，否则，社会可以从它们那里学到大量的对十分复杂的生态系统进行可持续管理的传统技能。"②因此，1992年6月在巴西里约热内卢召开的联合国环境与发展大会通过的《环境与发展宣言》中特别指出："土著居民及其社区的知识和传统习惯在环境管理和发展方面具有重大作用。各国应承认和适当支持他们的观点、文化和利益，并使其能有效参与可持续发展。"③由此可见，少数民族和土著居民具有适应自然、保护环境的生态文化，这是世界上的一种普遍现象和共同规律，也是促进全球可持续发展的宝贵财富和重要资源。在我国方兴未艾的西部大开发和可持续发展过程中，我们应该十分珍惜这笔宝贵的财富，采取切实措施保护和利用好这一重要的资源，将少数民族地区率先建设成为国家西部大开发和可持续发展的示范区。

（原载《民族研究》2003年第1期）

---

① 参见郭家骥《云南少数民族的生态文化与可持续发展》，《云南社会科学》2001年第4期。
② 世界环境与发展委员会：《我们共同的未来》，王之佳、柯金良等译，吉林人民出版社1997年版，第143页。
③ 甘师俊主编：《可持续发展——跨世纪的抉择》，中共中央党校出版社、广东科技出版社1997年版，第31—32页。

云南省情认识新论

中华人民共和国成立以来，为从云南实际出发搞好云南的工作，按照中国共产党实事求是的思想路线，云南的各级干部和专家学者们，就如何科学地认识云南省情的问题，进行了理论与实践紧密结合的、不懈的探索，对推动云南发展发挥了重要作用。本文按照党的十六大提出的解放思想、实事求是、与时俱进、开拓创新的精神，拟从可持续发展视角重新认识云南省情。但在具体论述之前，有必要对传统的云南省情认识论作一简略的回顾，以利继往开来。

一 传统的云南省情认识论回顾

迄今为止的云南省情认识论，主要从两个视角展开：一是从社会发展阶段的视角；二是从云南固有的自然环境、地理位置和人文特点的视角。在具体论述上两者又互有交叉与重合，但都从一个侧面比较深入地揭示了云南的省情特点。

（一）从社会发展阶段视角认识云南省情的理论

中华人民共和国成立初期，根据云南地处边疆、少数民族众多且发展极不平衡的实际，为顺利完成云南民族地区的民主改革和社会主义改造，党和政府组织了大批专家学者到云南边疆民族地区进行大规模的调查，按照马克思主义的社会发展阶段理论，对云南各民族在民主改革前所处的社会发展阶段进行了认真分析，得出云南"是一部活的社会发展史"的理论认识。该理论认为云南各民族的社会发展阶段大体可以划分为这样四个层次：一是独龙、怒、傈僳、布朗、基诺、佤、景颇、德昂等民族，以及分布在国境边沿一线的拉祜、苗、瑶等民族，尚处于原始社会末期；二是宁蒗、永胜、华坪3县的小凉山彝族尚处于奴隶占有制阶段；三是傣、阿昌、藏、哈尼、拉祜、普米等族以及部分纳西族，尚处于封建领主制或封建农奴制社会；四是汉、回、白、纳西、壮、布依、水、蒙古等民族以及部分彝族，已和祖国内地汉族一样处于封建地主经济并有了资本主义工商业的初步发展，属于半殖民地半封建社会。这一理论认识带来的重大实际成果，就是党和政府根据云南各民族社会发展阶段多层次不平衡的实际，分别采取"直接过渡""和平协商""缓冲土改"等一系列特殊政策措施，顺利完成了云南各民族的民主改革和社会主义改造，使云南各民族从不同的历史起点，分别跨越一至几个历史阶段，全都进入了社会主义社会。[①]

20世纪50年代末至70年代末，由于"左"的指导思想在党内占据了统治地位，先后多次批判"民族落后论""边疆特殊论"，在全国各地采取"一刀切"的政策，致使从社会发展阶段视角对云南省情的认识停顿下来。

改革开放以来，随着中国共产党实事求是思想路线的恢复和以经济建设为中心的基本路线的确立，为从云南实际出发加快云南发展，深化省情的认识又一次成为迫切需要。1987年，党的十三大报告第一次系统阐述了我国尚处于社会主义初级阶段的理论，根据十三大报告

---

① 参见王连芳主编《云南民族工作的实践和理论探索》之第3章、第6章，云南人民出版社1995年版。

并结合云南实际，中共云南省委原书记普朝柱同志创造性地提出了"云南尚处于社会主义初级阶段低层次"的理论认识，有力地推动了云南解放思想大讨论的深入和各项改革的深化。[①] 1997 年，党的十五大报告进一步发展了社会主义初级阶段理论，阐述了社会主义初级阶段的九个基本特征；而中共云南省委六届六次全会则进一步发展了云南尚处于社会主义初级阶段低层次的理论，阐述了云南社会主义初级阶段低层次的"四低四高"[②] 特征，这对云南各级干部解放思想、加快发展产生了重大推动作用。

（二）从云南固有特点视角认识云南省情的理论

早在中华人民共和国成立初期，伴随着对云南各民族社会发展阶段认识的进展，对云南固有的自然环境、地理区位和人文特点的认识也在深化，逐渐形成了云南边疆、民族、山区三大特点的理论概括。根据这一认识，省委、省政府采取了对边疆和内地、山区和坝区、汉族和少数民族进行分类指导的方针。

改革开放以来，为加快云南发展，从这一视角对云南省情的认识也在不断深化。20 世纪 80 年代在省情认识上取得的一个重要理论成果，就是把以往分开论述的边疆、民族、山区三大特点贯通或串联起来，形成边疆、民族、山区三位一体的认识。这种看法认为，云南地处祖国西南边陲，与缅甸、老挝、越南三国接壤，国境线长达 4060 千米，边境地区由于远离国内政治、经济、文化发展的中心，长期处于与祖国内地联系的末梢地位和边远、落后的状态。占全省总面积

[①] 参见普朝柱《坚持马克思主义民族观 做好新时期云南民族工作》，云南民族出版社 1996 年版，第 4—5 页。

[②] 所谓"四低四高"，是指云南"社会发育程度低，地区发展不平衡程度高；生产力发展水平低，自然、半自然经济比重高；劳动者科学文化素质低，文盲、半文盲比重高；人民生活总体水平低，贫困人口比重高"。参见中共云南省委原书记令狐安《坚持实事求是的思想路线，走有云南特色的发展路子——纪念党的十一届三中全会 20 周年》，《云南社会科学》1998 年第 1 期。

94%的山区，由于交通闭塞、信息不灵，亦长期处于封闭、落后的状态。云南有5000人以上的世居少数民族25个，中华人民共和国成立前或民主改革前，这些民族还分别处于原始社会末期、奴隶制、封建领主制、封建地主制和资本主义工商业发展阶段。中华人民共和国成立后在中国共产党领导下，这些民族分别跨越一至几个历史阶段，在社会形态和政治制度上全都进入了社会主义，但在生产力发展水平上仍然处于原始农业和传统农业阶段。加之，云南少数民族在人口分布上有两大特点：一是平面分布以边疆为主。二是垂直分布以山区为主。因此，作为地理区位特点的边疆和作为自然特点的山区，均可由作为社会性特点的民族多且发展不平衡这一根本特点贯通。于是，边疆、民族、山区三位一体的省情认识理论得以成立。根据这种理论，云南的边疆、山区、民族地区都是封闭、落后和生产力水平极端低下的地区，因此中央和省委、省政府应采取特殊的政策措施，扶持这些地区加速发展。[1] 应该承认，这一对云南省情的理论认识于20世纪80年代形成后，对于推动中央和省委、省政府采取特殊政策扶持边疆山区民族地区发展，确实发挥了积极作用。

进入20世纪90年代，随着邓小平"南方谈话"的发表和中央正式将中国经济体制改革的目标，确定为建立社会主义市场经济体制之后，如何从云南省情实际出发推进市场经济的发展？在社会主义市场经济条件下，云南边疆、民族、山区三位一体的省情将发生什么样的变化？诸如此类的问题再次引起各级领导和专家学者的关注，不少人撰文进行讨论。其中，有代表性的论述认为，在市场经济条件下，云南边疆、民族、山区三位一体的省情特点，将从经济社会发展的劣势逐步转化为优势。其主要依据是：在传统体制下，云南边疆因远离国内政治经济文化中心而长期处于内地末梢。改革开放以来虽有所变化，但在东、中、西梯度推移的沿海倾斜发展战略下，边疆在对外开

---

[1] 参见杜玉亭主编《传统与发展》，中国社会科学出版社1990年版，第47页。

放中的末梢地位仍没有多少突破。山区资源富集，但传统计划经济既不遵循价值规律又不反映供求关系，使民族地区开发优势资源在全国分工体系中不能获得应有的利益。改革以来，由于下游产品率先放开而许多上游产品仍旧管死，反而使民族地区陷入低价输出原材料而又高价购进工业制成品的双重利益流失的困境。众多少数民族则由于社会发育程度低和生产力发展缓慢，在传统体制下几乎成了落后的代名词。然而，在大力发展社会主义市场经济和扩大对外开放的条件下，国家的对外开放已从沿海扩大到沿边、沿江乃至全国各地全方位开放，云南边疆的区位特点便从内地末梢一变而成为对外开放的前沿。随着大西南走向东南亚、东南亚伸入大西南的双向交往的不断扩大，云南边疆的区位特点还将从开放前沿进一步转化为中国西南与东南亚双向交往的汇聚与辐射中心。随着社会主义市场经济的发展，价值规律和供求关系必然在资源配置和价格形成中发挥基础性作用，山区民族对优势资源的开发利用在全国分工体系中就将逐步获得真实的利益，对某些全国性乃至世界性稀缺资源的开发利用，甚至还将获得垄断利润。社会发育程度低仍然是少数民族的劣势，但因此而存活至今的丰富多彩的民族文化、绚丽多姿的民族风情以及各民族特有的饮食、服饰、歌舞等人文资源，在对外开放和市场经济条件下便具有了无比珍贵的价值，因而也正在转变为有利于经济发展的突出优势。[1]

应该说，这是在社会主义市场经济条件下对云南边疆、民族、山区三位一体省情特点认识的深化，对云南发挥优势、克服劣势，加快经济社会发展起到了积极的推动作用。

---

[1] 参见郭家骥《云南民族地区生产力跨越式发展的理论与实践》，《云南社会科学》1993年第6期。

二 从可持续发展视角重新认识云南省情

20世纪90年代以来，随着联合国环境与发展大会的召开、中国21世纪议程的公布以及党中央、国务院正式将可持续发展确定为国家发展战略以后，云南省也将可持续发展确定为全省的发展战略，并在2001年召开的第七次党代会上再次予以确认。于是，如何结合云南省情实施可持续发展战略，或者说，是否需要从可持续发展的视角重新审视或深化对省情的认识，又一次引起了人们的关注。不少中央领导人到云南视察后认为云南具有生物物种和气候多样性的优势；许多外国朋友到云南观光游览后认为云南具有自然景观和人文景观多样性的优势，完全可以建成可持续发展的全球示范区之一，等等。然而，怎样才能将这些优势转化为云南可持续发展的资源与财富呢？要回答这个问题，笔者认为就有必要从可持续发展的视角重新认识云南省情。当然，这里所说的重新认识，并不是要否定传统的两个视角的认识，这两种省情认识理论还将继续发挥它的积极作用。笔者在这里所强调的，只是从可持续发展角度来认识云南省情，力争提出一个从云南实际出发，能推动云南走上可持续发展道路的认识框架来。笔者认为，从可持续发展视角重新认识云南省情，云南具有下列四大特点。

（一）生态环境多样性

生态环境是指对生物的生长、生活发生直接或间接影响的一切自然形成的物质环境的总和。地球上的大气圈、水圈、岩石圈早在生物出现以前就已存在，但只是在生物有机体出现以后它们才具备环境的意义，因此环境是一个相对于生物有机体而存在的概念。① 云南的生态环境多样性由以下 4 点内容构成。

1. 地形地貌多样性

从地理位置分析，云南处于亚洲大陆的偏南部分，其西北角紧倚"世界屋脊"青藏高原的东南边缘，东南经中南半岛面临太平洋，东北与华南大陆相接，西南面经缅甸通向印度洋，处在两大洋的热带暖湿海洋季风和亚洲大陆气流以及高原气流的控制之下。这种地形的交叉和气候的过渡形成了云南大部分地区与国内其他省区不同的、相当复杂多样的自然地理环境。

云南的地势自西北向东南倾斜呈梯状递降，滇西北一级梯层海拔一般在3000—4000米；滇中高原二级梯层海拔为2300—2600米，其山间盆地在1700—2000米；滇东南、滇西南、滇南为第三梯层，其低山丘陵海拔在1200—1400米，河谷盆地在500—900米，三个梯层均有不同程度的高、中山和河谷相切，纵横交错，使地形更加复杂。云南地形一般以元江（红河）为界，分东西两部分。元江以西为滇西横断山脉纵谷区。元江以东为云贵高原主体，亦称"滇东高原"，地表为起伏和缓的低山和浑圆丘陵。这种复杂多样的自然地理条件，使云南拥有盆地、河谷、丘陵、山地、低山、中山、高山、高原等多种地形，拥有分布广泛的河谷地貌、喀斯特地貌，一定面积分布的冰川地貌、冰缘地貌、风化重力地貌，以及颇具观赏价值的火山、泉华、钙华、丹霞、石林、土林、砂林等多种特殊地貌。②

2. 气候多样性

云南属于低纬高原季风气候，同时受到东亚季风和印度季风的交

---

① 参见欧晓昆《生态学与生物多样性》，裴盛基、龙春林主编《应用民族植物学》，云南民族出版社1998年版，第24页。
② 参见黄思铭等编《刚性约束——生态综合评价指标体系研究》，科学出版社1998年版，第29页。

替影响。其基本特点是年温差小、日温差大，干湿季节分明，气温随地势高低呈垂直变化异常明显。在一个省内，同时具有寒、温、热（包括亚热带）三带气候，相当于从海南岛到黑龙江的所有气候类型，为其他省区所少见。

3. 水文多样性

云南有大小河流 600 余条，分属伊洛瓦底江、怒江、澜沧江、金沙江、红河、珠江六大水系。云南还是国内著名的淡水湖泊区，有大小淡水湖泊 40 多个。此外，还有"潭""箐""塘"等泉水上千个，大小瀑布 500 多处。

4. 土壤多样性

云南土壤类型丰富多样，共有 7 个土纲，14 个亚纲，18 个土类，35 个亚类，占全国土类的 30%。地带性土壤中以砖红壤、红壤系列的土类为主，占全省土壤面积的 56.4%，故云南有"红土高原""红土地"之称。土壤垂直分布明显，并有水平地带与垂直地带交错分布的现象。大部分土壤的光、热、水条件较好，为植被多样性提供了适宜的土壤资源。[1]

（二）生物多样性

生物多样性即生物之间的多样性和变异性及物种生境的生态复杂性，它包括了所有植物、动物、微生物物种以及所有的生态系统和它们形成的生态过程，[2] 通常认为它分为 3 个不同的层次。云南具有如下 3 个特点。

1. 生态系统多样性

生态系统多样性是指生物圈内栖息地、生物群落和生态过程的多

---

[1] 参见云南省环境保护局编《云南省生态环境现状调查报告》，未刊打印稿，2001 年，第 8 页。

[2] 参见欧晓昆《生态学与生物多样性》，裴盛基、龙春林主编《应用民族植物学》，云南民族出版社 1998 年版，第 24 页。

样化以及生态系统内栖息地差异、生态过程变化的多样性。云南生态环境的多样性，决定了生态系统的多样性，而生态系统多样性又是生物物种多样性的基础。云南只占全国总面积4%，却有着热带雨林季、雨林、热带稀树灌木草丛（干热河谷）、各种亚热带常绿阔叶林、亚高山针叶林、高山草甸、高原湖泊、河流等自然生态系统和人工林、农田等人工生态系统。除缺少典型的温带草原生态系统、典型的荒漠生态系统和海洋生态系统三个类型外，云南省几乎包括了全国所有的生态系统类型，堪称全国的一个缩影。[①]

2. 物种多样性

物种多样性是指地球上生物有机体的种类多样性。中国的生物种类还处在不断发现的过程之中，但从已描述的种类来看，云南也堪称中国乃至世界上物种多样性最丰富的地区之一。已知有菌类7000种（估计达150000种）、藻类植物500种、苔藓植物1500种、蕨类植物1500种、裸子植物81种、被子植物15000种、昆虫7124种（估计达100000种）、鱼类382种、两栖类102种、爬行类141种、鸟类793种、哺乳动物278种。虽然国土面积不到全国的4%，但种子植物占全国的50%，野生动物种类占全国的55%以上。[②]

3. 遗传多样性

遗传多样性蕴藏在所有物种的群体内，储存在染色体、细胞器基因组的DNA序列中，内容十分丰富。中国是世界上遗传多样性最丰富的国家之一，除了极其丰富的野生遗传资源外，很多农作物、家养动物都起源于中国。云南是世界上栽培作物野生种和野生近缘种、家养动物及昆虫种质资源最丰富的地区之一。各种经济植物如药用植

[①] 参见陆树刚《云南物种的富源与生态类型多样性》，许建初主编《云南民族植物学与植物资源可持续利用的研究》，云南科技出版社2000年版，第24页。

[②] 参见郭辉军、龙春林主编《云南的生物多样性》，云南科技出版社1998年版，第26页。

物、食用植物等种质资源极其丰富，分别达 5000 种和 400 种，云南地方畜禽品种达 172 个。①

（三）民族文化多样性

云南的民族文化多样性主要由下列 5 点内容构成。

1. 民族成分多样性

云南是祖国多民族大家庭中民族成分最多的一个省，有 5000 人以上的世居少数民族 25 个，加上汉族，一共有 26 个民族长期共存。此外，还有尚待识别的芒人、空格人、克木人等，如果再加上民族内部不同支系之间的差异，云南与民族相关的群体将更加复杂多样。

2. 民族语言文字多样性

全省 25 个少数民族中，除回族、满族、水族已通用汉语外，其余 22 个少数民族都有自己的语言。其中，怒族有 3 种语言，景颇族有 2 种语言，瑶族有 2 种语言，不包括未定族称的人的语言，云南共有 26 种少数民族语言。

3. 宗教信仰多样性

云南是一个多种宗教信仰并存的地区。全省 26 个民族都有自己的宗教信仰，各民族信奉的宗教种类较多，有佛教、道教、伊斯兰教、天主教、基督教和原始宗教。除伊斯兰教主要为回族群众信奉外，其余各种宗教都有若干民族共同信仰。

4. 生产方式多样性

受生态环境多样性和生物多样性的影响，云南各民族的生产方式和经济结构亦呈现出多样性的特征。从垂直角度可划分为坝区水田稻作农业、半山区旱作农业、高山区农牧业；从平面角度可划分为：滇

---

① 参见云南省科学技术委员会编《云南生物资源开发战略研究》，云南科技出版社 1998 年版，第 28 页。

西北高山峡谷农牧业，滇西南、滇南刀耕火种和梯田农业、滇东南岩溶山区旱作农业，滇中高原和滇东北高山峡谷农牧业等多种类型。

5. 生活方式多样性

受云南生态环境多样性和各民族生产方式多样性的影响，云南各民族的生活方式亦表现出鲜明的多样性特征。主要包括建筑文化多样性、服饰文化多样性、节日文化多样性、歌舞文化多样性、饮食文化多样性、体育文化多样性、工艺文化多样性、医药文化多样性、风俗习惯多样性等。

（四）生态环境多样性、生物多样性、民族文化多样性三多一体

云南的生态环境多样性、生物多样性、民族文化多样性三大特点，并非相互孤立、隔绝发展，而是在漫长的历史过程中互动磨合，逐渐形成了三多一体、高度融合的格局，可概括为"三多一体"格局。下面分两点予以论述。

1. 三多一体互动关系的形成与发展

如前所述，环境是一个相对于生物有机体而存在的概念。生物在其生活、生长的过程中，要不断地与其环境进行物质与能量的交换。环境一方面向生物有机体提供生长发育、繁衍后代需要的物质能量，对生物有机体具有制约作用；另一方面，生物也在不断地改造环境。根据这一规律，我们可以大致找到云南的生态环境多样性、生物多样性和民族文化多样性三多一体互动关系形成与发展的基本脉络和轨迹。这就是：云南在洪荒时代便自然形成的生态环境多样性，孕育形成了云南的生物多样性。而生态环境多样性和生物多样性交互作用形成的适应人类生存与发展的环境，又孕育形成了云南的民族文化多样性。民族文化多样性一经形成，各民族人民便应用人类及其文化特有的理性与创造力，对生态环境多样性和生物多样性进行文化调适，经过漫长的互动磨合后逐渐形成并保持了三多一体、良性互动、高度融合的格局。这一格局可抽象并形式化为下面这个模型。

[图：三个相交的圆，分别标注"民族文化多样性"、"生态环境多样性"、"生物多样性"]

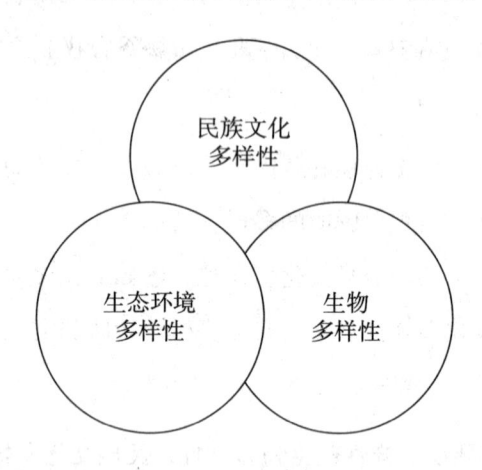

在这个模型中，最晚形成的民族文化多样性处于核心位置，对于模型能否良性互动发挥着关键作用。故这里我们有必要对云南民族文化多样性的早期形成，及其与自然良性互动关系的建立，作一简略的论述。

费孝通先生指出："民族格局似乎总是反映着地理的生态结构。"① 从地理环境的大势来看，云南位于中国的西南角，处于东亚亚热带季风区、南亚热带季风区和青藏高原三大区域的交会与过渡地带。人类文明起源的规律表明，地理过渡带比单一地带具有更为复杂多样的自然条件，为古人类的生存繁衍提供了更为广阔的可选择空间，② 因而使云南成为我国迄今所知较早的古人类发源地。从距今170万年前元谋人牙齿化石所在地层中出土了29种哺乳动物化石，主要有云南马、牛、鹿、象、原始麝、剑齿虎等。③ 从哺乳动物中多为草食类，以及植物孢粉谱反映的气候和植被生态环境看，元谋人生活在比较凉爽的草原——森林环境中。这种环境有利于人类的生存和繁

---

① 费孝通：《中华民族的多元一体格局》，《北京大学学报》1989年第4期。
② 《中华文明史》编纂委员会编：《中华文明史》第1卷，河北教育出版社1989年版，第10页。
③ 参见汪宁生《云南考古》（增订本），云南人民出版社1992年版，第2—5页。

衍，所以云南还发现了晚更新世时期的晚期智人（俗称"新人"）化石，如丽江人和西畴人等，这些遗址同时出土了多种共生的草食类哺乳动物化石如鹿、牛、马、猕猴等。进入新石器时代以后，人类活动的足迹已遍布云南全境，迄今所发现的三百多处新石器时代遗址和地点，几乎遍布全省所有县市。这些土著居民在如此复杂多样的自然环境中生存，就必然发展出适应各自环境的生产方式和生活方式，从而形成多元、多类型、多区域异彩纷呈的文化，这就为多民族格局的形成奠定了基础。与此同时，云南的六大江河体系及其自然形成的河谷通道，又把云南各土著民族与祖国内地、东南亚—南亚国家和青藏高原联系起来，构成若干条民族迁徙、流动的走廊。氐羌族群自甘青高原沿怒江、澜沧江和金沙江河谷南下，百越族群自东南沿海顺珠江水系西进或自东南亚沿澜沧江、红河水系北上，[1]使云南在拥有众多土著民族的基础上又增加了大量的外来民族。因此，早在新石器时代，云南就已是一个多民族聚居地区。新石器时代之后，在数千年漫长的历史发展过程中，祖国内地和青藏高原又有一些新的民族群体迁入云南，最终使云南这块39.4万平方千米的土地上聚居了26个民族，成为全国民族成分最多的地区。

多民族格局的存在本身就自然形成了多种多样的民族文化，而每一个民族和每一个民族的不同支系由于分布在不同的地区，为适应多样化的生态环境和利用多样化的生物资源而进行文化调适的过程中，便自然发展出多样化的生态文化。生态文化是一个民族对生活于其中的自然环境的适应性体系，它包括民族文化体系中所有与自然环境发生互动关系的内容，主要包括这个民族的宇宙观、生产方式、生活方式、社会组织、宗教信仰、风俗习惯等。[2]张光直先生指出："中国古

---

[1] 参见马曜主编《云南民族工作40年》上卷，云南民族出版社1994年版，第18—24页。

[2] 参见郭家骥《生态环境与云南藏族的文化适应》，《民族研究》2003年第1期。

代文明的一个可以说是最令人注目的特征，是从意识形态上说来它是一个整体性的宇宙形成论的框架里面创造出来的……中国古代文明是一个连续性的文明。连续性文明的产生不导致生态平衡的破坏而能够在连续下来的宇宙观的框架中实现。"这种连续性文明主要表现为"人类与动物之间的连续、地与天之间的连续、文化与自然之间的连续"。这种连续性文明与西方人与自然相分裂、相对立的破裂性文明形成了鲜明的对照。而"对中国、玛雅和苏美尔文明的一个初步的比较研究显示出来，中国的类型很可能是全世界向文明转进的主要类型，而西方的类型实在是个例外"。[①] 对云南各民族的调查研究完全证实了这一点。典型的如汉族"天人合一"的思想，纳西族人与自然是同父异母兄弟的生态文化观，藏族的人与自然混融一体的认识，普米族人与自然是朋友的观念，傣族"森林是父亲、大地是母亲""有了森林才会有水，有了水才会有田地，有了田地才会有粮食，有了粮食才会有人的生命"[②] 的认识，以及除回族外，云南几乎所有民族都信仰的传统宗教中的植物崇拜、动物崇拜和自然崇拜包含的文化与自然一体融合的思想等。在这种宇宙观和思想体系指导下，各民族都在生产方式、生活方式、社会组织、风俗习惯等方面采取了一系列具体行动来适应各自所处的自然环境。例如，为适应生态环境多样性，仅各民族培育的稻种就有 5000 多种，在混农林系统方面，则创造了 4 大类、11 亚类、82 型、220 个不同的组合。[③] 所有这些，都证明云南早在历史上就形成了生态环境多样性、生物多样性和民族文化多样性三多一体良性互动的关系。

当然，在云南各民族数千年的发展史中，人及其文化对生态环境

[①] 张光直：《连续与破裂：一个文明起源新说的草稿》，《美术、神话与祭祀》，郭净译，辽宁教育出版社 2002 年版，第 108—118 页。

[②] 参见郭家骥《云南少数民族生态文化与可持续发展》，《云南社会科学》2001 年第 4 期。

[③] 参见龙春林、郭辉军《云南生物多样性概述》，"云南民族文化、生态环境及经济协调发展"高级国际研讨会论文（未刊稿，1999 年）。

和生物多样性的破坏无疑也是存在的。例如，历史上的战乱、兵荒，明代内地汉族大规模移民云南屯田垦殖；清代改土归流后滇中居民向全省的拓展开发，以及20世纪50年代以后由于政策失误导致的一系列破坏等，都对云南的生态环境多样性、生物多样性乃至民族文化多样性的保持造成了严重的不利影响，在局部地区甚至出现了生态环境破坏、生物多样性减少和民族文化多样性流失的恶性循环。尽管如此，从总体上、全局上看，云南至今仍是中国乃至全球为数不多的继续保持着生态环境多样性、生物多样性和民族文化多样性三多一体良性互动关系的地区之一。

2. 三多一体良性互动对可持续发展的影响

"可持续发展"这一概念，最早出现在20世纪80年代中期一些发达国家的文章和文件中。[①] 它从环境保护问题发端，是对传统的以牺牲环境为代价的工业化发展模式的反思与创新。1987年，联合国世界环境与发展委员会发表了题为"我们共同的未来"的长篇报告。报告对可持续发展给出了一个明确的定义："可持续发展是既满足当代人的需要，又不对后代人满足其需要的能力构成危害的发展。"[②] 这一定义在1992年召开的世界环境与发展大会上得到广泛认同。其后，对可持续发展的研究迅速在世界范围内形成热潮，其内涵已扩展到人口、资源、环境、经济、社会、文化、科技等诸多领域，成为全人类经济社会发展的总体战略。然而，尽管对可持续发展的研究涉及自然科学和社会科学的诸多学科，其内涵还在不断扩大，但可持续发展毕竟是从环境保护问题发端的，其倡导的人与自然相和谐这一核心理念，仍然为众多研究可持续发展的学科所遵循。所谓"既满足当代人的需要，又不对后代人满足其需要的能力构成危害的发展"，也只有

---

① 参见甘师俊主编《可持续发展——跨世纪的抉择》，广东科技出版社1997年版，第4页。

② 世界环境与发展委员会编：《我们共同的未来》，王之佳、柯金良等译，吉林人民出版社1997年版，第52页。

在人与自然相和谐、自然资源能够永续利用的基础上才能够实现。因此，党的十六大报告在将可持续发展确定为全面建设小康社会的重要内容和目标时特别指出：要"促进人与自然的和谐，推动整个社会走上生产发展、生活富裕、生态良好的文明发展道路"。[1] 民族学、人类学是研究人及其文化的学问。文化是人为适应环境而创造的，人又是分属于不同的民族的；世界上没有无文化的民族，也没有不具民族特色的文化。世界各民族之所以千差万别，正是因为各民族生存的环境及其所创造的文化丰富多彩、各具特色。所以，从民族学、人类学方向研究可持续发展，人与自然的关系就更多地表现为民族文化与自然的关系，其研究的重点就是要探讨文化与自然的互动关系。文化与自然和谐平衡、良性循环，就表明发展是可持续的；反之，文化与自然互动失衡、恶性循环，则表明发展是不可持续的。而自然与文化的多样性本身，就是文化与自然和谐平衡、良性循环的标志。多样性是世界的本质。从自然界来讲，生态环境多样性和生物多样性的存在，有利于生命支持系统功能的保持及其结构的稳定；[2] 从人类社会来讲，民族文化多样性确保了人文世界的丰富多彩和生机勃勃。联合国教科文组织指出："各种复杂系统从其多样性中汲取力量：一个物种从基因的多样性中汲取力量；生态系统从生物的多样性中汲取力量；人类社会从文化的多样性中汲取力量。"[3] 江泽民同志亦强调指出："多样性是世界存在的本质特征。"[4] 因此，生态环境多样性、生物多样性、民族文化多样性的存在与保持本身，就是可持续发展的重要标志及其

---

[1] 江泽民：《全面建设小康社会 开创中国特色社会主义事业新局面——在中国共产党第十六次全国代表大会上的报告》，人民出版社2002年版，第20页。
[2] 林文棋：《从国家公园建设的角度看滇西北地区生物多样性保护》，吴良镛主编《滇西北人居环境可持续发展规划研究》，云南大学出版社2000年版，第540页。
[3] 联合国教科文组织编：《世界文化报告——文化、创新与市场》序言，北京大学出版社2000年版。
[4] 中共中央文献研究室编：《江泽民论有中国特色社会主义（专题摘编）》，中央文献出版社2002年版，第526页。

追求的重要目标。而且，更为可贵的是，这三大多样性不仅在云南同时存在，还在多样性的基础上实现了有机整合、良性互动的一体化，达到了多样性与一体化的平衡。从而表明，尽管历史上的经济开发及其政策失误对云南的三大多样性曾造成过严重的破坏，但迄今为止，云南仍然具有可持续发展的良好基础。21世纪，在西部大开发和全面建设小康社会的进程中，只要云南坚定不移地实施可持续发展战略，采取切实措施解决可持续发展面临的问题，在保护生态环境多样性和生物多样性的同时，更加注重保护在三多一体模型中处于核心地位、发挥关键作用的民族文化多样性，长期保持并不断优化三多一体良性互动的关系和格局，云南就一定能率先实现可持续发展，成为全国可持续发展的示范区。

（原载《云南社会科学》2004年第2期）

西双版纳傣族的水文化：传统与变迁
——景洪市勐罕镇曼远村案例研究

人类的生存离不开水。生活于西双版纳的傣族，与水的联系更为紧密。著名傣学专家高立士先生指出："只要一提起傣族的历史与文化，人们就会很自然地首先联想到水及与水有关的事物。"[①] 的确，西双版纳傣族傍水而居，种植水稻为生，史书描绘其"一日十浴"，[②]或许并非夸张。因此，另一位著名傣学专家黄惠焜教授直截了当地说："用水来形容傣族，是再恰当不过的了。"[③] 他还说："在概括傣族文化总的气质的时候，我曾用了'水的文化'这一概念，现在也还没有新的概念能够替代。"[④]

既然傣族是一个"水的民族"，具有"水的文化"，那么，傣族的水文化具有什么样的内涵和特征呢？通过对傣族水文化的调查和研究，笔者认为，一个民族的水文化，是这个民族在长期利用和管理水资源以求得生存与发展的实践中，基于对周围自然环境的认知与调适而创造出来的一种文化现象。它通常包括这个民族对水资源、水环境的认识与信仰，利用水资源的技术，管理水资源的制度等3个方面的

---

① 高立士：《西双版纳傣族传统灌溉与环保研究》，云南民族出版社1999年版，第12页。
② （元）李京《云南志略》说："金齿百夷……风土下湿上热，多起竹楼，居濒江，一日十浴。"载方国瑜主编《云南史料丛刊》第3卷，云南大学出版社1998年版，第129页。
③ 黄惠焜教授为高立士编译的《傣族谚语》所作序言，四川民族出版社1990年版，第3页。
④ 赵世林、伍琼华：《傣族文化志·导论》，云南民族出版社1997年版，第1页。

内容，是信仰、技术、制度三元结构的有机整合。在这个有机整合的三元结构中，对水资源、水环境的认识与信仰处于核心地位，它是一个民族千百年实践经验的理性总结，或是通过神话、传说等想象和幻想形式折射反映出来的历史真实，是一个民族宇宙观、世界观和价值观的重要组成部分，对一个民族水文化的最终形成及其持续发展发挥着关键作用。而利用水资源的技术和管理水资源的制度，则是在关于水的认识与信仰这一核心文化理念的指导下逐步形成的。本文以西双版纳傣族自治州景洪市勐罕镇曼远村这个典型的傣族村寨为例，在田野调查的基础上，从环境生态史的视角，对其水文化的传统与变迁，作一初步的研究与探讨。

一　曼远村概况及选点依据

曼远村位于西双版纳傣族自治州景洪市勐罕镇北部的基诺山下，系橄榄坝的北部边缘，属勐罕镇曼累讷办事处管辖。北与基诺山乡的回鲁、回振两村接壤，东与曼累讷办事处的曼那、曼团、曼累讷等村相连，南面和西面与本镇曼嘎俭办事处的曼迈龙、曼嘎俭等村相接。

2004 年，全村有 80 户 410 人。有耕地 797 亩，其中，有水田 727 亩，固定旱地 70 亩。在水田中种植的农作物主要有水稻、冬早西瓜[①]及辣椒、香瓜等瓜果蔬菜，在固定旱地中种植的农作物主要有玉米、豌豆、红薯等。村子坐北朝南，南面是平坦肥沃的橄榄坝，全村大部分水田就分布在坝子中。在坝子边缘的丘陵地带，村落成"一"字形横向排开并逐层递进，经过三四层房屋后便进入村子的山林地带。全

---

① 冬早西瓜是西双版纳州利用当地气候优势在冬天种植的一种早熟西瓜，每年公历 2 月就可上市销售。

村有山地面积 1250 多亩，1995 年笔者第一次到曼远村调查时，山地中有橡胶林 549 亩，茶叶地 42 亩，香蕉、菠萝、杧果、柚子等水果地 160 亩，各家各户自己种植的薪炭林（铁刀木，俗称"黑心树"）约 250 亩，其余 250 多亩系村后曼那水库周围的水源林和防护林。近年来由于橡胶种植业的扩大，全村 1250 多亩山地绝大部分已种植了橡胶，仅剩下少量的水源林和茶叶、香蕉、柚子等经济作物，其总量已不足百亩。出曼远村的地界再往北，就进入基诺山乡的茫茫群山之中了。

笔者之所以选择曼远村作为本项研究的田野调查点，主要是基于以下三个方面的考虑：

第一，勐罕镇及其所辖的曼远村，位于西双版纳的中心地带和全州第三大坝子——橄榄坝之中，是傣族传统稻作文化及其水文化表现得最有特色、最为典型的地区之一。

第二，曼远村是一个亦山亦坝的村寨，这里既有坝区平坦肥沃的土地，又有山区涵养水源的森林，因而具有比较完整的水文化及其可持续利用和管理水资源的传统知识。

第三，1995 年，为完成联合国教科文组织"世界文化发展十年"活动资助的"自然资源管理的传统实践与文化背景"研究项目，[1] 笔者到曼远村对其稻作文化进行了两个月的田野调查，撰写出版了有关著述，[2] 积累了大量的关于曼远村傣族水文化的第一手资料。

正是基于上述三点理由，2003 年 2 月和 2005 年 1 月，笔者再赴曼远村，重点对其水文化进行调查。本文便是根据三次田野调查的资料撰写而成的。

---

[1] 该项目曾得到联合国教科文组织"世界文化发展十年"活动的资助。
[2] 参见郭家骥《西双版纳傣族的稻作文化研究》，云南大学出版社 1998 年版。

二 对水的认识与信仰

（一）对水的重要性的认识

傣语称水为"喃木"，称雨水为"喃风"，称井水为"喃播"，称山箐水为"喃木慧"，称热水为"喃还"，称冷水为"喃嘎"，称洪水为"喃木老"，称下雨为"风多"……表明傣族对各种类型的水都有很细致的观察和认知。傣语称风为"垄"，称气也叫"垄"，认为风和气吹在人身上是凉的，因而是看不见的水。风和气会在空中慢慢变化，从看不见、摸不着变为看得见、摸得着，就变成了雾和雨，最终变成了水，成为人类生存须臾不可缺少的东西。[①] 根据傣族《创世纪》，傣族的创世神王及地球、人类都起源于水；宇宙中原有7个太阳，把地球烤成一个万物均不能生存的火球，是在天神的帮助下引来雨水，才把熊熊大火浇灭，拯救了地球，也为万物的生长创造了条件。[②] 因此，傣族人民对水有种天然的神圣感和崇敬感，并将水与土地、森林、粮食、生命等重要物质联系起来，形成了一系列对水的重要性的特殊认识。

傣族称土地为"喃领"，"喃"为水，"领"为土，将水置于土之前，是因为傣族在长期的生产实践中认识到，无水之土，植物不能生长；有水之土，才有利用价值。[③]

[①] 引自2005年1月笔者赴西双版纳调查傣族水文化时，对州民族宗教局傣族老专家刀新华先生调查访谈笔录。

[②] 参见征鹏主编《西双版纳传说故事集》第1集，中国民族摄影艺术出版社2005年版，第1—5、40页。

[③] 参见高立士《西双版纳傣族传统灌溉与环保研究》，云南民族出版社1999年版，第12页。

傣族谚语云:"先有水沟后有田""建寨要有林和箐,建勐要有河与沟"①"树美需有叶,地肥需有水。"② 正确揭示了水在农业生产和人们生活中的重要性。

在曼远村,通晓本民族历史文化而又充当着沟通人神联系中介角色的祭师"波章"老人对笔者讲了以下两个观点。

第一,傣族最尊重的有5样东西:一是佛,即菩萨;二是经书;三是佛爷;四是佛塔;五是大青树。大青树在所有傣族地区都是神树,没有人敢砍,人一旦触犯了大青树,非死即病。

第二,人与自然相互关系的排列顺序是林、水、田、粮、人。这不仅是人与自然和谐共处关系的反映,也是人与鬼、人与神和谐共处关系的反映。在傣族人民的观念中,林、水、田、粮等自然物都有神灵,人必须保证与这些神灵和谐共处,才能在神灵的保佑下获得生存。如果对自然物施加破坏,就将触犯神灵,不仅会受到自然的报复,还会受到神灵的惩罚。

(二)宗教信仰中的水崇拜与节庆活动中的用水习俗

1. 传统宗教信仰中的水崇拜祭祀礼仪

曼远村傣族万物有灵的传统宗教信仰中包含有多种神灵崇拜。其中,对水的崇拜与信仰的祭祀礼仪主要是祭"寨神"活动中的"八月求雨"和"一月求晴"。"八月求雨"祭祀活动在傣历的八月八日(公历6月)举行,此时正是稻田栽秧急需雨水的时节。祭祀当天清晨,全村男性成员要齐聚到寨神祭坛——村后"垄山"中。由专司供奉寨神的巫师"召舍"敬酒献肉后,率领全村男子磕头祷告。祷词大意是:寨神请下来,我们准备了丰厚的祭品,请您下来吃。吃好后请

---

① 高立士:《西双版纳傣族传统灌溉与环保研究》,云南民族出版社1999年版,第28页。

② 高立士编译:《傣族谚语》,四川民族出版社1990年版,第232页。

您好好地照管我们曼远，管好人、牛、猪、鸡，不要得病，不要死；管好田中的谷子，让雨水丰沛，不要遭灾，不要得病，不要被虫吃，粮食大丰收，家家有饭吃。所有危害人、畜和稻谷的灾害，都请您撵走。"一月求晴"祭祀活动在傣历一月八日（公历11月）举行，此时正是稻谷收割急需天晴的时节。活动内容与第一次大体相同，不同的是第二次祭祀的祷词中加进了"求晴"的内容。

2. 南传上座部佛教信仰及其节庆活动中的水崇拜祭祀礼仪

南传上座部佛教信仰及其节庆活动中的水崇拜祭祀礼仪主要有以下三种。

（1）赕新年即"泼水节"

每年傣历的六月中旬（公历4月中旬），傣族人民都要欢度傣历新年即泼水节。在曼远村，泼水节的头一天，全村人要挑清水到寺庙中为佛像洗浴。泼水节这一天，家家户户都要背一背河沙，提一瓶清水，在佛寺旁边垒起一个沙堆，沙堆上插一根树枝，并在沙堆前平一个沙台，供上竹笋、肉、饭等祭品。全村人先集中到佛寺拜佛，然后围坐在沙堆周围听佛爷念经，人们一边听经一边将清水滴洒在沙堆和树枝上。赕佛仪式结束后，人们相互泼水祝福。人们认为，新年这天浴佛、赕佛、堆沙滴水和相互泼水，能够助天降雨，求得风调雨顺、稻谷丰收。

（2）赕"毫瓦莎"即"关门节"

每年傣历的九月十五日—十二月十五日（公历7—10月），是傣族的关门节时期。在曼远村，关门节的头一天，全村每一个老人都要准备一挑清水，用当地特有的一种香竹浸泡在水中，直至清水变香，然后挑到寺院中为佛像洗浴。关门节这天凌晨三四点钟，各家各户都要派一个代表到水井里打一瓶清水，与早已准备好的蜂蜡、肉、饭、山花等祭品一起放置在一个小篾桌上，早早地就抬到佛寺门口去等着，谁去得最早，天神就会更垂青于谁。待全村家家户户的篾桌都围着佛像支好，人到齐后，祭师"波章"便宣布关门节仪式开始。首先由波章率全村人拜佛，接着由波章向大佛爷转达群众祈求风调雨顺、清吉平安的世俗要求，再由大佛爷转呈给佛。最后由大佛爷率全村人拜佛，全村人依次到佛像前敬水后仪式结束。关门节的第三天下午，老人们再次挑水到寺庙中给大佛爷和小和尚洗澡。洗完澡后，僧侣们全体"关门"，不能再外出或返家。

（3）洗塔求雨

曼远村"波章"老人对笔者讲，根据佛经记载，很久很久以前，连续几年天上都不下雨，于是，地上的人、蚂蚁、蜜蜂等万事万物各自的主便联合起来，上天去跟天神"帕雅天"谈判。最后达成协议，天神要在每年的雨季降雨，而且要在夜里下，白天不能下，否则人们无法干活。因此，在曼远村，如果已到稻谷栽插时节天上仍不降雨，人们便认为这一定是天神疏忽所至，于是便要举行洗塔求雨仪式。届时，家家户户都要预先准备好遮雨的草帽和雨伞，然后每家挑一挑水到村子后山的佛塔上去。在塔前面放一大盆水，把寺庙中的菩萨请来水盆中，用木头做一条鱼，用炭条画上鱼鳞，由大佛爷拿着鱼沿水盆转上几圈并念颂经书，然后用水洗塔，佛塔便会将人们求雨这一信息转达天神。据说，本村佛塔已有1000多年的历史，求雨非常灵验，人们挑水洗塔后，天上通常便会降雨下来。

（三）人生礼仪中的用水习俗

基于对水的信仰、崇拜及其对水的重要性的理性认识，曼远村傣族在人生的一系列重要关口，都形成了与水信仰和水崇拜密切相关的用水礼仪和用水习俗。下面分别介绍以下5种。

1. **出生用水**

婴儿一旦脱离母体，呱呱坠地，专门的接生婆和家人便要急忙用温水给婴儿洗澡，一方面洗去污垢，另一方面也祈求各方神灵保佑其清吉平安。如果产妇缺乏奶水，人们就会去找一种名叫"帕宾"的长不大的小树，将其树皮、树叶拿来用泡米水煮成药水给产妇喝下，据说这种药水能够催奶，产妇喝下后就能产生大量奶水。

2. 升和尚用水

20世纪50年代前，傣族男子一般都有一个入寺为僧，几年后还俗的过程。今天的曼远村，大约还有50%的男子遵循传统要当几年和尚，因而升和尚仪式便成为傣族男子的一个重要的人生礼仪。自愿入寺为僧的小孩要在村中选择一个中年男子拜其为干爹。举行升和尚仪式的头一天，干爹就要将小孩接到家中，为其剃头、洗澡。洗澡时，小孩站在凉台下面，干爹干妈站在凉台上面，用芭蕉叶搭成一个渡漕，干爹干妈顺着渡漕冲水下来，小孩的家人和亲戚众手帮忙，把小孩洗得干干净净。然后由干爹将其背进家中最隐秘的老人住房中，为其拴线祝福。第二天，全村人将小孩送入佛寺，举行正式的拜佛和滴水仪式后小孩就算正式当上了和尚，完成了傣族男子一生中的一个重要礼仪。

3. 治病用水

由于傣族传统文化中存在着水信仰和水崇拜意识，因而人们普遍认为清水能治病，泡米水加草药更能治病。在曼远村，清水和泡米水加草药能治好的病大约有下列诸项。

如果有人感到身上无故疼痛，或皮肤瘙痒，或眼睛疼痛，就请傣族医生"摩雅"或懂行的老人，取一瓶清水，对着清水吹一口气，然后用水抹于患处，就能即刻痊愈。

如果有人感到肚子疼，就请傣族医生"摩雅"或懂行的老人，取一瓶清水，对着清水吹一口气，念一段口功，然后让患者喝下去，就能即刻痊愈。

如果有人不慎摔断了手脚，摩雅就会抓一把紫糯米，再加少许松木屑、鸡骨、甜笋叶等一齐舂细，再倒入泡米水和牛油将其调匀，用芭蕉叶包起来放在火上慢慢熏烤。接着手持一杯清水或米酒坐到病人身边，对着病人的伤口边吹气边念口功。口功词曰："翁巩洞水，水滴水银，银子水、冷水、酒水，骨头断骨头来，肉断肉来，皮断皮来，好好来，紧紧来啊！"然后叫病人喝一口水或酒，摩雅接着口含一口水或酒喷洒在病人伤口上，再把已经烤热的紫米草药包上去。据说这种方法和药物对治疗跌打、瘆伤非常有效。

如果有人得了疟疾，是老人，摩雅就会用清水泡一盆糯米，通常需泡10多个小时直至泡米水完全混浊，才到出一碗米水，加上蒜泥和鸦片烟垢，又浸泡几小时后让病人喝下去，疟疾就会得到控制。如果是小孩，就用一种叫"哈和勒"的果子的根，将其用石头挤压出水来，加入石灰水搅拌均匀，待澄清后让其喝下，疟疾亦会很快得到控制。

4. 盖新房、贺新房用水

曼远村傣族盖新房的用水礼仪主要集中在男女两根中柱的竖立上。男柱傣话叫"抄宽"，女柱傣话叫"抄喃"，必须选择上好的"红毛树"，才能做中柱。立柱这天，男女主人要亲自用清水把代表自己的柱子擦洗干净，然后用自己的衣服和芭蕉杆、甘蔗等象征生命与甘甜、发达的东西把中柱包裹起来，以求清吉平安和万事顺遂。接着要请波章在两块红布和两块白布上写上祈求安康、吉祥的文字。男女两根中柱均用白布垫底，红布顶头。白布表示龙的肚子，寓意中柱立在龙肚子上；红布表示龙头，寓意用龙头顶起了房子。波章老人对笔者说，龙生活在水中，有水才有这两根中柱的生命，这两根中柱立在龙肚子上，就表示它的生命还在，白蚂蚁就不敢侵袭；用龙头顶起房子，就不怕刮风、打雷、下雨，这座房子就会稳稳当当地立在这里。

新房建好后正式入住之前，要举行贺新房仪式。仪式要请4个大佛爷和若干小和尚。在他们前面供奉一个用芭蕉杆做成的"神树"，上插各色纸花，并用篾桌供奉着肉、饭、菜等祭品。在祭品后面约2

米的距离，用芭蕉杆一根和木棒两根搭成一个三脚架，上面挂几块白布，用一根白色粗棉线把神树和三脚架连接起来。三脚架象征新房，寓意为请神保佑新房稳固，住新房的人家像树木和山花一样兴旺发达。新房主人跪在三脚架中，其子女和父母跪在三脚架旁边和后边，村中的其他老人跪在周围。每人都手捧一对蜂蜡，虔诚地聆听大佛爷和小和尚念经祝福。念一段，由波章讲一段，再由一个大佛爷用一把树枝向新房家人洒一回清水，祝福其平安吉祥，如此反复四五次。然后由新房主人在新房中间放置一盆清水，参加贺新房仪式的人们各自用杯子打一杯水，祈祷后又将水慢慢地滴入盆中，至此，贺新房仪式结束。全村群众便帮着主人开始搬东西进新房。这时，要由波章老人手持一碗清水和一片树叶，给每一个搬东西上新房的人和物件洒水，寓意既驱鬼又赐福。

5. 丧葬礼仪用水

在曼远村，人死落气后，家中亲人就要立即用温水给死者洗澡，让其干干净净地到另一世界去。与此同时，要用一个脸盆盛一盆清水，放一把带刺的树枝，用一个小篾箩将其吊挂在庭院门口的树木上，以便前来吊唁和送葬的亲友及村民在到来和离开时都用树枝蘸水自己洒在头上，寓意为避邪驱鬼，能将不好的东西赶跑，求得清吉平安。

出殡这天，由4个人手持4根大大的芭蕉叶走在前面，一个小和尚手拉一根拴在棺材上的棉线，4个人抬着棺材跟着小和尚前进。值得注意的是送葬队伍中专门有人手提一瓶泡糯米水，出殡之前先在死者床前洒一点，来到公共墓地后，亲友围站在棺材周围聆听小和尚念经，小和尚一边念经，提水的这个人一边在棺材旁和棺材上洒水。笔者问波章老人此为何意？他告诉笔者说，泡糯米水是傣族的"洗发香波"，它有清洁、护发和滋养人体的功效，酷爱清洁的傣族人民经常用泡糯米水洗头。经常用糯米水洗头的人生命力很强，不吃不喝都可以坚持活7天，而不用糯米水洗头的人不吃不喝最多挨上三四天就不行了。因此，既然一个人活着的时候要用糯米水洗头，那么死后进入鬼的世界，他（她）也需要用糯米水洗头。所以，人死后都要用糯米水给他送葬。和尚念经结束后，即将尸体火化。

翌日上午，死者亲友和村民们又敲锣打鼓带上肉、饭、菜、水果、清水等祭品到佛寺中为死去的老人过赕。过赕时大佛爷带一个小和尚靠佛而坐，波章领着其他人面佛而跪，祭品放置在小篾桌上摆在佛像面前，大家点燃蜂蜡供奉在佛像前。先由波章讲话，他把人们祝死者升天和祝生者安康吉祥的请求告诉大佛爷，再由大佛爷转呈给佛。如此者三四次后，大家便把瓶子里的清水滴洒在篾桌上，意为让死者在另一个世界上也有水喝。整个丧葬仪式方告结束。

（四）水崇拜的变迁

中华人民共和国成立特别是民主改革以后，由于破除迷信运动的大力开展和无神论思想的大力传播，对傣族传统的水信仰、水崇拜及其相关礼仪冲击很大。但据笔者在曼远村的调查和观察，随着改革开放以来党的宗教信仰自由政策和尊重少数民族风俗习惯政策的贯彻落实，根深蒂固地存在于傣族人民心灵深处的这些信仰和崇拜意识又得以复活，并正在成为推动当代傣族地区可持续发展的重要资源。例如，上述与水崇拜相关的关门节、贺新房及丧葬礼仪中的用水习俗，就是笔者在三次田野调查中的亲眼所见。此外，还可以再举两个典型的实例予以说明。

实例一：是曼远村垄山森林植被的保护。曼远村垄山是"八月求雨、一月求晴"祭祀寨神的地方，这里的森林植被是不允许任何人砍伐的。1958年的大炼钢铁及以后的破除迷信运动，虽然对本村的森林造成了一定破坏，但在本村老人的共同抵制下仍然使本村的大片森林得以保存下来。据在村中有较高威望的"波章"老人对笔者说，1958

年，本村的一些年轻人在外寨的影响下，准备把"垄山"上的树木砍倒办一个木材加工厂，村中"老波涛"（男性老人）闻信后便齐聚到"垄山"上，用民族传统规矩对年轻人晓以利害，从而制止了砍伐，保住了"垄山"。1985年，为了重建在"文化大革命"中被摧毁的佛寺，全村人不得已从垄山上砍了3棵百年老树来做佛寺的柱子。然而，佛寺建好后不久，3个直接操斧砍树的年轻人中就有两个人分别遭到了厄运：一个人不明原因地死了，另一个人不明原因地疯了。此事一出，立刻震惊了全村人，全村人似乎又一次感受到了垄山和寨神的威力，此后就再也无人敢动垄山上的一草一木了。因此，尽管20世纪80年代以来橡胶种植业的大规模发展已对曼远村的森林植被造成了严重破坏，但位于村寨后面的垄山仍然郁郁葱葱，几十棵上百年的老树迎风招展，成为曼远村的一道绿色景观。

实例二：曼远村一个现代"水神话"的诞生与流传。曼远村西部有一座山，是全村最高的山，山顶海拔900多米，越过山顶，便属于基诺山的地界了。据老人们说，此山直到20世纪60年代仍然是古木参天，几人抱不过来的大树随处可见。"文化大革命"时期，开始有人到这里砍树盖房子，但直到20世纪80年代，这里仍然为茂密的森林所覆盖，故一直保存着一股碗口粗的水源，这股水流进村中的鱼塘后流入坝子的稻田中，成为每年降雨之前育秧保苗的重要水源。但是，自1983年"两山一地"①承包到户后，山上的树就被承包户彻底砍光种上了菠萝，于是水源也就只剩下手指粗的一股了。1994年5月，下了一场并不太大的雨，这里却暴发了泥石流，水夹带着泥沙填满了鱼塘又冲进稻田中，给承包户造成了极大的损失。大自然的惩罚引起了村中老人会的重视，反思的结果是他们认为这是砍树种菠萝触犯了山神、树神和水神，必须采取祭祀和保护措施才能免遭这些超自然神灵的再次惩罚。于是，在老人会4位领导的具体组织下，全村家

---

① "两山一地"即自留山、责任山、轮歇地。

家户户凑钱在山中水源出口处修建了两条龙，引水从龙嘴中流下，并在旁边修建了一个祭坛、一座亭子。工程落成这天，全村人到此举行隆重的祭祀仪式并规定今后任何人都不准再砍水源附近的树木。而且，令人惊奇的是，祭祀仪式结束后不到半年时间，有关这股水的种种"神话"便四处传播开来。据说，从龙嘴中流出的水变成了"药"，这种药能治头疼、肚子疼、脚疼、耳聋、眼花、脚上生泡等病症，谁要取水当药，均需带一对蜂蜡到"波章"老人处，由波章为其祈祷祝福后亲自去取水，然后方可治病，保证药到病除。"神话"传开后，吸引了勐海、勐腊、景洪、勐罕镇以及基诺山的人都来这儿取水治病，水源周围的树木林草自然也就再无人敢碰了。笔者认为，这一"神话"当可理解为傣族老人利用超自然神灵的威慑力和傣族人民的水信仰、水崇拜意识来保护水源的一种巧妙而高超的智慧。曼远村傣族老人或许并未自觉地意识到这一点，但确实收到了保护水源的实际效果。

三　水利技术

（一）传统水利技术

虽然西双版纳的年降雨量和地表水资源都很丰富，但因降雨和河流的时空分布不均，因而使傣族稻作农耕的发展对人工水利灌溉设施的依赖性较大。在曼远村，稻田灌溉一靠天然降雨；二靠从基诺山流下来的"卫乃"、"卫达"和"卫蒙"等三条小河；三靠本村农民自己修建的、连接3条小河和无数山泉小溪而又在田地中纵横成网的人工沟渠了。

20世纪50年代前,每年栽秧之前,都要由"召片领"① 直接领导的议事庭庭长下达一道修水沟的命令。命令要求各勐"召勐"② 要派主管水利的官员到各村各寨去宣布命令、组织并督促各村寨进行水利灌溉工程的岁修。③ 曼远村在接到命令后,便由村社头人"帕雅"和村社水利管理员"板闷曼"④ 组织村社各家各户投工投劳,在三条小河中用竹、木、石头和泥土筑坝蓄水,修理沟渠。曼远村自己的山地及其背靠的基诺山区,当时仍为茂密的原始森林所覆盖,林中堆积着厚厚的枯枝落叶和腐殖物,这些东西经过雨季时期的大雨冲刷和平常时期的高山潺潺流水,沿小溪河流和人工沟渠进入稻田中,便成为上等的天然肥料;大雨冲刷还将村寨周围的人畜粪便和泥土带入田中淤积下来,既肥田又能改良土壤。

(二) 当代水利技术

曼远村傣族农民虽然每年都要定期修理水沟以堵坝引水灌溉稻田,但由于没有水库,因而对水资源的调控能力较弱。每遇暴雨,大水顺山滚滚而下之时,往往只有毁堤拆坝任水顺河流走;而到了栽插时节,一旦雨水不能及时下来,仅靠潺潺小溪山箐水又难以保证满栽满种的需要。因此,尽管兴修水利的传统由来已久,但真正能够旱涝保收的仍然只有靠山近水的少数田块,其余大部分田块在很大程度上还得依靠天然降雨,所以才有傣族"八月求雨、一月求晴"的祭祀。中华人民共和国成立后,政府组织傣族农民多次掀起大规模兴修水利工程的热潮。仅在曼远村可以受益的范围内,就于1975年在"卫蒙"

---

① "召片领"意为"广大土地之主",是西双版纳的最高领主和最高统治者,也是元、明、清以来中央王朝册封的"车里宣慰使",其职位世袭相传。
② "召勐"意为"一片土地之主",多为召片领的宗室、亲信担任,可以世袭,亦可随时更换。
③ 参见张公瑾《傣族文化研究》,云南民族出版社1988年版,第11页。
④ "板闷"是傣族村社对水利管理人员的特称。"板"为铜锣,"闷"为水沟,直译为"沟锣",它以管水员鸣锣开道,通知有关修沟、分水事而得名。参见高立士《西双版纳傣族传统灌溉与环保研究》,云南民族出版社1999年版,第140页。

河上游修建了库容为97.5万立方米的"曼那水库",在"卫达"河上游修建了库容为30万立方米的"曼团水库";1985年在"卫乃"河上游修建了库容为90万立方米的"曼秀水库";1977年又将库容为500万立方米的"曼岭水库"的水通过大沟引入曼那水库,再引入曼远村。上述几大水利工程的修建,就使曼远村的保水田从100多亩增加到450亩。进入20世纪90年代,兴修水利再一次成为国家建设的重点。1994年,勐罕镇被列入国家组织的第二期滇西南农业综合开发项目点,由国家投资150万元,于1995年栽秧之前,修建了一条长8千米、宽2米、深1米的水泥三面光大沟,名曰"曼燕大沟",这条大沟接通了曼岭水库、曼桂1水库、曼桂2水库、曼秀水库、曼团水库、曼那水库、曼卖龙水库和曼章水库,上述8座水库共约1600万立方米库容的水资源均可沿着曼燕大沟流入包括曼远村在内的七八个傣族村寨的稻田中,从而使曼远村基本消灭了雷响田。水利设施的改善和水利化程度的提高,使曼远村727亩水田基本上成了保水田,为傣族稻作农业的进一步发展和冬季农业开发,创造了良好的物质条件。

四 水资源管理制度

(一) 传统管理制度

水资源的传统管理制度有以下4点。

1. 有一套垂直管理系统

上自召片领直辖的宣慰司署、各勐司署,下至各个火西、[①] 村寨,

---

① "火西"是20世纪50年代前西双版纳傣族地区的一级基层政权机构,每个火西由三五个,多至七八个自然村社组成。

都设有水利专管人员。最高一级的水利总管，由召片领任命他的内务大臣"召龙帕萨"担任。分布在各勐的各条大沟渠，都设有"板闷龙"（"龙"为大，即正水利官）和"板闷囡"（"囡"为小，即副水利官）两个水利官员，行使管水权。水沟经过的每一个村又设"板闷曼"即水利员一人，受正副水利官指挥管理本村的水利事务，形成自上而下的垂直管理系统。① 曼远村由于紧靠基诺山流下来的三条小河是为水头寨，但因小河水量较少只能灌溉曼远村及其附近的曼应代、曼累讷等三个村子，而另外两个村子历史上就是别的村寨缺少土地的农户搬迁到曼远村的土地上来耕种而逐渐形成的，因此，这三个村寨的水利灌溉便由曼远村的"板闷曼"统一管理。

2. 有组织地定期维修水利设施

每年召片领直辖之议事庭庭长下达修水利的命令后，勐罕召勐便派出水利官员"扎木罕"下到曼远村，会同曼远村村社头人"帕雅"和"板闷曼"，组织、督促群众进行水利设施的岁修。岁修的任务要明确分配落实到每家每户。水沟修好后，要经"扎木罕"和"板闷曼"检查验收。方法是将一个小竹筏放入水中，上载石头，系上绳子，拉着从沟头到沟尾顺流漂行，能够通行的便算合格，不能通行的就要通知负责维修这段水沟的村寨和农户返工重修，并罚酒1斤、鸡1对以示惩罚。有时为了简便易行，就由水利官员随手扯一把野草或抓一把米糠洒进水沟中，任其顺水流走，看野草和米糠堵塞在那里，就罚负责维修这段水沟的村寨和农户返工重修。

3. 公平合理地分水用水

水沟修好后，要由主管水利的官员会同各村寨头人为各家各户分水。在曼远村，傣族农民称分水为"拔多拔坑"。"拔"意为分，

---

① 参见高立士《西双版纳傣族传统水利灌溉及其社会意义初探》，《云南民族学院学报》1994年第3期。

"多"意为和平、公平,"坑"即木头,"拔多拔坑"意为用木头和平、公平地分水。分水由勐罕召勐派来村中督促、检查水利维修情况的官员"扎木罕"主持,他根据各家水田的多少、田块位置的高低和距主水沟距离远近,经与"帕雅""板闷曼"和田主协商后确定每块田的用水量,然后根据不同的用水量在一块块特制的分水木板上砍开不同大小的口子,将其横置在沟与田或高田与低田的交接处,水便经木槽口适量均衡地流入各家稻田。一年一度的分水一经确定,从一般农民到村寨头人都必须遵照执行,谁要是敢于违背这种不成文的传统水规,就要受到严厉惩罚,一般农民罚款3元半开,村社头人和村中管水利的人知法犯法便要加倍惩罚,罚款6元半开。

4. 保护森林以保持水资源永不枯竭

保护森林的措施有二。一是通过广植薪炭林和竹林从客观上减少对森林的砍伐。20世纪50年代之前,甚至80年代橡胶大发展之前,曼远村傣族家家户户都种植有几亩铁刀木当烧柴,种植几十蓬竹子当建房用材。这两项生活必需用材通过种植解决后,自然就减少了对森林的砍伐,从而在客观上有效地保护了森林资源并涵养了水资源。二是通过民族民间宗教信仰保护了大片最好的原始森林免遭砍伐。每一个傣族村寨都有自己的寨神,寨神的祭坛必定设置在森林里面而成为"垄山"。曼远村的垄山就在村子后面,山上覆盖着茂密的原始森林足以遮天蔽日。垄山上的一草一木都是神圣不可侵犯的,不仅严禁砍伐、采集、放牧,也严禁人们在里面大小便,违者将受处罚。因而,垄山对森林资源的保护功效从而对水资源的涵养功效是十分明显的。

(二) 当代管理制度

中华人民共和国成立以后,各级政府在不断投入资金发动和组织傣族农民兴修水利和沟渠的同时,也形成了一套新的水资源管理制度,主要包括以下四点。

第一，逐级建立管理机构。州、市成立水利局，乡（镇）成立水利管理站。勐罕镇水利管理站下设水库管理和水沟管理两个办公室。水库管理办公室负责水库的维修、保养、除险加固、蓄水、防洪和放水；水沟管理办公室负责每年发动组织全镇农民家家户户进行沟渠的岁修、日常管理、农田灌溉和农村饮水等。水沟管理办公室下辖5个水利管理员，分管全镇的勐罕大沟、曼燕大沟、曼法岱大沟、曼海大沟、曼岭大沟等五大片区沟渠的巡视、检查和日常管理，发洪水时的沟渠保护，协调分配各个片区的灌溉用水量等。村民委员会设专职水利管理员，负责协调村民委员会之间的用水分配和水利纠纷，巡视、检查本村的沟渠并进行日常管理。自然村设兼职水利管理员，曼远村由村民小组长代行水利管理员职责。同样也就形成了一套自上而下的垂直管理系统。

第二，变水资源无偿使用为有偿使用。随着政府投资进行的大规模水利建设的完成和市场经济的发展，政府开始逐步对各项用水收取水费。在曼远村，农民每种一亩水稻交水费15.60元，一亩经济作物交水费15元，由村级水利管理员统一收齐后逐级上缴。水资源的有偿使用有助于提高农民的水资源节约与保护意识，是市场经济条件下对水资源进行有效管理和可持续利用的一种好办法。

第三，水管站放水，农户自己管水。随着水利化程度的提高，以往那种由水利官员和村社头人按稻田面积逐家逐户分水的办法已无必要。但五大水沟片区之间、各村民委员会之间以及各自然村之间，每到栽秧季节也要由各级水利管理员协调分水方案，各村寨用水量的大小用不同粗细的钢管或不同大小的进水口予以分配。然后由水管站统一放水，各家各户根据自家稻田需水量的多少自己开进水口，灌满稻田后由水管站统一关水。雨季时若需排水防涝，亦由各家各户自挖排水口让田中水流入主水沟即可排入江河中。

第四，利用村规民约进行管理。曼远村1987年制定了村规民约，

1990年经适当修订后已沿用至今。全文共22条，与水资源管理相关的有2条，分别是：

第8条 各家各户应在1983年划定的自留山和责任山范围内经营，不得抢占别家的，禁止砍伐国有林、集体林，如有违反，每亩罚款50元以上。

第9条 不准在大路上和大沟上开田，要保护水沟、维护水规，否则罚款50—100元。

综上所述，在傣族人民的宇宙观、世界观和价值观中，水占有十分重要的地位并发挥着十分重要的作用。在这一核心的文化理念指导下，西双版纳傣族形成了一系列与水密切相关的宗教礼仪和用水习俗，形成了一整套可持续利用和管理水资源的技术和制度，有力地保障了西双版纳数千年来人与自然的和谐发展，使西双版纳成为地球北回归线上的最后一块绿洲。然而，随着20世纪80年代以来在现代化进程推动下橡胶种植业的大规模发展，西双版纳及其曼远村也出现了水土流失加剧、气候发生不利变化、天然水源减少、生物多样性遭到破坏等不利于可持续发展的严重问题。与此同时，随着传统的不惜牺牲环境而单纯追求经济增长的工业化、现代化模式向全球的扩展，水资源短缺、水环境恶化、水体污染日趋严重已成为全世界和全人类共同面临的危机。面对共同的危机，我们不能不由衷地叹服傣族传统水文化中蕴含的理性、科学与智慧。因此，深入发掘、系统总结傣族传统水文化中所蕴含的理性与智慧来指导今天可持续发展的实践，具有重要的学术理论价值和实践应用价值。

（原载《民族研究》2006年第2期，获第十一次云南省政府哲学社会科学优秀成果"一等奖"）

云南少数民族的生态文化与可持续发展

刚刚过去的20世纪，是人类发展取得巨大成就而自然环境遭到巨大破坏的世纪，严重的生态危机促使人类对传统的发展模式进行反思，逐步形成了可持续发展的思想。与此同时，随着生态人类学、民族植物学、环境社会学和环境史学等新兴学科研究的不断深入，人们发现，全球各地少数民族和土著居民传统的生产生活方式中，迄今仍然存活着许多与特定的生态环境相适应、与当代可持续发展理念相吻合的生态智慧和生态知识，这些与生态环境密切相关的地方性知识，便构成各民族的生态文化。

俗话说，"一方水土养一方人"；反过来说，"一方人也适应、利用和养护一方水土"。博大精深、丰富多彩、源远流长、持续发展的中华文化中，很早就形成了"天人合一""致中和"等人与自然相和谐的文化理念，而作为中华民族重要组成部分的云南各民族，也早就在水土养人和人适应、利用和养护水土这一人与自然的复杂互动过程中，形成了各具地方与民族特色的生态智慧、生态知识和生态文化。本文旨在从理论上揭示生态文化的内涵与特征，概述中华文化中"天人合一"的生态文化理念的基础上，着重对云南少数民族的生态文化进行深入的发掘，并对如何利用各民族的生态文化促进云南可持续发展的问题，提出自己的理论思考与对策建议。

一 生态文化的内涵与特征

大家知道,关于文化的定义迄今已有数百种,但"生态文化"这一概念,直到20世纪90年代才在我国的相关文献中出现。然而,这一概念虽然出现较晚,但笔者认为其理论当源自生态人类学,并将成为生态人类学的一个核心概念。"生态人类学"一词,据知是由美国的维达和拉帕帕特(Andrew P. Vayda & Roy A Rappaport)于1968年最早使用的。从学术史上来讲,它由"文化生态学"发展而来,[①]但其思想根源可以追溯到古希腊时期。生态人类学根源于对环境解释的以下三种不同的思想传统。

第一,环境决定论。这种理论认为,地理环境在人类社会发展中发挥着"原动力"作用,人类文明的起源和特点,人类社会的政治、经济、文化、社会组织、风俗习惯、宗教、道德、艺术以至人格,均可由地理环境来解释,都是由地理环境决定的。这种理论的代表性人物和思想主要有希波克拉底(Hippocrates)的体液论,柏拉图、亚里士多德和孟德斯鸠等人关于气候对人格、智力、政体和宗教起源的决定性影响的论述等。

第二,环境可能论。20世纪二三十年代,人类学界对环境解释的总趋势是由决定论转向可能论。可能论认为环境并不是肇始因素,而只是限制的或选择的因素。地理环境并没有造成人类的文化,而只是设定了某种文化现象能够发生的界限而已。这种理论的代表性人物主要有博厄斯(F. Boas)和克鲁伯(A. L. Kroeber)。博厄斯认为,环境对文化的影响限于引起原有的文化形式中的某些修改,刺激朝向的方

---

① 参见庄孔韶主编《人类学通论》,山西教育出版社2003年版,第126页。

向则由文化因素来决定。① 克鲁伯则指出："文化根源于自然,要彻底认识文化,只有联系其根源的自然环境,这是事实;但是,像根源于土壤的植物不是由土壤制造或造成的一样,文化并不是由其根植的自然环境所制造的。文化现象的直接原因是其他文化现象。"②

第三,环境与文化互动论。环境决定论和环境可能论虽然是对环境解释的两种不同的观点,但它们又有一个共同点,即两种观点都将人类与环境之间的关系解释为人类处于一方,而环境处于另外一方,两者绝不相容。两种观点的目的都是要确定一方对另一方的影响和作用。为了突破这两种观点的局限性,20世纪50年代以来,随着斯图尔德创立的文化生态学的兴起及生态人类学的发展,环境与文化相互作用的互动论和生态学观点,便成为生态人类学环境解释的主流观点。这种观点认为,人类文化与环境之间的相互作用始终不断地发生,两者之间明确的"分野"是不存在的,要理解一方就必须了解另外一方。③ 显而易见,互动论和生态学观点无疑是环境解释的更为正确和科学的观点,这种观点有可能更准确地理解人与环境的关系。由于生态人类学理论自身的完善和发展,也由于20世纪全球环境问题的日趋严重,生态人类学的影响日趋扩大,现已发展成为人类学中最重要、最关键的分支学科之一。

人类是靠文化来与环境发生互动关系的。"在没有生理改变的情况下,人类之所以能够不断地繁衍后代,并且成功地移居到世界各地各种不同的环境里,其最主要的原因就在于人类有文化。换句话说,因为文化,使得人类不必像其他生物一样,必须凭借生理器官的改变而适应环境。在此,人类的文化,代替了一般生物演化的器官,成为

---

① 参见庄孔韶主编《人类学通论》,山西教育出版社2003年版,第133页。
② 转引自[美]唐纳德·L. 哈迪斯蒂《生态人类学》,郭凡、邹和译,文物出版社2002年版,第5页。
③ 参见[美]唐纳德·L. 哈迪斯蒂《生态人类学》,郭凡、邹和译,文物出版社2002年版,第8页。

我们种族适应环境的最主要的利器。因此，人类学家将文化称为人类的'体外器官'。"①这种适应环境的利器或"体外器官"，就是人类文化中的生态文化。人类文化包括多方面的内容，生态文化特指人类与自然环境发生互动关系的所有文化内容。

因此，笔者认为，文化是一个民族对周围自然环境和社会环境的适应性体系。生态文化是一个民族对生活于其中的自然环境的适应性体系，它包括这个民族文化体系中所有与自然环境发生互动关系的内容，主要是这个民族的宇宙观、生产方式、生活方式、社会组织、宗教信仰、风俗习惯等。大家知道，在人类学中，关于文化的定义已有数百种；关于生态文化的定义则迄今尚未见到。笔者给"文化"和"生态文化"这两个概念所下的定义，曾受到吴文藻先生关于文化定义的启发。他指出："文化最简单的定义可说是某一社区内居民所形成的生活方式；所谓方式系指居民在其生活各个方面活动的结果。文化也可以说是一个民族应付环境——物质的、概念的、社会的和精神的环境——的总成绩。"②受其启示，笔者认为，可将环境大致划分为自然环境和社会环境，因此，文化是一个民族对所处的自然环境和社会环境的适应性体系，生态文化就是一个民族对生活于其中的自然环境的适应性体系。从生态文化这一概念的内涵和外延中可以看出，所谓生态文化，实质上就是一个民族在适应、利用和改造环境及其被环境所改造的过程中，在文化与自然互动关系的发展过程中积累和形成的知识和经验。这些知识和经验就蕴含和表现在这个民族的宇宙观、生产方式、生活方式、社会组织、宗教信仰和风俗习惯等之中。

笔者提出的生态文化理论，在坚持生态人类学中人与环境的互动论观点的同时，特别强调人与环境在不同历史阶段和不同区域的辩证的相互作用。笔者认为，在人类历史的早期，自然环境对人类文化和

---

① 《李亦园自选集》，上海教育出版社2002年版，第6页。
② 参见费孝通、王同惠《花蓝瑶社会组织》导言，商务印书馆1936年版。

社会发展的决定性影响是显而易见的。马克思、恩格斯指出:"自然界起初是作为一种完全异己的、有无限威力的和不可制服的力量与人们对立的,人们同它的关系完全像动物同它的关系一样,人们就像牲畜一样服从它的权力。"[①] 随着人类社会生产力和科学技术的发展,人类认识自然、改造自然能力的提高,自然环境对人类文化和历史发展的影响和作用正在日趋减弱,而人类文化对自然环境的影响和作用正在日趋加强。虽然,即使到了科学技术和生产力高度发达的今天,自然环境对经济社会发展的制约和影响仍然随处可见,因为一个十分浅显但颠扑不破的事实和真理摆在人们面前:生产力发展水平再高,科学技术再发达,人类也不可能离开自己生存的自然环境而任意创造历史。但是,随着以科学技术和市场体系支撑起来的工业化和现代化进程向全球的拓展,人类在全球的许多地方,都已具备了对其所处的自然环境做出重大改变的能力,因此,在人与环境、文化与自然的互动关系中,人类文化已逐渐占据主要的和核心的地位,人类的所作所为对于维持人与环境、文化与自然的良性互动还是恶性循环,发挥着关键作用。所以,深入研究各民族的生态文化,深入发掘各民族生态文化中所蕴含的维持人与环境良性互动的古老智慧和宝贵经验,用以促进今天的可持续发展,具有重要的学术理论价值和实践应用价值。

二 中华民族"天人合一"的生态文化

已故著名的美籍华人考古学家张光直先生,在比较分析了世界各主要文明发源地丰富的考古资料后,提出了一套全世界向文明转进的两种类型的理论,即著名的"连续与破裂"的理论。他认为,中国与

---

① 《马克思恩格斯选集》第1卷,人民出版社1972年版,第35页。

西方两大文明之间的深刻差异,从文明肇始之日起就已存在;之所以如此,是因为他们受不同的原则支配,也就是受两种不同的宇宙观和文化理念支配。张先生指出:"中国文明、玛雅文明和其他很多文明代表古代一个基层的进一步发展,在此基层上发展出来的文明,都是连续性的文明。在这些文明的城市、国家产生的过程中,政治程序(而非技术、贸易程序)都是主要的动力。在此基层发展的过程中,某些地方发生过一些飞跃性的突破。我们知道的一个突破性文明是苏美尔文明。它后来通过巴比伦、希腊、罗马而演进到现代的西方文明,所以现代西方的文明从苏美尔文明开始就代表着一种从亚美文化底层突破出来的一些新现象。这种文明产生的财富的累积和集中的程序,主要不是政治程序而是技术、贸易程序……"① 张先生进一步指出:"中国古代文明的一个可以说是最令人注目的特征,是从意识形态上说来它是一个整体性的宇宙形成的框架里面创造出来的……中国古代文明是一个连续性的文明。连续性文明的产生不导致生态平衡的破坏而能够在连续下来的宇宙观的框架中实现。"这种连续性文明的特征主要表现为"人类与动物之间的连续、地与天之间的连续、文化与自然之间的联系"。西方文明类型的特征"不是连续性而是破裂性——与宇宙形成的整体论的破裂——与人类和他的自然资源之间的分割性。走这条路的文明是用由生产技术革命与以贸易形式输入新的资源这种方式积蓄起来的财富为基础而建造起来的"。而"对中国、玛雅和苏美尔文明的一个初步的比较研究显示出来,中国的类型很可能是全世界向文明转进的主要类型,而西方的类型实在是个例外"。②

在另一篇文章中,张先生进一步明确将中国文化的这种连续性特点与中国现代化的成功联系起来。他指出:"中国传统的'天人合一'概念,建基于人类和自然之间一种和谐的关系,建基于传统文化行为

---

① 张光直:《中国青铜时代》,生活·读书·新知三联书店 1999 年版,第 482—483 页。
② 同上书,第 487、495、496 页。

的一致性，这些行为表现在农业、建筑、医药、畜牧、烹饪、废物处理，以及物质生活的每一方面……我坚信，若要成功实现现代化，或者，实际上国家能生存下去，中国必须既要有技术与贸易，又要'天人合一'。如果能够重新发扬'天人合一'这个概念，将可对全人类有重大贡献。"[①]

为了帮助大家能够比较清晰地理解张先生提出的理论框架，汉语世界的著名人类学家李亦园教授，把张先生的理论具体化为表1：

表1　　　　　　　　　中西文明理念差异分析

	中国文明连续性（Continuity）的变化	西方（苏美尔 Sumerian）文明断裂（rupture）性的变化
生产工具	石、木、骨、蚌器的延续（青铜器用于政治、宗教、祭祀与兵戎）	金属器用于生产
人际关系	民族、宗族的延续	地缘团体取代亲缘
文字的应用	亲族和宗教仪式为主	技术、贸易的记录（契约社会的出现）
城乡关系	原有氏族关系的延续，政教中心的城市	城乡分离，交易中心的城市
财富累积与集中	经由政治与仪式手段	经由技术发明与贸易手段

---

① 张光直：《"天人合一"的宇宙观与中国的现代化》，《考古人类学随笔》，生活·读书·新知三联书店1999年版，第49—51页。

续表

	中国文明连续性 （Continuity）的变化	西方（苏美尔 Sumerian） 文明断裂（rupture）性的变化
权力的获得	政治与宗教的结合，巫师（Shaman）与圣王的统治	国家与庙宇的分立
意识形态及宇宙观	人与自然及超自然的连续（存有的延续 Continuity of being）	人与自然及超自然的分隔与对立（存有的断裂 rupture of being）

资料来源：李亦园《生态环境、文化理念与人类永续发展》，《广西民族学院学报》2004 年第 4 期。

从表 1 中可以看出，早在文明肇始之初，中国与西方就在生产力与生产关系、经济基础与上层建筑的诸多方面，走上了完全不同的道路。这种差异，在人与自然的关系特别是生产工具的使用上表现得最为明显。从夏朝转入商朝是中国开始利用青铜器的时期，商朝的青铜器都用作礼器、酒器和兵器，而商代使用的农器则延续了新石器时代的石器、木器、蚌器和骨器。但是苏美尔（Sumerian）不同，它最早用青铜刀来收割小麦。所以李亦园先生说：

> 西方的学者常常笑话说，你们中国人好笨，发明青铜器却不用来生产。我们中国人不是笨，我们中国人从那个时代开始就是希望跟自然和谐，我们不愿意用很有用、很有效的东西来破坏自然，从那时候开始我们就是这样。我们认为自己跟宇宙是一体的，是连续的，与整个宇宙在一起，不管是天、地、虫、草都跟我们是一体的，牵一发而动全身；我们的立场是要与自然保持和谐、互相尊重。我们当然知道用青铜器来生产比较有效，产生更多食物，但多不一定是好。这一点从那时候开始就是我们基本宇宙观。而且，这种延续的态度，不但开始于史前时代，而且延续

几千年，一直到现代；还延续到所有海外的华人，他们都共同具有这样的观念，只要他受过中国文化的教育，不管他第几代在海外，都还延续这样子在他们的日常生活态度上。①

世所公认，中华文明是全世界所有文明中唯一持续发展数千年延续至今而从未中断过的文明，之所以能够如此的原因固然很多，但中华文明从肇始之初就形成的"天人合一"的生态文化理念和一整套人与自然相和谐的生态文化，当是两个非常重要的原因。

三　云南少数民族的生态文化

云南各民族是中华民族多元一体格局的重要组成部分，在长期生存与发展的实践中，云南各民族通过与各自所处自然环境的互动与调适，创造形成了丰富多彩、各具地方与民族特色的生态文化，不仅有力地保证了数千年的持续发展，而且极大地丰富了中华民族"天人合一"的文化理念，为中华文明的长期延续做出了独特的贡献。

（一）藏族的生态文化

早在远古时期，藏族先民在适应高寒缺氧的严酷生存环境的过程中，形成了万物有灵的原始宗教——苯教，其中就包含有神山崇拜和人与自然和谐共处的朦胧意识。佛教传入后，佛教的行善、惜生、因果轮回等观念，与藏族的原始宗教信仰相结合，就形成了以神山崇拜为核心的生态文化。这种文化认为：动植物都是有生命的，狩猎、砍

---

① 李亦园：《生态环境、文化理念与人类永续发展》，《广西民族学院学报》2004年第4期。

树是杀生行为，要进行严格的控制。动植物多了，家畜与人的疾病将大大减少。这是因为，如果疾病将要流行，山上的动植物首先是一道屏障，它们为人类和农作物挡住病菌和污浊的空气，因此，不能乱砍滥猎。砍了不该砍的树，打了不该打的鸟，就不得好报。相反，如果保护动植物，如收一个捕猎用的扣子，就是救一条生命；收两个扣子，就是救两条生命，终有好报。在这种观念指导下，中甸（今香格里拉市）和德钦两县约80%的山脉，便被赋予了神性而成为藏族人民家家户户、村村寨寨都崇拜的神山；每一座藏传佛教寺庙及其周围地区，亦被赋予了神性而成为必须保护的地方。神山上的一草一木、一鸟一兽，均不能砍伐和猎取；以寺庙为中心，方圆10多千米只要能听见寺庙钟鼓声的地方，也不能砍一棵树，打一只鸟，否则便会受到神灵的惩罚。所以，据东竹林寺管委会主任设孜活佛说，20世纪60年代以前，东竹林寺周围几十里，古树参天、百鸟争鸣。3月份上山放牛，一棵树的浓荫可以遮二三十头牛。小河以上的山坡长满了香柏树，粗大的要三四个人才能围过来。此外，每年正月初一至十五，所有的藏族都要种树，因为老人们告诉晚辈说，种一棵树，可以延长5年寿命；反之，损一棵树，就要折寿5年。生孩子时请喇嘛取名，人生病时请喇嘛祛病，喇嘛都会叫你去种树，并且规定你必须种多少棵树。藏族甚至很少有人愿意当木匠，因为人们相信万物有灵且灵魂会相互转化，人会变成树，树会变成人，当木匠注定要砍很多树，但砍倒的这些树中就难免有人变成的树，因此木匠死后就会有人用锯子来锯他的脖子，等等。正因为藏族人民具有以神山崇拜为核心的包括寺院周围地区的生态保护意识和生态保护行为，才使中甸和德钦的大面积森林植被，幸免于中华人民共和国成立后由于经济建设和林权变动引发的几次毁林高潮而得以保存下来，也才使迪庆州至今仍然是生物多样性的富集地和云南省生态环境保护得最好的地区之一。

（二）纳西族的生态文化

纳西族的生态保护文化主要由人与自然是同父异母兄弟的生态文化观，以村社为载体的护林管林制度和保护环境的乡规民约，以及人人遵守的生态道德等三个方面的内容构成。

纳西族先民在长期的生产生活实践中，经过总结人与自然关系的正反两方面的经验教训，从自然崇拜意识中概括出一个代表整个自然界的超自然神灵"署"，并形成了大规模的"署谷"仪式。"署"是草木鸟兽、山林川泽、风雨雷电即整个大自然的总称；"谷"意为力之正反双向运动，略同于汉语的曲、往来、交会等意思。纳西族神话说：洪荒时代，自然（"署"）与人类是同父异母的亲兄弟，人即自然，自然即人，他们彼此不分，同枕共食。两兄弟长大成人后，分家析产时发生争执，反目为仇。人有猎具，肆无忌惮地捕杀兽类；人还有铁制农具与火，疯狂地毁林开荒。大自然却不慌不忙，后发制人。暴雨骤降，电闪雷鸣，山洪狂泻，吞没田舍；野兽奔腾，追捕人畜。人类在大自然的报复面前是如此之弱小，他们不得不求助于天神帮忙。在天神的帮助下，人与自然（"署"）坐到谈判桌前，签订了条约。条约大意是：

> 人类应遵守：勿射玉龙山的鹿，勿捕金沙江的鱼，勿猎林中熊，勿毁高山树，勿污江河水……
>
> 自然（"署"）应遵守：不让狂风卷冰雹，不让山崩洪流起，不让天响炸雷地震荡，不让人畜遭病难生存。

条约还规定："署"神适量地让人们狩猎、放牧、开荒及采伐树木；而人与自然要想永远保持互利互惠、和谐共处的良好关系，就必须定期举行"谷"这种祭祀仪式来与自然相互对话和交流。自然不会说话，但人可以通过自我检讨、自我约束并承担义务来实现与自然的和谐共处。"署谷"仪式有的地方每年农历二月举行,有的地方每年农历二月和八月各举行一次,每次都由东巴主持,全民参与,历时3天,人要沐浴斋戒,整个村寨场地要除秽,仪式用东巴经书120种,法物数百种。经书内容主要有三:一是人与自然同源异流及其矛盾、和解的形象描绘。二是在人与自然相互关系中人应承担的义务,如不得在水源之地杀牲,以免让污血秽水污染水源;不得随意丢死禽死畜于野外;不得随意挖土取石;不能在生活用水区洗涤污物;不得在水源旁大小便;不得滥搞毁林开荒;特别是立夏一过,不得在山上砍树,整个夏季不得砍一棵树;等等。三是讲述人类侵犯掠夺自然,遭受报复损失而醒悟赔偿的故事。除了"署谷"仪式外,在丽江县塔城乡,还有另外一种反映纳西族生态文化的祭祀仪式,名叫"字若寸若",意为砍一棵树还一棵树。神山上的树不能砍,但不懂事的小孩随手砍了,病痛便会随之而来,于是便要请大东巴帮忙举行"字若寸若"仪式。届时,要把小孩带到神山上,供上酒、茶等祭品,烧香磕头,东巴念经祷告,然后由家人帮助小孩在砍树的地方种上一棵树,浇上水,才能保佑小孩身体康复。

在用超自然神灵的不可冒犯性威慑民众,用宗教信仰统一民众认识的基础上,丽江纳西族各村寨都制定了保护生态环境的乡规民约和护林管理制度,而且通过村民大会公推德高望重的老人组成"老民会",督促乡规民约和护林管林制度的实施。每个村寨都有自己的护林员和巡山员,其权威比乡保长还大,其生活费用由全村农户分担,高于普通农户三倍。各村寨每年都统一安排一天组织村民集体到林中修枝打杈作烧柴,各户能砍多少量的枝杈有统一规定,砍好后要先堆放在一处,经护林员过目验收没有过量砍伐后,方可背回家,由于护林员的威望足以慑服民众,一般人绝不敢以身试法,乱砍山林。

超自然神灵的威慑、宗教信条的规范和乡规民约管理制度的约束等外部禁律,久而久之便自然内化为纳西人心目中根深蒂固的环境保护意识和生态道德。少年儿童自小就由上辈人谆谆告诫，不能做任何污染破坏生态环境的事，长大以后即使再有权势也都能谨守这一传统道德，从而为丽江赢得了山清水秀的良好生态环境，直到20世纪50年代初，丽江还保持了森林覆盖率达53.7%。

然而，自20世纪50年代以来，由于国家建设对木材的需要，丽江地区也未能幸免对森林的大规模采伐；特别是在市场经济的利益驱动下，纳西族群众的生态保护意识已日趋淡薄，传统的人与自然和谐共处的生态文化正处于危机之中，亟须纳入规划进行保护与开发。

（三）白族的生态文化

白族人民开发利用森林资源已有久远的历史，同时养成了植树护林、保护环境的优良传统，形成了自己的生态文化，主要内容有如下三点。

第一，定期植树，封山禁伐。相传古代白族人民每年都有植树、封山育林的节日，如插柳节、缀彩节、祭山节等，都是集体植树的节日；进入农历七月，各地便相继封山，禁止任何人进山采伐、放牧。

第二，本主崇拜和佛、道教信仰中所包含的生态保护意识。对于生态环境保护，白族人民普遍认为人手不如神手，人管不如神管，因而凡是在有神"居住"的地方，如鸡足山、巍宝山等佛、道教名山和遍布白族村寨的众多本主庙，以及有龙"居住"的众多龙潭水系，便成了白族地区大大小小的"自然保护区"，至今仍保有葱郁的树木和清澈的流水。在白族庞大的本主神灵体系中，就有许多"龙"神，而且，在同一水源和水系中的本主，往往被人们赋予了父子、兄妹、亲戚等血缘和亲缘关系，它们共同保佑着这条水系长年不断和畅通无阻。

第三，用传统的村规民约和习惯法来约束村民，加强森林和水源管护，违者将被处以重罚。例如，剑川县把森林分为公山林和家族林两种，各派有护林员常年居住在林区管护，护林员的生活由全村每家付米麦1升予以供给。为了切实保护好公山特别是老君山，还于清乾隆四十八年（1783）在金华山麓立下保护公山碑记一块。碑记指出，"剑西老君山为全滇山祖……安容任意侵踏？如敢私占公山及任意砍伐、过界侵踏等弊，许看山人等扭禀（扭送官府——引者注）"。接着还规定了一系列禁令，如禁岩场出水源头处砍伐活树；禁放火烧山；禁砍伐童松；禁挖树根；禁各村边界侵踏；禁贩卖木料等。在今剑川县沙溪乡石龙村本主庙中于清道光年间（1821—1850）所立的乡规碑上，还详细规定了对违规者的处罚。诸如，凡山场自古所护树处及水源不得乱砍，有不遵者，一棵罚钱一千；凡童松宜禁砍伐，粪潭、田中不得捡粪，不遵者，拿获罚银五钱等。在洱源县牛街中学院内，也有一块清光绪年间（1875—1908）立的护林碑，碑文规定不能砍伐松柴，剪获松枝，违者，马驮松柴，每驮罚银五两；肩挑背负，每棵罚银四两；刀砍松枝，每人罚银二两等。在鹤庆县，民国十七年（1928）由县长亲自颁布六禁，并勒石成碑，立于县城。这六禁是：禁宰耕牛；禁烹家犬；禁卖鳅鳝；禁毒鱼虾；禁打春鸟；禁采树尖。

　　正因为有这套生态文化的保护，才使20世纪50年代初大理州的森林覆盖率仍高达64.8%。以后，在国家工业化、现代化建设的推动下，大理州的森林和水源也受到了很大破坏，传统生态文化的影响在白族人民的心目中日趋淡薄。

（四）彝族的生态文化

　　小凉山彝族传统的游牧游耕生产生活方式对生态环境的破坏较大，但分布在全省其他地州的彝族，有的也形成了保护生态环境的传统生态文化。2000年2月，我们来到位于大理市市郊乡的吊草村调查，发现这里虽位于楚雄—大理，大理—巍山两条大公路之间，但村寨周围和山前山后全都种满了树，显得郁郁葱葱，生机勃勃。村党支部书记瞿金标告诉我们说，吊草村共有 1465 人，其中大多数是彝族。全村人均有林达 10 亩以上，早就形成了"山上种两松（云南松、华山松），山腰种果木，山脚种粮草，户户养猪鸡"的经济发展格局。为什么这个村子的彝族会有如此强烈的造林护林意识呢？调查后发现，早在历史上，这个村的彝族就形成了保护生态的优良传统，吊草村彝族是从大麦地村搬来的，迁徙的路上全是茫茫的林海，领头的人为使跟随的人不至于迷路掉队，便在沿途的树枝上拴上一根根醒目的稻草，于是跟随的人群就在这些吊在树上的稻草的指引下，来到了现在这块地方定居下来，并将村子命名为"吊草村"。从村名就可看出，这是一块森林茂密、生态环境良好的地方。定居下来之后，村民们逐渐意识到，这些树木是全村的财富，必须严加保护才不致被毁，遂于清咸丰元年（1851）经全村公议勒石立下了《永远护山碑记》，碑记全文如下：

  尝思国以民为本，民以食为天。食也者，出于地而成于人也。吾先代自梅地迁此，名吊草村，又名尖隆村，居依山林，则所得者林木也。上而国家钱粮出其中，下而民生衣食出其中，且为军需炭户，则军需炭亦出其中，所关诚大也，讵得不为之轻心哉？今有远近之人不时盗砍，若不严守保护，恐砍伐一空，不惟国课民生无所。故垂之贞珉以图永久。是为记。

立此碑 50 多年后，清光绪三十年（1904），全村又公议立下了"尖隆村初草砍树牧养水利序碑"。碑文如下：

  盖自天生水来，原以养人。水也者，源之远者流自长，必有得天时之善者也。不然岁序之推迁靡定，天时之失运无期，或遇天干有几年，遇雨水有几岁，则水之不平，迹人事之不明。特恐因水以起其事也。迄今自于光绪丙午年，尖隆村绅耆老幼人等，好意大存，公同妥议，言振起以水利，非但有益于一家，而在益于一邑，免前后以口舌相争，永断祸害之根也。是故水利议定：每年到栽插之天，尊举三人挖巡，工价送定叁仟。自栽插一开，守水三人昼夜招呼。须上潢下流自首以至于尾。勿得私意自蔽，不可纵欲偷安，要存大公无私之间。倘有护蔽，不论何人，见者报明，齐公加倍重罚。自一夺栽毕后，添苗水者，须从目前干伤反转还至，守到十五日满为挖息焉。自议水利后，各人听其自然。水利不准私家大小男女来偷挖，各顾自己也。水利一严，人人各宜凛遵，莫到临时异言、倘有不遵纪者，守水三人拿获，速还村报明村中头人绅老，齐公重罚银两，究治不贷。勿谓言之不先也。兼有沦居深山者，以树木为重，以牧养为专自，树林一律不准以连根砍抬还家。牧养马诸物，自收获准放十日。其余诸物之类，通年永不准滥放。自议数项之后，各人谨守牧养，如有不遵者，一再齐公重罚，勿得抗敖乡规也。近因世道浇漓，人心险阻，空口无凭，遵请先生采择，故垂碑勒石，永为万古不朽云云，是为序。

然而，20世纪50年代以来，由于国家经济建设的需要和"以粮为纲"生产指导方针的影响，吊草村的生态环境也受到了很大破坏。但自80年代以后，在国家政策的倡导下，吊草村群众又恢复了植树造林、保护生态的传统。他们把上述两块碑石供奉到村子的土主庙中，使其披上了"神"的外衣变成了"神灵"的意志，村党支部则年年组织村民植树造林。经过近20年的努力，使吊草村又恢复了前述我们所见的四处绿荫、生机勃勃的景象。良好的生态环境也开始给吊草村群众带来了相应的经济收益。目前，吊草村已成为大理市民外出休闲踏青选择的地点之一。

（五）傈僳族的生态文化

在20世纪50年代以前，怒江州的森林覆盖率达60%左右，江边以上 400 米范围内很少有人居住，除一些台地已辟为水田外，全为参天大树和芦苇、竹子所覆盖，在山上根本看不到江水，总之，当时的生态环境是良好的。当时之所以能够保持这样良好的生态环境，主要有两个原因：一是人口稀少，对资源需求量不大；二是傈僳族传统有一套以鬼神崇拜观念为核心的原始生态文化在发挥作用。傈僳族传统信仰的是万物有灵的原始宗教，在这套信仰体系中，山有山神，树有树鬼，山岩有岩子鬼，凡是山神、树鬼、岩子鬼所在的地方，里面的森林、野兽都是不能乱砍、乱打的。即使确实需要砍一棵树去盖房子，也要先行祭祀才能砍，砍了以后要留下树桩，并在树桩上压一块石头，以使将来树鬼生气了不去惩罚砍树的人，而去惩罚那块石头。正因为有这套对各种鬼怪与神灵的信仰和崇拜体系，才使许多地方的森林树木得以保存下来。例如，在福贡县架科底乡的里吾底村，村头有一片巨大的岩石群，上面长满了茂密的森林，因而被傈僳族认为这是岩子鬼"米斯尼"的所在地。一次，村中人看见岩子上有一窝岩蜂，不懂事的孩子就去烧蜂掏蜜吃，不久以后其中的两个孩子就浑身长泡、重病垂危，于是全村人赶紧杀牛宰羊去祭祀酬鬼，才保住了两个小孩的性命，从此以后上边的一草一木、一鸟一兽就再也没有人敢动了。然而，20 世纪 50 年代以后，一方面由于医疗卫生条件的改善而使人口急剧增多，对资源的需求量大大增加；另一方面破除迷信的无神论宣传打碎了傈僳族传统的鬼神崇拜。当地村民至今还记得，正是"天上没有玉皇，地上没有龙王"的口号，鼓舞着他们向鬼岩上的树木举起了砍刀，很快就将其砍伐殆尽了。由于上述两方面的原因，才导致今天怒江州出现了严重的生态危机。

（六）普米族的生态文化

我们在兰坪县调查，一说起民族传统文化与生态环境保护这个题目，县委、县政府的领导就跟我们说：根据这个题目，你们最值得研究的就是普米族了。普米族堪称"森林的朋友",凡是有普米族居住的地方,周围必定有大片保护完好的森林。究其原因有二:一是他们喜欢选择森林环抱的地方定居;二是他们有一套保护森林的文化。两方面的原因结合起来,就使每一个普米族村寨都是一个人与自然互为朋友、和谐共处的乐园。听完县上领导的介绍,我们便深入通甸乡的锣锅箐村去进行实地调查,观察与访谈的结果完全证实了县上领导的看法。

锣锅箐村坐落在一个海拔3000多米的高山草甸上。背靠葱郁的山林,面对开阔的草甸,左右两边亦为森林所环抱,现已被列为省级风景区。在调查中,该村村长和国臣对我们说:普米族保护自然生态环境的办法,主要是神山神树和动物神灵崇拜。在锣锅箐村,全村有一座保护全村人的神山。每逢正月初一,全村家家户户都要去祭拜,去时每家人带3炷香、1瓶酒、1团茶和一点豆腐,到神山上烧香磕头,唱普米族祭龙调,祷求山神保佑全村五谷丰登、六畜兴旺,山长青、水长流。神山上的树不能砍,否则手脚、身子都会生疮。除了全村共有的神山外,每户人甚至每个人又有自己的神树。普米族有一个独特的习俗,就是孩子出生后,都要将其拜寄给一棵粗壮的大结树或某种强悍、灵敏的动物,以求得人与动植物的相互保佑并希望人像动植物一样生机勃勃、强壮敏捷。例如,拜寄给松树的人就取乳名叫"信新祖",寄寓孩子长大后向松柏一样长青;拜寄给栗树的人,就取乳名叫"夸信祖",拜寄给野猪的取名叫"查利珠",拜寄给老熊的取名叫"温珠",拜寄给山鹿的取名叫"字字珠",拜寄给麂子的取名叫"施珠",等等。人拜寄给树木,要由家长给孩子换上干净衣服,将其抱到选定的大树下,在树边洒上一点酒,让孩子向大树磕头。拜寄仪式结束后,要在树周围编上栅栏,从此这个孩子及其家人,就与这棵树形成了相互支撑、相互保佑的关系,村中任何人看见树旁边的栅栏,就没有人再动这棵树。与此相类似,人一旦拜寄给某种动物。

他一生中就不能再猎取这种动物，因此，尽管历史上普米族就是从事狩猎的民族，但通过拜寄方式客观上就减少了对动物的猎取量。也正因为每户人、每个家庭、村寨乃至整个民族，都有自己的神山，才使普米族聚居地区的森林得到了较好的保护，因为人们相信，如果对神山上的树施加过破坏，那么你非病即死。据说，"文化大革命"中，有一个人在"神山"上砍了一棵树，他本人是县武装部部长，结果有一次在全村过节耍龙时用冲锋枪朝天打枪，却鬼使神差地摔了一跤，自己把自己打死了。这个故事一出，就更增加了神山的神圣性和其中"神灵"的威慑力，使普米族人即使在"文化大革命"那样的混乱年代，也不敢乱砍神山上的树木。因此，普米族居住的地方至今仍然保持着林中有人、人中有林，人与森林互为朋友的绝妙景观。

（七）独龙族的生态文化

独龙族主要聚居在独龙江流域，江东为高黎贡山，江西是担当力卡山，高山峡谷相间形成明显的垂直气候带谱和生物带谱。这里年平均气温16℃，无霜期达280多天，年降雨量2900—4000毫米，年均空气相对湿度达90%以上，平均日照不足4小时。长期以来，因山高谷深、交通不畅，使这里成为一个封闭的地理单元。在这块近2000平方千米的地区，生息繁衍着几千独龙族人，按人均占有资源的比率来看，独龙族居住的地区可以说没有生态环境退化的隐忧。然而，独龙族人民在长期的生产实践中，仍然创造形成了自己的生态保护文化，其主要内容有以下两点。

1. 人工植树恢复地力

独龙族长期依靠刀耕火种的生产方式维持生计。《永昌府文征》卷三十说："球夷……种植无农器，刀耕火种一如野人，所种惟荞麦、高粱、小米、玉米、稗子、芋头之类，间产旱谷。"1933年李生庄《云南第一殖边区域内之人种调查》一文说："曲子因无农器，故栽植法甚简陋，大抵平常栽植，不同锄耕，唯新树木茅草砍伐晒干，焚之成灰，散灰于此，厚约数寸，于是以竹锥地成孔，点种玉米。若种荞麦牧黍之类，则只播种于地，用竹帚扫匀，听其自生自实，名为刀耕火种，然无不成熟。今年种此地，明年种彼地，将住屋前后左右之土地轮流种完，则将住房弃而之他，另觅新地栽种，因土地既一度栽种，则地力已竭，势非休息十年或八年，俟草木再行畅茂后，可以砍伐燃烧成灰时，即不能再种也。"李生庄在这里所说的，只是土地地力自然恢复的办法，但他忽视了或没有了解到独龙族还有另外一套即人工植树恢复地力的办法。

据调查，独龙族的生产方式中早就形成了农林混作的传统方法。新开辟的火山地，第一年砍树烧光后，灰烬多、肥效高，种植产量较高的玉米；第二年肥力减退，只能种苦荞，同时便间种水冬瓜树，形成混农林系统。水冬瓜树，学名桤树，属乔木科，椭圆形树叶，枝叶茂盛。春季发芽，秋季落叶、落子，特别适宜独龙江地区这样雨水多、空气湿润的环境，易栽易活，成活率在90%以上。水冬瓜树是由种子繁殖的植物，一棵老水冬瓜树下往往会有成片的树苗。种子秋冬落下，春天发芽生长，第1年仅有10—30厘米高，第二年树苗长到1米以上，每到春天，独龙族便到天然林中将这种1米以上的树苗挖起后移栽到耕种了第2年的火山地中。第3年在水冬瓜树苗间再间种一年小米或稗子；第4年补种水冬瓜树苗后便不再种粮食，土地进入丢荒休闲期。5年以后，水冬瓜树高可达8米，直径可达15厘米，新一轮的刀耕火种又可以进行了。水冬瓜树对生态环境的保护和人们的生产生活具有四个优点：一是生长速度快，7—10年便可成材；二是水冬瓜树属于非豆科固氮植物，其根部瘤菌有较强的固氮作用，能改良土壤；加之水冬瓜树是落叶乔木，落叶量大，可以增强土地的肥力，即使较为贫瘠的土地也能在不长的时间变得肥沃。三是再生萌发力强，树枝可以作薪柴；树干可以作建房材料等。四是具有经济价值，可以做提炼烤胶的原料，还可参与治疗菌痢、腹泻、水肿、肺炎、漆疮等疾病。总之，水冬瓜树易于繁殖，易于管理，耐贫瘠，蓄水能力强。独龙族大量种植后，克服了刀耕火种的弊端，制止了水土流失，保护了独龙江一带的生态环境。

2. 适度狩猎

历史上，由于经济社会发展滞后，独龙族人体需要的动物蛋白大都靠猎取野生动物来获得。独龙江峡谷两岸的担当力卡山和高黎贡山上，生长着野牛、野猪、岩羊、麂子、马鹿、老熊等种类繁多的野生动物；独龙族生产水平不高，对野生动物的需求比其他民族更多，也更为急迫。这样，充足的供给与急切的需求相合拍，按理说就必然造成独龙族对野生动物的乱捕滥猎。然而，独龙江水土养育的独龙族对此却有着超乎寻常的理智，或许他们在思想观念上并没有可持续利用的认识，但在其狩猎行为中充分体现了"适度"和"可持续"的原则。在独龙族的狩猎活动中，野牛是主要狩猎对象。在担当力卡山和高黎贡山上，有多处含有盐分的卤水大盐场，野牛在每月中旬月亮圆时，便成群结队来饮卤水。凶猛的公牛在前面开路，小牛居中，母牛在后面保护，依次饮水，然后离开。弩弓手射牛，每人只许放一箭，不能射杀前面的牛，以免造成牛群惊恐，下次就不再来；更为了避免牛群骚乱而互相抵挤滚落悬崖，造成无谓的牺牲，故只能射杀最后面的牛，牛中毒箭后慢慢倒下，不会惊动前面的牛群。由于独龙族在狩猎中把握"适度"原则，注意防止大量伤害动物，就保持了人与自然的平衡，既保证了动物的生长繁衍，又为人类提供了丰富的动物蛋白。

（八）拉祜族的生态文化

拉祜族的生态文化主要由其传统生态观、原始宗教信仰、社区资源管理机制和村规民约四部分构成。

"公母对称、阴阳和谐"，是拉祜族认识自然规律的基础，也是拉祜族对待大自然的一种态度。在拉祜族的宇宙观中，世界万物都是成双成对、密不可分的，天宇和大地是一对、男人和女人是一对，人类和自然万物是一双。在这种观念指导下，拉祜族先民历经千辛万苦，辗转东西南北，历史上不断从甘青高原南迁，为的就是寻找一块人与自然和谐相处的好地方。在拉祜族迁徙史诗《根古》中，描述了这样的地方是"马鹿角上缠灵草、蹄里夹黑土，大树大如囤箩样，九十九枝伸四方，蜜蜂酿蜜如雷响，鸟儿天天唱着歌，地上落叶三尺厚，水里鱼儿成群游"。定居滇南后，拉祜族对找寻到的好生境主动加以养护，民间流传着"养树就是养金养银""养树养森林就是养鼠养小雀养动物""没有森林就没有村寨可建，没有树成不了家"等谚语，就是养护行为的反映。

拉祜族的传统生态观还渗透在其原始宗教信仰中。在万物有灵的影响下，拉祜族认为世上万物皆有生命，而人和万物（包括土地）的生命，都是拉祜族至高无上的神——厄莎赐予的。树和草是厄莎的头发，土壤是厄莎的肉，水是厄莎的血液，大象、老虎、猴子是厄莎的宠物，岩羊是厄莎的坐骑，等等。因此，人类对植物资源和动物资源的利用必须适度，不能乱砍滥伐。

在这种观念指导下，拉祜族村寨形成了自己的社区资源管理机制。其主要内容是由村寨头人"卡些"充当资源管理者，由他来监督村民执行保护自然资源的村规民约和传统习惯法。例如，在澜沧拉祜族自治县南段村，传统村规民约就规定：砍薪柴时不许砍小树，以利于小树长成大树；采摘野果时不砍果树大枝，必须由人爬上树去摘；不许砍神山、水源林和佛事圣地的树木；不可随意放火烧山……违者将受到处罚，如罚款、罚其打扫村寨卫生，严重的甚至赶出寨子。因此，尽管经过了1958年"大炼钢铁"的破坏，南段村至今还保留下了一大片森林茂密的神山。①

（九）怒族的生态文化

历史上怒族地区盛行"万物有灵"的自然崇拜，认为自然界中的日月星辰、山川河流、怪石异树等一切现象和事物都有神灵，并影响、支配着人们的行为。人们一旦触犯了有神灵附着的自然物，就会受到惩罚，而对神灵的谦恭与敬奉则可消灾祈福。每一个怒族村寨周围，都有一座被认为是庇护木村祖先灵魂的神山，如福贡县匹河乡老姆登村后的"雀地山"，贡山县丙中洛乡茶腊村的"南木葱山"，以及重丁村的北面、西北面和西南面的三座神山等。村民禁忌在神山上砍树、采石、狩猎，外村人更在严禁之列。而村寨周围的奇树异木也往往被奉为神树而得到保护，如老姆登村的多棵秃杉树被认定神树后，得以躲过了多次毁林高潮的劫难，至今仍然枝繁叶茂、苍翠挺拔，为村寨添了几分秀色。

怒族生态文化的另一个特点，是通过人工火烧杂草来更新牧场，防止森林火灾以保护生态。茶腊村怒族有每年放火烧山的传统方法。畜牧业在怒族的生产生活中占有一定比重，每年放火烧山是为了使林地中的草来年生长得更好。每年秋冬时节，森林中便堆积了枯草、落叶和大量残枝，形成了可燃物，若此时放火烧山，由于堆积的可燃物相对较少，过火快，火在一个局部燃烧的时间相对较短、火势较弱，它所起的破坏作用也较小，一般不会烧到树木，还可防止森林病虫害。反之，如果长时间不烧，林地中的枯枝落叶就会越堆越厚，形成大量的易燃物，极易由雷电或人为因素引发森林火灾，由于可燃物充沛、燃烧时间长、火势强，大小树木都将被烧毁。然而，自1998年实施天保工程以来，地方政府严禁放火烧山，大量堆积的可燃物质终于在2001年1月引起了延

---

① 参见苏翠微《森林资源保护与社区传统文化》，许建初等主编《中国西南生物资源管理的社会文化研究》，云南科技出版社2001年版，第53页。

续数日、难以控制的森林大火，最后采用人工降雨才将大火扑灭，但已造成了难以挽回的物质财产损失。由此可见，土著居民经长期实践积累的生态保护知识虽然看似粗陋却是因地制宜的有效方法。

（十）基诺族的生态文化

基诺族的生态文化，主要集中反映在其森林保护和刀耕火种生计方式对生态环境的调适上。基诺族根据对自然条件的认识，将各村社所属的森林资源划分以下6种林区，每一种林区都有特定的用途。

第一种，寨神林，基诺话称之为"左米生巴"，位置一般在寨子背靠的大山，面积几百亩、上千亩不等，视各寨地形及森林资源而定，因是村社祖先居住的地方，严禁砍伐。为求祖先保佑村社人畜兴旺，四季平安，风调雨顺，五谷丰登，每年还要以猪牛为牺牲，定期祭祀。

第二种，坟林。基诺族各寨都有坟林，面积几十亩至百亩不等，为本寨公墓林，实行木棺土葬。坟林内禁忌很多，归纳有九不准，即不准伐木作材，不准修枝砍柴，不准开荒种地，不准狩猎打鸟，不准积肥铲草，不准拾菌摘果，不准大小便，不准唱歌吼叫，不准谈情说爱。基诺人均自觉遵守，没有人敢犯禁。

第三种，村寨防风防火林，守护神名"司巴"。村寨周围的森林，既是村寨的防风防火林，也是私人的茶园、柴胶园、建材林及薪炭林，谁家种植归谁家所有，世代相传。林地自己管理，每年刈草一次；茶叶每年自采3次；林中成材的树养起来，留着盖房子，不成材的杂木砍作柴烧。

第四种，山箐水源林，守护神名"勒司"。基诺族认为，凡山箐两边森林100—200米内为山区和坝区共同的水源林，要严加保护。因此，1958年以前均系原始森林。

第五种，山梁防火林。基诺族主要从事刀耕火种农业，一般冬季砍树，春季2月烧地，正值风高物燥，为了防止烧地之火越界，距山梁100—200米以内的森林不能砍，必须留作防火林带。而且要在地头10—20米内，清除已砍倒、晒干的树木、树枝，甚至连草地铲光，做好拦火道才能烧地。

第六种，轮歇耕作林。这才是基诺族从事刀耕火种的林地。在这类林地中，基诺族又根据对自然条件的科学认识，将其依海拔高低、土壤肥瘠、坡度大小等指标划分为三种类型。一类叫"折岗"，二类叫"折交"，三类叫"迭它"。一类地多为海拔较低，气候炎热，坡度平缓、团粒土壤结构，土层深厚，保水力强的肥沃林地。三类地是分布海拔较高的土地，一般气候较冷，坡度较大，土壤瘠薄。二类地海拔、气候、坡度、土壤大致介于一、三类地之间。根据对土地类型的科学划分，基诺族在条件较好的一类地中实行长期轮作制，一般可持续耕种五六年然后休闲；在条件稍次的二类地中实行短期轮作制，一般连续耕种二三年然后休闲；在条件较差的三类地中严格实行砍种一年便休闲的无轮作刀耕火种。这样，既使各类林地都能地尽其力，又保证了各类林地中的植被都能尽快恢复以维持生态平衡，所以尽管基诺族的刀耕火种已历时数百年之久，但直至20世纪50年代基诺山的森林覆盖率仍高达65%。[1]

此外，基诺族还有以下五条树不砍的规矩。

第一，大青树不砍。大青树可以寄生紫胶，收获可卖钱，并有守护神名"牛泽阿梅"守护，据说谁砍了会使其脚跛、手疼、发肿，需杀鸡祭保护神才会好。砍懒火地不砍大青树，因此寨旁、箐边、茶叶地中大青树最多。

第二，野果树不砍。野果子可充饥，允许摇树、采摘，但不许修枝或砍伐，砍伐野果子树，如杀鸡取卵，不道德，传说谁犯禁将断子

---

[1] 尹绍亭：《基诺族刀耕火种的民族生态学研究》，杜玉亭主编《传统与发展》，中国社会科学出版社1990年版，第166页。

绝孙或生病死亡。

第三，路边树不砍。路边树为行人遮阴，为疲倦者纳凉，砍路边树缺德，要罚款。

第四，棕树不砍。棕树可作棕衣、棕垫褥、棕垫牛鞍子，并有守护神。

第五，雷打树不砍。雷打树不吉利，谁砍了将有雷劈之灾。

按基诺族风俗，凡村社男性13—14岁，必须参加村社青年组织，为村社服务，锻炼办事本领，服务满5年，达18—19岁始退出。各村青年组织，小寨10多人，大寨二三十人，从中推选年龄稍大、能说会讲、办事公道、敢于领导者为头，领导青年定期巡视本村山林地界，发现谁犯禁忌，则视情节轻重加以处罚，或罚酒10—20碗，或罚半开1—5元。如若不服青年组织裁决，报到村社长老头人处，则加倍处罚。①

（十一）景颇族的生态文化

在景颇族的超自然信仰观念中，认为力量最大的鬼魂是天鬼、地鬼、太阳鬼、山林鬼和水鬼。这些鬼不仅对个人会有所危害，而且对整个村寨的五谷丰登、人畜平安都有巨大的支配作用，人们对这些鬼魂尤其不敢怠慢。在20世纪50年代前，山官所在村寨或山官辖区的主要村寨要道附近都有一片树林，其中建有一个祭坛，用于供奉上述鬼魂和对本村本地做过特殊贡献的氏族和家族首领的灵魂，这片树林由此而成为一片神圣的祭林。除祭祀时间外，任何人不能随意出入祭林；不能在林子里放牧、砍树，捡枯枝也被禁止；不能在祭林附近大小便；路过这里不能大声喧哗；骑马路过祭林要下马步行。因此，这片祭林便成为古木参天、藤蔓、荆棘密布，人要进去都很困难的传统

---

① 高立士：《西双版纳山区民族历史上的传统生态保护》，许建初等主编《中国西南生物资源管理的社会文化研究》，云南科技出版社2001年版，第234页。

"自然保护区"。与祭林相类似的还有一片非正常死亡者的坟山。在景颇族的观念中，非正常死亡者不能抬回村寨，尸体必须在外火化，其灵魂只能送到偏僻的山凹中去做孤魂野鬼。因此，每一个景颇族村寨都有专门焚烧、埋葬非正常死亡者的洼子，村民们因为害怕，都不敢去砍柴放牧，使其保留着茂密的森林，成为又一块村寨自然保护区。

此外，在长期的生产生活实践中，景颇族还总结了一些可持续利用植物资源的知识和方法。例如，砍薪柴时，一般不能连根砍倒，而必须留下砍树人膝盖高的树桩，这样，有些树木来年便会重新发出枝叶。椿树是景颇人制作家具和棺材的重要材料；枇杷是景颇族的重要辅粮，因此，景颇族对这两种树都倍加爱护，很少砍伐。草顶竹楼是景颇族的传统建筑，为了确保建筑材料可持续供给，景颇族村寨还专门划出一片竹山和森林作建房基地加以保护。在竹山中，任何人不准进去砍竹笋，如果有人偷砍竹笋被抓住，要罚其出 2 罐酒、2 只鸡招待全村家长吃饭；违反两次，就要拉走其饲养的猪、牛。在建材林地中，只能砍建房木料而不能砍薪柴，违者也要受到处罚。[①]

（十二）德昂族的生态文化

居住在潞西三台山的德昂族信仰南传上座部佛教中的"多刊"教派，该教派教规特严，严禁杀生，见杀不吃，闻声不吃。其戒律"五戒"中的首戒便是要求信徒"不杀生"。在这种宗教生态道德戒律的长期规范与引导下，形成了德昂族"人与鸟、虫、鱼、兽都是平等的生命体，不论伤害任何生灵都是一种罪过"这样一种生态文化观。南传上座部佛教都有佛化自然的传统。受其影响，三台山德昂族村寨的佛寺一般多建于村头寨门外林木苍翠、环境幽雅之处；佛寺周围常见

---

① 参见金黎燕《景颇族社会生活中的植物文化利用及植物保护行为的调查研究》，许建初等主编《中国西南生物资源管理的社会文化研究》，云南科技出版社 2001 年版，第 3 页。

栽培的具有宗教意义和实用价值的植物多达 60 多种，如佛祖"成道树"菩提树、榕树、缅桂、樟树、石樟，作为佛经载体的贝叶树、构树及赕佛用的水果、香料、花卉植物等，佛寺庭园成了名副其实的植物园。这种"佛教植物园"既为南传上座部佛教徒从事赕佛活动提供了必要的赕品，又美化了村寨及佛寺环境，并作为植物的种质基因库保存了很多珍贵的植物种类，可以说是当地佛教信众保护生态环境的一种宗教与道德实践。

德昂族群众在信仰南传上座部佛教的同时，还保留着对原始自然神的崇拜，如对大青树（系榕属常绿乔木，德昂族称为"达恩肖"）的崇拜等。大青树是德昂族心目中的神树，是一种吉祥的象征。三台山乡的每个德昂族寨子里均有大小不等的几十棵大青树，有的树身粗得要数人合抱方能围拢，足见其存活年代的久远。德昂族认为，有了大青树和竹子，才会有村寨和人家，大青树勃发的枝叶象征着村寨的昌盛，它枝繁叶茂，蓬勃生长，就意味着子孙满堂，村寨兴旺。村寨不能没有大青树，人的生活也不能没有大青树。因此，每当新建一个寨子时，都要栽种一些大青树。种树时，要举行仪式，构筑高台并用竹栅围之，以确保植树成活。在德昂族的观念中，大青树是绝对不能砍伐的，即使被风吹倒或是被雷击倒的大青树，也绝不能拿回家用，而要恭恭敬敬地送到佛寺去，否则便会带来灾难。为了表示对大青树的尊崇，每年春节，当地德昂族群众都会选择村寨中心或村口的一棵大青树来行祭礼。是日，全村男女老少均停止生产劳作，不出远门；各户要备上红糖、米糕等祭品放到神树前，由寨中长老祈祷。

此外，各德昂族村寨均有大片水源林及风景林，这些具有涵养水源、调节地方小气候、保护生物多样性等多重功能的公有林木更是严禁砍伐，违者将由村寨头人按乡规民约严加惩处。早在 1928 年，当地土司就曾刻石立碑，明令保护公有森林。碑文曰："照得森林重地，宜各爱惜宝祝，不得偷砍践踏，徒（纵）火焚烧尤忌，倘敢任意故违，拿获从严究治。"在上述生态文化的作用下，直至今天，三台山上的森林覆盖率仍保持在50%左右，且山间林中能常常见到绿孔雀、麂子、穿山甲等珍稀野生动物。①

仅从上述12个我们进行过调查或掌握相关资料的民族中可以看出，云南的几乎每一个民族，都在长期的生产生活实践中通过与自然的调适，创造了适应各自所处自然环境的生态文化，形成了传统的持续发展模式。当然，这种传统的持续发展，是在各民族生产力发展水平十分低下，物质财富比较贫乏基础上的持续发展，这种发展虽然是可持续的，但是是低水平的，因而是不符合人们追求富裕生活的愿望和时代进步要求的。而且，这种传统的持续发展所指的仅仅是人与自然能保持基本协调的关系。在人与人的关系方面，由于存在着民族压迫和阶级剥削，所以是不可能协调的。因此，所谓传统的持续发展模式，与当代可持续发展要求的生产力高度发达、人民生活富裕和民族平等、社会公正、生态环境优美良好的理念与模式，是不能同日而语、等量齐观的。然而，这种传统的持续发展模式，毕竟为人与自然的协调提供了丰富的经验和宝贵的智慧。而且，国内外许多人类学者通过对国内外许多尚从事采集、狩猎和刀耕火种民族社会生活的调查，都得到一个相同的结论，就是这些民族并非像人们想象的那样贫困，他们所获食物之容易、所获食物种类之多、所获营养之全、所摄蛋白质之高，可令现代农民望尘莫及。因此，国外有的人类学者将这样的社会称之为"原初的丰裕社会"。② 在消除了民族压迫和阶级剥削的当代中国，实现可持续发展的关键就在于恢复和重建人与自然的协调与和谐。因此，我们之所以花大量篇幅来系统描述若干民族传统的持续发展模式，目的就是要为今天的生态环境保护和人与自

---

① 参见李韬、李蔬君《德昂族的传统生态情结》，《今日民族》2001年第8期。
② 参见许宝强、汪晖选编《发展的幻象》，中央编译出版社2001年版，第56—77页。

然和谐共处关系的恢复与发展，从民族学、人类学角度提供一些有益的借鉴与参考。

四　生态文化的复兴与云南可持续发展

如前所述，在科学技术和生产力不发达的情况下，各民族基本上是通过人与自然浑融一体的宇宙观、原始宗教信仰中的万物有灵观、以及人为宗教信仰中的行善、惜生、因果轮回思想和神话传说、神山、神树、圣境、龙地、龙泉、祖先坟地等的信仰和崇拜，适应特定自然环境的生产方式、生活方式以及村规民约、习惯法、社区管理等传统习俗和民间组织来保护生态环境，实现人与自然和谐发展的。然而，随着全球化、现代化浪潮的冲击、科学技术的推广和市场经济的发展，各民族传统生态文化不可避免地出现了时代性式微，其主要表现有以下4点。

第一，在宇宙观这一核心问题上，随着国家占主导地位的唯物主义世界观的不断普及，各民族传统人与自然混融一体的宇宙观、原始宗教信仰中的万物有灵观遭到了严重冲击，无神论思想、人与自然相对立和人类有能力改造自然、征服自然等观念和意识，借助国家主流意识形态的威力，在各民族心目中占据了主导地位，致使传统生态文化的核心产生了根本的动摇。

第二，在生产方式上，随着科学技术的推广，经济结构的调整和市场经济的利益驱动，各民族传统的适度多样化地利用资源来维持低水平的可持续发展的模式，正在为单一化大规模地开发资源以追求高水平的富裕生活的模式所取代。

第三，在生活方式上，随着外来文化的冲击，各民族为适应特定自然环境而形成的民居建筑、服饰文化、饮食文化等，也正在为外来单一的钢筋混凝土建筑、西装革履和流行方式所取代。

第四，在风俗习惯、社区管理和民间组织等方面，也不同程度地存在着日趋式微的情势。

面对这种情势，云南各民族生态文化的现代命运究竟如何？是逐渐衰亡，还是在新的条件下复兴？作为一个民族学、人类学学者，无论是从感情上还是从理智上，笔者都认为，消亡的前景是不可接受的，而复兴的前景则是光明的。这一判断的主要依据有二。

依据一：多样性是世界的本质。从自然界来讲，生态环境多样性和生物多样性的存在，有利于生命支持系统功能的保持及其结构的稳定；[1] 从人类社会来说，民族文化多样性确保了人文世界的丰富多彩和生机勃勃。联合国教科文组织指出："各种复杂系统从其多样性中汲取力量：一个物种从基因的多样性中汲取力量；生态系统从生物的多样性中汲取力量；人类社会从文化的多样性中汲取力量。"[2] 美国人类学家基辛说："文化的歧异多端是一项极其重要的人类资源。一旦去除了文化间的差异，出现了一个一致的世界文化——虽然若干政治整合的问题得以解决——就可能会剥夺了人类一切智慧与理想的源泉，以及充满分歧与选择的各种可能性。演化性适应的重要秘诀之一就是多样性；这不仅是指个人与个人之间的多样性，也是指地域族群与地域族群之间的多样性。去除了人类的多样性，可能到最后会付出持续的意想不到的代价。"[3]

依据二：伴随着中华民族及其文化的复兴，云南少数民族文化（其中当然也包括生态文化）也必将得到复兴。全球化、现代化进程

---

[1] 参见林文棋《从国家公园建设的角度看滇西北地区生物多样性保护》，吴良镛主编《滇西北人居环境可持续发展规划研究》，云南大学出版社2000年版，第540页

[2] 联合国教科文组织编：《世界文化报告——文化、创新与市场》序言，北京大学出版社2000年版。

[3] ［美］罗杰·M.基辛：《当代文化人类学概要》，浙江人民出版社1987年版，第283页。

是伴随着 15 世纪末的航海大发现，西方国家向亚非国家的殖民掠夺和资本原始积累的扩展而开始的。马克思指出："美洲金银产地的发现，土著居民的被剿灭、被奴役和被埋葬于矿井，对东印度开始进行的征服和掠夺，非洲变成商业性地猎获黑人的场所：这一切标志着资本主义生产时代的曙光。"[①] 随着资产阶级登上历史舞台，不断扩大产品销路的需要，驱使资产阶级奔走于全球各地，它必须到处落户、到处创业、到处建立联系。因此，"资产阶级，由于开拓了世界市场，使一切国家的生产和消费都成为世界性的了……过去那种地方的和民族的自给自足的闭关自守状态，被各民族的各方面的互相往来和各方面的互相依赖所代替了。物质的生产是如此，精神的生产也是如此""资产阶级，由于一切生产工具的迅速改进，由于交通的极其便利，把一切民族甚至最野蛮的民族都卷到文明中来了""……正像它使乡村从属于城市一样，它使未开化和半开化的国家从属于文明的国家，使农民的民族从属于资产阶级的民族，使东方从属于西方"[②]。正是在这样一个特定的世界历史进程中，以帝国主义侵略中国的鸦片战争为标志，中国也被卷入全球化的世界体系之中。然而，此时的西方国家已经进入工业化高速发展时期，而中国却仍然滞留在农业社会。因此，中国从被卷入全球化的世界体系之日起，就是一个弱势国家和边缘国家。

为了振兴中华，在全球化世界体系中争得中华民族应有的地位，100 多年来，中国开始了急剧的社会转型和社会变迁，以不断加快现代化进程；中华民族的无数仁人志士亦进行了可歌可泣的奋斗与抗争。中国共产党作为中国人民和中华民族的先锋队，从成立之日起便肩负着振兴中华的历史使命。经过 70 多年的奋斗，今天，中国共产

---

① 马克思：《所谓原始积累》，《马克思恩格斯选集》第 2 卷，人民出版社 1972 年版，第 255 页。
② 马克思、恩格斯：《共产党宣言》，《马克思恩格斯选集》第 1 卷，人民出版社 1972 年版，第 254—255 页。

党所领导的中国和中华民族,已在全球化世界体系中初步崛起。与此同时,全球化世界体系在经历了西方主导的英国霸权和美国霸权之后,从20世纪70年代以来已开始进入第三个阶段。"这个历史时期最突出的特点,是霸权受到强有力的挑战并在事实上将逐渐淡出中心地位,全球化进程的参与者以及驱动力呈现多元化局面。许多曾经被压制的力量和众多的新兴力量纷纷登场,走向前台,在全球化进程中积极强化自身的角色分量和参与权利。在这种多元格局中,许多问题的产生和解决已经超出国界。目前,全球化进程正在摆脱由单一中心为主导的局面,正在形成多元推动、多元共存、多元发展的强大趋势。这是包括中华民族、炎黄文化在内的当今世界各地不同民族、国家和文化共处的历史阶段。"① 在这个历史阶段中,中华民族的完全崛起一定能够成为现实。因此,党的十六大报告明确指出:"当人类社会跨入二十一世纪的时候,我国进入全面建设小康社会、加快推进社会主义现代化的新的发展阶段。国际局势正在发生深刻变化。世界多极化和经济全球化的趋势在曲折中发展,科技进步日新月异,综合国力竞争日趋激烈。形势逼人,不进则退。我们党必须坚定地站在时代潮流的前头,团结和带领全国各族人民,实现推进现代化建设、完成祖国统一、维护世界和平与促进共同发展这三大历史任务,在中国特色社会主义道路上实现中华民族的伟大复兴。这是历史和时代赋予我们党的庄严使命。"②

中华民族的伟大复兴必然包含着中华民族文化的伟大复兴。中华民族是由中国疆域内56个民族组成的多元统一体,因此,中华民族文化的复兴亦必然包含着56个民族文化的复兴。社会主义时期是各民族共同发展、共同繁荣的时期,各民族共同繁荣的核心就是各民族

---

① 费孝通:《经济全球化和中国"三级两跳"中的文化思考》,《光明日报》2000年11月7日。
② 江泽民:《全面建设小康社会　开创中国特色社会主义事业新局面——在中国共产党第十六次全国代表大会上的报告》,人民出版社2002年版,第1页。

文化的繁荣。因此，伴随着中华民族伟大复兴的进程，我国各民族文化的多元发展必将进入一个更为活跃、更加生机勃勃和异彩纷呈的新的历史时期，用费孝通先生的话来说："中华民族将是一个百花争艳的大园圃。"① 而在这个大园圃中，云南各民族的文化及其生态文化，必将是其中璀璨夺目的奇葩。因此，云南少数民族生态文化复兴的前景是光明的。

第五，可持续发展已成为全球共识，成为中国和云南省的发展战略和西部大开发的指导思想，而云南少数民族的传统生态文化，正是西部大开发和云南省实施可持续发展战略可资利用的宝贵财富和重要资源。因此，如果说，在传统的不惜牺牲生态环境多样性、生物多样性和民族文化多样性为代价，而追求经济增长单一目标的非持续发展模式下，云南少数民族生态文化不可避免地出现时代性式微的话，那么，在以保护和发展生态环境多样性、生物多样性、民族文化多样性"三多一体"互动平衡为重要指标、人与自然相和谐，推动整个社会走上生产发展、生活富裕、生态良好的文明发展道路的可持续发展模式下，云南少数民族的生态文化必将复兴，这既是时代的要求更是实现永续发展的要求。

既然云南少数民族生态文化的复兴既是时代要求又有光明前景，那么，怎样才能实现这种复兴呢？笔者认为，其中的关键，是将各民族传统生态文化中的古老智慧和行为方式，与现代化的科学技术、组织形式和全球化的市场体系紧密结合起来，创造一种传统与现代相结合的新型生态文化。初步设想，这一新型生态文化的基本内容包括以下四点。

第一，在宇宙观和世界观层面，唯物主义的世界观和无神论思想，与各民族人与自然浑融一体的宇宙观和万物有灵信仰，应在尊重自然、礼敬自然、顺应自然规律、实现人与自然和谐的生态理性和生

---

① 费孝通：《中华民族的多元一体格局》，《北京大学学报》1989年第4期。

态伦理的基点上整合起来。具体而言，就是不要非此即彼地人为制造甚至激化两种宇宙观和世界观的根本对立，而是在生态环境保护和可持续发展的共识上，实现两种宇宙观和世界观的相互尊重和优长互补。江泽民同志指出："我们处理同宗教界朋友之间的关系的原则是政治上团结合作，思想信仰上相互尊重。"[①] 笔者认为，这一原则也应成为在处理人与自然关系上两种不同甚至对立的宇宙观的信仰人群之间相互尊重、团结合作的基石。

第二，在生产方式上，关键是要让各民族传统的多样化地利用资源的生产方式，能在全球化市场体系中获得较高的经济利益，以满足各民族群众既要保护自然与文化，又要尽快脱贫致富的要求。为此，一是要大力开辟新的生产方式，如利用良好的生态环境和丰富多彩的民族文化，大力发展生态旅游和民族文化旅游；利用高新科技开发独具特色的生物资源产品、开发民族传统工艺文化等。二是通过绿色产品认证，使各民族按照传统模式生产的产量较低、规模较小但绝对无污染、无公害的农、林、牧、渔产品，得到较高的经济回报。而无论是传统的还是新兴的生产方式，要达到可持续的快速发展的双重目标，都必须得到现代化科学技术和全球化市场体系的支撑。因此，新型生态文化在生产方式层面所要创建的主要内容，就是将科学技术和市场经济与各民族传统生产方式紧密结合起来。

第三，在生活方式层面，各民族传统生活方式的式微，与各民族在现代化进程中的自我认同淡化和缺乏文化自觉有关，也与外来生活方式的简便、舒适有关。其中的关键，还是在现代化进程中经济社会发展滞后，对本民族文化信心不足所致。因此，随着各民族传统宇宙观和思想信仰的被尊重，随着其传统生产方式的转型、提升及由此而来的经济收入的提高，各民族的自信心、认同感必将恢复，其文化自觉意识必将得到提升，一种传统与现代相结合、既保留鲜明的民族特

---

① 《求是》1991年第7期。

色和适应不同自然环境的地域文化特点,又具有现代化内涵的生活方式亦将随之而自然形成。因此,新型生态文化在生活方式层面所要创建的主要内容,就是通过依靠自己的文化带来的经济社会发展,增强民族的自信心和认同感,唤醒其文化自觉意识。

第四,在风俗习惯、社区管理和民间组织等层面,新型生态文化要创建的主要内容,就是坚决贯彻落实党和国家尊重少数民族风俗习惯的政策和法律、法规,在国家的统一领导下实行村民自治。

我们相信,包括上述主要内容的新型生态文化创建成功之时,就是云南民族地区全面恢复重建生态环境多样性、生物多样性、民族文化多样性良性互动、高度融合的"三多一体"格局、全社会走上生产发展、生活富裕、生态良好、文化繁荣的文明发展道路之日。

(原载杨寿川主编《云南特色文化》,社会科学文献出版社 2006 年版)

民族文化保护传承研究

各民族共同繁荣与
云南民族文化的发展

各民族共同繁荣是邓小平专门为解决我国民族问题而提出来的一个重要观点。这个观点反映了民族和民族问题自身发展的客观规律,揭示了我国社会主义时期民族问题的实质及其发展趋势,体现了社会主义制度的本质要求,因而是邓小平理论中解决民族问题的核心思想。

一 邓小平关于各民族共同繁荣的理论

1988年11月2日,邓小平为祝贺广西壮族自治区成立30周年题词:"加速现代化建设,促进各民族共同繁荣。"[①] 这一题词虽然只有短短的两句话,却提出了解决我国民族问题的战略指导思想,意义十分重大而深远。各民族共同繁荣与邓小平理论中的全面发展观点、全国人民共同富裕的观点大体相同,但内涵更为丰富。下面分四点予以论述。

第一,它明确肯定了社会主义时期是各民族共同繁荣的时期,反

---

① 《邓小平文选》第3卷,人民出版社1993年版,第407页。

映了民族和民族问题自身发展的客观规律。大家知道，民族是人类社会历史发展过程中形成的一个稳定的人们共同体，有它自身发生、发展和消亡的规律。民族形成于原始社会，要到阶级和国家消亡之后的遥远的将来才会消亡，因而在民族形成与民族消亡之间的漫长的历史时期，都是民族发展的时期。然而，在阶级社会中，由于阶级剥削和民族压迫制度的存在，各民族特别是弱小民族不可能得到共同发展，更谈不上共同繁荣。只有在消灭了阶级剥削和民族压迫制度的社会主义社会，由于在经济上实行生产资料公有制和按劳分配制度，在政治上保障各族人民广泛而高度的民主和自由，在民族问题上实行平等、团结、互助和各民族共同发展的政策，才既为各民族共同繁荣创造了条件，又极大地调动了各民族走向共同繁荣的积极性、主动性和创造性，确保了各民族共同繁荣的最终实现。因此，社会主义时期是各民族共同繁荣的时期。

第二，它揭示了我国社会主义初级阶段民族问题的实质。社会主义初级阶段是实现各民族共同繁荣的关键时期，这是由社会主义初级阶段的宏伟目标、根本任务及其所处的时代特征决定的。社会主义初级阶段的目标是在21世纪中叶使我国人均国民生产总值达到中等发达国家的水平，基本上实现各民族共同繁荣的社会主义现代化。为达到这一目标，社会主义初级阶段的根本任务就是大力发展社会生产力，加速现代化建设。而国际经济竞争日趋激烈的环境和不公正的国际政治经济秩序的压力，又对我们能否实现这一目标提出了严峻的挑战。我们原有的基础很差，历史起点与宏伟目标之间跨度极大，但如果我们达不到这一目标，我国与发达国家之间，中华民族与世界上其他民族之间的差距就会拉大，国内各民族之间的差距也将进一步扩大，这就必然对社会主义的前途和中华民族的命运造成严重后果。所以江泽民同志1992年在中央民族工作会议上指出："在新的历史时期，搞好民族工作，增强民族团结的核心问题，就是积极创造条件，加快发展少数民族和民族地区的经济文化等各项事业，促进各民族的共同繁荣，这既是少数民族和民族地区人民群众的迫切要求，也是我们社会主义民族政策的根本原则。"[①] 因此，社会主义初级阶段民族问题的实质，说到底，就是加速实现各民族共同繁荣的问题。

第三，各民族共同繁荣具有丰富的内涵，它反映了我国社会主义时期民族问题的发展趋势。早在中华人民共和国成立初期，邓小平在其著名的《关于西南少数民族问题》的讲话中，就提出了消除民族隔阂，真正形成中华民族美好大家庭需要做好的三件工作。即要使少数民族相信："在政治上，中国境内各民族是真正平等的；在经济上，他们的生活会得到改善；在文化上，也会得到提高。所谓文化，主要是指他们本民族的文化。"[②] 把邓小平20世纪50年代的讲话与80年代的题词联系起来，就会发现促进各民族共同繁荣是邓小平的一贯思想，这一思想具有丰富的内涵。它既包括各民族政治上的平等，经济上的发展，民族间差距的逐步缩小和共同富裕的实现，以及由此而来的民族团结的巩固、民族间共同因素的增多和中华民族凝聚力的增强；同时也包括民族语言、民族文化、民族特点、民族特色等各民族自身文化的充分发展，各民族自身素质的提高和内在活力的增强。因此，各民族共同繁荣这一命题本身，便内含了民族间共同因素的增多和各民族特点得到全面、充分发展这样相辅相成的两个历史趋势。只要我们实事求是地观察一下我国民族问题的发展情况，便可以清楚地看到这两个趋势都正在客观地发展着。

一方面，随着社会主义现代化建设和市场经济的发展，民族之间的联系越来越密切，民族地区的封闭状态正在被全方位开放所取代，从而使民族之间的共同性越来越多。表现在人口分布上，随着人口流

---

① 江泽民：《加强各民族大团结，为建设中国特色的社会主义携手前进》，《人民日报》1992年1月15日。

② 《邓小平文选》第1卷，人民出版社1994年版，第162页。

动的加剧，一个地区的民族成分越来越多，一个民族在全国范围内将分布得越来越广，各民族共同生活的地域进一步扩大了。表现在经济上，随着统一的国民经济体系和统一的社会主义市场的发展，一个民族要保持单独的、孤立的经济活动已成为不可能，民族经济更多地表现为民族地区的经济，各民族的经济日趋一体化。表现在文化上，汉语越来越成为各民族通用的语言，民族之间互相学习语言的人也在增多，汉语和民族语将长期并存、共同发展。民族之间互相通婚的现象日趋普遍，一个家庭中有几种民族成分，能讲几种语言的情况越来越多。随着社会主义物质文明和精神文明建设的发展，各民族之间共同的精神因素也在增长，如发展市场经济所需的效率观、时间观、竞争观；社会主义要求的道德观、价值观等。表现在政治上，随着国家统一的日益巩固，各民族之间社会主义、爱国主义的一致性和中华民族的凝聚力都将大大增强。

另一方面，随着民族经济、文化、教育的发展以及各民族内在活力的增强，各民族的民族特点、民族特征和民族特色也将得到全面、充分的发展。表现在经济上，家庭联产承包责任制的长期稳定将继续容纳并发展各民族的经济特点，具有民族地域特色的经济生活将以其特有的优势与全国建立优长互补的关系；表现在文化上，各民族的语言文字、风俗习惯、生活方式、文学艺术将在与现代化调适的过程中得到普遍的尊重与发展，特别是其中的优秀成分，将以其独特的价值而得到大力弘扬；表现在民族心理上，在中华民族凝聚力不断增强的同时，各民族的民族意识、民族感情、民族自尊心、民族自豪感和民族凝聚力也将不断增强，民族自我意识将从朦胧的、不发达的状态逐步走向发达的、自我觉醒的状态。

列宁认为，在资本主义制度下，民族问题有两种趋势："第一个趋势是民族生活和民族运动的觉醒，反对一切民族压迫的斗争，民族国家的建立；第二个趋势是民族之间各种联系的发展和日益频繁，民族隔阂的被打破，资本、整个经济生活、政治、科学等国际统一的形成。这两个趋势都是资本主义世界的规律。"[1] 由于我国各民族没有经历资本主义阶段或者没有经历资本主义充分发展阶段，因而资本主义社会中民族问题的一般发展趋势，将在社会主义时期特别是它的初级阶段时期继续发展，只是性质已经发生了根本的变化。因此，邓小平提出的各民族共同繁荣的思想，其本身内含的民族问题的两种发展趋势，实际上已经揭示了我国社会主义时期民族问题的发展规律。

第四，各民族共同繁荣是社会主义制度的本质要求。正如"解放生产力，发展生产力，消灭剥削，消除两极分化，最终达到共同富裕"[2] 是社会主义的本质一样，各民族共同繁荣也是社会主义制度的本质要求。不同的是，各民族共同繁荣的一般方面，如生产力的发展，民族压迫剥削制度的消灭，平等、团结、互助的社会主义民族关系的巩固，各民族人民共同富裕的实现等，亦即我国民族问题发展的第一种趋势，与全国人民共同富裕完全一致，体现了社会主义制度的一般本质；而各民族共同繁荣的特殊方面，如民族特点、民族特色和各民族自身文化的充分繁荣和发展等，亦即我国民族问题的第二种发展趋势，则体现了社会主义制度在民族问题领域的特殊本质。因此，全国人民共同富裕与各民族共同繁荣一样，都是社会主义制度的本质要求。前者体现了社会主义制度的一般本质，后者体现了社会主义制度的特殊本质。

基于以上四点，我们有充分的理由认为，促进各民族共同繁荣，是邓小平理论中解决我国民族问题的核心思想。

---

[1] 《列宁论民族问题》上册，民族出版社1987年版，第229—230页。
[2] 《邓小平文选》第3卷，人民出版社1993年版，第373页。

二　云南促进各民族共同繁荣的实践

云南促进各民族共同繁荣实践的一般方面，即坚持民族平等，发展民族经济，巩固民族团结等，许多论著都已作过充分阐述；因而在本文中，我们仅就促进各民族共同繁荣实践的特殊方面，即各民族自身文化的发展繁荣问题分以下四部分，作一简要论述。

（一）尊重和发展各民族的语言文字

语言是人们最重要的社会交际工具，文字则是记录语言的符号。民族语言文字既是民族文化载体，对民族文化的保存、传递、创造与发展发挥着重要作用，同时是沟通民族感情、促进民族认同、满足民族文化心理需求的有力工具。因此可以毫不夸张地说，民族语言文字是民族文化的精华，每一个民族都对自己的语言文字有着天然感情。这种天然感情一方面使人们把使用和发展自己民族的语言文字当成天职，另一方面又要求其他民族尊重自己的语言文字，这就自然产生了语言平等的要求。由于民族语言既是民族形成的一个重要因素，又是民族的一个基本特征，所以语言平等也就成了民族平等的一个重要内容，从而深刻影响着民族关系的好坏。马克思主义从民族语言问题在民族问题中的重要地位和作用出发，对民族语言问题给予了高度重视。列宁指出："谁不承认和不坚持民族平等和语言平等，不同各种民族压迫和不平等作斗争，谁就不是马克思主义者，甚至也不是民主主义者。"[①] 中国共产党遵循马克思主义关于民族平等和语言平等的基

---

① 列宁：《关于民族问题的批评意见》，《列宁全集》第 20 卷，人民出版社 1959 年版，第 11 页。

本原则，结合我国各民族语言文字的具体情况，制定了尊重、使用和发展少数民族语言文字的政策，我国《宪法》和《民族区域自治法》，也都从法律上保障了少数民族使用和发展自己的语言文字的自由。40多年来，云南省委、省政府为贯彻落实党的政策和国家法律，采取了五项具体措施：一是成立了云南省少数民族语言文字指导委员会，一些地州县也相继成立了民族语文研究工作机构。二是在省民族学院设立民族语言文学系，在地州县开办短期培训班，培养了大批民族语文工作队伍。三是在中国科学院民族语文专家的指导下，帮助哈尼、傈僳、纳西、佤、景颇（载瓦支系）、白、苗、布依、壮、彝等10个民族创制了15种文字，帮助改进了西双版纳傣文、德宏傣文、拉祜文、景颇文等4种文字。四是发展民族语文教学和双语文教学，全省已有1000多所学校进行民汉双语文教学，许多地方还用民族文字开展扫盲教学。五是创办民族语文出版、广播、电影电视事业。到1990年，全省已有8个民族12个文种的各类民族文字报刊67种；云南民族出版社用民族文字出版了大量图书；全省办起了傣、拉祜、景颇、傈僳、哈尼、苗、瑶、壮、彝、白、佤11个民族13种语言的广播；用民族语配音译制了700多部电影。上述措施虽然在"文化大革命"中受到过严重冲击，但十一届三中全会后在邓小平理论指导下又得到全面恢复和落实，并有了更大发展，因而基本满足了过去岁月中少数民族群众的要求。

社会主义时期既然是各民族共同繁荣的时期，因而也是民族语言文字发展繁荣的时期。随着各民族知识分子的增多和民族意识的增强，各民族对使用和发展本民族语言文字的主观要求将日趋强烈；而大部分少数民族人口仍操民族语言且不通汉语、汉文这一实际情况，又使各民族使用和发展本民族语言文字的主观要求成为一种客观需要。实践早已证明，民族语言文字不仅具有民族文化功能，而且对少数民族的经济社会发展也能够发挥极大的推动作用。因此，进一步做好少数民族语言文字的使用和发展工作，仍然是云南促进各民族共同繁荣的一个重要内容。

（二）尊重和保护各民族的宗教信仰自由

从文化的角度看宗教，宗教是一种文化现象，是民族传统文化的一个组成部分；而从宗教的角度看文化，文化便仅仅包括两个方面，即宗教文化和世俗文化，宗教在文化构成中的地位和作用便显得异常重要了。它不仅是民族文化的重要组成部分，而且渗透到民族文化的诸多方面，对一个民族的社会生活发挥着重要而深远的影响。宗教既是一种世界观，又是一种伦理道德和法律制度，还是一种生活方式和风俗习惯。如此庞杂的包容范围使它既有麻醉和慰藉人们心灵的功能，又有社会整合和民族内聚功能，还有民族文化传承功能。因此，对于信教的民族或一个民族中信教的群众而言，他们对宗教便自然形成了某种神圣的感情。特别是一些全民信教的民族，这种神圣的感情还是一种与生俱来的天然感情，因而更加受到民族成员的珍视。这种感情在与外民族的交往中便往往演变为民族感情，于是，宗教问题便与民族问题紧密联系起来。民族与宗教虽属两个不同的范畴，宗教也不是民族的构成要素，但在实际生活中，民族问题与宗教问题常常交织在一起。民族问题中有一个宗教信仰问题，宗教问题又常常演变为民族问题或以民族问题的形式表现出来。于是，对一个民族的宗教信仰采取什么态度，执行什么政策，往往被看成是对这个民族采取什么态度和政策。

中华人民共和国成立后，党和国家以马克思主义关于宗教存在的根源不可能在短期内消除，宗教有其产生、发展、消亡的规律，宗教消亡是一个漫长的历史过程的科学理论为指导，根据我国各民族的宗教信仰具有民族性、群众性、国际性、复杂性和长期性五大特点这一实际情况，制定了尊重和保护各民族宗教信仰自由的政策。与此同时，随着社会制度的根本转换和宗教制度的改革，云南各宗教状况发生了根本变化。基督教和天主教摆脱了帝国主义控制，按自治、自传、自养的"三自"原则，变成中国信教群众自己的教会；佛教、道教和伊斯兰教摆脱了反动阶级的控制和利用，成为信教群众自办的宗教事业。信教群众享有充分的宗教信仰自由，并积极为社会主义建设事业服务。但从1957年开始，在"左"的错误冲击下，混淆了宗教信仰问题与政治问题的界限，对宗教采取限制、削弱、消亡的工作方针。到"文化大革命"时期，则完全背离马克思主义宗教理论和党的宗教政策，采取了五项消灭宗教的错误行动。直到党的十一届三中全会后，特别是1982年，以邓小平为核心的党中央总结了新中国成立以来在宗教问题上正反两方面的经验教训，提出了我国社会主义时期宗教问题的基本观点和基本政策，云南各民族的宗教活动从此走上了正常轨道。近20年来，省委、省政府为贯彻执行党的宗教政策采取了一系列措施：一是恢复了省、地（州）、县宗教工作机构；二是平反纠正了宗教界的冤假错案；三是清理退赔了宗教房产并资助维修了一些重点寺院；四是用民族文字出版发行了一批宗教经书；五是建立了昆明伊斯兰教经学院、云南基督教神学院、云南上座部佛学院，培养出高层次宗教职业人员100多人。现在，云南的宗教事务已初步做到"四个基本"：一是爱国宗教团体基本建立健全；二是宗教活动场所布局基本合理；三是宗教活动场所的民主管理组织基本上建立健全；四是正常的宗教活动得到保障，信教群众正常的宗教生活基本得到满足。[①]目前存在的主要问题是：一方面，党的宗教政策在局部地区仍需进一步落实，侵犯信教群众合法权益的问题仍时有发生；另一方面，一些宗教信徒的非正常宗教活动，也确实对民族团结、经济发展、社会稳定带来了严重的不利影响。

[①] 王连芳主编：《云南民族工作的实践和理论探讨》，云南人民出版社1995年版，第513页。

1991年，江泽民同志指出："我们处理同宗教界朋友之间的关系的原则是政治上团结合作，思想信仰上相互尊重。"① 1993年，他进一步指出："在宗教问题上要强调讲三句话，一是全面、正确地贯彻执行党的宗教政策，二是依法加强对宗教事务的管理，三是积极引导宗教与社会主义社会相适应。"② 江泽民同志的这些讲话，为解决我国社会主义时期的宗教问题指明了方向。为此，一方面，党和国家及省、地（州）、县各级政府，应坚决贯彻执行党的宗教信仰自由政策，依法加强对宗教事务的管理，对于侵犯少数民族宗教信仰自由权利的，应根据《刑法》的有关规定追究其刑事责任。另一方面，各民族信教群众和各种宗教团体，应顺应时代的发展，主动调整自己的行为以适应社会主义社会的要求。各民族信教群众和不信教群众都是国家的公民和主人，他们具有共同的政治利益和经济利益，各民族共同繁荣的社会主义现代化对他们都具有巨大的鼓舞力量和吸引力量，而双方在思想信仰上的差异无论有多大，与这一共同的宏伟目标相比都只能是次要的。因此，双方完全能够在爱国主义、社会主义和各民族共同繁荣的旗帜下团结起来，同心同德建设社会主义祖国。

（三）尊重少数民族风俗习惯

风俗习惯是一个民族在衣食住行、婚丧嫁娶、生老病死和节庆礼仪等方面广泛流行的喜好、禁忌、风气、习惯和传统。民族风俗习惯是在民族形成发展过程中逐步形成的，与各民族所处的自然地理环境、经济类型、宗教信仰和心理素质有着不可分割的关系。一般说来，民族风俗习惯具有民族性、全民性和长期稳定性等特点。由这三大特点决定，风俗习惯在一个民族的社会生活中占有重要地位，发挥着长期、广泛、深刻的影响。每一个民族都对自己的风俗习惯怀有天

---

① 《求是》1991年第7期。
② 转引自《新编云南省情》，云南人民出版社1996年版，第86页。

然感情，因而在民族交往中，风俗习惯便必然成为影响民族关系和民族发展的重要因素。在我国，由于历史上长期存在着民族压迫，各少数民族不仅在政治上遭受压迫，在风俗习惯上也备受歧视和侮辱，从而在他们的心理上打上了很深的烙印，留下了深重的民族隔阂，使他们对大民族特别是汉族是否尊重自己民族的风俗习惯异常敏感。中华人民共和国成立后，党和国家制定了尊重少数民族风俗习惯的政策，政协《共同纲领》和以后的历部宪法，都明确规定，各民族都有保持或者改革自己的风俗习惯的自由。但各民族的相互了解需要有一个过程，故早在1950年，邓小平在欢迎赴西南地区的中央民族访问团大会上的讲话中就指出："在尊重少数民族风俗习惯方面，也要老老实实。我们要主动向他们说清楚，正是因为风俗习惯不同，容易引起误会，容易犯忌讳，可能得罪了人还不知道。有些生活习惯我们很想学，但是一下子学不会，也勉强不得，请他们原谅。这就叫老老实实。这样容易得到同情。"① 中央西南访问团云南分团到达民族地区后，向各民族群众广泛宣传党的政策，并按照佤族习俗在普洱隆重举行了"剽牛盟誓"建立民族团结纪念碑的仪式。进驻边疆民族地区的解放军和民族工作队，也老老实实地尊重民族风俗习惯，入境问俗、进村尊俗。从而很快取得少数民族群众的信任，工作迅速打开了局面，并在群众自愿的基础上，由少数民族自己革除了一些严重危害民族发展的落后习俗，如佤族的"猎头祭谷"，傣族的"榷琵琶鬼"和哈尼族的"杀双胞胎"等。然而，从1957年下半年开始，党和国家尊重少数民族风俗习惯的政策，便受到"左"的错误的冲击甚至否定，与"共产风"一同刮起的"民族融合风"，拒不承认民族特点和民族风俗习惯；接踵而来的"文化大革命"中，一些地方甚至采取行政手段强行改变少数民族的风俗习惯，给民族关系和民族发展造成了严重危害。

---

① 《邓小平文选》第1卷，人民出版社1994年版，第170页。

党的十一届三中全会后，以邓小平为核心的党中央恢复了尊重少数民族风俗习惯的政策，云南省委、省政府则为这一政策的贯彻落实采取了五项具体措施：一是恢复各民族的传统节日，并通过地方立法固定下来；二是恢复和扩大少数民族特需商品的生产和供应，如各类金银饰品、边销茶等；三是对少数民族的特殊生活习惯采取特殊照顾措施，如对回民生活习惯的特殊照顾等；四是大力弘扬少数民族的传统美德和优良习俗；五是宣传和普及科学文化知识，积极引导各族人民自觉自愿地改变落后习俗。所有这些措施，都收到了良好的效果。但是，由于云南省民族众多，各民族风俗习惯的相互了解有赖于民族交往的进一步扩大与深化，因而需要一个长期的过程。所以，尽管有了法律和政策的保障，由于不了解而无意中违犯了民族风俗习惯，而对民族关系造成不良影响的事件仍然时有发生；有的则是出于偏见对少数民族的风俗习惯作了歪曲的描绘和渲染，以及出版发行中的不慎引起的。因此，采取多种形式在全省人民中宣传和普及民族学知识，加深各民族之间的相互了解和尊重，仍然是云南促进各民族共同繁荣必须长期坚持的一项重要工作。

（四）繁荣发展民族文化

云南各民族都有悠久的历史和灿烂的文化。由26个民族组合而成的多元文化景观，把云南装点成绚丽多姿、五彩缤纷的百花园，使其成为世所罕见的民族文化王国。如果说，在过去封闭的环境中和贫穷落后的状态下，云南少数民族丰富多彩的歌舞文化，欢快热烈的节庆文化，丰满厚重的历史文物和价值独特的民族医药等文化成果，曾经长期被限制、被湮没甚至一度被作为落后的象征而加以批判和横扫的话，那么，到了改革开放和大力发展社会主义市场经济的今天，便具有了无比珍贵的价值而冲出狭隘的地域和民族界限，走向全国、走向世界，并大放光彩，从而迅速转化为经济社会发展的突出优势。因此，自党的十一届三中全会以来，云南民族文化进入一个前所未有的空前繁荣时期。民族歌舞艺术不仅多次在全国比赛中荣获大奖，还多次组团出访五大洲数十个国家，为中国和云南赢得了声誉。特别是在云南承办的第三届中国艺术节期间，把民族歌舞艺术展演与民族团结联欢、经贸科技交流和旅游观光活动紧密结合起来，给6万多名中外来宾留下了难忘的印象，为扩大云南的对外开放，促进边疆民族地区经济文化的发展做出了重要贡献。各民族的节庆活动也大都与商品、信息、文化、技术和经贸交流结合起来，采取"文化搭台，经贸唱戏"的形式，吸引大批中外客商前来"登台唱戏"。楚雄彝族自治州一年一度的"火把节"，大理白族自治州一年一度的"大理三月街"，每年均有数十万中外宾客参加，既是民族文化盛会又是经贸交流盛会。各民族沉睡多年的历史文物也随着对外开放的扩大而焕发出勃勃生机。云南省民族博物馆、大理古城、中甸松赞林寺、剑川石宝山等，都已成为科学考察和旅游观光的热点地区。各民族的传统医药正在重放异彩。现已发掘、整理、出版拉祜、佤、白、纳西、彝、德昂、傣、藏等的医药学著作多部，特别是其中的傣医和藏医，以其博大精深的医理和对各种疑难杂症的特殊疗效，引起中外医学界的强烈兴趣。可以预计，这一民族文化的奇葩将随着时间的推移而大放光彩。由于云南民族文化的特殊魅力在扩大对外开放、加快全省经济社会发展中所起的作用日益重要而明显，因此，1993年，省政府决定组织开展以昆明为中心，以25个边境县为重点，以昆畹、昆洛、昆河3条公路干线为辐射，以文化设施建设为主要内容的"千里边疆文化长廊"建设工程。1994年，省委、省政府决定把民族文化的繁荣发展纳入精神文明建设中通盘考虑，认真组织实施云南"文化精品工程"和"民族文化工程"，要求云南25个少数民族都要创作出有代表性的歌、舞、器乐曲或其他艺术门类，培养出自己的优秀歌手、舞蹈家、演奏家、作家及其他专门艺术人才，开发利用云南丰富的文化资源。

其后，省委、省政府又进一步提出把云南建成一个繁荣发达的民族文化大省的宏伟目标。所有这些，都预示着在邓小平促进各民族共同繁荣理论指导下，云南的民族文化将进入一个更加繁荣发展的新时期。

（原载《云南社会科学》1998 年第 6 期）

云南民族文化发展报告

自从 1996 年中共云南省委提出建设云南"民族文化大省"的战略目标以来，云南民族文化多样性的保护与发展日趋活跃，在国内外产生了良好反响。2003 年 9 月底至 11 月初，笔者就近年来云南民族文化保护与发展的成就和经验、存在的问题与对策进行了一次系统、深入的考察和调研，现将调研情况报告如下，以期能对全国特别是西部民族地区民族文化多样性的保护与发展，提供一些启示和借鉴。

一 民族文化发展的成就与经验

（一）与时俱进、提高认识

20 世纪 50—60 年代，由于片面遵循单线进化论的指导思想，云南少数民族丰富多彩的文化多样性是被当作前资本主义社会诸形态的遗存来对待的。20 世纪 60—70 年代，由于党和国家的民族政策被否定，云南少数民族的传统文化遭到了"文化大革命"风暴的严重破坏。改革开放以来，随着解放思想、实事求是思想路线的恢复，中国各民族文化多元并存、共生互利、共同发展、共同繁荣的指导思想得以确立。1996 年 12 月，基于在改革开放和社会主义市场经济条件下云南民族文化日益显示出无比珍贵的价值，中共云南省委六届四次全会首次提出建设富有特色的"民族文化大省"的目标，引起了广泛关注。1997年，党的十五大报告将文化与经济和政治并列，提出了党在社会主义初级阶段的经济、政治和文化发展纲领，标志着党对文化的地位和作用的认识达到了一个新的高度。2000年10月，中共十五届五中全会通过的《中共中央关于"十五"规划的建议》，明确提出了发展文化产业的要求。2001年12月，中共云南省第七次党代会再次确认了建设云南民族文化大省的战略目标。2002年，党的十六大报告明确提出了发展文化事业和文化产业的要求。为深入贯彻十六大精神，2003年6月，中央召开了全国文化体制改革试点工作会议，省委于7月19日召开了云南省发展文化产业、繁荣民族文化、建设文化大省大会，对文化体制改革试点工作和文化产业发展工作进行了部署和安排。在中央和省委精神的指导下，相关民族自治地方也召开专门会议进行贯彻落实。所有这些表明，党对文化发展的认识取得了重大突破，省委对繁荣发展民族文化战略意义的认识达到了一个新的水平，全社会对繁荣发展民族文化，建设民族文化大省的思想认识有所提高。

（二）调查研究、制定规划

自从云南省委提出建设民族文化大省的战略目标以来，省内研究民族文化的专家学者积极配合省委的决策，就如何建设民族文化大省的问题开展了大量的调查研究，向省委建言献策。在此基础上，省委、省政府先后召开了两次民族文化大省建设专题研讨会，并在省委宣传部的领导下，组织专门队伍，起草并颁布了《云南民族文化大省建设纲要》《云南民族文化大省建设实施方案》《云南民族文化大省建设"十五"规划》等指导性文件，省人大在全国率先颁布了《云南省民族民间传统文化保护条例》。各地、州、市、县也纷纷行动起来，积极开展本地区民族文化资源的调查和参与民族文化大省建设规划的制定工作。仅民族自治地方，就先后制定颁布了《楚雄州民族文化发展战略实施纲要》《大理民族文化大州建设实施意见》《建设迪庆香格里拉特色文化区的意见》《西双版纳州文化立州实施意见》《云南民族文化大省德宏边境民族文化区建设请示》等规划意见。其他多民族地区，也先后制定颁布了一系列规划、意见、实施方案，如《保山民族文化区建设纲要》《曲靖市民族文化建设纲要》《昭通地区开展民族文化大省建设的意见》《建设民族文化大省临沧民族文化建设实施方案》《思茅民族文化特色大区建设总体规划》《丽江地区民族文化特色区建设实施纲要》等，一些民族自治县和边境县如原丽江纳西族自治县和腾冲县，还提出了建设民族文化强县的目标，并制定了相应的发展和建设规划。2003年7月省委建设民族文化大省大会结束后，一些民族自治地方立即召开贯彻会议，被确定为文化体制改革和文化产业发展的试点地区的大理白族自治州和丽江市，又积极制定了各自的改革方案和发展规划，使云南繁荣民族文化、发展民族文化产业，建设民族文化大省的工作有了一个良好的开端。

（三）民族文化事业发展

随着建设民族文化大省战略的实施，云南民族自治地方的文化事业发展步伐加快，民族语言文字工作、民族出版、民族报刊以及民族自治地方的广播、电视、电影、文艺展演和民族体育运动都取得了新成绩。全省的民语委、民族教育、民族出版、民族古籍等7个系统的154个单位中的专、兼职编译人员达750多人；出版发行有14个民族、16个文种的各类图书；发行了8个民族、12个文种的17种报纸、两个民族的3种刊物。党的十六大召开以后，全省宣传文化和民族工作部门就积极探索在民族地区宣传十六大精神的新途径和新形式。2003年，为方便云南不通汉语的少数民族群众学习贯彻党的十六大精神，省委宣传部、省民委、省文化厅等单位，组织省民语委办公室、省民族语电影译制中心等部门，翻译、制作了彝、白、哈尼、傣、壮、苗、傈僳、佤、拉祜、纳西、景颇、独龙、藏等15种少数民族语的党的十六大报告VCD光盘；云南民族出版社用彝、白、傣、哈尼、苗、傈僳等12种民族文字翻译、出版了《十六大文件汇编》。省民委还积极配合省委宣传部组织开展"十六大精神到边寨"宣传教育活动，在德宏、西双版纳、大理、红河、文山等边疆民族地区的宣传教育活动中，都把少数民族语的十六大报告VCD光盘和民文版的《十六大文件汇编》免费发送到广大少数民族群众手中，组织群众集体观看学习，并用民族语对有关内容进行讲解，受到少数民族干部群众的欢迎，收到了良好的宣传效果。2003年4月13日，中共中央政治局常委李长春同志在云南考察期间，到德宏参加"十六大精神到边寨"宣传教育活动，对采用这一贴近实际、贴近生活、贴近群众的宣传教育形式给予了充分肯定。① 2003年9月，中华人民共和国第七届少数民族传统体育运动会在宁夏回族自治区隆重举行，这是进入21世纪后我国举办的首届规模大、水平高的民族传统体育盛会和民族团结盛会。云南省派出了由26个世居民族351人组成的强大阵容参加了本届民族运动会。在全体运动员、教练员和其他工作人员的共同努力下，云南代表团不负众望，夺得15块金牌，金牌数列全国第一，总成绩跻身于全国第三，其中，竞赛项目7枚，超过上届1枚；表演项目8枚，超过上届3枚。全面实现了省委、省政府提出的"力争成绩好于往届"的目标，创造了云南参加全国民族运动会的最好成绩。还将一大批具有鲜明民族特色、充满时代精神的民族体育精品奉献给全国人民，宣传和树立了云南民族文化大省的形象，赢得了无数观众的赞誉和好评。②

---

① 参见《今日民族》2003年第7期。
② 参见《今日民族》2003年第10期。

（四）民族文化遗产的保护与开发

在建设民族文化大省战略决策的推动下，云南省人大常委会于2000年5月在全国率先制定并颁布实施《云南省民族民间传统文化保护条例》，在贯彻落实条例的过程中，云南民族文化遗产的保护与开发有了新的进展。下面分六个部分予以论述。

1. 少数民族语言文字的保护与发展

据云南省少数民族语文指导工作委员会的调查，目前云南少数民族使用语言的情况大致有3种类型：一是母语型，即以本民族语言作为主要交际工具的人口约1014万；二是兼语型，既使用本民族语言，又使用汉语或其他民族语言交际的人口约584万；三是汉语型，即本民族语言已消失，完全转用汉语的人口约180万。全省1400多万少数民族人口中，不通汉语的有610万人。全省25个少数民族除回、满、水等3个民族已使用汉语外，其余22个民族共操26种语言，14个民族使用着22种文字或拼音方案。根据这一实际情况，为贯彻党和国家民族平等、语言平等的政策和保护与发展少数民族语言文字的法律法规，各级党委政府和民族工作部门，采取了多种措施保护与发展民族语言义字，如建立民族语文工作机构、宣传民族语文的理论和政策、积极培训民族语文师资、加快民族文字社会扫盲工作进程、大力发展民族语文编译、出版、新闻、广播和影视事业等，特别是排除各种干扰，坚持创造条件开展民族语文教学和民汉双语文教学。到2001年，全省共有彝、白、傣、藏、傈僳、哈尼、景颇、佤、拉祜、纳西、苗等11个民族的14种文字在707所学校1249个班级中开展着民族语文教学，学生达到58342人，另有50多万民族生在接受着本民族语言的辅助教学，[①] 为少数民族语言文字的保护、继承与发展打

[①] 参见云南省少数民族语文指导工作委员会编《双语现象与双语文教育》，云南民族出版社2001年版，第2页。

下了基础。

2. 少数民族古籍的抢救、整理与出版

云南是一个民族文化多样性的王国，众多少数民族在长期的历史发展过程中，通过口耳相传和文字记录，留下了一笔珍贵的民族文化遗产——民族古籍（包括文字古籍和口碑古籍）：纳西族用活着的象形文字——东巴文写下了数万余册（卷）东巴古籍；彝族用自成系统的古老彝文写下了上万卷的文献；傣族使用傣泐文和傣纳文等本民族文字，写下了号称八万部的贝叶经书；藏族用本民族文字书写下了数以万计的文献古籍和文书档案；回族先民亦用阿拉伯文和波斯文留下了数百种文献古籍；白、壮、瑶、布依等民族则采用方块汉字及其变体记录本民族的历史文化，写下了上万册卷的文献古籍和数以千计的碑刻。哈尼、苗、傈僳、拉祜、佤、景颇、布朗、普米、阿昌、怒、基诺、德昂、蒙古、水、独龙等民族虽无本民族古老文字，但他们靠口耳相传的方式代代传承了本民族的历史文化，形成的口碑古籍丰富多彩，包括这些民族的创世史诗、迁徙史诗、叙事长诗、祭祀歌、劳动歌、生活习俗歌、神话传说、民间故事等，生动地记录了这些民族的历史变迁、生产生活、宗教信仰、哲学观念、文学艺术、风俗习惯等丰富的内容。为了保护和继承这份珍贵的文化遗产，省民委和一些地、州、市、县民委相继成立了专门进行民族古籍抢救、整理和出版的机构，组织专业人才进行了大规模的抢救和整理工作。初步查明云南各民族文献古籍达10万余册（卷），口碑古籍上万种。现已抢救保护的文献古籍2万余册（卷），口碑古籍3千余种；翻译、整理、出版了彝、纳西、傣、回、哈尼、白、苗、瑶、基诺、藏、普米、傈僳、景颇等民族的古籍500多册3000余种；云南省少数民族古籍整理出版规划办公室正在建设中的民族古籍资料库，近5年都以平均每年征集入库1000余册（卷）古籍珍本和善本的速度发展，位居全国之首；丽江市集数十人20年心血翻译整理出版的长达5000多万字的

《纳西东巴古籍译注全集》100卷，其规模之大，在全国古籍整理行业堪称全国第一，荣获国家图书奖荣誉奖，在国内外引起了轰动；云南省编写出版的《中国少数民族古籍总目提要》之《纳西族卷》，是迄今为止全国少数民族古籍总目编纂工作完成出版的第一卷，其中的《白族卷》业已完稿即将出版，集云南各民族古籍编目经验编写的《中国少数民族古籍总目提要样板条》具有开创性的指导意义，成为其他省区撰写相关条目的样板。① 所有这些，标志着云南少数民族古籍的抢救、整理工作已走在全国的前列，为云南民族文化的保护与开发做出了积极的贡献。

3. 民族文物保护与博物馆发展

云南是一个历史文物资源众多的省份。1996年，云南有国家级重点文物保护单位24处，省级重点文物保护单位163处。2001年，云南的国家级重点文物保护单位已达32处。这些重点文物保护单位大都分布在民族自治地方，仅大理白族自治州，就有国家级重点文物保护单位6处、省级重点文物保护单位25处。随着文物保护事业的发展，作为文物征集、保护与展出的重要基地的博物馆事业也得到了发展。目前，全省已有各级、各类博物馆40多个，收藏各类文物20多万件，② 这些文物大部分是少数民族的或与少数民族相关的历史文化遗存。其中，作为专门征集和保护少数民族文物的云南省民族博物馆，已收藏各类民族文物1万多件，展出实物8000多件，开设了"云南少数民族社会形态改革发展""云南少数民族纺织工艺与服饰艺术""云南少数民族民间美术""云南少数民族节庆乐舞""云南少数民族手工艺品""云南少数民族生态生业""云南少数民族古籍文献"等专题展馆，比较全面地展示了云南少数民族的状况。2003年10月，

---

① 参见普学旺等《穿越时空的守望——少数民族古籍抢救整理出版在云南》，《今日民族》2003年第5期。

② 参见方慧等《云南少数民族传统文化的法律保护》，民族出版社2002年版，第12页。

作为法国中国文化年的一项重要活动，云南民族博物馆精选了馆内珍藏的60多套少数民族传统服饰，远赴法国巴黎进行云南民族服饰展演，受到了法国观众和媒体的广泛赞誉。丽江东巴文化博物馆自1984年成立以来，通过突出民族特色和地方特色、将文物的静态陈列和民俗活动的动态展演相结合、博物馆与社区文化和旅游发展紧密结合、积极开展对外宣传、交流与合作等措施，获得了很大的发展。从1998年到2002年共接待观众达195万人次，同期创收达1160万元，被先后评为"全国十大地县级优秀博物馆""全国文化先进集体"，并被列为"云南省爱国主义教育基地"。总之，云南的民族文物保护与博物馆发展取得了一定的成就，为云南民族文化大省建设做出了贡献。

4. 民族文化资源调查与民族民间文化艺人的认定与培养

要保护与发展云南的民族文化遗产，就必须搞清楚民族文化的资源本底；为使云南的民族文化能够薪火相传、生生不息，就必须认定和培养民族民间文化精英和民族民间文化传人。为此，近年来，云南省民委和省文化厅，组织全省民族工作和文化部门，开展了较大规模的民族民间文化及其艺人的调查。仅楚雄彝族自治州，从1997年至2002年，在全州范围内进行的民间歌、舞、乐及民间美术艺人的调查，就走访了民间艺人364人，收集整理了113名艺人的文字资料，收录彝族民歌600多首，为87位有造诣的民间艺人摄像、拍摄多种艺术资料800多幅，为37位重点老艺人制作了VCD光盘。[①] 与此同时，云南省社会科学院、云南大学、云南民族大学等从事民族文化研究的科研院所和大专院校，也结合各自的研究课题开展了大量的调查研究，积累了丰富的第一手资料。在调查研究的基础上，2002年，有24个民族的295名民族民间艺人，被省文化厅和省民委分别命名为云南省民族民间高级音乐师、舞蹈师、美术师，云南省民族民间音乐

---

① 笔者于2003年9月在楚雄州文化局调查访谈资料。

师、舞蹈师、美术师和云南省民族民间音乐师、舞蹈师、美术艺人，加上1999年第一批命名的民族民间美术艺人，全省得到正式命名的民族民间文化精英已有了一定的数量。为了把他们身怀的绝技传承下来，各级政府、民间组织以至个人，都采取了一系列措施。以丽江市为例，为了保护和传承东巴文化，既有由政府组织每隔几年举办一次的大规模的东巴文化艺术节中的展演与传承活动，又有由民间组织和私人开办的东巴宫、纳西文化研习馆、东巴文化传习院和多个传习点，开展日常的传习和教学活动；有的传习院和研习馆还与中小学校合作，进行东巴文化教学实验。省社会科学院的纳西族学者，还积极争取外国基金会的支持，进行东巴文化传人的培养实验。丽江的经验，值得全省各地借鉴和参考。

5. 世界文化遗产、历史文化名城、名镇（村）的保护与开发

截至2002年，云南全省已有世界文化遗产1处：丽江古城（同时是国家级历史文化名城）；国家级历史文化名城4座：昆明市、大理市、建水县、巍山县；省级历史文化名城9座：腾冲县、威信县、保山市、会泽县、广南县、石屏县、孟连县、漾濞县、香格里拉县；省级历史文化名镇（村）12座：会泽县娜姑镇、大姚县石羊镇、禄丰县黑井镇、宾川县州城镇、洱源县凤羽镇、保山市板桥镇、维西县叶枝乡、广南县旧莫乡、石屏县郑营村、禄丰县炼象关、云龙县诺邓村、剑川县沙溪镇。这些历史文化名城、名镇、名村绝大多数分布在民族自治地方。为了保护好这些历史文化遗产，各级政府及其文化和民族工作部门，做了三项工作：一是制定法律法规，将保护工作纳入法制轨道，云南的5座历史文化名城均已制定了保护管理条例；二是按照"抢救第一、保护为主"的方针，对一些历史上毁损的标志性建筑进行恢复重建，如丽江的木府、昆明的"金马碧鸡坊"、"忠爱坊"等；三是在保护的基础上进行适当的开发，世界文化遗产、历史文化名城、名镇、名村等称号，本身就是一张蕴含着巨大经济价值的王

牌，只要赢得这项桂冠，财源便会随着旅游的人群滚滚而来。

6. 民族文化保护村和民族文化生态村的规划与建设

为了保护好云南民族文化多样性这笔珍贵的财富，云南从事民族文化研究的学术界进行了艰苦的探索并做出了积极的贡献。1999年，由云南省社会科学院承担的省政府与美国大自然保护协会合作的"滇西北保护与发展行动计划"项目，动员了全省数十位长期从事民族文化研究的专家学者，在滇西北的怒江、大理、丽江、迪庆4地州的15个县市，就民族文化多样性的保护与发展问题，进行了为期两年的大规模调查研究，在此基础上，提出了以社区为单位建立民族文化保护村（区）以确保民族文化多样性可持续保护与发展的构想，并在滇西北地区规划了60个民族文化保护村（区）的建设。这一构想和规划得到了省政府和美国大自然保护协会的高度评价，经专家评审通过后被正式纳入云南省"十五"发展规划。但由于种种原因，这一构想和规划至今尚未付诸实施。然而，由云南民族文化生态村项目组于1997年提出的建立若干民族文化生态村以有效保护民族文化多样性的构想，因为得到美国福特基金会的支持，已经多年实践取得了明显成效。截至2002年，项目组已在景洪市巴卡小寨、丘北县仙人洞村、石林县月湖村、腾冲县和顺乡、新平县南碱村建立了5个民族文化生态村示范点。从5个示范点的情况来看，经过民族文化专家指导下5年多的建设与发展，5个示范村确实实现了民族文化、经济社会和生态环境的协调发展，[①] 为将云南民族文化大省建设落实到乡村、落实到基层开辟了一条成功的道路。民族文化保护村规划和民族文化生态村建设的成功实践，在全省民族地区引起了强烈的反响，各地、州、市、县也纷纷制定了一批民族文化保护村、保护区和民族文化生态村的建设规划，有的已付诸实施。因此，民族文化保护村和民族文化生

---

① 参见尹绍亭《民族文化生态村云南试点报告》，云南民族出版社2002年版。

态村的理念与实践，对云南民族文化的保护与发展，做出了重大贡献。

（五）民族文化产业发展

文化产业是在国外蓬勃发展的新兴朝阳产业，近年来在国内也有了快速发展。然而，文化产业这一概念，目前尚无公认的明确定义。1998年，联合国教科文组织召开"文化政策促进发展"政府间会议专门研究文化产业化问题，会议指出："发展可以最终以文化概念来定义，文化的繁荣是发展的最高目标""文化的创造性是人类进步的源泉，文化多样性是人类最宝贵的财富，对发展是至关重要的"。因此，"文化政策是发展政策的重要组成部分""未来世纪的文化政策必须面向和更加适应新的飞速发展的需要"。[①] 上述论点，说明文化与发展是紧密联系在一起的。目前，国内外学术界对文化产业的认识包含着十分庞杂的内容。我们研究的不是一般意义上的文化产业，而是"民族文化产业"，因而对民族文化产业必须给出一个初步的定义。我们认为，凡以保护、开发和利用民族文化多样性资源而获取经济收益的所有经营性行为，均可视为民族文化产业。应该说，这仍然是一个十分宽泛的概念。因此，为了能够突出重点，以利于认识和分析的深入，在本书中，我们进一步将其限定为：凡以少数民族群众为主体，以少数民族乡村社区为基地，以保护、开发和利用民族文化多样性资源而获取经济收益的所有经营性行为。根据这一规定，本书的分析主要包括以下8个方面的内容。

1. 民族工艺文化产业

如前所述，民族工艺文化是少数民族乡村社区最具发展潜力的民族文化产业。全省许多少数民族地区都有自己一村一品、一乡一业的

---

① 参见熊清华等《锻铸发展的魂魄》，云南人民出版社2002年版，第86页。

工艺品制作，这些工艺品都有久远、深厚的历史文化积淀、特定区域的自然生态环境为根基，有特殊的消费人群为市场，经千百年历史变迁迄今仍然保持着旺盛的生机与活力。著名的有鹤庆县新华村白族的铜银工艺品制作、德钦县奔子栏镇藏族的木制工艺品制作、新平县嘎洒乡土锅寨傣族的土陶工艺品制作、阿昌族的户撒刀制作、许多民族的竹编工艺品制作；等等。以鹤庆新华村为例，该村白族的铜银工艺品制作已有500多年的历史，除了制作日常生活用品外，一个最大的特色就是制作佛教文化用品，如佛像、法号、佛盒等。因此，改革开放以来，该村制作的佛教文化用品便畅销西藏、新疆、青海、甘肃、宁夏、内蒙古、贵州、湖南、四川等省区和印度、巴基斯坦、缅甸、泰国、尼泊尔、日本等国，几乎覆盖了包括印度佛教、汉地佛教、藏传佛教和南传佛教在内的整个佛教文化圈。目前，全村从事手工艺品制作的已有848户1282人，约占总劳动力的50.5%，手工艺品制作收入1680.6万元，约为经济总收入的61.6%，已成为远近闻名的旅游村和小康村。①

2. 民族歌舞乐文化产业

云南少数民族不分男女老少几乎人人能歌、个个善舞，不少人还会演奏多种民间乡土乐器，具有丰富的民间歌舞乐文化资源，堪称歌舞乐的王国。近年来，随着民族文化大省建设认识与实践的深入，各地纷纷采取措施，把以往养在深山人不识、充满乡土气息的民族民间歌舞乐文化资源发掘出来，走出深山、走进城市并推向市场，使云南民族自治地方的几乎每一个县，都有了按照产业化运作的民族民间歌舞乐文化展演队伍，有的还创出了品牌并取得了丰厚的经济效益。例如丽江市，截至2002年，以"大研镇纳西古乐会"和"东巴宫"为代表的纳西古乐演奏团体就达20个，整个"纳西古乐产业"年收入

---

① 参见黄静华等《冲击与嬗变：民族手工业何时再现生机》，《今日民族》2003年第2期。

至少有上千万元；由丽江民族歌舞团与深圳能量实业有限公司合作组建的丽水金沙演艺有限公司，完全按商业化运作推出的民族风情舞蹈诗画"丽水金沙"晚会，自 2002 年 5 月正式公演以来，平均每月观众都有上万人次，年产值达 1000 多万元。① 由著名舞蹈艺术家杨丽萍领衔主演的大型民族民间原生态歌舞《云南映象》，因其取自原汁原味的云南民族舞蹈元素，采取云南最具特色的民族音乐，尊重各民族宗教信仰的元素组合，服装道具设计制作采取各民族着装的生活原型，70%的演员来自云南各地州甚至田间地头的本土演员等"贴近生活、贴近实际、贴近群众"的原创精神，自 2003 年 8 月公演以来便引起全省乃至全国的强烈反响，短短两个多月的时间，便公演 75 场，接待观众 3.5 万人次，票房突破 260 万元，② 创造了民族歌舞乐演出的辉煌业绩。

3. 民族节日文化产业

云南少数民族的节日文化丰富多彩。改革开放以来，随着党和国家尊重少数民族风俗习惯政策的贯彻落实，几乎每一个民族都有了自己的法定节日，节日期间便是各种民俗文化活动的集中展演时期，其中蕴含着巨大的商机。因此，少数民族的传统节日文化，早已被各地当作"文化搭台、经济唱戏"的平台而进行开发，如白族的"三月街"、彝族的"火把节"、傈僳族的"阔时节"、拉祜族的"葫芦节"、纳西族的"三朵节"等，都在进行节日活动的同时给少数民族群众带来了丰厚的经济利益。近年来，随着民族文化大省建设理论与实践的发展，人们逐渐认识到，文化不仅能够搭台，而且也能够唱戏，仅仅是节日文化活动本身便能带来滚滚的人流和财源。于是，各地对将民族节日文化活动进行产业化开发的积极性空前高涨，不仅对各民族传统的节日活动进行多方面的宣传与运作，而且创造了许多根植于各民

---

① 笔者于 2003 年 10 月在丽江市文化局调研访谈资料。
② 参见王晋《〈云南映象〉在辉煌中前进》，《民族时报》2003 年 11 月 5 日。

族传统节日的新型节日文化,如每年举办一次时间长达一个月的昆明国际旅游节、每年定期举办一次的"罗平菜花节""腾冲火山热海旅游节"等。仅昆明国际旅游节,便在全省 16 个地州市设有分会场,在每年的 4 月 10 日至 5 月 10 日整整一个月的时间内,全省 26 个民族的节日文化活动都得以集中展示,由此带来了数百万游客和数十亿元人民币的收入。2003 年虽然受"非典"的影响而有所下降,但造成的损失在后来的"十一"黄金周中大部分得到了弥补。

4. 民族服饰文化产业

云南少数民族的服饰文化多样性堪称世所罕见,对其进行产业化开发亦有广阔的市场前景。目前,产业开发搞得较好的大理白族自治州的白族服饰和巍山的扎染衣裙,已形成一定的规模并畅销国内外,取得了较好的经济效益;一些少数民族村寨如马关县、屏边县的苗族村寨,利用与国外苗族的关系,把苗族妇女组织起来,加工精美的苗族服饰和蜡染制品,远销到美国和越南,闯出了一条脱贫致富奔小康的路子;许多少数民族群众则将加工好的民族服饰拿到各个旅游景区景点向游客销售,也取得了一定的经济效益;一些大宾馆、大酒店如昆明的锦华大酒店,还招收了一批刺绣技艺精湛的少数民族农村妇女,专门为外宾表演少数民族手工刺绣,表演者亦有可观的经济收入;而在民族文化生态村建设中,少数民族的服饰文化自然成为保护与开发的重点项目。2003 年 2 月,我们在对基诺山巴卡小寨进行实地考察时,就亲眼看到一群日本游客在参观游览该村的同时,兴高采烈地向村民购买基诺族服饰和基诺族用传统的挑花刺绣工艺制作的领带。此外,党和政府为尊重少数民族风俗习惯而在民族地区投资兴建的许多国有和集体的民族服装厂、民族特需用品生产厂家等,也在进行着少数民族服饰文化的产业化开发。

5. 民族饮食文化产业

受云南生态环境多样性的影响,云南少数民族饮食文化的多样性亦堪称世所罕见，仅楚雄彝族自治州，初步调查整理出的具有地方民族特色的菜谱就达300多种，①据此初步推断，云南全省的地方民族菜肴当有数千种。这些民族特色菜肴的用料，从普通的山茅野菜到多种花、草、虫、鱼再到各种珍奇的山珍海味，无不应有尽有。这些原料都是无污染、无农药的天然生态有机食品，正好符合当代中国人解决温饱问题后回归自然、追求绿色食品的时代潮流，加上许多少数民族的菜肴烹饪方法都有吃鲜、吃生、吃青且烹炒不过度的良好习惯，因而获得了广大食客的欢迎并赢得了良好的市场商机。现在，民族自治地方的几乎每一个县、乡，都开设有本乡、本土、本民族的特色菜馆，并将其扩展到北京、上海、昆明等大都市。仅省会城市昆明，就有大大小小的各民族特色饭馆上百家，如拉祜酒家、傣味园、傣香饭店、僾欣园白族餐厅、香格里拉藏族风情宫、摩梭饭店、僾尼山庄、怒江大峡谷酒店石月亮餐厅等。据说，最火爆的时候仅白族风味餐馆在昆明就有200多家。②少数民族饮食文化产业创造的经济效益也是显著的。据调查，仅大理白族"三道茶"一项，就在大理州开设了10多个展演饮茶点，旅游旺季时每天展演数百场，淡季时每天展演几十场，每场10多人至100多人不等，每人参观饮茶费10—15元，每天都有数千至数万元的收入，③加上其他餐饮费用，民族饮食文化产业所创造的经济效益，在大理州每年数十亿元的旅游业收入中当占有一个相当的份额。此外，近年来在市场上销售日趋火爆的来自红河哈尼族彝族自治州的"云南干红葡萄酒"，来自迪庆藏族自治州的"香格里拉·藏秘"系列干红、干白酒等，已成为云南少数民族饮食文化产业中的精品名牌。由此可见，民族饮食文化产业开发具有广阔的

---

① 笔者于2003年9月赴楚雄州调查访谈资料。亦可参阅楚雄州经济贸易委员会、楚雄州民族事务委员会编《楚雄彝族自治州民族特色风味食谱》，2002年内部出版。
② 参见徐朝霞等《民族风味都市新时尚——昆明民族餐饮面面观》，《今日民族》2003年第8期。
③ 笔者于2003年9月赴大理州调查访谈资料。

前景。

6. 民族建筑文化产业

民族建筑文化是民族特色最直观的形象化表现和民族特色的标志性符号。因此，随着民族文化大省建设理论与实践的发展，对少数民族建筑文化保护与产业化开发的问题，已引起了民族自治地方各级党委、政府及各界有识之士的重视，并为此采取了四项措施。一是各地都提出了保护少数民族传统建筑的明确要求，对已毁损的古建筑的修复都必须严格遵守"修旧如旧"的原则。二是一些自治地方如大理州，早在几年前就已明确规定，凡在楚雄至大理、大理至丽江公路两侧新建的白族住宅，都必须严格按照白族传统风格修建，以使游客一进入大理地界，坐在车上就能欣赏到白族传统民居的风韵；迪庆藏族自治州为增加州城的藏文化特色，新建的州政府和州政协办公大楼就按照藏族传统的碉楼式民居来修建，带动了大批宾馆、酒店也纷纷改造成藏式建筑。三是许多地方在规划建设大批民族文化生态村、民族文化特色保护村、保护区的同时，也明确制定了这些村、区的民族建筑文化保护与开发方案。四是各地都积极鼓励具有从事民族传统建筑工艺技能的各民族工匠，大力进行民族建筑文化的产业化开发，如剑川的木匠、大理的石匠、鹤庆的泥水匠、藏族的画师等，都获得了展示自己才能的广阔空间。以上诸多民族建筑文化产业的发展，虽无确切的统计数字反映其取得的经济效益，但从"剑川木匠走天下"的民谚反映的历史盛况，到今天剑川县仅从事木雕工艺生产一项每年就创产值四五千万元的现实来看，[①] 整个云南民族建筑文化产业所创造的经济效益，当是一笔可观的数目。

7. 民族医药文化产业

民族医药文化是民族文化的奇葩，是少数民族群众以生命为代

---

① 笔者于2003年9月赴大理州调查访谈资料。

价、积千百年救死扶伤、治病救人的实践经验和教训凝结而成的瑰宝，是完全符合当今世界绿色健康潮流的具有巨大开发价值的民族文化产业。目前，经民族学和医学专家调查整理并经国家医疗管理部门鉴定认可的自成体系的主要有藏医学、苗医学、彝医学、傣医学、瑶医学等，但尚未系统调查整理的其他民族的医药文化还很多，是一个有待深入发掘的民族文化多样性宝库。仅以彝医学为例，彝族民间草医曲焕章先生，广采彝族民间验方并结合自己的祖传秘方，于1914年研制出"云南白药"并形成产业化生产后，历经近90年畅销国内外而不衰；20世纪90年代以来，云南盘龙云海药业有限公司根据彝药开发的"排毒养颜胶囊"，风靡全中国、享誉海内外；近年来，楚雄雁塔药业有限公司开发出的彝族新药"彝心康""彝止痛"胶囊，大姚金碧制药厂开发出的彝族新药"咽舒欣"胶囊和口服液，云大科技、云南特安呐制药将彝族草药与现代高科技结合开发出的"益心康"胶囊等新药，均取得了巨大的经济效益。① 其他如迪庆州的藏医药文化、西双版纳州和德宏州的傣医药文化、红河州的瑶医药文化、文山州的苗医药文化以至澜沧县的拉祜医药文化、西盟县和沧源县的佤医药文化等，都有不同程度的产业化开发并取得了一定的经济效益。

8. 民族文化旅游业

近年来，云南以自然景观多样性和人文景观多样性的双重优势吸引了大批海内外游客，旅游业已迅速发展为全省新的经济增长点。2002年，全省接待海外旅游者130.36万人次，比上年增长15.23%，旅游外汇收入4.19亿美元，增长14.25%；接待国内旅游者5110.10万人次，增长11.60%，国内旅游收入255亿元，增长12.65%；旅游业总收入289.93亿元，增长12.84%，旅游业总收入相当于全省GDP

---

① 参见彝族古文献与传统医药开发国际学术研讨会组委会编《彝族古文献与传统医药开发国际学术研讨会论文集》，云南民族出版社2002年版，第5页。

的12.8%。① 上述国内外旅游者数量及其旅游业收入，民族自治地方占有相当大的份额。仅原丽江地区，以丽江和宁蒗两个民族自治县为主的旅游业，2002年共接待海内外游客337.5万人次，其中，海外游客14.28万人次，外汇收入4180万美元，旅游综合收入达23.4亿元。以旅游业为主的第三产业所取得的收入，在整个国民经济中所占的比重达到47.3%。而据丽江市文化局和旅游局估计，目前，在整个丽江的旅游业收入中，大约有70%来自自然景观即是通过生态旅游创造的，另外30%来自人文景观即是通过文化旅游创造的。② 由此可见，民族文化旅游业是一个能够创造巨大财富的文化产业，随着云南民族文化保护与发展工作的推进，云南的民族文化旅游业创造的财富将会日趋增多。

二 民族文化发展面临的问题和对策

（一）面临问题

上述分析向我们展示了近年来特别是2002—2003年云南民族文化发展的基本状况。应当说，自从省委提出建设民族文化大省的战略以来，云南民族文化发展取得了可喜的成绩，但在调研过程中我们也深切地感到，繁荣发展云南民族文化还面临着一些亟待解决的问题。主要表现在以下5个方面。

1. 对繁荣发展民族文化的重要性认识不足

从上述分析中我们知道，云南是在全国较早提出建设民族文化大

---

① 参见省政府研究室编《2003年云南经济年鉴》，德宏民族出版社2003年版，第188页。
② 笔者于2003年10月赴丽江调查时，在丽江市文化局和旅游局访谈资料。

省战略的省份之一，应该说民族文化的保护与发展工作起步不算晚，在工作中也取得了可喜的成绩。但与云南丰富的民族文化资源相比，与时代发展的要求相比，取得的成绩仍然是极为有限的。之所以如此的一个重要原因，就是各级领导干部和全社会对保护与发展民族文化的认识问题仍未解决。其主要表现：一是对保护与发展民族文化的重要性认识不足，普遍认为云南是一个多民族的边疆贫困地区，尚处于社会主义初级阶段，目前的主要任务是以经济建设为中心，大力发展生产力，繁荣发展民族文化是以后的事情；二是对民族文化多样性发展与先进文化的关系认识不清楚，担心大力发展民族文化多样性便会违背先进文化发展的要求等。

2. 投入不足，文化事业发展的基础设施建设严重滞后

由于认识不到位，也由于云南民族地区大多是贫穷落后的地方，各级地方政府确实拿不出多少资金来搞文化建设，导致文化事业发展的基础设施建设严重滞后。以迪庆藏族自治州为例，截至2002年，全州33个文化（群艺）馆、站中，有23个有站无址，仅有的10个站址多数也属陈旧性土木结构危房。就连因民族文化发展较好而名震全省的丽江市，其文化（群艺）馆、站达级达标率也只有28%左右。① 由于投入不足，致使许多本应在"八五"和"九五"间就该完成的工作，延误至今仍未完成。例如楚雄州，全州众多文化人积多年心血调查、收集、整理、撰写的一大批志书，如《楚雄州文化志》《楚雄州器乐集成》《双柏县文化志》《永仁县文化志》《永仁县民间舞蹈集成》等，有的已完成多年而无钱出版，有的尚未完成工作就被迫中断，大批珍贵的资料散失殆尽。②

3. 基础资料不全，家底不清

目前，一说到云南的民族文化多样性，大家都会眉飞色舞，情不

---

① 笔者于2003年10月赴迪庆和丽江调查访谈资料。
② 笔者于2003年9月赴楚雄州调查访谈资料。

自禁地用"丰富多彩""绚丽多姿""五彩缤纷"等词汇来形容，研究云南民族文化多样性的著作也已出版了不少。但是，只要一具体深入地探究某一种文化包含的内容，如云南少数民族究竟有多少种民族服饰，有多少种民族工艺品，有多少种民族民间歌舞乐？诸如此类的问题，就很少有人能说得清楚了。这就说明，我们的民族文化研究，多年来缺少统一的整体性基础工作，众多研究机构和众多研究人员大都围绕自己的研究专题各取所需，结果是研究多年、积累多年仍未能形成一份完整的基础资料，给民族文化的保护与发展和民族文化大省建设造成了困难。

4. 民族文化流失严重，民族文化传承后继乏人

20世纪80年代以来，在经济全球化、现代化和市场经济的猛烈冲击下，云南的民族文化出现了加速流失的危机。以基诺族为例。基诺族是云南省人口较少的民族，也是改革开放以来经济发展相对较快的民族，但据云南省社会科学院的学者杜玉亭调查，与其快速发展相伴随的，是基诺族作为一个单一民族的特性日益消失。该族长老在与民族学者座谈时预测："鉴于中青年已不穿或压根儿不再有传统民族服装，甚至有的老年人也跟随时尚穿上西装，所以民族传统服饰有可能在10年左右消失；民族口碑文史及其风俗传承机制，有可能在20年内消失；民族传统歌舞有可能在20年内消失；作为民族文化载体且是民族特征之一的语言，有可能在30年内消失。"面对这个预测，基诺族长老的感叹是："基诺族不久就没有了！"[1] 与民族文化加速流失的趋势相一致，民族文化传承亦面临着后继乏人的危机。据省民族工作部门统计，云南无文字民族的优秀民间艺人现仅存500多人，再过10年，他们当中的绝大部分将过世，而他们的传承人至今尚无着落。若不采取有效措施抓紧时间将其身怀的绝技传承下来，那么，10

---

[1] 参见郭大烈主编《云南民族传统文化变迁研究》，云南大学出版社1997年版，第275页。

年之后，这些民族珍贵的文化瑰宝便将面临人亡艺绝的窘境。这并非危言耸听，因为当年翻译整理东巴文化典籍的 10 多位东巴大师，如今已全部撒手人寰了。因此，民族文化流失和民族文化传承后继乏人的问题，必须引起全社会的高度重视。

5. 民族文化产业发展滞后

云南虽然早在几年前就提出了"民族文化产业兴则民族文化大省立"的口号，但实际上民族文化产业的推进则比较缓慢。2003 年以来，省委高度重视文化产业的发展，连续召开了几次大规模、高规格的会议进行部署，使云南的文化产业发展开始呈现出日趋活跃的状态。但是，目前的文化产业发展，似乎更重视广播、电影、电视、新闻出版和报业等大企业、大集团的发展，而对立足于少数民族社区、以少数民族为主体、能为少数民族群众带来直接利益的民族文化产业，则关注不够。这一点，必须引起省委、省政府的高度重视。

（二）对策建议

针对上述问题，我们在调研中与基层民委和文化部门的领导和群众以及乡村艺人进行了反复研讨，形成如下 5 点对策建议。

1. 加强学习、提高认识

第一，要大力提高全社会对保护、繁荣、发展民族文化重要性的认识。早在 20 世纪 90 年代，美国著名的政治学家塞缪尔·亨廷顿就提出了"文明的冲突"的理论，尽管这一理论对世界八大文明发生冲突的预言值得商榷，但他对文化重要作用的突出强调引起了全世界的广泛关注。他指出：冷战结束后，"在人类历史上，全球政治首次成了多极的和多文化的"。文明的冲突模式"强调文化在塑造全球政治中的主要作用，它唤起了人们对文化因素的注意"。① 2003 年，他发表《再论文明的冲突》的长篇文章，进一步明确指出："21 世纪是作为文化的世纪开始的，各种不同文化之间的差异、互动、冲突走上了中心舞台，这已经在各个方面变得非常清楚。在一定程度上，学者、政治家、经济发展官员、士兵和战略家们都转向把文化作为解释人类的社会、政治和经济行为最重要的因素。"②

中国共产党不愧是一个与时俱进的伟大政党。面对世纪之交国际风云变幻、全球多元文化相互激荡且文化的作用日趋重要的现实，1997 年党的十五大报告便将文化与经济、政治并列，系统提出了我国社会主义初级阶段的经济、政治和文化纲领；党的十六大报告则进一步明确指出："全面建设小康社会，必须大力发展社会主义文化，建设社会主义精神文明。当今世界，文化与经济和政治相互交融，在综合国力竞争中的地位和作用越来越突出。文化的力量，深深熔铸在民族的生命力、创造力和凝聚力之中。全党同志要深刻认识文化建设的战略意义，推动社会主义文化的发展繁荣。"③ 这些论述，标志着党中央对文化的重要地位和作用的认识达到了战略高度，对于云南民族文化的保护、繁荣与发展具有重要的指导意义。现在的关键问题是，要通过大张旗鼓的宣传、教育与培训，将党中央的认识转变为全省各族干部群众和全社会的共识。要使大家充分认识到，民族文化多样性是云南能在全国乃至全世界独树一帜的一大名牌，是云南在西部大开发和全面建设小康社会中实现可持续的跨越式发展的重要资源。

第二，正确认识民族文化多样性与先进文化的关系。党的十六大已将"三个代表"重要思想确定为全党的指导思想。"三个代表"中

---

① [美] 塞缪尔·亨廷顿：《文明的冲突与世界秩序的重建》，周琪等译，新华出版社 1998 年版，第 2 页。
② [美] 塞缪尔·亨廷顿：《再论文明的冲突》，《马克思主义与现实》2003 年第 1 期。
③ 江泽民：《全面建设小康社会 开创中国特色社会主义事业新局面——在中国共产党第十六次全国代表大会上的报告》，人民出版社 2002 年版，第 38 页。

的一个重要代表是中国共产党要"代表中国先进文化的前进方向"。什么是先进文化？笔者认为，凡是能准确地反映一个社会的文化发展现状并能科学地揭示其发展方向的文化就是这个社会的先进文化。在当代中国，就是民族的、科学的、大众的社会主义文化。明确了先进文化的含义之后，我们就有充分的理由认为，民族文化多样性既是当代中国先进文化的重要组成部分，也是中国先进文化前进方向的重要内容。其主要依据是以下三点。

依据一：各民族共同发展、共同繁荣是社会主义的本质要求。马克思主义民族理论认为，民族是一个历史范畴，有其形成、发展、消亡的过程，社会主义时期是各民族共同发展、共同繁荣的时期，当然也是民族文化多样性繁荣发展的时期。因此，早在20世纪50年代初期，邓小平在其著名的《关于西南少数民族问题》的讲话中，就提出了消除民族隔阂，真正形成中华民族美好大家庭需要做好的三件工作。即要使少数民族相信："在政治上，中国境内各民族是真正平等的；在经济上，他们的生活会得到改善；在文化上，也会得到提高。所谓文化，主要是指他们本民族的文化。"[①] 在这里，邓小平把保护、发展、提高民族文化放到了与民族平等、经济发展同等重要的位置。1988年11月2日，为祝贺广西壮族自治区成立三十周年，邓小平特别题词："加速现代化建设，促进各民族共同繁荣。"[②] 这一题词虽然只有短短的两句话，却揭示了我国社会主义时期民族问题的发展趋势及其解决我国民族问题的战略思想。因此可以说，各民族共同繁荣是社会主义的本质要求，是全国人民共同富裕这一社会主义本质在民族问题领域的具体体现。民族文化多样性的繁荣发展自然也就是各民族共同繁荣的重要内容。

依据二：中国是一个由56个民族组成的统一的多民族国家，中

---

① 《邓小平文选》第1卷，人民出版社1994年版，第162页。
② 《邓小平文选》第3卷，人民出版社1993年版，第407页。

国的民族文化既包括中华民族的文化,也包括56个民族自己的文化。中华民族的多元一体格局在文化上就体现为中华文化的多元一体格局,在这个格局中,中华民族的、社会主义的文化是一体,各民族的文化是多元。因此,民族文化多样性的存在本身,就是中国先进文化的具体表现。换句话说,民族的、科学的、大众的社会主义文化,本身就内含了文化的多样性,单一的文化必然缺乏生机与活力,因而也绝不是中华民族的、社会主义的先进文化。

依据三:如果把我们的视野扩展到全球,就会发现,文化多样性特征更为明显。因此,江泽民同志指出:"多样性是世界存在的本质特征。"[1]胡锦涛同志指出:"我们应该维护和尊重世界的多样性。世界各国人民在漫长的历史进程中创造了各自独特的文化、传统、信仰和价值观。多样性是世界文明的基本特征。多样性意味着差异,差异需要交流,交流促进发展。各种文明在交流中相互学习和借鉴,不断丰富和发展,将使我们的世界更加绚丽多彩,更加充满生机和活力。"[2]温家宝访问美国在哈佛大学发表演讲时亦指出:"进入21世纪,人类面临的经济和社会问题更加复杂。文化因素将在新的世纪里发挥更加重要的作用。不同民族的语言各不相同,而心灵情感是相通的。不同民族的文化千姿百态,其合理内核往往是相同的,总能为人类所传承。各民族的文明都是人类智慧的成果,对人类进步作出了贡献,应该彼此尊重。"[3]中国领导人的上述一系列讲话表明,中国共产党已充分认识到文化因素在21世纪的重要作用,充分认识到民族文化多样性的宝贵价值。

因此,我们有充分的理由认为,民族文化多样性的保护与发展,

---

[1] 中共中央文献研究室编:《江泽民论有中国特色社会主义》(专题摘编),中央文献出版社2002年版,第526页。

[2] 胡锦涛:《世代睦邻友好共同发展繁荣——在莫斯科国际关系学院的演讲》,《人民政协报》2003年5月29日。

[3] 参见《人民日报》2003年12月11日第3版。

与代表先进文化的前进方向是完全一致的,我们应该解放思想,放开手脚,大力推进民族文化的保护与发展工作。

2. 加大投入,加快文化事业发展的基础设施建设

在明确了民族文化的重要性和民族文化多样性与发展先进文化的关系的理论认识之后,各级党委和政府就应该加大对民族文化保护与发展的投入;并排除干扰,制定优惠政策,采取积极措施,大力吸引国际组织、外国基金会和各种社会资本的投入。力争尽快使民族地区文化事业发展的基础设施建设上一个新台阶。

3. 积极配合国家文化部开展民族民间传统文化资源普查

为摸清全国56个民族民间传统文化资源的家底,以便开展民族文化的保护与发展工作,国家文化部已报请国务院批准,将于2004年开始,对全国民族民间传统文化资源进行一次大规模的地毯式普查,云南已被列入综合试点省份,这对云南来说是一次千载难逢的大好机遇。云南各级党委和政府应该积极行动起来,抓住这一难得的机遇,组织省内专家学者配合文化部开展好这一工作,其取得的成果将为云南的民族文化保护与发展打下基础。

4. 采取切实措施保护与培养民族文化传承人

省文化厅和省民族事务委员会已先后认定了两批省级民族民间艺人,各地、州、市、县也应开展地、州、市、县级的民族民间艺人的认定工作。在此基础上,各级财政都应拨出专款,对这些艺人进行保护并帮助其培养传承人。同时,也应制定优惠政策,广泛吸收国内外和全社会多元投资。

5. 大力发展民族文化产业

云南要建设的是民族文化大省,而不是一般意义上的文化大省;因此,云南民族地区要大力发展的也是民族文化产业,而不是一般意义上的文化产业。这才是云南民族地区在全国的比较优势之所在。民

族文化产业与一般意义上的文化产业既有联系又有区别。民族文化产业是国民经济结构中以区域民族文化资源为基础,通过资源开发、产品生产、市场流通、文化服务等产业化运作而获得利润,从而使文化资源拥有者的生活得到改善,促进民族文化多样性得到有效保护、传承与发展的经济文化一体化活动。其意义在于,通过发展民族文化产业,可以使少数民族群众增加收入,改善生活,从而使其真正认识到自身文化的价值,唤醒并强化对本民族文化的自信心和自豪感,反过来便会提升他们保护本民族文化的积极性、主动性和自觉性,形成文化保护与经济发展相互协调、互相促进的良性互动。民族文化产业的发展目标有二:一是增加文化资源拥有者的收入并改善其生活;二是促进民族文化多样性的保护、传承与发展。

根据上述对民族文化产业概念的定义、意义和目标的论述,初步设想,在今后相当一段时期内,云南民族地区可重点开发民族文化传媒产业、民族工艺文化产业、民族服饰文化产业、民族建筑文化产业、民族饮食文化产业、民族歌舞乐文化产业、民族医药文化产业、民族体育文化产业、民族节日文化产业和民族文化旅游业这十大民族文化产业。在具体开发过程中,可采取下列鼓励政策。

在所有制方面有三点可为:除民族文化传媒产业应实行政府主管,以公有制为主体的企业运作模式之外,其余八大文化产业均应采取政府支持,个体私营企业和作坊式运作为主的所有制形式,同时鼓励多元投资主体参与民族文化产业建设。

在投融资政策方面,一是省、地、州、市、县各级政府财政专设"民族文化保护与发展"基金,投资支持示范项目的启动和运作,同时对新兴和创新性的文化产业项目给予财政支持的低息或贴息贷款。二是各级商业银行设立"民族文化产业建设小额贷款",对经由省"民族文化保护与发展专家指导委员会"认证通过的民族文化产业手工作坊式加工项目,给予1万—5万元的小额贷款,以支持项目业主改进工艺、扩大生产规模。三是鼓励"股份合作制"文化企业的运作，动员政府职能部门、民间文化人或团体、资本所有者和社区群众共同集资合股发展文化产业，并从中获取相应的利益。四是由政府主持，将拟发展的文化产业项目，做好可行性研究论证后建成项目库予以公布，积极向国内外招商引资，大力吸引外资投入文化产业建设。

在税收政策上有三点可为：一是对个体私营手工作坊式文化企业，五年内一律免税；二是对具有一定规模的股份合作制文化企业，各项税收一律减半征收；三是对完全由政府投资的公有制文化企业，则按法律和政策规定依法征税。

为了保证民族文化产业的健康发展并能持续赢利，还可模仿国际上对绿色食品进行认证以保证真正的绿色食品生产者获得高额利润的办法，开展民族文化产品及其艺人的认证工作。对通过认证的民族文化产品，发给专用商标，予以公示，并协调各级财政对认证产品的发展给予资金支持；对通过认证的民间艺人，授予称号，颁发证书，予以公示，并协调商业银行，对其领衔创办的民族文化企业给予小额贷款支持。

（原载《贵州民族研究》2004年第3期，人大报刊复印资料《民族问题研究》2004年第12期全文转载）

文化多样性
与云南的多民族和谐社会建设

胡锦涛同志指出："实现社会和谐，建设美好社会，始终是人类孜孜以求的一个社会理想……我们所要建设的社会主义和谐社会，应该是民主法治、公平正义、诚信友爱、充满活力、安定有序、人与自然和谐相处的社会。"[①] 文化多样性是人类的共同遗产，是人类创造力的源泉及社会发展的动力之一。按照多样性促进创造性和多样性促进稳定性的自然与社会发展规律，云南各民族丰富的文化多样性是构建和谐云南可资利用的重要而又极其宝贵的文化资源。

一 云南各民族文化多样性中蕴含的和谐文化

从全球视野来审视云南，就会发现，云南是世所罕见的多元文化富集区。云南各民族的文化多样性中蕴含着丰富多彩的和谐文化，在处理人与人、人与社会、人与自然的关系三方面都有自己的独到之处。下面从这三方面予以论述。

[①] 胡锦涛：《在省部级主要领导干部提高构建社会主义和谐社会能力专题研讨班上的讲话》，《云南日报》2005年6月27日。

（一）人与人和谐

在人与人之间，公平民主、互相帮助、诚实守信可以说是云南少数民族人人皆备的基本道德。在云南的许多少数民族中，历史上就有民主议事、公平处事的社区机制和传统，如西双版纳傣族的"老人会"、迪庆藏族的"家长会"，就是负责民主讨论和公平处理村社事务的机制。只要到过云南民族地区的人都会亲身感受，在任何一个民族村社中，一家有事、全村帮忙是无须任何人号召和教导的自然风习，村中无论谁家起房建屋，全村人都会主动前往帮忙，使一栋干栏式房屋常常只需一天时间就能建成。村中谁家人缺粮，全村所有人家都会主动提供帮助。据联合国教科文组织高级专家黄高智先生分析，表意文字"和"由两个词根组成："禾"指稻谷和小麦；"口"代表嘴。"和"字的意思是：当每张嘴里都有了米饭时，当所有的人都有食物时，才会有和平。[①] 因此，虽然云南民族地区生产力发展水平不高，贫困人口较多，但在党和政府的帮助和各民族内部互助机制的作用下，云南少数民族贫困地区也仍然长期保持着民族团结与边疆稳定的局面。云南少数民族与人交往讲究诚实守信，瑶族"万物中金子最贵，为人在世，信用最贵"[②] 的谚语，代表了云南少数民族共同的价值取向。

（二）人与社会和谐

在人与社会之间，云南少数民族的和谐文化主要表现在族际关系和跨界民族关系的和谐上。云南的许多少数民族都有共同起源的神话传说。古老的纳西族东巴经《崇搬图》（《创世纪》）讲，人祖崇忍利

---

① 黄高智：《内源发展——质量方面和战略因素》，中国对外翻译出版公司 1991 年版，第 3 页。

② 参见高发元主编《中国西南少数民族道德研究》，云南民族出版社 1990 年版，第 93 页。

恩与天女衬红褒白生了3个儿子，大了都不会说话。后来派蝙蝠到天上，探知天神子劳阿普秘方即用黄栗树2枝、柏树1枝，诚心祭天。果然祭仪还未毕，马来吃蔓菁，儿子心一急，一齐喊出声。长子说的是藏话，变成藏族；次子说的是纳西话，变成了纳西族；幼子说的是白话，变成了白族。① 德昂族的《天王地母》神话说人种为葫芦所生，"一天雷鸣闪电，劈开葫芦，里面有103人，就是汉、傣、回、傈僳、景颇、阿昌、白等民族"。② 类似的神话传说和民间故事，在云南的几乎每一个少数民族中都可以听到。它既反映了云南各民族同源异流、异源合流而又源流交错，各民族你中有我、我中有你而又各具个性，逐渐成为中华民族多元一体格局重要组成部分的民族关系历史，又反映了云南各民族经过漫长的历史发展在中华人民共和国成立后逐渐形成平等、团结、互助、和谐的社会主义民族关系现状，因而自然成为今天构建和谐云南可资利用的宝贵文化资源。

在云南各民族的宗教信仰中，也有很多有利于和谐社会建设、与社会主义社会相适应的文化资源。例如，佛教"庄严国土、利乐有群"和"人间佛教"的思想；道教"济世利人、护国爱民"的思想；伊斯兰教"爱国是伊玛尼（信仰）的一部分"和"两世吉庆"的思想；天主教"爱国爱教都是天主的诫命"和"爱主荣人"的思想；基督教强调的"一个好教徒应该是一个好公民，爱自己的祖国是一个基督徒的本分"和"作盐作光、荣神益人"的思想，以及各种宗教戒律中普遍存在的引导信徒弃恶扬善和各民族传统宗教中普遍存在的人与自然和谐相处的思想等，无疑都是构建和谐云南可资开发利用的宝贵文化资源。

云南是一个立体地形、立体气候导致立体民族分布的省份。分布

---

① 参见郭大烈《纳西族心理素质初探》，《云南历史研究所集刊》1982年第1辑。
② 参见高发元主编《中国西南少数民族道德研究》，云南民族出版社1990年版，第79—80页。

在坝区和山区的不同民族基于自然条件和资源的差异与互补，形成了独特的和谐文化，这里仅举一个典型的实例予以说明。居住在红河沿岸哀牢山区呈立体分布的傣族和哈尼族，在长期的农业生产活动中结成了相互依存的"牛马亲家"。这种"牛马姻缘"一般以居住在河谷平坝热区的傣族为一方，居住在山区的哈尼族为另一方，双方为适应立体地形、立体气候所带来的农时节令的差异并有利于牲畜的繁殖，经相互协商而结成。这种关系一旦确定下来，山区和坝区不同民族的两家人便像亲戚一样频繁交往。初春，河谷坝区气候温和，青草嫩绿，正是傣族兄弟撒秧栽秧之季，于是耕牛驮马由傣族兄弟喂养并使用。四五月间，傣族农闲，而山区哈尼族正是犁田栽秧的时候，耕牛驮马上山归哈尼族喂养并使用。六七月间，哈尼族稻秧栽完，河谷平坝的傣族又要栽插晚稻了，耕牛驮马又下山归傣家使用和管理。晚稻栽完，河坝炎热无比，而山区气候凉爽，草木青青，耕牛驮马上山来避暑养肥。十月以后，山区气候转冷，草木干枯，而河坝依然气候温和，耕牛驮马又下山来由傣族管理饲养过冬。母畜生产的牛崽和马驹属双方共有财产，出卖或宰杀均相互平分。这种"牛马亲家"，既有利于生产发展和牲畜繁殖，更把不同民族的两家人联结成长年互助、相互依存的"一家人"。坝区傣族种双季稻，粮食比较宽裕，可烧柴就非常困难；山区哈尼族粮食紧缺，找烧柴却很容易。于是，傣族"亲家"常常送米上山，哈尼"亲家"常常送柴下山，山上山下，互通有无，亲如一家。[①]

云南位于中国的西南角，处于东亚亚热带季风区、南亚热带季风区和青藏高原三大区域的交会与过渡地带。早在远古时期，中原文化、青藏高原文化、东南亚、南亚文化就通过天然形成的河谷通道和民族走廊在云南交流与汇集，云南亦与上述地区和国家建立起了文化交流关系，这种关系经过数千年绵延不断的发展到今天呈现出日趋活

[①] 参见郭家骥主编《云南的民族团结与边疆稳定》，民族出版社1998年版，第128页。

跃、日趋频繁、日趋多样化且规模日益扩大的趋势。东南亚、南亚国家有很多华人华侨，他们与中华文化和云南民族文化有着割不断的血脉联系；云南各民族与东南亚、南亚国家的许多民族，有着族缘、亲缘和地缘关系，双方在文化上的交流与合作，已成为中国与东南亚、南亚众多国家和平友好国家关系和跨界民族关系的重要组成部分。所有这些，为构建和谐云南、和谐中国乃至和谐世界提供了重要而宝贵的文化资源。

（三）人与自然和谐

在人与自然之间，云南各民族普遍具有人与自然和谐相处的传统文化。云南是一个生态环境多样性、生物多样性和民族文化多样性"三多一体"的省份。云南在洪荒时代便自然形成的生态环境多样性，孕育形成了云南的生物多样性；而在生态环境多样性和生物多样性交互作用形成的适应人类生存与发展的多样化环境，又使云南成为我国迄今所知最早的古人类发祥地和全国民族成分最多的一个省。在长期的历史发展过程中，云南各民族在适应多样化的生态环境和开发利用多样化生物资源以求得生存与发展的实践中，创造了与生态环境多样性和生物多样性相互适应、良性互动乃至高度融合的民族文化多样性。民族文化多样性一经形成，各民族人民便应用人类及其文化特有的理性、智慧与创造力，对生态环境多样性和生物多样性不断进行文化调适，经过漫长的互动磨合后逐渐形成并保持了三多一体、良性互动、高度融合的格局。[①] 这一格局及其蕴含的思想和文化不仅有力地保证了各民族数千年来人与自然的和谐相处及其持续发展，而且极大地丰富了中华民族"天人合一"的文化理念，为中华文明的长期延续做出了独特的贡献。

---

① 参见郭家骥主编《生态文化与可持续发展》，中国书籍出版社2004年版，第45页。

二 文化多样性对构建和谐云南的影响

文化多样性对构建云南和谐社会的影响,除了上述多元文化自身蕴含的和谐文化直接建构的人与人、人与社会、人与自然和谐相处的关系外,还在如下两个方面推动着和谐云南的建设。

(一) 文化多样性促进社会的创造性

一个和谐的社会绝不是一个万马齐喑、死气沉沉的社会,而是一个新鲜活泼、充满生机与活力的社会。正如生态环境多样性、生物多样性是自然界生气勃勃的源泉一样,文化多样性是一个社会创造活力的源泉。人类文明起源的规律表明,地理过渡带比单一地带具有更为复杂多样的自然条件,为古人类的生存繁衍提供了更为广阔的可选择空间,[①] 云南正好处于东亚亚热带季风区、南亚热带季风区和青藏高原三大区域的交会与过渡地带,天然形成的生态环境多样性和生物多样性使云南成为我国迄今所知最早的古人类发源地之一。从距今170万年前的元谋人到属于早期智人(古人)的昭通人、属晚期智人(新人)的西畴人和丽江人等,使云南在古人类进化的主要环节上构成了一个系列。[②] 进入新石器时代以后,人类活动的足迹已遍布云南全境,迄今发现的三百多处新石器时代遗址和地点,几乎遍及全省所有县市。这些土著居民在如此复杂多样的自然环境中生存,就必然发展出适应各自环境的生产方式和生活方式,从而形成多元、多类型、多区

[①] 《中华文明史》第1卷,河北教育出版社1989年版,第14页。
[②] 参见张兴永等《从元谋"东方人"和"蝴蝶腊玛古猿"的发现三论滇中高原与人类起源》,《云南社会科学》1987年第3期。

域异彩纷呈的文化，这就为多民族格局的形成奠定了基础。在以后漫长的历史发展进程中，云南各族人民创造了灿烂的古滇文化、爨文化、南诏大理文化、元明清时期独特的滇文化，辛亥革命、护国运动、红军长征过云南和中共云南地下党活动创造的革命文化、抗日战争时期创造的抗战文化，以及独特的茶马古道文化、马帮文化等。这些积淀丰厚的历史文化为今天的云南留下了大批历史文化名城、名镇、名村、名人以及数不胜数的历史文化遗产，为构建和谐云南提供了丰厚的历史文化资源。直到今天，依托于民族文化多样性和历史文化多样性的云南，其文化事业繁荣和文化产业发展仍然走在全国的前列。因此，云南各民族在文化上从来就不乏创造，而这种创造活力的源泉，就来自云南的文化多样性。联合国教科文组织指出："各种复杂系统从其多样性中汲取力量：一个物种从基因的多样性中汲取力量；生态系统从生物的多样性中汲取力量；人类社会从文化的多样性中汲取力量。"[①] 江泽民同志强调指出："多样性是世界存在的本质特征。"[②] 胡锦涛同志亦强调指出："我们应该维护和尊重世界的多样性。世界各国人民在漫长的历史进程中创造了各自独特的文化、传统、信仰和价值观。多样性是世界文明的基本特征。多样性意味着差异，差异需要交流，交流促进发展。各种文明在交流中相互学习和借鉴，不断丰富和发展，将使我们的世界更加绚丽多彩、更加充满生机和活力。"[③]

（二）文化多样性促进社会的稳定性

虽然美国著名政治学家塞缪尔·亨廷顿提出的"文明冲突论"，

[①] 联合国教科文组织编：《世界文化报告——文化、创新与市场》序言，北京大学出版社 2000 年版。

[②] 中共中央文献研究室编：《江泽民论有中国特色社会主义》（专题摘编），中央文献出版社 2002 年版，第 526 页。

[③] 胡锦涛：《世代睦邻友好共同发展繁荣——在莫斯科国际关系学院的演讲》，《人民政协报》2003 年 5 月 29 日。

的确揭示了不同文化与文明在接触和交流中发生碰撞和冲突的一面；但是，不同文化与文明通过接触和交流达成理解、宽容和多元共存，才是中国文化史和云南文化史中更为基本的一面。仅以云南文化发展史为例。云南是全国民族成分最多因而也是全国民族文化多样性最为丰富的一个省，同时是全国多民族省（区）中民族关系最为和谐的省份之一。云南的多民族、多族群和多元文化格局早在远古时期就已经形成。在漫长的历史发展进程中，云南各民族之间的关系尽管也有相互矛盾、互相排斥、隔阂冲突以至武力争斗的一面，但更为基本的和占主导地位的是相互吸收、互相依存、友好合作和共同发展的另一面。云南各民族在长期的交往合作中形成了大杂居、小聚居、各民族交错杂居的民族分布格局；形成了以汉族为主体又与众多少数民族长期共存的民族人口结构和基层社会结构；形成了同源异流、异源合流而又源流交错、各民族不断分化融合因而你中有我、我中有你而又各具个性的源远流长的血缘和亲缘关系；形成了云南山区与坝区之间、边疆与内地之间以及各民族之间优长互补、相互依存的经济文化联系；使云南各民族与祖国内地的关系由浅入深、由松散到紧密并逐渐成为中华民族多元一体格局中不可分割的一部分。这些特点在近代各民族共同抵御外侮的斗争中得到进一步升华，最终形成了云南各民族的中华民族意识，为云南长期保持民族团结和边疆稳定奠定了坚实的历史文化基础。[①] 中华人民共和国成立50多年云南民族关系发展的历史也表明，凡是文化多样性受到压抑和否定的时期，都是云南民族关系紧张、边疆动荡不安的时期，20世纪50年代末到"文化大革命"时期就是如此；而凡是文化多样性得到尊重、支持、倡导和弘扬的时期，都是云南民族关系团结和谐、边疆稳定安宁的时期，20世纪50年代初期和改革开放以来直至今天云南的稳定和谐发展就是证明。因

---

① 参见郭家骥主编《云南的民族团结与边疆稳定》，民族出版社1998年版，第124—125页。

此,从自然界来讲,生态环境多样性和生物多样性的存在,有利于生命支持系统功能的保持及其结构的稳定;[1] 从人类社会来讲,文化多样性确保了人文世界的丰富多彩和社会的和谐稳定。

三 保护与发展文化多样性,推动云南的和谐社会建设

通过以上论述,我们明确了文化多样性对构建和谐云南具有积极的推动作用。然而,云南的文化多样性既是丰富多彩的,又是十分脆弱的。在以经济建设为中心的当代中国,云南的文化多样性一方面在全球化、现代化浪潮的猛烈冲击下出现了自然流失加速的危机;另一方面也面临着只讲开发、不讲保护、甚至为了开发而不惜破坏文化多样性的危机。因此,为了实现民族文化大省建设与和谐云南建设的可持续发展,必须以科学发展观统领经济社会发展全局,按照"在保护中发展、在发展中保护"的原则,统筹协调好云南文化多样性的保护与发展。为此,我们提出以下五点思考。

(一)提高各级干部对保护与发展民族文化重要性和紧迫性的认识

对云南各级干部进行科学发展观和保护与发展民族文化重要性知识的培训。通过培训,要使云南的各级干部认识到,生态环境多样性、生物多样性和民族文化多样性三大特点,既是云南的基本省情特点,又是云南发展的三大优势,是云南在全球化、现代化和可持续发展进程中最具比较优势的宝贵财富,是云南能在全国乃至全世界独树

---

[1] 参见林文棋《从国家公园建设的角度看滇西北地区生物多样性的保护》,吴良镛主编《滇西北人居环境可持续发展规划研究》,云南大学出版社 2000 年版,第 540 页。

一帜的三大名牌,是云南在西部大开发和全面建设小康社会中实现可持续的跨越式发展的重要资源,是云南实现全面、协调、可持续发展并最终能在西部地区乃至全国后来居上的坚实基础,具有无比珍贵的价值。而在这三大多样性相互依存的互动格局中,民族文化多样性居于核心位置,对于维持这一格局的良性互动还是恶性循环,发挥着关键作用。云南的民族文化多样性一旦消失,云南的生态环境多样性和生物多样性就将随之消失;云南多民族社会的创造活力及其团结稳定的局面亦将受到严重破坏,云南就将成为一个没有任何优势和特色,发展不协调和不可持续的落后省份,这是一幅非常可怕的,任何人都不可接受的前景。因此,云南的各级干部特别是各级党委政府,必须高度重视民族文化的保护与发展工作。

(二) 政府主导,制定和完善保护与发展民族文化的法律、法规和政策

中国是在共产党领导下的社会主义国家。中国共产党代表着中国先进生产力的发展要求,中国先进文化的前进方向和中国最广大人民的根本利益,因此,党和政府在人民心目中具有至高无上的地位,党和政府的肯定和支持,是在中国成就任何事业的基本前提。2001年,云南省第七次党代会确认了六届省委提出的将云南建成民族文化大省的战略构想,这就从大政方针上解决了保护与发展云南民族文化的战略问题。国家和云南省也先后制定颁行了一批保护与发展民族文化的法律法规。特别是2000年5月,云南省人大常委会通过颁行了《云南省民族民间传统文化保护条例》,在没有母法的条件下,在全国率先为民族民间传统文化保护立了法。这是一个创举,说明云南的工作已经走在全国前列。今后应组织专门力量,系统调研制定和完善云南民族文化保护与发展的法律法规体系和框架;尽快将已经加入的有关文化保护的国际公约变为中国和云南的法律;尽快制定已有法律法规的实施细则和具体措施并颁布执行。

(三) 大力发展民族文化产业

云南要建设的是民族文化大省，而不是一般意义上的文化大省；因此，云南也必须重视大力发展民族文化产业，而不只是发展一般的文化产业。民族文化产业与一般意义上的文化产业既有联系又有区别。民族文化产业是国民经济结构中以区域民族文化资源为基础，通过资源开发、产品生产、市场流通、文化服务等产业化运作而获得利润，从而使文化资源拥有者的生活得到改善，促进民族文化多样性得到有效保护、传承与发展的经济文化一体化活动。其意义在于，通过发展民族文化产业，可以使少数民族群众增加收入，改善生活，从而使其真正认识到自身文化的价值，唤醒并强化对本民族文化的自觉意识及其自信心和自豪感，反过来便会提升他们保护本民族文化的积极性、主动性和自觉性，形成文化保护与经济发展相互协调、互相促进的良性互动。

(四) 确保少数民族群众参与民族文化保护与发展的权利

少数民族群众是各民族文化的创造者与传承者，对其文化具有与生俱来的天然权利。因此，任何保护与发展民族文化的行动，特别是可以赢利的民族文化产业开发项目，都必须以各民族群众为主体，而绝不允许将其排除在外。这种参与应该是全方位、全过程的参与，并确保各民族群众通过参与而获得应有的利益。

(五) 逐步建立重大工程建设项目的参与式社会文化影响评价的决策机制

我国在重大工程建设之前进行生态环境影响评价的决策机制早已建立，许多情况下环境影响评价已经具备了一票否决的权威。而社会文化影响评价机制尚未建立。然而，大量的事实证明，重大工程建设带来的社会文化影响绝不亚于环境影响，许多社会文化问题的尖锐和严重程度甚至超过了环境问题。例如，由于缺乏社会文化影响评价，昆明市这一国家级历史文化名城的历史文化风貌，早已随着旧城改造而变得荡然无存；建水古城的珍贵历史文化建筑也在三番五次遭到破坏等。对这些人类数千年历史发展创造积淀下来的珍贵文化遗产的破坏造成的恶果，绝不亚于对生态环境的破坏。因此，建立重大工程项目的参与式社会文化影响评价的决策机制已经势在必行，这也是中国融入全球化与国际惯例接轨的必然要求。

（原载《云南社会科学》2006年第5期，又载周大鸣、何星亮主编《文化多样性与当代世界》，民族出版社2008年版）

云南的民族文化多样性：
构成、特点、地位与作用

云南文化的最大特点就是民族文化多样性。云南共有26个世居民族，许多民族还有众多的支系或族群，这些民族的支系或族群又因各自生活的自然生态环境的不同而表现出不同的文化特征，因而是一个世所罕见的多元文化汇聚地。这是云南实现全面、协调、可持续发展的资本和优势。

一 云南民族文化多样性的构成

民族文化多样性是指基于文化差异而形成的民族和族群种类众多以及由此而自然形成的丰富多彩的文化现象。云南的民族文化多样性主要由下列五方面内容构成。

（一）民族成分多样性

云南是祖国多民族大家庭中民族成分最多的一个省，有5000人以上的世居少数民族25个，即彝族、白族、哈尼族、傣族、壮族、苗族、傈僳族、回族、拉祜族、佤族、纳西族、瑶族、景颇族、藏族、布朗族、布依族、普米族、阿昌族、怒族、基诺族、德昂族、蒙古族、水族、满族、独龙族。加上汉族，一共有 26 个民族长期共存。此外，还有尚待识别的芒人、拉基人、克木人等，如果再加上民族内部不同支系即族群之间的差异，云南与民族相关的群体将更加复杂多样。

（二）语言文字多样性

全省 25 个少数民族中，除回族、满族、水族已通用汉语外，其余 22 个少数民族都有自己的语言。其中，怒族有三种语言，即碧江县自称"怒苏"的怒苏语、福贡县自称"阿侬"的阿侬语、兰坪和泸水二县自称"柔若"的柔若语；景颇族有二种语言，一是自称"景颇"的景颇语，二是自称"载佤"的载佤语；瑶族有二种语言，一是自称"勉"等和自称"门"等的瑶语，二是富宁县自称"布咋"的布努语；不包括未定族称的人的语言，云南共有 26 种少数民族语言。

云南少数民族原有文字的种类较多，文字的体系也相当复杂。据 20 世纪 50 年代的调查，傣文有五种，即西双版纳的傣仂文、德宏州的傣哪文和傣绷文、金平傣文（又称傣端文）和新平傣文；纳西文有四种，即东巴文、哥巴文、玛丽玛萨文和外国传教士拟制的拼音文字；傈僳文有三种，一种为傈僳族农民汪忍波所创造，两种为外国传教士所拟制；景颇文有三种，一种景颇文、两种载佤文；彝文有两种，一种为本民族原有文字，另一种为外国传教士所拟制。此外还有藏文和外国传教士所拟制的苗文、哈尼文、拉祜文、佤文、独龙文以及方块白文、方块瑶文和方块壮文。云南原有民族文字的使用情况也各不相同，除藏文、傣仂文、傣哪文和景颇文在本民族中通用外，其余文字使用范围都不广泛。中华人民共和国成立后，在中国共产党尊重和发展少数民族语言文字政策的指导下，中国科学院派出民族语言专家，帮助哈尼、傈僳、纳西、佤、景颇、白、苗、布依、壮、彝等 10 个民族创制了 15 种文字，帮助改进了西双版纳傣文、德宏傣文、拉祜文、景颇文等4种文字，加上传统的藏文、彝文等，现在，全省有14个少数民族使用着22种民族文字。[①]

语言是人们最重要的社会交际工具，文字则是记录语言的符号。民族语言文字既是民族文化载体，对民族文化的保存、传递、创造与发展发挥着重要作用，同时是沟通民族感情、促进民族认同、满足民族文化心理需求的有力工具。因此可以毫不夸张地说，民族语言文字是民族文化的精华。

（三）宗教信仰多样性

云南是一个多种宗教信仰并存的地区。全省26个民族都有自己的宗教信仰，各民族信奉的宗教种类较多，有佛教、道教、伊斯兰教、天主教、基督教和各民族的民间传统宗教。除伊斯兰教主要为回族群众信奉外，其余各种宗教都有若干民族共同信仰。据统计，2004年，五大宗教的信教人数共计404万人。在400多万信教人数中，少数民族占90%以上。其基本情况是：

西双版纳、德宏、思茅、临沧和保山等州（市）的傣、布朗、德昂和阿昌等族及部分佤族信仰巴利语经典系佛教，又称南传上座部佛教，俗称小乘佛教，信徒93万多人。

迪庆、丽江、怒江等州（市）的藏族和部分纳西族、普米族信仰藏语经典系佛教，亦称藏传佛教，俗称喇嘛教，信徒18万多人。

昆明、大理、保山、玉溪、红河、楚雄、曲靖、临沧和昭通等市（州）的部分汉族、白族、纳西族信仰汉语经典系佛教，简称大乘佛教，俗称汉地佛教或汉传佛教，信徒133万多人。云南是全国唯一的佛教三大部派汇聚并存的边缘地区。

伊斯兰教除主要为回族信仰外，还有部分傣族、白族、藏族、壮

[①] 参见郭家骥主编《云南的民族团结与边疆稳定》，民族出版社1998年版，第410—412页。

族群众信仰，信教人数 62 万多人。

道教主要为昆明、大理、保山、临沧、昭通、丽江等市（州）的汉、彝、白、纳西、瑶等民族的部分群众所信仰，信徒 23 万多人。

天主教主要为昆明、昭通、红河、文山、大理、丽江、曲靖、迪庆和德宏等市（州）的汉、苗、彝、白、怒、傈僳和景颇等民族的部分群众所信仰，信教群众 8 万余人。

基督教主要为昆明、滇西交通沿线和昭通、楚雄、怒江、德宏、保山、临沧、曲靖、思茅等州（市）的汉、傈僳、彝、苗、拉祜、景颇、哈尼、佤、独龙等民族的部分群众所信仰，信教人数 53 万余人。

云南少数民族除回族外，还普遍信仰包括自然崇拜、祖先崇拜乃至图腾崇拜在内的民间传统宗教。例如，拉祜、景颇、佤、傈僳、独龙、怒等民族，都崇拜天、地、日、月、风、火、山、水、巨石、大树、雷电、彩虹等自然物或自然现象；许多少数民族都盛行祖先崇拜，彝族把崇拜祖先置于崇拜其他诸神之上；白族的本主崇拜，则是集中了自然崇拜和祖先崇拜等多种传统宗教观念而形成的；纳西族的传统宗教同传入的西藏苯教相结合，形成东巴教；傈僳族和怒族的一部分，还曾以多种动物、植物为自己的民族图腾。

（四）生产方式多样性

受生态环境多样性和生物多样性的影响，云南各民族的生产方式和经济结构亦呈现出多样性的特征。主要包括以下三点。

1. 生计类型多样性

从垂直角度来观察，云南的地形地貌可分为坝区、半山区和高山区三种类型，由此也就形成了垂直、立体、多样的民族分布和生产方式。坝区由于地势平坦、土壤肥沃、气候温和，常有河流蜿蜒其中，因而是稻作农业和古代城镇以及近现代工商业发达的地区，主要居住于坝区的有汉、回、满、白、纳西、蒙古、壮、傣、阿昌、布依、水等 11 个民族。半山区由于气候凉爽、坡度较缓，农业生产以玉米和旱稻为主，并饲养黄牛和山羊，居住在半山区的主要有哈尼、瑶、拉祜、佤、景颇、布朗、德昂、基诺等 8 个民族和部分彝族。高山区由于海拔较高、气候冷凉、坡度较陡，农业生产以玉米、马铃薯、青稞、荞子为主，并兼营畜牧业，盛产山货药材。居住在高山区的主要有苗、傈僳、藏、普米、怒、独龙等 6 个民族和部分彝族。

若从平面角度来观察，云南的自然环境又大体可以划分为滇西北高山峡谷区、滇西南、滇南热带亚热带地区、滇东南岩溶地区、滇中高原区和滇东北高山峡谷区等五种类型，由此亦形成了多样的生产方式和经济结构。在滇西北高山峡谷区，主要分布着藏、普米、纳西、独龙、怒、傈僳等民族和部分白族、彝族。他们以山地种植业为主，在旱地上实行青稞、小麦、土豆、荞麦、蔓菁等作物的轮作制；又在草场和山林间放牧牦牛、犏牛和羊、马等牲畜，以获取乳、肉、畜力和肥料；另外，出售木材、药材和食用菌等，也是其生活的重要来源。在滇西南、滇南热带亚热带地区，除坝区以水稻种植为主外，山区则同时分布着一条刀耕火种旱作农业带和梯田水稻农业带，同时以这两种生产方式为主要生计的有哈尼、拉祜、怒、傈僳、景颇、独龙、基诺、德昂、佤、彝、苗、瑶、普米等 10 多个民族。其一般规律是，在一个民族或几个民族居住的山区，人们将海拔较低、坡度较缓、水源充足的河谷地区和半山区开辟为梯田，种植精耕细作的水稻；而将海拔较高、坡度较陡的半山区和高山区作为耕种一年即抛荒休闲的无轮作刀耕火种地，种植粗放的旱地农作物。这样，在某些地方就形成一个民族既从事刀耕火种，又从事梯田农耕；而有的地方则形成居住在低山和半山的民族从事梯田稻作；居住在高山的民族从事刀耕火种的格局。在滇东南岩溶地区，由于石山裸露、耕地分散、地表水渗漏严重，因而除居住在坝区的壮族以种植水稻为主外，居住在山区的苗族、瑶族均以种植玉米、旱谷等旱作农业为生计。在滇中高原区，由于地势平坦、水利化程度高，加之靠近城镇，因而居住在这里的汉、彝、白、回等族人民在种植水稻的同时兼营工商业。而在滇东北高山峡谷区，由于开发历史早、人口压力大、生态破坏严重，加之气候冷凉、干旱少雨，因而居住在这里的汉、彝、苗等族人民，主要在高山梯地中种植玉米、小麦、土豆等耐寒耐旱作物为生计。

2. 农业物种多样性

在长期的农业生产实践中，云南各民族因地制宜驯化、培育了大量的适应不同地形、气候、海拔、土壤和水利条件的水稻、小麦、大麦、玉米、荞麦和其他农作物物种，为各民族群众提供了丰富多样的食物资源。

云南是中国拥有3种野生稻原产地的两个省份之一。云南的3种野生稻是普通野生稻、药用野生稻和疣粒野生稻。此外，云南具有十分丰富的栽培稻资源，现已编目保存的稻种资源份数达5128份，其中籼水稻2329份，粳水稻1622份，籼陆稻73份，粳陆稻1104份。在这5128份稻种资源中，有1351份为糯稻资源。云南的小麦有4个种和1个亚种。分别是普通小麦种、密穗小麦种、圆锥小麦种和硬粒小麦种。云南的大麦有1个种、2个亚种。玉米是云南最主要的粮食作物之一，现已收集到地方性玉米资源1863份。云南已发现荞麦野生种和变种9个，还有许多栽培的荞麦资源。此外，云南的粮食作物种质资源还有高粱、谷子、黍和稷等，其中，高粱种质资源已收集到198份；谷子资源已收集到97份；黍和稷各有6份收集入库。[①]

3. 农业生态系统多样性

农业生态系统是指人类为满足某些方面的物质文化需要，经过一定的技术方法、社会规则而建立起来的人工生态系统；或者是对自然

---

① 参见云南省环境保护局编《云南省生态环境现状调查研究》，云南科技出版社2004年版，第69—71页。

生态系统的人工管理而形成的特殊生态系统,它是人类在利用野生植物和单一栽培植物基础上的进一步系统化发展。云南农业生态系统多样性最为典型的体现是混农林系统的丰富多样性。据中国科学院昆明植物研究所、西双版纳热带植物园和云南省林业科学院的调查,云南各地各民族经营管理的混农林系统共计有 4 大类、11 个亚类、82 型和 220 个组合。此外,西双版纳傣族铁刀木林、庭园、高黎贡山地区的黄栎薪炭林系统等,都是极具地方特色的由当地少数民族群众创造和发展的农业生态系统类型。①

(五) 生活方式多样性

受云南生态环境多样性和各民族生产方式多样性的影响、云南各民族的生活方式亦表现出鲜明的多样性特征。主要包括以下 9 个特征。

1. 建筑文化多样性

典型的有傣族的干栏式楼房;哈尼族的"蘑菇房";彝族的土掌房;藏族的碉楼;纳西族和永宁摩梭人的井干式木楞房、土木结构瓦房及其庭院;白族的"三方一照壁""四合五天井"民居院落;傈僳族的"千脚落地"干栏式楼房;怒族的石片顶房等。此外,还有五大宗教各具特色、风格迥异的宗教寺院建筑。

2. 服饰文化多样性

云南各民族都有自己服饰的基本形制,但同一民族的不同支系,或同一个民族居住的地域不同,服饰也有差异,仅云南彝族服饰,可区别的就有近百种,何况云南有 26 个民族、上百种民族支系。因此,

---

① 参见云南省环境保护局编《云南省生态环境现状调查研究》,云南科技出版社 2004 年版,第 71 页。

云南民族服饰之种类、形制、色调之丰富多彩，为我国各省区所罕见，① 除非亲临实地亲眼观察，用语言很难形容出来。

3. 节日文化多样性

云南各民族都有自己独特的节日，一般每个民族都有几个，多则十几个，故全省各民族节日不下二三百种，全年12个月，从岁首到年终，月月都有节庆，形成云南极为丰富多彩的节庆文化。著名的有白族三月街、傣族泼水节、彝族火把节、怒族鲜花节、傈僳族"阔时"节和纳西族"三朵"节等。

4. 歌舞文化多样性

云南各民族都有自己独特的数种以至数十种歌舞文化，总数当在三四百种以上。著名的如彝族的大三弦舞，傣族的象脚鼓舞，拉祜族的摆舞，藏族的锅庄舞、茶会歌、弦子舞、热巴舞，纳西族的东巴乐舞、丽江古乐，白族的曲艺大本曲、戏剧吹吹腔、霸王鞭舞，彝族的三跺脚，傈僳族的摆时舞、四声部无伴奏合唱，普米族的琵琶调，怒族的达比亚乐舞等。

5. 饮食文化多样性

云南少数民族的食物上取山珍海味，下拾山茅野菜为原料，都是无污染、无残毒的绿色食品，再加上烹调方式独特，每个民族都有自己的数种以全数十种美味佳肴，形成极为丰富多样的饮食文化。著名的有藏族的酥油茶、青稞酒、糌粑；白族的乳扇、生皮、冻鱼、砂锅鱼、三道茶、八大碗；彝族的坨坨肉；傈僳族的烤乳猪、杵酒；怒族的石板粑粑；佤族的水酒以及自成体系的傣族饮食风味等。

6. 体育文化多样性

在长期的生产生活实践中，云南少数民族出于强身健体、自娱自

---

① 参见林荟《云南民族文化资源的开发、利用与保护》，中共云南省委宣传部编《走向21世纪的云南民族文化》，云南人民出版社1999年版，第361页。

乐的人类本性的需要，创造了许多因地制宜、因陋就简而又特色鲜明的体育运动项目，著名的有彝族、拉祜族等民族的打陀螺，傣族、壮族的赛龙舟，傣族的武术，苗族的射弩，佤族的摔跤，哈尼族的荡秋千，白族的舞龙，基诺族的跳竹竿，壮族的抢花炮，傈僳族的"上刀杆、下火海"，哈尼族、拉祜族的荡磨秋，藏族的赛马，独龙族的掷梭镖等。

7. 工艺文化多样性

云南各民族在长期的生产生活实践中，因地制宜、就地取材，利用草、木、竹、藤、土、石、棉、毛、金、银、铜、铁、锡、铝，还有动物皮革、羽毛、兽骨、兽牙、兽角、海贝、珊瑚、玛瑙、碧玉、绿松石等原料，创作、制造出了丰富多样、异彩纷呈的民族工艺品。著名的有傣族、藏族、白族、纳西族的陶制工艺品，建水紫陶工艺品和永胜瓷器工艺品，藏族、白族、纳西族的铜制工艺品，东川、会泽、昆明等地的斑铜工艺品、石屏等地的乌铜工艺品，阿昌族、白族、纳西族的铁制工艺品，个旧的锡制工艺品，鹤庆新华村白族的银制工艺品，剑川白族木雕、迪庆奔子栏藏族木制工艺品、宁蒗彝族漆器工艺品，纳西族的麻纺织、羊毛纺织和火草布纺织工艺品，傣族、基诺族、彝族、拉祜族的棉纺织工艺品，大理白族的扎染、文山苗族的蜡染工艺品，纳西族、傣族的手工造纸，白族的大理石工艺品，腾冲的玉石工艺品以及多个民族精美的草编、竹编、藤编工艺品等。这些工艺品从日常生活需要的杯盘碗盏、桌椅板凳、衣服铺盖，到美饰人体所需要的耳环、项链、手镯、戒指、腰箍、腿箍，到仅供美学观赏的花瓶、书画，再到敬天娱神的宗教用品……应有尽有，充分反映了各民族艺人适应环境、美化生活的智慧和匠心。其中的许多工艺品，无论从创意、造型、制作等方面来看，都堪称工艺美术方面的精品，具有巨大的开发利用价值。

8. 医药文化多样性

云南少数民族在与自然界相适应以求生存的实践中，为治疗各种伤痛疾病，为使产后妇女能够尽快恢复劳动，为保持健康的体魄，为使老人能够延年益寿等目的，通过千百年来长期的探索与实践、总结与提高，发现了多种多样治病强身的纯天然药物并发明了多种治疗方法。这些多样性的民族药物和多样性的医疗方法，与各民族的传统文化和各民族所处的自然环境紧密联系在一起，形成了多样化的民族医疗体系。正是这种多样性的民族医疗体系，保障了少数民族群众在长期缺乏现代西方医学和医疗条件的情况下，得以正常地生存和繁衍下来。目前，经民族学和医学专家调查整理并经国家医疗管理部门鉴定认可的自成体系的主要有藏医学、傣医学、苗医学、彝医学、瑶医学等，但尚未系统调查整理的其他民族的医药文化还很多，是一个有待深入发掘的民族文化多样性宝库。

9. 风俗习惯多样性

风俗习惯指的是一个民族在衣食住行、婚丧嫁娶、生老病死和待人接物等方面广泛流行的喜好、风习、礼仪、禁忌等。风俗习惯是在民族形成发展过程中逐渐形成的，与各民族所处的生态环境、生产方式、宗教信仰和心理素质有着不可分割的关系。尽管不同民族有某些风俗习惯可能相似、相近、甚至相同，但通常是每个民族都有其特殊的风俗习惯。周恩来指出："风俗习惯常常是一个民族一种。"[1] 因此，即使排开同一民族不同支系或同一民族不同分布区域风俗习惯的差异，云南26个民族也有26种风俗习惯，其多样性也是显而易见的。

---

[1] 周恩来：《关于我国民族政策的几个问题》，《周恩来选集》下卷，人民出版社1984年版，第270页。

二　云南民族文化多样性的基本特点

云南民族文化多样性的基本特点有以下五个。

（一）唯云南独有的独特性

在全国 56 个民族中，有 15 个民族为云南所独有，因此，在中华民族多元一体文化的大格局中，云南独占 15 元。加上长期边缘化的历史发展，内地许多早已失传的文化在云南得以存活下来（如纳西古乐中的洞经音乐等），使云南民族文化的独特性更为鲜明。

（二）跨境民族文化交流的和谐性

云南位于中国的西南角，处于东亚亚热带季风区、南亚热带季风区和青藏高原三大区域的交会与过渡地带。早在远古时期，中原文化、青藏高原文化、东南亚、南亚文化就通过天然形成的河谷通道和民族走廊在云南交流与汇集，云南亦与上述地区和国家建立起了文化交流关系，这种关系经过数千年绵延不断的发展到今天呈现出日趋活跃、日趋频繁、日趋多样化且规模日益扩大的趋势。东南亚、南亚国家有很多华人华侨，他们与中华文化和云南民族文化有着割不断的血脉联系；云南有 16 个民族跨境而居，他们与东南亚、南亚国家的许多民族，有着族缘、亲缘和地缘关系，双方在文化上的交流与合作，已成为中国与东南亚、南亚众多国家和平友好国家关系和跨境民族关系的重要组成部分。所有这些，为构建和谐云南、和谐中国乃至和谐世界提供了重要而宝贵的文化资源。

（三）多样而又独特的民族文化影响的世界性

在全球化加速发展的时代背景下，文化越是民族的就越是世界的。民族文化多样性对于维护世界和平与发展，激发人类社会的创新活力，营造丰富多彩、生机勃勃的人文世界，发挥着越来越重要的作用。

（四）民族文化多样性与生态环境多样性和生物多样性高度融合

云南各民族在适应多样化的生态环境和开发利用多样化的生物资源以求得生存与发展的过程中，创造了多样性的民族文化，生态环境多样性、生物多样性和民族文化多样性这3大多样性经过长期的互动磨合，已形成"三多一体、高度融合"的格局，实现了人与人、人与社会、人与自然的和谐共处，从而使云南成为全球为数不多的3大多样性保存良好的充满魅力的旅游目的地。

（五）多样而规模较小自然形成的脆弱性

云南的民族文化多样性与生态环境多样性和生物多样性密切相关。一种独特的文化依托一片独特而狭小的生境形成和发展，所覆盖的人群自然是有限的，规模也就是比较小的，因而自然就是脆弱的。其脆弱性就像动物中的滇金丝猴和植物中的云南特有珍稀植物一样，在全球化现代化带来的外来强势文化冲击下，如果不加以有效的保护与发展，就很容易自然流失，从而给人类文化宝库造成不可估量的损失。

三　民族文化多样性的地位和作用

既然云南文化的最大特点就是民族文化多样性，那么，民族文化多样性在云南省发展中的地位和作用如何呢？下面从五个方面予以论述。

（一）云南民族文化在世界文化中的地位

民族是一个拥有共同文化认同的人的共同体。按照中国传统的民族观，民族不是以血缘和血统而是以文化来区分的。一个民族的文化独特性一旦消失，这个民族也就不存在了；反之，一个民族一旦在发展的过程中被同化和融合，这个民族的文化独特性也就消失了，世界文化宝库就将失去一朵文化奇葩，人类文化多样性就将受到重大损失。因此，文化多样性是世界各民族和全人类共同追求的具有普同性价值的重要目标。联合国教科文组织的《世界文化多样性宣言》指出："文化在不同的时代和不同的地方具有各种不同的表现形式。这种多样性的具体表现是构成人类的各群体和各社会的特性所具有的独特性和多样化。文化多样性是交流、革新和创作的源泉，对人类来讲就像生物多样性对维持生物平衡那样必不可少。从这个意义上讲，文化多样性是人类的共同遗产，应当从当代人和子孙后代的利益考虑予以承认和肯定。"[①] 当今世界共有6000多种语言和几千种生活模式，[②] 亦即自成体系的文化。这些文化的绝大多数都是世界各地的土著居民

[①] 联合国教科文组织于2001年11月在巴黎举行的第31届会议上通过《世界文化多样性宣言》，中国民族学会编《民族学通讯》第138期，第23页。
[②] 参见联合国教科文组织编《2000：世界文化报告——文化的多样性、冲突与多元共存》，关世杰等译，北京大学出版社2002年版，第23页。

和少数民族创造的。土著居民和少数民族的文化在世界现有的近200个国家中虽然不占主导地位，却是人类文化多样性的重要组成部分，是人类文化宝库中的瑰宝，没有这些文化的存在，人类社会将会失去多彩的面貌和创新的源泉。就以中国和云南来说，全国56个民族中就有55个是少数民族，中华民族悠久的历史和灿烂的文化离不开众多少数民族的巨大贡献；云南26个民族中就有25个是少数民族，云南今天绚丽多姿、异彩纷呈的美好形象主要就得益于众多少数民族的文化多样性，如果没有少数民族的文化多样性，云南的形象必将黯然失色。因此，少数民族文化在人类文化多样性中占有重要的地位并发挥着重要作用。

（二）文化多样性促进人与人、人与社会和谐

在人与人之间，公平民主、互相帮助、诚实守信可以说是云南少数民族人人皆备的基本道德。虽然云南民族地区生产力发展水平不高，贫困人口较多，但在党和政府的帮助和各民族内部互助机制的作用下，云南少数民族贫困地区也仍然长期保持着和谐稳定的局面。

在人与社会之间，云南少数民族的和谐文化主要表现在族际关系和跨界民族关系的和谐上。云南的许多少数民族都有共同起源的神话传说。它既反映了云南各民族同源异流、异源合流而又源流交错，各民族你中有我、我中有你而又各具个性，逐渐成为中华民族多元一体格局重要组成部分的民族关系历史；又反映了云南各民族经过漫长的历史发展在中华人民共和国成立后逐渐形成平等、团结、互助、和谐的社会主义民族关系现状，因而自然成为今天构建和谐云南可资利用的宝贵文化资源。

在云南各民族的宗教信仰中，也有很多有利于和谐社会建设、与社会主义社会相适应的文化资源。例如，佛教"庄严国土、利乐有群"和"人间佛教"的思想；道教"济世利人、护国爱民"的思想；

伊斯兰教"爱国是伊玛尼（信仰）的一部分"和"两世吉庆"的思想；天主教"爱国爱教都是天主的诫命"和"爱主荣人"的思想；基督教强调的"一个好教徒应该是一个好公民，爱自己的祖国是一个基督徒的本分"和"作盐作光、荣神益人"的思想，以及各种宗教戒律中普遍存在的引导信徒弃恶扬善和各民族传统宗教中普遍存在的人与自然和谐相处的思想等，无疑都是构建和谐云南可资开发利用的宝贵文化资源。

（三）文化多样性促进社会的创造性和稳定性

一个和谐的社会绝不是一个万马齐喑、死气沉沉的社会，而是一个新鲜活泼、充满生机与活力的社会。正如生态环境多样性、生物多样性是自然界生气勃勃的源泉一样，文化多样性是一个社会创造活力的源泉。联合国教科文组织指出："各种复杂系统从其多样性中汲取力量：一个物种从基因的多样性中汲取力量；生态系统从生物的多样性中汲取力量；人类社会从文化的多样性中汲取力量。"[1] 江泽民同志强调指出："多样性是世界存在的本质特征。"[2] 胡锦涛同志亦强调指出："我们应该维护和尊重世界的多样性。世界各国人民在漫长的历史进程中创造了各自独特的文化、传统、信仰和价值观。多样性是世界文明的基本特征。多样性意味着差异，差异需要交流，交流促进发展。各种文明在交流中相互学习和借鉴，不断丰富和发展，将使我们的世界更加绚丽多彩、更加充满生机和活力。"[3]

虽然美国著名政治学家塞缪尔·亨廷顿提出的"文明冲突论"，的确揭示了不同文化与文明在接触和交流中发生碰撞和冲突的一面；

---

[1] 联合国教科文组织编：《世界文化报告——文化、创新与市场》序言，北京大学出版社 2000 年版。

[2] 中共中央文献研究室编：《江泽民论有中国特色社会主义》（专题摘编），中央文献出版社 2002 年版，第 526 页。

[3] 胡锦涛：《世代睦邻友好共同繁荣发展——在莫斯科国际关系学院的演讲》，《人民政协报》，2003 年 5 月 29 日。

但是，不同文化与文明通过接触和交流达成理解、宽容和多元共存，才是文明与文化发展史中更为基本的一面。从自然界来讲，生态环境多样性和生物多样性的存在，有利于生命支持系统功能的保持及其结构的稳定；[①] 从人类社会来讲，文化多样性确保了人文世界的丰富多彩和社会的和谐稳定。

（四）文化多样性促进人与自然和谐相处

在人与自然之间，云南各民族普遍具有人与自然和谐相处的传统文化。如前所述，云南是一个生态环境多样性、生物多样性和民族文化多样性"三多一体"的省份。在长期生存与发展的实践中，云南各民族早就在水土养人和人适应、利用和养护水土这一人与自然的复杂互动过程中，形成了各具地方与民族特色的生态智慧、生态知识和生态文化。典型的如纳西族的人与自然是同父异母兄弟的生态文化观；藏族的人与自然混融一体的认识；普米族的人与自然是朋友的观念；傣族"森林是父亲、大地是母亲""有了森林才会有水、有了水才会有田地、有了田地才会有粮食、有了粮食才会有人的生命"的认识；以及除回族外，云南几乎所有民族都信仰的传统宗教中的植物崇拜、动物崇拜和自然崇拜包含的文化与自然一体融合的思想；等等。

（五）在全球化、现代化和可持续发展中具有突出的比较优势

生态环境多样性、生物多样性和民族文化多样性，是云南基本的省情特点，是云南发展的三大优势，是云南能在全国乃至全世界独树一帜的三大品牌，是云南在全球化、现代化和可持续发展进程中具有突出的比较优势的宝贵财富，是云南在西部大开发和全面建设小康社会中实现可持续的跨越式发展的重要资源，是云南实现全面、协调、

---

① 参见林文棋《从国家公园建设的角度看滇西北地区生物多样性的保护》，吴良镛主编《滇西北人居环境可持续发展规划研究》，云南大学出版社2000年版，第540页。

可持续发展并最终能在西部乃至全国后来居上的坚实基础，具有无比珍贵的价值。"生物多样性与文化多样性紧密相连，来自世界各地的经验证实，如果生物多样性遭到损害，文化多样性也很难幸免。"① 反过来说，在云南三大多样性相互依存的互动格局中，民族文化多样性居于核心位置，对于维持这一格局的良性互动还是恶性循环，发挥着关键作用。云南的民族文化多样性一旦消失，与其相互依存的生态环境多样性和生物多样性也将随之消失。而云南的"三多一体"格局一旦消失，云南就将成为一个没有任何优势和特色的落后省份，这是一幅任何人都不可接受的非常可怕的前景。实事求是地讲，云南要在 GDP 增长和单纯的经济实力上与中国沿海省（市）相比，不仅过去和现在的差距是巨大的，就是在今后相当长的时期内要缩小差距也是困难的。但云南"三多一体"的省情特点，却使云南具有率先走上以文化为中心和目的的可持续全面发展道路的条件和优势，而这样的条件和优势恰恰又是沿海省（市）不具备的。只要云南率先走上了这条道路，就标志着云南整体社会发展实现了后来居上，成为一个与全国任何省（区、市）相比也毫不逊色的、具有独特比较优势的省份。因此，云南的干部群众特别是各级党委政府，应该高度重视民族文化多样性的保护与发展工作，并采取切实有力的措施予以重点推进。

（本文是《云南的民族文化多样性及其产业开发》的一部分，原载赵保佑主编《区域文化与区域发展》，河南人民出版社 2009 年版）

---

① 联合国教科文组织、世界文化与发展委员会编：《文化多样性与人类全面发展——世界文化与发展委员会报告》，张玉国译，广东人民出版社 2006 年版，第 140 页。

"阿诗玛"申报世界文化遗产研究

在云南省会城市昆明东南部 70 多千米的地方，有一片面积宽广的喀斯特地区。大自然的鬼斧神工，造就了这里石峰耸立、天然成林的"石林"自然景观；生活在这里的彝族撒尼人，在长期适应石林自然环境的生存实践中，创造了与石林自然景观交相辉映的人文景观——阿诗玛文化。随着改革开放以来中国融入全球现代化发展进程的快速推进，阿诗玛文化随之完成了由"丑小鸭"变"白天鹅"的重生，从一个单纯的叙事长诗和文艺作品，逐步演变为世界知名、具有丰厚内涵的文化资源，成为推动石林县经济社会发展的巨大财富。因此，在 2004 年召开的"阿诗玛国际学术研讨会"上，日本学者樱井龙彦说：

> 在今天，《阿诗玛》已跨越了民间叙事诗这样的文艺体裁的局限，在歌舞剧、电影等的文化资源，石林、长湖这样的观光地，以及香烟品牌之类的经济资源中得到了广泛地活用。像这样原本作为口承文学的《阿诗玛》，超越了文学作品的空间，成为一种资源，在社会、政治、经济的各方面得到了再生产和商品化。可以说阿诗玛不单单只是过去的遗产，更被当代的人们有效地活用着。在此，我想把这样的实践性的文化现象的总体，称作

"阿诗玛文化"。①

的确，在田野调查中我们发现，《阿诗玛》已经渗透到石林社会生活的许多方面，不仅有"阿诗玛艺术团""阿诗玛秘地"等文艺组织和歌舞节目，还有"阿诗玛健身操""阿诗玛酒店""阿诗玛旅游小镇""阿诗玛旅行社""阿诗玛导游小组"等名目繁多的以"阿诗玛"命名的事物，说明叙事长诗《阿诗玛》已经转化为文化资源"阿诗玛"。而正是这一独特的文化资源，若与石林自然景观紧密结合起来，就将成为推动石林县经济社会发展的巨大财富。

一　阿诗玛文化的历史演变

阿诗玛文化如何从一种自在的、原生的地域和民族文化，伴随着改革开放后石林县旅游业的发展，逐步演变为一种自觉的、被不断发明创造的、超越了地域、时间和民族限制的、为全世界人民所向往的文化？经过深入实地的田野调查、关键人物访谈和历史文献资料分析，我们认为，阿诗玛文化迄今已经走过了以下三个历史时期。

（一）1950 年以前：原生的、自在的路南县撒尼人阿诗玛民间文化

我们今天所看到的《阿诗玛》，是以汉字整理本形式呈现出来的彝族撒尼人民间叙事长诗，是在中华人民共和国成立后由一批汉族知识分子发掘整理出来的。但是，所有的调查整理者都承认，

---

① ［日］樱井龙彦：《"阿诗玛文化"的意义和活用》，赵德光主编《阿诗玛国际学术研讨会论文集》，云南民族出版社 2006 年版，第 424 页。

《阿诗玛》作为一个民间传说和民间叙事史诗，早在遥远的古代就已在路南撒尼人社会中通过撒尼语言口耳相传，或是通过撒尼祭师"毕摩"所掌握的彝文经典而流传开来了。而且，种种材料表明，《阿诗玛》不仅是一部叙事长诗，还是一部记录彝族撒尼社会发展的民间历史著作①。其实，认真分析《阿诗玛》文本就会发现，它更是一部记录彝族撒尼人传统文化的民间文化著作。从人类学广义文化论来看，《阿诗玛》反映的撒尼文化事项，已经具备了广义民族文化的基本要素。其主要依据有下列四点。

1. 与石林自然环境相适应

自然生态环境是塑造民族文化的重要因素，而民族群体在应用文化适应生态环境的过程中，也就在生态环境中打上了深深的文化烙印，从而将特定的自然生态环境也收编进了特定民族的文化体系之中，使自然成为"人化的自然"和"文化的自然"，使自然生态环境成为文化体系的一部分。在《阿诗玛》原始资料中，有水塘、平坝、低山、松林、丘陵等岩溶地貌的描述，这与石林的喀斯特地貌是吻合的，特别是长诗中明确提出了石林的比喻："女儿满三天，要给女儿取名字……做了几十九坛酒，泡了九十九盅茶。酒坛像石林，喝了九十九回。"②形容一个个竖立的酒坛像石林，就将阿诗玛与石林明确地联系起来，"这不是偶然的巧合，而是《阿诗玛》形成地自然环境的客观反映"③。石林自然环境与阿诗玛文化的长期互动和高度融合，使石林与阿诗玛成为难分难解的文化整体。中共石林县委原书记、彝族撒尼人赵德光先生，在他为《阿诗玛文化丛书》所写的序言中，也明

---

① 参见刘世生《彝族撒尼民间叙事长诗〈阿诗玛〉的历史人类学研究》，赵德光主编《阿诗玛国际学术研讨会论文集》，云南民族出版社2006年版，第367页。
② 赵德光主编，李缵绪选编：《阿诗玛原始资料汇编》，云南民族出版社2002年版，第90页。
③ 参见刘世生《彝族撒尼民间叙事长诗〈阿诗玛〉的历史人类学研究》，赵德光主编《阿诗玛国际学术研讨会论文集》，云南民族出版社2006年版，第369页。

确指出了石林自然环境与阿诗玛文化的高度融合。他说:

> 长诗《阿诗玛》之所以那样引人注目,电影《阿诗玛》之所以那样熠熠生辉,大三弦之所以那样撼人心魄,《远方的客人请您留下来》之所以能久唱不衰,是因为彝族撒尼人灿烂的文化与石林独特的自然景观双重变奏的结果。没有石林就没有阿诗玛,没有阿诗玛就没有石林的韵味。①

2. 反映了撒尼人的生产方式

一个民族日常的生产方式,是这个民族起基础作用的物质文化,是这个民族文化最重要的组成部分之一。《阿诗玛》叙事长诗就反映了撒尼人农牧并重、采集和狩猎作为重要补充,适应岩溶山区生态环境的经济结构和生产方式。《阿诗玛》告诉我们,撒尼人种植的粮食作物主要有苦荞、甜荞、玉米、麦子、山薯瓜等,种植粮食已经使用牛耕,但阿黑与热布巴拉家比赛砍树、烧地、撒种的情节,又说明人力耕种和刀耕火种还占有重要地位。撒尼人对农业生产的气候认识也达到了相当高的水平。"布谷鸟是春季鸟,布谷一叫,春草发芽,春天就来到。叫天子是夏季鸟,叫天子一叫,荷花开放,夏天就来到。阳雀是秋季鸟,阳雀一叫,天降白霜,秋天就来到。雁鹅是冬季鸟,雁鹅一叫,大雪飘飘,冬天就来到。"② 另外的版本,则详细描述了一年四季的农业生产活动。"春天来到了……人人动手种庄稼,个个动手种庄稼,耕牛对对穿梭走,我的种子撒完了,一个季节过去了。夏天来到了……天上生黑云,天上起雷声,哗哗下起雨……苦活来到了,披戴蓑衣和箴帽,脚踩进水里,手来拔秧苗,拔到洼里栽。秋天来到了……秋粮收回来,春粮收回来,粮堆圭山大,吃的也有了,喝

---

① 赵德光主编:《阿诗玛研究论文集》,云南民族出版社2002年版,第1页。
② 黄铁、杨知勇、刘绮执笔编写,公刘润饰:《阿诗玛——撒尼人叙事诗》,赵德光主编《阿诗玛文献汇编》,云南民族出版社2003年版,第48页。

的也有了。冬天来到了……去砍山林去。"① 撒尼人还兼营畜牧业，饲养的牲畜和家禽有牛、山羊、绵羊、猪、鸡等，阿黑在得知阿诗玛被抢走后追赶阿诗玛的路上，先后路过了一个三家村、一个两家村和一个独家村，除了在三家村碰到的是一个拾粪的老人可能正在为农业生产积粪外，在两家村和独家村碰到的都是养牛和养羊的人家，② 说明畜牧业在当时的撒尼社会中至少居于与农业同等重要的地位。长诗还记载了一些撒尼人采集和狩猎的活动，如阿诗玛上山挖苦菜和阿黑打猎、打鸟、打虎、射箭等，说明采集和狩猎作为经济生活的重要补充仍然占有一定的地位。

3. 反映了撒尼人的生活方式

一个民族日常的生活方式，是这个民族文化中起基础作用的物质文化和起规范作用的制度文化，是一个民族文化中最重要的组成部分之一。叙事长诗《阿诗玛》，虽然没有对撒尼人的生活方式作全景式的展现，但也反映了撒尼人生活方式中的以下四个重要内容。

第一，展现了撒尼人的取名仪式和喝满月酒的习俗。长诗说阿诗玛"满月那天早晨，爹说要给我囡请请客人，妈说要给我囡取个名字，哥哥说要给我妹热闹一回。这天，请了九十九桌客，坐满了一百二十桌，客人带来九十九坛酒，不够，又加到一百二十坛。仝村杀了九十九头猪，不够，又增加到一百二十头，亲友预备了九十九盆面疙瘩饭，不够，又加到一百二十盆。妈妈问客人：'我家的好囡取个什么名字呢？'爹爹也问客人：'我家的好囡取个什么名字呢？'村中的老人齐声来说道：'小姑娘就叫阿诗玛，阿诗玛长得像金子一样。'可

---

① 金国库等人根据其保存的彝文抄本翻译：《阿诗玛》，赵德光主编，李缵绪选编《阿诗玛原始资料汇编》，云南民族出版社2002年版，第116—118页。
② 参见云南省人民文工团圭山工作组搜集，黄铁、杨知勇、刘绮、公刘整理：《阿诗玛——撒尼民间叙事诗》，赵德光主编《阿诗玛文献汇编》，云南民族出版社2003年版，第122—125页。

爱的阿诗玛，名字叫得响，从此阿诗玛，名声传四方。"① 这些记载告诉我们，撒尼人在孩子满月时要喝满月酒，请客热闹一回，同时要请村中老人为孩子命名，这是一种制度化的风俗习惯。

　　第二，展现了撒尼青年独特的"公房文化"。长诗说阿诗玛"日长夜大了，不知不觉长到十七岁了……床头拿麻团，墙上拿口弦，到公房去呦！年轻人玩得多喜欢。公房四方方，中间烧火塘，火塘越烧越旺，歌声越唱越响。谁把小伙子招进公房？阿诗玛的歌声最响亮"。黄铁等人在《阿诗玛》整理文本中解释说："旧俗撒尼青年从十二岁以后到结婚前都到公房中集中住宿。小姑娘住的叫女公房，小伙子住的叫男公房。每晚青年男女可以在公房中唱调子，吹笛子，弹三弦，拉二胡，尽情欢乐。公房是他们谈情说爱的场所。"② 刘世生通过引证唐樊绰《蛮书》关于南诏少年子弟暮夜游行间巷的风俗，论证撒尼人的公房与南诏子弟的风俗如出一辙。同时指出："撒尼青年的文化娱乐生活，主要反映在公房文化中，晚饭后彝族青年男女吹着竹笛、口弦，弹着月琴、三弦，沿着村内的大道呼朋引伴，到公房里赛歌赛舞、谈天说地、找寻爱情……至今在边远的农村撒尼文化中也还有保留。"③ 这些论述告诉我们，撒尼青年独特的公房文化已经有久远的历史，是撒尼青年娱乐、求偶的制度性风俗习惯。

　　第三，展现了撒尼社会中的说媒礼仪。《阿诗玛》记载，当热布巴拉家看上阿诗玛，想把阿诗玛娶回家做其儿子阿支的媳妇时，尽管热布巴拉家有钱有势，但也并不能一上来就强娶硬拉，而是到竹园地方请海热做媒人，并讲清了付给媒人的谢礼："金子随你抓，粮食随你拿，山羊绵羊随你拉。正月初二三，还到你家来拜年，送上猪头、

---

① 参见云南省人民文工团圭山工作组搜集，黄铁、杨知勇、刘绮、公刘整理《阿诗玛——撒尼民间叙事诗》，赵德光主编《阿诗玛文献汇编》，云南民族出版社2003年版，第104—105页。
② 同上书，第107—108页。
③ 参见刘世生《彝族撒尼民间叙事长诗〈阿诗玛〉的历史人类学研究》，赵德光主编《阿诗玛国际学术研讨会论文集》，云南民族出版社2006年版，第382页。

猪脚、甜米酒，还有鞋一双，帽两顶，裤子两条，衣两件。"表明说媒礼仪已经固定成为撒尼社会中男婚女嫁的制度性风俗习惯。

第四，展现了撒尼姑娘的服饰文化特点。长诗描述阿诗玛，"绣花包头头上戴，美丽的姑娘惹人爱；绣花围腰亮闪闪，人人看她看花了眼……双手戴银镯，镯头叮当响"①。另外的版本则说："美丽阿诗玛，包头红艳艳，脸白像月亮，耳环闪金光，腰身赛金竹。左手戴金戒，右手戴银镯，蓝衣配黑裤，身披羔羊皮，腰系花围腰，脚穿绣花鞋，一条条绣花，看得眼发花。没有一点不好看，没有一处不好瞧。"②这些描述，明明白白地展现了撒尼姑娘的服饰文化特点和撒尼人对女性的审美倾向，从一个侧面揭示了撒尼人的物质文化和精神文化。

4. 反映了撒尼人的民间宗教信仰

一个民族的宗教信仰，是这个民族精神文化的重要内容，是民族文化的核心。撒尼人民间宗教信仰万物有灵，盛行自然崇拜和祖先崇拜。长诗《阿诗玛》展现了撒尼人民间宗教信仰中的以下四个重要内容。

第一，展现了撒尼人祈求神灵保佑生儿育女的祭祀活动。马学良等根据彝文意译的长诗《阿诗玛》记载：热布巴拉家，有花蜂不来，有财无儿子，"恣而"祭三次，花上才站蜂，生下一儿子；而格路日明家则是花开蜜蜂来，身下无儿女，"扎佬"祭三次，花上才站蜂，妻子才生女。"扎佬"祭是在十月间祈求清吉平安的一种祭祀活动。"恣而"祭是在二月间祈求五谷长势旺盛的一种祭祀活动。也有的人家因无子女或子女不安康，也随时可举行上述之祭祀。③ 热布巴拉家

---

① 云南省人民文工团圭山工作组搜集，黄铁、杨知勇、刘绮、公刘整理《阿诗玛——撒尼民间叙事诗》，赵德光主编《阿诗玛文献汇编》，云南民族出版社2003年版，第107、108页。

② 转引自刘世生《彝族撒尼民间叙事长诗〈阿诗玛〉的历史人类学研究》，赵德光主编《阿诗玛国际学术研讨会论文集》，云南民族出版社2006年版，第382页。

③ 参见马学良、罗希吾戈、金国库、范慧娟译《阿诗玛》，赵德光主编《阿诗玛文献汇编》，云南民族出版社2003年版，第229、246页。

和格路日明家是分别举行了三次上述祭祀后，才生下阿支和阿诗玛的。

第二，展现了撒尼新婚妇女为保头胎子女平安而举行的祭祀活动。长诗《阿诗玛》记载了阿黑用神箭救阿诗玛的情节，而《阿诗玛》整理者之一公刘于1955年的田野调查中，就了解到当时尚存活于民间的与此密切相关的一个祭祀活动。他说："凡遇新婚妇女头胎怀孕，为了保佑婴儿平安落地，需在旷野中行'恩杜密色达'礼。由孕妇的丈夫采摘栎树枝、柏树枝一捆，分别插入土中，象征热布巴拉家的大门、柱子和神主牌。然后将祀神的饭、菜、酒一一摆好，请毕摩（巫师）念经，念毕，丈夫连射三箭，第一箭表示射穿大门，第二箭表示射穿柱子，第三箭表示射穿神主牌，至此，邪气已被震慑，就可确保生育顺利。据说，射箭者为阿黑，孕妇为阿诗玛。"[1]

第三，展现了撒尼人的崖神崇拜和祖先崇拜。长诗以阿诗玛最后被粘在崖壁上下不来变成永远的回声而结束，这反映了撒尼人的崖神崇拜意识。而崖神崇拜又与祖先崇拜有联系。彝族家庭对祖先神灵的祭祀分"家祭"和"野祭"两部分，近三代祖先的神灵牌位置于家中堂屋正面的墙壁上，时时供奉；而三代以上的祖先牌位则移送到野外的家族祖灵洞中，每年只祭祀一次。因为祖灵洞及其祖先灵牌都选择安放在高峻、干燥、背风的石崖上，在撒尼人的心目中高大的石崖都是祖先灵魂的安息之所，所以在路上碰到高大的石崖都十分敬重，不敢随意冒犯，否则就要用净白的牺牲来祭祀。[2] 而在公刘1955年的调查中也发现，"凡遇新媳妇出嫁时，如在途中遇有石岩，必须绕道而行，其用意在于避免遭受与阿诗玛同样的命运"[3]。

---

[1] 公刘：《有关〈阿诗玛〉的新材料》，赵德光主编《阿诗玛研究论文集》，云南民族出版社2002年版，第27页。

[2] 参见刘世生《彝族撒尼民间叙事长诗〈阿诗玛〉的历史人类学研究》，赵德光主编《阿诗玛国际学术研讨会论文集》，云南民族出版社2006年版，第381页。

[3] 公刘：《有关〈阿诗玛〉的新材料》，赵德光主编《阿诗玛研究论文集》，云南民族出版社2002年版，第27页。

第四，展现了撒尼人祭祀仪式中独特的祭品选择。《阿诗玛》的尾声记载了崖神要阿黑用一对白猪白羊才能赎回阿诗玛，而圭山地区不产白猪，阿黑只有用白泥将黑猪涂成白色，暴雨将白泥冲走，崖神收下了白羊而挡住黑猪，从此阿诗玛就变成了回声。一些学者据此认为，在撒尼人所有的宗教祭祀活动中，所用的牺牲都是白色的，如白公鸡、白羊等。撒尼人认为"白色"代表洁净、正义，而黑色则是污秽、邪恶，这种独特的祭品选择与长诗《阿诗玛》是有联系的，因为在撒尼人心目中，阿诗玛是洁白、纯净、正义的化身。[①] 2009年7月我们在石林县长湖镇海宜村调查时，村中老人也告诉我们，在海宜村一年一度的"密枝节"祭祀活动中，所用的牺牲就是白绵羊。

通过上述论证，我们可以得出一个基本的结论，这就是：在1950年以前，路南县撒尼人社会中实际上就已经形成了与石林地貌和生态环境相适应的，包括物质文化、制度文化和精神文化三元结构在内的，自成体系、结构初备的广义阿诗玛文化。当时这一文化的基本特点是：不为外界所知，也没有被撒尼人所自觉，尚处于文化发展的原生和自在阶段，以撒尼人民间文化的形式在自我运转；以阿诗玛民间故事、民间传说和叙事诗的形式，通过民间歌手、毕摩等民间文化精英而用撒尼语言和文字自我传承。虽然阿诗玛文化作为一个文化体系既不为外界所知，又不为撒尼人所自觉，但并不表明这一文化不存在。1953年参与《阿诗玛》调查搜集整理的刘绮说："《阿诗玛》这首民间叙事长诗，在圭山地区，是家喻户晓，广为传诵的，它和撒尼人民有着血肉相连的密切关系。它已经渗透在日常生活之中了。每当举行婚礼的时候，作为对新婚夫妇的祝福，老人总要举起酒杯，放声歌唱《阿诗玛》。过去，当青年们在婚姻问题上遭遇挫折时，他们从《阿诗玛》的斗争中得到鼓舞和力量。他们骄傲地说：'我们的姑娘都

---

① 王向方：《试论长诗〈阿诗玛〉的民俗学意义》，赵德光主编《阿诗玛国际学术研讨会论文集》，云南民族出版社2006年版，第411页。

是阿诗玛，小伙子都是阿黑。'"①

(二) 1950—2000 年：被全面系统发掘整理的、有一定文化自觉的、具有较高知名度的《阿诗玛》精神文化

中华人民共和国成立后，党和国家制定了民族平等、民族团结、民族区域自治和各民族共同繁荣为总原则的民族政策。根据这一政策，少数民族的语言文字、宗教信仰、风俗习惯和传统文化，都受到全社会的尊重，各民族享有平等的政治、经济、文化和社会地位。在这一政策的指导下，撒尼人作为彝族的一个支系或族群，其创造的阿诗玛文化，以叙事长诗《阿诗玛》被全面系统地发掘、整理和刊布为标志，进入了一个新的发展阶段。下面分四部分予以介绍。

1. 对《阿诗玛》的全面系统发掘和整理

对《阿诗玛》的全面系统发掘和整理可以分为两个阶段。第一个阶段是 1950—1960 年，为早期整理阶段。其特点是一批汉族学者通过深入的田野调查，用汉文翻译、整理和发表《阿诗玛》。尽管其中由于时代和民族文化沟通的限制而存在着种种不足，但为将《阿诗玛》推向全国，产生世界性影响，做出了重要贡献。

有关学者认为，早在 20 世纪 40 年代，马学良先生就开始收集到一些《阿诗玛》片断，法国人也将彝文《阿诗玛》石印本到香港等地散发。② 但真正开启《阿诗玛》收集整理先河的，还是杨放先生。1949 年秋，当时参加中国人民解放军滇桂黔边区纵队的杨放与边纵二支队在路南圭山地区活动，在圭山"日直村"（今长湖镇雨胜村）的李姓农民家得以听到村民演唱《阿诗玛》的歌声，经李姓大爹回忆、翻译，杨放记录了《阿诗玛》的初稿。1950 年，杨放将整理后的稿

---

① 刘绮：《撒尼人民与长诗〈阿诗玛〉——谈谈我参加整理〈阿诗玛〉的体会》，赵德光主编《阿诗玛研究论文集》，云南民族出版社 2002 年版，第 165 页。
② 参见沙马拉毅主编《彝族文学概论》，山西教育出版社 2004 年版，第 65 页。

子，以"圭山撒尼人的叙事诗《阿诗玛》——献给撒尼人的兄弟姐妹们"为题，发表在《诗歌与散文》1950年9月号上；同年11月《新华月报》第二卷第一期转载，大概是1951年前后钟敬文先生编的一本民间诗集里也将此稿转载。① 作为首份见诸汉文文献的整理资料，"杨放整理的《阿诗玛》虽是一份并不完整、篇幅短小的本子，但他在《阿诗玛》整理、发展史上具有重要意义"。② 随后，朱德普先生到圭山地区调查，对《阿诗玛》进行了更为全面的发掘、翻译、整理，在1953年以"美丽的阿诗玛——云南圭山彝族传说叙事诗"为题，发表在1953年10月的《西南文艺》上。这两篇整理文献，引起了文艺界的高度关注，促成了云南省人民文工团圭山工作组的建立，掀起了深入撒尼地区对《阿诗玛》进行全面系统收集整理的高潮。

1953年，云南省军区政治部京剧团根据杨放先生和朱德普先生整理的《阿诗玛》，进行再创作后改编成京剧彩排演出，引起云南省有关领导的重视，决定由云南省人民文艺工作团组成圭山工作组深入路南撒尼聚居地区"宣传党的民族政策，开展民族工作"，同时发掘整理《阿诗玛》。"我们遵照毛主席关于'中国的革命的文学家艺术家，有出息的文学家艺术家，必须到群众中去，必须长期地无条件地全心全意地到工农兵群众中去，到火热的斗争中去，到唯一的最广大最丰富的源泉中去，观察、体验、研究、分析一切人，一切阶级，一切群众，一切生动的生活形式和斗争形式，一切文学和艺术的原始材料，然后才有可能进入创作过程'的指示，到路南圭山地区和撒尼人民同劳动，同生活，同斗争，同学习。每当天还不亮，我们就起来和他们一起挑水、做饭。清晨，和他们一起赶着牛上山，在贫瘠的土地上种玉米，撒荞子。晚上围坐在火塘边，共同学习党的民族政策。月光

---

① 参见杨放《记录长诗〈阿诗玛〉引发的随想》，赵德光主编《阿诗玛国际学术研讨会论文集》，云南民族出版社2006年版，第3页。
② 黄建明：《阿诗玛析论》，云南民族出版社2004年版，第260页。

下,和撒尼青年一起'跳乐'。这样,我们逐渐对撒尼人民的社会制度、经济状况、宗教信仰、风俗习惯有了初步的了解,并且深深地爱上了勤劳、勇敢的撒尼人民,同时也为他们的优秀叙事长诗《阿诗玛》所吸引。"① 经过两个半月的深入生活,共收集到《阿诗玛》传说 20 份及其他民间故事 38 个、民歌 300 多首。然后,又经过两个多月的整理、加工、修改、润饰,以"阿诗玛——撒尼人叙事诗"为题,于 1954 年 1 月 31 日在《云南日报》发表,1954 年 5 月号的《西南文艺》和 1954 年 5 月号的《人民文学》全文转载,1954 年 7 月、1954 年 12 月、1955 年 3 月、1956 年 10 月,云南人民出版社、中国青年出版社、人民文学出版社、中国少年儿童出版社先后出版了单行本,将《阿诗玛》迅速推向全国,产生了巨大的轰动效应,由此奠定了《阿诗玛》在世界文学宝库中的重要地位。

1959 年,云南省文艺界为向新中国成立 10 周年献礼,准备新版和再版一批云南各民族的民间文学作品,《阿诗玛》是准备再版的作品之一。由于各方面对整理本提出了一些意见,而参与原整理本工作的黄铁、杨知勇、刘绮、公刘 4 位同志又因种种原因已不能再参与工作,于是,由云南省委宣传部邀请时任云南大学校长、云南省作家协会主席的李广田,对圭山工作组的整理本进行重新整理。李广田根据其提出的"不要把汉族的东西强加到兄弟民族的创作上;不要把知识分子的东西强加到劳动人民的创作上;不要把现代化的东西强加到过去的事物上;不要用日常生活中的实际事物去代替破坏民族民间创作中那些特殊的富有浪漫主义色彩的表现方法"② 这个整理民族民间文学"四不要"的正确主张,对整理本作了重新整理,以中国作家协会昆明分会的名义,以"阿诗玛——彝族民间叙事诗"为题,于 1960

---

① 刘绮:《撒尼人民与长诗〈阿诗玛〉——谈谈我参加整理〈阿诗玛〉的体会》,赵德光主编《阿诗玛研究论文集》,云南民族出版社 2002 年版,第 165—166 页。

② 李广田:《〈阿诗玛〉序》,赵德光主编《阿诗玛研究论文集》,云南民族出版社 2002 年版,第 137 页。

年由云南人民出版社出版，同年5月，人民文学出版社出版，1978年11月云南人民出版社再版。应该说，李广田的重新整理，形成了相对成熟的《阿诗玛》版本，将《阿诗玛》的早期整理推上了高峰。

改革开放以来，随着人们思想的解放和彝族知识分子群体的成长，对《阿诗玛》的全面系统发掘和整理工作进入了第二阶段，即后期整理阶段。其特点是一批彝族学者参与进来，推出了一批直接翻译自彝文，或用彝文、汉文、英文、日文对照的《阿诗玛》整理文本，丰富了《阿诗玛》的内容，扩大了《阿诗玛》的影响。

1979年，参与圭山工作组的原整理者黄铁、杨知勇、刘绮、公刘同志对《阿诗玛》进行了第二次整理，由上海文艺出版社收入《中国民间长诗选》第二集出版。1984年9月，彝族撒尼人昂自明先生直接译自彝文的《阿诗玛》，由云南民族出版社出版。文本具有浓郁的彝族古歌特色，客观真实地再现了撒尼人民的生活和理想，行文清新自然，晓畅明快，有着汉族学者整理本难以表达的鲜明的民族特色，受到人们的高度评价。1985年9月，由马学良、罗希吾戈、金国库、范慧娟整理的彝汉文对照本《阿诗玛》，由中国民间文学出版社在北京公开出版。作为中国第一部以彝文、国际音标、汉文直译、汉文意译的四行体《阿诗玛》文本，受到民族学界和民俗学界的高度评价。1999年7月，由黄建民、普卫华翻译的彝文《阿诗玛》由中国文学出版社出版。黄建民是中央民族大学教授，从小就生长在石林阿诗玛的故乡，与《阿诗玛》有着不解之缘。"在我的童年时期，家乡的《阿诗玛》非常热，我已记不清听过多少歌手唱的《阿诗玛》，也数不清听了多少遍《阿诗玛》。大学毕业后留校任教，学校又安排我讲彝文文献《阿诗玛》。"[①]他曾参与马学良等人翻译本的工作，此次自己主持翻译，用了4个彝文抄本校勘而成，有彝文、国际音标、汉文直译、汉文意译、英文和日文，是彝文翻译本中较好的一种。1964

[①] 黄建明：《阿诗玛析论》，云南民族出版社2004年版，第415页。

年，李缵绪利用负责编辑《云南民族文学资料》丛书的机会，把《阿诗玛》原始资料编为第一集，作为内部资料发行。1985 年，时任云南省社会科学院民族文学研究所所长的李缵绪，对《阿诗玛》原始资料作了进一步的收集整理，共收材料 42 份，编成《阿诗玛原始资料集》，由中国民间文艺出版社 1986 年 2 月公开出版，作为当时国内最完备、最权威的《阿诗玛》原始资料，该书出版后受到民间文艺学界的高度赞誉，除在国内大量发行外，还远销苏联、日本、韩国及中国台湾、中国香港地区。2002 年，石林县决定出版《阿诗玛文化丛书》，《阿诗玛原始资料集》更名为《阿诗玛原始资料汇编》，再次由云南民族出版社于 2002 年 12 月公开出版发行。至此，对《阿诗玛》的全面系统发掘和整理告一段落。

2. 电影《阿诗玛》及《阿诗玛》其他艺术形式的影响

1954 年，叙事长诗《阿诗玛》发表后，当时主持文化部电影局工作的陈荒煤同志建议将其改编成音乐片。1955 年年初，公刘到北京开始改编电影剧本，后因反胡风运动和肃反运动中断。1956 年秋，公刘又遵从电影局的意见到上海继续写作电影剧本。1957 年，《人民文学》第 4 期发表了电影文学剧本《阿诗玛》，上海海燕电影制片厂成立了摄制组，后因"反右"运动而中止，被打成"右派"的公刘改编的电影剧本也被彻底封杀。1960 年，上海海燕电影制片厂的编剧刘琼和作曲家葛炎来昆明，请李广田担任文学顾问，顺利完成了电影剧本《阿诗玛》的改编任务，但时隔不久，李广田被打成"右倾机会主义分子"，电影《阿诗玛》的拍摄再次搁浅。1962 年，电影《阿诗玛》的拍摄终于取得了实质性进展，上海海燕电影制片厂组成了拍摄班子，由刘琼任导演，葛炎、刘琼负责改编剧本，李广田任文学顾问，云南演员杨丽坤因在电影《五朵金花》中的出色表现而被选为阿诗玛的演员。杨丽坤等演员于 1963 年到海宜村进行了为期 3 个月的生活体验，在此基础上，1963 年 11 月，我国第一部彩色宽银幕立体声音乐歌舞片《阿诗玛》完成了4本样片的制作，送文化部审查后得到高度评价，但因种种原因，电影《阿诗玛》直到1979年元旦才得以在全国公开放映，并立即受到国内外广大观众的喜爱和赞扬。"在'文革'之后那个文娱资源贫乏的年代，它以歌舞，美貌的演员，动人的爱情故事迅速走红全国，以至于不少人只知阿诗玛不知云南，只知电影《阿诗玛》不知长诗《阿诗玛》"，[①] 取得了强烈的文化传播效果。除电影之外，文艺工作者还根据《阿诗玛》的传说、故事和诗歌改编和再创作了其他形式的文艺作品，主要有彝族撒尼剧《阿诗玛》，舞剧《阿诗玛》，京剧《阿黑和阿诗玛》，广播剧《阿诗玛》和民族舞剧《阿诗玛》等，向不同层次、具有不同艺术偏好的广大观众和听众，介绍和宣传了《阿诗玛》，扩大了《阿诗玛》的知名度和社会影响。

3.《阿诗玛》走向世界

叙事长诗《阿诗玛》出版后，曾先后被翻译成英、法、日、俄、德、罗马尼亚、捷克、泰等国文字介绍到世界许多国家。[②] 1980年，在埃及举行的第二届亚非电影节上，扮演电影《五朵金花》女主角的演员杨丽坤荣获"最佳女演员金鹰奖"；1982年，在西班牙北部城市桑坦德举行的第三届国际音乐舞蹈电影节上，电影《阿诗玛》荣获最佳音乐舞蹈片奖。[③] 在为祖国赢得巨大荣誉的同时，也使《阿诗玛》冲出圭山、路南、云南、中国而成为世界的《阿诗玛》，为世界人民所广泛认知和向往。

4.《阿诗玛》与旅游业的初步结合

石林旅游业发展大体上已经经历了这样几个阶段。1949年以前为

[①] 李光庆：《电影〈阿诗玛〉对云南民族文化资源的发掘和重塑》，《台声·新视角》2005年第4期。

[②] 参见郭思九《〈阿诗玛〉在中国文学发展史上的地位和影响》，赵德光主编《阿诗玛国际学术研讨会论文集》，云南民族出版社2006年版，第69页。

[③] 参见刘世生主编《石林阿诗玛文化发展史》，云南民族出版社2010年版，第23页。

游客的自发观光游览阶段。民国二十年（1931）春，云南省政府主席龙云考察石林后，对石林大加赞赏，亲笔题写"石林"并命令各级政府加以开发，但仍然只有少数文人墨客驻足和探险寻奇。抗日战争时期，内地一些党政团体和学校迁入西南，一批官员、学术名流前来观光考察后著文宣传和介绍石林，使石林独特的自然风光开始为外界所知，昆明及附近公私学校每年都有上千师生前来旅游。[①] 中华人民共和国成立至1978年以前为第二阶段。这时期自发前往观光游览的游客有所增加，但各级政府主要把石林作为党和国家领导人的休闲地和外事活动的接待地来加以利用，并未将其作为一个产业来加以开发。当然，这一时期党和国家领导人朱德、周恩来、刘少奇、邓小平、陈毅等人先后到石林观光游览及其宣传报道，也极大地提高了石林的知名度。从1978年石林以5分钱的价格卖出第一张门票开始，石林旅游业才真正进入了产业开发期并在20世纪90年代迎来了石林旅游业的快速发展期。正是在这一时期，《阿诗玛》从以下两个方面与旅游业有了初步的结合并促成了旅游业的快速发展。

第一，电影《阿诗玛》的巨大影响。电影《阿诗玛》1979年得以在全国公演，将鬼斧神工的石林、雄伟的老圭山、美丽的长湖作为男女主人公生活的典型环境展现在观众面前，同时将彝族的火把节及摔跤和商品交易等民俗活动也展现在观众面前，产生了巨大的轰动效应，一时间，亲身到石林去领略独特、壮美的石林自然风光和美丽神奇的阿诗玛文化，成了每一个《阿诗玛》电影观众的迫切愿望。随之而来便是蜂拥而至的国内外游客。正如赵德光先生所言："长诗《阿诗玛》的整理出版和电影《阿诗玛》的发行放映，让一个具有独特文化的民族走向世界，也让世界关注这个民族、这个民族的文化、这个

---

① 参见《石林彝族自治县概况》，民族出版社2007年版，第178—179页。

民族居住的环境——石林。"①

第二,路南县党委政府初步的文化自觉和政策推动。随着文化与旅游互动带来旅游业发展和经济效益的提升,路南县党委政府开始逐步认识到文化对推动旅游业发展的重要作用,从而采取一系列措施自觉推动文化与旅游业发展相结合。先后被评为"全国文化工作先进县"、"全国民族文化先进县"和"全国民族体育先进县",同时荣获"歌舞之乡""摔跤之乡""民间绘画之乡"的美誉,推动石林风景区被评为国家 5A 级景区、国家地质公园、全国文明风景旅游区示范点,石林景区被省政府列为云南旅游业的龙头产品,小石林的"阿诗玛"像被定为云南旅游业的标志图像,撒尼民歌《远方的客人请您留下来》被定为云南的旅游歌曲,② 成功打造了被誉为"东方狂欢节"的一年一度的彝族火把节,以其广泛的参与性和欢乐祥和的动人景象被国际节庆协会评为中国最具发展潜力的十大节活动……1998 年,又通过不懈努力成功争取国务院正式批准将"路南彝族自治县"改名为"石林彝族自治县",使石林旅游业的品牌优势得以确立。1999 年,抓住昆明世界园艺博览会这一千载难逢的机遇,着力打造了大型彝族风情歌舞晚会"石林之夜",举办"天天火把节"活动,将石林旅游业发展推向高峰,取得了旅游开发以来最辉煌的业绩,全年共接待国内外游客 206.34 万人次,门票收入突破 1 亿元,全县旅游收入突破 3 亿元。③ 当时的党和国家最高领导人江泽民在考察石林旅游后,给予了高度评价。他说:石林"真是太神奇了,果然名不虚传""小石林的管理很好,绿化美,舒适幽雅,体现了人与自然的和谐,自然的美,我到过新加坡和西欧的一些国家,石林很不错,跟国际一

---

① 赵德光:《阿诗玛文化丛书总序》,赵德光主编《阿诗玛研究论文集》,云南民族出版社 2002 年版,第 1 页。

② 参见政协石林彝族自治县委员会编《石林彝族自治县民族文化在旅游中的开发运用情况调查专辑》,内部资料,第 38 页。

③ 参见石林彝族自治县人民政府编《石林年鉴》(2000),云南民族出版社 2000 年版,第 241 页。

个样"。他同时赞美民族文化说:"少数民族服装很好""民族文字要保留好,这是我们少数民族不可多得的一笔宝贵财富""少数民族聪明能干,充满智慧,能歌善舞,要把民族文化很好地发扬光大"。①

通过上述论证,我们可以得出结论,这就是:1950—2000年的50年时间中,在党和国家民族平等、民族团结、民族区域自治和各民族共同繁荣的民族政策指引下,经过一群汉族学者和彝族精英艰苦卓绝的努力,彝族撒尼人叙事长诗《阿诗玛》,从不为外界所知的、默默无闻的、零星、分散、自我传承和自娱自乐的状态,被全面系统地发掘和整理出来,并借助汉语言文字的巨大覆盖人群和电影强烈的大众传播力量,冲出圭山、冲出石林、冲出云南,成为誉满中国、全球知名的文化品牌。其主要特点是,以撒尼人民核心价值观为代表的《阿诗玛》精神文化,由于与社会主义主流意识形态基本相符而为撒尼人民所自觉,因而得到了极大的弘扬;而从广义文化论认识的阿诗玛物质文化和制度文化,却由于种种原因尚未被石林县政府和民众所自觉,直到20世纪90年代,才伴随着旅游业的发展而有了初步的发掘利用。因此,1950—2000年,是《阿诗玛》精神文化得到大发展的时期,同时是广义的阿诗玛文化全面发展取得初步成效但尚缺乏明确的大文化自觉意识的时期。

(三) 2001年至未来:被不断发明创造的、具有高度文化自觉的、世界知名的、统领石林县全面发展的广义的阿诗玛文化

进入21世纪,石林县的发展站在了一个新的历史起点上。这一时期,有以下一些因素,促使石林县党委政府逐步树立起在继承传统的基础上,发明和创造广义的阿诗玛文化的理念和信心。

首先,党中央对文化的高度重视。1997年党的十五大报告便将文

---

① 张雪刚、韩福云、毕平:《江总书记到石林》,《大观周刊》1999年第5期。

化与经济、政治并列，系统提出了我国社会主义初级阶段的经济、政治和文化纲领。2002年党的十六大报告明确指出："全面建设小康社会，必须大力发展社会主义文化，建设社会主义精神文明。当今世界，文化与经济和政治相互交融，在综合国力竞争中的地位和作用越来越突出。文化的力量，深深熔铸在民族的生命力、创造力和凝聚力之中。全党同志要深刻认识文化建设的战略意义，推动社会主义文化的发展繁荣。"[1] 随后，党中央又提出了"以人为本、全面、协调、可持续的科学发展观"，作为统领现代化建设全局的指导思想，纳入中国特色社会主义理论体系，在全党、全国贯彻执行。2007年党的十七大报告进一步明确提出了文化大发展、大繁荣的任务。报告指出："当今时代，文化越来越成为民族凝聚力和创造力的重要源泉、越来越成为综合国力竞争的重要因素……中华民族伟大复兴必然伴随着中华文化繁荣兴盛。要充分发挥人民在文化建设中的主体作用，调动广大文化工作者的积极性，更加自觉、更加主动地推动文化大发展大繁荣。"[2]

中共十七届六中全会通过的《中共中央关于深化文化体制改革推动社会主义文化大发展大繁荣若干重大问题的决定》中，首次提出建设社会主义文化强国的目标。同时用"四个更加""四个越来越""三个关系"，集中阐述推进文化改革发展的重大意义。强调当今世界各种思想文化交流交融交锋更加频繁，文化在综合国力竞争中的地位和作用更加凸显，维护国家文化安全任务更加艰巨，增强国家文化软实力、中华文化国际影响力要求更加紧迫。强调文化越来越成为民族凝聚力和创造力的重要源泉，越来越成为综合国力竞争的重要因素，

---

[1] 江泽民：《全面建设小康社会开创中国特色社会主义事业新局面——在中国共产党第十六次全国代表大会上的报告》，人民出版社2002年版，第38页。

[2] 胡锦涛：《高举中国特色社会主义伟大旗帜为夺取全面建设小康社会新胜利而奋斗——在中国共产党第十七次全国代表大会上的报告》，《中国共产党第十七次全国代表大会文件汇编》，人民出版社2007年版，第32—36页。

越来越成为经济社会发展的重要支撑,丰富精神文化生活越来越成为我国人民的热切愿望。强调在新的历史起点上深化文化体制改革,推动社会主义文化大发展大繁荣,关系实现全面建设小康社会奋斗目标,关系坚持和发展中国特色社会主义,关系实现中华民族伟大复兴。[1]党的十八大报告确定了建设社会主义文化强国的目标,并第一次提出"让一切文化创造源泉充分涌流"和提高"全民族文化创造活力"的要求。这些论述,标志着党中央对文化的重要地位和作用的认识和重视达到了前所未有的战略高度。

其次,云南省委、省政府对文化建设的强力推进。在中央指导下,中共云南省委于1996年提出了建设云南民族文化大省的战略目标,进入21世纪之后,又采取多种措施强力推进文化产业发展,2007年又进一步提出了建设云南民族文化强省的战略目标。无论是民族文化大省还是民族文化强省,石林独具特色、誉满中外的阿诗玛文化,都是支撑目标的一块重要基石。因此,保护与发展石林阿诗玛文化,便成为建设云南民族文化强省的重要内容之一。

最后,石林旅游业二次创业的迫切需要。经过改革开放以来至2000年前的开发建设,旅游业已经迅速成长为石林县的支柱产业。但是,主要依靠石林自然景观支撑的旅游业已难以在21世纪进一步做强做大,而主要依靠文化景观支撑的丽江旅游业,却后来居上,取得了比石林更为辉煌的业绩。1988年,到石林观光游览的游客首次突破100万大关,而此时的丽江鲜有人知,时常还被人们误作广西的"漓江",游客尚不足10万人次。[2]此后丽江旅游业迅速崛起,在石林取得最好业绩的1999年,丽江的游客已达到280多万人次而远远超过了石林。如此的差距引起了石林县领导的深思:"丽江旅游能够一夜

---

[1] 参见李长春《文化强国之路》(上),人民出版社2013年版,第8页。
[2] 参见木基元、普卫华《让阿诗玛更加靓丽——从丽江的启示谈二次创业中的石林文化品牌》,赵德光主编《阿诗玛国际学术研讨会论文集》,云南民族出版社2006年版,第493页。

成名，这让不少昆明人困惑不已。丽江靠的是文化，它能充分满足人们的好奇心。处在二次创业中的石林，多彩的民族文化有条件再造一个'文化石林'。"① 有关学者通过石林与丽江的比较后也认为："纵观两地的发展，我们客观地分析其根源，认为症结在于石林做足'石头'（自然景观）后，'包头'（民族文化）尚未打好。"②

在上述因素的共同推动和作用下，石林县进入了一个由文化主体自觉发明和创造广义的阿诗玛文化，促进石林县全面发展的新阶段。为此，已经开展了以下一系列工作并取得了初步成效。主要体现在以下三点。

1. 解放思想、舆论先行，加强阿诗玛文化研究

第一，召开国际学术研讨会，借助国内外学者的智慧和力量研讨阿诗玛文化。在石林县原县长、彝族撒尼人赵德光先生主持下，分别于 2000 年 10 月在石林举办了"第三届国际彝学研讨会"，于 2004 年火把节期间举办了"阿诗玛国际学术研讨会"。很多知名的国内外学者聚集石林，对阿诗玛文化和彝族文化进行研讨，提出了许多对发明创造阿诗玛文化富有启发性的见解。

第二，编写出版《阿诗玛文化丛书》。在赵德光先生主持下，石林县组织一批国内外知名学者，从 2002 年开始，先后编写出版了包括《阿诗玛研究论文集》《阿诗玛文献汇编》《阿诗玛文艺作品汇编》《阿诗玛原始资料汇编》《阿诗玛论析》《阿诗玛文化重构论》《阿诗玛国际学术研讨会论文集》等一系列著作在内的《阿诗玛文化丛书》。丛书系统收集了不同时期的《阿诗玛》作品和学者对于阿诗玛研究的资料，为研究和发明创造阿诗玛文化提供了宝贵的资料。在《丛书》总序中，赵德光先生在简述了石林自然景观和《阿诗玛》高度融合推

---

① 李飙、王垚：《一篇跨世纪的寄语——石林建设要放眼百年》，《昆明日报》2004 年 4 月 28 日。

② 木基元、普卫华：《让阿诗玛更加靓丽——从丽江的启示谈二次创业中的石林文化品牌》，赵德光主编《阿诗玛国际学术研讨会论文集》，云南民族出版社 2006 年版，第 494 页。

动石林县发展的情况后,开宗明义地指出:

> 文化与景观如此天衣无缝地结合在一起,文化与景观结合能反射出如此绚丽的光芒,文化与景观双重变奏能产生如此美妙的乐章,显然不是一部长诗、一部电影、一首歌曲、一组舞蹈能发掘、能展示、能穷尽的,这仅仅是开始。从社会发展的工具的变更、文明的更替、文化的演进来看,我们要发掘的东西更广、保护的内容更多、展示的空间更宽、发展的余地更大、创造的潜力更强。鉴于此,一些研究彝族撒尼文化的专家学者编纂了一套《阿诗玛文化丛书》,既有对发展历史的生动描述,也有对研究成果的高度概括,更有从发展的眼光、创造的视角来继承、转换、重构石林阿诗玛文化,以此来弘扬和光大优秀民族传统文化,促进石林地区的发展、文明、进步、开放,在少数民族传统文化向现代文化的变迁中,走出一条自己的路来。开拓和创新是人类不断进步的不竭动力。开拓要披荆斩棘,创新要推陈出新。愿有志者在披荆斩棘中开拓出一条道路来,在推陈出新中创新出一股动力来,使石林永远那么光彩照人,使阿诗玛永远那么魅力无穷。①

这一论述,堪称石林县主要领导和彝族撒尼人精英,在高度文化自觉的基础上,决心通过发明创造阿诗玛文化来推动石林县全面发展的宣言书。

2. 明确思路,打造品牌

在发明创造阿诗玛文化推动石林全面发展的思想指导下,石林县明确提出了"再造一个文化石林,与自然石林相辉映,成为石林经济

---

① 赵德光:《阿诗玛文化丛书总序》,赵德光主编《阿诗玛国际学术研讨会论文集》,云南民族出版社 2006 年版,第 1—2 页。

社会发展的两只翅膀"的文化发展目标,[①] 并提出"打造一批以《阿诗玛》为代表的精品力作,办好一批以火把节为主的节庆,建设一批以阿诗玛文化广场为主的标志性文化建筑,命名一批以月湖为代表的民族文化生态村,保护一批以鹿阜古城为代表的古建筑和少数民族建筑,组建一批以阿诗玛艺术团为代表的面向市场的艺术团队"[②] 的文化发展思路。与此同时,石林县经过持续不断的努力,在进入 21 世纪的短短几年中,就先后摘取了"世界地质公园""国家 AAAAA 级旅游景区""世界自然遗产"等国家和世界的顶级桂冠,并将彝族撒尼口传叙事长诗《阿诗玛》成功申报为"国家级非物质文化遗产",为阿诗玛文化的发明创造树立了品牌标杆。

3. 大力发展阿诗玛文化产业

制定《石林彝族自治县文化产业发展总体规划》和《石林彝族自治县文化产业项目实施方案》。从财政资金中每年安排 100 万元,作为文化产业发展基金,以贷款贴息、扶优扶强、以奖代补等方式,支持文化产业发展。以"一诗"(长诗《阿诗玛》)、"一影"(电影《阿诗玛》)、"一歌"(根据撒尼民歌改编的《远方的客人请你留下来》)、"一舞"(彝族大三弦舞)、"一节"(彝族火把节)、"一绣"(撒尼刺绣)、"一画"(民间绘画)等为标志,向国内外大力推介阿诗玛文化产业。积极推进石林撒尼古城、阿诗玛文化演艺中心、大型歌舞剧《阿诗玛》、中国彝族第一村、中国石林国际火把节、鹿阜古镇、阿诗玛文化生态园、石林旅游文化产品加工城、石林民族工艺品交易中心、民族文化生态村等文化产业项目的打造和建设,使石林的阿诗玛文化产业发展取得了初步成效。

[①] 中共石林彝族自治县县委书记赵德光:《打好基础兴企业打造品牌兴旅游努力推进石林全面建设小康社会和现代化步伐——2003 年 12 月 31 日在中共石林彝族自治县委九届三次全会上的报告》,《石林年鉴》(2004),德宏民族出版社 2004 年版,第 6 页。

[②] 赵德光:《阿诗玛文化是石林旅游发展之魂》,赵德光主编《阿诗玛国际学术研讨会论文集》,云南民族出版社 2006 年版,第 468 页。

综上所述，进入 21 世纪以来，在党和国家关于繁荣文化事业、发展文化产业的战略决策推动下，在石林县旅游业二次创业需要注入文化内涵的现实需求推动下，石林县领导和彝族撒尼人精英，以高度的文化自觉意识，在继承传统的基础上，开始进行广义阿诗玛文化的发明创造以推动石林县的全面发展，从而使阿诗玛文化进入了一个新的发展时期。这一时期的基本特点是：阿诗玛文化逐渐超越了 20 世纪 50 年代以来相对狭窄的精神文化的《阿诗玛》，重新回归到 50 年代以前传统的广义的阿诗玛，并通过与时俱进的发明创造，使传统的阿诗玛文化得到丰富与升华，赢得了更为广阔的发展空间。阿诗玛文化的丰富与升华，反过来也推动了石林县的经济社会发展。

二 "阿诗玛"申报世界文化遗产的迫切性

众所周知，石林是靠旅游吃饭的，旅游业是石林的经济支柱和财政支柱。但是，与同样依靠旅游吃饭的丽江相比，石林旅游呈现出率先起步、前期发展辉煌而后期增长乏力的特点。早在民国年间，鬼斧神工的石林就已吸引了不少人前来观光游览。中华人民共和国成立后特别是改革开放后，石林旅游业在全省率先起步，1988 年，到石林旅游观光的游客就突破了 100 万大关，而此时的丽江鲜有人知，时常还被人们误作广西的"漓江"，游客尚不足 10 万人次。[①] 此后，随着丽江申报世界文化遗产进程的推进及其最终取得成功，带动丽江旅游业迅速崛起，2013 年，到丽江旅游的国内外客人已达数千万，而到石林旅游的游客却只有

---

① 木基元、普卫华：《让阿诗玛更加靓丽——从丽江的启示谈二次创业中的石林文化品牌》，载赵德光主编《阿诗玛国际学术研讨会论文集》，云南民族出版社 2006 年版，第 493 页。

区区360万，两相对比，差距实在是太大了。究其原因，石林旅游主要依靠自然景观来支撑，立足点过分单一了，奇伟瑰怪的石林自然景观可以吸引游客前来观光却难以使远方的客人留下来娱乐消费和休闲度假，因而也就难以进一步做大做强；而依靠自然和文化景观双足支撑和双轮驱动的丽江旅游业，既能吸引游客又能留住游客，自然就后来居上，创造了更为辉煌的业绩。因此，石林旅游业的发展乃至石林县整体的发展，都迫切需要打造一个与石林自然景观和石林世界自然遗产相媲美、能够进一步吸引和留住游客的文化景观和世界文化遗产，而能担此重任的，非"阿诗玛"文化莫属。所以，石林县迫切需要将自己土生土长的"阿诗玛"文化，打造成与石林世界自然遗产相媲美的世界文化遗产。

三 "阿诗玛"申报世界文化遗产的可行性

"阿诗玛"最初是彝族撒尼人的民间叙事长诗和文艺作品，它反映了石林的自然生态环境和撒尼人的生产生活方式，逐渐成为撒尼人安身立命的精神标识。特别是随着改革开放后中国融入全球现代化发展进程的快速推进，阿诗玛逐步演变为世界知名、具有丰富内涵的文化资源，因而第一批就被认定为国家非物质文化遗产。经过多年的保护与发展，阿诗玛文化已经初步具备申报世界非物质文化遗产的标准和条件。联合国教科文组织《保护非物质文化遗产公约》第二条中，给出了权威定义：

> 非物质文化遗产，指被各社区、群体，有时是个人，视为其文化遗产组成部分的各种社会实践、观念表达、表现形式、知识、技能以及相关的工具、实物、手工艺品和文化场所。这种非

物质文化遗产世代相传,在各社区和群体适应周围环境以及与自然和历史的互动中,被不断地再创造,为这些社区和群体提供认同感和持续感,从而增强对文化多样性和人类创造力的尊重。

按照这个定义,非物质文化遗产包括以下方面:

第一,口头传统和表现形式,包括作为非物质文化遗产媒介的语言;

第二,表演艺术;

第三,社会实践、仪式、节庆活动;

第四,有关自然界和宇宙的知识和实践;

第五,传统手工艺。[①]

与联合国世界非物质文化遗产的定义相对照,"阿诗玛文化"完全符合定义规定的五个方面的内容:

第一,阿诗玛作为用撒尼语说唱的叙事长诗,符合第一项内容;

第二,阿诗玛本身就是一种表演艺术,符合第二项内容;

第三,阿诗玛文化反映了彝族撒尼人的生产生活实践,民间祭祀仪式和火把节等节庆活动,符合第三项内容;

第四,阿诗玛叙事长诗中有对石林自然环境的认知描述,以及撒尼人对石林自然环境的文化适应,符合第四项内容;

第五,阿诗玛文化中一些表演工具如大三弦、月琴、三胡的制作,本身就是传统手工艺,符合第五项内容。

为使《保护非物质文化遗产公约》得以顺利实施,联合国教科文组织进一步制定了实施公约的操作指南。指南明确提出了能够进入世界非物质文化遗产的五条标准。

第一条,该遗产项目符合《公约》第二条关于非物质文化遗产的

---

① 联合国教科文组织:《保护非物质文化遗产公约基础文件汇编》,外文出版社2012年版,第9—10页。

定义。

第二条，将该遗产项目列入名录，有助于确保非物质文化遗产的可见度，并提高对其重要意义的认知，促进对话，从而体现世界文化多样性，见证人类的创造力。

第三条，制定的保护措施可保护和推广该遗产项目。

第四条，该遗产项目的申报得到相关社区、群体和个人尽可能广泛的参与，尊重其意愿，并经其事先知情同意。

第五条，根据《公约》第十一条和第二十条，该遗产项目已列入关于缔约国境内非物质文化遗产的某一清单。[①]

与这五条入选标准相对照，只要我们的工作做到位，阿诗玛文化也完全可以符合全部五条标准。

根据以上分析和对比，我们可以说，"阿诗玛文化"完全符合世界非物质文化遗产的内容，已经初步达到了入选世界非物质文化遗产的标准，因此，"阿诗玛文化"申报世界非物质文化遗产是完全可行的。

四 开展"阿诗玛"申报世界文化遗产工作的对策建议

综上所述，笔者对开展"阿诗玛"申报世界文化遗产工作提出以下六点对策建议。

1. 提高认识，统一思想

文化具有推动或阻碍发展的工具作用。具有深厚底蕴的民族文化对发展的引领和推动作用是巨大的。丽江成功申报世界文化遗产后对

---

① 联合国教科文组织：《保护非物质文化遗产公约基础文件汇编》，外文出版社2012年版，第24页。

丽江发展的巨大推动作用已经有目共睹，红河哈尼梯田申报世界文化遗产的过程同时是红河州旅游高歌猛进大发展的过程，而"香格里拉文化"带动迪庆州跨越式发展的实例，更是极大地彰显了文化推动发展的作用。文化更具有安身立命的目的作用，人要活得有意义、有价值、有尊严，就需要文化来构建安身立命的精神家园。阿诗玛文化，就是彝族撒尼人的精神家园，只要打出阿诗玛文化申报世界文化遗产的招牌，就能对石林的发展产生积极的推动作用。

2. 下定决心，敢于担当

前已述及，阿诗玛文化申报世界文化遗产具有迫切性和可行性，现在的问题就在于石林县委政府拿出战略家的胆识，在充分权衡利弊后，以敢于担当、勇于负责的精神下定决心，做出开展阿诗玛文化申报世界文化遗产工作的战略决策。

3. 组建专门工作班子开展工作

组建由县委政府主要领导负总责，由相关专家和工作人员组成的专门工作班子，对阿诗玛文化开展深入调查研究，对国内外相关遗产进行考察学习，主动与国家非遗专家委员会和联合国非遗专家委员会建立良好的沟通合作关系。

4. 定期召开国际学术研讨会

每年或每两年召开一次阿诗玛文化国际学术研讨会，届时组织各类媒体进行密集宣传，形成强大的舆论力量。

5. 做好久久为功的准备

申报世界遗产绝不是可以一蹴而就的工作，千万不可抱有毕其功于一役的思想。实践经验证明，申报世界遗产从启动到成功通常都要经历一个漫长的过程：红河哈尼梯田申报世界文化遗产从创意提出到申报成功，前后经过了16年；石林申报世界自然遗产也经过了10多年。因此，既然下决心申报世界遗产，就要做好长期努力的准备，要按照习近平总书记说的，拿出钉钉子和传承接力棒的精神，换届不换思路，换领导不换决心，一届接一届地干下去，一锤接一锤地钉下去，久久为功。其实，经验也证明，申报的过程同时是完善遗产对象、推动地方发展的过程，在申报上下的功夫都是会有高额回报的。

6. 做好现有文化遗产保护工作

阿诗玛申报世界文化遗产要想取得成功，做好石林县现有文化遗产的保护工作是基本前提，因为所有的世界文化遗产都要经过联合国教科文组织专家的多次实地考察，专家们要亲眼看到文化遗产在社区、群体和个人范围内都得到了很好的保护，才会投票支持其列入世界文化遗产。因此，现在首先要做好石林县现有的文化遗产保护工作。石林县现有4项国家级、4项省级、28项市级、45项县级非物质文化遗产，是非物质文化遗产大县和昆明市非物质文化遗产最为丰富的一个县，全市共有6项国家级非物质文化遗产，石林就占了4项。但是，石林县的非遗保护工作不容乐观，问题有二：一是石林县的非遗保护机构尚未成立，全县80多项非遗资源只有一个人在管理，且没有工作经费。二是缺乏传承场地和设施。第一批入选国家非物质文化遗产的阿诗玛，现在只有国家级传承人王玉芳1人，她已73岁高龄，我们在田地中找到她，她说已培训80多位爱好者，但缺乏传承场地，没有课桌椅；省级大三弦制作工艺传承人普照光也反映缺乏制作场地；而大批市、县级传承人则反应缺之开展传承活动的服装道具等。为此，建议石林县按要求成立非物质文化遗产保护中心，配齐专业工作人员，安排专项工作经费，加大对传承人开展传承活动的支持力度，将现有的文化遗产保护工作做好，为成功申报世界文化遗产打下坚实基础。

（原载中共云南省委宣传部、中共石林县委、云南省社会科学院主编《石林全面深化改革发展研究》，云南人民出版社2015年版）

云南藏区研究

传统的发明与迪庆州藏族的发展

迪庆藏族自治州地处青藏高原至云贵高原的过渡地带，位于喜马拉雅山东坡的横断山脉纵谷区。三山（怒山、云岭、贡嘎山）夹两江（金沙江、澜沧江）的高原地形地貌，使雪山草原和高山峡谷成为这里的主要生态景观。云南最高峰德钦县梅里雪山卡瓦格博峰海拔6740米，而境内河谷地带最低处海拔仅1486米，相对高差5254米，这种较小区域内的巨大高差，使州内呈现出典型的生态环境多样性和生物多样性特征，并孕育形成了以藏族文化为主的民族文化多样性。藏族人民早在历史上就经过文化调适，创造了一整套适应多样性的生态环境、开发利用多样化的生物资源，以求得生存与发展的农牧商文化体系。20世纪末，藏族人民又通过"传统的发明"，在传统文化体系中注入了新的旅游文化元素，实现了传统文化体系的延续与转型，形成澜沧江流域少数民族发展的一种典型模式。

一 传统发展模式

藏族渊源于古代氐羌系统，远古时期是以游牧为主的族群。[①] 历史上不断游牧南迁的羌人进入滇西北后，与当地土著相融合，成为藏

[①] 参见尤中《中国西南民族史》，云南人民出版社1985年版，第9页。

族先民的一支。他们在继续保留游牧传统的同时，为适应当地高山草原与河谷台地相间的自然环境，亦逐步开始从事农业生产。7世纪吐蕃南下与唐朝争夺云南洱海地区，导致大批吐蕃人迁入滇西北，与当地人群逐步融合形成今天的云南藏族。① 藏族形成后为适应当地的自然环境，采用的是以游牧为主兼事农耕的生产方式。与此同时，由于汉藏"茶马互市"的开辟和滇、藏、印茶马古道的开通，大批藏民投身于商贸活动中，滇西北藏族经济结构中的商业要素得到加强。② 以后，随着明代丽江木氏土司势力扩展至迪庆藏区后大规模扩大农耕，以及清初改土归流和清末引入粮食新品种后，耕地面积不断扩大。"明成化十九年（1483）至清康熙六年（1667），木氏土司进占中甸，移民开垦屯殖，实行荒地税二斗，耕地税一斗的耕地税政策，鼓励农民开垦荒地，修建农田。清雍正二年（1724），改土归流，江边'招佃开垦'，'开山地、辟农田、修道路、兴水利、建村舍'。清末引入苞谷（玉米）、洋芋（马铃薯）品种，耕地面积扩大。"③ 随着茶马古道贸易的不断扩大和日趋活跃，最终形成了迪庆藏族农、牧、商三业并举的发展模式。清余庆远：《维西见闻纪》说："古宗（明清时期汉文史籍对云南藏族的称呼）……垦山地，种青稞、麦、黍，畜牛、羊取酥……"又说："古宗……习勤苦，善治生，甚灵慧。耕耘之暇，则行货为商……"④

由于这种三足鼎立的发展模式是以山地、草原和茶马古道为依托的，完全适应当地的自然环境和生产条件，因而一经形成就不断巩固和发展。其间，虽有20世纪50年代以后牧业经济的不断萎缩和茶马古道商业贸易的逐渐衰落，但演变至今草原畜牧业已基本稳定，商业贸易则借助现代交通工具和市场体系得到了复兴。因此，云南藏族为

---

① 参见尤中《中国西南民族史》，云南人民出版社1985年版，第275页。
② 参见木霁弘等《滇藏川大三角文化探秘》，云南大学出版社1992年版，第243页。
③ 中甸县地方志编纂委员会编：《中甸县志》，云南民族出版社1997年版，第455页。
④ 方国瑜主编：《云南史料丛刊》第12卷，云南大学出版社2001年版，第63页。

适应自然生态环境早在历史上就创造形成的农、牧、商三业并举的发展模式，至今仍在持续发展，其具体表现是以下三个方面。

在农业方面，迪庆高原的主要农作物有玉米、青稞、小麦、马铃薯、大麦、荞子、蔓菁等，在澜沧江河谷地区也能种植水稻。藏族人民总结多年的实践经验，形成了一套适应当地气候和土壤情况的轮作制度。例如，在江边河谷区水田中，实行稻谷—蚕豆—小麦（油菜）—稻谷—小麦三年六熟制，或稻谷—小麦—玉米—蚕豆（油菜）两年四熟制；在旱地实行玉米—绿肥（小麦）—玉米—豌豆（春马铃薯）—玉米三年五熟制；高寒地区熟地实行马铃薯（荞子、蔓菁）—青稞（马铃薯）—青稞（春小麦）—荞子（蔓菁）三年轮作制；瘦地（低湿地）实行春小麦—蔓菁—青稞—荞子五年轮作制；二荒地实行荞子—马铃薯—青稞—青稞四年轮作制；半山区实行小麦（豌豆）—玉米—青稞两年三熟制，或小麦—玉米—豌豆—青稞（马铃薯）两年四熟制。这种轮作制度既保证了农业品种和粮食作物的多样化，又有效地保持了地力，使农业在不盲目扩大耕地的条件下实现了可持续发展。

在畜牧业方面，藏族人民饲养的牲畜主要有牦牛、犏牛、黄牛、马、山羊、绵羊、骡子等。根据迪庆高原天然草场因海拔高低不同而分为寒、温、热三带的实际情况，藏族人民为适应这种环境，创造了牲畜随季节变化而在海拔高低不同的牧场间迁徙，独具特色的立体畜牧业。每年4—5月，位于海拔3500—3800米中温层的亚高山草甸草场因气温升高、降雨较多而春草萌发，牧民们便将牲畜赶到此类草场就食，这是"过渡性牧场"，藏民称其为"西巩"，意为"春秋牧场"。6月份以后，位于海拔3800—4600米的高寒层草甸牧草返青，气候转暖，牧民们便将牲畜迁往此类草场就食。此类草场青草萌发迟、枯萎早，但牧草品质高，适口性好，生存能力强，耐牧，藏民称其为"日巩"，意为"热季牧场"。9月底以后，热季牧场青草枯萎，牧民们又将牲畜迁下来到春秋牧场进行"过渡性放牧"。10月底以后，春秋牧场青草枯萎，牧民又将牲畜迁往海拔3500米以下的冷季牧场过冬，藏语称之为"格巩"，牧期为11月至翌年3月。一些分布在海拔3000米以上的藏族村寨，就将牲畜迁回村寨周围的零星牧场和收割完毕的农田中就食。这种牲畜春季由低至高过渡，秋季由高至低过渡的轮牧制，既有效地利用了不同海拔、不同类型的各种草场，又有效地避免了大量牲畜集中于同一牧场而必然造成的过牧和滥牧现象，保证了畜牧业的可持续发展。[①]

在商业贸易方面，藏族善于经商做生意的传统有更大的发展。在我们实地调查的香格里拉县建塘镇红坡村、德钦县云岭乡明永村、奔子栏镇习木贡村、升平镇巨水村等，几乎家家户户藏族都有专人从事商业贸易活动。他们采集松茸菌、羊肚菌、各类药材，制作多种木制工艺品到市场出售后买回生产生活必需品。不少藏族家庭都拥有手扶拖拉机、东风牌大卡车等现代交通工具，除了运送农副土特产品和生产生活必需品外，还到西藏、四川藏区以及丽江、大理、昆明等地跑运输、做生意，许多人家仅经商做生意一项，年收入就超过万元。以松茸菌、羊肚菌为代表的森林小产品，还与全球市场接轨，销售到日本等发达国家。因此，除少数极度偏僻的乡村仍在使用马帮运输外，历史上沟通滇、川、藏各区域和藏、汉民族关系的茶马古道，已基本为今天的汽车大道和空中运输所取代，而藏族善于经商做生意的传统，则借助现代交通工具和市场体系得到了更大的发展。

为了对藏族的传统发展模式有深入的了解，笔者实地调查了多户藏民家庭的经济结构，现以一户为例说明之。

这是香格里拉县建塘镇红坡村民委员会达拉村的一户人家，户主本人叫格桑，时年（1999）60岁。全家8口人，分别是：格桑夫妇

---

① 中甸县地方志编纂委员会编：《中甸县志》，云南民族出版社1997年版，第487—488页。

两个，大儿子、儿媳妇和小儿子，大儿子、儿媳生育了两个孙女、一个孙子。老两口共生育了5个儿子，留大儿子在家，二、三、四儿子都到各自媳妇家做上门女婿去了，小儿子尚未成婚，故继续留在家中。

农业。全家种有31亩土地，因海拔高、气候寒冷，只能种一季大春。其中18亩种青稞，每亩单产200斤，共收3600斤；6亩种马铃薯，每亩单产1500斤，共收9000斤；其余6亩土地种蔓菁，主要用作饲料。由于这点粮食既要供人吃，又要供牲畜作饲料（牛到冬季都要喂粮食），故每年都有半年粮食不够吃，要到市场去购买。

畜牧业。全家有70头牛，其中，牦牛28头，犏牛16头，黄牛26头。有绵羊13只，马3匹，还养着大小14头猪。按照当时当地的市场价格，1头牦牛可卖1500元，1头犏牛可卖3500元，1头黄牛可卖五六百元，1只羊可卖100元。养牛除了用公犏牛犁地外，主要用于产奶做酥油。平均15斤鲜奶可打1斤酥油，产奶渣2斤。格桑家一年可以做成酥油250饼，每饼2斤，共有500斤酥油，1000斤奶渣。按市场价，1斤酥油可卖20元，1斤奶渣可卖2元。1998年，格桑家卖酥油250斤，得7000元（其余自食）；卖奶渣700斤，得1400元；卖了3头犏牛，得7500元。一年平均要杀4头猪，除人吃外，还要用猪肉喂牛，才能产出质量好的奶子。

商业。以往采松茸卖给日本商人每年可收入近1万元，但受亚洲金融危机的影响，1998年采松茸只卖得收入2000多元；家中有一辆东风牌大卡车，外出做生意、跑运输收入1万多元。

家庭中的劳动分工是，格桑老人与小儿子专门负责放牧，一年中有10个月都在山上转，夏天上雪山，冬天就下到海拔低一点的地方，每年都要转好几个放牧点，牧场上都有简易房屋，从家里带去粮食、饲料、茶叶，就能维持生活了。山上的草场村与村、户与户之间没有界限，乡与乡之间才有界限。大儿子专门负责外出跑车做生意；老伴、儿媳和孙子在家干农活，两个孙女还在读书。由此可见，这是一种典型的农、牧、商三足鼎立的家庭经济结构。

20世纪50年代后，由于国家工业化、现代化建设对木材的需要，国家调集大批森林工人队伍在迪庆州境内建立了多个森工企业，对迪庆州的森林资源进行大规模开发，一方面支援了国家建设，为迪庆州带来了一定的财政收入，同时对全州的生态环境造成了严重破坏。但森工开发仅是国家权力建构的"嵌入式"发展，没有也不可能取代藏族的传统发展模式。

然而，1998年长江大洪水造成的严重损失，导致党中央国务院做出了长江上游禁伐天然林的决策，使迪庆州的"木头财政"受到严重冲击，财政收入减少6000多万元；1997年亚洲金融危机爆发，日本经济受到很大冲击，日本缩减了从云南进口松茸的数量，导致云南松茸市场价格急剧下跌，使迪庆州农牧民收入锐减。地方财政和农牧民收入的双双锐减，就使迪庆州的经济发展陷入危机之中。

二　香格里拉落户迪庆与旅游业的兴起

然而，幸运的是，在迪庆州，将这种危机变为转机的准备工作早已开始，并且恰恰就在1997年，发展模式延续与转型的工作取得了突破性进展，其中的一个主要标志就是"香格里拉"成功地落户迪庆。

1933年，英国作家詹姆斯·希尔顿发表了一部名为《消失的地平线》的小说，书中描绘了一个拥有蓝天、白云、雪山、草原、峡谷、森林、江河、湖泊等美妙自然景观和人与自然和谐共生、多种民族、多种文化和多种宗教和睦共处的宁静、和平、祥和的人文环境的地方，因此而被称为"香格里拉"。小说后来被美国改编、拍摄成电影公开放映，产生了广泛影响，从此以后，"香格里拉"便被作为一种"人间仙境、世外桃源"的象征而被世界人民向往和追寻。世界各国的科学家、探险家、传教士根据书中描绘的自然和人文景观，逐渐把寻觅的目光集中在中国藏区和与之邻近的印度、尼泊尔等国家。20世纪60年代，印度和尼泊尔都宣称在自己的国家找到了香格里拉，但未得到承认。20世纪90年代中期，一些有识之士和学者在中共迪庆州委、州政府的关心和支持下，与新加坡国家电视台及部分旅游界人士联合进行寻访香格里拉的考察，省政府发展研究中心组成课题组研究论证，取得了扎实的科学成果。1997年9月14日，在迪庆建州40周年暨滇、藏、川、青毗邻地区第二届文化艺术节上，云南省人民政府根据扎实的科研成果向全世界郑重宣布，世界人民苦苦寻觅了半个多世纪的"人间仙境、世外桃源——香格里拉"就在云南迪庆。这一结论得到了普遍认同。从1998年起，迪庆州人民政府领导人九上北京，向国家有关部门多次汇报，得到大力支持，终于在2001年12月，国务院批准将中甸县更名为香格里拉县。

香格里拉落户迪庆后，迪庆州开展了以下四项打造品牌的工作。

第一，确定了"生态立州、文化兴州、产业强州"的经济社会发展思路。

第二，为保护好迪庆州良好的生态环境，全面落实国家天然林保护政策，积极管护天然林、建设公益林、退耕还林、退牧还草，使全州森林覆盖率从1995年的51.3%上升到2006年的73.9%；2001年，在迪庆州境内开始进行"禁白"工作，成为全国最早禁止使用一次性塑料餐具和塑料袋的地方；首创普达措国家公园生态保护与旅游发展共赢的管理和经营模式。

第三，采取多种措施、多种形式大力保护和发展以藏文化为主的多民族文化。举办梅里雪山文化节、香格里拉艺术节、欢乐香巴拉文体活动；邀请 30 多个国家的专家、学者、自然保护工作者、国际组织代表、企业家参加太平洋经济合作理事会（PECC）第二届生态旅游论坛和藏族传统文化及生物多样性保护研讨会；修复和扩大具有悠久历史的独克宗古城，为州城的所有沿街建筑都批上"藏装"，以展现浓郁的藏式建筑文化特色，开展藏民家访等文化旅游活动，发展藏族工艺文化、藏医药文化和各民族歌舞文化等文化产业。

第四，利用各种新闻媒体大力宣传香格里拉壮丽的自然风光和多样、独特的民族文化。

上述工作取得了显著成效，极大地提高了迪庆州的知名度和影响力。2003 年 7 月 2 日，联合国教科文组织在巴黎召开的第 27 届世界自然遗产大会上，全票通过云南"三江并流"（怒江、澜沧江、金沙江）自然遗产列入《世界自然遗产名录》，迪庆州处于"三江并流"核心区域。独克宗古城荣获"中国最佳民族风情魅力名镇"桂冠，梅里雪山被中国《国家地理》杂志评为"中国最美的十大名山"，虎跳峡和澜沧江梅里大峡谷被评为"中国最美的十大峡谷"，白茫雪山高山杜鹃林被评为"中国最美的十大森林"，使香格里拉成为"中国最值得外国人去的 50 个地方""中国旅游业十大影响力品牌"、2006 年"中国青年喜爱的旅游目的地""2006 年完美假期十佳线路"，等等。随之而来的便是如潮水般涌来的国内外游客和众多的商机，推动全州旅游业及相关产业走上了快速发展的道路。全州旅游人次从 1997 年的 54 万提高到 2006 年的 330 万，增长 6 倍；旅游社会总收入由 1997 年的 1.5 亿元，增加到 2006 年的 26.6 亿元，净增 25.1 亿元；全州直接或间接从事旅游业的人员达到 9 万人，旅游业已成为全州农民增加收入，加快脱贫致富步伐的主要产业。[①]

地处卡瓦格博神山下的明永和、雨崩两个村寨，在迪庆州旅游业

---

① 参见齐扎拉、陈建国《推进跨越发展确保长治久安为把迪庆建成全国最好的藏区之一而奋斗》，《今日民族》2007 年第 8 期。

发展过程中也获得了丰厚的收益。在迪庆州旅游业初步发展的 1999 年，我们在实地调查中就了解到，明永村藏民仅仅是替游客牵马游览冰川的收入就已达到户均 8000 元。2003 年笔者再到明永村，看到许多藏民都开办了家庭旅馆，直接接待国内外游客，雨崩村的情况也与明永村相似。而据《云南日报》的报道，2006 年，明永这个拥有 50 多户 300 多人的藏族村寨，当地藏民仅牵马收入一项，户均已达 1.5 万元，最高的超过 4 万元。全村有 10 多户藏民开办了具有藏族特色的客栈或家庭旅馆，每天的入住率都在 50% 以上，每年都要接待来自几十个国家的游客。① 更为可喜的是，由于迪庆州干部群众对生态环境和民族文化保护与可持续发展的自觉意识，今天的明永村和雨崩村，在获取旅游业带来的丰厚收益的同时，仍然保持着优美的自然环境和浓郁的藏文化传统，仍然保持着可持续发展的生机与活力。

三　从人类学视角看迪庆藏族的发展

从人类学视角来分析香格里拉落户迪庆及其带来的传统发展模式的延续和转型，可以认为是一种典型的"传统的发明"。"传统的发明"由英国历史人类学家霍布斯鲍姆等合著的同名著作提出。该书认为："那些表面看来或者声称是古老的'传统'，其起源的时间往往是相当晚近的，而且有时是被发明出来的……'被发明的传统'这一说法，是在一种宽泛但又并非模糊不清的意义上使用的。它既包含那些确实被发明、建构和正式确立的'传统'，也包括那些在某一短暂的、可确定年代的时期中（可能只有几年）以一种难以辨认的方式迅速确立的'传统'……在历史学家所关注的任何时代和地域中，都可能看

---

① 参见《云南日报》2007 年 10 月 19 日第 9 版。

到这种意义上的传统的'发明'。然而，我们可以认为，在以下情况中，传统的发明会出现得更为频繁：当社会的迅速转型削弱甚或摧毁了那些与'旧'传统相适宜的社会模式，并产生了旧传统已不再能适应的新社会模式时；当这些旧传统和它们的机构载体与传播者不再具有充分的适应性和灵活性，或是已被消除时；总之，当需求方或供应方发生了相当大的且迅速的变化时。"①

著名人类学家萨林斯认为，所有的传统都是在今天"发明"并且为今天之用而"发明"的。西方传统也不例外。"十五、十六世纪之间，一伙欧洲的知识分子和艺术家聚集一堂，开始发明他们的文化传统和他们自己，他们企图复兴。据称是代表了自己祖先成就的古代文化，对此其实他们自己也不知其详，因为这种文化在几千年的岁月中或已湮灭或被遗忘……所有这一切后来被命名为欧洲史上的文艺复兴运动，因为它产生了'现代文明'。"② 现代文明在对土著民族带来冲击的同时，也被土著民族将其收编进自己的文化体系，并通过传统的发明而展现出来。

迪庆藏族从传统的农牧商文化向以旅游文化为主的发展模式的延续与转型，正是藏族人民为适应全球化、现代化发展，而将以旅游业为代表的现代文明收编进自己的文化体系，并通过传统的发明而展现出来的。尽管这一转型还在进一步的发展过程之中，目前还难以下定论，但是，我们还是可以根据人类学理论，对迪庆藏族初步的发展转型，给出下列六点初步的结论。

第一，在发展模式延续与转型的过程中，迪庆藏族继续坚持了以文化为终极目的的全面发展道路。从前面的分析中可以看出，迪庆藏族的传统发展模式，是以藏族文化为中心将周围的自然和社会环境整

---

① [英] E. 霍布斯鲍姆、T. 兰格：《传统的发明》，顾杭、庞冠群译，译林出版社 2004 年版，第 1—5 页。
② [美] 马歇尔·萨林斯：《别了，忧郁的譬喻：现代历史中的民族志学》，李怡文译，王筑生主编《人类学与西南民族》，云南大学出版社 1998 年版。

合进藏族文化体系中而开辟出来的；中华人民共和国成立后几十年以开发森林资源为支柱的所谓"木头经济"和"木头财政"，影响的只是政府层面的经济文化而并没有纳入藏族的文化体系和文化架构之中，因而并没有影响到生活在基层社区中的藏族民众。而改革开放以来特别是1997年以来旅游业的迅速崛起，本身就是利用藏族文化体系而生发出来的，是藏族传统文化的一种新的"发明"和发展，所以自然就是以文化为终极目的的全面发展。

第二，迪庆藏族新型的发展模式，同时兼顾了发展进步一元性和文化多样性的人类追求。在藏族传统文化基础上生发出来的旅游业的迅速发展，为藏族民众带来了丰厚的经济收入，满足了藏民比过去生活得更好的发展进步要求。与此同时，藏族民众在自己的文化带来的经济发展的基础上，对本民族文化的自信心和自豪感大大增强，藏族的传统文化自然也就得到了较好的保护与发展。

第三，迪庆藏族在与环境相互调适的过程中实现了可持续发展。从藏族保持至今的人与自然和谐的文化体系，到为适应当代全球化、现代化浪潮而在开发利用本民族文化资源基础上初步实现的发展模式转型，所有这些都证明，迪庆藏族在与自然和社会环境相互调适的过程中，已走出了一条可持续发展的成功之路。

第四，迪庆藏族自愿选择的变迁模式具有长久的生命力。迪庆州旅游业的迅速崛起既然是在开发利用藏族文化资源基础上实现的，那么，藏族为适应这一变化而发生的文化变迁自然就是创新性变迁和传播（借用）性变迁，是藏族民众自愿选择的变迁模式，从中没有看到任何政府和外来力量强制性的推动，因而堪称具有长久生命力的良性变迁。

第五，文化自觉是迪庆藏族发展模式延续与转型成功的关键。从前面的分析中可以看出，所谓"香格里拉"落户迪庆的筹划和苦心经营，其实正是典型的传统的"发明"，是为适应和创新现代化发展而从传统中寻求资源、智慧和力量的大胆尝试和艰苦努力，是开创发展新模式的一种创新。而要做到这一点的一个必不可少的前提条件，就是具备强烈的文化自觉意识。在田野调查中，笔者常常被普通藏民的文化自觉意识和文化自信心、文化自豪感所震撼。从明永村民将"卡瓦格博"奉为"世界级"神山的从容神情中，从雨崩村民宁愿暂时受穷也不愿意砍树赚钱而毁坏风水的理性认识中，从迪庆州政府率先颁布"禁白"令、首创普达措国家公园、刻意恢复独克宗古城、为州城所有沿街建筑批上"藏装"的举措中，都充分体现了藏族无论是国家干部还是普通民众身上强烈的文化自觉意识。而正是这种强烈的文化自觉意识，保证了迪庆藏族发展模式转型的成功实现。

第六，迪庆藏族发展模式的延续与转型，是国家权力正确领导和帮助的一个成功典范。从"香格里拉"落户迪庆的传统的"发明"，到为旅游业可持续发展而采取的一系列保护生态环境和民族文化的措施，都是在迪庆州党委、州政府领导下、云南省委、省政府和国家大力支持下成功实现的，是国家权力正确领导和帮助与藏族传统文化和藏族人民意愿紧密结合的结果。

综上所述，迪庆州藏族发展模式延续与转型的成功实现，堪称澜沧江流域乃至整个云南少数民族发展的一个范例，具有重要的学术理论价值和在实践中的推广应用价值。

（原载《云南社会科学》2008年第4期）

云南藏区稳定发展的基本经验

2008年3月14日,境内外"藏独"分子在拉萨市策动了以分裂祖国、破坏民族团结、搅乱社会秩序为目的的打、砸、抢、烧事件,其后,"藏独"分子策动的破坏活动迅速波及西藏、青海、四川、甘肃等藏族聚居的省(区),奥运圣火在国外的传递活动也频频遭到藏独分子的破坏。在全国各族人民满怀信心地建设和谐社会、筹办奥运盛会的时候发生如此尖锐的问题,举世震惊,给藏区各族人民的生命财产造成了重大损失,严重破坏了全国安定团结的政治局面,给中国的国际形象带来了严重的负面影响。然而,在全国5个有藏族聚居的省(区)中,唯有云南的藏区——云南省迪庆藏族自治州,顶住了动乱风潮,没有发生任何有损安定团结大局的问题,引起了中央领导和社会各界的广泛关注。中央领导在深入云南藏区进行考察研究后认为,云南藏区已经实现了自己提出的"建设全国最好藏区"的目标。要求云南藏区总结成功实践和基本经验,继续走在全国藏区工作的前列,并正式向云南藏区下达了建设"全国藏区跨越式发展和长治久安示范区"的国家目标。

改革开放30年来云南藏区稳定发展的成功实践,特别是拉萨"3·14"事件后云南藏区持续稳定发展的成功实践,不仅为云南藏区赢得了中央领导和国内外媒体的高度评价和广泛关注,也引发了学术界对其成功实践背后所蕴含的经验的探究和总结。本课题研究的最终目的,就是通过深入的调查研究,总结和揭示云南藏区稳定发展的经验，以为全国藏区的稳定发展提供借鉴和参考。但在本课题完成之前，已有相关领导和学者对其经验进行了初步总结，就目前笔者掌握的资料，以下两篇文章，是这种探究和总结的代表作。

一是中共迪庆州委原书记齐扎拉，从脆弱生态里的环保明珠、贫困地区的跨越发展、困难财政下的人文关怀、与社会主义相适应的寺院、和谐稳定的香格里拉5个方面，对中华人民共和国成立60年来迪庆州稳定发展取得的成就进行了总结。[1]

二是藏族学者王德强（绒巴扎西）教授，从9个方面作了总结。他认为：其一，各级党委的正确领导是维护云南藏区稳定的保障；其二，区域经济跨越式发展和广大群众生活水平不断提高是维护云南藏区稳定的物质条件；其三，全面贯彻落实民族区域自治制度和党的民族政策是维护云南藏区稳定的根本；其四，大力培养政治坚定、作风优良的少数民族干部队伍是维护云南藏区稳定的关键；其五，不断加强基层组织建设和深入细致地开展群众工作是维护云南藏区稳定的基础；其六，积极引导藏传佛教与社会主义相适应是维护云南藏区稳定的有效途径；其七，不断加强和巩固爱国统一战线是维护云南藏区稳定的法宝；其八，坚持不懈地开展马克思主义民族观教育是维护云南藏区稳定的力量之源；其九，坚持综合治理是维护云南藏区稳定的基本手段。[2]

我们认为，以上两篇文章，主要从实际工作的角度对云南藏区稳定发展的经验进行了初步总结，值得本课题参考。但是，如何从理论与实践紧密结合的角度做出更为深刻、理论层次更高、对全国藏区稳定发展更有借鉴和参考价值的总结，仍然是一个需要进一步探索研究的问题。为此，本书尝试从以下六个方面，对云南藏区稳定发展的经

---

[1] 参见齐扎拉为勒安旺堆主编的《当代云南藏族简史》一书所写序言，勒安旺堆主编《当代云南藏族简史》，云南人民出版社2009年版，第1—5页。

[2] 参见王德强（绒巴扎西）《云南藏区维护社会稳定经验述要》，《云南民族大学学报》2009年第6期。

验，做出自己的总结和概括。

一 加强藏区与祖国内地的联系和交往，是云南藏区稳定发展的历史经验

云南藏族、云南藏区既是全国藏族、全国藏区浑然一体的组成部分，又是康巴藏族、康巴藏区浑然一体的组成部分，更是云南多民族和睦相处大家庭中浑然一体的组成部分。由特殊的地理位置、地理环境和特殊的历史发展进程所决定，云南藏区早在唐代就已成为吐蕃南部东向交往的基地。随着历史的发展，这种东向发展的步伐越来越快，程度越来越深，范围越来越宽，关系越来越紧密，因此，与全国其他藏区的藏族相比，云南藏族、云南藏区具有更多的多民族和多元文化密切交融的特点。中华人民共和国成立后，云南藏区这种东向交往亦即云南藏区加强与内地联系与交往的历史大趋势有了更大规模的发展。在计划经济时代，中央通过计划手段和行政命令，在全国范围内调集了大批人、财、物支援云南藏区发展，同时积极发挥云南藏区与四川藏区和西藏经济文化交往的咽喉地带、前沿地带和桥梁纽带作用，通过云南藏区向四川藏区和西藏昌都地区提供了大量援助，"新中国成立后，川西藏区计划内物资都是从迪庆运入的"①。在改革开放发展社会主义市场经济条件下，迪庆州又通过解放思想，提出建设全国最好藏区之一的目标，"跑百厅百部"，积极争取国家的更多支持和发达地区的更多帮助。1996年，在云南省委、省政府的大力支持下，迪庆州与省会昆明市签订了《缔结友好州市协议》，昆明市官渡区、五华区、西山区、盘龙

---

① 格桑顿珠：《见证香格里拉》，中共迪庆藏族自治州委员会、迪庆藏族自治州人民政府编《回首迪庆50年（1957—2007）》，内部出版，第124页。

区分别与迪庆州中甸县（今香格里拉县）、德钦县、维西县、经济开发区建立了友好区县关系，达成了行业对口支援、经济技术合作、干部交流和人才培养、企业对口协作等方面的协议。此举为后来昆明市对迪庆州在教育、文化、卫生等社会事业发展方面的无偿援助、迪庆优势资源和昆明市场、资金、技术、人才的结合奠定了坚实基础。①特别是"香格里拉"落户迪庆后带来的旅游业大规模发展，通过年复一年全国各地每年几百万、上千万游客的大规模进出和与云南藏区各族人民的友好交往，更是将云南藏区与祖国内地的联系和交往，推进到了一个水乳交融、紧密而不可分割的新阶段。这是云南藏区持续稳定发展的根本原因。

二 正确处理发展与稳定的关系，是云南藏区稳定发展的核心经验

藏区的问题非常复杂，经济发展并不是万能的。但是说一千、道一万，经济不发展或者说经济发展缓慢却是万万不能的。没有经济发展和人民生活的改善，就不可能有民族关系的和谐和社会的稳定。据联合国教科文组织黄高智先生分析，表意文字"和"由两个词根组成：左边的"禾"，指稻谷或小麦；右边的"口"，代表嘴。"和"字的意思是：当每张嘴里都有食物时，和平才能得到保证。②而和平仅仅是人与人、民族与民族之间友好关系的最低层次，要实现更高层次的人际关系和谐、民族关系和睦和社会的长治久安，仅仅做到人人有

---

① 参见格桑顿珠《见证香格里拉》，中共迪庆藏族自治州委员会、迪庆藏族自治州人民政府编《回首迪庆 50 年（1957—2007）》，内部出版，第 151 页。
② 参见黄高智《内源发展——质量方面和战略因素》，中国对外翻译出版公司 1991 年版，第 3 页。

饭吃就远远不够了,还必须有更为丰裕的物质基础。曾任迪庆藏族自治州州长和州委书记,后任云南省人大民族委员会主任的格桑顿珠深有感触地说:

> 新中国成立后的相当一段时间,由于受"阶级斗争为纲""政治边防"等"左"的思想影响较深,加之藏区民族、宗教情况特殊,反分裂、反渗透和维护社会稳定任务十分繁重。因此,在工作的指导思想上片面强调稳定的特殊性,政治这根弦绷得太紧,形成自然封闭和观念陈旧,使人们放不开手脚,怕在政治上出问题,陷入只怕迪庆不稳定、不怕迪庆不发展的思维,往往为维护稳定而不惜牺牲发展。

但是,"云南藏区40多年来的实践证明,就稳定论稳定,甚至以牺牲发展来保稳定,导致贫穷落后,与内地发展差距拉大,社会主义制度的优越性得不到充分体现,影响干部群众的凝聚力和向心力,给境外'藏独'分子攻击社会主义、进行分裂渗透活动留下了可乘之机,最终难以实现长治久安。只有加快经济社会发展增强综合实力,改善全体人民的物质文化生活水平,才能增强民族团结和实现长治久安。"[1]

因此,迪庆州在1992年经过解放思想大讨论,初步形成了"以发展求稳定,以发展促稳定,通过发展来解决迪庆长治久安"的基本指导思想,确立了"迪庆只有一个道理——发展才是硬道理"的观念。使迪庆从"求稳怕乱"的思想禁锢中解脱出来,把各族、各界人士的精力集中到发展这个根本上来,实现以经济建设为中心的战略重点转移。正是这一具有深远历史意义的战略重点转移,为迪庆州闯出了一条以发展促稳定、以稳定保发展的发展与稳定良性互动的成功之路,为迪庆州顶住"3·14"动乱的冲击,率先建成全国最好的藏区

---

[1] 参见格桑顿珠《见证香格里拉》,中共迪庆藏族自治州委员会、迪庆藏族自治州人民政府编《回首迪庆50年(1957—2007)》,内部出版,第123、127页。

打下了坚实的基础。在田野调查中，迪庆州基层干部群众反复对我们说，正是改革开放以后特别是20世纪90年代以来全州经济的高速发展和人民群众生活的巨大改善，才使迪庆州在拉萨"3·14"事件的强烈影响下，确保了社会的和谐稳定。因此，正确处理发展与稳定的关系，是云南藏区稳定发展的核心经验。

三 结合云南藏区实际，实事求是创造性地贯彻执行党的民族宗教政策

坚持党的领导，坚持民族区域自治制度，坚决贯彻执行党的民族宗教政策，这是云南藏区稳定发展的基本前提。但是，具体怎么领导，怎么样贯彻执行，就是考验地方党政领导执政能力、执政水平的一个重大问题。是脱离实际照抄照搬地领导和贯彻执行，还是实事求是创造性地领导和贯彻执行，结果就会大不相同。云南藏区持续稳定发展的一条重要经验，就是紧密结合云南藏区实际，实事求是地创造性地贯彻执行党的民族宗教政策。具体而言，就是正确处理好以下三大重要关系。

第一，处理好与党中央高度一致和一切从迪庆实际出发的关系。一方面要以高度的政治责任感，认真学习并把握党的思想路线的精神实质，在政治上与党中央保持高度一致，确保党的路线、方针、政策在迪庆藏族自治州得到全面贯彻执行。特别强调坚持党对藏区工作的绝对领导、坚持社会主义道路和民族区域自治制度，维护祖国统一、民族团结和边疆稳定等重大政治问题上毫不含糊，绝不动摇，充分尊重各民族的风俗习惯、营造各民族相互信任、相互尊重、团结和谐的社会氛围。这既是迪庆改革、发展、稳定全局的基本保证，也是中华

各民族的共同利益所在，是一级党委、政府的根本任务。另一方面，要坚定不移地贯彻实事求是的思想路线，把中央和省委、省政府的政策法规原则、指导方针、发展思路、政策措施等与迪庆实际紧密结合，力求使迪庆的发展思路、政策措施突出迪庆特色，对上负责与对下负责有机结合，克服照搬、照抄、照传、照说，一切从实际出发，以"三个有利于"为标准，创造性地开展工作。[1]

第二，处理好尊重群众的宗教信仰自由和要求信众必须爱国守法的关系。云南藏区一方面全面贯彻落实党的宗教信仰自由政策，尊重广大僧尼和信众的宗教信仰；另一方面又要求广大僧尼"出家守法戒，修行利国民"，要求所有信众都必须爱国守法；同时通过贯彻落实宗教管理的法律法规政策和寺庙管理制度，有效防范和抵御达赖集团的渗透和影响。

第三，正确处理好相信依靠绝大多数群众和严厉打击极少数犯罪分子的关系。迪庆州的决策者认为，经过中华人民共和国成立60多年，自治州成立50多年特别是改革开放30多年党的民族宗教政策的宣传教育，特别是全国全省各族人民真心支持和帮助迪庆州取得的巨大发展成就和迪庆州各族人民分享到的巨大发展成果，已经使迪庆州的绝大多数干部群众建立起了对党和国家的衷心拥护，建立起了对中华人民共和国和中华民族的核心认同。因此，无论是哪个民族，无论其信仰何种宗教，无论他是穿黄衣服还是穿红衣服，绝大多数人都是好人，都是党和国家可以信赖和依靠的基本群众和基本力量，顽固坚持"藏独"立场的只有极少数人。这是对云南藏区维护稳定工作形势的基本判断。正是在这一正确判断基础之上，迪庆州一方面充分发挥广大僧俗群众谋发展、思稳定的积极性和主动性，放手让他们在党和国家的政策和法律法规范围内开展正常活动；另一方面通过认真细致

---

[1] 参见格桑顿珠《见证香格里拉》，中共迪庆藏族自治州委员会、迪庆藏族自治州人民政府编《回首迪庆50年（1957—2007）》，内部出版，第127页。

的思想工作争取受"藏独"思想影响较深的境外学经回流人员转变思想，转变立场；同时对极个别顽固坚持"藏独"活动的人进行严厉打击和制裁，有效维护了云南藏区的社会稳定。

正是由于迪庆州委、州政府正确处理好了以上三大重要关系，才使党和国家的民族宗教政策与迪庆实际紧密结合，实现了云南藏区的长期稳定发展。

四　放手使用忠诚于党和国家、有胆识、有能力的少数民族干部

早在中华人民共和国成立初期，毛泽东在《对西北民族工作的指示》中就明确指出："要彻底解决民族问题，完全孤立反动派，没有大批少数民族出身的共产主义干部是不可能的。"[①] 这一著名论断，成为中国共产党少数民族干部政策的重要指导思想。2003年，胡锦涛同志在参加全国政协十届一次会议少数民族界委员联组讨论时指出："要把做好少数民族干部的培养选拔工作做为管根本、管长远的大事，制定周密规划，认真组织实施，持之以恒地抓下去。"这是以胡锦涛同志为代表的党中央对少数民族干部培养选拔工作作出的重要指示，指示将这一工作上升到"管根本、管长远的大事"的高度，足见这一工作的极端重要性。2005年，胡锦涛同志在中央民族工作会议上进一步指出："做好培养、选拔、使用少数民族干部的工作，建设一支政治坚定、业务精通、善于领导改革开放和社会主义现代化建设、深受各族群众拥护的高素质的少数民族干部队伍，对于加快少数民族和民族地区经济社会发展、推进我国民族团结进步事业、维护祖国统一和

---

① 毛泽东：《对西北民族工作的指示》，《民族团结》1958年第2期。

社会稳定，具有决定性意义。"① 正是在这一极端重要和具有决定性意义的工作上，云南藏区经过成功实践积累了成功经验。云南是祖国多民族大家庭的一个缩影，历届中共云南省委高度重视少数民族干部的培养、选拔和任用工作，按照"充分信任，大胆提拔，放心使用"的原则，采取了一系列特殊政策措施培养选拔少数民族干部，使云南的少数民族干部工作一直走在全国前列。作为中共云南省委和省政府直接领导下的云南藏区，因其处于与境内外"藏独"分裂势力作斗争的前沿阵地，对其少数民族干部特别是藏族干部的培养选拔和任用工作，更是得到了中央和省委的高度重视。除了严格按照民族区域自治法的要求配备自治机关的少数民族干部外，对党委领导也尽可能配备本土出生和成长起来的少数民族干部特别是藏族干部。20世纪80年代末以来，迪庆州的党委书记已有四届由藏族干部担任。藏族干部在维护云南藏区民族团结、社会稳定和推动经济社会跨越式发展方面发挥了不可替代的重要作用。对此，迪庆藏族自治州原州长，迪庆州委原书记齐扎拉，在谈到迪庆州向香格里拉"复归"，通过争取香格里拉落户迪庆带动全面发展的历程时，深有感触地说：

> 首先值得庆幸的是，香格里拉有睿智的、遇到困难百折不挠的一批领导干部，他们身上的正气胆识和凝聚人心的魅力，是完成复归的中坚力量。其次，迪庆干部中积极向上，追求卓越而又注重科学的实干精神，值得肯定。他们不唯上、不唯书，对民族文化精髓的独到理解和弘扬，已超越狭隘民族主义。正是在这两点上，我们看到党的民族理论教育的重大成果。中国共产党已帮助边疆少数民族培养了一批懂科学、有胆识、会干事的适应市场

---

① 转引自云南省民族事务委员会、云南省民族理论学会编《云南民族团结进步事业光辉历程（1949—2009）》，云南民族出版社2009年版，第149页。

经济的高素质干部。①

正是在这批高素质的少数民族干部特别是藏族干部带领下，云南藏区实现了长期持续的稳定与发展。因此，放手使用忠诚于党和国家，有胆识、有能力的少数民族干部特别是藏族干部，是云南藏区稳定发展的一条成功经验。

五　坚持用科学发展观和正确政绩观指导实践

在深入迪庆州的田野调查中，无论是迪庆州的党政高级领导还是基层乡村干部，跟笔者说得最多的就是怎么样以人为本、改善民生；怎样多做得人心、暖人心、稳人心的实事，让广人民群众包括寺庙僧尼都能共享改革开放的成果。迪庆州委原书记齐扎拉亲笔撰写的总结迪庆经验的文章，就将"困难财政下的人文关怀"，列为迪庆的一条重要经验。他说：

> 尽管迪庆经济高速发展，但由于总量小，财政仍然十分困难。2008年全州财政收入仅3.2亿元，自给率只有13%。
> 为解决农牧民的困难问题，迪庆从有限的财政中挤出资金，在中央、省的支持下加大民生投入。实施五大民生工程，有效解决农牧民安居、出行、上学、就医和老有所养等突出问题。高原农牧民子女不用出一分钱就读完初中，直到高中每月还能领到120元生活补助费。老百姓说，现在娃娃读书还能领工资了。农牧民可以享受基本医疗保障，农村老人还能领到人均40元的补

---

① 齐扎拉：《建设香格里拉（代序）》，迪庆藏族自治州地方志编纂委员会编《迪庆藏族自治州志》（上），云南民族出版社2003年版，第7页。

贴，特困户也进入了低保。

通过旅游等产业带动，农牧民收入有了大幅提高，多数盖起了楼房，彩电、冰箱、汽车已进入藏族农户家庭。部分富裕起来的农牧民已开始走出国门，建塘镇江克村等组织村民集体到澳大利亚观光旅游。

为了满足农牧民精神文化需求，迪庆州实施了"农村文化推进工程"。80%以上的农户能看上电视，20户以上村寨普遍有了文化活动场所，还能定期看上电影。编制了民族健身舞统一在全州推广，每天傍晚，城乡锅庄、弦子乐曲声响，男女老少踏歌起舞。①

从上述论述中我们可以看出，迪庆州领导也追求经济发展，但他们追求的不是单纯的 GDP 增长，奉行的不是以 GDP 增长论英雄、出干部的政绩观，而是以人为本的科学发展观和为广大人民群众谋利益的政绩观。正是在科学发展观和正确政绩观的指导下，云南藏区在财政十分困难的条件下，做出了其他富裕地方难以企及的"改善民生保稳定"的重大政绩，受到了各族群众的衷心拥护。因此，在由藏族学者勒安旺堆主编，以藏族学者为主体编写的《当代云南藏族简史》一书中，作者们充满感情地写道：

> 随着改革开放的深入，广大干部职工的利益受到党和国家的关注，云南藏区干部职工享受到了特殊补贴。进入21世纪以后，许多惠民工程像雨点般降临到了农牧民的头上，"十五"以后更盛。农牧民的孩子上学困难得到解决，农牧民的生产生活每一个方面都有了党的关心，广大农牧民切实享受到改革开放的成果。云南藏族地区的各级党委、政府，首先是中共迪庆州委、州人民

---

① 齐扎拉为勒安旺堆主编的《当代云南藏族简史》一书所写序言，勒安旺堆主编《当代云南藏族简史》，云南人民出版社2009年版，第3页。

政府,一直倡导以对党、对人民负责的态度,切实解决教育、医疗、农村电网改造、乡村公路建设等一些群众最关心、最直接、最现实的利益问题,抓好社会治安综合治理、安全生产、民族宗教等工作,多做得人心、暖人心、稳人心的实事,确保社会稳定。迪庆州各族人民把自己的家乡视作'世人向往的香格里拉',其中藏族特点鲜明。人们把家乡的和谐稳定当作眼珠子一样珍惜、爱护。①

六 通过"传统的发明",开创具有云南藏区特点的发展模式

香格里拉落户迪庆带动全面发展,是一件值得大书特书的事情,云南藏区之所以有今天这样一个稳定发展的大好局面,成为全国和世界公认的最好的藏区,香格里拉品牌的打造和运作发挥了决定性作用。其功甚伟,不可埋没。从人类学视角来分析,所谓香格里拉品牌的打造和运作,其实就是典型的通过"传统的发明"来开创具有云南藏区特点发展模式的探索和尝试。

"传统的发明"由英国历史人类学家霍布斯鲍姆等学者合著的同名著作提出。该书认为:"那些表面看来或者声称是古老的'传统',其起源的时间往往是相当晚近的,而且有时是被发明出来的……我们可以认为,在以下情况中,传统的发明会出现得更为频繁:当社会的迅速转型削弱甚或摧毁了那些与'旧'传统相适宜的社会模式,并产生了旧传统已不再能适应的新社会模式时;当这些旧传统和它们的机

---

① 勒安旺堆主编:《当代云南藏族简史》,云南人民出版社2009年版,第229页。

构载体与传播者不再具有充分的适应性和灵活性，或是已被消除时；总之，当需求方或供应方发生了相当大的且迅速的变化时。"①

著名人类学家萨林斯认为，所有的传统都是在今天"发明"并且为今天之用而"发明"的。西方传统也不例外："十五、十六世纪之间，一伙欧洲的知识分子和艺术家聚集一堂，开始发明他们的文化传统和他们自己，他们企图复兴。据称是代表了自己祖先成就的古代文化，对此其实他们自己也不知其详，因为这种文化在几千年的岁月中或已湮灭或被遗忘……所有这一切后来被命名为欧洲史上的文艺复兴运动，因为它产生了'现代文明'。"②

现代文明在对土著民族带来冲击的同时，也被土著民族将其收编进自己的文化体系，并通过传统的发明而展现出来。云南藏区从传统的农牧商发展模式和森林采伐加工的"木头财政"，通过打造香格里拉文化品牌而向以旅游业为主的发展模式的转型，正是藏区人民为适应全球化、现代化和可持续发展的要求，而将以旅游业为代表的现代文明收编进自己的文化体系，并通过传统的发明而展现出来的。在这一过程中，结合现代文明要求对香格里拉文化传统的发明、发明、再发明，亦即对香格里拉文化品牌的阐释、阐释、再阐释，发挥了重要作用。据亲身参与发明和打造香格里拉文化品牌的中甸县委原书记、迪庆藏族自治州原州长，迪庆州委原书记齐扎拉回忆，迄今为止，香格里拉在迪庆已经经过了三次解释。

第一次解释，经过组织专家考证和研究，确认"香格里拉"是迪庆藏语方言，意为"心中的日月"，这是迪庆藏族远古文明的一个文化积淀，因为这里有一座日光城堡、一座月光城堡（藏语分别称作尼玛宗、达克宗），是古代藏族将自己的自然崇拜物化

---

① [英] E. 霍布斯鲍姆、T. 兰格：《传统的发明》，顾杭、庞冠群译，译林出版社2004年版，第1—5页。
② [美] 马歇尔·萨林斯：《别了，忧郁的譬喻：现代历史中的民族志学》，李怡文译，王筑生主编《人类学与西南民族》，云南大学出版社1998年版。

为地名，并因此留传下来一个美好的理想境界和精神家园。随着佛教在藏族地区的广为流传，香格里拉地区的人们又把自己的家乡视作"香巴拉"王国，由此确立了香格里拉的原型就在云南迪庆藏区的结论。

第二次解释直接服务于旅游业发展和中甸县更名为香格里拉县的实际需要。香格里拉品牌打响后，如何利用香格里拉品牌推动旅游业发展，如何使香格里拉品牌最终落户迪庆，便成为迪庆发展的迫切需要。于是，迪庆州通过成立课题组进行专门研究，召开各种理论研讨会，出版《中国·香格里拉丛书》等活动，对香格里拉文化的核心精神亦即核心价值观进行了深刻阐释，认为香格里拉文化的核心价值观是"三个和谐"，即人与自然的和谐、人与人（民族与民族）之间的和谐，物质世界与精神（心灵）世界的和谐。

平和厚道的香格里拉藏民遵循人与自然和谐的原则，崇拜神山圣湖，有老大在家，不为分家提供方便，厚生薄葬、不留遗骸等民俗。从可持续发展的观点分析，这些民俗表现出厚待自然，限制人类毫无节制地向自然界索取的文化指向。

香格里拉历史上就是氐羌系统民族南下北上的通道，藏族、纳西族、汉族、傈僳族、白族、彝族、苗族、回族，长期共同生活在一个小区域内，却能够互通有无、和谐相处；藏传佛教、天主教、伊斯兰教、纳西族的东巴教、彝族的毕摩信仰，汉族的龙王庙、武庙、娘娘庙和谐共存，表现出人与人和谐的突出特征。

人类对物质富裕和精神生活的追求是与生俱来的，但藏族人民在物欲横流的时代更有一种对来世的精神追求，因而对现实生活中的每一点改善都充满幸福的感觉，表现出物质世界与精神（心灵）世界和谐的突出特征。

总之，迪庆香格里拉以藏文化为主体的多民族文化的深厚积淀，形成了对自然索取的"适度"原则，形成了对待别人的"宽厚"原则，形成了对自己的"幸福"原则。① 正是对这些原则的挖掘和阐发，使迪庆香格里拉在全世界人民的心目中，成为全球生态危机中的一块高原绿洲，战乱频仍世界上的一片宁静、和平的港湾，物欲横流时代安抚人们焦虑、浮躁心态的一个精神家园，从而吸引了大规模的国内外游客蜂拥而来到香格里拉寻梦，香格里拉落户迪庆就成了水到渠成的事情。

第三次解释开始于香格里拉落户迪庆之后。齐扎拉说："随着中甸更名为香格里拉，不仅是使中甸以及迪庆进入了一个新的历史发展阶段，揭开了新的经济社会发展模式的序幕，而且也对'香格里拉'的文化解释提出了新的要求。这就是：不仅说明什么是'香格里拉'所表现的文化理想，而且说明为什么会出现这种文化理想，以及如何使这种文化理想成为现实；不仅说明作为一种文化理想的'香格里拉'（所谓'世外桃源'），而且说明作为一种新的经济、社会发展观和发展模式的'香格里拉'；不仅说明作为经济社会发展模式的'香格里拉'，而且进一步说明作为文化产品和品牌开发资源的'香格里拉'。总之，这是进入文化产业发展的历史新阶段而进行的解释。中甸县更名揭开了迪庆州（甚至周边地区）发展的新阶段，更是揭开了'香格里拉'文化发展的新阶段。如何使香格里拉的自然和历史'资源化'，使其文化'活化'和'产业化'，已成为新的历史任务。"②

于是，迪庆州通过对历史上藏汉"茶马互市"遗留下的"茶马古道"的研究，解释了香格里拉文化的多样性、开放性、适度性及和谐性，阐释了茶马古道造就的香格里拉文化与经济生活的传统联系及其在当代成为一种"文化商品"的现实可能性，提出了打造"大香格里

---

① 参见齐扎拉《建设香格里拉（代序）》，迪庆藏族自治州地方志编纂委员会编《迪庆藏族自治州志》（上），云南民族出版社2003年版，第9—11页。

② 齐扎拉：《建设香格里拉（代序）》，迪庆藏族自治州地方志编纂委员会编《迪庆藏族自治州志》（上），云南民族出版社2003年版，第9—10页。

拉"文化旅游产品的大思路,即以茶马古道为主线,将整个香格里拉看作不断扩大的同心圆,其中香格里拉县(原中甸县)和迪庆州政府所在地建塘镇是中心,整个迪庆州是第一圈,滇、藏、川毗邻地区是第二圈,形成"大香格里拉"的完整格局。在这个宏大的发展思路指导下,迪庆州确立了"生态立州、文化兴州、产业强州、和谐安州"的发展战略,采取坚决有力的措施保护和改善生态环境;保护、传承和发展民族文化;紧紧围绕香格里拉品牌进行产业布局,通过旅游业的跨越式发展带动工商业、农牧业、文化娱乐业、电信通信业、交通运输业、饭店餐饮业、建筑业、旅游消费品的快速发展,用经济发展的成果来支持社会事业发展和民生的改善;用经济社会发展和改善民生的成果来有力地维护民族团结和社会的和谐稳定。因此,齐扎拉深有感触地说:

> 迪庆寻找到了符合州情的发展路子,并已经显现出了巨大的发展生机与活力,香格里拉的品牌作用日益凸显,带给迪庆的是一种实实在在的效益和动力……迪庆将进一步加强与西藏、四川等省的区域协作和联合,把迪庆建成滇川藏三角旅游区的旅游集散中心,并围绕香格里拉品牌布局产业,把迪庆真正建成世界的香格里拉、永远的香格里拉。[1]

综上所述,迪庆州为建设全国最好的藏区,亟须转变以木材采伐为主的难以为继的传统发展模式,开创具有云南藏区特点、符合现代文明要求的新的发展模式。为此,迪庆州主要领导抓住机遇,将风靡世界的世外桃源"香格里拉"与藏族历史文化中具有神秘色彩的理想王国"香巴拉"紧密联系起来,通过对传统文化的发明、发明、再发明,亦即结合现代文明要求对香格里拉文化品牌的阐释、阐释、再阐

---

[1] 齐扎拉:《建设香格里拉(代序)》,迪庆藏族自治州地方志编纂委员会编《迪庆藏族自治州志》(上),云南民族出版社2003年版,第13页。

释，终于闯出了一条依托良好的生态环境和丰富多样的民族文化发展旅游业，通过旅游业带动经济社会全面发展，在经济社会全面发展过程中有效地增进民族团结和维护社会稳定、各方面良性互动的稳定发展的路子，提前实现了建设全国最好藏区的目标。现在，迪庆州正在自己开创的切合州情实际的稳定发展路子上，按照中央和云南省委、省政府的要求，为"把迪庆建设成为全国藏区跨越发展和长治久安示范区"的国家目标而努力奋斗。

（原载《学术探索》2010 年第 4 期）

云南藏区民族关系格局的历史形成

云南藏族主要聚居在迪庆藏族自治州，少数散居在丽江市和怒江州的贡山县。2006年年底，全省共有藏族143042人，聚居在迪庆州的就有132526人，占藏族人口总数的92.64%，因此，我们对云南藏区民族关系历史的研究，主要就集中在迪庆藏族自治州内进行。

迪庆州是全国10个藏族自治州之一，全州面积23870平方千米，下辖香格里拉、德钦、维西3个县，29个乡镇。2006年年底，全州总人口372000人，其中少数民族人口324396人，占总人口的87.20%。[①] 全州有26个民族成分，历史悠久的世居民族有藏、傈僳、汉、纳西、白、回、彝、苗、普米、怒、独龙11个民族。因此，迪庆州既是一个藏族自治州，又是一个以藏族为主体的多民族聚居地区，而且以藏缅语民族居多。今天的迪庆是历史的迪庆的一个发展，如果我们追溯历史就会发现，迪庆州以藏族为主体、藏缅语民族居多的多民族格局早在遥远的古代就已经形成；随之而来的民族关系格局亦早在历史上就已经形成，其对今天迪庆州民族关系的和谐发展发挥着深远的历史影响。

---

① 云南省统计局编：《云南统计年鉴（2007）》，中国统计出版社2007年版，第596—599页。

一 云南藏区地理环境之特点及民族源流

云南藏族聚居的地方，地处云南西北角滇、川、藏三省区毗邻地区，是青藏高原至云贵高原的过渡地带和喜马拉雅山东坡的横断山脉纵谷区。这里地势西北高，东南低，气候从高原性向准高原性过渡，自西向东山川南北纵贯、东西骈列，依次为伯舒拉岭—高黎贡山，怒江；念他翁山—怒山，澜沧江；宁静山—云岭，金沙江；沙鲁里山—玉龙雪山，形成怒江、澜沧江、金沙江三条大江自北向南流淌的"三江并流"地理奇观。因此，云南藏区之地理环境有两大特点：一是地形、地势、气候从青藏高原向云贵高原的过渡特点，这一特点使其自古以来就是藏区的东南边缘地带和西藏与祖国内地交往的咽喉地带、前沿地带和桥梁纽带；二是高山峡谷相间形成的天然河谷通道，这一特点使其自古以来就自然成为众多民族和族群南来北往、迁徙流动的走廊。早在1939年，陶云逵先生在其所著之《碧落雪山之栗粟族》一文中就说："怒江、澜沧江，对于东往西，或西往东的交通上是一种阻碍，但是自北往南，或自南往北未尝不是一条天成的大道，因为虽然不能行舟，但是沿河而行的便利是很引诱人的，假如我们很笼统地叙述夹着这两条河的山脉形式和方向，则高黎贡山、碧落雪山以及云岭雪山三条山脉，也是自北而南的。这种形式，在交通方向上的便利和阻碍，和前述的河流是一样，就是便于南北，而碍于东西。"[①] 正是这两大特点，对云南藏区的民族关系造成了深刻而久远的影响。

如果把视野由云南藏区进一步向北、向东扩展，就会发现，山川

---

① 陶云逵：《碧落雪山之栗粟族》，国立中央研究院《历史语言研究集刊》第17册，中华书局1987年影印版，第332—334页。

南北纵贯、东西骈列的格局一直扩展到四川、青海和甘肃结合部,自西向东依次是雅砻江,大雪山—折多山—锦屏山;大渡河,邛崃山—大凉山;岷江,加上云南的三江并流,就在更大范围内形成了"六江并流"的景观。由于大江自北向南纵向切割,形成了山川相间排列的"两山夹一川"和"两川夹一山"的典型的高山峡谷地形地貌。从西面的怒江到东面的岷江,直线距离不过 1000 千米,[①]却出现如此众多的大江自北向南平行并流,在世界自然地理上是极为罕见的。这一区域,就是费孝通先生揭示的"藏彝走廊"。

"藏彝走廊"是费孝通先生提出的一个历史—民族区域概念。1980 年前后,费孝通在总结以往的民族调查研究工作时认识到:"过去我们一个省、一个省地搞,一个民族、一个民族地搞。而中国少数民族有它的特点,就是相互关系深得很,分都分不开……因而民族与民族之间分开来研究,很难把情况真正了解清楚。所以,我主张最好是按历史上形成的民族地区来进行研究。"[②] 而"藏彝走廊"就是他提出的一个重要的历史上形成的民族地区。他指出:

> 我们以康定为中心向东和向南大体上划出了一条走廊,把这条走廊中一向存在着的语言和历史上的疑难问题,一旦串联起来,有点像下围棋,一子相连,全盘兼活。这条走廊正处在彝藏之间,沉积着许多现在还活着的历史遗留,应当是历史与语言科学的一个宝贵园地。

> 如果联系到上述甘南、川西的一些近于羌语和独龙语的民族集团来看,这一条夹在藏彝之间的走廊,其南端可能一直绕到察隅和珞渝。

[①] 参见石硕《关于认识藏彝走廊的三个角度与研究思路》,《广西民族大学学报》2008 年第 6 期。

[②] 《费孝通民族研究文集新编》上卷(1951—1984),中央民族大学出版社 2006 年版,第 469 页。

把北自甘肃，南到西藏西南的察隅珞渝这一带地区全面联系起来，分析研究靠近藏族地区这个走廊的历史、地理、语言并和已经暴露出来的民族识别问题结合起来。这个走廊正是汉藏、彝藏接触的边界，在不同历史时期出现过政治上拉锯的局面。而正是这个走廊在历史上是被称为羌、氐、戎等名称的民族活动的地区，并且出现过大小不等、久暂不同的地方政权。①

将这一区域落实到具体的地形地貌上，则"藏彝走廊"包括藏东高山峡谷区、川西北高原区、滇西北横断山高山峡谷区以及部分滇西高原区。将其落实到具体的行政区域上，则"藏彝走廊"主要包括四川的甘孜藏族自治州、阿坝藏族羌族自治州、凉山彝族自治州和攀枝花市；云南的迪庆藏族自治州、怒江傈僳族自治州和丽江市；西藏的昌都地区等地。将其落实到具体的民族分布上，则"藏彝走廊"主要分布着藏、彝、羌、傈僳、白、纳西、普米、怒、独龙、哈尼、景颇、拉祜等民族，而以藏缅语族的藏语支和彝语支的民族居多，故从民族学而言称之为"藏彝走廊"。② 由于藏彝走廊以藏缅语民族为主体，故马曜先生亦将其称之为"藏缅语族走廊"。③ 现在，在这条走廊包括的行政区域范围内共有人口1000多万，其中530多万是少数民族，其余的是汉族。④

早在遥远的古代，居住在这条走廊中的不同族群就在南来北往、迁徙流动中进行着经济文化交流。1958年，在迪庆州维西县戈登村西一千米的腊普河东岸，发现了新石器时代洞穴遗址。遗址中出土磨光圆柱形石斧两件，长方形单孔磨光石刀一件，半月形单孔石刀一件，

---

① 《费孝通民族研究文集新编》上卷（1951—1984），中央民族大学出版社2006年版，第306—309页。
② 参见李绍明《马长寿与藏彝民族走廊研究》，《广西民族大学学报》2008年第6期。
③ 参见马曜《我国西南民族研究的回顾与展望》，西南民族研究学会编《西南民族研究》，四川民族出版社1983年版，第16页。
④ 参见李绍明《马长寿与藏彝民族走廊研究》，《广西民族大学学报》2008年第6期。

河卵石片打制的长方形石刀一件。此外有石镞、石锥等。陶器多系夹砂灰褐陶，器形以侈口罐和单耳罐为主，器底多平底。从陶器作风和石器看，与甘青地区的齐家—寺洼文化的出土物相近。[①] 说明至少从新石器时代起，迪庆高原就已经有人类活动，而且通过藏彝走廊与西北甘肃、青海地区的人群建立了联系。进入青铜时代以后，迪庆高原与藏彝走廊和西北地区的联系更为紧密也更为丰富。1974年3月到1987年3月，先后在德钦县的永芝、纳古、石底，中甸县尼西等地发现了一批古墓葬，多数是石棺墓。出土的随葬品有青铜器、陶器及银器等。青铜器有剑、矛、斧、刀削和一些装饰品。剑多为花蒂形格和缠緱纹茎，刀削弧背。陶器为夹砂灰陶，多有宽耳连于口沿，从单耳至三耳，即所谓的"安福拉"（Amphara）式陶罐，器腹有"蚌壳状纹"。德钦石板墓与相距较远的四川茂汶出土的石板墓相近，"安福拉"式陶罐是齐家文化的典型器物，其腹部有"蚌壳纹"又可能受到秦国陶器的影响，弧背的刀削也是北方草原青铜文化的常见器物。[②] 此外，在德钦纳古墓葬中，可判断葬式的有9座，其中有3个是侧身直肢，6个是侧身屈肢，它在滇文化系统中是较为少见的，相反在齐家文化及火烧沟的墓葬中却是常见的。因此，王恒杰先生说：

> 通常人们认为齐家文化为羌人的文化遗存，这在今天似乎已无疑义。而在傈僳、彝以及云南迪庆的藏族及西藏察隅的藏族和珞巴族中，直到新中国成立，则还保有屈肢葬俗，他们都属古羌人的后裔，故可以说屈肢是羌人的葬俗之一。直到50年代，迪庆及察瓦龙区的藏族人死后，不论是采用火葬、天葬、水葬或土葬，把人运到葬所时，都要把人捆成屈蹲状。这当属古羌人屈肢

---

① 参见李昆声、肖秋《试论云南新石器时代文化》，云南省博物馆编《云南人类起源与史前文化》，云南人民出版社1991年版，第282页。
② 参见汪宁生《云南考古》（增订本），云南人民出版社1980年版，第81页。

葬的遗俗。它们和石棺葬的主人之间，肯定有一定的渊源关系。①

如果把考古发现与文献记载联系起来考察，这一区域的族群面貌就更为清楚了。大多数民族史学者都认为，西北的氐羌和西南的藏缅语族诸民族有渊源关系。早在公元前2世纪，我国大史学家司马迁就在深入实地考察的基础上，对包括今云南、贵州和川西南在内的"西南夷"地区的民族和部落分布情况作了以下描述：

> 西南夷君长以什数，夜郎最大；其西靡莫之属以什数，滇最大；自滇以北君长以什数，邛都最大：此皆魋结，耕田，有邑聚。其外西自同师以东，北至楪榆，名为嶲、昆明，皆编发，随畜迁徙，毋常处，毋君长，地方可数千里。自嶲以东北，君长以什数，徙、筰都最大；自筰以东北，君长以什数，冉駹最大。其俗或土著，或移徙，在蜀之西。自冉駹以东北，君长以什数，白马最大，皆氐类也。此皆巴蜀西南外蛮夷也。②

在这里，司马迁把分布在今天云南保山、大理、楚雄、滇池和滇东以北的所有民族和部落都归为"氐类"，即氐羌族群。因为先秦时期氐羌尚未分化而属同一族群，故先秦文献中通常氐羌连称，如《诗经·商颂·殷武》："自彼氐羌。"氐羌族群早在远古时期就聚居在黄河上游甘、青高原地区进行游牧生产，他们与中原和西南地区均有密切的交往关系。其中，进入中原的羌人逐渐融入华夏族，另一部分羌人则顺着横断山脉的岷江、大渡河、雅砻江、金沙江、澜沧江、怒江"六江流域"的河谷通道，即今天所说的"藏彝走廊"，从甘南经川西进入西藏和云南。氐羌南下从新石器时代延续到青铜时代。战国时期，随着秦国的对外扩张，甘青地区的氐羌人又一次被迫向西、向南

---

① 王恒杰：《迪庆藏族社会史》，中国藏学出版社1995年版，第17页。
② （汉）司马迁：《史记·西南夷列传》，中华书局1959年版，第2991页。

迁徙。《后汉书·西羌传》说：

> 至爱剑曾孙忍时，秦献公初立，欲复穆公之迹，兵临渭首，灭狄獂戎。忍季父卬畏秦之威，将其种人附落而南，出赐支河曲西数千里，与众羌绝远，不复交通。其后子孙分别，各自为种，任随所之。或为牦牛种，越嶲羌是也；或为白马种，广汉羌是也；或为参狼种，武都羌是也。①

先后南迁进入云南的氐羌族群与当地土著居民会合后，经过融合与分化，逐渐形成了今天分布在云南的藏缅语诸民族。具体到迪庆州，其11个世居民族除汉、回、苗3个民族外，8个主要世居民族都是藏缅语民族。也就是说，他们都有一个共同的"祖源"，是一个"同源"而"异流"的民族集团。简言之，他们都有一个共同的"根"。② 这种共同起源的客观实际反映在民族意识上，就形成了许多民族共有的"同根意识"。记载在东巴经和流传于民间的纳西族创世史诗《崇搬图》中，将藏族、纳西族、白族解释为一母所生的同胞兄弟。③

汉、回、苗3个民族虽然不属于藏缅语民族，但其进入迪庆的历史也不短。汉族进入迪庆的历史可追溯到唐代乃至更早。唐樊绰《云南志》说："裳人，本汉人也。部落在铁桥北（今维西境），不知迁徙年月。初袭汉服，后稍参诸戎风俗，迄今但朝霞缠头，其余无异。贞元十年，南诏异牟寻领兵攻破吐蕃铁桥节度城，获裳人数千户，即移于云南东北诸川。"④ 据此可知，至迟在唐贞元十年（794）以前，

---

① （南朝宋）范晔：《后汉书》卷八七《西羌传》，中华书局1965年版，第2875、2876页。
② 参见石硕《关于认识藏彝走廊的三个角度与研究思路》，《广西民族大学学报》2008年第6期。
③ 参见杨福泉《纳西族与藏族历史关系研究》，民族出版社2005年版，第70—71页。
④ ［唐］樊绰：《云南志校释》，赵吕甫校释，中国社会科学出版社1985年版，第143页。

迪庆境内已有汉族居住。明洪武年间（1368—1398），明太祖朱元璋通过军屯、民屯、商屯三种形式，迁移大批江南汉族进入云南，迪庆近邻鹤庆等地是重要的屯田据点，一些汉人便就近进入迪庆做生意和开矿谋生。回族进入迪庆的历史可追溯到13世纪，蒙古族相继征服了中亚信奉伊斯兰教的广大地区，当地穆斯林被抽调编入蒙古的"探马赤军"。元宪宗三年（1253），兀良合台率十万蒙回精兵平大理，这是穆斯林第一次大规模进入迪庆。以后，德钦"阿墩子"（今德钦县城）就不断有来自陕西、青海、甘肃及云南大理、洱源、丽江等地的回族前来开矿和经商。"清雍正、乾隆年间，大批回民进入中甸经商开矿，伊斯兰教也随之传入中甸，县城北门街被称为回民街，建有清真礼拜寺，回民宗教活动频繁。"[①] 清同治年间（1862—1874），杜文秀起义部队之一部退至中甸，被清兵赶杀四散，逃到洛吉、三坝等地定居下来。云南苗族最早是在公元7—8世纪初的唐朝前期从今湘西、黔东一带向贵州腹地深入，经黔西南而迁入云南东南部地区。[②] 迪庆境内的苗族于清光绪年间（1875—1908）迁入，有王、陶、杨、项、黄、田、马、熊、侯、姚、李诸姓，均从贵州迁入。[③] 经过长期的交往与融合，汉、回、苗等不属于藏缅语的民族，也与当地的藏缅语诸民族建立了密切的联系。因此，在永宁摩梭人的"安魂词"中，把藏族、汉族和摩梭视为三兄弟：

> 大儿子是穿氆氇的藏族，住的房子是帐篷，种的粮食是青稞……吃米饭的二儿子是汉族，住的房子是瓦房，种的粮食是谷子……小儿子是吃稗子的摩梭，住的房子是木楞房，种的粮食是

[①] 云南省中甸县地方志编纂委员会编纂：《中甸县志》，云南民族出版社1997年版，第244页。
[②] 参见尤中《中国西南民族史》，云南人民出版社1985年版，第282页。
[③] 参见迪庆藏族自治州地方志编纂委员会编《迪庆藏族自治州志》（下），云南民族出版社2003年版，第1229页。

稗子。①

这种将汉族也视为兄弟的各民族共有的"同根意识",对云南藏区民族关系的和谐发展,产生了深远的历史影响。

二 唐朝时期吐蕃南部东向交往基地的形成

唐朝时期,随着吐蕃势力进入滇西北,迪庆作为藏区的东南边缘和西藏与祖国内地交往的咽喉地带、前沿地带、桥梁纽带和众多族群南来北往、迁徙流动走廊的作用,得到了充分发挥,进一步形成了吐蕃南部东向交往的基地。

吐蕃是今天藏族的祖先。《新唐书·吐蕃传》载:"吐蕃本西羌属,盖百有五十种,散处河、湟、江、岷间;有发羌、唐旄等,然未始与中国通。居析支水西。祖曰鹘提勃悉野,健武多智,稍并诸羌,据其地。蕃、发声近,故其子孙曰吐蕃。"② 7世纪中叶,松赞干布统一西藏诸部,建立起强大的吐蕃国。"经过一百数十年的强盛时期,羌族人逐渐产生共同文化上的共同心理状态,融合成为蕃族,以此为基础,形成后来的藏族。"③ 吐蕃国进入强盛时期后,便不断向四方扩张,但东方的唐朝和中原是其对外扩张的必然趋向。

早在1965年,范文澜先生在其所著之《中国通史》第四册中,就提出吐蕃对外扩张必然向东部的观点。他说:

吐蕃扩张的方向,不是通过泥婆罗进入天竺,而是对着较远

---

① 《云南摩梭人民间文学集成》,中国民间文艺出版社1990年版,第157页。
② (宋)欧阳修、宋祁:《新唐书·吐蕃传》,中华书局1975年版,第6071页。
③ 范文澜:《中国通史》第四册,人民出版社1978年版,第58页。

较强的唐朝。天竺气候炎热，不宜于高原人耐寒的习性，视南进为畏途，这应是原因之一。但更重要原因是，羌族一向以青海为中心，散居广大的中国西部，吐蕃在本族内进行统一战争，于势为顺；羌汉两族有悠久的联系，文化和经济虽然相差很大，在交流上却是较为接近的。吐蕃扩张的方向必然被吸引到东方来，也就不难理解了。①

1994年，石硕教授进一步提出了"西藏文明东向发展"的观点。他认为，所谓西藏文明的东向发展，是"指西藏文明在发展过程中与东部的中原文明体系之间建立的政治、经济、文化上的不可分割的内在联系""从宏观上说，西藏文明介于南亚文明、中亚文明和中原文明之间，并成为这三大文明的一个交会点。西藏文明在其孕育与形成过程中也明显地吸收了来自这三大文明的许多文化因素。从这一格局看，西藏文明在空间上的发展似乎具有多种可能性。但是，事实上，西藏文明向南亚和中亚地区发展的可能性基本上是不存在的"②。之所以如此的原因，主要有下列四点：一是宗教因素。在11—12世纪，伊斯兰势力开始以强劲的势头由西亚向中亚地区和印度一带发展并逐渐在上述地区占据了主导地位，到13世纪初，佛教基本上被逐出了印度。这样，西藏与印度之间的一个重要联系纽带——宗教陷于中断，西藏文明也就失去了向南亚和中亚地区发展的可能性。二是经济因素。中原地区的富庶是不言而喻的，它不但地大物博出产丰饶，而且中原与西藏两地在经济结构上具有极大互补性。三是地缘因素。西藏属东亚地形板块，其地形构造特点是西北高、东南低并由西向东逐渐倾斜。这种地形构造决定了西藏西部地形环境的相对封闭和其东部地形环境的相对开放。在西藏的南部、西部和西北部地区分别有喜马

---

① 范文澜：《中国通史》第4册，人民出版社1978年版，第25—26页。
② 石硕：《西藏文明的东向发展——13世纪西藏与中原政治关系形成的必然性》，《中国社会科学》1994年第6期。

拉雅山脉和喀喇昆仑山脉形成巨大地形屏障，这造成西藏文明向南亚和中亚地区发展的困难。相反，西藏东部方向的地形及交通条件则较为开放和便利，构成了西藏文明能够向东发展并与中原文明发生大规模交会与联系的地缘因素。四是人种与文化因素。西藏的原始文化在形成与发展过程中与黄河上游地区（今甘青地区）氐羌系统的原始文化存在着密切的渊源关系。藏族在种族、文化和风俗习惯方面均与东部的民族接近。在此情势下，自身具有向外发展需要的西藏文明，便本能地朝着一个与之相近的文明地区去发展。所以，西藏文明向东发展及最终汇入中原文明体系，也是一种文化发展的必然。①

应用吐蕃对外扩张必然向东和西藏文明东向发展的观点，来看待和分析唐朝时期吐蕃势力进入云南的历史事实，就会发现，正是吐蕃进入滇西北与唐朝争夺云南洱海地区的反复较量，使迪庆地区成为西藏与祖国内地交往的南部基地。吐蕃王朝的东向扩张或者说西藏文明的东向发展是需要通道和基地的。今天甘肃省的甘南藏族自治州、四川省的甘孜藏族自治州和云南省的迪庆藏族自治州，就是历史上吐蕃王朝东向交往自北而南的三个重要的通道和基地。这里我们主要谈谈迪庆的情况。

公元618年，唐朝建立。唐高祖李渊即位后便积极招抚云南，经过高祖、太宗、高宗三朝怀柔招抚与武力镇压相结合的努力经营，唐朝建立了以戎州都督府（治今四川宜宾）、姚州都督府（治今云南姚安）和安南都护府（治今越南河内）为核心的100多个羁縻州，任命当地酋长、贵族为州刺史、县令，从政治上稳定了云南局势。当时的迪庆设神州（治今维西其宗），属唐剑南道姚州都督府所辖的羁縻州之一。唐初对这些羁縻州在经济上实行西汉的初郡政策，"盐布之税

---

① 参见石硕《西藏文明的东向发展——13世纪西藏与中原政治关系形成的必然性》，《中国社会科学》1994年第6期。

不供,珍奇之贡不入,戈戟之用不实于戎行,宝货之资不输于大国",①受到各族群众的拥护,因而使唐朝在云南的统治出现了一段较长时期的稳定局面。直到吐蕃政权崛起以后,这一局面才开始发生重大变化。

唐蕃双方初期关系极为和好,650年松赞干布逝世后,吐蕃开始在北方与唐朝争夺吐谷浑、安西四镇和河陇之地,在南方先后进入云南和四川盐源一带,势力直逼成都,对唐朝的西南边境构成严重威胁。与此同时,洱海地区一些部落首领也利用唐蕃矛盾,"彼不得所即叛来,此不得所即背去""或叛或附,恍忽无常",②导致局势复杂多变,动荡不宁。为此,唐王朝在"剑南募兵于茂州,西南筑安戎城,以断吐蕃通蛮之路"。但是,"吐蕃以生羌为乡导,攻陷其城,以兵据之,由是西洱诸蛮皆降于吐蕃。及诸羌之地,东接凉、松、茂、巂等州,南邻天竺,西陷龟兹、疏勒等四镇,北抵突厥,地方万余里,诸胡之盛,莫与之比"③。吐蕃在原神州地即今维西其宗设"神川都督府"并在中甸木高尼嘎阁与丽江塔城之间金沙江上架设铁桥,以通往来。在桥西建有铁桥西城,在桥东建有铁桥东城,中甸、维西、德钦均属吐蕃神川都督府管辖,中甸县的大小中甸成为吐蕃屯兵之所。④吐蕃对南下经略非常重视,据敦煌吐蕃历史文献记载,公元703年,松赞干布曾孙、赞普都松芒保结(器弩悉弄)亲率大军,"至绛域,攻下此地"。次年冬,"赞普入治蛮,即死于此地。以后统治绛地,向白蛮征税,乌蛮亦款服,兵精国强,为前王所未有"⑤。

---

① (唐)张柬之:《请罢兵戍姚州疏》,方国瑜主编《云南史料丛刊》第2卷,云南大学出版社1998年版,第110页。
② (唐)张九龄:《曲江集》卷六,《敕吐蕃赞普书》,方国瑜主编《云南史料丛刊》第2卷,云南大学出版社,1998年版,第127页。
③ (宋)司马光:《资治通鉴》卷202,中华书局1956年版,第6396页。
④ 参见迪庆藏族自治州地方志编纂委员会编《迪庆藏族自治州志》(上),云南民族出版社2003年版,第67页。
⑤ 转引自王忠《新唐书吐蕃传笺证》,科学出版社1958年版,第57页。

"绛"是藏族对纳西族的称谓,"绛域"即纳西人地区,在滇西北一带。吐蕃赞普亲征不仅统治了绛域,还控制了洱海地区,得到白蛮的税银,国力大增。

唐朝为遏制吐蕃南下,于707年派姚嶲道讨击使唐九征出兵击败南下的吐蕃军队,摧毁吐蕃城堡,拆除漾濞江铁索桥,切断了吐蕃与洱海地区的交通。但是,唐朝随后派来筑城置县的监察御史李知古,在当地民族已归附唐朝的情况下仍然"欲诛其豪杰,没子女以为奴婢"。于是引起"蛮众恐惧,乃杀知古,相率反叛",各部又重新依附吐蕃。唯有当时的乌蛮六诏之一的蒙舍诏因地处洱海诸部之南故称南诏,受吐蕃势力威胁不大,因而依然奉唐朝正朔,"子弟朝不绝书,进献府无余月"。[①]

唐朝面对咄咄逼人的吐蕃势力在洱海地区的发展,迫切需要扶植一个统一强大的地方政权作为其西南屏障以抗御吐蕃的进攻,用唐玄宗李隆基的话来说就是"蛮夷相攻,中国大利"。[②] 因此,唐朝采取"以夷攻夷"的策略扶植南诏,封南诏王皮罗阁为台登郡王,后又封"云南王";任命其子阁罗凤为阳瓜州(蒙巂诏故地)刺史;又派御史严正海与南诏共同策划统一洱海地区。在唐朝的大力支持下,南诏在不长的时间内便消灭五诏,全部占领"西洱河蛮"旧地,统一了洱海区域。739年,皮罗阁迁都太和城,建立起以洱海地区为基地,以乌蛮王族和白蛮大姓为主的南诏联合政权。南诏在一定程度上,也确实成为唐朝抗御吐蕃的西南屏障。但随着南诏借平息诸爨动乱而乘势将其势力由滇西发展到滇中和滇东,变得"日以骄大"后,唐朝与南诏之间出现了矛盾。唐朝一面准备军事进攻,唐云南太守张虔陀则采取"倍税军粮,征求无度"的手法力图削弱南诏,在南诏王皮罗阁去

---

① 《南诏德化碑》,汪宁生《云南考古》(增订本),云南人民出版社1992年版,第157页。

② 《敕剑南节度王昱书》,方国瑜主编《云南史料丛刊》第2卷,云南大学出版社1998年版,第126页。

世后，又图谋用阁罗凤的异母兄弟取代阁罗凤继承王位遭到失败，后来竟发展到侮辱阁罗凤的妻子，派人辱骂阁罗凤本人，终于激怒阁罗凤起兵反唐，成为引发天宝战争的导火线。

749年（唐天宝八年）唐剑南节度使鲜于仲通率军八万兵分三路进军云南。750年，阁罗凤在唐军未至之际先发制人，出兵攻下姚州，杀张虔陀。次年，鲜于仲通率大军进抵曲靖，阁罗凤遣使谢罪求和，表示愿意遣返俘虏，赔偿损失。使者陈诉说："往因张卿（虔陀）谗构，遂令蕃、汉生猜。赞普今见观衅浪穿，或以众相威，或以利相导，倘若蚌鹬交守，恐为渔父所擒，伏乞居存见亡，在得思失。二城复置，幸容自新。"① 并告："今吐蕃大兵压境，若不许我，我将归命吐蕃，云南非唐有也。"② 鲜于仲通自恃兵众，断然拒绝南诏的再三求和，率军进逼洱海，另派大军绕道点苍山，以图腹背夹击南诏。南诏被迫投向吐蕃，双方联手攻唐，八万唐兵全军覆没。752年，吐蕃册封阁罗凤为"赞普钟（小赞普）南国大诏"，并"赐为兄弟之国"。唐朝宰相杨国忠既想掩盖败绩又"耻云南无功"，遂于754年（天宝十三年）再调集十余万大军，加上转输粮饷的辎重近20万人由李宓率领进攻南诏，唐兵孤军深入直逼南诏都城，驻守于迪庆高原的吐蕃神川都知兵马使论绮里带领迪庆的藏族士兵协同南诏抗击唐军，只见"白日晦景，红尘翳天，流血成川，积尸壅水，三军溃衄，元帅沉江"，③ 唐军又在南诏与吐蕃合力夹击下再次全军覆没。

然而，南诏与唐朝关系恶化到如此地步，也非南诏本意。南诏纵然在势力壮大后"日以骄大"暴露出据地自雄的政治图谋，但深知离开了唐朝的支持是难以抵御吐蕃威胁的。因此，阁罗凤虽然在天宝战

---

① 《南诏德化碑》，汪宁生《云南考古》（增订本），云南人民出版社1992年版，第159页。
② （宋）司马光：《资治通鉴》卷216，中华书局1956年版，第6907页。
③ 《南诏德化碑》，汪宁生《云南考古》（增订本），云南人民出版社1992年版，第160页。

争中取得了重大胜利，但仍然为以后归唐留了后路。他收拾唐朝阵亡将士尸体"祭而葬之"，①又特地在王都太和城立德化碑，勒石表明其叛唐乃属不得已，决心"世世事唐"之意，并说："我上世世奉中国，累封赏，后嗣容归之。若唐使者至，可指碑澡袚吾罪也。"②

尽管如此，南诏反唐后，出于其割据称雄的政治意图，仍然多次与吐蕃联合进攻唐朝西川（今四川），曾经掠得"子女玉帛，百里塞途，牛羊积储，一月馆谷"，③给汉族民众带来深重灾难。779年，阁罗凤卒，其孙异牟寻立，再度与吐蕃联合出动20万大军进攻西川，遭到唐军有力反击，损兵十万溃退，南诏与吐蕃的实力均受到重创。吐蕃将失败责任归咎于南诏，遂改南诏的"东帝"为"日东王"，将其从兄弟之国降为臣属，并向其征收繁重的赋税和劳役，从而加深了双方的矛盾，导致南诏产生了弃蕃归唐之意。受南诏王宠信的清平官（宰相）郑回向异牟寻进言："'中国尚礼义，以惠养为务，无所取求。今弃蕃归唐，无远戍之劳，重税之困，利莫大焉。'牟寻善其言，谋内附者十余年矣。"④南诏的这一动向引起了唐朝的重视。唐朝为集中力量对付吐蕃已调整对南诏政策，制定了"北和回纥，南通云南，西结大食、天竺"的全局战略，这一战略构想的提出者李泌对招抚云南的可能性作了具体分析："云南自汉以来臣属中国，杨国忠无故扰之使叛，臣于吐蕃，苦于吐蕃赋役重，未尝一日不思复为唐臣也。"而招抚云南一旦成功，则可"断吐蕃之右臂也"。⑤在此全局战略指导下，南诏与吐蕃之间又出现裂隙，唐西川节度使韦皋便一方面连年致书异牟寻以示劝谕和招抚，另一方面又离间南诏与吐蕃关系使其矛

---

① 《南诏德化碑》，汪宁生《云南考古》（增订本），云南人民出版社1992年版，第160页。
② 《新唐书·南蛮传》，中华书局1975年版，第6271页。
③ 《南诏德化碑》，汪宁生《云南考古》（增订本），云南人民出版社1992年版，第160页。
④ （后晋）刘昫：《旧唐书·南诏蛮》，中华书局1975年版，第5281页。
⑤ （宋）司马光：《资治通鉴》卷223，中华书局1956年版，第7505页。

盾激化，同时又派大军多次破袭吐蕃。韦皋三管齐下的策略促使异牟寻最后下决心派三路使团入长安，向唐朝廷表示"愿竭诚日新，归款天子"。① 794 年（贞元十年），唐节度巡官崔佐率领唐朝使团到达南诏都城，与异牟寻会盟于点苍山。

点苍山会盟结束了南诏和唐朝 40 多年的对峙局面，南诏弃蕃归唐，使唐朝西南边疆的局势发生了根本改变。盟誓以后，南诏军队立即展开对吐蕃的进攻。"异牟寻遣五千人前行，自将数万人踵其后，昼夜兼行，袭击吐蕃，战于神川，大破之，取铁桥等十六城，虏其五王，降其众十余万。"② 吐蕃势力遭此重创后逐渐衰落，唐朝争取云南，环攻吐蕃的战略获得成功。795 年，南诏又攻吐蕃，并破施蛮（今傈僳族，在今德钦拖顶、霞若、奔子栏、中甸尼西、五境一带）、顺蛮（今傈僳族，在施蛮西北），俘其王置白崖城。799 年和 801 年，南诏王异牟寻与唐剑南西川节度使韦皋联兵连破吐蕃于铁桥一带，吐蕃大军退出纳川（今中甸县大中甸纳曲河流域）、神川，南诏在今巨甸置铁桥节度守御。会昌二年（842），吐蕃赞普朗达玛因兴苯灭佛被刺，吐蕃四分五裂。869 年，吐蕃全境爆发平民大起义，877 年，吐蕃王朝崩溃，无复统一。吐蕃驻守各地的军队成了"没有赞普之命令不得返回的人"，于是原军事长官割据一方，变成当地世袭领土或地方土官。③ 这就是说，进入滇西北的吐蕃移民、吐蕃军队及其随军人员，已无力再返回吐蕃本土，他们人都落籍迪庆和扩散定居于滇西北，成为今云南藏族的先民。

吐蕃在滇西北开展军事行动的同时，也通过迪庆与南诏和唐朝进行商品交易。《蛮书·山川江源》说："大雪山（即今丽江、巨甸间的雪山），其高际天，往往有吐蕃至赕（即今洱海地区）货易，云

---

① （宋）欧阳修、宋祁：《新唐书·南蛮传》，中华书局 1975 年版，第 6273 页。
② （宋）司马光：《资治通鉴》卷 234，中华书局 1956 年版，第 7552 页。
③ 参见迪庆藏族自治州地方志编纂委员会编《迪庆藏族自治州志》（上），云南民族出版社 2003 年版，第 67 页。

此山有路，去赞普牙帐不远。"① 《蛮书·云南管内物产》又说："大羊多从西羌、铁桥接吐蕃界，三千二千口将来博易。"② 王恒杰先生说："'西羌'是指川、青地区，铁桥指今塔城地区，依此可知，包括今迪庆所属中甸、维西、德钦各县当时俱为吐蕃地域，其赶出的'大羊'，一次可及二三千口，可见其贸易数量之大，而且是直接通过迪庆自丽江进入洱海地区，这可以看出迪庆是藏区的前缘，也是滇藏贸易的门户。"因此，他对迪庆在吐蕃东向发展中的地位和作用做出评论说：

> 吐蕃地方政权为了东出，一侧要北控河西走廊，另一侧则要出迪庆高原，南下控制洱海地区，这既可保证对来自云南的茶及其他物资的供应，同时也是为了出兵四川的右翼的安全，使迪庆高原成为同唐朝与六诏角逐的基地……此后在吐蕃同六诏等洱海附近各部落及唐王朝的三角斗争中，迪庆一直是吐蕃在东南翼的基地。③

三　明代纳西族北向扩展和滇藏经济文化交流的加强

吐蕃国覆灭后，吐蕃本土四分五裂，无力再经营滇西北，唐朝和南诏国也在相互征伐中两败俱伤，迅速走向衰落。继起的宋王朝和大理国对今滇西北地区亦鞭长莫及，使这一地区处于"酋领星碎，不相统摄"的局面。

---

① （唐）樊绰：《云南志校释》，赵吕甫校释，中国社会科学出版社1985年版，第68页。
② 同上书，第284页。
③ 王恒杰：《迪庆藏族社会史》，中国藏学出版社1995年版，第17页。

宋末，崛起于蒙古草原的蒙古汗国先后攻灭了西夏和金之后，便采取迂回包抄战略，先征服"西南诸蕃"，再包抄南宋。宋宝祐元年（1253），忽必烈开始进攻云南，平大理国。"冬十月丙午，过大渡河，又经行山谷二千余里，至金沙江，乘革囊及筏以渡。摩娑蛮主迎降，其地在大理北四百余里。"①据《木氏宦谱》记载，当时迎接忽必烈的"摩娑蛮主"为纳西族的木氏土司麦良（阿琮阿良），是统治着通安州（丽江坝）的大酋长。他通过主动归顺蒙古军队并从征有功而受到元朝的提拔重用，使其统治势力和范围扩大，奠定了明代木氏土司发展和兴盛的基础。②

明洪武十四年（1381），明太祖朱元璋派傅友德、蓝玉、沐英领兵征云南，丽江纳西族土知府阿甲阿德于洪武十五年（1382）率先"率众归顺"，被朱元璋赐姓"木"。③

在元明鼎革之际，木氏土司通过率先归附而取得了明王朝的信任，以后又通过多次从征有功和不断缴纳贡赋，为明军运筹粮草等拥护中央王朝的举动，多次受到明王朝的加封晋爵，被明王朝誉为"守石门以绝西域，守铁桥以断吐蕃，滇南藉为屏藩"。④木氏土司也深感明王朝的"知遇之恩"，自认为是明王朝的"守边重臣"："木氏世世代代为明国藩篱，一方重镇，滇南鸡犬不惊，军民安妥，卿有赖欤！"⑤

随着纳西族木氏土司的崛起和政治军事实力的空前膨胀，纳西族土司与藏族土司之间便产生了激烈的利益冲突，自明正统七年（1442）木嵌任第五任土知府后，便将其势力向金沙江以北的藏区扩

---

① （明）宋濂：《元史·世祖本纪》，方国瑜主编《云南史料丛刊》第2卷，云南大学出版社1998年版，第484页。

② 《纳西族社会历史调查》，云南民族出版社1983年版，第81—82页。

③ 《纳西族社会历史调查》（二），云南人民出版社1986年版，第219页。

④ （清）张廷玉：《明史·云南土司传》，方国瑜主编《云南史料丛刊》第3卷，云南大学出版社1998年版，第454页。

⑤ 《方国瑜纳西学文集》，民族出版社2008年版，第44页。

展。其后，双方争战达 60 多次。① 嘉靖（1522—1566）之后，木氏土司在滇西北的统治地盘扩大，其势力横跨三江（怒江、澜沧江、金沙江），远达今四川省甘孜州的巴塘、理塘一带。清初云南巡抚李天裕说：

> 丽江土府，元、明时俱资以障蔽蒙番，后日渐强盛，于金沙江外则中甸、里塘、巴塘等处，江内则喇普、处旧、阿墩子等处，直至江卡拉、三巴、车卡皆其自用兵力所辟，蒙番畏而尊之曰萨当汗。②

清代乾隆年间到过维西一带考察的余庆远亦说：

> 万历间，丽江土知府木氏浸强，日率么些兵攻吐蕃地，吐蕃建碉楼数百座以御之，维西之六村、喇普、其宗皆要害，拒守尤固。木氏以巨木作碓，拽以击碉，碉悉崩，遂取各要害地，屠其民，而徙么些戍焉。自奔子阑以北，番人惧，皆降。于是，自维西及中甸，并现隶四川之巴塘、理塘，木氏皆有之，收其赋税，而以内附上闻。③

木氏土司控制东部藏区后，便采取以下五个措施治理藏区。这些措施在对藏民进行统治的同时，也促进了藏区与内地的经济文化交流。

第一，大规模移民，将纳西族迁往藏区以加强其统治基础。这些纳西族以后或同化于藏族，或在藏区形成纳西族村寨，或与藏族交错杂居但仍然保留纳西族认同。民国《中甸县志》说：

---

① 参见郭大烈《试论历史上纳西族和藏族的关系》，《郭大烈纳西学文集》，民族出版社 2008 年版，第 241 页。
② （清）倪蜕辑：《滇云历年传》，李埏校点，云南大学出版社 1992 年版，第 528 页。
③ （清）余庆远《维西见闻纪》，方国瑜主编《云南史料丛刊》第 12 卷，云南大学出版社 2001 年版，第 58 页。

中甸原名"建塘"，居于金沙江怀抱，与西康之里塘（即今理塘）、巴塘接壤。在元以前，本为吐蕃游牧之地。惟至明季，确经丽江木氏移民渡江，作大规模之屯殖。今观摩些民族分布情形及藏番所筑之碉堡营垒，则木氏之势力，实已北通巴塘，西北越阿墩子而达藏边。足见伏居江曲之建塘地面，曾经木氏长期管理焉。迨至明末清初，藏番势力膨胀，逐渐南徙，而木氏日就式微，莫能御之，于是摩些屯兵又渐渐退回江边；亦有服藏人之服，语藏人之语，而强化于藏者。

又说，建塘，"明，为丽江木氏土司地。今县属小中甸乡尚有木氏屯兵土城，格咱、东旺、泥西（尼西）各乡又有藏人所筑抵御木氏之土碉。而西康巴安县属（今四川省巴塘县）之白松脚村全为摩些民族；即东旺各处，亦仍保存摩些语言及祭天等类风俗，足见中甸全县地面，实被木氏土司长期占领也。"①

第二，大力推行农耕文化。《中甸县志》说："明成化十九年（1483）至清康熙六年（1667），木氏土司进占中甸，移民开垦屯殖，实行荒地税二斗，耕地税一斗的耕地税政策，鼓励农民开垦荒地，修建农田。"② 王恒杰说：木氏统治时期，"纳西等民族曾试图把水田技术引进，同时把核桃、蚕豆、玉米等作物及种植技术带了进去；撮箕的制作和使用，也传到藏区。至今中甸的藏族对上述种籽及用品，都还用纳西语来称呼，足以说明上述物品是传进去的。"③ 木氏土司统治四川省巴塘县时期，曾向巴塘一带大量移民，今巴塘东南区的大片梯田就是在纳西族人带动下开辟出来的。现在，白松乡的门扎、白松两

---

① 段绶滋纂修，段志诚、和泰华标点校注：民国《中甸县志》，中甸县志编纂委员会办公室1991年8月印，第16、21页。
② 云南省中甸县地方志编纂委员会编纂：《中甸县志》，民族出版社1997年版，第455页。
③ 王恒杰：《迪庆藏族社会史》，中国藏学出版社1995年版，第85页。

村还在种植水稻,这是巴塘县唯一产水稻的地方,在该乡还居住着600多名纳西人。①

第三,大力发展滇藏贸易。迪庆藏区素来是滇藏贸易的要道和交易地,早在唐代就已开辟了后来滇藏"茶马古道"贸易的先河。木氏土司统治时期,滇藏贸易有了新的发展,"使这一地区的市场和商品流向形成一个传统的经济区域,滇商每年从丽江、中甸运来茶、糖、铜器、粮食等到康南及江卡、盐井地区销售,并从当地运出羊毛、皮革药材等商品"②。明万历年间(1573—1619)到丽江游历的徐霞客说:"丽江名山牦冈、辇果,俱与鼠罗相近。胡股、必烈,俱丽江北界番名。甲戌岁(崇祯七年,1634),先有必烈部下管鹰犬部落,得罪必烈番主,遁居界上,剽窃为害。其北胡股贩商,与西北大宝法王往来之道,皆为其所阻。乙亥(崇祯八年,1635),丽江出兵讨之。"③ 由此可见,木氏土司为确保滇藏贸易的畅通,不惜出兵用武力为商人保驾护航。在中甸,随着滇藏贸易的扩大,还出现了特殊的"房东制"贸易。房东是一种特殊的商人,开有邸店,每年开春道路通行后,四川、云南和西藏的商人将相互需要的盐、茶、布匹、糖、毛皮、药材等商品运到中甸后,就住进房东的店里,货存房东的库房。然后由房东出面联系交易,向货主赚取"牙钱"。④ 有一份中甸藏文历史档案"七世达赖给土司松杰的执照",就提到当时的房东交易制情况。其文曰:"大皇帝之下、和硕界下、达赖喇嘛谕:阳光普照下之众生:阿里三部、卫藏四如六冈,所辖境内之喇嘛上师,王公贵族、神民户、官民户、各级官员、宗官、汉、蒙、藏三方,此公文到此者,头人、办事人员、老民、百姓知照:建塘(即中甸)独肯中

---

① 参见张玉林《巴塘历史沿革漫述》,《康定民族师专学报》1990年第1期。
② 陈一石、陈泛舟:《滇藏贸易历史初探》,《西藏研究》1988年第4期。
③ (明)徐弘祖:《徐霞客游记》(下),朱惠荣校注,云南人民出版社1985年版,第1189页。
④ 参见王恒杰《迪庆藏族社会史》,中国藏学出版社1995年版,第78页。

心属卡松杰者，自其祖辈松节衮之前，纳西王管理时期，即为藏商之房东，对藏商多有帮助……"①

第四，采用纳西族的"木瓜制"和迪庆藏区传统的"属卡制"进行双轨管理。木氏土司占领迪庆藏区后，并没有对当地的原地方土官及头人和行政机构作多大变动，在迪庆藏区的社会基层，仍以由农村公社转变而来的"属卡"为基层组织单位，由头人老民等负责处理日常事务，上对土官负责。而在一些重镇、要隘和桥头渡口等重要地方，则由木氏土司建立堡塞与土城，实行战时为兵、平时务农的"木瓜"军事管理制。②

第五，加强宗教文化交流。纳西族本土的东巴教和藏族本土的苯教就有一定的渊源关系，反映了两个民族古老的民间宗教信仰中就有了相互影响和交融。到了明代，木氏土司深知藏区"政教合一"的特点和明王朝"以教固政，分封僧官"的治藏政策，因而为巩固其对藏区的统治也积极扶持藏传佛教发展；而在长期与藏族的交往过程中，木氏土司家族自己也逐渐成为虔诚的藏传佛教信徒。明万历末年至天启年间（1621—1627），知府木增在丽江府主持刻印了藏文《大藏经·甘珠尔》，是在藏区第一次正式雕版的《甘珠尔》，称为丽江版《甘珠尔》，这一盛举被藏族学者誉为"滇藏政教关系史上空前绝后的创举"。木氏土司还在藏区和纳西族地区广建藏传佛教庙宇，布施僧众，家族中还出现了活佛和高僧。③ 这一系列举措使木氏土司在藏族僧人和民众中形成了深远影响，也使纳西族成为受藏族文化影响最深的一个民族，使纳西族地区成为藏族文化的后院。④ 然而，木氏虽然

---

① 西洛嘉初著，松秀清译：《中甸藏文历史档案辑录》（之二），《迪庆方志》1991 年第 2—3 期合刊。

② 参见王恒杰《迪庆藏族社会史》，中国藏学出版社 1995 年版，第 70—71 页；杨福泉《纳西族与藏族历史关系研究》，民族出版社 2005 年版，第 112—117 页。

③ 参见杨福泉《纳西族与藏族历史关系研究》，民族出版社 2005 年版，第 7 页。

④ 参见郭大烈《试论历史上纳西族和藏族的关系》，《郭大烈纳西学文集》，民族出版社 2008 年版，第 248 页。

受藏传佛教影响较大，但这种影响并不能支配木氏的政治权力，藏传佛教势力仍然在木氏政治权力的牢固掌控之下，是一种"政教结合"的统治形式。①

四 具有云南地方特点的藏区及其民族关系历史格局的形成

自元朝以来，西藏一直处于领主纷争之中，而领主之间的斗争又与藏传佛教教派之间的斗争交织在一起。由宗喀巴倡导改革而出现的格鲁派，一直同噶玛噶举派进行着激烈的斗争。而在滇藏地区，由于木氏土司对噶玛噶举派的大力扶持，使其在藏传佛教诸派中占据主导地位。到五世达赖时，格鲁派由于得到以固始汗为首的漠西蒙古和硕特部的支持，终于成为在西藏占统治地位的教派。明崇祯十二年（1639），在达赖喇嘛和班禅的邀请下，蒙古和硕特部以"护法"为名出动军队，南下占领康区并击败木氏土司的军事势力。清康熙六年（1667），和硕特部进占建塘（中甸），今迪庆全境为和硕特部占据，受西藏达赖及青海蒙古双重统治。康熙十三年（1674），巴塘、理塘、建塘3塘总管罕都在丽江木氏土司的支持下，组织建塘甲夏寺等噶玛噶举派及苯教寺院僧俗人等，发动旨在反对格鲁派的武装反抗，和硕特部及达赖五世派兵平息战乱，木氏土司势力彻底退败迪庆，其支持的噶玛噶举派及苯教寺院被捣毁，财产被籍没，并将其改宗为格鲁派，和硕特部将中甸献给达赖喇嘛作"香火地"。清康熙二十年（1681），中甸在原孜厦寺基础上建成格鲁派寺院松藏林寺，由西藏委

---

① 参见冯智《云南藏学研究——滇藏政教关系与清代治藏制度》，云南民族出版社2007年版，第78页。

派僧官管理，其所拥有的管辖区域、分寺道场、庄园牧场等几乎包括了今中甸县全境，其力量足以支配当地的政治势力（主要是土司土目），① 格鲁派在迪庆藏区的宗教统治地位从此确立，与西藏一致的"政教合一"体制也在云南藏区得以确立。② 但迪庆藏区仍有自己的特色。康熙四十八年（1709）因西藏地方政权委派的僧俗官员贪贿，中甸第巴桑杰亲自到拉萨地方政府告状，要求免派官员，得到固始汗曾孙拉藏汗的支持，从此西藏免派驻中甸僧俗官员，由两位第巴管理全县事务，5 位神翁分别管理 5 境，16 位德本分别管理各村。至康熙五十一年（1712），中甸建立了由官（土司）、民（老民）、神（寺院）三方组成的联席会议即"吹云会议"为地方最高权力机构，商定政治、宗教和经济等大事要事。清雍正年间（1723—1735）对迪庆实行的是温和的"改土归流"政策，即派出"流官"的同时，仍然保留土司制度，只是土司由世袭改为承袭，实行"土流并存"。③ 上述制度一直延续到民主改革后才发生变化。

清代至民国年间，云南藏区在沟通藏区与内地经济文化交流中的桥梁和纽带作用得到了更加充分的发挥。清王菘《道光云南志钞》记载："中甸于康熙八年为达赖喇嘛所窃据，自立营官，征其籽粒，而以皮革等物资青海""（顺治）十八年，蒙古吐蕃干都台吉、达赖喇嘛求通互市，时吴三桂镇云南未叛，覆议开市于北胜州（今丽江市永胜县）……（康熙）二十七年，达赖喇嘛求互市于金沙江，总督范承勋以内地不便，请令在中甸互市，诏许之。"④ 随着滇藏互市点的正式开通，早已存在的南起云南西双版纳和普洱，经大理、丽江、中甸、

---

① 参见冯智《云南藏学研究——滇藏政教关系与清代治藏制度》，云南民族出版社 2007 年版，第 79 页。
② 参见勒安旺堆主编《当代云南藏族简史》，云南人民出版社 2009 年版，第 6 页。
③ 参见迪庆藏族自治州地方志编纂委员会编《迪庆藏族自治州志》（上），云南民族出版社 2003 年版，第 69 页。
④ 刘景毛点校，李春龙审定：《道光云南志钞》，云南省社会科学院文献研究所 1995 年印，第 290 页。

德钦、西藏昌都到拉萨并延伸至印度加尔各答的滇藏"茶马古道"贸易得到了进一步发展。滇商以茶为主要经营品种，占据了拉萨的大部分市场。清代拉萨的汉商有2000多户，"其中以滇人最多，川、陕人次之"①。据谭方之的《滇茶藏销》统计，民国年间滇茶入藏一年至少有一万担。他描述这一交易盛况云：

> 滇茶为藏所好，以积沿成习，故每年于春冬两季，藏族古宗商人，跋涉河山，露宿旷野，为滇茶不远万里而来……概藏人之对于茶也，非如内地之为一种嗜品或为逸兴物，而为日常生活上所必需，大有'一日无茶则滞……三日无茶则病'之概。自拉萨而阿墩子（今德钦县升平镇），以至滇西北丽江转思茅，越重山，过万水，历数月络绎不断于途中者，即此故也。②

在这里，他已经将茶马古道对于加强民族联系的意义阐述得很清楚了。的确，茶马古道不仅是一条沟通各民族经济文化联系的通道，更是一条连接藏、汉、彝、纳西、白、傈僳等多民族友好关系的通道。藏族民间史诗《格萨尔王传》引用古代谚语说："来回藏汉两地的牦牛，背上什么东西也不愿意驮，但遇到贸易有利，就连性命也不顾了""汉地货物运到西藏（bod），是我们这里不产这些东西吗？不是的，不过要把汉藏两地人民的心连在一起罢了"。③ 特别是在抗日战争时期，缅甸沦陷后，为了阻击日军向怒江以东地区进犯，我军炸毁了惠通桥，截断了当时西南地区唯一的一条国际交通道路——滇缅公路。茶马古道担负起了大西南主要国际交通动脉的角色。华侨和盟军

---

① 洪涤尘：《西藏史地大纲》，转引自冯智《云南藏学研究——滇藏政教关系与清代治藏制度》，云南民族出版社2007年版，第82页。
② 转引自木霁弘等《滇川藏大三角文化探秘》，云南大学出版社1992年版，第22—23页。
③ 张云：《西藏历史问题研究》（增订本），中国藏学出版社2008年版，第128—129页。

援华战略物资,包括枪支弹药等,从印度源源不断地进入中国,通过茶马古道上的马帮驮队之手,经由西藏运往滇西前线。马帮成员来自藏族、纳西族、白族、汉族等各民族,他们既是商业上的伙伴,又是抗日战线上的战友。当时流传的一支赶马调唱道:"马铃儿响叮当,马锅头气昂昂,今年生意没啥子做,背起枪来打国仗。"逼真地刻画出马锅头慷慨赴国难的英雄气概,不仅树立起藏汉两地人民亲密的不朽丰碑,而且谱就了各族兄弟爱国团结的动人华章。① 藏族学者王晓松指出:"从某种意义上说,正是藏民族对茶叶的不可或缺的需求和依赖,规定着西藏文明东向发展的轨迹。藏民族成为中华民族的一员,茶马古道起到至关重要的作用。茶马古道是藏、汉等各民族劳动人民智慧的共同结晶,是汉、藏、白、彝、傣、纳西、傈僳、回等西南各民族和睦相处、亲如一家、同生共存的民族大团结的历史见证。"②

综上所述,云南藏区由于特殊的地理位置、地理环境和特殊的历史发展进程等原因,使其早在历史上,就成为具有云南地方特点的藏区,并形成了各民族和睦相处为主流的民族关系历史格局。关于云南藏区的特点,有关学者已经做过研究和探讨。例如,石硕教授研究了康区藏族的特点,认为包括今西藏昌都地区、云南迪庆藏族自治州、四川甘孜藏族自治州全部和四川阿坝藏族羌族自治州以及青海玉树、果洛藏族自治州的部分地区在内的操藏语康方言的"康区"藏族,具有文化多元性、强悍好斗的性格和文化西向性与经济东向性相统一等3大特点。③

王恒杰先生揭示了云南藏族的社会文化特点。他认为:"由于其所处地域特殊,迪庆藏族社会自古以来就具有自己的特点,即在社会

---

① 参见张云《西藏历史问题研究》(增订本),中国藏学出版社2008年版,第131页。
② 王晓松:《王晓松藏学文集》,云南民族出版社2008年版,第76页。
③ 参见石硕《青藏高原的历史与文明》,中国藏学出版社2007年版,第385—389页。

经济结构与文化上,既保有居于青藏高原上的藏族的特点,同时由于其地处高原边缘,是高原同云南、四川及内地各民族进行联系的前缘枢道,因而又渗透着内地经济文化的影响。云南的藏族人在同内地的交往中,也必然对内地的经济文化有所吸收,同他们传统的经济与文化相融合,形成了不同于一般藏区的政治和文化特点。它属于藏文化系统,但既不同于四川、青海地区的藏族社会,也不同于西藏的藏族社会。"①

藏族学者杨学政认为:"迪庆高原与西藏接壤,历史上又受吐蕃王朝的长期经营,因此,云南藏族的政治、经济、宗教、文化与西藏藏族有着悠久的、密切的联系;云南藏族的物质生活、精神生活及其广义的文化与西藏及其他藏区的藏族基本上是相同的,这是它的普遍性。但是,历史上,迪庆地区又属于南诏、大理政权的辖地,因此,云南藏族的传统文化,又具有滇文化的特征。"②

综合以上各位学者的论述,再结合云南藏区特殊的地理位置、地理环境和特殊的历史发展进程来分析,笔者认为,应从如下三个方面,来全面认识云南藏区的历史特点及其民族关系历史格局。

第一,云南藏族、云南藏区是全国藏族、全国藏区浑然一体的组成部分。云南藏族无论在宗教信仰、神话传说、历史记忆、民族认同诸方面,均与全国藏族相同。云南藏区特殊的地理位置、地理环境和特殊的历史发展进程,并未改变云南藏族文化的核心要素,也未改变云南藏族与全国藏族的核心认同,因此,云南藏族、云南藏区仍然是全国藏族、全国藏区浑然一体的组成部分。

第二,云南藏族同时也是康巴藏区和康巴藏族浑然一体的组成部分。石硕教授揭示的康巴藏区和康巴藏族的3大特点,在云南藏族和云南藏区同样存在。不同的是,云南藏族、云南藏区与其他康巴藏区

---

① 王恒杰:《迪庆藏族社会史》,中国藏学出版社1995年版,第1页。
② 和建华、张东平编:《云南藏学研究论文集》,云南民族出版社1995年版,第2页。

的藏族相比，不但在经济上具有更多的东向性，在文化上也具有更多的东向性，而正是这一特点，充分展示了云南藏族和云南藏区的特殊性。

第三，云南藏族、云南藏区更是云南多民族和睦相处大家庭中浑然一体的组成部分。由特殊的地理位置、地理环境和特殊的历史发展进程所决定，云南藏区早在唐代就已成为吐蕃南部东向交往的基地，随着历史的发展，这种东向发展的步伐越来越快、程度越来越深、范围越来越宽、关系越来越紧密，因此，与全国其他藏区的藏族相比，云南藏族、云南藏区具有更多的多民族和多元文化密切交融的特点。在长期的交往合作中，具有开放精神的云南藏族，更多地吸收和融合了周边汉、纳西、白、彝等民族的文化，同时以自己的文化影响了周围的各民族，从而形成了云南藏区以藏族为主体，傈僳、汉、纳西、白、彝、普米、回、苗、怒、独龙等11个世居民族杂居共存、共生互利、和睦相处的民族关系历史格局。而正是这一历史格局，对今天云南藏区民族关系的团结和谐和社会的稳定发展，产生了深远的影响。

（原载陈井安、徐学书、喇明英主编《民族走廊——互动、融合与发展》，光明日报出版社、四川民族出版社2015年版）

附录 驽马不舍骐骥功
——郭家骥访谈录①

王 俊 代 丽②

访问者：郭老师，据我所知，到今年（2017）您从事民族学人类学研究已经34年了。然而，您在大学学的却是历史学，怎么从历史学转向了民族学人类学呢？

郭：的确，我在大学学的是历史学，对中国近代史有着浓厚兴趣，毕业论文写的还是研究辛亥革命的题目。大学毕业前半年，也就是1983年1月，由时任云南省历史研究所所长的杜玉亭，带领我们云南大学历史系79级的同学到基诺山进行毕业实习调研，使我对少数民族有了直观感受和深刻印象。然而尽管如此，我对历史的兴趣仍然不减，所以1983年7月毕业分配到云南省社会科学院工作时，我主动要求到历史所继续从事历史研究，曾赴腾冲对其近现代史进行过调查。正是在腾冲，我先后调查了地处滇缅边境地带傈僳族聚居的黑泥潭村、明光村和胆扎村，对跨境少数民族文化有了更加深刻的感受和认识，初步接触了滇西抗战史和腾冲著名的和顺侨乡史。调查回来

---

① 题解：我的名字中有一个"骥"字，可以看出父母对我的期冀。我虽然不是一个天资愚钝的人，但由于"文化大革命"的冲击，使我仅仅接受了小学四年级的正规学校教育便走向社会，留下了后天教育不足的"病根"，成为一匹"驽马"。好在勤能补拙，今天还能在学术上取得一点成就，全靠大学毕业后几十年长期不懈的艰苦努力。因此，取荀子《劝学篇》中"骐骥一跃，不能十步，驽马十驾，功在不舍"之意，确定了访谈录的题目。

② 王俊，女，云南省社会科学院民族文学研究所研究员；代丽，女，云南省社会科学院信息中心科长。

向当时已经主持省社科院工作的杜玉亭副院长汇报。他认为在云南，民族学研究，特别是对少数民族现实问题的研究，才是更有价值、更能出彩的研究方向。受其影响，我在历史研究所工作一年后便要求调到民族学研究所工作，从此开始了我民族学人类学研究的漫漫旅程。

访问者：请跟我们谈谈这些年所研究过的领域及取得的重要成果吧。因为我看过 2002 年 9 月 3 日《云南日报》记者冯巧妹采访您的文章，其中有一段充满感情色彩的话令我印象深刻。她说"外表沉静、稳重的郭家骥，却拥有一个充满激情、力求变化的内心世界，他不喜欢守在一块田中反复耕耘，就像一个拓荒者，他有一种强烈的开拓欲，希望在新的领域中，不断获得新的体验、新的建树、新的突破，他的研究领域因此不断拓宽"。看来您在多个领域都做过开拓性研究。

郭：冯巧妹的文章确实揭示了我年轻时候的一个性格特征，那就是不知天高地厚像野马一样到处乱闯。30 多年来，根据社会需要和个人兴趣，我做过好几个领域的研究工作，总结下来主要有拉祜族研究、少数民族和民族地区发展研究、民族关系研究、生态人类学研究、民族文化保护传承研究、云南藏区研究 6 个领域。下面我就分别适当展开谈谈。

一 拉祜族研究

拉祜族是我的第一个研究领域，我 1984 年从历史所转到民族学所后，即按照杜玉亭先生的安排从事拉祜族的调查研究。

我研究拉祜族的第一篇文章题目叫"澜沧木戛区拉祜族嗜酒习俗问题研究"，发表于 1986 年第一期的《云南社会科学》上，是在澜沧拉祜族自治县木戛区长达半年的田野调查基础上写成的，这是国内较早开展少数民族酒文化研究的文章，在学术界产生了一定影响，被当年的人大报刊复印资料《民族问题研究》全文转载，很多年后仍然有人在引用这篇文章的观点和资料。在第一篇文章获得成功的激励下，我陆续发表了一批以拉祜族为案例的学术文章，内容涉及原始宗教、经济发展、民族教育、民族文化等。其中，最重要的是代表我早期学术思想的"民族传统文化与现代化三论"，即《民族传统文化与民族地区的商品经济发展——澜沧木戛区拉祜族与汉族的比较研究》（《社会学研究》1988年第3期），《民族传统文化与民族教育的协调发展》（《教育研究》1989年第8期），《传统文化与现代化的双向调适》（《民族学研究》第10辑），三篇文章都在国内重要刊物上发表，在学术界产生了一定影响。今天看来，这些文章都撰写和发表于20世纪80年代，受当时占统治地位的单线进化论思想的影响很大，其思想局限是显而易见的。从20世纪90年代开始，我的研究逐步转向更为宏大的领域，逐渐离开了拉祜族研究，但我从事拉祜族调查研究6年时间所积累的20多本田野调查笔记至今还封存在柜子里，今后适当的时机，我会抽空将其整理成书。

二　少数民族和民族地区发展研究

少数民族和民族地区的发展问题，是我的第二个研究领域，我在这个领域耕耘的时间长，因而可说的东西比较多，择其要者，主要有下列五点。

（一）西南民族地区开发研究

大约在20世纪80年代中期，由杜玉亭先生牵头组织我和瞿明安，参加了中国科学院和国家计委联合承担的科研项目"西南国土资源开发考察"，我的田野调查足迹就从原思茅地区（现普洱市）澜沧县扩展到云南全省和四川、贵州民族地区，研究领域也从拉祜族研究扩展到少数民族和民族地区发展研究。在完成这个项目的前后三年内，我走遍了四川的凉山彝族自治州、甘孜和阿坝藏族自治州，贵州的黔东南、黔南、黔西南三个自治州和毕节地区，以及云南的迪庆藏族自治州、大理白族自治州和怒江傈僳族自治州，研究视野得以大大拓宽。这一时期形成的成果，除了为完成任务而提交的研究报告外，还有几篇学术论文在《云南社会科学》《科学·经济·社会》等刊物上发表，也产生了一定的社会反响。

（二）云南民族地区生产力跨越式发展研究成果被省委采纳并获奖

正是由于我在少数民族和民族地区发展领域的研究已经小有影响，所以到1992年12月，为贯彻党的十四大精神，通过建立社会主义市场经济体制推动云南边疆民族地区加快发展，当时的中共云南省委书记普朝柱同志，特意要省社科院选派一位理论工作者随同他到边疆民族地区调研，社科院领导自然就把这个艰巨任务交给了我。我随同普书记和当时的省委政研室主任、省委农工部部长等人，赴思茅地区、西双版纳州进行了长时间的调研。调研期间，我们上茶山、进果园，深入咖啡基地，参观国营橡胶农场，走村串寨、访贫问苦，走访了普洱、思茅、江城、景洪、勐腊5县市的20多个商品生产基地、加工企业、科研单位、乡镇村寨，与各民族干部群众开了多次调研座谈会，获得了大量珍贵的第一手资料。调研结束后，在思茅召开了200多人参加的干部大会，就如何加快边疆民族山区生产力发展的问题进行研讨。在多名领导干部发言后，普书记亲自点名说，我们这次不仅带了省委几个部门的负责同志，还带来社科院搞理论工作的同志，下面，我们就请社科院的同志从理论上谈谈边疆民族山区生产力跳跃式、跨越式发展的想法。此前的我很不善言辞，别说大会发言，就连小会发言也说不好，何况还面对着如此高层的领导，心中实在是忐忑不安但也只有硬着头皮走上主席台，应用马克思主义的社会发展阶段论和生产关系要适应生产力发展的理论阐述说，新中国成立后，党和国家领导云南各族人民，分别从原始社会末期、奴隶制、封建农奴制或封建领主制、封建地主经济，跨越一个至几个社会发展阶段全都进入了社会主义社会，在政治制度和生产关系上实现了跳跃式发展。但云南边疆民族山区生产力普遍落后的状况并没有改变。而此次调研中的事实表明，在建立社会主义市场经济的条件下，可以通过改革开放调整生产关系、调整产业结构推动生产力实现跨越式发展。我的发言虽然紧紧张张讲得结结巴巴，但却得到普书记的肯定和表扬。他在会上所作的总结报告中，采纳了我的观点，并将我的发言吸收进他向省委提交的调研报告中。1993年1月，省委以普朝柱同志的思茅、版纳调研报告为基础，向全省发出了中共云南省委一号文件，文件创造性地提出边疆民族山区应以建立社会主义市场经济体制为契机，大力调整产业结构和产品结构，积极进行绿色产业商品基地建设，推动生产力来一个跳跃式、跨越式发展的构想。总结提出了思茅地区商品基地建设的"城乡结合、科技与经济结合、开放与开发结合、农工商一体化"的"三结合、一体化"路子，要求在全省各地推广思茅地区和西双版纳的经验。

由于我代表社科院为省委决策做出了贡献并得到了省委书记的表扬，省委一号文件下发后，省社科院立即组成了以我为实际主持人的课题组，集中精力对边疆民族山区生产力跨越式发展问题开展调查研究。这项研究历时两年，产出了多篇学术论文和一部专著，对云南民族地区发展实践和云南的民族学学术理论研究产生了重大影响。其中，发表于《云南社会科学》1993年第6期的论文《云南民族地区生产力跨越式发展的理论与实践》，荣获1994年度中宣部精神文明建

设"五个一工程奖",由 1994 年 7 月 13 日《光明日报》刊发的"五个一工程"作品简介说:

> 《云南民族地区生产力跨越式发展的理论与实践》文章,以邓小平建设有中国特色社会主义理论为指导,紧密结合云南的具体实际,分析和论述了贫穷落后云南民族地区经济跨越式发展的现实基础、跨越式发展的成功实践和跨越式发展的理论思考。其结论是"跨越式发展是后进民族实现与全国人民共同富裕的必由之路和唯一途径"。该文思路清晰,逻辑性强,较有说服力,对其他边远少数民族地区的发展有一定的借鉴意义。

由云南人民出版社于 1994 年出版的专著《商品基地建设与云南边疆民族山区生产力跨越式发展》,受到云南省委书记普朝柱的高度评价和表扬,被作为同年 11 月召开的全省民族工作会议的重要参考文献。这一系列的研究主要提出了以下 4 个观点。

第一,总结了一系列跨越式发展的成功实践和经验。一是玉溪卷烟厂实行"工农结合",将烟田作为烟厂的第一车间来建设,实现烟草产业的跨越式发展。二是元江实行"山坝结合",推动山区和坝区资源优势互补、共同发展。三是以东南亚南亚为重点的对外开放促进德宏州等地边境贸易的跨越式发展。四是新平县鲁奎山铁矿实行"国家开发资源与发展民族经济相结合",带动铁矿周边社区群众脱贫致富。五是思茅地区走"城乡结合、科技与经济结合、开放与开发结合,农工商一体化"的"三结合、一体化"道路,推动生产力快速发展。六是实行"公司 + 基地 + 农户"创建两烟、蔗糖、茶叶、橡胶、花卉、咖啡、蔬菜、水果等绿色产业商品基地,带动农民增收致富。

第二,生产力跨越式发展的定义是:生产力的跨越式发展,就是在现实生产力的起点和基础上,通过人们能动的改革与实践,实现生产要素的优化组合和资源的高效配置,使一定时期内经济活动的形式、结构和阶段在向高级方向演进的过程中产生显著的变化，使经济规模、速度和效益实现超常规扩大和增长，从而大幅度提高人们创造物质财富的能力和人们的生活水平。

第三，改革开放是民族地区生产力跨越式发展的动力。

第四，跨越式发展是后进民族逐步实现与全国人民共同富裕这一社会主义本质的必由之路和唯一途径。要实现全国人民共同富裕，后进民族需要经过长期跨越式发展或若干跨越式发展阶段才能逐渐接近目标。因此，云南民族地区跨越式发展不是权宜之计，而是长期发展战略，近期目标是经过一个跨越式发展阶段后到 20 世纪末基本实现小康；中期目标是经过若干个跨越式发展阶段后逐步缩小与发达地区的差距，赶上全国平均水平；最终目标是经过半个多世纪的长期跨越式发展，到 21 世纪中叶与全国人民一道共同进入中等发达国家水平的行列。

今天看来，上述的经验和观点仍然是完全正确的。

（三）提出"四低四高"新的云南省情认识论并被省委采纳

1997 年党的十五大系统阐述了社会主义初级阶段的理论，按照省委的安排，由省社科院、省委办公厅、省委宣传部、省委党校、省人大民委、省民委、省统计局组成联合课题组，对社会主义初级阶段云南省情再认识开展调研。课题组分别赴思茅地区、玉溪地区和大理白族自治州做调查，我带几个人负责大理州的调查并写出大理州的调查报告，其他两个组也分别写出各自的调查报告，最后由我执笔撰写完成了总报告上报省委。总报告题为"云南仍处于社会主义初级阶段的主要表现形式及其特征"（《云南社会科学》1998 年第 1 期），明确提出，云南还处于社会主义初级阶段低层次，具有明显的"四低四高"特征，即社会发育程度低，地区发展不平衡程度高；生产力发展水平低，自然、半自然经济比重高；劳动者科学文化素质低，文盲半文盲比重高；人民生活总体水平低，贫困人口比重高。由这一特殊省情出发,云南必须解放思想,更新观念,调整所有制结构,大力发展个体私营经济,扩大对外开放,以大开放促大发展。报告提出的"四低四高"省情特征及其发展对策被省委六届六次全会采纳,成为此后主导全省的省情认识论,在全社会产生了重大影响。(参见中共云南省委原书记令狐安:《坚持实事求是的思想路线走有云南特色的发展路子——纪念党的十一届三中全会20周年》,载《云南社会科学》1998年第6期)

(四)主持编撰《云南民族地区发展报告》

大约在2000年前后,全国各地的社科院系统,逐渐找到了一个发挥社科院擅长于有一定学理支撑的应用研究优势的途径,那就是编撰经济社会文化发展系列"蓝皮书"。云南省社科院也于2002年启动了系列蓝皮书的编撰,我负责主持编撰的《云南民族地区发展报告》自2002年至2008年连续出版了6本,是全国第一家编撰出版民族地区发展报告的单位,受到社会各界尤其是云南民族工作部门的好评,被中央民族大学的张海洋教授评价为是民族研究的开创性工作。

(五)对传统发展模式进行深刻反思

近年来,随着田野调查的日益深入,我发现单纯追求GDP增长的传统发展模式,对民族地区的生态环境和民族文化造成了很大破坏,缺乏少数民族主体参与的国家和国企主导的发展也带来了严重的社会问题,使传统的发展走上了不可持续的道路。为此,我在多年对澜沧江流域若干少数民族村寨发展进行深入田野调查研究的基础上,于2008年撰写出版了《发展的反思——澜沧江流域少数民族变迁的人类学研究》一书。本书基于人类学的基本理论创造性地提出了人类学发展理论,即发展是以文化为中心和目的的人类全面发展;发展是由文化主体自由选择和自主决定的过程;发展是文化与环境持续调适的过程；发展是一个文化主体自愿选择变迁模式的过程，发展是一个文化自觉的过程；发展是国家权力正确领导、帮助和干预的过程。将其总结为一句话就是：发展是在国家权力正确的领导帮助和干预下，文化主体自由、自愿、自主、自觉选择和决定的以文化为中心和目的的人类全面发展。同时，通过对云南生态环境多样性、生物多样性和民族文化多样性"三多一体"省情特点的揭示和澜沧江流域上中下游三个典型发展案例的经验教训的总结，提出了云南"四多一体"的可持续发展模式。该书出版后受到学术界的高度评价，荣获云南省哲学社会科学优秀成果"二等奖"，并入选《当代云南社会科学百人百部优秀学术著作丛书》。

三 民族关系研究

社会人类学的民族关系研究，是我的第三个研究领域。我闯入这个领域的时间与民族发展研究的时间大体一致，因为少数民族发展与民族关系是很难分开的。我一进入就成了长期耕耘的田地，至今仍在里面转悠，因此可以说的话较多，下面我分五点谈谈。

（一）参与杜玉亭、郭大烈、王连芳的课题研究

20世纪80年代后期，我参与杜玉亭先生主持的国家社科规划重点课题"云南少数民族前资本主义社会诸形态与社会主义现代化研究"，对社会主义初级阶段的云南民族问题进行了初步研究。1989年至1992年，我参与郭大烈先生主持的国家社科基金课题"我国社会主义初级阶段民族问题特点和发展规律"的研究，随郭大烈先生深入云南20多个边疆和民族自治地方县市调研，随后又远赴四川、西藏、

新疆、甘肃、青海等省区进行了两个多月时间的专题调查，极大地开阔了视野并收获了大量珍贵的第一手资料，我执笔撰写了约10万字的文稿，最后由郭大烈先生主编完成了《论当代中国民族问题》一书，于1994年由民族出版社公开出版。正是有了参与上述课题研究的经历，所以当云南民族工作德高望重的老一辈领导人王连芳，受中央统战部、国家民委的委托并经中共云南省委批准，组织一批长期从事民族工作和民族理论研究的人，研究和撰写《云南民族工作的实践和理论探讨》一书时，我受郭大烈先生的推荐参与其中，为该书撰写了第一章，题目叫《云南少数民族是中华民族多元一体格局的一部分》，应用费孝通先生"中华民族多元一体格局"的理论，对云南民族关系及其与祖国联系的历史做了粗线条的梳理，系统论证了云南各民族是中华民族多元一体格局不可分割的重要组成部分，深刻阐述了云南民族问题在全国的地位及其对全省稳定发展的影响。文章前后几年数易其稿，得到王连芳及书稿编委会的好评，书稿也于1995年公开出版，在全国民族工作系统产生了重要影响。

（二）主持研究撰写《云南的民族团结与边疆稳定》

由于出色地完成了王连芳的课题，大约在1994年，社科院民族学研究所安排桑耀华先生和我，共同申报了一个云南省哲学社会科学"八五"计划重点项目，题目就叫"云南的民族团结与边疆稳定"。项目批准不久桑先生就离休了，他明确表示不再承担项目的研究工作，我自知当时的学力不足以承担如此庞大而复杂的课题，但在民族学研究所所长郭大烈先生和桑先生的鼓励和支持下，我勉为其难、硬着头皮挑起了这副重担，组织5位课题组成员深入边疆民族地区实地调查，各自分头写出承担的章节，全书13章我写了7章，最后由我统编统改定稿，于1998年在民族出版社出版了《云南的民族团结与边疆稳定》一书，对云南民族关系作了开拓性研究。该书堪称国内较早研究民族团结和边疆稳定的开创性著作,出版后受到学术界的高度评价。研究少数民族哲学史和中华民族凝聚力的著名专家伍雄武教授评论说:

> 《云南的民族团结与边疆稳定》一书……对当代云南民族关系做出了具体考察,分别对民族团结与政治制度、经济发展、文化教育、语言文字以及扶贫脱困等等的关系进行具体的研究和考察,得出了一系列理论认识和实际经验。由于依据各民族的历史事实和现实的经验,本书得出的许多论点都是有原创性和前沿性的。

该书出版多年后,还不断有西北、东北、西南地区和云南省的学术界朋友和民族工作部门的领导打电话跟我联系希望购买此书,遗憾的是该书已经绝版,不能再满足大家的需要了。

(三) 独立完成国家社科基金课题《云南民族关系调查研究》

《云南的民族团结与边疆稳定》一书出版后,我暂时离开民族关系研究而去开拓新的研究领域了,直到2003年,我申请获准国家社科基金《云南民族关系调查研究》课题后,才又重新回到这个领域来。在课题研究过程中,北京大学马戎教授关于"民族问题去政治化"的理论开始提出并在全国产生了较大影响,我在为其大胆创新的学术勇气点赞的同时,又深感其理论见解并不符合中华民族多元一体格局长期发展的历史与现实,更不符合云南民族关系的历史和现状。为此,我在大量田野调查案例的基础上,对云南民族关系的历史与现状进行了深入研究,花了6年时间于2009年完成课题研究,结项获得"良好"等级评价,最终成果是一部由中国社会科学出版社出版的近70万字的专著。我在书中用大量来自田野的第一手调查资料证明,云南的民族关系正处于历史上最好的时期,堪称中国共产党民族理论和民族政策的成功范例,是对拉萨"3·14"和乌鲁木齐"7·5"事件发生后怀疑或否定党的民族理论政策思潮的一个有力的正面回应。云南良好的民族关系既有深厚的历史根源，又有深刻的现实原因，云南民族关系历史和现实的经验教训启示我们，国家权力亦即国家解决民族问题的理论和方针政策，对云南民族关系的好坏和边疆的安宁与否发挥着决定性作用。云南的民族关系同时又进入了矛盾和问题多发时期，需要党和国家继续运用国家力量，坚持、完善和创新党的民族理论和民族政策，帮助少数民族加快发展并协调各民族之间的关系，以推动云南开创的民族关系最好的时期长期延续下去。本书出版后得到学术界和民族工作部门的高度评价，荣获云南省哲学社会科学优秀成果"三等奖"。

（四）为建设云南民族团结进步示范区建言献策

2011年，国务院在支持云南建设面向西南开放桥头堡的文件中，明确提出要把云南建设成为"我国民族团结进步边疆繁荣稳定示范区"。2015年习近平总书记视察云南，明确要求要把云南建成全国民族团结进步示范区。云南为此成立了由省委、省政府主要领导担任正副组长的示范区建设领导小组，我因在民族理论研究方面的建树和造诣，被领导小组选聘为专家咨询委员会委员。我先后应邀参加了中共中央政治局常委、全国政协主席俞正声，中共中央政治局委员、书记处书记杜青林到云南的调研座谈，向中央提出建设云南民族团结进步示范区的理论和政策建议，多次应邀参加省委、省政府、省政协、省民宗委的决策咨询会议，为民族团结进步示范区建设献计献策。

（五）探索民族文化多样性与民族关系协调发展思路和途径

我主持完成了省委宣传部下达的重大课题"民族文化与民族团结进步边疆繁荣稳定示范区建设研究"，着重从文化多样性角度对云南民族团结进步示范区建设做了深入探讨。研究成果认为：历史形成、世所罕见的民族文化多样性是云南最重要的基本省情。在云南的民族团结进步事业中，民族文化多样性发挥着重要作用。回顾中华人民共和国成立60多年云南的历史就会发现，民族文化与民族团结边疆稳定之间有着难舍难分的关系。凡是党和国家尊重、支持、倡导、弘扬和发展各民族文化多样性的时期，同时也是云南民族团结边疆稳定日益巩固的时期；凡是党和国家的政策出现失误，对民族文化多样性采取轻视、漠视、否定的态度，压抑、限制、甚至禁止各民族开展自己的民族文化活动的时期，同时也就是云南民族关系出现严重问题、边疆动荡不宁的时期。因此，深刻认识民族文化的珍贵价值、用民族文化推动经济社会发展、用民族文化促进生态环境保护、用民族文化增进民族团结、结合民族文化加强基层党建工作、用民族文化开展民族团结教育、用跨境民族文化交流互动促进边疆繁荣稳定，构成应用民族文化推动民族关系亲密融洽的云南经验。其核心要义是：在对伟大祖国、中华民族、中华文化、中国特色社会主义道路和中国共产党"五个认同"的凝聚和统领下，尊重、包容、欣赏、鼓励、支持、帮助民族文化多样性繁荣发展，是推动民族关系亲密融洽的重要动力。研究成果发表后，受到学术界和民族工作部门的高度评价。

四 生态人类学研究

我闯入生态人类学研究领域是从国际合作开始的。在这个领域我是后来者，但一进入就感觉兴趣盎然，今后还想继续在其中耕耘，因而可说的话较多，下面分4个部分述之。

1. 参与联合国教科文组织的项目研究

大约在1994年末，联合国教科文组织的"世界文化发展十年"

项目，准备组织东南亚学者开展其中的"自然资源管理的传统实践与文化背景"学术研讨。其项目官员到云南来寻找合作伙伴，先找到郑宝华，郑宝华又推荐了我，使我有机会于1995年1月和1996年3月两次出席在泰国清迈召开的国际学术会议，与联合国教科文组织官员和东南亚各国的专家学者进行学术交流，并受联合国教科文组织资助对西双版纳傣族稻作文化做深入研究，产出了两项重要成果：一是在中国民族学顶级刊物《民族研究》1997年第6期，发表了《西双版纳傣族稻作文化的传统实践与持续发展》的论文；二是公开出版了《西双版纳傣族稻作文化研究》学术专著，并获云南省政府颁发的社会科学优秀成果三等奖。文章和著作都在学术界产生了良好反响。

2. 开展少数民族生态文化研究

受联合国项目获得成功的鼓舞，我于1998年申请获得国家社科基金课题"云南民族地区可持续发展研究"，随即展开了对云南藏族、傣族、纳西族、白族、普米族、彝族、独龙族等多个民族传统生态知识、生态智慧和生态文化的调查。国家课题完成后，又先后申请获得了省社科规划课题和社科院课题的支持。这项研究前后持续多年，产出了一批高质量学术论文，其中，《生态环境与云南藏族的文化适应》和《西双版纳傣族的水文化：传统与变迁》发表于《民族研究》，后面这篇文章还荣获云南省哲学社会科学优秀成果一等奖；《生态文化与可持续发展》和《新平县各民族的生态知识调查》两本著作，先后由中国书籍出版社公开出版。成果明确指出，文化是一个民族对周围自然环境和社会环境的适应性体系，生态文化就是一个民族对生活于其中的自然环境的适应性体系，它包括民族文化体系中所有与自然环境发生互动关系的内容，主要是这个民族的宇宙观、生产方式、生活方式、社会组织、总结信仰、风俗习惯等。生态文化中包含着各民族对宇宙形成、天地自然、山川河流、土地、森林、动植物、水利、气候等自然现象和自然资源的合理认识、主动调适和持续利用，对生计方式的选择和适应，对人与自然关系的理性认识与主动协调等，是一个丰富的知识宝库，对当代云南的可持续发展具有特别重要的现实应用价值。

3. 创造性地提出全新的"三多一体"云南省情认识论

随着调查研究的日益深入，我越来越深刻地认识到，原来为社会广泛接受的边疆、民族、山区、贫困"四位一体"和"四低四高"社会主义初级阶段低层次这两种省情认识论，都有很大的缺陷，其最大的缺陷就是把云南的经济社会文化生态包括民族都说成是落后的，换言之，与全国发达地区相比，云南没有任何优势可言，云南永远只能跟在后面亦步亦趋。这是不符合客观事实的。事实上，生态环境多样性、生物多样性和民族文化多样性"三多一体"高度融合，恰恰是云南在全国乃至全球最具比较优势的宝贵财富，是云南在全球可持续发展进程中能够脱颖而出后来居上的独特优势，必须下最大决心坚决予以保护并合理开发。我的这一观点首先在《云南社会科学》以《云南省情认识新论》为题发表，接着又在多部著作中阐述，并在省委党校多期中青班和干部培训班讲授，产生了广泛影响。

4. 开展水电建设移民的生态和生计研究

2002年，我和余小刚受香港乐施会委托，参与"漫湾电站建设的社会影响评估"项目研究，负责对电站建设中的"城镇非农""就地后靠""远迁他乡"三种移民模式进行调查研究，对其所导致的生态后果和移民生活分别做出评估。结论是：水电建设在为国家做出巨大贡献的同时，移民群众生活却日趋贫困化，生态环境也因此遭到严重破坏。我们的研究成果在新华社内参《国内动态清样》刊出后，时任云南省省长徐荣凯做出批示，引起了漫湾电厂和临沧市的高度重视，促成华能集团投入数亿元资金解决移民群众的生计问题。这是生态人类学研究直接服务于现实产生良好效果的一个典型案例。

五　民族文化保护传承研究

我闯入这个领域也是从国际合作开始的。迄今为止主要做了以下两项工作。

第一，参与滇西北少数民族文化保护与发展研究。1999—2001年，云南省政府与美国大自然保护协会（TNC）合作，共同开展"滇西北保护与发展行动计划"的研究。由何耀华先生牵头，组成有省社科院、云南大学、云南民族大学等一批专家学者参与的强大团队，经投标承担了其中的"文化模块"的研究。整个文化模块项目由总课题组领导迪庆组、丽江组、大理组和怒江组的研究工作，我参加了何耀华先生直接领导的总课题组，多次赴滇西北调研，走遍了迪庆、丽江、大理、怒江的山山水水，最后提出建设"民族文化保护村（区）"的概念和构想，并在滇西北具体规划了60个民族文化保护村（区），曾被纳入云南省"十一五"经济社会发展规划，在社会上产生了较大反响。

第二，主持完成"云南少数民族文化遗产保护与文化产业开发研究"。滇西北研究完成后，我受国家水利部长江水资源保护科学研究所的委托，对澜沧江、怒江两条国际河流流域民族文化的保护进行了专题研究，又对全省的民族文化产业发展做了初步研究。在此基础上，于2011年申请获准了国家社科基金课题《云南少数民族文化遗产保护与文化产业开发研究》，经过5年时间的艰苦努力得以完成结项，同名著作即将由中国社会科学出版社公开出版。

六　云南藏区研究

这是我自 2008 年之后才新开拓的研究领域。虽然自 1999 年以来我曾多次到迪庆州调查研究，但都是围绕着更大的全省性问题而将迪庆州作为案例之一来进行的，最近几年将其作为专门的研究领域则纯属社会需要使然。2008 年，西藏拉萨发生了举世震惊的"3·14"事件，影响波及四川、青海、甘肃等省藏区，唯有云南的迪庆藏族自治州顶住了动乱风潮，没有发生任何影响安定团结的事情。云南藏区的出色表现引起了中央和全社会的关注，国内外舆论纷纷探究云南藏区和谐稳定的原因。作为专门研究云南民族关系问题的专家，我感觉有责任对此做出正确的解读。于是我申请获准了国家社科基金西南边疆项目"云南藏区稳定发展的经验与问题研究"，对此做了专门研究和全面系统阐述，在西藏、青海、四川、甘肃、云南五省区社科院召开的多次相关学术会议上交流后，受到与会专家的好评，可供全国其他藏区借鉴与参考。正是在这一项目推动下，以省社科院边明社副院长为负责人，以我为首席专家召集人，以省社科院民族文学研究所科研人员为主的学术团队，经过三轮评审和答辩，2010 年被省委宣传部批准成立了"云南藏区建设与发展"研究基地。基地成立后，我组织学术团队紧密围绕云南藏区最现实的、最迫切需要解决的问题开展了以下三项研究。

第一，在国家社科基金西南边疆项目结项成果的基础上，由我独立完成了《云南藏区稳定发展的成功实践和基本经验》一书的撰写，对云南藏区长期稳定发展的历史根源和现实原因作了深入的分析与探索，对云南藏区建设成为全国最好藏区的成功实践和基本经验进行了深刻总结，书稿即将由云南人民出版社公开出版。

第二，调研编撰出版了《迪庆州民族文化保护传承与开发研究》，集中对云南藏区民族文化多样性及其多样而和谐的民族文化推动稳定发展，云南藏区各民族的村寨和社区文化，非物质文化遗产保护与传承，民族文化产业开发等问题，进行了全面深入研究。为建设民族文化强省和社会主义文化强国提供了典型案例，是今后研究云南藏区无法绕过的一块基石。本书由云南人民出版社出版，荣获云南省哲学社会科学优秀成果"三等奖"。

第三，调研编撰出版了《迪庆州民族文化生态保护与旅游发展研究》，集中对境内外舆论最为关注的藏区生态环境与民族文化保护问题，做出了实事求是的正面回应，并就如何推动生态和文化与旅游业融合发展的问题进行了探讨，亦是今后研究云南藏区不可绕开的又一块基石。

访者：听您介绍了这么多领域，感觉真像一匹马一样在学术的天地里纵横驰骋。我想您一定有一套自己的研究方法吧，否则很难想象能在这么多领域内做出开拓性工作。

郭：是的，如果没有科学的方法，研究工作就会事倍功半。在长期的田野调查实践中，我逐步摸索形成了一套自认为是行之有效的调查研究方法。这套方法包括思想性方法和技术性方法两个部分。思想性方法主要有下四种。

第一种，整体性研究方法。这是人类学文化整体观的必然要求。文化整体观指的是一个民族文化的各个要素、各个方面、各个组成部分及其内部的结构和层次，都是相互联系、相互依存、互相作用和互相影响的有机整体，任何一个局部和单元的变化，都会影响到整体的变化。因此我们在研究问题时可以将其分解成若干局部和单元，但最终都必须将其整合起来获得全面认识，切记不可以偏概全。

第二种，历史与现状相结合。人类学研究问题都是从现状着眼的，强调田野调查以求弄清研究对象的方方面面。但是，任何现状都是历史演变形成的，任何事物都有来龙去脉，只有将历史与现状、历时与共时、纵向与横向紧密结合起来，才能获得有历史纵深感的丰满认识。

第三种，宏观与微观相结合。人类学研究问题都是从微观入手的，强调对微型对象如一个村落、一个社区做解剖麻雀似的精细分析和剖析，使研究对象的方方面面就像在显微镜下面精准地呈现出来。但这样的村落和社区必须具有一定的典型性，能够为阐释一般理论做出贡献，才是有意义的。为此，微观对象和问题就必须与宏观理论紧密结合起来。

第四种，主位与客位相结合。人类学是研究人及其文化的。人和文化是人类学研究的主体，人类学工作者亦即人类学家则是客体。主位研究法是由文化主体自己阐释自己的文化，客位研究法是由人类学家阐释他者的文化。人类学工作者对他者的文化进行研究的过程，就是文化客体向文化主体学习的过程，就是费孝通先生所说的向人民学习的过程，同时也是文化客体以跨文化的眼光启发文化主体的文化自觉意识，通过主体与客体、主位与客位互动交流而获取真知的过程。因此，人类学工作者对他者的文化进行研究的过程，就是一个主位与客位相结合的过程。

技术性方法内容和步骤比较多，具体可分为3个方面15个步骤。

第一，预研究。

第一步，根据学术理论建设、社会发展需要、自己的兴趣爱好及以往的积累，慎重决定研究选题。

第二步，尽可能收集与研究选题相关的理论著作和二手资料，进行认真阅读和消化。

第三步，拜访对此问题有先期研究的相关学者和熟悉情况的实际工作者，虚心向其学习和请教，以期得到点拨和指教。

第四步，预考察。在正式进行田野调查之前先到与课题研究相关的区域进行范围较大的预考察，其主要目的有三：一是通过与基层干部群众座谈和自己的亲身观察，选择、确定能为研究选题提供材料和答案的田野调查点；二是通过预考察形成初步的研究假设和研究思路；三是通过预考察拟定初步的研究框架和研究提纲。

第五步，选择多个田野调查点。鉴于云南各民族大杂居、小聚居的分布特点，对一些重大问题的研究必然涉及多个民族和多个区域；即便是专门研究一个民族，要获得全面的认识和把握也要涉及这个民族下面分布在不同区域的多个族群（支系），仅靠单点民族志材料已经很难说明问题，而必须依靠不同区域、不同民族、不同族群分别代表不同类型情况的多点民族志材料的支撑，才能获得全面而正确的认识。因此，预考察应在较大区域范围内选择和确定多个民族志田野调查点。

这里要特别强调指出的是，以上5个步骤并不需要刻板地按照顺序从1到5依次进行，其顺序是可以根据个人的实际情况任意调整的。实际上，有过多年研究工作经历的人都知道，纵向下达的研究课题都是先确定研究题目然后开始研究工作，从1到5依次进行就是完成这类课题所必需的。自己申请的或是横向的研究课题顺序就会倒过来，大多是在做好充分准备的情况下才最终确定研究选题，这样第1个步骤就变成了第5个步骤。

第二，田野调查。

第一步，在开展田野调查的县、乡、村，召开多种层次的干部群众座谈会，大体了解各方面情况。召开多种利益群体代表参加的座谈会，倾听各方面诉求。

第二步，双向参与。一方面按照传统人类学的参与观察法，自己作为研究者参与到村民的日常生活中去，与村民同吃、同住和共同生活；另一方面应用参与式农村评估（Participatory Rural Appraisal 简称

PRA）方法，动员村民参与到自己的研究项目中来，与村民一起共同研究。

第三步，应用 PRA 工具，绘制多种直观的社区图表如社区图、社区资源图、社区环境资源变迁图、不同性别的社区资源利用和流动图、大事记表、农事历表、不同性别的季节和日常活动分工图、分析问题因果关系的根状图、树状图等。

第四步，结构访谈。按照在预研究基础上设计好的研究框架、调查提纲和调查问卷，向村民进行一问一答的访谈，这是获取全面调查资料的重要环节。

第五步，半结构深度访谈。选择社区关键人物如村社长老、宗教领袖、村长、妇女主任、生产经营能手和弱势群体代表等，就调查和观察中发现的一些重要问题进行层层递进、追根究底的深度访谈，这是人类学田野调查的最重要环节，是学习和掌握地方性知识的重要手段，是未来撰写田野调查报告时进行文化"深描"的基础。

第六步，开放式访谈，即在茶余饭后的休闲时光与随便任何人进行海阔天空的随意聊天，常常会有出人意料的发现，是田野调查的重要补充。

第七步，多点民族志调查，即在所选定的多个田野调查点，均按照上述方法对每个点进行全面深入的调查。

第三，撰写调查研究报告和学术论文。

第一步，在认真阅读、消化、吸收调查资料和相关理论成果的基础上，撰写调查研究报告和学术论文。

第二步，补充调查。凡有田野调查经验的人都有体会，正式的田野调查准备得再充分，做得再完备，也总有疏漏的地方，这些疏漏往往要在动手写作调查报告时或在写作过程中才会发现，于是，补充调查就成为一个相对完善的田野调查研究报告诞生的重要一环。

第三步，根据补充调查材料对研究报告和学术论文做修改完善。

访问者：听了您的介绍，我发现您有一个鲜明的特点，您的所有研究成果都是在田野调查基础上、依据第一手资料创作出来的，难怪您探索、总结、形成了这么系统的一套田野调查方法，听了以后受益匪浅。但同时也进一步激起了我的好奇心，我想问的是，在多年的田野调查中，您一定有很多故事和感悟吧，能跟我们分享一下吗？

郭：是的，几十年的田野调查经历确实有许多难以忘怀的故事。我就选七个至今记忆深刻的说说吧。

头一个就是1983年1月赴基诺山调查的故事。当时我还是云南大学历史系的学生，时任云南省历史研究所所长的杜玉亭先生，与我们学校达成协议，带领我们这一届历史系学生到基诺山去进行毕业实习调查。1979级的云南大学历史系学生只有我们1个班，是一个有80名同学的超级大班。在还有半年就即将毕业的时候，许多同学选择考研究生继续深造，这部分同学就留下来复习功课准备考试，到基诺山去调查的都是决定不考研究生的同学，总共有约40来人。当时我们对田野调查没有任何认识和准备，行前只是由杜玉亭先生给我们简单介绍了一下基诺山基诺族的情况，然后自带行李乘坐一辆大巴车就出发了。整整走了3天，才到景洪，从景洪又走了半天，才到基诺山乡政府。由于我是在云南汽车厂当了10年工人之后才考入大学读书的，在班上算是比较老道的人，所以被安排到基诺山乡距离乡政府最远的曼瓦老寨（毛俄老寨）去。

早上7点，在一位从曼瓦老寨来接我们的基诺小伙的带领下，我和班上的一位同学跟着他就出发了。基诺山深山老林的羊肠小道，崎岖起伏、蜿蜒曲折，基诺小伙帮我们背着行李仍然健步如飞如履平地，很快就消失在山路弯道中，而在城市中生活惯了的我们俩就惨了，由于害怕走丢了，我们只有使出"洪荒之力"来赶路，在后面跌跌撞撞、气喘吁吁地紧紧跟随。大约在中午1点钟，我们来到小黑江边等待竹筏过江，肚子已饿得咕咕叫。基诺小伙从背包中取出早已用芭蕉叶包好的冷饭和酸菜，又从江边石头缝中捉了一些叫作"爬爬虫"的虫子，在火堆里烧熟后蘸上盐巴辣子就请我们吃起来。我生平第一次深入"不毛之地"尝到的野味，味道很怪，但还是很香的。我们狼吞虎咽匆匆吃完饭后便划竹筏渡过小黑江，继续赶路，一直到傍晚7点，赶在天黑之前终于来到了曼瓦老寨。我们的到来引起了这个小山村的轰动，全村男女老少纷纷到我们居住的村长家来参观我们，直到夜深方才散去。此后的7天时间，我的双腿都是在剧痛中度过的，7天后才慢慢缓解。那一次，我们在曼瓦老寨调查了半个月时间，当时的基诺山寨，不通公路、不通电，不通电话，处于与外界完全隔绝的状态，老百姓的生活刚刚从"文化大革命"的饥饿状态中摆脱出来，粮食可以吃饱，但油荤和副食品十分匮乏，半个月时间几乎没有见过荤腥，由于基诺人不善于种菜，吃的蔬菜也很少，大多数时间吃的都是辣椒盐巴下饭，偶尔炒一个鸡蛋就算是招待贵客的上品菜了。调查工作之余，我常常到村子后面的山头上望着茫茫群山发呆，只见大山一座接一座，绵延不绝，看不到边，绝望之感油然而生。我想，如果在这里突发某些急性病如急性阑尾炎之类，在城里轻而易举就可以解决的问题，在这里或许就会付出生命的代价。因此我每天早晨醒过来的第一个念头就是算时间，掰着手指头数数还要熬几天才能结束调查，从而离开大山返回城市。期间，我们的班主任唐敏老师亲自到曼瓦老寨来看望慰问我们，使我们感动不已。离开曼瓦老寨的头一晚上，全村群众在村中的小广场上跳舞唱歌欢送我们，只见他们吹起芦笙、跳起"三跺脚"，唱着"三个石头支口锅，有吃无吃来相会"的歌曲，气氛热烈欢快，情绪高亢激昂，看得出来，他们并没有觉得大山中的生活是不可接受的。

这次并不算正规的田野调查给我留下的印象是如此之深刻，以至于在33年后的今天仍然是历历在目。这次田野调查使我初步领略了从事民族学研究的艰辛，同时初步感受到认知和了解"他者"文化的乐趣，及其跨文化视野开阔带来的震撼，我对民族学研究有了苦乐参半、乐在苦中的感觉。

第二个是我在腾冲调查的故事。前已述及，1983年我大学毕业即分配到省社科院工作。当时社科院正在从历史研究所中将从事民族研究的人分出来，新组建民族学研究所，主持工作的副院长杜玉亭先生希望我到民族学所去，但由于我在大学中已经形成对中国近代史的浓厚兴趣，所以我还是坚持到历史研究所工作。1983年12月，历史研究所安排我到腾冲去搜集云南对外通商口岸的资料，我去到腾冲历史上的对外通商前沿古永乡猴桥村时，却听说猴桥村下辖的地处国境线边缘的黑泥潭自然村，要恢复傈僳族历史上"上刀山、下火海"的"刀杆节"活动。出于好奇，我当天中午就随着一队运输货物的马帮，走了整整6个小时从当时的乡政府所在地古永走到黑泥潭村。第二天下午，"刀杆节"活动开始，在黑泥潭村中的一块开阔平地上，竖起了一把"梯子"，这把梯子的一层层楼梯，全是用一把把锋利的刀刃捆绑而成的，几个傈僳族青年男子，在其祭师率领下，敲锣打鼓、杀鸡祭祀神灵后，便赤脚踩着刀刃慢慢爬上去，爬到几十米高的楼梯顶部，还在上面翻滚腾挪，做出种种惊险动作，惊得我目瞪口呆，这就是"上刀山"活动。夜幕降临，白天竖刀杆的地方又烧起了一大堆篝火，白天上刀山的傈僳族青年男子拿来几根铁链和一个犁铧，扔进火里烧至通红，待明火燃尽，小伙子们又一个个赤脚在火堆里跳进跳出，或一人用舌头舔烧得通红的犁铧，或几人用牙齿撕咬烧得通红的铁链，再次惊得我目瞪口呆。大约一个小时后，火堆硬是被赤脚小伙们生生踩灭了，这就是"下火海"活动。亲眼观看傈僳族刀杆节给我带来的文化震撼是如此之大，以至于整个晚上我都是在激动中度过的，没有丝毫睡意。第二天一早，我就跑去察看那几个傈僳小伙的脚，发现除了脚掌长满厚厚的老茧外没有任何特别的地方。他们说，每次"上刀山、下火海"之前都要举行祭祀仪式，喝一些酒，刚刚踩上刀刃和踩进火堆时还稍微有点疼，慢慢地人就进入一种癫狂状态，仿佛是在腾云驾雾，没有任何感觉了，但是结束以后会元气大伤，好多天都恢复不过来。

随后十多天，我对黑泥潭这个边境小山村进行了调查。当时我们的边防部队还在这里部署了一个前哨排，地方政府不放心我一个人活动，就安排我在部队食宿。白天，部队派一个青年战士背着枪护送我到村子去，晚上回到营房去吃饭睡觉，俨然是一个大首长或是一个重要人物的做派。就在这次调查中，我亲眼看到一些村民吸食鸦片以治病，看到许多村民纷纷出境，到境外同为傈僳族的村寨去打工收鸦片，还接触到境外缅甸共产党的指战员，他们说他们正在学习邓小平同志的著作，学习中国的改革开放……黑泥潭调查结束后，我又到明光、胆扎，把腾冲边境沿线的傈僳族地区都跑了一个遍，对以腾冲为中心的滇西抗战有了初步了解。当然，我同时也对和顺侨乡的对外商贸史有了初步了解。1983年至1984年的几次腾冲之行，使我初步确定了三个研究方向：一是边境少数民族研究；二是滇西抗战研究；三是以和顺侨乡为中心的跨境商贸研究。我想，从任何一个方向做下去，都会有所成就的。对腾冲的调查了解大约花了一年的时间，我找机会向杜玉亭副院长汇报了我的一些思考，他认为，在云南，从事民族研究更能出彩一些，他当时正在主持关于云南少数民族现代化发展的国家社科基金重点课题，希望我能到民族学所工作参与研究，这时的我已经下定了从事民族学研究的决心，于是就申请调到民族学所正式投身到民族学研究中。

第三个是我在拉祜族地区调查的故事。由杜玉亭和郭大烈先生领导的民族学研究所，确定的办所方针是："熟悉一个民族、联系一个地区、研究一个专题"。要求每一个研究人员都要深入一个少数民族聚居的乡村去，与村社群众同吃、同住、共同生活，开展长时间的田野调查，在此基础上发现问题、研究问题，有的放矢地撰写解决问题的文章。所以每一个新到民族学所的科研人员，都可以领到一件军大衣、一把雨伞、一个军用背壶和一盏马灯。军大衣用作下乡调查时御寒或当被子，雨伞用来挡雨，军用背壶用来装酒，酒是与少数民族沟通的媒介，马灯用来夜晚在村寨中走家串户调查时照明。我转到民族学所后就按照所里的要求，于 1984 年 11 月，带着这 4 样东西，一头扎进澜沧县木戛区（现在的乡当时叫区）开始了对拉祜族的调查研究。

初次接触拉祜族，给我带来的跨文化震撼是喝酒。我抵达木戛区政府所在地当天，刚好是当地每周一次的赶街天，我在小街子上反复转悠半天后，就发现这个街子有"三多"，一是卖酒的摊点多，在这个大约可容纳 1000 多人的街子上，至少有 30 多个卖酒的摊点。说是摊点，其实很简单，卖主背一坛酒配几只碗，找个地方随地一蹲或坐，就开卖了；二是买酒喝的人多，每个摊点都有一二十人围着酒坛随地或蹲或坐，几个人买一碗酒一人一口慢慢喝起；三是喝醉酒的人多，围着酒坛买酒喝的人一旦喝得兴起，就会一碗接一碗地喝下去，不知不觉就醉了，于是每个街天都要留下十来个醉汉（间或也有妇女），他们在街上吹着芦笙唱歌跳舞，直到精疲力竭才倒地酣睡，或跌倒在回家的路上。这"三多"使我发现了值得研究的问题，我随即展开对拉祜族喝酒问题的调查，在后来的几个月内，我到木戛区的大、小帮利、富勐、哈卜玛等村寨，与拉祜族群众同吃同住和共同生活，为了调查他们的喝酒习俗，我自己也不得不喝醉了多次，结果以扎实的第一手资料撰写的《澜沧县木戛区拉祜族嗜酒习俗问题研究》，得以在《云南社会科学》发表，产生了较大的学术影响。

此后的五六年时间，我围绕拉祜族研究走遍了澜沧、孟连、西盟、双江、临沧、镇沅、金平、勐海等拉祜族相对聚居的县，开展了艰苦的田野调查。记得 1988 年冬天在勐海县布朗山坝卡囡村整整调查了 18 天，住在老百姓家里，没有铺盖每天只能围着火塘和衣而眠，天寒水冷也不能洗澡，只感觉身上到处发痒。期间正值该村挖通了公路，勐海县委书记亲率全县相关部门领导赴该村举行通车典礼，发现村中居然住着一个来自省城的工作人员，大为吃惊。吃饭时一定要敬我三碗酒，我观其头发花白估计至少已50多岁，或许没有多少酒力，就冒冒失失地答应了。三碗酒喝干后就到村中的一块平地上观看村民的歌舞表演，冷风一吹我就醉了，不得不几次退场呕吐，头发花白的县委书记却精精神神地坐在那里直到演出结束。第二天，县委书记同情我太辛苦也太孤单，邀我坐他的车回县城，我也刚好做完了调查，就随他出村了，当天又从勐海赶到澜沧，终于在澜沧县招待所中好好地洗了一个热水澡，然后将内衣内裤用开水好好地烫一下，结果让我大吃一惊，只见水面上漂满了一层白白的虱子，难怪我全身上下到处发痒。

  第四个是我在怒江傈僳族地区调查的故事。随着我对少数民族和民族地区发展问题研究的深入和视野的扩大，我多次到怒江傈僳族自治州调研傈僳族的贫困问题，探讨其扶贫策略。记得有一次在怒江州马吉乡调查了20多天，我一个人进村入户、访贫问苦，经常被傈僳族群众极度的贫困所震惊。马吉乡正好位于怒江峡谷最窄的地段，每天的太阳都要到正午时才能照进峡谷，所以平均日照时间只有两个半小时。峡谷两岸的陡坡耕地挂在坡上，粮食产量极低，傈僳族群众的千脚落地草房也挂在坡上，每年都有鸡猪牛从山坡滚进怒江摔死的，老百姓的日常饮食基本都是玉米稀饭，家中几乎没有什么值钱的财产。我每天都怀着同情心和责任感，起早贪黑忙于走访群众与他们探讨脱贫致富的办法，但一个傈僳族中年人却对我说："小伙子，你太可怜了！来我们这里工作这么长时间，连女人都不能碰一下，家人也见不着，日子真是难熬啊！"这句话带给我的文化震撼也很大，我在同情和帮助他们，但在他们的眼中，我自己却成了被同情的对象。我当时很不理解，一度将其视为安于现状、不思进取的典型表现。多年以后，我才慢慢明白，吃好穿好住好固然是幸福的，但每天生活在爱情和亲情中不也是幸福的吗？所以民族学人类学强调的"他者"视野，以及从"他者"反观自身的理论和方法，确实是精当的。

第五个是我在西双版纳傣族地区调查的故事。20世纪80年代末思茅至澜沧公路修通之前，从昆明到澜沧必须经过西双版纳。在我多次赴澜沧做拉祜族调查经过西双版纳时，就梦想着有朝一日也到风景秀美、生活丰裕的西双版纳傣族地区做一点调查，由此也可以开展坝区民族和山区民族的比较研究。1995年，为完成联合国教科文组织资助的"自然资源管理的传统实践和文化背景"课题，我就将调查研究的地点和对象选在了西双版纳傣族。记得那是一个高温多雨的7月，我只身一人住进景洪市勐罕镇曼远村的一个农户家，开展了一个多月时间的田野调查。傣族村寨的风景和物质生活确乎要比山区民族好得多，但也有一些山区民族村寨没有的困扰。一是景洪坝区夏季常常超过40℃的高温，在没有任何空调设备的情况下，把人热得整天大汗淋漓有气无力，好在我的房东家就打了一口井，可以一天几次用冷水洗澡降温，由此我体会史书记载西双版纳傣族"一日十浴"绝非夸张。二是蚊虫叮咬。似乎所有地方的蚊虫都有欺生的毛病，西双版纳的蚊虫更甚，我入住村子才几天，全身上下就被叮满了红包，特别是双腿膝盖以下，几乎没有一块好皮好肉。奇怪的是，一个月以后，随着我从一个村子中的生人变成了熟人，叮咬的程度就慢慢减轻了。三是每天大便遇到的麻烦。当时的西双版纳，所有民族的村寨都没有厕所，所有人的大小便都只能在野外树丛中解决。但山区民族村寨有狗而很少有猪，而傣族村寨既有狗又有猪，且全都放养在外。每天早上，村中的猪狗只要看见你往村外走去，就知道你要去大便了，于是便会紧紧跟随，你走到村外树丛中一蹲下，通常就会前面是狗后面是猪不断袭扰。时间一长我也积累了经验，每天大便时就手执一根竹棍前后扫荡，终于得以安心大便……此后，我又多次到曼远村驻村调查，曾在睡梦中经历了两次6级左右地震,但傣族的干栏式住房将其危害化解于无形。我也亲身经历了曼远村人将村后山上多种多样的树木全部砍光种上橡胶,将房前屋后路边上郁郁葱葱的薪炭林黑心树全部砍光卖给木雕老板,将种植水稻的农田出租给外地老板种上了香蕉,不知道发财致富的欲望还会将曼远村变成一个怎样的村寨?

第六个是我在独龙江调查的故事。独龙江位于滇西北与西藏和缅甸接壤之处,是独龙族聚居的地方。独龙族是云南人口最少的民族,现在大约也只有6000多人,其中就有近5000人聚居在独龙江乡。独龙江乡是怒江州贡山怒族独龙族自治县下辖的一个乡,与贡山县城隔着一座高黎贡山,由于山高谷深,每年有半年雪封山,以致新中国成立50年了还没有修通一条外界进入独龙江乡的公路,独龙族人民的生产生活必需品,全靠人背马驮在每年的5—10月抢运进去,11月至翌年4月,便处于与外界完全隔绝的状态。由于交通闭塞,再加上剽牛、过江用溜索、妇女纹面等习俗,使独龙族披上了一层神秘的面纱,吸引着每一个民族学人类学学者,情不自禁地都想揭开这层神秘面纱一窥真容……

2000年1月,机会终于来了。为完成"滇西北保护与发展行动计划"之"文化模块"的研究,何耀华先生率领着我们社科院总课题组一行6人,到怒江州和贡山县调查。这一年,国家投巨资刚刚修通了县城至独龙江乡的公路,而且由于气候反常,这年直到新年的1月居然还没有雪封山,因此,贡山县委政府同意了我们进独龙江乡调查的请求,并安排两辆据说动力超过日本三菱车的老式北京吉普车送我们进去。临行之际,怒族县长反复交代我们说,现在这个季节,独龙江随时有可能下雪封山,所以你们一定要密切注意天气动向,乡政府所在地孔当村是河谷地区,那里只要下雨,高黎贡山山头就一定下雪了,因此,只要发现孔当下雨,你们就必须马上返回,即使是夜间也必须连夜跑出来,否则就可能被大雪封在里面半年之后才能出来。

进去的路尽管崎岖不平险象环生但由于天气晴好因而比较顺利，90多千米的路走了六七个小时就到了。2000年1月9日这天，正好是独龙族一年一度的"卡雀哇"节（类似于汉族的春节），本来是要剽牛祭天的，但这里正在进行上海市与独龙族"手拉手"结对帮扶的扶贫攻坚三年行动计划，省里专门派了工作组安营扎寨帮助工作，工作组认为剽牛与扶贫相去甚远，干脆就把剽牛改成了卡拉OK大奖赛，我们正在为取消剽牛感到失望的时候却被邀请充当卡拉OK大奖赛的评委。晚上8点，2000年独龙族"卡雀哇"节庆典——卡拉OK大奖赛，就在驻独龙江边防部队的篮球场上开始，部队用柴油发电机为球场照明，球场周围挤满了围观的独龙族群众，《北国风光》《青藏高原》等大陆流行歌曲以及一些港台流行歌曲，从独龙族青年口中一首首流淌出来，其模仿之准确、音色之纯正，使我这个来自大都市的民族学者深感自愧不如，在冬日寒风中，卡拉OK大奖赛一直持续到凌晨1点多钟才结束。我深切地感到，独龙族青年是如此地渴求现代文明，而现代文明也真是无孔不入、无坚不摧，即使闭塞的独龙江，独龙族的传统文化也在现代文明冲击下不断流失。独龙族传统文化保护与现代文明融合发展应当是亟须研究的重要课题。

由于头天坐车太累晚上又睡得晚所以睡得熟，第二天一早醒来就发现地上湿漉漉的，我们也没在意就到村寨中调查去了。大约10点来钟，只见独龙江乡党委书记和乡长急匆匆地跑来告诉我们：昨天晚上这里下雨了。也就是说，高黎贡山山头上已经下雪了，必须马上出去，否则就会被大雪封在里面。我们好不容易进来一次很想调查几天，但大雪就是命令容不得犹豫，只有马上收拾行李返程，而与我们同车进去的民族学院的两位老师，却在他们担任副乡长的学生保证下，决定留下多待几天。

返程的路才走了10多千米，就碰到山体滑坡公路受阻，还好当地的车辆随车带有锄头和铲子，全车人下来趁滑坡的间隙赶挖土石，安排一个人专门观察滑坡体移动情况，一有风吹草动，马上避让。就这样边挖边滑，边滑边挖，花了两个多小时才大体清理出一条斜坡路来。贡山县的两个驾驶员看着高高的斜坡路和旁边几百米深的独龙江峡谷，摇摇头抱着手走到一边不敢开车了，只有把我们带进去的社科院的驾驶员王永奇推上了风口浪尖。他在部队时虽曾有过多次跑滇藏路的经历，但这样的险况也是第一次碰到。他做好了若有危险便弃车逃生的准备，只见他开着车门，慢慢地滑动过去，快到斜坡时轻点油门，由于给油太少，车子上到半坡就冲不上去了，只好倒车回来再试。我们屏住呼吸看他重新再来，只见他滑动时便轻轻加油使车子形成冲力，到斜坡时中点油门慢慢冲上去，车身虽向峡谷倾斜大有要翻下去的样子，最终还是安然走过了斜坡。贡山驾驶员模仿着也将另一辆车开了过来，大家禁不住鼓掌庆贺。接着我们便驱车赶路，高黎贡山垭口两边约40千米的路段已经积起了漫过脚踝的雪，道路异常湿滑，我们坐的车几次滑向路边，一旦冲出路基，一边是撞山，一边就是掉进深渊，车子只能慢慢爬行，90多千米的路整整走了10多个小时才到达贡山县城。我们一边庆幸终于跑了出来，一边又担心留在里边的民族学院的同事，后来才知道，几天后那个学生乡长带他们出来时，大雪已将高黎贡山封得严严实实，任何人都不可能出来了，结果他们只有返回独龙江乡，在没有任何生活和工作准备的情况下渡过了难以忍受的岁月，6月份雪化以后才得以从独龙江乡出来返回昆明，留下了终生难忘的经历。

第七个是我在云南藏区迪庆州调查的故事。我第一次到迪庆州调查是在1988年，是该年4月底完成了大理州的调查后乘坐班车进去的。进去第二天就碰了一个下马威——天气骤变气温骤降，天上下起了鹅毛大雪，在大理时已经穿着衬衣的我只带了一件薄外套，冷得实在受不了，只有去跟迪庆州政府的人借衣服穿，一连几天裹着一件军大衣躲在招待所里哪儿也不能去，好好地领教了一下五月飞雪的滋味。

第二次再进迪庆州就已经是 10 多年以后的事了。1999 年以后至 2014 年，随着我的重点研究区域从滇南转向滇西北，我几乎每年都到迪庆州调查，有时一年一次，有时一年多次。2014 年以后，由于我在多次田野调查中产生了严重的高原反应，就有意识地中止了赴迪庆州的行程。多次迪庆之行给我留下最难忘记忆的是 2001 年的徒步雨崩神瀑之旅。2001 年 7 月，为完成美国大自然保护协会（TNC）委托课题"梅里雪山拟建自然保护区对当地藏民的影响"研究，我和郭净等一行 4 人，对梅里雪山卡瓦格博峰下的明永村和雨崩村进行了 20 多天的调查，我们先做明永村，然后徒步走到雨崩村，调查多日即将结束工作时，在一位藏民向导的带领下徒步去朝拜著名的雨崩神瀑。

记得那是一个多雨的季节中的多雨的日子，连续几天雨都淅淅沥沥地下个不停，我们身披雨衣手杵竹棍在泥泞的山路上慢慢行走，只感觉海拔越来越高、空气越来越稀薄、呼吸越来越困难。中午，我们来到一处藏族牧民游牧转场途中专门搭建的牛棚中，稍事歇息吃点干粮做午餐。刚一坐下，就发现我右脚脚踝上有两个地方在流血，拉开袜子一看，发现两条黑黑的蚂蟥叮在上面吸血正欢，我赶紧拉住蚂蟥的尾巴想把它扯下来，却怎么也扯不下来，还是藏民有办法，他拿出随身携带的盐巴拍上去，蚂蟥果然就自己掉下来了。然而两个创口的流血就是止不住，抽烟把烟灰堆上去，几支烟的烟灰都被流血冲开了；藏民拿一种专门止血的石头用刀子将石头刮成灰涂上去，还是被流血冲开了。望着汩汩流淌的鲜血和阴雨绵绵的天气，想想走了几天才进来的路程，我感到一阵阵恐惧，万一老是血流不止，怎么办？这时一位雨崩村的藏族牧民也进牛棚来歇息，看到我被蚂蟥咬的伤口后很有经验地说，不用担心，没有关系的，蚂蟥咬出来的血都是不好的血，不好的血流完后自然就止住了。无奈之下，我们只有相信他的话。大约一个小时之后，流血真的自然止住了。于是我们又继续去朝拜神瀑。这个神瀑好生了得，走到面前感觉瀑布有一种吸力，好像是要把人吸进去一样，我的照相机走到面前就彻底失灵，快门按不动焦距也对不了，只有放弃照相。我们跟着藏民按照转经的方式转进去，很快就全身湿透了，本来打算转三圈结果只转了一圈就赶紧跑出来。尽管如此，我们的藏民向导还是认为此行非常圆满，因为我们是从飞来寺、百转经庙、明永、荣宗、西单、雨崩一路进来的，相当于完成了一个对卡瓦格博神山的"内转"，这是非常吉祥的。果然，回昆明后，困扰我多年的痛风病连续几年都没有发作，看来蚂蟥叮咬确实有治疗痛风病的奇效。

访问者：郭老师，您的学术研究除了长期的田野调查外，还有另一个鲜明的特点，就是以基础研究支撑应用研究，而以应用研究见长，即使对云南民族关系历史的研究也是为着科学地认识现实民族关系而进行的。能跟我们谈谈您在这方面的考虑吗？

郭：你的眼光很厉害，确实揭示了我学术研究的两个突出特点。就像我从历史研究转向民族学人类学研究有一个从被动到主动的过程一样，我的以基础研究支撑应用研究而以应用研究见长的特点，也有一个从被动到主动的过程。我从历史所调入民族学所，立即就参加了杜玉亭先生主持的国家社科基金课题，内容就是云南少数民族现代化问题的研究，就等于是从原来属于基础学科的历史研究，被动地转入关于少数民族发展的应用研究。后来，随着田野调查的增多，少数民族极度贫困的生活给我带来了强烈刺激，我越来越觉得作为一个民族学学者，不应该只是一个旁观者，而应该力所能及地为他们做点事情，帮助他们改善生活，发展文化。于是，我主动调整研究方向，主动申请应用研究课题，逐渐就形成了以应用研究见长的学术特点。在这个过程中，费孝通先生一直是我学习的榜样，老先生以"志在富民"为终身学术追求，直到耄耋之年仍然在"行行重行行"，为边区开发、小城镇建设和全国一盘棋发展，殚精竭虑，贡献智慧和力量。

先生晚年创作的似乎是属于纯基础研究的成果《中华民族多元一体格局》，也是为科学认识今天的全国民族关系而服务的。我没有费先生那么大的志向，当然更没有费先生贯通古今中西的大师才学，但高山仰止，景行行止，取法乎上，仅得乎中，虽不能至，心向往之，努力向大师学习却是必需的。梁漱溟先生晚年曾发问：这个世界会好吗？作为一个乐观主义者，我认为，这个世界会好的。基于这个认识，我认为所有的基础研究，都是为科学地认识世界服务的，而科学认识世界的自然结果，就是推动世界向更好的方向发展，从这个意义上讲，所有的基础研究也就自然转化为应用研究了。因此，所有的学术研究，都是为着让世界或者说是让社会变得更美好而进行的，这才是学术研究的终极目的。

访问者：郭老师，我曾读过2003年5月17日《都市时报》记者陈鹏采访您的文章，您说"人类学家、民族研究工作者恐怕是全世界最幸福的职业了。我们可以不停地走，不停地'玩'。读万卷书、行万里路、与万人谈，这种工作真是其乐无穷！"作为今天访谈的结束语，能给我们再简略地谈一下您对自己职业的认识吗？

郭：这段话是10多年前讲的，至今仍有现实意义。现在一些城市里面长大的年轻的人类学、民族学博士、硕士，对田野调查有一种畏惧感，他们只看到了田野工作的"苦"，而没有或较少体会到田野工作的"乐"。的确，当你在田野中长时间不能洗澡，长时间没有荤腥、长时间孤独奋斗时，你会巴不得马上返回城市来享受现代文明。但是，当你在城市中按部就班地生活一段时间后，又会觉得城市生活太乏味、太无聊而想尽快重返田野，这其实就是人类学家对田野工作有苦有乐，既讨厌又热爱的复杂体验。前几年，我在报纸上看到贾平凹说作家的工作堪称"神工"，亦即神仙干的工作。作家一年到头只干三件事，一是采风，二是读书，三是写作，三件事都是既高雅又好玩的事，难道还不是神仙干的工作吗？我想，我们民族学、人类学专职研究人员不也是"神工"吗？一年到头的工作也就是调查、读书、写作三件事，而且是政府发着工资养着你去干这三件事，难道还不是一个天下难找、世上难寻的神仙职业吗？当然也就是世界上最幸福的职业了，各位同人，让我们且行且珍惜吧！

（原载中国社会科学网，2017年8月28日，在网上刊载时有删节）